实用
语文知识手册

◎邓华昌　编著

·广州·

版权所有　翻印必究

图书在版编目（CIP）数据

实用语文知识手册/邓华昌编著. —广州：中山大学出版社，2016.10
ISBN 978-7-306-05831-7

Ⅰ.①实…　Ⅱ.①邓…　Ⅲ.①汉语—手册　Ⅳ.①H1-62

中国版本图书馆 CIP 数据核字（2016）第 216616 号

出 版 人：	王天琪
策划编辑：	金继伟
责任编辑：	杨文泉
封面设计：	尚文文印
责任校对：	王　璞
责任技编：	黄少伟
出版发行：	中山大学出版社
电　　话：	编辑部 020-84110771，84110283，84113349，84110779
	发行部 020-84111998，84111981，84111160
地　　址：	广州市新港西路 135 号
邮　　编：	510275　　　　　传　真：020-84036565
网　　址：	http：//www.zsup.com.cn　E-mail：zdcbs@mail.sysu.edu.cn
印 刷 者：	广东虎彩云印刷有限公司
规　　格：	787mm×1092mm　1/16　25.5 印张　605 千字
版次印次：	2016 年 10 月第 1 版　2021 年 11 月第 2 次印刷
定　　价：	45.00 元

如发现本书因印装质量影响阅读，请与出版社发行部联系调换

说　明

　　日常生活中，人们常会把工尺的"尺（chě）"误读成公尺的"尺（chǐ）"、骨殖的"殖（shi）"错读为 zhí，把床笫的"笫（zǐ）"误写作"第（dì）"、泉水汩汩地流淌的"汩（gǔ）"错写成"汨（mì）"，把烂醉如泥的"泥"错解为泥巴、"空穴来风"仅限于指事出有因，把书面语中指代有男有女的复数错用为"他（她）们"或"他们（她们）"，"孰料"和"殊料"、"老家"和"老家儿"等混用的现象也很普遍。本书作为实用语文知识手册就是针对上述出现的问题而编写的。

　　本书所收录的字和词语大都是人们在日常生活中易读错、写错和用错的，这对于在汉文字使用中易出错的人纠正字和词语的错误相信会有所裨益。而对中小学语文教师、中学生、新闻出版工作者、电台与电视节目主持人、文秘等也会有一定的参考和使用价值。

　　与时代同步、与时俱进，是本书一大亮点。字和词语的形、音、义都是依据最新版本的权威工具书，如《现代汉语规范词典》（以下简称《现规》）、《现代汉语词典》（以下简称《现汉》）、《新华字典》、《辞海》等，并参照《第一批异形词整理表》、《现代汉语异形词规范词典》（以下简称《现异》）和 2013 年 6 月由国务院正式发布的《通用规范汉字表》，摒弃和纠正了目前一些辞书中仍滞后的词语的读音、写法和用法，如拆烂污的"拆"不再读 cā，哼唷、杭育中的"唷"和"育"不再读 yō，蹚水过河、蹚地等的"蹚"不再用"趟"，曾经在辞书中出现过的"谦"字现已停止使用，"空穴来风"现也可用来指消息和传说毫无根据等。这对一些仍拘泥于旧说或习非成是的读者而言，无疑也是警醒。

　　易读错、写错的姓氏、人名、地名中也收录了一些以往辞书中出现得较少的，如姓氏"苘（Màn）""亓（Qí）"，人名易大厂（ān）、曹大家（gū），地名漫洼（wā）、崤（xiáo）店、岙（ǒu）山等，冀望能引起在这方面有爱好的人的兴趣。

目 录

（音节右边的号码指书中正文的页码）

A

ái	1
ǎi	1
ài	1
àn	1
áng	2
āo	2
áo	2
ào	2

B

bā	3
bà	3
bāi	3
bái	3
bài	4
bān	4
bǎn	5
bǎng	5
bāo	5
bǎo	6
bào	6
bēi	7
běi	8
bèi	8
běn	8
bèn	9
bèng	9
bí	9
bǐ	9
bì	10
biān	11
biàn	12
biāo	12
biǎo	12
biē	13
bīn	13
bìn	13
bǐng	13
bìng	14
bō	14
bó	14
bū	14
bù	14

C

cái	22
cān	22
cán	22
càn	22
cāo	22
cè	23
cēn	23
céng	24
chā	24
chá	24
chà	24
chāi	25
chán	25
chǎn	26
chàn	26
cháng	26
chē	27
chě	27
chè	27
chēn	28
chén	28
chèn	29
chen	29
chēng	29
chéng	29
chèng	30
chī	31
chí	31
chǐ	31
chì	32
chōng	32
chōu	32
chóu	32
chū	32
chú	34
chǔ	34
chuā	35
chuān	35
chuán	35
chuáng	35
chuàng	36
chuí	36
chūn	37

chún …… 37	dǒu …… 53	fū …… 71
cí …… 37	dòu …… 54	fú …… 71
cì …… 37	dú …… 55	fǔ …… 72
cóng …… 37	dǔ …… 55	fù …… 73
cù …… 38	dù …… 55	
cuān …… 38	duān …… 56	**G**
cuàn …… 38	duàn …… 56	gā …… 74
cuī …… 39	duì …… 56	gá …… 74
cuǐ …… 39	dūn …… 57	gāi …… 74
	dǔn …… 57	gài …… 74
D	duó …… 57	gān …… 74
dá …… 40	duǒ …… 58	gǎn …… 75
dǎ …… 40	duò …… 58	gàn …… 76
dà …… 40		gāng …… 76
dài …… 42	**E**	gàng …… 77
dān …… 43	é …… 59	gāo …… 77
dàn …… 43	è …… 59	gǎo …… 78
dāng …… 44	ér …… 60	gào …… 78
dǎng …… 44	ěr …… 61	gē …… 78
dàng …… 45	èr …… 61	gé …… 79
dào …… 45		gě …… 79
dé …… 46	**F**	gè …… 79
děi …… 46	fā …… 63	gēng …… 79
děng …… 46	fá …… 63	gěng …… 80
dèng …… 47	fǎ …… 63	gèng …… 80
dī …… 47	fà …… 64	gōng …… 80
dǐ …… 47	fān …… 64	gòng …… 81
dì …… 47	fán …… 64	gōu …… 82
diān …… 48	fǎn …… 65	gòu …… 82
diǎn …… 48	fàn …… 65	gū …… 82
diàn …… 49	fāng …… 66	gǔ …… 83
diāo …… 50	fáng …… 67	gù …… 84
diào …… 50	fēi …… 67	guā …… 86
dié …… 51	fěi …… 68	guài …… 86
dīng …… 51	fèi …… 68	guān …… 86
dǐng …… 52	fēn …… 69	guǎn …… 87
dìng …… 52	fèn …… 69	guàn …… 88
dòng …… 53	fēng …… 70	guāng …… 89
dōu …… 53	féng …… 70	guī …… 89

guǐ …… 90	huáng …… 109	jiù …… 133
guì …… 90	huī …… 110	jū …… 134
gǔn …… 91	huí …… 110	jǔ …… 135
guó …… 91	huǐ …… 110	jù …… 135
guǒ …… 91	huì …… 111	juān …… 136
guò …… 92	hūn …… 111	jué …… 136
	hún …… 111	jūn …… 138
H	hùn …… 112	jùn …… 139
hà …… 94	huǒ …… 112	
hāi …… 94	huò …… 112	**K**
hái …… 94		kǎ …… 140
hài …… 94	**J**	kāi …… 140
hān …… 94	jī …… 113	kǎi …… 141
hán …… 95	jí …… 114	kài …… 141
hàn …… 95	jǐ …… 116	kān …… 141
háng …… 96	jì …… 116	kǎn …… 141
hàng …… 97	jiā …… 119	kàng …… 142
háo …… 97	jiá …… 120	kǎo …… 142
hǎo …… 98	jiān …… 120	kē …… 143
hào …… 99	jiǎn …… 121	kě …… 143
hé …… 99	jiàn …… 121	kè …… 143
hé …… 101	jiāng …… 123	kēi …… 144
hēi …… 101	jiàng …… 123	kěn …… 144
hěn …… 101	jiāo …… 124	kōng …… 144
héng …… 102	jiǎo …… 124	kǒng …… 145
hèng …… 102	jiào …… 124	kǒu …… 146
hōng …… 102	jiē …… 125	kòu …… 146
hóng …… 103	jié …… 126	kǔ …… 147
hòu …… 104	jiě …… 127	kù …… 147
hū …… 104	jiè …… 127	kuài …… 147
hú …… 104	jie …… 128	kuān …… 148
hù …… 105	jīn …… 128	kuǎn …… 148
huā …… 106	jǐn …… 129	kuàng …… 148
huá …… 107	jìn …… 129	kuí …… 148
huà …… 107	jīng …… 130	kuì …… 149
huái …… 108	jǐng …… 131	kūn …… 149
huán …… 108	jìng …… 132	kǔn …… 149
huàn …… 108	jiǒng …… 132	
huāng …… 108	jiǔ …… 133	**L**
		là …… 150

lái	151	luó	170	nèi	185
lán	151			nèn	185
làn	153	**M**		néng	185
láng	153	mā	171	ní	185
làng	154	mǎ	171	nì	185
lǎo	154	mái	171	niān	186
lēi	155	mài	172	nián	186
léi	155	mán	172	niǎn	187
lěi	156	màn	172	niàn	187
lěng	156	máng	172	niǎo	187
lí	156	máo	172	niào	187
lǐ	156	mǎo	173	nié	188
lì	157	mào	173	nín	188
liǎ	158	méi	174	níng	188
lián	159	měi	174	nìng	188
liàn	159	mèi	175	niú	188
liàng	160	mén	175	nòng	189
liáo	161	men	175	nù	189
liǎo	161	méng	175	nǚ	189
liào	161	mí	176		
liè	162	mì	176	**O**	
līn	162	mián	177	ǒu	190
lín	162	miǎn	177	òu	190
lìn	162	miàn	177		
líng	163	míng	178	**P**	
lǐng	164	miù	180	pā	191
lìng	164	mó	180	pá	191
liú	166	mò	180	pāi	191
liù	166	mǔ	182	pái	191
lóng	166	mù	182	pǎi	192
lóu	167			pán	192
lòu	167	**N**		pāng	193
lú	168	nā	183	páng	193
lù	168	nài	183	pāo	193
lǚ	169	nán	183	páo	194
lǜ	169	nàn	184	pào	194
luán	169	náo	184	péi	194
lún	169	nào	184	pèi	194
luō	170	nǎo	184	pēng	195

péng …… 195	qié …… 211	sān …… 226
pī …… 195	qiè …… 212	sāng …… 228
pí …… 196	qīn …… 212	sāo …… 229
pǐ …… 196	qīng …… 212	shā …… 229
pì …… 196	qíng …… 213	shà …… 229
piān …… 196	qìng …… 214	shān …… 229
pián …… 196	qióng …… 214	shǎn …… 230
piàn …… 197	qū …… 215	shàn …… 230
piě …… 197	qú …… 216	shāng …… 231
pín …… 198	qǔ …… 216	shàng …… 232
pǐn …… 198	qù …… 216	sháo …… 232
píng …… 198	quán …… 216	shǎo …… 233
pō …… 199	quǎn …… 217	shào …… 233
pó …… 199	quàn …… 217	shé …… 233
pò …… 200	quē …… 218	shě …… 234
póu …… 200	què …… 218	shè …… 234
pū …… 200	qún …… 218	shēn …… 235
pú …… 201	**R**	shén …… 235
pù …… 201	rǎn …… 219	shěn …… 236
Q	rǎng …… 219	shèn …… 236
qī …… 202	rén …… 219	shēng …… 236
qí …… 203	rěn …… 221	shèng …… 237
qǐ …… 204	rèn …… 221	shī …… 238
qì …… 205	rì …… 221	shí …… 239
qiā …… 207	róng …… 222	shǐ …… 241
qiǎ …… 207	rǒng …… 222	shì …… 242
qià …… 207	róu …… 223	shi …… 244
qiān …… 207	rú …… 223	shōu …… 245
qián …… 208	rù …… 224	shǒu …… 245
qiàn …… 209	ruǎn …… 224	shòu …… 247
qiāng …… 209	ruì …… 225	shū …… 247
qiáng …… 210	ruò …… 225	shú …… 248
qiǎng …… 210	**S**	shù …… 248
qiāo …… 210	sā …… 226	shuāng …… 248
qiáo …… 210	sà …… 226	shuǎng …… 249
qiào …… 210	sāi …… 226	shuǐ …… 249
qiào …… 211	sài …… 226	shuì …… 249
qiē …… 211		shùn …… 249
		shuō …… 249

shuò ... 250	tóu ... 263	**X**
sī ... 250	tū ... 263	xī ... 282
sǐ ... 251	tú ... 264	xí ... 283
sì ... 251	tuān ... 264	xǐ ... 283
sōng ... 251	tuī ... 265	xì ... 284
sōu ... 252	tuí ... 265	xiá ... 284
sù ... 252	tún ... 265	xià ... 284
suān ... 252	tùn ... 265	xiān ... 286
suī ... 252	tuō ... 265	xián ... 286
sūn ... 253	tuó ... 265	xiǎn ... 286
sǔn ... 253	tuǒ ... 266	xiàn ... 287
T	tuò ... 266	xiāng ... 287
tā ... 254	**W**	xiáng ... 288
tǎ ... 254	wā ... 267	xiǎng ... 288
tà ... 254	wǎ ... 267	xiàng ... 289
tāi ... 255	wà ... 267	xiāo ... 289
tái ... 255	wài ... 267	xiáo ... 291
tài ... 255	wán ... 267	xiào ... 292
tān ... 255	wǎn ... 268	xié ... 293
tán ... 256	wàn ... 268	xiè ... 293
tǎn ... 256	wáng ... 268	xīn ... 294
tàn ... 256	wǎng ... 269	xìn ... 295
tāng ... 256	wàng ... 269	xīng ... 295
tāo ... 257	wēi ... 270	xíng ... 296
táo ... 257	wéi ... 271	xǐng ... 297
tī ... 257	wěi ... 272	xìng ... 297
tí ... 258	wèi ... 272	xiōng ... 297
tì ... 258	wēn ... 273	xiū ... 298
tiān ... 259	wén ... 273	xiǔ ... 299
tián ... 259	wèn ... 274	xiù ... 299
tiǎn ... 260	wō ... 274	xū ... 300
tiáo ... 260	wǒ ... 275	xǔ ... 300
tíng ... 261	wò ... 275	xù ... 300
tǐng ... 261	wū ... 275	xuān ... 301
tōng ... 261	wú ... 276	xuán ... 301
tóng ... 262	wǔ ... 279	xuàn ... 302
tǒng ... 262	wù ... 280	xué ... 302
tòng ... 263		xuè ... 302

xún ······ 302	yǒu ······ 323	zhí ······ 338
xùn ······ 303	yòu ······ 323	zhǐ ······ 339
Y	yú ······ 323	zhì ······ 339
yā ······ 304	yǔ ······ 325	zhōng ······ 341
yá ······ 304	yù ······ 326	zhòng ······ 342
yà ······ 304	yuán ······ 327	zhòu ······ 342
yān ······ 304	yuàn ······ 328	zhū ······ 343
yán ······ 305	yuě ······ 328	zhú ······ 343
yǎn ······ 306	yuè ······ 328	zhǔ ······ 343
yàn ······ 306	yún ······ 329	zhù ······ 344
yáng ······ 307	**Z**	zhuā ······ 344
yǎng ······ 308	zài ······ 330	zhuǎ ······ 344
yāo ······ 308	zào ······ 331	zhuǎi ······ 345
yǎo ······ 309	zé ······ 331	zhuān ······ 345
yào ······ 309	zéi ······ 332	zhuàn ······ 345
yé ······ 310	zēng ······ 332	zhuāng ······ 345
yè ······ 310	zhāi ······ 332	zhuàng ······ 346
yī ······ 311	zhái ······ 332	zhuō ······ 346
yí ······ 313	zhǎn ······ 333	zhuó ······ 346
yǐ ······ 314	zhàn ······ 333	zī ······ 346
yì ······ 315	zhǎng ······ 333	zǐ ······ 347
yīn ······ 317	zhàng ······ 333	zì ······ 347
yín ······ 318	zhāo ······ 333	zǒu ······ 348
yǐn ······ 318	zhào ······ 334	zǔ ······ 349
yìn ······ 319	zhē ······ 334	zuǎn ······ 349
yīng ······ 319	zhé ······ 334	zuì ······ 349
yíng ······ 320	zhè ······ 334	zuō ······ 349
yōng ······ 320	zhēn ······ 334	zuǒ ······ 349
yóng ······ 320	zhèn ······ 335	zuò ······ 350
yǒng ······ 321	zhēng ······ 336	易读错、写错的姓氏 ······ 352
yōu ······ 321	zhèng ······ 336	易读错、写错的人名、地名、族名、国名 ··· 360
yóu ······ 322	zhī ······ 337	

挨打（前边不能加"被"）……………1	悲恸（≠悲痛）……………………7
嗳（气）（不读 ài）………………1	（败）北（不表示方位）…………8
（狭）隘（不读 yì）………………1	备受（≠倍受）……………………8
（举）案（齐眉）（不是桌子）…1	被难（不是被指责非难）…………8
案头（和"案首"迥异）…………1	（泽）被（后世）（不是表被动）…8
黯然（不能写作"暗然"）………1	本案（设计）（不是"此案"）……8
黯黑（≠暗黑）……………………2	本色（有二读）……………………9
卬（和"印"不同）………………2	夯（汉）（不读 hāng）……………9
凹（已取消 wā 音）………………2	（钢）镚子（不能写作"蹦子"）…9
鏖（战）（不能写作"熬"）……2	荸荠（不读 bōjì）…………………9
拗（口）（不读 ǎo 或 niù）……2	匕（鬯不惊）（不是匕首）………9
（桀）骜（不驯）（不要误写作"聱"）………………………………2	比丘尼（别于"比丘""比基尼"）…9
	比比（皆是）（不是"连连""屡屡"）
巴不得（≠恨不得）………………3	………………………………………9
扒拉（有二读）……………………3	必须（和"必需"有别）…………10
邑（别于"昌"）…………………3	毕（恭）毕（敬）（不再写作"必"）…
罢了（有二读）……………………3	………………………………………10
刮划（不读 bǎihuá 或 bǎihuà）…3	毕肖（≠逼肖）……………………10
白细胞（不再称作"白血球"）…3	闭口（和"闭嘴"不同）…………10
白寿（和"白事"迥异）…………3	毙命（和"毕命"不同）…………10
（遭人）白眼（不是名词）……4	（刚）愎（自用）（不要误写作"腹"）…
（甘）拜（下风）（不能写作"败"）…4	………………………………………10
拜手（≠手拜）……………………4	避讳（有二读）……………………10
班（荆道故）（不能误写作"攀"）…4	酾（宋楼）（不读 bǎi 或 bó）……11
班师（和"搬兵"有别）…………4	篦子（不能误写作"蓖子"）……11
斑马（和"班马"不同）…………4	避邪（≠辟邪）……………………11
瘢痕（和"斑痕"不同）…………5	（完）璧（归赵）（不能误写作"壁"）…
阪（上走丸）（不能写作"板"）…5	………………………………………11
板荡（和"坦荡"迥异）…………5	边缘（与"边沿"有别）…………11
版筑（不作"板筑"）……………5	（针）砭（不能写作"贬"）……11
绑架（≠劫持）……………………5	变型（和"变形"不同）…………12
包袱（和"包裹"不同）…………5	辨难（≠辩难）……………………12
包含（和"包涵"不同）…………6	辨证（施治）（不能写作"辩证"）……12
炮（羊肉）（不读 pào 或 páo）…6	标致（≠美丽）……………………12
保重（别于"宝重"）……………6	标志（不再写作"标识"）………12
（永）葆（青春）（不作"保"）…6	表率（和"榜样"不同）…………12
报道（不作"报导"）……………6	瘪三（不读 biěsān）………………13
豹房（与"豹"无关）……………6	（文质）彬彬（不宜写作"斌斌"）…13
鲍鱼（之肆）（不是餐馆的鲍）…7	濒临（不能读 pínlín）……………13
暴发（和"爆发"有别）…………7	鬓角（不再写作"鬓脚"）………13
曝光（不读 pùguāng）……………7	（付）丙丁（并非表次序）……13
爆裂（和"暴烈"不同）…………7	病征（和"病症"不同）…………14

条目	页码
摒挡（不读 bìngdǎng）	14
趵趵（不读 bàobào）	14
般若（不读 bānruò）	14
（门）钹（不能误写作"铍"）	14
舶（来品）（不能写作"泊"）	14
晡（和"哺"有别）	14
不很（和"很不"有别）	14
不意（和"无意"不同）	15
不人道（和"不能人道"迥异）	15
不得了（≠了不得）	15
不以为然（和"不以为意"不同）	15
不惑（和"荧惑"迥异）	15
不尽如人意（不能说"不尽人意"）	16
不愧（和"无愧"有别）	16
不啻（≠不仅）	16
不老少（不读 bùlǎoshào）	16
不名誉（不能写作"不名义"）	16
不贰过（不能写作"不二过"）	16
不才（不是"不成材"）	17
不容置喙（和"不容置疑"不同）	17
不胜（感激）（不是"不能承受"）	17
不赞一词（不是"一点都不赞赏"）	17
不齿（和"不耻"有别）	17
（冷）不防（不能写作"不妨"）	18
不耻下问（不要用反）	18
不温不火（和"不瘟不火"有别）	18
不孚众望（和"深孚众望""不负众望"迥异）	18
不肖子孙（和"不孝子孙"有别）	18
不足为奇（和"不以为奇"有别）	19
不详（和"不祥"有别）	19
不肯不（和"肯不肯"不同）	19
不足挂齿（≠不足齿数）	19
（敬谢）不敏（不是"婉拒别人的礼物"）	20
（麻木）不仁（不是"不仁慈"）	20
不榖（不能写作"不谷"）	20
不及（≠不如）	20
不克（胜任）（并非"不能战胜"）	21
不绝如缕（不是接连不断）	21
不可思议（和"不可理喻"有别）	21
不假思索（≠不加思索）	21
（按）部（就班）（不能写作"步"）	21
（大）材（小用）（不要写作"才"）	22
参（半）（不能写作"掺"）	22
参透（和"渗透"不同）	22
蚕室（≠蚕房）	22
粲然（和"灿然"不同）	22
（粗）糙（不读 zào）	22
厕身（≠侧身）	23
侧目（和"刮目"不同）	23
参差（不读 cānchā）	23
曾几何时（并非事情过了很长时间）	24
曾经（沧海）（不同"曾 céng"）	24
差（强人意）（并不差 chà）	24
猹（不读 zhā）	24
刹那（≠霎时）	24
差不多的（≠差不多）	25
差事（有二读）	25
拆（烂污）（不再读 cā）	25
禅衣（和"襌衣"不同）	25
蒇（别于"藏"）	26
忏悔（不读 qiānhuǐ）	26
（一）划（不要写作"划"）	26
长谈（别于"常谈"）	26
（别无）长物（不读 zhǎngwù）	26
长跪（不是长时间跪着）	26
长年（≠常年）	26
常川（不作"长川"）	27
（辅）车（相依）（不是交通工具）	27
扯淡（不能写作"扯蛋"）	27
（风驰电）掣（不能读 zhì）	27
（清）澈（不能写作"沏"）	28
瞋（目而视）（不作"嗔"）	28
（良）辰（美景）（不能写作"晨"）	28
晨光（别于"辰光"）	28
沉浸（和"沉溺"不同）	28
陈规（≠成规）	28
称钱（≠趁钱）	29
（寒）碜（不要写作"伧"）	29
称一称（不能写作"秤一秤"）	29
（饼）铛（不读 dāng）	29
（遇难）成（祥）（不能写作"呈"）	29
成才（≠成材）	30

词条	页码
承当（≠承担）	30
城府（和"府城"不同）	30
（计日）程（功）（不能误写作"成"）	30
程（门立雪）（不能误写作"城"）	30
掌（和"掌"不同）	30
吃（瓦片儿）（不是吞咽食物）	31
（鞭）笞（不能误写作"苔"）	31
持之有故（和"持之以恒"不同）	31
齿冷（和"心寒""齿寒"不同）	31
哆（口）（不读duō）	31
（豆）豉（不要误写作"鼓"）	32
斥资（和"集资"不同）	32
（忧心）忡忡（不能写作"重重"）	32
（河）涌（不读yǒng）	32
瘳（别于"廖"）	32
雠（和"仇"用法不同）	32
出神入化（和"出神"迥异）	32
出售（≠出卖）	33
出言不逊（和"逊言"迥异）	33
出乎意料之外（没有语病）	33
出身（和"出生"不同）	33
出色（和"出众"有别）	34
除（官）（不是"去掉；免去"）	34
（庭）除（不是"去掉；清除"）	34
锄（奸）（不能写作"除"）	34
处子（不是"处男"）	34
处以（和"处于"不同）	35
处事（和"处世"有别）	35
欻（有二读）	35
川（流不息）（不能写作"穿"）	35
传颂（别于"传诵"）	35
床（前明月光）（不是睡床）	35
沧（别于"沧"）	36
垂范（和"垂青"迥异）	36
垂（暮）（不是物体一头朝下）	36
垂询（不是谦词）	36
（边）陲（不能写作"垂"）	36
椎（心泣血）（不读zhuī）	36
（一）锤（定音）（不再写作"槌"）	37
春蚓秋蛇（不限于指书法拙劣）	37
纯贞（别于"纯真"）	37
（信口）雌黄（不能误作"雄黄"）	37
刺刺（不休）（不能误写作"刺刺"）	37
从善如流（和"从谏如流"不同）	37
卒中（不读zúzhōng）	38
（鲫鱼）氽（汤）（不能误写作"汆"）	38
蹿（房越脊）（不能写作"窜"）	38
窜改（和"篡改"有别）	38
（等）衰（不读shuāi）	39
璀璨（不能写作"璀灿"）	39
达到（≠到达）	40
（一）沓（信纸）（不读tà）	40
打烊（和"打样""打佯儿"不同）	40
大伯（不读dàbǎi）	40
大王（有二读）	40
大概其（不作"大概齐"）	40
大奇（≠大炮）	40
大家（闺秀）（不是人称代词）	41
大排档（和"排挡"有别）	41
大背着枪（和"背着大枪"迥异）	41
大事（宣传）（不能写作"大肆"）	41
（贻笑）大方（不是"不吝啬；不小气"）	41
大伓（≠大车）	42
（士）大夫（不读dàifu）	42
汏（衣裳）（不能误写作"汰"）	42
（责无旁）贷（不能写作"代"）	42
（严惩不）贷（不能写作"代"）	42
（以逸）待（劳）（不能写作"代"）	42
戴（着手铐）（和用"带"有别）	42
戴（罪立功）（不要误写作"带"）	42
担负（≠负担）	43
（虎视）眈眈（不能写作"耽耽"）	43
箪食壶浆（和"箪食瓢饮"迥异）	43
（1）石（谷子）（不读shí）	43
（信誓）旦旦（不是天天）	43
疍民（不能写作"蛋民"）	44
淡泊（和"淡薄"不同）	44
（锐不可）当（不能写作"挡"）	44
当局（者迷）（不是掌权者）	44
党（同伐异）（不是指政党）	44
（长歌）当（哭）（不读dāng）	45
凼（不作"氹"）	45
荡气回肠（和"扬眉吐气"迥异）	45

盗嫂（不是偷嫂子的东西） …… 45	钉（扣子）（不能写作"订"） …… 53
悼亡（不能用于哀悼丈夫） …… 45	（指挥若）定（不是镇定） …… 53
道地（≠地道） …… 46	垌（别于"峒"） …… 53
纛（不读dú） …… 46	笕子（≠兜子） …… 53
（读书）得间（不读déjiān） …… 46	斗转参横（≠斗转星移） …… 53
得以（无否定式） …… 46	陡然（和"徒然"有别） …… 53
得亏（≠亏得） …… 46	斗智（≠智斗） …… 54
等等（≠等） …… 46	豆蔻年华（不能指男青年） …… 54
澄清（有二读） …… 47	（炉）豆（不是豆类作物） …… 54
堤防（和"提防"不同） …… 47	（句）读（不读dú） …… 54
的士（不读díshì） …… 47	独力（和"独立"不同） …… 55
诋（毁）（不能写作"抵"） …… 47	肚子（有二读） …… 55
芪（别于"芪"） …… 47	（鱼）肚（白）（不读dú） …… 55
（中流）砥柱（不能写作"抵柱"） …… 47	（普）度（众生）（不能写作"渡"） …… 55
地主（之谊）（不是阶级成分） …… 47	度量（≠肚量） …… 55
弟兄（≠兄弟） …… 48	渡（过难关）（不能用"度"） …… 56
（有）的（放矢）（不读de、dí） …… 48	端的（不读duāndí） …… 56
颠扑（不破）（不能写作"颠仆"） …… 48	断弦（再续）（不是实指琴弦断了） …… 56
巅（峰）（不能写作"颠"） …… 48	对证（和"对症"不同） …… 56
典型（和"典范"不同） …… 48	对（≠对于） …… 56
（明正）典刑（不能误写作"典型"） …… 49	兑换（和"对换"有别） …… 57
（文不加）点（不是标点） …… 49	（西瓜）敦（不读dūn） …… 57
电气（和"电器"不同） …… 49	（元恶大）憝（不读dūn） …… 57
玷（污）（不读zhān） …… 49	蹲班（别于"蹲班房"） …… 57
殿军（不限指第四名） …… 49	盹（子）（不能误写作"吨"） …… 57
（怕个）鸟（不读niǎo） …… 50	泽（和"泽"不同） …… 57
吊膀子（不读diàobàngzi） …… 50	（以己）度（人）（不读dù） …… 57
吊唁（和"凭吊"有别） …… 50	朵（颐）（不是指耳朵） …… 58
吊死鬼（和"吊死鬼儿"迥异） …… 50	驮子（不读tuózǐ） …… 58
（形影相）吊（不是悬挂） …… 50	峨眉（和"蛾眉"不同） …… 59
调配（有二读） …… 50	额手称庆（和"弹冠相庆"有别） …… 59
调侃儿（和"调tiáo侃"有别） …… 50	噩耗（≠恶耗） …… 59
（尾大不）掉（不是往下落） …… 51	噩梦（≠恶梦） …… 60
掉头（不作"调头"） …… 51	儿齿（不是小孩的牙齿） …… 60
掉文（和"悼词"迥异） …… 51	儿（≠兒） …… 60
叠（≠迭） …… 51	儿妇人（不是小孩和女人） …… 60
丁（忧）（不是指人口或成年男子） …… 51	而已（≠已而） …… 60
盯梢（不要误写作"叮哨"） …… 52	尔后（别于"而后"） …… 61
顶针（别于"顶真"） …… 52	（出）尔（反）尔（不是指示代词） …… 61
（大名）鼎鼎（不能写作"顶顶"） …… 52	二百五（不是实指数字） …… 61
鼎力（和"鼎立"不同） …… 52	二八（芳龄）（不是二十八岁） …… 61
钉（钉子）（不读dīng） …… 52	二毛（不是两角钱） …… 61

贰（臣）（不能写作"二"） ………… 62
二乎（不作"二忽"） …………… 62
发酵（不能读 fāxiào） …………… 63
罚金（≠罚款） …………………… 63
法人（不是"人"） ……………… 63
法币（不是法国的货币） ………… 63
法制（和"法治"不同） ………… 63
法书（和"书法"不同） ………… 63
（令人）发指（不能写作"发紫"） … 64
翻悔（和"幡然悔悟"不同） …… 64
翻一番（和"翻一翻"不同） …… 64
烦言（和"繁言"不同） ………… 64
反应（"反映"不同） …………… 65
反串（和"客串"不同） ………… 65
反唇相讥（不作"反唇相稽"） … 65
犯病（和"患病"不同） ………… 65
犯罪嫌疑人（别于"罪犯"） …… 66
（就）范（不能写作"犯"） …… 66
梵呗（不读 fànbei） …………… 66
娩（不读 miǎn） ………………… 66
（食前）方丈（不是住持或其住处）… 66
芳邻（不是谦词） ………………… 66
芳心（不能用于男性） …………… 66
妨碍（和"妨害"有别） ………… 67
飞黄（腾达）（不能写作"辉煌"）… 67
飞红（≠绯红） …………………… 67
非常（≠十分） …………………… 67
非徒（和"匪徒"迥异） ………… 67
非礼（和"菲礼"迥异） ………… 67
蜚声（不能写作"斐声"） ……… 68
匪（夷所思）（不能写作"非"） … 68
菲（酌）（不读 fěi） …………… 68
沸沸扬扬（和"纷纷扬扬"不同）… 68
费话（和"废话"不同） ………… 68
柿（和"杮"不同） ……………… 69
分辩（和"分辨"不同） ………… 69
奋发图强（和"发愤图强"有别） … 69
奋不顾身（≠舍身） ……………… 69
濆（不能写作"濆"） …………… 69
（谈笑）风生（不能写作"风声"）… 70
（一代）风流（与男女情爱无关） … 70
风（马牛不相及）（不是指流动着的空气） … 70

（麻）风（不能误写作"疯"） … 70
（再作）冯妇（不是姓冯的妇女） … 70
夫人（并不都指女人） …………… 71
鈇（和"铁"不同） ……………… 71
跌坐（和"跌坐"不同） ………… 71
市（和"市"不同） ……………… 71
伏法（≠服法） …………………… 71
扶正（和"斧正"迥异） ………… 72
（渔）父（不读 fù） …………… 72
（行装）甫（卸）（"甫"前不能加"刚"）
 ………………………………………… 72
府上（不能称自己的家） ………… 72
（瓦）釜（雷鸣）（不能写作"斧"）… 72
复原（≠复元） …………………… 73
（名）副（其实）（不作"符"） … 73
副（班长）（不能写作"付"） … 73
咖喱（不读 kālí） ………………… 74
轧（苗头）（不读 zhá） ………… 74
（言简意）赅（不能写作"该"） … 74
概率（不再用"几率"或然率） … 74
（一）概（而论）（不是一律） … 74
干将莫邪（不读 gànjiàng-mòxié）… 74
干（城）（不是干涸） …………… 75
（河）干（不是干枯） …………… 75
（了无）干涉（不是强行过问或制止）… 75
（揭）竿（而起）（不能写作"杆"）… 75
尴尬（不能读 jiāngjiè） ………… 75
敢（问）（不是"不害怕，有胆量"）… 75
敢情（和"感情"不同） ………… 76
感奋（和"感愤"有别） ………… 76
感愧（别于"感喟"） …………… 76
干吗（不宜写作"干嘛"） ……… 76
干细胞（不读 gānxìbāo） ……… 76
扛鼎（不读 kángdǐng） ………… 76
（花）岗（岩）（不读 gǎng） … 77
纲（举目张）（并非生物分类的等级）… 77
钢精锅（不是用钢做的锅） ……… 77
岗尖（不读 gǎngjiān） ………… 77
钢（刀布）（不读 gāng） ……… 77
高足（和"高材生"不同） ……… 77
膏粱（和"高粱"不同） ………… 78
杲（别于"杳"） ………………… 78

搞定（不作"搞掂"） …… 78
膏（油）（不读 gāo） …… 78
圪蹴（不读 gēcù） …… 78
鸽乳（和"乳鸽"迥异） …… 78
蛤蚧（不读 hájiè） …… 79
膈膜（和"隔膜"不同） …… 79
（骨）骼（不再写作"胳"） …… 79
（10）合（为 1 升）（不读 hé） …… 79
各别（和"个别"不同） …… 79
（少不）更（事）（不读 gèng） …… 79
（三）更（不能读 jīng） …… 80
耿耿（于怀）（不是"明亮"或"忠诚"） …… 80
更加（≠越发） …… 80
工尺（和"公尺"迥异） …… 80
工夫（≠功夫） …… 80
工（于心计）（不能误写作"攻"） …… 81
工读（别于"攻读"） …… 81
（女）红（不读 hóng） …… 81
（事必）躬（亲）（不能写作"恭"） …… 81
觥（筹交错）（不能读 guāng） …… 81
供奉（和"贡奉"有别） …… 81
沟通（和"勾通"不同） …… 82
勾当（不读 gōudāng） …… 82
够呛（不再写作"够戗"） …… 82
呱呱（坠地）（不读 guāguā） …… 82
孤儿（寡妇）（不是失去父母的儿童） …… 82
孤独（和"独孤"迥异） …… 83
骨（碌）（不读 gǔ） …… 83
骨朵（和"骨朵儿"迥异） …… 83
古道（热肠）（不是古老的道路） …… 83
汩汩（不能写作"汨汨"） …… 83
（锥刺）股（不是屁股） …… 83
股掌（之上）（不能误作"鼓掌"） …… 83
（坐）贾（不读 jiǎ） …… 84
鹄的（不读 húde） …… 84
（一）鼓（作气）（不能误写作"股"） …… 84
榖（树皮）（不能误作"谷"） …… 84
估衣（不能写作"故衣"） …… 84
故步自封（和"墨守成规"有别） …… 84
（虚应）故事（不是可用做讲述对象的事情） …… 85

故居（≠旧居） …… 85
故交（≠故友） …… 85
告朔饩羊（不读 gàoshuòxìyáng） …… 85
顾主（和："雇主"有别） …… 85
瓜田李下（并非指田园环境） …… 86
瓜片（与"瓜"无关） …… 86
怪癖（和"怪僻"不同） …… 86
关照（和"观照"迥异） …… 86
关门（弟子）（不是"关上门"） …… 86
关张（不是停业后又开张） …… 86
纶巾（不读 lúnjīn） …… 87
官宦（和"宦官"不同） …… 87
棺材（和"灵柩"不同） …… 87
鳏（寡孤独）（不能写作"单"） …… 87
鳏居（别于"寡居"） …… 87
冠（心病）（不读 guàn） …… 87
管保（和"保管"有别） …… 87
（道）观（不读 guān） …… 88
贯串（和"贯穿"不同） …… 88
（恶）贯（满盈）（不是"连贯"） …… 88
（一仍旧）贯（不能写作"惯"） …… 88
（弱）冠（不读 guān） …… 88
裸（别于"裸"） …… 89
盥洗（和"灌洗"不同） …… 89
光年（不表示时间） …… 89
光棍（≠光棍儿） …… 89
光顾（不能自称） …… 89
归去来兮（不是"回来吧"） …… 89
硅肺（不再作"矽肺"） …… 90
氿（不是"酒"的简化字） …… 90
（奸）宄（不能误写作"究"） …… 90
（阴谋）诡计（不能写作"鬼计"） …… 90
鬼怪（和"诡怪"不同） …… 90
刽（子手）（不能读 kuài） …… 90
（米珠薪）桂（不能写作"贵"） …… 90
桂冠（和"折桂""挂冠"不同） …… 90
衮衮（诸公）（不能误写作"滚滚"） …… 91
磙（地）（不能误写作"滚"） …… 91
国是（和"国事"有别） …… 91
国土（≠国有土地） …… 91
（食不）果（腹）（不能写作"裹"） …… 91
果树林（不说"果树树林"） …… 92

果断（和"武断"不同） …… 92	（恐）吓（不读 xià） …… 101
过度（和"过渡"不同） …… 92	贺岁（和"贺寿"有别） …… 101
过虑（和"过滤"有别） …… 92	荷（枪实弹）（不读 hé） …… 101
过犹不及（≠有过之而无不及） …… 92	黑马（一般不指黑色的马） …… 101
过节（和"过节儿"迥异） …… 93	很青春（没语病） …… 101
哈（士蟆）（不读 hā 或 hǎ） …… 94	（道）行（不读 xíng、háng、hàng） …… 102
咳，（快来呀!）（不读 ké） …… 94	横行（天下）（不含贬义） …… 102
孩提（不能写作"孩堤""孩啼"） …… 94	横批（和"横披"不同） …… 102
骇人听闻（与"耸人听闻"有别） …… 94	横（财）（不读 héng） …… 102
鼾睡（和"酣睡"不同） …… 94	轰（动）（不能写作"哄"） …… 102
邯郸（学步）（不是人名） …… 95	轰然（和"哄然"不同） …… 103
含义（≠含意） …… 95	弘扬（和"发扬"不同） …… 103
寒潮（≠寒流） …… 95	红火（≠火红） …… 103
寒门（≠寒士） …… 95	宏图（不再写作"鸿图"） …… 103
汗青（≠杀青） …… 95	宏伟（与"雄伟"有别） …… 103
汗牛充栋（不能写作"汗牛冲栋"） …… 96	虹（有二读） …… 104
瀚海（并非浩瀚的大海） …… 96	后嗣（别于"嗣后"） …… 104
行款（不读 xíngkuǎn） …… 96	后坐（和"后座"有别） …… 104
（脚）行（不读 xíng） …… 96	厚谊（和"厚意"不同） …… 104
行伍（出身）（不读 xíngwǔ） …… 96	忽然（≠突然） …… 104
（引）吭（高歌）（不读 kēng） …… 97	和（牌了）（不读 hé） …… 104
（树）行（子）（不读 háng 或 xíng） …… 97	胡子工程（和"豆腐渣工程"不同） …… 104
沆瀣（一气）（不能读 hángxiè） …… 97	核儿（不读 hér） …… 105
巷（道）（不读 xiàng） …… 97	护渔（不能写作"护鱼"） …… 105
（嗷饥）号（寒）（不读 hào） …… 97	护壁（和"补壁"有别） …… 105
好容易（不是很容易） …… 98	沪（和"泸"有别） …… 105
好不（威风）（不是"一点都不"） …… 98	虎不拉（不读 hǔbulā） …… 105
（让我）好找（并非容易寻找） …… 98	怙（恶不悛）（不读 gǔ） …… 105
好在（和"幸亏"有别） …… 98	糊弄（不读 húlòng） …… 105
好赖（≠好歹） …… 98	花（街柳巷）（并非可供观赏的植物） …… 106
（君子）好（逑）（不读 hào） …… 98	花子（和"花籽"迥异） …… 106
好事（之徒）（不读 hǎoshì） …… 99	花雕（和"雕花"不同） …… 106
（大坝）合龙（不能写作"合拢"） …… 99	花儿 huā'ér（和"花儿 huār"迥异） …… 106
合家（≠阖家） …… 99	花哨（不能写作"花梢"） …… 106
何如（≠如何） …… 99	（春）华（秋实）（不要写作"花"） …… 107
何况（≠而况） …… 100	（老奸巨）猾（不要写作"滑"） …… 107
和服（不叫"和装"） …… 100	化妆（和"化装"有别） …… 107
和蔼（别于"和善"） …… 100	画（地为牢）（不要写作"划"） …… 107
河东狮吼（不能用于男子） …… 100	画工（和"画功"有别） …… 107
貉（不能读 gé） …… 100	画外音（和"话外音"有别） …… 107
涸（不能读 gù） …… 100	踝（不能读 guǒ 或 luǒ） …… 108
（一丘之）貉（不读 luò 或 háo） …… 101	寰球（≠环球） …… 108

焕然（一新）（不能写作"涣然""换然"）
.... 108
皖（不能读 wǎn） 108
（病入膏）肓（不要误写作"盲"） 108
（兵）荒（马乱）（不要写作"慌"） 108
荒乱（别于"慌乱"） 109
黄牛（党）（不是牲畜） 109
（痛饮）黄龙（不是酒） 109
黄灯区（别于"红灯区""黄泛区"） 109
黄绢幼妇（不是披着黄色丝绢的少妇） 109
黄花（晚节）（并非黄花菜） 109
（心）灰（意懒）（不能写作"恢"） 110
（天网）恢恢（不能写作"灰灰"） 110
（朝）晖（不要写作"辉"） 110
（惨遭）回禄（不能误写作"回路"） 110
回笼（和"归拢"不同） 110
毁誉（并非名誉受损） 110
汇合（和"会合"不同） 111
会商（和"商会"不同） 111
沫（血）（不能写作"沫"） 111
荤（相声）（不能写作"浑"） 111
馄饨（和"混沌"迥异） 111
混一（天下）（并非"混合在一起"或"混为一
谈"） 112
火坑（别于"火炕"） 112
（游人甚）夥（不能写作"伙"） 112
（不可）或（缺）（不是"或许""或者"） 112
豁然（开朗）（不能写作"霍然"） 112
（茶）几（不读 jī） 113
肌（寒血凝）（不能写作"饥"） 113
奇零（不读 qíling） 113
赍（志而殁）（不能误写作"赍"） 113
亓（和"兀"不同） 113
跻（身）（不能写作"挤"） 113
激奋（别于"激愤"） 113
激烈（和"剧烈"有别） 113
及笄（和"及冠"有别） 114
（迫不）及（待）（不能写作"急"） 114
佶屈（聱牙）（不作"诘屈"） 114
亟（待解决）（不能写作"极"） 114
极尽……能事（并非只作贬义用） 114
（病）革（不读 gé） 115

急流（勇退）（不宜写作"激流"） 115
棘手（和"辣手"有别） 115
集体（和"群体"不同） 115
（杯盘狼）藉（不能写作"籍"） 115
（安分守）己（不能写作"纪"） 116
挤兑（和"挤对"不同） 116
挤轧（和"挤压"不同） 116
（人才）济济（不读 jǐ） 116
（供）给（不读 gěi） 116
（不）计（前嫌）（不能写作"记"） 116
伎俩（不读 jìliǎ） 117
纪念（≠记念） 117
系（鞋带）（不读 xì） 117
忌日（和"祭日"不同） 117
祭奠（和"祭祀"不同） 117
季（弟）（不是"老三"） 117
既望（和"冀望"迥异） 118
（一如）既往（不能写作"继往"） 118
继父（和"寄父"不同） 118
继任（和"留任"有别） 118
（国子监）祭酒（不是用酒祭奠或祭祀） ... 118
（社）稷（不能写作"谡"） 118
际遇（和"遭遇"不同） 118
（雪）茄（不读 qié） 119
佳城（并非"好"地方） 119
（汗流）浃（背）（不能写作"夹"） 119
家具（不能写作"家俱"） 119
嘉宾（不要写作"佳宾"） 119
戛然（而止）（不能写作"嘎然"） 120
尖厉（别于"尖利"） 120
歼灭（≠消灭） 120
坚苦卓绝（和"艰苦卓绝"不同） 120
间（不容发）（不读 jiàn） 121
浅浅（不读 qiǎnqiǎn） 121
（草）菅（人命）（不能误写作"管"） 121
缄（口）（不读 qián） 121
捡漏（和"捡漏儿"不同） 121
见（谅）（不是动词） 121
见长（有二读） 122
饯行（和"践行"有别） 122
践踏（≠蹂躏） 122
槛（车）（不读 kǎn） 122

（直栏横）槛（不读 kǎn） ……… 122
江（南）（不是泛指） ……… 123
（百足之虫，死而不）僵（不是僵硬） ……… 123
疆场（和"壃场"不同） ……… 123
匠石（和"石匠"有别） ……… 123
将指（不读 jiāngzhǐ） ……… 123
糨糊（不作"浆糊"） ……… 123
交代（不作"交待"） ……… 124
浇漓（不是被雨淋） ……… 124
娇纵（和"骄纵"不同） ……… 124
（庸中）佼佼（不能写作"姣姣"） ……… 124
（犯而不）校（不读 xiào） ……… 124
教工（别于"教员""教职员"） ……… 125
教师（≠老师） ……… 125
茭头（不能写作"荞头"） ……… 125
（再）醮（不能误写作"蘸"） ……… 125
接见（别于"会见"） ……… 125
接收（≠接受） ……… 125
接龙（和"合龙"不同） ……… 126
（城乡）接（合部）（不写作"结"） ……… 126
拮据（不读 jiéjù） ……… 126
桔（别于"橘"） ……… 126
（直）截（了当）（不能写作"接"） ……… 126
截至（和"截止"不同） ……… 126
解难（有二读） ……… 127
（无远弗）届（不能写作"界"） ……… 127
（一）介（书生）（不能指称他人） ……… 127
界限（≠界线） ……… 127
借口（别于"借故"） ……… 127
解元（不读 jiěyuán） ……… 128
（枕）藉（不读 jí） ……… 128
（震天）价（响）（不读 jià） ……… 128
巾帼（英雄）（不能写作"巾国"） ……… 128
（运）斤（成风）（不是量词） ……… 129
金乌（和"乌金"迥异） ……… 129
（喜结）金兰（不是姻缘） ……… 129
尽自（和"自尽"迥异） ……… 129
尽量（有二读） ……… 129
进行（和"举行"有别） ……… 129
（令行）禁（止）（不是"不许可"） ……… 130
（满腹）经纶（不能误写作"经伦"） ……… 130
（漫不）经心（不能误写作"精心"） ……… 130
（都）经验（过）（不是获得的知识、技能） ……… 130
惊鸿（不是惊弓之鸟） ……… 130
兢兢（业业）（不能误写作"競競"） ……… 131
精炼（和"精练"有别） ……… 131
（背）井（离乡）（不是水井） ……… 131
（陷）阱（不能误写作"井"） ……… 131
（高山）景行（不是徜徉在美景中） ……… 131
净身（不是沐浴） ……… 132
（不）胫（而走）（不能写作"径"） ……… 132
竟（日）（不能写作"竞"） ……… 132
泂（别于"洞"） ……… 132
炯炯（有神）（不能误写作"烔烔"） ……… 132
九州（不能写作"九洲"） ……… 133
久假不归（不是请了长假还没回来） ……… 133
酒药（别于"药酒"） ……… 133
旧雨（不是曾经下过的雨） ……… 133
旧年（≠去年） ……… 134
（既往不）咎（不能写作"究"） ……… 134
就诊（和"应诊"有别） ……… 134
就任（和"就任于"有别） ……… 134
且月（不读 qiěyuè） ……… 134
鞠躬（尽瘁）（不是弯身行礼） ……… 134
弆（别于"弃"） ……… 135
柜柳（不读 guìliǔ） ……… 135
咀（和"嘴"不同） ……… 135
举火（不是举着火把） ……… 135
（一）举（成名）（不是举动） ……… 135
举（一男）（不是"举起"） ……… 135
（医学）巨擘（不能写作"巨臂"） ……… 135
具体（而微）（不是"明确；不笼统"） ……… 135
虡（和"虚"迥异） ……… 136
（虎）踞（龙盘）（不能写作"据"） ……… 136
（细大不）捐（并非捐助） ……… 136
决计（≠决意） ……… 136
决非（和"绝非"不同） ……… 136
决（不罢休）（不能用"绝"） ……… 137
决意（和"绝意"不同） ……… 137
角（色）（不读 jiǎo） ……… 137
绝无仅有（不是完全没有） ……… 137
绝口（别于"决口"） ……… 137
倔强（不能读 qūqiáng 或 juèqiáng） ……… 138

| 厥（功至伟）（不能用"居"） …… 138
| 矍铄（不能用于年轻人） …… 138
| 军座（和"钧座"有别） …… 138
| 军令如山（不能说"军令如山倒"） …… 138
| 龟裂（不读 guīliè） …… 139
| 君命（和"军令"迥异） …… 139
| （千）钧（一发）（不能误写作"钓"或"钩"）
| …… 139
| 竣（工）（不能写作"峻"或"浚"） …… 139
| 咯（血）（不读 gē） …… 140
| 开除（和"除开"迥异） …… 140
| 开禁（不是开始禁止） …… 140
| 开司米（不是"米"） …… 140
| 开外（表年龄和表距离的用法不同） …… 140
| 开先河（和"开河"不同） …… 140
| 开怀（和"开怀儿"迥异） …… 141
| 凯旋归来（没有语病） …… 141
| （同仇敌）忾（不能读 qì） …… 141
| （不）刊（之论）（不是刊登、发表） …… 141
| 看（守所）（不读 kàn） …… 141
| 砍价（≠侃价） …… 141
| 侃（大山）（不能写作"坎"） …… 142
| 亢旱（和"抗旱"迥异） …… 142
| 抗生素（不说"抗菌素"） …… 142
| 考问（别于"拷问"） …… 142
| 考妣（≠怙恃） …… 142
| （不落）窠臼（不能写作"巢臼"） …… 143
| 可圈可点（不含贬义） …… 143
| 可（心）（不是"同意""值得"） …… 143
| 可怜见（≠可怜） …… 143
| 克复（失地）（不能写作"克服"） …… 143
| 克隆（≠复制） …… 144
| 克（勤克俭）（不是"战胜"） …… 144
| 剋（架）（不作"克"） …… 144
| （中）肯（不是"愿意；许可"） …… 144
| 空挡（别于"空档""空当"） …… 144
| 空穴来风（不限于指"无风不起浪"） …… 145
| 空心（有二读） …… 145
| 孔（武有力）（不是"洞；窟窿"） …… 145
| 孔方兄（不是人名） …… 145
| 口角（有二读） …… 146
| 口角春风（别于"口角生风"） …… 146
| 口占（一绝）（不能误写作"口赞"） …… 146
| 口吃（和"吃口"迥异） …… 146
| 口碑（≠有口皆碑） …… 146
| 口内（和"口外"迥异） …… 146
| 叩头（和"扣头"迥异） …… 146
| 扣压（和"扣押"不同） …… 147
| 扣（扳机）（不能写作"抠"） …… 147
| 苦功（和"苦工"不同） …… 147
| （扮相好）酷（不是残酷） …… 147
| 会（计）（不读 huì） …… 147
| 快刀（斩乱麻）（不是用刀很快地） …… 147
| 宽洪（≠宽宏） …… 148
| 宽敞（和"宽畅"迥异） …… 148
| 款识（和"款式"有别） …… 148
| 圹埌（不能误写作"塘埌"） …… 148
| 魁首（不是罪魁祸首） …… 148
| （一）夔（已足）（不能误写作"蘷"） …… 149
| （功亏一）篑（不能写作"蒉"或"溃"）
| …… 149
| 坤表（前面不要加"女式"） …… 149
| 壸（和"壶"迥异） …… 149
| （丢三）落（四）（不读 luò 或 lào） …… 150
| 腊（有二读） …… 150
| 蜡（有二读） …… 150
| 蜡梅（≠腊梅） …… 150
| （汽车打）蜡（不能写作"腊"） …… 150
| （银样）镴（枪头）（不能写作"蜡"） …… 151
| 来归（≠归来） …… 151
| 来年（≠来兹） …… 151
| 兰若（不读 lánruò） …… 151
| 栏杆（≠阑干） …… 151
| 阑尾（炎）（不能写作"烂尾"） …… 151
| （灯火）阑珊（不是"辉煌"） …… 152
| （夜）阑（不能写作"兰"） …… 152
| （筚路）蓝缕（不能写作"褴褛"） …… 152
| （无耻）谰言（不能写作"烂言"或"滥言"）
| …… 152
| 篮（球）（不能写作"蓝"或"兰"） …… 152
| 滥用（和"乱用"有别） …… 153
| 滥觞（和"泛滥""流觞"不同） …… 153
| 琅琅（≠朗朗） …… 153
| 榔头（不再写作"鄉头"） …… 153

银铛（入狱）（不是象声词） ……… 153
（屎壳）郎（不读 láng） ……… 154
老家（和"老家儿"迥异） ……… 154
老身（不用于男性） ……… 154
老鼻子（和鼻子无关） ……… 154
老（儿子）（不是年岁大） ……… 154
老皇历（不作"老黄历"） ……… 154
老（李）（不表示年纪） ……… 155
老婆儿（≠老婆子） ……… 155
老到（和"老道"有别） ……… 155
佬（并非都含贬义） ……… 155
（夏）潦（不读 liáo） ……… 155
勒（得太紧）（不读 lè） ……… 155
擂（鼓）（不再读 lèi） ……… 155
羸（和"赢""嬴""蠃"有别） ……… 156
耒耜（不能误写作"来耜"） ……… 156
冷清（≠清冷） ……… 156
梨枣（不是梨树和枣树） ……… 156
礼仪（和"礼义"不同） ……… 156
礼宾（别于"礼兵"） ……… 157
（鞭辟入）里（不能写作"理"） ……… 157
力气（≠气力） ……… 157
（再接再）厉（不能写作"励"） ……… 157
呖呖（和"沥沥""历历"不同） ……… 157
利市（不作"利是"） ……… 157
利害（≠厉害） ……… 157
莅临（和"光临"有别） ……… 158
（火中取）栗（不能误写作"粟"） ……… 158
（母女）俩（后边不能加"个"或其他量词）
　……… 158
连播（和"联播"不同） ……… 159
（浮想）联翩（不能写作"连篇"） ……… 159
联绵词（不作"连绵词"） ……… 159
联合国（不是"国"） ……… 159
廉正（和"廉政"有别） ……… 159
炼狱（不是下地狱） ……… 159
炼字（和"练字"迥异） ……… 160
恋栈（和"恋战"不同） ……… 160
亮眼人（和"明眼人"不同） ……… 160
（茶）凉（一会儿喝）（不读 liáng） ……… 160
亮丽（≠靓丽） ……… 160
量（体裁衣）（不读 liáng） ……… 160

（民不）聊（生）（不是姑且、闲谈） ……… 161
寥寥（无几）（不能写作"了了"） ……… 161
（不甚）了了（不是聪明） ……… 161
料峭（和"凛冽""冷峭"有别） ……… 161
（中国）料理（不是办理；处理） ……… 161
冽（和"洌"不同） ……… 162
拎（不读 líng） ……… 162
林农（别于"农林"） ……… 162
林丛（≠丛林） ……… 162
（凤毛）麟（角）（不能写作"鳞"） ……… 162
吝啬（≠吝惜） ……… 162
（孤苦）伶仃（不再写作"零丁"） ……… 163
（身陷）囹圄（不能换用"监狱"） ……… 163
泠风（和"冷风"不同） ……… 163
（西）泠（印社）（不能误写作"冷"） ……… 163
（高屋建）瓴（不能写作"领"） ……… 163
凌迟（≠陵迟） ……… 163
凌晨（和"黎明"有别） ……… 164
零（和"〇"用法不同） ……… 164
零的突破（≠零突破） ……… 164
（五）令（白报纸）（不读 lǐng） ……… 164
令尊（和"家父"有别） ……… 164
令嗣（≠哲嗣） ……… 165
令（闻）令（望）（不是命令或使、让）
　……… 165
令人喷饭（和"忍俊不禁"有别） ……… 165
呤（别于"吟"） ……… 165
流连（和"留恋"有别） ……… 166
流利（和"流丽"有别） ……… 166
留传（和"流传"不同） ……… 166
陆（佰元）（不读 lù） ……… 166
碌碡（不读 lùdú） ……… 166
龙准（和"隆准"不同） ……… 166
龙头（别于"笼头"） ……… 167
龙钟（和"龙种"不同） ……… 167
龙马（精神）（并非"龙"和"马"） ……… 167
娄子（和"篓子"迥异） ……… 167
露面（≠露脸） ……… 167
露怯（不是怯场） ……… 167
露头（有二读） ……… 168
芦苇（不能写作"**芦苇**"） ……… 168

绿（林）（不读 lǜ） …… 168	门外汉（不是"门外的人"）…… 175
路道（和"道路"不同）…… 168	（我）们（不再受数量结构修饰）…… 175
（湿）漉漉（不能误写作"辘辘""漯漯"）…… 168	蒙眬（和"朦胧"有别）…… 175
戮（尸）（不是"杀"或"并"）…… 168	蒙蒙（不要写作"濛濛"）…… 176
旅（进）旅（退）（不是旅客）…… 169	蒙尘（和"蒙垢""尘封"不同）…… 176
绿肥（红瘦）（不是肥料）…… 169	蒙难（≠遇难）…… 176
娈童（不是猥亵小男孩）…… 169	弥蒙（≠迷蒙）…… 176
伦敦（和"敦伦"迥异）…… 169	（哈）密（瓜）（不能误写作"蜜"）…… 176
（美）轮（美奂）（不能写作"仑"）…… 169	密诏（和"密召"不同）…… 176
捋（起袖子）（不读 lǚ）…… 170	（柔情）密（意）（不能误写作"蜜"）…… 176
啰唆（不再写作"罗唆"）…… 170	密语（和"蜜语"不同）…… 177
啰里啰唆（并非不能说"啰啰唆唆"）…… 170	绵（里藏针）（不能误写作"棉"）…… 177
啰嗊曲（不读 luōgòngqǔ）…… 170	免职（和"撤职"不同）…… 177
螺丝（和"螺蛳"迥异）…… 170	勉（为其难）（不是勉励、鼓励）…… 177
蚂螂（不读 mǎláng）…… 171	面子（和"脸子"不同）…… 177
马甲（和"甲马"迥异）…… 171	面貌（≠面容）…… 178
（牛溲）马勃（与"马"无关）…… 171	面世（和"面市"不同）…… 178
埋单（≠买单）…… 171	名刺（不是有名的刺客）…… 178
埋汰（不能写作"埋汏"）…… 171	名声（≠名气）…… 178
（阴）霾（不能读 lí）…… 172	（一文不）名（不是"说出"）…… 178
卖关节（和"卖关子"迥异）…… 172	（一代）名优（并非有名而优良的）…… 179
埋怨（不读 máiyuàn）…… 172	名噪一时（和"鼓噪一时"不同）…… 179
蔓延（和"曼延"不同）…… 172	（师出无）名（不是名气）…… 179
龙（和"龙"有别）…… 172	名品（和"品名"有别）…… 179
毛贼（和"蟊贼"不同）…… 172	名义（和"名誉"不同）…… 179
（不）毛（之地）（不是"毛发"）…… 172	明火执仗（和"明杖"迥异）…… 179
毛孩子（和"毛孩"迥异）…… 173	明日（黄花）（不要写作"昨日"）…… 180
毛皮（≠皮毛）…… 173	（纰）缪（不读 móu）…… 180
（名列前）茅（不能写作"茆""矛"）…… 173	模范（≠榜样）…… 180
茅屋（和"茅房"迥异）…… 173	嬷嬷（不读 māma）…… 180
猫（腰）（不读 māo）…… 173	末了（和"未了"不同）…… 180
冇（不读 mó）…… 173	没（奈何）（不读 méi）…… 180
贸（然）（不能写作"冒"）…… 173	脉脉（和"默默"不同）…… 181
芼（和"笔"不同）…… 174	莫如（≠不如）…… 181
帽子戏（和"帽子戏法"迥异）…… 174	莫名其妙（和"莫明其妙"有别）…… 181
（好得）没治（了）（不是无法救治；无法处理）…… 174	莫逆之交（和"刎颈之交"不同）…… 181
（衔）枚（不能写作"梅"）…… 174	墨（守成规）（不能误写作"默"）…… 182
每况愈下（不作"每下愈况"）…… 174	拇（指）（不能误写作"姆"）…… 182
（联）袂（不读 jué）…… 175	木樨饭（不是用桂花炒的饭）…… 182
谜儿（不读 mír）…… 175	目不交睫（和"目不见睫"有别）…… 182
	目劄（不作"目札"）…… 182
	牧歌（不是牧师安排唱的歌）…… 182

南无（不读 nánwú） ……………… 183	偶尔（和"偶然"不同） ……………… 190
奈何（和"奈河"迥异） ……………… 183	怄（气）（不能写作"呕"） ………… 190
奈（别于"奈"） …………………… 183	𰾎（耳朵）（不能误写作"杷"）…… 191
（俗不可）耐（不能写作"奈"） …… 183	派司（不读 pàisī） ………………… 191
男工（和"男公"不同） …………… 183	扒（手）（不要写作"耪"） ………… 191
难道（≠莫非） ……………………… 183	拍案而起（和"拍案叫绝"有别） …… 191
难兄难弟（有二读） ………………… 184	排斥（和"排挤"不同） …………… 191
（论）难（不读 nán） ……………… 184	排忧解难（有二读） ……………… 192
（排）难（解纷）（不读 nán） …… 184	（牛）排（不是排骨） ……………… 192
呶呶（不休）（不能读 núnú） …… 184	徘徊（和"徜徉"有别） …………… 192
（泥）淖（不能读 zhuó） ………… 184	迫击炮（不读 pòjīpào） …………… 192
（玛）瑙（不能写作"璃"） ………… 184	排（子车）（不读 pái） …………… 192
内子（不是儿子） ………………… 185	爿（和"片"不同） ………………… 192
恁地（不能误写作"凭地"） ……… 185	般（乐）（不读 bān） ……………… 192
能（≠会） …………………………… 185	盘踞（不能写作"盘据"） ………… 193
（素不相）能（不是"能力""能够"） … 185	蹒跚（不作"盘跚"） ……………… 193
（烂醉如）泥（不是泥巴） ………… 185	（大雨）滂沱（不能读 pángtuó） … 193
泥（古）（不读 ní） ………………… 185	膀（肿）（不读 páng 或 bǎng） … 193
逆旅（并非逆境） ………………… 186	庞大（别于"巨大"） ……………… 193
逆产（≠难产） ……………………… 186	磅礴（不读 bàngbó） ……………… 193
（信手）拈（来）（不能写作"捻"）… 186	抛弃（≠扬弃） ……………………… 193
年青（和"年轻"不同） …………… 186	（越俎代）庖（不能误写作"疱"）… 194
年纪（≠年龄） ……………………… 187	炮烙（不读 pàolào） ……………… 194
黏（别于"粘"） …………………… 187	泡子（有二读） …………………… 194
辗（别于"碾"） …………………… 187	泡制（和"炮制"不同） …………… 194
廿（不读 èrshí） …………………… 187	赔（笑）（不能写作"陪"） ………… 194
（五四）念（二周年）（不是"纪念"）… 187	（凤冠霞）帔（不能写作"披"） …… 194
鸟瞰（≠俯视） ……………………… 187	佩带（和"佩戴"不同） …………… 195
（便）溺（不读 nì） ………………… 187	怦（和"砰"不同） ………………… 195
（发）苶（不能误写作"荼"或"茶"）… 188	朋（比为奸）（不是朋友） ………… 195
您（后边一般不加"们"） ………… 188	蓬筚生辉（不能他用） …………… 195
宁馨（不是宁静温馨） …………… 188	批捕（和"被捕"不同） …………… 195
宁静（和"宁靖"不同） …………… 188	琵琶别抱（并非男子另找新欢） … 196
（泥）泞（不读 níng） ……………… 188	圮（和"圯"迥异） ………………… 196
牛马走（不是牛马走路） ………… 188	否（极泰来）（不读 fǒu） ………… 196
（气冲）牛斗（不读 niúdòu） …… 188	媲美（不能与坏事比较） ………… 196
（鸡口）牛后（不是甘居人后的老黄牛）… 189	扁（舟）（不读 biǎn） ……………… 196
（装神）弄（鬼）（不读 lòng） …… 189	（大腹）便便（不读 biànbiàn） … 196
怒（放）（不是愤怒） ……………… 189	（价钱）便宜（不读 biànyí） …… 197
女优（并非优秀的女人） ………… 189	便辟（和"便嬖"有别） …………… 197
偶合（和"耦合"不同） …………… 190	胼手胝足（和"抵足而眠"迥异） … 197
	片段（和"片断"不同） …………… 197

苤蓝（不读 pǐlán） …… 197	（珠光宝）气（不能写作"器"） …… 205
贫乏（≠匮乏） …… 198	气化（和"汽化"不同） …… 205
蘋（和"苹"不同） …… 198	气锤（和"汽锤"不同） …… 205
（青）蘋（之末）（不能写作"萍"或"苹"） …… 198	气不忿儿（不能写作"气不愤儿"） …… 206
品位（和"品味"不同） …… 198	弃世（≠去世） …… 206
平添（不能写作"凭添"） …… 198	弃养（不限于放弃抚养） …… 206
平心（而论）（不能写作"凭心"） …… 199	（修）葺（不能误写作"茸"） …… 206
平靖（和"平静"不同） …… 199	器重（和"看重"不同） …… 206
平和（和"和平"有别） …… 199	器质（和"气质"不同） …… 206
（暴虎）冯（河）（不读 féng） …… 199	袷袢（不能误写作"袷袢"） …… 207
（梁山）泊（不读 bó） …… 199	卡（壳）（不读 kǎ） …… 207
泼剌（不要误写作"泼刺"） …… 199	恰好（和"恰巧"有别） …… 207
（须发）皤（然）（不读 fān） …… 199	千瓦（不再写作"瓩"） …… 207
朴树（不读 pǔshù） …… 200	牵掣（和"牵制"有别） …… 207
破相（和"破脸"迥异） …… 200	谦逊（和"谦虚"不同） …… 207
破瓜（与"破身"不同） …… 200	掮（客）（不能读 jiān） …… 208
破钞（本无"破旧的钞票"义） …… 200	（朝）乾（夕惕）（不能写作"干"） …… 208
（一）抔（黄土）（不能误写作"杯"） …… 200	荨（麻）（不读 xún） …… 208
（立）仆（不读 pú） …… 200	钤（印）（不能误写作"铃"） …… 208
（返）璞（归真）（不能误写作"濮"） …… 201	前仆后继（≠前赴后继） …… 208
（一）曝（十寒）（不读 bào） …… 201	黔首（和"面首"迥异） …… 208
七月流火（不限于指天气转凉） …… 202	欠伸（和"欠身"不同） …… 209
萋萋（别于"凄凄"） …… 202	（拉）纤（不读 xiān） …… 209
期期艾艾（和"自怨自艾"迥异） …… 202	茜（纱）（不读 xī） …… 209
期颐（≠百旬） …… 202	（呼天）抢（地）（不读 qiǎng） …… 209
缉（鞋口）（不读 jī） …… 202	将（进酒）（不读 jiāng 或 jiàng） …… 209
蹊跷（不读 xīqiāo） …… 203	（挖）墙脚（不能写作"墙角"） …… 210
圻（别于"坼"） …… 203	强（人所难）（不读 qiáng） …… 210
岐黄（不能误写作"歧黄""芪黄"） …… 203	缲（衣边）（不读 sāo） …… 210
其间（和"期间"不同） …… 203	乔迁（不能用于自己搬家） …… 210
其他（不再用"其它"） …… 203	巧夺天工（不能指天然美） …… 210
（出）奇（制胜）（不能误写作"其"） …… 204	悄没声（不读 qiāoméishēng） …… 211
（煮豆燃）萁（不能误写作"箕"） …… 204	雀（盲眼）（不读 què） …… 211
（枸）杞（不读 jǐ） …… 204	（地）壳（不读 ké） …… 211
启程（不作"起程"） …… 204	切口（有二读） …… 211
启用（和"起用"有别） …… 204	伽（蓝）（不读 jiā） …… 211
起火（有二读） …… 204	窃（以为）（不是偷） …… 212
起旱（不是出现旱情） …… 205	（授受不）亲（不能写作"清"） …… 212
稽（首）（不读 jī） …… 205	青眼（并非"青光眼"） …… 212
气味相投（≠臭味相投） …… 205	青睐（不读 qīnglái） …… 212
	（一缕）青丝（不是绿色的丝线） …… 212
	青纱帐（不能写作"青纱账"） …… 212

(山) 清 (水秀) (不能写作 "青") ……… 213
清冷 (和 "清冷" 有别) ……………… 213
清净 (和 "清静" 不同) ……………… 213
情同手足 (不能用于亲兄弟) ………… 213
庆父 (不死，鲁难未已) (不读 qìngfù)
　　……………………………………… 214
清 (和 "清" 不同) …………………… 214
磬 (竹难书) (不能误写作 "罄") …… 214
穷 (而后工) (不是贫穷) …………… 214
穷家富路 (并非穷人走上了富裕的道路)
　　……………………………………… 215
(兀兀) 穷年 (并非年成不好) ……… 215
穷尽 (不是贫穷到极点) …………… 215
屈指可数 (和 "指不胜屈" 迥异) …… 215
(举) 袪 (拂尘) (不能写作 "祛") … 215
龋龋眼 (不读 qùqùyǎn) ……………… 215
(清) 癯 (不能误写作 "瞿") ………… 216
龋 (齿) (不读 yǔ) …………………… 216
去职 (不是前往任职) ……………… 216
(他) 去 (曹操) (不是跟 "来" 相对) … 216
权利 (和 "权力" 不同) ……………… 216
权 (衡) (不是权力) ………………… 217
全天候 (不只限于气候条件) ……… 217
全人 (和 "完人" 不同) ……………… 217
全然 (用于否定式) ………………… 217
蜷曲 (≠卷曲) ………………………… 217
犬子 (并非狗崽) …………………… 217
劝 (学) (不是 "劝说") ……………… 217
劝说 (与 "规劝" 有别) ……………… 218
缺陷 (和 "缺憾" 有别) ……………… 218
缺少 (≠缺乏) ………………………… 218
鹊巢鸠占 (不能误作 "雀巢鸠占") … 218
群楼 (和 "裙楼" 有别) ……………… 218
染指 (不是褒义词) ………………… 219
(熙熙) 攘攘 (不能误写作 "嚷嚷") … 219
人丹 (≠仁丹) ………………………… 219
人面桃花 (≠面若桃花) ……………… 219
人道主义灾难 (并非人道主义带来灾难)
　　……………………………………… 220
人证 (和 "证人" 不同) ……………… 220
人犯 (≠犯人) ………………………… 220
人心惶惶 (不要写作 "人心慌慌") … 220

壬 (别于 "壬") ……………………… 220
(麻木不) 仁 (不是仁慈) …………… 220
(色厉内) 荏 (不读 rèn) …………… 221
(发) 轫 (不能误写作 "韧") ………… 221
(桑) 葚 (儿) (不读 shèn) ………… 221
日前 (别于 "目前" "日内") ……… 221
日无暇晷 (和 "日晷" 迥异) ………… 221
容貌 (和 "相貌" 有别) ……………… 222
溶溶 (和 "融融" 不同) ……………… 222
熔化 (和 "溶化" "融化" 不同) …… 222
融汇 (和 "融会" 不同) ……………… 222
(拨) 冗 (不能读 chén) ……………… 222
(杂) 糅 (不能写作 "揉") …………… 223
如聆梵音 (和 "如聆謦欬" 有别) …… 223
如坐春风 (不能用于施动者) ……… 223
如鱼得水 (和 "如鱼似水" 不同) …… 223
如 (厕) (不是好像；如同) ………… 224
如其 (和 "如期" 不同) ……………… 224
蠕动 (和 "嚅动" 不同) ……………… 224
入闱 (和 "入围" 不同) ……………… 224
入定 (和 "人定" 不同) ……………… 224
入主 (和 "入住" 有别) ……………… 224
阮囊 (羞涩) (不能误作 "锦囊") …… 224
软硬兼施 (和 "恩威并用" 不同) …… 225
锐利 (≠锋利) ………………………… 225
蕊 (不能简化为 "蕋") ……………… 225
仨 (后面不能加 "个" 或其他量词) … 226
卅 (不读 sānshí) …………………… 226
(于) 思 (不读 sī) …………………… 226
塞 (外) (不读 sāi 或 sè) …………… 226
三聚氰胺 (不读 sānjùqīng'ān) …… 226
三人成虎 (并非团结就是力量) …… 226
三昧 (和 "三味" 不同) ……………… 227
三部曲 (一般不作 "三步曲") ……… 227
三阳开泰 (不作 "三羊开泰") ……… 227
(连中) 三元 (不是上元、中元、下元) … 227
三鼎甲 (≠三甲) ……………………… 228
(一问) 三不知 (不是实指哪方面) … 228
(退避) 三舍 (并非 "三间房舍") …… 228
三驾马车 (不是三辆马车) ………… 228
桑梓 (不要写作 "乡梓") …………… 228

搔痒（和"瘙痒"不同） …… 229	生日（≠诞辰） …… 236
沙龙（和"纱笼"迥异） …… 229	生前（不作"死前"） …… 236
砂眼（和"沙眼"迥异） …… 229	生机勃勃（和"生气勃勃"不同） …… 236
唼喋（不读 shàdié） …… 229	（他是上海）生人（不是陌生人） …… 237
（高楼大）厦（不读 xià） …… 229	生意（盎然）（并非做买卖） …… 237
山高水低（并非景色秀丽） …… 229	声名鹊起（别于"声名雀噪"） …… 237
（寝）苫（枕块）（不读 shàn） …… 230	声速（不再用"音速"） …… 237
潸（然泪下）（不要误写作"潜"） …… 230	胜于（≠甚于） …… 237
扇动（和"煽动"有别） …… 230	胜地（和"圣地"不同） …… 238
闪耀（≠闪烁） …… 230	尸（位素餐）（不是尸体） …… 238
善财（和"善才"迥异） …… 230	失误（不要加"不必要"） …… 238
赡养（不能误写作"瞻养"） …… 231	失散（≠散失） …… 238
汤汤（不读 tāngtāng） …… 231	失真（和"失贞"迥异） …… 238
商榷（和"商量"有别） …… 231	失物（和"遗物"不同） …… 238
商女（不是女商人） …… 231	师座（和"座师"迥异） …… 239
上交（≠上缴） …… 232	诗三百（不是《唐诗三百首》） …… 239
上坟（≠扫墓） …… 232	（红烧）狮子头（并非狮子的头） …… 239
上色（有二读） …… 232	嘘（有二音） …… 239
上下其手（不作"非礼"讲） …… 232	十来斤重（≠十斤来重） …… 239
（礼）尚（往来）（不能写作"上"） …… 232	十七八岁（不能写作17、8岁） …… 239
韶（不能读 shào） …… 232	十三点（不表示时间） …… 239
少（安毋躁）（不要写作"稍"） …… 233	什一（和"十一"不同） …… 239
少时（不读 shàoshí） …… 233	时过境迁（和"事过境迁"有别） …… 240
（老）少（边穷）（不是指年少） …… 233	时事（和"时势"不同） …… 240
少儿歌曲（和"儿歌"有别） …… 233	实足（和"十足"不同） …… 240
（年高德）劭（不能误写作"邵"） …… 233	实落（≠落实） …… 240
（唇枪）舌剑（不能写作"舌战"） …… 233	实行（和"履行"不同） …… 240
折（本）（不读 zhē 或 zhé） …… 233	食言（而肥）（不能误作"失言"） …… 240
舍宾（与宾客无关） …… 234	食指（大动）（不能误写作"十指"） …… 241
舍利（不读 shělì） …… 234	食色（不是食物的颜色） …… 241
（神不守）舍（并非指房屋） …… 234	食粮（≠粮食） …… 241
舍弟（≠弟弟） …… 234	（遗）矢（不是箭） …… 241
拾（级）（不读 shí） …… 234	（狼奔）豕（突）（不能误写作"豸"） …… 241
摄氏度（不能说"摄氏……度"） …… 234	始作俑者（不是褒义词语） …… 241
身体（力行）（不是指人的身体） …… 235	士女（和"仕女"有别） …… 242
莘莘学子（不能加数量词） …… 235	（人情）世故（不能误写作"事故"） …… 242
深文周纳（不是刻意寻求深奥的文义） …… 235	式微（不是稍微或少许） …… 242
神荼郁垒（不读 shéntú-yùlěi） …… 235	似的（不读 sìde） …… 242
神旺（和"神往"不同） …… 235	势不两立（≠誓不两立） …… 243
神舟（六号）（不能误写作"神州"） …… 236	（无所）事事（不是每件事） …… 243
哂（纳）（不能误写作"晒"） …… 236	（各行其）是（不能误写作"事"） …… 243
蜃景（和"胜景"不同） …… 236	（惹）是（生非）（不作"事"） …… 243

是否（≠是不是） …………… 244	死友（不是死去的朋友） …………… 251
适合（≠合适） …………… 244	死于安乐（不是在安乐中死去） …… 251
弑（不能用于"上"对"下"） …… 244	似乎（≠好像） …………… 251
释怀（和"忘怀"不同） …… 244	（雨）凇（不能误写作"淞"） …… 251
嗜好（和"爱好"有别） …… 244	蒐（不再是"搜"的异体字） …… 252
（骨）殖（不读zhí） …… 244	（尸位）素餐（并非素的饭菜或吃素食） … 252
收集（和"搜集"不同） …… 245	（不）速（之客）（不是迅速） …… 252
收罗（与"搜罗"有别） …… 245	（腰）酸（腿痛）（不再写作"痠"） …… 252
收场（≠下场） …… 245	尿（泡）（不读niào） …… 252
手术（前面不能加"被"） …… 245	（暴戾恣）睢（不要误写作"雎"） …… 252
首当其冲（不是首先） …… 245	（饔）飧（不继）（不能误写作"飡"或"餐"）
首（肯）（不是首先） …… 246	…………… 253
首犯（和"初犯"不同） …… 246	损坏（与"损害"不同） …………… 253
首鼠（两端）（和老鼠无关） …… 246	他们（不限于男性） …………… 254
首都（和"首府"有别） …… 246	（死心）塌（地）（不要写作"踏"） …… 254
首善之区（不能指首都以外的城市） … 246	（汗）褟（儿）（不能误写作"禢"） …… 254
寿幛（和"挽幛"有别） …… 247	（水）獭（不读lài） …………… 254
受众（不是接受众人什么） …… 247	獭祭（不能误作"懒祭"） …………… 254
受（看）（不是接受） …… 247	拓（片）（不读tuò） …………… 254
受命（和"授命"不同） …… 247	（舌）苔（不读tái） …………… 255
授人以渔（和"授人以鱼"不同） … 247	鲐背（和"期颐"有别） …………… 255
授权（和"受权"不同） …… 247	（菜）薹（不能简化作"苔"） …………… 255
（伯仲）叔（季）（并非指父） …… 247	太牢（和"大牢"迥异） …………… 255
（名）姝（不能误写作"殊"） …… 248	太阿（倒持）（不读tài'ā） …………… 255
舒怀（和"抒怀"不同） …… 248	（抢）滩（不能写作"摊"） …………… 255
孰料（和"殊料"迥异） …… 248	弹劾（不读dànhé） …………… 256
树立（和"竖立"不同） …… 248	（天方夜）谭（不要写作"谈"） …………… 256
竖子（和"庶子"有别） …… 248	坦陈（己见）（不能写作"坦诚"） …………… 256
双鲤（并非实指两条鲤鱼） …… 248	碳化板（不能写作"炭化板"） …………… 256
（屡试不）爽（不是舒服；畅快） … 249	（赴）汤（蹈火）（并非汤水） …………… 256
水酒（和"酒水"有别） …… 249	蹚（和"趟"不同） …………… 257
（游）说（不读shuō） …… 249	叨教（别于"讨教"） …………… 257
（节哀）顺变（不能写作"顺便"） … 249	绦（不能读tiáo） …………… 257
说不上（≠说不上来） …… 249	（乐）陶陶（不能写作"淘淘"） …………… 257
（众口）铄（金）（不能写作"烁"） … 250	体己（不读tǐjǐ） …………… 257
数（见不鲜）（不读shù或shǔ） … 250	**鹈鹕**（不能写作"**鹈鴂**"） …………… 258
司空（见惯）（不是人名） …… 250	题名（和"提名"不同） …………… 258
私淑（和"私塾"不同） …… 250	题词（和"提词"迥异） …………… 258
澌（别于"嘶"） …… 250	醍醐（灌顶）（不能写作"鹈鹕"） …………… 258
斯文（扫地）（不是文雅） …… 251	涕（泗滂沱）（不是鼻涕） …………… 258
死耗（不是死老鼠） …… 251	惕（≠**惕**） …………… 258
死校（不读sǐxiào） …… 251	

（素面朝）天（不是天空）……259	析（和"析""拆""折"不同）……266
天老爷（和"天老儿"迥异）……259	唾手可得（义同"垂手可得"）……266
（民以食为）天（不是老天爷）……259	（女）娲（不读 wō）……267
添彩（别于"挂彩"）……259	（弄）瓦（不是瓦片）……267
（焚林而）田（不是农田）……259	瓦（瓦）（不读 wǎ）……267
填房（≠偏房）……260	外商（并非外地客商）……267
忝（居其位）（不能用于别人）……260	外号（和"号外"迥异）……267
舔（和"舔"有别）……260	完了（不读 wánle）……267
条文（和"条纹"迥异）……260	完事大吉（和"万事大吉"不同）……267
（千里）迢迢（不能读 zhāozhāo）……260	莞尔（一笑）（不读 guǎn'ěr 或 guān'ěr）
亭亭（玉立）（不能写作"婷婷"）……261	……268
挺尸（并非死亡）……261	万人空巷（不是大街上没有人）……268
铤（而走险）（不能写作"挺"）……261	万万（≠千万）……268
恫瘝（在抱）（不要写作"病鳏"）……261	（压）蔓（不读 màn）……268
通信（和"通训"不同）……261	亡妻（不是亡故者的妻子）……268
同行（有二读）……262	亡命（不是丧命）……268
铜版（和"铜板"有别）……262	枉顾（和"罔顾"有别）……269
童真（和"童贞"有别）……262	（置若）罔（闻）（不能误写作"网"）……269
童生（并非仅指年幼的读书人）……262	望八（不表示时间）……269
瞳瞳（不能误写作"瞳瞳"）……262	望其项背（和"望尘莫及""项背相望"不同）
统率（和"统帅"有别）……262	……269
（胡）同（不读 tóng）……263	望洋（兴叹）（不是望着海洋）……270
（闹了一）通（不读 tōng）……263	危楼（不限于指有倒塌危险的楼房）……270
痛哭失声（和"失声痛哭"有别）……263	（正襟）危（坐）（不是危险）……270
投（明）（不是投靠；参加）……263	危（言）危（行）（不是危险）……270
投（毛巾）（不是投掷；扔）……263	（虚与）委蛇（不读 wěishé）……270
凸现（和"突现"有别）……263	微词（不是微不足道的话）……271
（曲）突（徙薪）（不是突然）……264	韦（编三绝）（不能误写作"苇"）……271
突起（≠凸起）……264	为荷（不读 wéihé）……271
荼（毒生灵）（不是茅草的白花）……264	为富不仁（不是富人都没有好心肠）……271
（生灵）涂炭（不是死亡）……264	圩垸（不读 xūwǎn）……271
湍（急）（不能写作"喘"）……264	围腰（和"腰围"不同）……272
忒（甜）（不读 tè）……265	委身（和"献身"不同）……272
蜕化（变质）（不能写作"退化"）……265	委曲（求全）（不能误写作"委屈"）……272
煺毛（和"褪毛"不同）……265	未亡人（不是还活在世上的人）……272
屯积（≠囤积）……265	未果（不是没有结果）……272
褪（下手套）（不读 tuì）……265	未免（和"难免"有别）……273
脱壳（有二读）……265	（一）位（英雄）（和用"名"不同）……273
鸵鸟（不能误写作"驼鸟")……265	慰藉（不读 wèijí）……273
酡（红）（不能误写作"陀"）……266	慰问电（和"唁电"不同）……273
庹（和"拃"有别）……266	温吞（≠温暾）……273
拓宽（≠拓展）……266	文（身）（不能误写作"纹"）……273

文理（别于"纹理"） …… 274	膝下（和"足下"不同） …… 282
纹风（不动）（不能写作"闻风"） …… 274	膝下犹虚（和"中馈犹虚"有别） …… 282
问津（和"过问"不同） …… 274	嬉笑（和"嘻笑"有别） …… 283
问鼎（不宜用于夺冠后） …… 274	习习（有二解） …… 283
窝心（南北方言迥异） …… 274	习非成是（和"积非成是"不同） …… 283
蜗（居）（不能写作"窝"） …… 275	媳妇儿（和"媳妇"不同） …… 283
我公司（不能说"我司"） …… 275	洗钱（与"洗儿钱"无关） …… 283
斡旋（和"周旋"有别） …… 275	冊（后边不能加"十"） …… 284
（兔走）乌（飞）（不能误写作"鸟"） …… 275	（解铃）系（铃）（不读jì） …… 284
乌七八糟（不要写作"污七八糟"） …… 275	（收拾）细软（不是指棉被等杂物） …… 284
於菟（不读yútù） …… 276	（脉搏）细数（不读xìshǔ） …… 284
（不愧）屋漏（不是屋子漏雨） …… 276	鍜（别于"锻"） …… 284
（路）恶（在）?（不读è、ě或wù） …… 276	下里巴人（不是"人"） …… 284
无为（而治）（不是无所作为） …… 276	下首（和"下手"有别） …… 285
无一例外（和"莫不例外"迥异） …… 276	下野（和"下台"不同） …… 285
无瑕（和"无暇"有别） …… 277	下榻（和"下塌"迥异） …… 285
无中生有（和"捕风捉影"不同） …… 277	夏至（不是"夏天到了"） …… 285
无以（和"无已"不同） …… 277	先生（并非男士的专利） …… 286
无由（不是没有理由） …… 277	先室（不称"先妻"） …… 286
无不（和"不无"有别） …… 277	衹（和"袛"、"袄"不同） …… 286
无所不至（和"无微不至"有别） …… 278	（垂）涎（不能读yán） …… 286
无疑不是（和"不能不说是"迥异） …… 278	舷梯（和"悬梯"有别） …… 286
（一往）无前（不是无法再前进） …… 278	洗马（不是给马洗澡） …… 286
无耻（不是没有耻辱） …… 278	（华佗再）见（不读jiàn） …… 287
无时无刻（和"每时每刻"迥异） …… 278	献芹（并非实指送上芹菜） …… 287
毋宁（不再写作"无宁"） …… 278	献丑（和"现丑"有别） …… 287
五风十雨（并非指恶劣天气） …… 279	乡党（并非乡村中的党员） …… 287
五湖四海（和"五洲四海"不同） …… 279	乡愿（不是回乡的愿望） …… 287
五四运动（不写作"5·4运动"） …… 279	相见恨晚（别于"相知恨晚"） …… 288
武功（≠武工） …… 280	相应（有二读） …… 288
薅（拉草）（不读wū） …… 280	（安）详（不能写作"祥"） …… 288
戊夜（≠午夜） …… 280	降服（和"降伏"迥异） …… 288
物象（和"物像"有别） …… 280	翔（实）（不作"详"） …… 288
物（议纷纷）（不能误写作"勿"） …… 280	庠（序）（不能误写作"痒"） …… 288
（待人接）物（不是指东西；事物） …… 280	享年（不能用于青少年） …… 288
（交）恶（不读è、ě、wù） …… 281	响马（非"马"） …… 289
（趋之若）鹜（不能误写作"鹭"） …… 281	想象（不再写作"想像"） …… 289
（好高）骛（远）（不能误写作"鹜"） …… 281	向午（≠晌午） …… 289
寤生（≠逆产） …… 281	向导（不读xiàngdǎo） …… 289
晳（别于"皙"） …… 282	（吉人天）相（不是相貌） …… 289
锡茶壶（不能误写作"锡茶壶"） …… 282	象箸（不能误写作"象著"） …… 289
嘻皮笑脸（和"喜眉笑眼"不同） …… 282	（四不）像（不能写作"象"） …… 289

枭首（不是贩毒集团的头目） …………… 289
（元）宵（不能误写作"霄"） …………… 290
萧郎（并非特指姓萧的小伙子） …………… 290
销毁（和"烧毁"不同） …………… 290
（一笔勾）销（不能写作"消"） …………… 290
（形）销（骨立）（不能写作"消"） …………… 290
小时（≠钟头） …………… 291
小可（不才）（不是轻微；寻常） …………… 291
小字（≠字） …………… 291
小子（有二音） …………… 291
（关）小号（不是乐器） …………… 291
小儿（并非仅指最小的儿子） …………… 291
小熊猫（不是熊猫的崽） …………… 291
小照（和"玉照"有别） …………… 292
笑眯眯（不能写作"笑咪咪"） …………… 292
（以儆）效尤（不是效仿优秀的人） …………… 292
效仿（和"效尤"不同） …………… 292
效力（和"效率"不同） …………… 292
叶（韵）（不读 yè） …………… 293
斜睨（和"斜视"不同） …………… 293
偕同（和"协同"有别） …………… 293
泄露（和"泄漏"有别） …………… 293
卸妆（≠卸装） …………… 293
（浑身）解（数）（不读 jiě 或 jiè） …………… 293
邂逅（相遇）（前面不要再加"偶然"） …………… 294
心心相印（和"心手相应"不同） …………… 294
心广体胖（和"心宽体胖"有别） …………… 294
心律（和"心率"不同） …………… 294
心肌梗死（不说"心肌梗塞"） …………… 294
心劳计绌（和"心劳日拙"不同） …………… 294
心心念念（和"念心儿"迥异） …………… 295
辛酸（≠心酸） …………… 295
新中国（≠祖国） …………… 295
信（赏必罚）（不是"相信"） …………… 295
星期四（不能写作"星期4"） …………… 295
星辰（和"晨星"不同） …………… 296
惺惺（惜惺惺）（不能误写作"猩猩"） …… 296
行旅（和"行李"迥异） …………… 296
（一介）行李（并非出行时所带的东西） …… 296
行迹（别于"形迹"） …………… 296
形容（憔悴）（不是动词） …………… 296
形象（和"形相"有别） …………… 297

（归）省（不读 shěng） …………… 297
省悟（别于"醒悟"） …………… 297
杏林（和"杏坛"迥异） …………… 297
（川）芎（不读 gōng） …………… 297
（气势）汹汹（不能写作"凶凶"） …………… 297
胸有成竹（和"胸中有数"不同） …………… 298
胸怀（≠襟怀） …………… 298
休止符（和"终止符"有别） …………… 298
休憩（≠休息） …………… 298
休戚与共（和"休戚相关"不同） …………… 298
修整（和"休整""整修"有别） …………… 299
（束）脩（不作"修"） …………… 299
（住了一）宿（不读 sù 或 xiǔ） …………… 299
（脱口）秀（不是清秀、秀气） …………… 299
（其）臭（如兰）（不读 chòu） …………… 300
须要（和"需要"不同） …………… 300
栩栩如生（和"惟妙惟肖"有别） …………… 300
芧（别于"茅"） …………… 300
畜（牧）（不读 chù） …………… 301
酗（酒）（不读 xiōng） …………… 301
宣（泄）（不能写作"渲"） …………… 301
喧腾（和"喧腾"有别） …………… 301
（寒）暄（不能误写作"喧"） …………… 301
（负）暄（不能误写作"喧"） …………… 301
玄乎（和"悬乎"有别） …………… 301
（拱）券（不读 quàn） …………… 302
（同等）学力（不能写作"学历"） …………… 302
学长（别于"学兄"） …………… 302
血（液）（不读 xiě） …………… 302
血晕（有二读） …………… 302
谑（而不虐）（不能写作"虐"） …………… 302
（酒过三）巡（不能误写作"句"） …………… 302
（不足为）训（不是教训） …………… 303
徇情（和"殉情"不同） …………… 303
压题（和"押题"不同） …………… 304
牙牙（学语）（不能写作"呀呀"） …………… 304
（倾）轧（不读 zhá） …………… 304
（被车）轧（了）（不能写作"压"） …………… 304
亚（不能读 yǎ） …………… 304
（病）恹恹（不能写作"奄奄"） …………… 304
殷（红）（不读 yīn） …………… 305
烟土（≠土烟） …………… 305

烟花（三月）（并非焰火）············ 305
阉（鸡）（不能写作"劊"）············ 305
淹没（和"湮没"不同）·············· 305
延（医）（不是拖延）················ 305
言（归于好）（不是"话"或"说"）····· 305
妍（别于"姸"）···················· 306
（海）蜒（不要误写作"蜓"）········· 306
（帽）檐（不能写作"沿"）············ 306
（和）颜（悦色）（不要写作"言"）···· 306
放（别于"放"）···················· 306
晏（睡）（不能误写作"宴"）·········· 306
宴（安鸠毒）（不能误写作"晏"）····· 306
酽（茶）（不能写作"严"）············ 306
赝（品）（不能误写作"膺"）·········· 307
谚（不再使用）····················· 307
扬长（而去）（不是扬起马鞭）······· 307
扬州（炒饭）（不是扬州市）········· 307
（衡）阳（不是太阳；日光）·········· 307
杨花（和"扬花"迥异）··············· 307
钖（和"锡"有别）·················· 307
洋泾浜（不能误写作"洋泾滨"）······· 308
咉咽（不能误写作"映咽"）··········· 308
幺麽（小丑）（不能写作"么"）······· 308
（民国）幺（年）（不是数目"1"）···· 308
约（一斤肉）（不读 yuē）··········· 308
（哼）唷（不读 yō）················ 308
杳（无音信）（不能误写作"查"）····· 309
窈窕（和"苗条"不同）··············· 309
疟（子）（不读 nüè）··············· 309
要紧（≠紧要）····················· 309
乐（山乐水）（不读 lè 或 yuè）····· 309
（洽乱天）邪（不读 xié）··········· 310
叶公（好龙）（不姓叶）············· 310
夜来（和"日来"迥异）··············· 310
夜以继日（不作"日以继夜"）········ 310
夜宵（≠宵夜）····················· 310
（呜）咽（不读 yān 或 yàn）········ 310
一齐（和"一起"有别）··············· 311
（可见）一斑（不能写作"一般"）····· 311
一蹴而就（和"一挥而就"有别）······· 311
一日之长（有二读）················· 311
一窝蜂（和"一阵风"有别）··········· 311
一半天（不是一天或半天）··········· 312
一呼百应（≠一呼百诺、一呼再诺）·· 312
一发不可收（和"一发不可收拾"不同）
···································· 312
一口钟（不是一口铜钟）············· 312
一诺千金（和"一掷千金"迥异）······· 312
（修整）一（新）（不表示数目）····· 312
（毁于）一旦（和副词"一旦"不同）·· 312
1983 年前（不能写作"83 年前"）····· 313
（下车）伊始（不能写作"尹始"）····· 313
衣（锦还乡）（不再读 yì）··········· 313
袆（别于"袆"）···················· 313
（开门）揖（盗）（不能写作"缉"）·· 313
夷（为平地）（不能写作"移"）······· 313
贻笑大方（前边不能加"令人"或"被人"）
···································· 313
宧（别于"宦"）···················· 314
移译（不作"迻译"）················· 314
（伯牙）移情（不是转移爱情的对象）····· 314
倚（和"椅"迥异）·················· 314
已决犯（不是已被枪毙了的犯人）····· 314
（不为）已（甚）（不能误写作"己"）···· 314
以来（≠以后）····················· 315
以致（和"以至"不同）··············· 315
（马）尾（儿）（不读 wěi）········· 315
（风光）旖旎（不读 qíní）··········· 315
（贪贿无）艺（不是技能；本领）····· 315
义（和"乂"不同）·················· 315
异地（和"易地"不同）··············· 315
抑或（和"亦或"不同）··············· 316
（造）诣（不能读 zhǐ）············· 316
旖丽（不读 diéli）················· 316
（神采）奕奕（不能误写作"弈弈"）·· 316
肄业（不能误写作"肆业"）··········· 316
因缘（和"姻缘"不同）··············· 317
阴鸷（和"阴鹜"不同）··············· 317
（绿草如）茵（非花非草）··········· 317
殷勤（和"殷殷勤勤""献殷勤"不同）
···································· 317
（万马齐）喑（不能误写作"暗"）····· 317
（富贵不能）淫（不是淫乱）········· 318

（雷声）殷殷（不读 yīnyīn） …………… 318
隐讳（和"隐晦"不同） ………………… 318
隐私（≠阴私） …………………………… 318
瘾君子（≠隐君子） ……………………… 318
饮（马）（不读 yǐn） ……………………… 319
饮牛（和"牛饮"不同） ………………… 319
荫翳（和"阴翳"不同） ………………… 319
应分（有二读） …………………………… 319
英寸（不再写作"吋"） ………………… 319
英年（不能指少年或老年） …………… 319
（含）英（咀华）（不是杰出） ………… 319
荧光（和"萤光"不同） ………………… 320
营利（和"盈利"不同） ………………… 320
蝇营狗苟（不能写作"营营苟苟"） …… 320
拥趸（不能误写作"拥蛋"） …………… 320
喁喁（有二音） …………………………… 320
永世（和"永逝"不同） ………………… 321
勇（往直前）（不能误写作"永"） …… 321
优点（和"长处"不同） ………………… 321
优雅（和"幽雅"有别） ………………… 321
（学而）优（则仕）（本非优秀） ……… 321
（性命）攸（关）（不能写作"悠"） …… 321
幽禁（≠幽闭） …………………………… 321
悠哉悠哉（和"优哉游哉"不同） ……… 322
（无耻之）尤（不是"更加""格外"） … 322
（记忆）犹（新）（不能写作"尤"） …… 322
莜麦（不能写作"筱麦"） ……………… 322
游客（≠游人） …………………………… 322
圄子（和"游子"有别） ………………… 322
有冇搞错（不是"有没有搞错?"） …… 323
（良）莠（不齐）（不能误写作"优"） … 323
（无出其）右（不能写作"左"） ……… 323
（六十）有（五）（不读 yǒu） ………… 323
于（事无补）（不能写作"与"） ……… 323
予（取予求）（不是"给 gěi"） ………… 323
鱼肉（百姓）（不是鱼的肉） ………… 324
（滥）竽（充数）（不能误写作"芋"） … 324
馀年（无多）（不能写作"余年"） …… 324
（竭泽而）渔（不能写作"鱼"） ……… 324
渔（色之徒）（不能写作"鱼"） ……… 325
（一）隅（之见）（不能读 ǒu） ………… 325
（不）虞（之誉）（不是欺骗） ………… 325

与时俱进（和"与日俱增"有别） ……… 325
雨前（不是下雨之前） ………………… 326
雨过天青（≠雨过天晴） ……………… 326
殒（死）（不能误写作"庚""瘦""厦"） … 326
与（会）（不读 yǔ） ……………………… 326
（呼）吁（不读 xū 或 yū） ……………… 326
愈加（≠更加） …………………………… 326
（鬼）蜮（不能误写作"域"） ………… 326
熨帖（不读 yùntiē） …………………… 327
元气（不能写作"原气"） ……………… 327
（目不窥）园（不能写作"圆"） ……… 327
原型（和"原形"不同） ………………… 327
原原本本（别于"原本"） ……………… 327
圆（珠笔）（不能写作"园"） ………… 327
圆寂（≠坐化） …………………………… 328
（世外桃）源（不能误写作"园"） …… 328
（名）媛（不能误写作"嫒"） ………… 328
愿景（和"远景"不同） ………………… 328
（干）哕（不读 huì） …………………… 328
越冬（≠过冬） …………………………… 328
芸芸（众生）（不能写作"纭纭""云云"）
 ……………………………………………… 329
（判若）云泥（不能写作"云霓"） …… 329
再见（≠后会有期） …………………… 330
再（衰三竭）（不表重复或继续） …… 330
再世（和"在世"不同） ………………… 330
（青春不）再（不能写作"在"） ……… 330
（华佗）再见（并非希望以后再见面） … 330
（厚德）载（物）（不读 zǎi） ………… 331
皂（白）（不是肥皂） …………………… 331
（戒骄戒）躁（不能写作"燥"）zào …… 331
责问（和"质问"不同） ………………… 331
（求全）责备（不是批评，指责） …… 331
咋（舌）（不读 zǎ 或 zhā） …………… 331
啧（有烦言）（不能写作"责"） ……… 331
贼（冷）（并非小偷） …………………… 332
增殖（和"增值"不同） ………………… 332
侧（歪）（不读 cè） ……………………… 332
择（席）（不读 zé） ……………………… 332
崭露头角（和"初露头角"有别） ……… 333
（皮开肉）绽（不能读 dìng 或 diàn） … 333

掌上明珠（不能自称） ········· 333
（乌烟）瘴气（不能写作"脏气"） ··· 333
招徕（和"招揽""招来"不同） ····· 333
肇端（不是制造事端） ········· 334
（马蜂）蜇（人）（不能误写作"蛰"） ·· 334
摺（不能都简化为"折"） ······· 334
折子（和"褶子"迥异） ········ 334
这么些（≠这么点儿） ········· 334
（一）帧（油画）（不再读 zhèng） ··· 334
针打（别于"打针"） ·········· 335
箴言（和"谶语"不同） ········ 335
臻（不是贬义词） ············ 335
纼（和"矧"有别） ············ 335
（饮）鸩（止渴）（不能误写作"鸠"） · 335
振（聋发聩）（不能误写作"震"） ··· 335
朕（不能读 zhèng） ··········· 335
丁丁（不读 dīngdīng） ········· 336
正（月）（不读 zhèng） ········· 336
（综合）征（不能写作"症"） ····· 336
征候（和"症候"不同） ········ 336
症结（不读 zhèngjié） ········· 336
正当（有二音） ············· 336
正中下怀（不能用来称别人） ···· 337
正座（和"正襟危坐"不同） ····· 337
诤言（≠铮铮誓言） ··········· 337
之喜（和"志喜"不同） ········ 337
卮言（和"危言"迥异） ········ 337
知命（之年）（不能写作"天命"） ·· 338
栀子花（不能误写作"桅子花"） ·· 338
祗（别于"祇"） ············· 338
执着（不作"执著"） ·········· 338
（父）执（不是执行或坚持，固执） ·· 338
直升机（不说"直升飞机"） ····· 338
值当（不读 zhídāng） ········· 339
只有（和"只要"有别） ········ 339
只是（和"不过"有别） ········ 339
徵（和"征"用法不同） ········ 339
抵（掌而谈）（不能误写作"抵"） ·· 339
志哀（和"致哀"有不同） ······ 339
（默而）识（之）（不读 shí） ····· 340
制服（和"治服"不同） ········ 340
质（言之）（不是指性质；本质） ··· 340
炙（手可热）（不能误写作"灸"） ··· 340
致仕（不是获得官职） ········· 341
（八）秩（寿辰）（不是次序） ····· 341
制（高点）（不能误写作"至"） ··· 341
中止（和"终止"不同） ········ 341
中（饱私囊）（不是"填"） ······ 341
终生（和"终身"有别） ········ 341
衷情（和"钟情"不同） ········ 342
（莫）衷（一是）（不能误写作"中"）
  ···························· 342
衷心（和"忠心"不同） ········ 342
（安土）重迁（不是重新迁居） ··· 342
（贵）胄（不能误写作"胃"） ···· 342
酎（别于"酹"） ············· 342
（不教而）诛（不是杀死） ······ 343
猪仔（和"猪崽"不同） ········ 343
（白）术（不读 shù） ·········· 343
属（文）（不读 shǔ） ·········· 343
麈谈（不能误写作"尘谈"） ····· 343
驻地（和"住地"有别） ········ 344
驻颜（和"铸颜"迥异） ········ 344
（一）炷（香）（不能误写作"柱"）
  ···························· 344
疰夏（不能写作"注夏"） ······· 344
（借）箸（代筹）（不能误写作"著"）
  ···························· 344
抓周（和"抓阄"不同） ········ 344
挝（鼓）（不读 wō） ··········· 344
（鸡）爪子（不读 zhǎozi） ······ 344
转（文）（不读 zhuǎn） ········ 345
专程（和"专诚"不同） ········ 345
（不见经）传（不读 chuán） ····· 345
装饰（和"妆饰"不同） ········ 345
装潢（不作"装璜"） ·········· 345
（一）幢（楼房）（不能读 dòng） ··· 346
拙见（前面不能加"我的"） ····· 346
拙荆（不能称别人的妻子） ····· 346
捉刀（和"枪手"不同） ········ 346
（赠）缴（不读 jiǎo） ·········· 346
资讯（和"资信"不同） ········ 346
资历（和"资力"不同） ········ 347
滋生（≠孳生） ·············· 347

（床）笫（不能误写作"第"）............ 347
紫薇（和"紫微"迥异）............ 347
（登高）自卑（不是轻视自己）........ 347
自持（别于"自恃"）............ 347
自己（别于"自已"）............ 348
自视（和"自是"不同）............ 348
自咎（和"自疚"不同）............ 348
自愿（≠志愿）............ 348
（待）字（并非文字）............ 348
走（马看花）（不是行走）............ 348
阻击（非典）（不能用"狙击"）........ 349
（编）纂（不能误写作"篡"）........ 349
晬（盘）（不要误作"晬"）............ 349
罪不容诛（不是够不上判死罪）........ 349

（小器）作（不读 zuò）............ 349
左迁（不是升官）............ 349
作死（和"佯死"不同）............ 350
作客（他乡）（不能写作"做客"）...... 350
作脸（和"作色"不同）............ 350
作践（不能写作"作贱"）............ 350
作料（和"佐料"有别）............ 350
作派（和"做派"迥异）............ 350
坐（月子）（不能写作"做"）........ 350
坐（此解职）（不是动词）............ 351
坐镇（不能写作"坐阵"）............ 351
坐拥百城（并非指富有）............ 351
做功（和"做工"有别）............ 351

A

ái

挨打（前边不能加"被"）áidǎ

遭受殴打；被打。注意："挨打"的前面不能再加表被动的介词"被"。挨揍、挨整、挨宰（购物或接受服务时被索取高价而遭受经济损失）等亦然，如不能说"落后就要被挨打""整人的人也会被挨整"；因为"挨"本身已是一个表示被动的动词，"挨打"就是被打，"挨整"就是被整，前边再加"被"就叠床架屋了。现代汉语中有若干表示被动的动词，如挨、受、遭等，它们的前面都不能加"被"，"被挨板子""被受苦""被遭难"（可以说"被难"）的说法都不对。

ǎi

嗳（气）（不读 ài）ǎi

打嗝儿。"嗳气"是指横膈膜痉挛迫使胃里的气体不断地从嘴里出来，并发出声音。通称打嗝儿。嗳酸（胃酸涌到嘴里）的"嗳"读音、写法同，都不读 ài，也不能错写成关系暧昧（ài mèi）的"暧"。

ài

（狭）隘（不读 yì）ài

狭窄；狭小。"狭隘"就是窄小。也用来形容心胸、见识等不宽广。如：狭隘的山间小路、心胸狭隘、狭隘的看法。注意："隘"在任何词语中都读 ài（如狭窄的关口叫"隘口"，又有隘路、要隘、关隘等词语），不能读 yì 或 ǎi。

àn

（举）案（齐眉）（不是桌子）àn

古代盛食物用的有脚的木托盘。"举案齐眉"本是说后汉梁鸿的妻子孟光给丈夫送饭时，总是把盛饭的托盘举到眉毛的高度献给丈夫进食。后用来形容夫妻互敬互爱。如：举案齐眉，白头偕老；夫妻俩举案齐眉，生活和美。注意：这里的"案"不能解释为书案（书桌）、拍案叫绝（拍着桌子叫好，形容非常赞赏）的"案"（桌子）。若把"举案齐眉"理解为"把桌子举到和眉毛一样高"，就会让人百思不解。

案头（和"案首"迥异）àntóu

书桌上或办公桌上（案：长条形的桌子）。如：案头放着几本书。"案首"完全不同，是指清代科举考试中，县、府试及院试的第一名。旧时科举考试全过程是从府、州、县基层开始的，叫童试。参加考试的叫童生，考中后叫秀才，第一名叫案首。

黯然（不能写作"暗然"）ànrán

一指阴暗的样子（黯：阴暗）。如：黯然无光、黯然失色（形容相比之下显得暗淡无光）。二指心里不舒服，情绪低落的样子。如：黯然泪下、黯然销魂（心神沮丧得像丢了魂似的）。"暗"虽然也有光线不足，黑暗的意思（跟"明"相对），但它不能和"然"组词，辞书中没有"暗然"一词。

黯黑（≠暗黑）ànhēi

"黯黑""暗黑"读音同，词义不同。黯黑是指颜色乌黑（黯：颜色深黑，不白）；暗黑是指光线昏暗（暗：没有光线，不明亮）。因此，"脸色黯黑"（只表示肤色乌黑）和"脸色暗黑"（既表示肤色黑，又表示没有光泽）不同；"黯黑的地窖子"是表示地窖四壁呈乌黑色（也许被烟熏黑了），而"暗黑的地窖子"则表示地窖中昏暗无光。二者的含义也不同。

áng

卬（和"印"不同）áng

说话人称自己，相当于"我"。如："人涉卬否，卬须我友。"（人家渡河我不渡，我要等候我朋友）（《诗经·邶风·匏有苦叶》）注意：这里的"卬"和印刷、印象的"印"（yìn）形、音、义都不同，不能混淆。

āo

凹（已取消 wā 音） āo

以往"凹"字还有 wā 的读音，现在一律读作 āo。

áo

鏖（战）（不能写作"熬"）áo

艰苦而激烈地战斗。鏖战：激战；苦战。如：鏖战疆场；两军对垒，势均力敌，必有一场鏖战。注意："鏖"字是左上半包围结构，不是上下结构。也不能写成熬（āo）豆腐、煎熬（áo）的"熬"。"鏖战"和"激战"也有不同：前者侧重在相持不下，指战斗既激烈又艰苦；后者侧重在激烈。如：双方激战一场，伤亡惨重。

ào

拗（口）（不读 ǎo 或 niù）ào

违背；不顺。"拗口"就是不顺口。如：词句拗口；这句话读起来拗口，要修改。拗口令（绕口令）、违拗（违背；有意不依从上级或长辈的主意）的"拗"读音同。这里的"拗"既不读"把筷子拗断了"的"拗"（ǎo）（弄弯折断），也不读"执拗"（固执任性，不接受别人的意见）、"拗不过"（无法改变别人固执的意见）、"脾气很拗"的"拗"（niù）（固执；不顺从）。

（桀）**骜**（不驯）（不要误写作"鳌"）ào

马不驯服。比喻人傲慢、不顺服。桀骜不驯（jié'ào-bùxùn）：性情暴烈，不服管教（桀：凶暴）。如：他从小就桀骜不驯，常惹父母生气。这里的"骜"不能错写成"佶（jí）屈聱牙"（文章读起来不顺口）的"聱"（áo）。"驯"已统读 xùn，不再读 xún。

B

bā

巴不得（≠恨不得）bābude

急切地盼望。如：巴不得马上就去，他正巴不得有人来帮忙。"恨不得"也有急切地希望做成某事的意思，和"巴不得"仍有不同，"巴不得"所希望的是有可能做到的事情，"恨不得"所希望的多指实际上是做不到的事。如：我恨不得插上翅膀飞到北京，对朋友他恨不得把心都掏出来。此外，"巴不得"之后可以用否定式，"恨不得"不能。如可以说"我巴不得不去""我巴不得他不来"，不能说"我恨不得不去""我恨不得他不来"。

扒拉（有二读）一读 bāla

①拨动。如：扒拉算盘珠，把围观的人群扒拉开。②去掉；撤掉。如：人太多了，要扒拉下去几个；他从领导岗位上被扒拉下来了。二读 pála（北京话）用筷子把饭菜拨到嘴里。如：他扒拉了两口饭就跑出去了。

岜（别于"岊"）bā

用于地名。如：岜山（在山东）、岜谋（在广西）、岜饶（在贵州）。岊，音 jié，指山的转弯处。多用于地名。如：白岊（在陕西）。

bà

罢了（有二读）一读 bàle

助词。用在陈述句末尾，有"仅此而已"的意思，常跟"不过""无非""只是"等词相互应。如："我不过是开个玩笑罢了，你何必当真呢？""你怕什么，他无非吓唬吓唬你罢了。"二读 bàliǎo 动词。表示容忍，不再计较。如：他不去也就罢了，难道就此罢了不成？

bāi

刵划（不读 bǎihuá 或 bǎihuà）bāihuai

（方言）一作处理；安排讲。如：大家不必担心，我自有办法刵划；这件事让他刵划刵划吧。二是摆弄的意思。如：好好的闹钟叫他给刵划坏了。这里的"划"不读计划、划分、策划的"划"（huà），也不读划船、划算、划不来的"划"（huá）。

bái

白细胞（不再称作"白血球"）báixìbāo

（解释略）旧称白血球。按有关科技术语的规范应称为"白细胞"。

白寿（和"白事"迥异）báishòu

指九十九岁（"百"字少一横是"白"字，"百"减一是九十九）。在我国，老人寿辰有很多雅称，如说六十岁为"花甲之年""耳顺之年""杖乡之年"，七十岁为"古稀之年""悬车之年""杖国之年"；也有通过笔画加减来称谓的，如"米"字的笔画可拆成八十八，因而八十八岁称为"米寿"，"茶"字的笔画可拆成"廿"（二十。"艹"似"廿"），下边拆成八十八，故称一百零八岁为"茶寿"。

"白寿"亦然。以上说的是老年人的寿辰，和"白事"完全是两码事，"白事"是指丧事。这里的"白"指的就是丧事。如：办白事、红白事（泛指嫁娶丧葬之类的事。红：象征喜事）。

（遭人）白眼（不是名词）báiyǎn

动词。眼睛朝上或向旁边看，现出白眼珠，是对人轻视或厌恶的一种表情（跟"青眼"相对）。遭人白眼、白眼看人、白了他一眼中的"白眼"义同。这里的"白眼"和"翻白眼"（愤恨或不满时的表情，有时也指晕厥或临死时的一种生理现象）中的"白眼"（白眼珠，即眼球上白色的部分）不同，它是名词。

bài

（甘）拜（下风）（不能写作"败"）bài

拜服；佩服。甘拜下风：承认比不上别人，真心佩服（下风：风向的下方，比喻劣势地位）。如：掰（bāi）腕子（比赛腕力和臂力）我不比你差；下象棋，我可就甘拜下风了。"甘拜下风"按字面的意思是心甘情愿地拜倒在低下的地位。"拜"不是失败的意思，因此不能写作"败"。

拜手（≠手拜）bàishǒu

古代男子跪拜礼的一种。跪后两手相拱，俯头至手与心平，而不至地。如郭沫若《屈原》第五幕第二场："光明呀，我景仰你，我要向你拜手，我要向你稽首。"（稽首：古时的一种礼节，跪下、拱手至地，头也至地，礼节比拜手重）。"手拜"则是旧时女子跪拜礼的一种。既跪，两手先到地，然后拱手，同时头低下去，到手为止。"拜手"和"手拜"是古代男女不同的两种跪拜礼。

bān

班（荆道故）（不能误写作"攀"）bān

铺开。班荆道故：原是说用黄荆（一种落叶灌木）铺在地上，坐在上面一边吃东西，一边谈往事。后用它来指老朋友途中相遇，共叙旧情。注意：这里的"班"和班师回朝的"班"（调回或调动）含义不同，也不能错写成攀树、攀折、攀登科学高峰的"攀"（pān）。

班师（和"搬兵"有别）bānshī

调回出去打仗的军队，也指出征的军队胜利归来。这里的"班"指撤回（军队）。如《左传·襄公十年》："水潦将降，惧不能归，请班师！"意思是大雨就要到来，恐怕不能赶回去，所以请现在撤军。成语也有"班师回朝""班师得胜"（军队出征，得胜归来）。其中的"班师"义同。"搬兵"（bānbīng）不同，是指搬取救兵，多比喻请求援助或增调人员。如：人手不够，赶快派人回去搬兵。"移师"和"班师"也不同，是指将军队转移到新的地方（移：迁移、转移）。如：获出线资格的球队将移师上海参加决赛；近日，剧组在广州、桂林的拍摄任务已完成，准备移师北上。（以上用的是"移师"的引申义。）

斑马（和"班马"不同）bānmǎ

形状像马，全身的毛淡黄色和黑色条纹相间的一种哺乳动物。如：河对岸有一群斑马。"斑马线"（人行横道线）是因其所涂的白线像斑马的条纹,故称。"班马"和"斑马"音同义不同,是指离群的马(班:分开、离群)。如李白《送友人》诗中名句:"挥手自兹去,萧萧班马鸣。"(挥手告别后我们将各自东西,临别的马匹也在萧萧地长鸣)注意:成语有"班马文章"是泛指可与班固、司马迁相媲美的文章。其中的"班马"是指汉代史学家班固和司马迁。这里的"班马"和前面的"班马"含义不同,也不能误写作"斑马"。

瘢痕(和"斑痕"不同)bānhén

就是"瘢",即疮口或伤口好了之后留下的痕迹。如:伤口愈合后留下了瘢痕、烧伤的瘢痕至今清晰可见。"斑痕"和"瘢痕"音同义不同,"斑痕"是指在一种颜色的物体表面上显露出来的别种颜色的点子(斑:斑点)。如:衣服的领子上有铁锈的斑痕、工作服上的油渍斑痕很难洗净。注意:疮瘢、刀瘢的"瘢"不能写作"斑"。

bǎn

坂(上走丸)(不能写作"板")bǎn

斜坡。坂上走丸:在斜坡上滚弹丸。比喻形势发展迅速或工作进行顺利(走:快跑,这里指很快地滚动)。如:各路大军乘胜前进,攻城略地,犹如坂上走丸;形势的发展,如坂上走丸,我军以破竹之势,很快就打过了长江。注意:这里的"坂"不能写作木板、板上钉钉(比喻事情已定,不能变更)的"板"。"坂上走丸"也不能理解为"在木板上滚动弹丸"。

板荡(和"坦荡"迥异)bǎndàng

形容词。《诗经·大雅》中有《板》《荡》两篇,都是写当时政治黑暗,人民生活贫苦的。后来用"板荡"形容政局混乱,社会动荡不安。如唐太宗《赐萧瑀》诗:"疾风知劲草,板荡识诚臣。"意思是说在狂风中才能看出草的坚韧,在乱世里方能显出忠臣的赤诚之心。"坦荡"完全不同,有两个义项:一是形容平坦而宽广。如:坦荡如砥(砥 dǐ:质地较细的磨刀石)、坦荡的大路。二是形容心地纯洁,胸怀宽阔。如:胸怀坦荡、坦荡的心胸。

版筑(不作"板筑")bǎnzhù

打土墙的一种方法(筑土墙时,在夹板中填入泥土,用杵夯实)。现在叫干打垒。后泛指土木营造的事情。如:楼兰古城的四周,是夯土版筑的城垣,多处已坍塌。(《人民日报》1997-12-21)注意:"版筑"是书面上使用的古词语,《现汉》虽注明"也作'板筑'"但以"版筑"为主条;《新华字典》只收"版筑";《现规》在"版筑"这一词条后也有提示:不宜写作"板筑"。

bǎng

绑架(≠劫持)bǎngjià

用强制手段把人劫走。如:遭到绑架、他被绑架了。"绑架"和"劫持"有不同:绑架的对象只能是人;劫持的对象除了人之外,还可以是别的东西。如:劫持人质、劫持飞机。

bāo

包袱(和"包裹"不同)bāofu

名词。一指包衣物等用的布。如：这个包袱是花的。二指包有衣物等的布包儿。如：手上拎着一个包袱。三是比喻精神上的压力或某种负担。如：背包袱、放下思想包袱。还可指相声、山东快书等曲艺中的笑料。如：抖包袱（把笑料说出来）、系包袱（酝酿并组织笑料）。"包裹"有不同，虽然也有包好的包儿这一解释（如"邮寄包裹"），但包儿的形式不同，它要先裹起来，再捆扎好；而包袱则多用一块方形大布对角扎结而成，因此，到邮局邮寄的包儿，只能叫"包裹"。又因为包裹的基本义是捆扎，包扎，是动词（如：包裹伤口）；包袱没有动词意义，因此，不能说"包袱伤口"。再说，包裹也没有比喻意义，如不能说"放下思想包裹"。

包含（和"包涵"不同）bāohán

里面含有（含：藏在里面；包括）。如：这句话包含好几层意思，"此统计表不包含四川、广东、广西、云南、贵州五省。"（李大钊《土地与农民》）"包涵"（bāohan）是客套话，表示请求原谅（涵：包容）。如：招待不周，请诸位多多包涵；孩子不懂事，总给老师添麻烦，请您多包涵。

炮（羊肉）(不读 pào 或 páo) bāo

一种烹调方法，在旺火上快炒（牛羊肉片等）。注意：上述解释的"炮"和把物品放在器物上烘烤意思的"炮"（如"把湿衣服放在热炕上炮干"）都读 bāo，而不读 pào 或炮制、炮烙（古代一种酷刑）的"炮"(páo)。

bǎo

保重（别于"宝重"）bǎozhòng

"保重"和"宝重"都是动词，都有珍惜重视的意思，但适用范围不同。"保重"只适用于人，是（希望别人）注意身体健康（保：养、保养）。如：你要注意保重身体。"宝重"是说要像宝贝一样珍爱看重，适用一切值得珍惜重视的东西。如："中国的《孔子圣迹图》，只要是明版的，也早为收藏家所宝重。"（鲁迅《南腔北调集》）他的书法作品深为世人宝重。

（永）**葆**（青春）（不作"保"）bǎo

保持。永葆青春：永远保持青春。"葆"和"保"读音同，都有保持这一解释，但在"永葆……"中的"葆"不写作"保"。

bào

报道（不作"报导"）bàodào

①动词。指通过报纸、广播、电视等媒体把新闻发布出去。如：各报都报道了这一消息。②名词。指通过媒体发表的新闻稿。如：他写了一组关于特区的报道。"报导"和"报道"意思相同，《现代汉语异形词规范词典》有说明：二者宜取其一，以"报道"为推荐词形。

豹房（与"豹"无关）bàofáng

明武宗（朱厚照）在宫禁中建造的淫乐场所，是明武宗（明代昏君）为满足自己的私欲在宫殿内建造的密室，内藏美女供他淫乐。这里的"豹房"有它特定的含义，不能错误地理解为豢养豹子的房子，如不能说"一批游客正在豹房门口观看饲养员给豹子喂食"。("豹房"可改用"豹舍 shè")

鲍鱼（之肆）（**不是餐馆的鲍**）bàoyú

咸鱼；盐腌的鱼。鲍鱼之肆：卖咸鱼的店铺（肆：店铺）。代指污浊的环境。也比喻恶人聚集的地方。如《孔子家语·六本》："如入鲍鱼之肆，久而不闻其臭。"意即就好像进了咸鱼铺，时间长了，连自己都会变臭，也就不觉得咸鱼是臭的了。注意：现在餐馆吃的鲍鱼是指生活在海中的软体动物，贝壳椭圆形，肉味鲜美。古代也称鳆。和"鲍鱼之肆"中的"鲍鱼"风马牛不相及。

暴发（和"**爆发**"有别）bàofā

一指突然而猛烈地发生。如：山洪暴发、暴发瘟疫。二指突然发财或得势（多含贬义）。如：他靠倒卖香烟起家，成了暴发户。"爆发"和"暴发"音同义不同，"爆发"除了指火山内部的岩浆冲破地壳向外喷发（如火山爆发）的意思外，也可指突然而猛烈地发生、发作，但使用范围和侧重点有不同："暴发"侧重于突发性，使用范围较窄，一般只用于洪水、泥石流、传染病等具体事物；而"爆发"侧重于猛烈性，使用范围较宽，用于革命、运动、重大事件等。如：爆发战争、爆发革命、爆发了声势浩大的五卅运动。

曝光（**不读** pùguāng）bàoguāng

本是摄影用语，指胶片在一定条件下感光（曝：晒）。现在常用来比喻让见不得人的人和事公之于众。如："最简单的办法就是对送礼、受礼来个'曝光'，把它公开化。"(《文汇报》1988－10－20)某副局长因大操大办丧事被曝光，受到了处罚。注意：①"曝光"一词多用于不好的方面，也有中性义，是"公开露面"的意思。如：新版电视剧《红楼梦》首批演员名单正式曝光；解放军 307 医院的医护人员也首次曝光了罗京（央视《新闻联播》主持人）入院就诊的情况，并称赞他是一位最坚强的好病人。②"曝光""曝丑"中的"曝"不要写作"暴"或"爆"，也不读曝晒、一曝十寒的"曝"（pù）。

爆裂（和"**暴烈**"不同）bàoliè

动词。突然破裂（爆：猛然迸裂）。如：自来水管爆裂了、豆荚爆裂了。"暴烈"是形容词。和"爆裂"音同义不同，一指凶暴猛烈（和"温和"相对）。如：暴烈的行为、火势暴烈。二指暴躁刚烈。如：性情暴烈。"轮胎爆裂了""战争是政治斗争的最高、最暴烈的形式。"（余起《军事科学概要》）中的"爆裂"和"暴烈"不能调换。

bēi

悲恸（≠**悲痛**）bēitòng

"悲恸"和"悲痛"读音同，都有伤心的意思，但程度上有不同。前者是形容极度悲伤（恸：极其悲哀）。如：悲恸欲绝（形容悲哀伤心到了极点）；噩耗传来，悲恸万分。后者是形容伤心难过（痛：悲伤），程度比"悲恸"轻。如：化悲痛为力量；他英年早逝，令人悲痛。"悲恸欲绝"有的辞书作"悲痛欲绝"。"欲绝"表明悲痛的程度之深，因此应写作"悲恸欲绝"为宜。《现规》（第 2 版）也只有"悲恸欲绝"这一词条。

běi

（败）北（不表示方位） běi

败走；失败。败北：打败仗。如：该队在复赛中败北。三战三北、追奔逐北（追击败逃的敌军）、"佯北勿从。"（敌人假装败逃，不能盲目追赶。）（《孙子兵法·军争》）其中的"北"义同。这些"北"是古"背"字，脊背的意思，打了败仗逃跑时必定用脊背对着敌人，所以背敌而逃时的方向不管是东、是南、是西都叫"败北"，不能把"败北"理解为在北边打了败仗。这里的"北"不是表示方位的东西南北的"北"。

bèi

备受（≠倍受） bèishòu

深受；受尽。如：备受煎熬、备受讥弹（tán）（讥弹：讥讽抨击）、备受风霜之苦。注意："备受"和"倍受"各有侧重。从词的历史看，备受过去常用，"备"是完全的意思，强调的是范围；倍受今天流行，意为"更加受到；格外受到"，"倍"作加倍讲，强调的是程度。如：倍受优待、这种食品倍受欢迎。不过，范围和程度，很多情况下密切相关，所以，使用这两个词，要根据语境来考虑，如"妹妹比姐姐长得漂亮，所以倍受父母宠爱""他的艺术才华也备受当代主流作曲家的青睐"。其中的"倍受"和"备受"就不宜对调，因为前者强调的是妹妹受到的宠爱是在姐姐受到宠爱的基础上加倍；后者说的是青睐他才华的主流作曲家不止一个，强调的是范围。

被难（不是被指责非难） bèinàn

一指因灾祸或重大变故而死亡（难：不幸的遭遇；灾难）。如：飞机失事，乘客全部被难；他父亲在这次车祸中被难。二指遭受灾难。如：被难的老百姓正在抢搭帐篷；同胞被难，我们不能袖手旁观。这里的"难"不读 nán，也不能理解为非难（指责）、问难（反复质问、辩论）、责难的"难"（nàn）（责问）。"被"在这里是遭受的意思，不是被动，"被难"不能理解为"被指责非难"。

（泽）被（后世）（不是表被动） bèi

及、延及。泽被后世：恩惠延及后代的人民（泽：恩惠）。如："李冰父子为了解决当时成都平原的水利问题，不知克服了多少困难，终于修成了泽被后世的都江堰……"（陶铸《崇高的理想》）注意：这里的"被"不是表示被动，和被动式（如"敌人被我们歼灭了""观众被感动了"）中的"被"意思不同。

běn

本案（设计）（不是"此案"） běn'àn

这一套房或这一间房。"本案设计"就是指这一套房或这一间房的设计。如：本案设计：×××、本案由××装潢公司整体设计。注意：凡在商品房广告的地图上或在居室装潢的介绍文字中出现的"本案"（或说"这个房型"或说"我们这个楼盘"）都是这个意思，和传统用法上的

"本案开庭审理""本案负责律师"中的"本案"(此案,这个案件)含义迥异。

本色（有二读）一读 běnsè

指本来的面貌或素质。如：英雄本色、勤俭是劳动人民的本色。二读 běnshǎi（本色儿）指物品本来的颜色。如：本色儿的确良（的确良：涤纶的纺织物）、本色儿的家具。

bèn

夯（汉）(不读 hāng) bèn

同"笨"，指笨拙（用于近代汉语，见于《西游记》《红楼梦》等白话小说）。如《儒林外史》第四十六回："小儿蠢夯。"《西游记》中有孙悟空骂猪八戒为"夯货"的话；成语也有"心拙口夯"，意思是心既笨拙，口又不善讲话。注意："夯"现在的规范读音是 hāng，用来指砸实地基用的工具（如木夯、石夯）或用夯将地基砸实（如夯实）。北京话中的"夯"还有用力打的意思。如：夯了他一拳。"夯汉"即笨汉，此"夯"不能读 hāng。

bèng

（钢）镚子（不能写作"蹦子"）bèngzi

口语。原指清末发行的圆形无孔的小铜币。现在泛指小型的硬币。也叫钢镚儿。这里的"钢"是用来说明"镚"的材质的，所以"镚"字是金字旁，不能误写作和它读音相同的蹦跶、蹦迪、活蹦乱跳的"蹦"。

bí

荸荠（不读 bōjì）bíqi

通常指栽培在水田里的一种草本植物，地下球茎扁圆形，可供食用。有的地方叫地梨、地栗。广东人多称它为"马蹄"。注意：这里的"荸"不读 bō，"荠"不读荠菜（草本植物，可做药材，嫩茎、叶可以食用）的"荠"(jì)。

bǐ

匕（鬯不惊）(不是匕首) bǐ

古代一种类似汤匙的饭勺。匕鬯不惊 (bǐchàng-bùjīng)：原指宗庙祭祀不受惊扰（鬯：古代祭祀用的香酒。匕鬯：指祭祀）。后用来形容军纪严明，百姓不受惊扰。如：军队所到之处，百姓安堵，匕鬯不惊。注意：这里的"匕"不是指匕首，和"图穷匕见 (xiàn)"的"匕"含义不同。

比丘尼（别于"比丘""比基尼"）bǐqiūní

"比丘尼"和"比丘"都是梵语（印度古代标准语）音译词，前者佛教是指尼姑，后者佛教是指和尚。"比基尼"和"比丘尼"也不同，是一种女子穿的游泳衣，由遮蔽面积很小的裤衩和乳罩组成。也叫三点式泳装。以美国在太平洋进行原子弹试验的比基尼岛命名。

比比（皆是）(不是"连连""屡屡") bǐbǐ

到处；处处。比比皆是：到处都是。如：实际生活中由于不了解过去文人之间使用的称谓而闹笑话的比比皆是；音同字不同，字同义不同的汉字，比比皆是。比比可见、比比可寻中的"比比"义同。这里的"比比"和比比失利、"郡国比比地动"(地动：地震)(《汉书·哀帝纪》)中的"比比"(频频；屡次)含义不同。"比比"也不能误写作"彼彼"。

bì

必须（和"必需"有别）bìxū

一定要；表示事实上或情理上必要。如：这件事你必须搞清楚，必须充分认识反腐败斗争的紧迫性和长期性。"必须"和"必需"不同。必须是副词，只能作状语，修饰动词。它的否定式是"无须""不须"或"不必"；"必需"是动词，可带宾语，是一定得有，不可缺少的意思。如：空气和水是每个人所必需的，硒（xī）（非金属元素）是联合国卫生组织确定的人体必需的营养元素之一。

毕（恭）**毕**（敬）（**不再写作"必"**）bìbì

副词。尽；完全。毕恭毕敬：十分恭敬，很有礼貌。如："军长为李玉堂，一山东大汉，抵军部时，在门外相迎，毕恭毕敬。"（郭沫若《洪波曲》）他毕恭毕敬地向老师鞠了一个躬。注意：以往辞书中多有注明，也作必恭必敬。《第一批异形词整理表》已确定"毕恭毕敬"为推荐语形，因此，不要再写作"必恭必敬"。

毕肖（≠逼肖）bìxiào

完全相像（毕：完全。肖：像）。如：神态毕肖。"逼（bī）肖"也是十分相像的意思，但这里的"逼"是作靠近、接近讲，因此，在程度和使用上便有不同。"毕肖"的相像程度比"逼肖"更深，且多用于两种自然形态之间的比较；而"逼肖"则多用于模仿者与原型之间的比较。如：所绘山水花鸟，无不逼肖；虽是绢花，却与真花逼肖。

闭口（和"闭嘴"不同）bìkǒu

合上嘴不讲话，借指不发表意见。如：闭口不谈；不管你怎样问他，他始终闭口不语。"闭嘴"不同，是住口的意思。如：快给我闭嘴。"闭嘴"多用于阻止别人不要再说。

毙命（和"毕命"不同）bìmìng

丧命（含贬义）。如：歹徒终于毙命、敌指挥官中弹毙命。"毕命"和"毙命"音同义不同。毕命虽然也是结束生命的意思（毕：结束），但使用场合和感情色彩不同，多指死于意外事故、灾祸，是中性词。如：山体滑坡致使一家三口全部毕命；横穿公路时被汽车撞倒，当即毕命。

（**刚**）**愎**（自用）（**不要误写作"腹"**）bì

任性；固执。刚愎自用：固执己见，自以为是，不接受别人的意见（自用：自以为是）。如：他是个刚愎自用的人，听不进别人的批评；对这种刚愎自用的人，我无话可说。"刚愎自用"是贬义成语，不能作褒义用。"愎"（"忄"旁），不能误写作腹腔、腹泻的"腹"（fù）。辞书中也找不出"刚腹自用"的成语。

避讳（有二读）一读 bìhuì

封建时代为了维护等级制度的尊严，说话或写文章时遇到君主或尊长的名字都不直接说出或写出，这叫"避讳"。如为了避开唐太宗李世民的"世"和"民"，唐人的文章中往往将"世"改为"代"，"民"改为"人"；又如孔子，名丘，字仲尼，为避孔子讳，把"丘"写作"丘"；《红楼梦》中说林黛玉因她母亲名敏，所以她读书每读到"敏"字时便改读为"密"，等等。二读 bìhui。一是指不愿说出或听到某些会引起不愉快的字眼儿。如行船的人避讳"翻""沉"等字眼儿；北方地区因为"炒蛋"和"操（cào）蛋"读音近似，让人听了像是在说粗口，为了避讳，北方饭店中没有"炒蛋"这种菜名，而是用"炒木樨"来代替。

皕（宋楼）（不读 bǎi 或 bó） bì

二百。"皕宋楼"是清代陆心源的藏书楼，在今浙江湖州。因藏有二百种宋版书，故称。"皕"不能读 bǎi 或 bó。类似"皕"这种由两个相同部件的独体字构成的合体字，有的属规范字。如：林、从、双、赫、羽、朋、競、䖇（yán 老虎发怒的样子）、牪（shēn 众多。也用于人名）、屾（shēn 并列的两座山。可用于人名）、喆（本是"哲"的异体字。《通用规范汉字表》确认"喆"为规范字，可用于姓氏人名）等。而"竝""槑"等属于不规范字，前者应写作"并"，后者应写作"梅"才正确。

篦子（不能误写作"蓖子"） bìzi

用竹子制成的梳头用具，中间有梁，两侧有密齿。"篦"是竹子做的，与竹有关，所以是竹字头，不能和与植物有关的蓖麻（一年生或多年生草本植物，种子可作油料）的"蓖"（bì 草字头）混淆。

避邪（≠辟邪） bìxié

动词。迷信的人指用符咒或象征物等避免鬼怪降下的灾祸。如：神婆说她能给人驱妖避邪，完全是骗人的鬼话。"避邪"和"辟邪"读音同，"避"是躲开的意思，"辟"作排除讲，因此，"避邪"写作"辟邪"不算错，现在一般写作"避邪"。但"辟邪"还可作名词用，是指古代传说中能降妖除邪的神兽，像鹿而有长尾。这里的"辟邪"不能写作"避邪"。

（完）璧（归赵）（不能误写作"壁"） bì

古代一种玉器，扁平，圆形，中间有孔。完璧归赵：本指战国时蔺相如奉赵王命持和氏璧出使秦国，换城不成，便设法把璧完好地送回赵国。比喻把原物完整无损地归还原主。如：借用的这些资料，我保证三天内完璧归赵。注意：这里的"璧"（下边是"玉"），和璧谢（敬词，退还礼物，并且表示感谢）、白璧无瑕、中西合璧、珠联璧合（比喻美好的人或事物聚集在一起）、怀璧其罪（比喻有才能而遭到嫉害）的"璧"写法同，都不能错写成墙壁的"壁"。

biān

边缘（与"边沿"有别） biānyuán

一指物体沿边的部分；边上。如：边缘地区、濒临破产的边缘。二指靠近界线的，同几方面都有关系的。如：边缘科学。"边沿"也可指物体沿边的部分，但跟"边缘"的适用对象有差异，一般只用于具体事物。如：广场边沿、桌子的边沿。而"边缘"既可用于具体事物，也可用于抽象事物。"精神处于崩溃的边缘""这家商店经营不善，正面临倒闭的边缘"中的"边缘"就不能写作"边沿"。边缘人（指游离于主流社会之外的人）、边缘科学（以两种或多种科学为基础而发展起来的新的科学）中的"边缘"也是不能写作"边沿"的。

（针）砭（不能写作"贬"） biān

古代用石针刺皮肉治病。"针砭"就是指古代用石头针给人扎皮肉治病。比喻尖锐地批评。如：针砭时弊（时弊：当前社会的弊病)、痛下针砭(比喻发现或指出错误,以求改正)。砭石(古代治病用的石针或石片)、寒风砭骨(砭:像用针刺)中的"砭"写法同(左边都是"石"),不能误写作褒贬、贬低、贬值、贬义词的"贬"(biǎn),也不能错写成一眨眼的"眨"(zhǎ)。

biàn

变型(和"变形"不同)biànxíng

改变类型或模式(型:模型;类型)。如:转轨变型(转轨:比喻改变原来的体制)、这家工厂从单纯生产型变型为生产科研型。"变形"不同,是指(物体)改变形状或(人)改变外貌(形:形状)。如:这些木板都变形了;一场大病,瘦得人都变了形。特指动画或神话故事中人和动物、怪物可以互相变换。如:变形金刚、《聊斋》中描写了不少狐狸精变形成美女的故事。

辨难(≠辩难)biànnán

辨析疑难(辨:区分;识别)。如:本书重在辨难解惑。"辩难"(biànnàn)不同,是辩驳或用难解答的问题质问对方(辩:辩解;辩论。难:质问)。如:辩论会上,双方唇枪舌剑,互相辩难;空辩双方互相辩难。注意:"辨难"和"辩难"中的"辨""辩"写法不同,两个"难"的读音也有别。

辨证(施治)(不能写作"辩证")biànzhèng

辨别症候(辨:区分;识别)。"辨证施治"是中医药学中的一个术语,也叫辨证论治。中医指根据病人的发病原因、症状、脉象等,结合中医理论,作出正确的判断,然后给予相应的治疗。如:中医讲究辨证施治;从《伤寒论》和《金匮要略》所载方剂来看,我国早在2世纪已能正确地按照辨证施治的法则,灵活用药。注意:这里的"辨证"不能误写作辩证关系、看问题不够辩证的"辩证"(合乎辩证法的)。

biāo

标致(≠美丽)biāozhì

相貌、姿态美丽(多用于女子)。如:标致的女人、这个姑娘长得十分标致。"标致"和"美丽"有不同。标致只能用来形容人,不能用来形容物;美丽形容人、物均可,用法广泛得多。如:美丽的容貌、美丽的校园、祖国的山河是多么庄严美丽。

标志(不再写作"标识")biāozhì

①名词。显示事物特征,便于识别的记号。如:红星是革命的标志,航标是指示船舶安全航行的标志。②动词。表明某种特征。如:这次卫星发射的成功标志着我国在航天领域已经进入了先进国家行列、电子计算机(电脑)是科技发展的产物和标志。注意:以往"标志"可作"标识",因此,往往有人把它误读作biāoshí,现在的规范写法是"标志",不再写作"标识"。"城市标识是一个大的系统,包括了路标、路牌、行人指引标识、候车亭……邮政编码等""每个国家都有国旗。国旗是一个国家的象征和标识"。其中的"标识"都应改为"标志"。

biāo

表率(和"榜样"不同)biāoshuài

好榜样（"表"和"率"都有榜样的意思）。如：父母要做子女的表率，领导干部应当成为群众的表率。"榜样"是指可以仿效的人或事。如：雷锋是我们学习的榜样、榜样的力量是无穷的。区别是："表率"是指好的榜样，是褒义词，不能用在坏的方面；"榜样"是中性词，多指好的，但也有坏榜样。搭配也有不同，可以说"树立榜样""光辉榜样"，不能说"树立表率""光辉表率"。

biē

瘪三（不读 biěsān）biēsān

上海人称无正当职业，靠乞讨或偷窃为生的游民。如：毛泽东《反对党八股》："上海人叫小瘪三的那批角色，也很像我们的党八股，干瘪（biě）得很，样子十分难看。"他瘦得像个小瘪三。这里的"瘪"不读车胎瘪了、乒乓球瘪了的"瘪"（biě）。

bīn

（文质）彬彬（不宜写作"斌斌"）bīnbīn

形容文雅的样子。文质彬彬：《论语·雍也》："文质彬彬，然后君子。"意思是文雅（指人的外在"美"）和质朴（指人的内在"美"）两者均称搭配起来，才能算得上德才兼备的君子。（文：本指文采，引申为文雅，即人的外在形貌，外在美；质：质朴，指人的内在气质，即内在美。）今用来形容人斯文有礼貌。如：杨沫《青春之歌》："陈教授文质彬彬从容不迫地说。"这个人文质彬彬，给人的印象很好。"文质彬彬"有的辞书注明："亦作

'文质斌斌'。"《现异》有说明："根据通用性原则，宜以'文质彬彬'为推荐语形。""斌"同"彬"，多用于人名。"彬彬有礼"（文雅而有礼貌）中的"彬彬"也不能写作"斌斌"。

濒临（不能读 pínlín）bīnlín

紧靠；临近。如：濒临大海、濒临倒闭。濒危、濒死的"濒"读音、写法同，都不读 pín，也不能写作"频"。"濒"是紧靠（水边）或临近（某种境地），"频"没有这样的解释。

bìn

鬓角（不再写作"鬓脚"）bìnjiǎo

耳朵前边长（zhǎng）头发的地方，也指这个部位长的头发。如曹禺《雷雨》："四凤由中门进，眼泪同雨水流在脸上，散乱的头发，水淋淋的粘在鬓角。"他还不到五十，鬓角已经白了。"鬓角"以往可写作"鬓脚"，现在的规范写法是"鬓角"。《现规》也有提示：不要写作"鬓脚"。（第2版第87页）

bǐng

（付）丙丁（并非表次序）bǐngdīng

"火"的代称。"付丙丁"也说"付丙"，就是（把书信、文稿等）用火烧掉。如：阅后付丙丁。古时用天干（甲、乙、丙、丁、戊……壬、癸的总称）配五行（水、火、木、金、土五种物质），丙、丁属火，后来就把"火"叫丙丁。注意：传统中的甲、乙、丙、丁……中的"丙丁"是用作表示次序的符号，和付丙丁中的"丙丁"含义不同。

bìng

病征（和"病症"不同）bìngzhēng

疾病显示出来的征象（征：现象；迹象）。如：从病征看，他患的是肺炎。"病症"不同，是指疾病。"症"（zhèng）也是疾病的意思。如：专治各种疑难病症。

摒挡（不读 bìngdǎng）bìngdàng

料理；收拾。如：《毛泽东书信选集·致司徒美堂》："至盼先生摒挡公务早日回国，莅临解放区参加会议。"摒挡行装。"挡"在这里不读阻挡、挡风、挡箭牌的"挡"（dǎng）。

bō

趵趵（不读 bàobào）bōbō

象声词。脚踏地的声音。如：蹄声趵趵。注意：这里的"趵"不读趵突泉（泉名，在山东济南）的"趵"（bào）。

般若（不读 bānruò）bōrě

名词。梵（fàn）语（印度古代标准语）音译词，佛经指智慧。般若汤（酒的别名）中的"般若"读音同。注意："般若"不读 bānruò。"兰若"（梵语音译词"阿兰若"的简称，即寺庙）的"若"也读 rě，不读 ruò。顺便提及的是，辞书中又见有"般乐"（游乐；玩乐）"般游"（游乐）这两个词，其中的"般"既不读 bān，也不读 bō，而是读 pán。

bó

（门）钹（不能误写作"铍"）bó

铜制打击乐器，两个圆片为一副，中间突起成半球形，正中有孔，可以穿绸条或布片供手持，两片相击发声。门钹是安装在旧式大门上的金属构件，形状像钹，装有环。叫门时用环敲门钹发出声音。此"钹"（右边是"发"，不是"发"）不能误写作右边是"发"的"铍"（音 pō，是古代一种两边有刃的长柄除草农具或指除草）。它和"钹"的形、音、义都不同。

舶（来品）（不能写作"泊"）bó

航海的大船。舶来品：旧时指进口的商品。如：这些摊子摆卖的全是舶来品；舶来品有的好，有的差，不能一概而论。旧时从国外进口的物品，多用大船从海上运来，所以叫"舶来品"。这里的"舶"不能写成"泊"，"泊"有停船靠岸（如"停泊"）、停留（如"漂泊"）或停放（车辆）（如"泊车"）等含义，但不能组成"泊来品"这个词。

bū

晡（和"哺"有别）bū

申时，即下午三点钟到五点钟的时间。如：晡食（晚餐）、三晡（傍晚的时候）、"晡时，门坏。元济于城上请罪，进诚梯而下之。"（到下午申时，南门烧破了。吴元济在城上请罪投降，李进诚就用梯子让他下来。）（司马光《李愬雪夜入蔡州》）"晡"（左边是"日"）和哺育、哺养的"哺"（bǔ）形、音、义都不同。

bù

不很（和"很不"有别）bùhěn

表示程度减弱。如：不很好（有点儿

不好、但还可以）、不很舒服（有点儿不舒服）、不很满意。"很不"表示程度增高。如：很不好（很坏）、很不舒服（不舒服得很）、很不满意。

不意（和"无意"不同）bùyì

没有料想到。如：今天本想出门，不意竟下起雨来；出其不意，攻其不备。"无意"不同，一是指没有做某种事的愿望。如：我无意参赛、他无意下海经商。二是指不是故意的。如：无意中走漏了风声；无意说了句笑话，却惹恼了他。

不人道（和"不能人道"迥异）bùréndào

不合乎人道（人道：遵循人道规范的，即爱护人的生命、关心人、尊重人的道德规范）。如：这样做很不人道，溺杀女婴是极不人道的犯罪行为。"不能人道"不同，是说不能进行性行为。如：天阉不能人道（天阉：男子性器官发育不完全、没有生殖能力的现象）。这里的"人道"是指人性交（就能力而言，多用于否定式）。

不得了（≠了不得）bùdéliǎo

一是表示情况很严重。如：煤气漏出来不得了；不得了啦，有人掉进河里啦！二是表示程度很深。如：高兴得不得了。注意："不得了"和"了不得"用法上有相同的地方：作形容词带"得"后的补语意思一样。如："他高兴得不得了"，也可说成"他高兴得了不得"；"他俩好得不得了"也可说成"他俩好得了不得"。不同的是，"了不得"可以表示不寻常，很突出；"不得了"不能。如：他的武功了不得、他干了件了不得的事。其中的"了不得"不能换用"不得了"。"了不得"又可作"有"或"没有"的宾语；"不得了"不能。如：这有什么了不得，何必大惊小怪；这次不成功，还有下一次，没有什么了不得的。其中的"了不得"不能换用"不得了"。"了不得"还可作定语，"不得了"通常不作定语。如：这不是什么了不得的事，不用着急。

不以为然（和"不以为意"不同）bùyǐwéirán

不认为是对的，表示不同意（然：对；正确）。如：路人都夸小李做得对，小刘却不以为然地笑了笑；"吸烟有害健康。"但因为危害是悄悄地发生的，通过不断的积累最终导致质变，所以很多人对这句话不以为然。"不以为意"意思不同，是说不把它放在心上，表示不重视。如：众人的劝说他总不以为意，终于让他吃尽了苦头；我多次提醒他要注意安全，可他就是不以为意，终于出了事故。下面句中的"不以为然"和"不以为意"用得不妥："对防火问题他不以为然，结果发生火灾。""你说他撒谎，我却不以为意。他这个人一向很诚实。"（"不以为然"和"不以为意"应对调）。

不惑（和"荧惑"迥异）bùhuò

四十岁。《论语·为政》中有这样的话："子曰：吾十有五而志于学，三十而立，四十而不惑，五十而知天命，六十而耳顺，七十而从心所欲，不逾矩。"正是因为孔子说了这样的话，后人便把十五岁、三十岁、四十岁、五十岁、六十岁和七十岁分别叫做志学之年、而立之年、不惑之年、知命之年、耳顺之年和从心之年。"四十而不惑"的意思就是人到四十岁便能明辨是非，不受迷惑。年届不惑、已逾不惑（逾：超过）中的"不惑"义同。"荧惑"（yínghuò）完全不同，一是指迷惑。如：荧惑人心。二是我国古代天文学上指的火星。"荧惑"和"不惑"了不相涉。

不尽如人意（不能说"不尽人意"）bùjìnrúrényì

不完全符合人的心意。表示还有不足的地方。如：家乡的面貌是有很大改变，但还不尽如人意。注意：这里的"尽"是副词，作"完全"讲；"如"是动词，"符合"的意思。"不尽如人意"是"尽如人意"的否定式，其中的"如"不能省略，说成"不尽人意"，等于说"不完全人的心意"，显然不通。

不愧（和"无愧"有别）bùkuì

承当得起，称得上（常跟"为""是"连用）。如：我们的军队不愧为英雄的人民军队；阿庆嫂不愧是开茶馆的，说起话来滴水不漏。"无愧"不同，意为没有什么可惭愧的。如：问心无愧、他们是当之无愧的抢险救援尖兵。下面句中的"无愧"用得不妥："与时俱进，日益成熟的中国共产党无愧于我们事业的领导核心""文笔恣肆，妙语连珠，无愧为压卷之作。"（两句中的"无愧"都应改为"不愧"，前句中的"于"也要改为"为"）

不啻（≠不仅）bùchì

一是不止；不只。如：灾款所需，不啻千万元；听说，这两座按五星级标准建造的公厕，耗资不啻200万元。二是如同、无异于。如：差别之大，不啻天壤（天壤：天上和地下）；追求安闲享乐不啻喝毒酒自杀。"不啻"在"不只"义上和"不仅"有时可通用，如：持有这种看法的，不啻我一人。其中的"不啻"改用"不仅"也可以，但"不仅"又是关联词语，下文有"而且"和它呼应；"不啻"没有这种用法，如可说"我们不仅要学会这门技术，而且要精通这门技术"，不能说"这是一篇比较成功的散文。它不啻立足颇高、意味隽永，而且把散文'形散神聚'的特点发挥的淋漓尽致"。（应改用"不仅"）下面句中的"不啻"用得也不妥："自由的创作空气可以产生不啻一部而且是一批优秀的作品。"（应改用"不仅"）

不老少（不读 bùlǎoshào）bùlǎoshǎo

（口语）不少。如：他养了不老少的羊、有不老少的鸟儿在这里栖息。这里的"少"不读男女老少、老少皆宜的"少"（shào）。

不名誉（不能写作"不名义"）bùmíngyù

对名誉有损害；不光彩。如：他一时头脑发昏，竟做出了这种不名誉的蠢事；这种损人利己的事太不名誉。"不名誉"是由副词"不"＋名词"名誉"而构成的具有否定意义的形容词。（副词本不能修饰名词，这是各种语法书的共同说法，但这里的名词——"名誉"已活用为形容词。）(参见"很青春"条) 这里的"誉"是指名誉、名声，不能写成"义"。辞书中没有"不名义"这个词。

不贰过（不能写作"不二过"）bùèrguò

不重犯同样的错误。如：颜回（孔子弟子）好学，乐道安贫，不迁怒，不贰过，在孔门中以德行著称。（迁怒：把对甲的怒气发到乙身上，因自己不如意或受了别人的气，而去向另外的人发泄）。这里的"贰"是"再"，"重复"的意思，不写作"二心"（不忠实或反叛的念头）"不二价"（价格已确定，卖给谁都是一样的价钱）"不二法门"（比喻独一无二的方法、途径）的"二"。（参见"贰臣"条）

不才（不是"不成材"）bùcái

没有才能，常用作"我"的谦称。如：先生的教诲，不才铭记在心；小子不才，请前辈指教。"不成材"和"不才"不同，是说不能成为有用的材料，比喻没出息。如：这孩子总逃学，真不成材。

不容置喙（和"不容置疑"不同）bùróng-zhìhuì

不容许人插嘴（喙：鸟兽的嘴，借指人嘴。置喙：插嘴）。如：本来想解释一下，不料他不容置喙，我只好作罢。注意："喙"不能错成缘故、缘分的"缘"（yuán）。"不容置疑"和"不容置喙"不同，是说不允许提出怀疑，形容真实可信。如：法律是无情的。谁触犯它，就要受到制裁，这是不容置疑的。下面句中的"不容置喙"用得不当："科学技术总要不断发展，这是不容置喙的。"（这里要说的是不用怀疑，而不是不给人说话的机会。应改用"不容置疑"才对）

不胜（感激）（不是"不能承受"）bùshèng

非常；特别。不胜感谢、不胜遗憾、我们不胜期望两国的友谊与合作得到更大的发展中的"不胜"义同。注意：①这里的"不胜"和体力不胜、不胜酒力、不胜其烦（麻烦、啰唆而使人受不了）的"不胜"（承担不了，忍受不了）含义不同，和防不胜防（防不住）、数不胜数（数不完）、改不胜改（改不完）的"不胜"（不能做成或做不完）也有别。②以上的"不胜"不能误写成"不甚了了"（不太了解；不怎么清楚。甚：很。了了：了解；明白）的"不甚"。③"不胜"旧时读bùshēng，现在"胜"一律读shèng，不再读shēng。

不赞一词（不是"一点都不赞赏"）bùzàn-yīcí

原指文章写得很好，别人不能再添一句话。现在也指一言不发。如《史记·孔子世家》："至于为《春秋》，笔则笔，削则削，子夏之徒不能赞一词。"（孔子作《春秋》，该写的都写了，该删的都删了，连特别擅长文学的子夏之徒也提不出一点意见了。子夏：孔子的学生）鲁迅《呐喊·头发的故事》："我大抵任他自言自语，不赞一词，他独自发完议论，也就算了。"注意：这里的"赞"是"说"的意思，"赞一词"即说一句话，"不赞一词"就是不能提出一点意见，此"赞"不作赞扬、称赞讲，不能把"不赞一词"理解为"一句称赞的话都没有"。

不齿（和"不耻"有别）bùchǐ

不与同列；不看作同类。表示极端瞧不起（齿：同列在一起）。如："豆腐渣"工程（比喻劣质工程）危害人民群众的生命和财产安全，为老百姓所不齿；不齿于人类的狗屎堆（被人类鄙视的狗屎堆）。"不耻"和"不齿"音同义不同，是"不以……为耻"（耻：以为羞耻）的意思，即不认为……有失体面。多作褒义用。如：不耻下问（不认为向地位比自己低或学问比自己差的人请教为可耻）、不耻下交（不认为结交地位低下的人为耻辱）、不耻最后（不认为走在最后是可耻的，仍然努力往前赶）。下面句中的"不耻"用得不妥："此等秽（huì）行为人所不耻。"（秽行：指淫乱丑恶的行为。这里的"不耻"应改用"不齿"）。

（冷）不防（不能写作"不妨"）bùfáng

动词。不料；没想到。冷不防：没有预料到；突然。和北京话中的"冷不丁"义同。如：冷不防从巷子里窜出一条黑狗、冷不防摔了一跤。这里的"不防"不能错写成"不妨"（bùfáng），"不妨"是副词，表示可以这样做，没有什么妨碍（妨：妨碍）。如：你不妨先找他谈谈；这种办法没有用过，不妨试试。"冷不妨"不成词。

不耻下问（不要用反）bùchǐ-xiàwèn

不认为向地位比自己低或学问比自己差的人请教是耻辱（不耻：不以为可耻）。如：在学习上应该有不耻下问的精神，切不可不懂装懂；他深为老师傅这种不耻下问的精神感动。注意：这个成语适用于上级对下级、长辈对晚辈、领导对群众的请教，就是说"问"（请教）的对象必须是地位、学问不如自己的人，不能用反，如不能说"这个学徒既懂礼貌，又有不耻下问的精神，经常向老师傅请教问题"。

不温不火（和"不瘟不火"有别）bùwēn-bùhuǒ

"不温不火"和"不瘟不火"读音同，写法和含义不同。区别在于"温"和"瘟"："温"是不冷不热，或指性情平和，温柔。"不温不火"就是不冷清也不火爆，形容平淡适中，或指态度冷淡，不温和也不发火。如：收视率不温不火；他俩的关系一直不温不火；听了对方带刺的话，他不温不火地说："好啦，没事就回去吧，回去想想吧！""瘟"本是指瘟疫，人或动物得了瘟病，必然会神情呆板，缺乏生气，以此来评价戏曲表演沉闷乏味，缺少激情也恰到好处，于是有了"不瘟不火"的说法，意为表演不沉闷也不过火，恰如其分，如说"她唱得不瘟不火，恰到好处"。"这几位老演员演得不瘟不火，恰如其分。""情节松散，唱段又长，戏就瘟了"中的"瘟"含义同。

不孚众望（和"深孚众望""不负众望"迥异）bùfú-zhòngwàng

不能使群众信服；不能达到众人所指望的那样（孚：使人信服）。如：他权力不小，但缺乏群众基础，不孚众望。注意："不孚众望"和"深孚众望"（指在群众中享有威望，很使群众信服）、"不负众望"（不辜负众人的期望）意思正相反，不能误用。下面句中的"不孚众望"用得不对："诗人高洪波果然不孚众望，七步不到即成绝句。"（应改用"不负众望"）。下面句中的"深负众望"用得也不妥："他是位热情奔放、循循善诱的演说家，这和他在工人中深负众望不无关系。"（应改为"深孚众望"）

不肖子孙（和"不孝子孙"有别）bùxiàozǐsūn

不能继承先辈事业或违背先辈遗志的子孙（不肖：儿子不像父亲。后泛指子弟品行不好，没有出息。肖：相似；像）。如：鲁迅《彷徨·长明灯》："造庙的时候，他的祖宗就捐过钱，现在他却要来吹熄长明灯，这不是不孝子孙？""不肖子孙"和"不孝子孙"音同义不同。前者强调的是子孙自身的品性不好；后者仅从伦理道德角度强调子孙对父母长辈不孝顺（孝：孝顺）。如：他家竟有这样的不孝子孙，父亲长期卧病在床，他从来不回家看一眼。下面句中的"不孝子孙"用得不妥："老爷万没想到他会有这样作孽的不孝子孙。"（"作孽"意即干坏事，可见这里说的不是"不孝顺"，而是强调后代品行不端，不像先辈。应改用"不肖子孙"）顺便一提的是，旧时父母丧事中子女的自称（"不孝"或说"不孝子"）和"不孝有三，无后为大"（子女对父母的不孝顺有三种情况，其中不娶妻生子，导致家族香火中断是最大的不孝）中的"不孝"是绝对不能写作"不肖"的。

不足为奇（和"不以为奇"有别）bùzú wéiqí

不值得奇怪。多指现象很平常或在情理之中。如：他平时不认真学习，高考落榜，当然不足为奇；赌博毕竟不是光彩的事，赌客怕尊容曝光也就不足为奇了。"不足为奇"和"不以为奇"有不同。前者表述的是一种客观事实；后者的意思是不感到奇怪，表示的是一种主观认识，认为事物、现象等很平常，这里的"以为"是认为的意思。如：他是见过大世面的人，对眼前出现的情景不以为奇。下面句中的"不以为奇"用得不妥："世界上百岁老人越来越多，不以为奇。""英语中的

god（上帝）倒过来就成了dog（狗），door（门）倒过来就成了rood（十字架）；汉字中也有，杳无音信的'杳'（yǎo）倒过来就是秋阳杲杲的'杲'（gǎo 明亮），旮旯儿（gālár 角落；狭窄偏僻的地方）中的'旮'和'旯'，邑山（地名，在山东）的'邑'（bā）倒过来就是'𨙨'（jié 山的转弯处或作地名用字），等等。这种现象，实在不以为奇。"（都应改用"不足为奇"）

不详（和"不祥"有别）bùxiáng

①不详细；不清楚（详：详细；清楚）。如：言之不详、地址不详。②不细说（书信中用语）。如：即将晤面，其余不详。（晤面：见面）。"不祥"和"不详"音同义不同，是说"不吉利"（祥：吉利）。如：不祥之兆。这里的"祥"（左边是"礻"）只有吉利的解释，故吉祥、祥瑞、祥和（吉祥和顺）的"祥"都这样写，却不能把地址不详的"详"误写作"祥"。

不肯不（和"肯不肯"不同）bùkěnbù

表示一定要。如：不肯不听；劝他别去，可是他不肯不去。"不肯不"和"肯不肯"不同。"不肯不"表示态度十分坚决，不这样不行；"肯不肯"是用来表示疑问的，因此"不肯不去"（一定要去）"你不肯不来"（你一定要来）和"肯不肯去？"（愿不愿意去？）"你肯不肯来？"（你愿不愿意来？）的含义就不同。

不足挂齿（≠**不足齿数**）bùzú-guàchǐ

不值得挂在嘴边。形容不值得一提（挂齿：挂在嘴边。指谈到；提及）。如：《三侠五义》三〇回："此事皆是你我行侠

之人当作之事，不足挂齿。"这点小事实在不足挂齿。"不足挂齿"和"不足齿数"有不同。"不足挂齿"常用于客套话中，表示自谦，但也可表示蔑视。如：蔡东藩等《民国演义》五七回："只有李半仙闻风逃走，不知去向。这本是幺麽小丑，不足挂齿。"（幺麽小丑：微不足道的小人）而"不足齿数（shǔ）"虽然也有数不上或不值得一说的含义（齿数：并列在一起计算），但它表示的是极端轻视的意思，含贬义。如：鲁迅《坟·未有天才之前》："泥土和天才比，当然是不足齿数的……"

（敬谢）不敏（不是婉拒别人的礼物）bùmǐn

不聪明；没有才能。敬谢不敏：表示推辞做某件事的客气话（谢：推辞）。如：我对书法没有多少研究，你们要我谈谈书法方面的知识，我实在没有什么可谈的，只好敬谢不敏了。注意："敬谢不敏"是个自谦之词，以自己才能不够为理由，婉言推辞某种工作、活动等，不能用在推辞别人赠送的物品上，也不能用在请别人做某事的一方，如不能说"别人送他的礼物，他一律敬谢不敏""对前来应聘的教师，学历不够的、暮气沉沉的、缺乏自信的……都一概敬谢不敏"。（可改用"婉拒"一类的词语）

（麻木）不仁（不是"不仁慈"）bùrén

失去知觉（仁：感觉灵敏）。麻木不仁：肢体失去知觉。比喻思想迟钝，对外界事物漠不关心。如：对村民反映的问题，不能漠不关心，麻木不仁；对那些在长途汽车上设赌骗人钱财的歹徒，不能熟视无睹，麻木不仁。注意：这里的"不仁"和不仁不义、为富不仁（靠不正当手段发财的人是不会讲仁义的）中的"不仁"（不仁慈）含义不同。

不穀（不能写作"不谷"）bùgǔ

不善。古代诸侯自称的谦词，可译为"我"。如：《左传·僖公四年》："岂不穀是为。"（难道是为了我个人吗。）这里的"不穀"不能写作"不谷"。汉字简化时，作为粮食作物总称的"穀"已简化为"谷"，但"穀"还有"善""良好"的解释，这种解释的"穀"不能简化，因此，不穀、"此邦之人，不我肯穀。"（住在这个乡的人，如今拒绝把我养）（《诗·小雅·黄鸟》）、穀日（吉日）、穀旦（晴朗美好的日子）中的"穀"都不能写作"谷"。注意：以上的"穀"（左下是一横和"禾"）不能误写作和它读音相同的"榖"（左下是一横和"木"）（木名。通称构树）。[参见"榖（树皮）"条]

不及（≠不如）bùjí

除了作"来不及"讲外，还有和"不如"相同的义项——比不上。它们都可用来表示前面提到的人或事物比不上后面所说的，在这个意义上的"不及"和"不如"可以换用。如：论技术，他不及（不如）小张；去年水果的产量不及（不如）今年。不同的是，"不及"前面必须是名词；"不如"前后可以是名词，也可以是动词或主谓结构，如"百闻不如一见""时间也快到了，不如我们走吧"（"我们走"是主谓结构）。另外，"不如"除可比较人或事物外，还可比较动作行为，如：这样敲击不如那样敲击省力。

不克（胜任）（并非"不能战胜"）bùkè

动词。不能（多指能力薄弱，不能做到。克：能）。"不克胜任"就是不能胜任。不克备究（不能够完备地探究）（柳宗元《贞符序》）、不克前往、不克分身（分身：抽出时间或精力去做另外的事）、不克自拔中的"不克"义同。"克"的本义是战胜（如"攻无不克""克敌制胜"），引申为"能"。如成语"克勤克俭"就是既能勤劳，又能节俭的意思，又《诗经·大雅·荡》中有"靡不有初，鲜克有终"的句子，意思是事情都有个开头，但很少能到终了。前面的不克胜任、不克备究等中的"克"用的都是这个引申义，不是本义，把"不克"理解为"不能战胜"就错了。

不绝如缕（不是接连不断）bùjué-rúlǚ

像只有一根细线连着，几乎就要断了（绝：断。缕：细线）。比喻形势危急，也比喻声音细微悠长。如：当前的战局，不绝如缕，已到了一触即发的地步；悠扬的琴声飘荡在苍茫的夜色中，不绝如缕。注意：不要把"不绝如缕"错误地理解为接连不断，如不能说"各种否定侵略史的论调不绝如缕""到黄山游览的人不绝如缕"。（前句可改用"不绝于耳"，后句可改用"络绎不绝"）

不可思议（和"不可理喻"有别）bùkě-sīyì

佛教指思想言语所不能达到的境界，含有神秘奥妙的意思。现指不可想象，难以理解（思议：想象；理解）。如：他绘画技巧的娴熟，简直令人不可思议；"你若是将老头领回家，我们就不认你这个儿子！"一向开通的父母不可思议地吼道。注意：其中的"思议"不能误写作"顾名思义"（看到名称，就联想到它的意义）的"思义"。"不可理喻"和"不可思议"不同，是说不能够用道理使他明白。形容人愚昧、固执或蛮横（喻：使明白）。主要用在蛮横、不讲道理的人身上。如："卖票的人告诉他们说，这和普通戏院不同，不买票就不能看戏。他们简直不可理喻，一定要进去。"（巴金《家》）这个人不可理喻，跟他多说也无用。

不假思索（≠不加思索）bùjiǎ-sīsuǒ

用不着多想（就做出反应）。形容说话做事反应敏捷（假：凭借）。如：对这几个生字词，他不假思索就能准确地作出回答。"不加思索"有不同，是形容言行随便，不经思考。如：去还是留，你必须慎重考虑，不要不加思索地草率决定。注意：有的辞书不收"不加思索"，有的辞书对"不假思索"解释后注明：也作不加思索。《现规》两个成语均收，并分别作了解释。（见第104页）（第2、3版第105页）

（按）部（就班）（不能写作"步"）bù

门类。按部就班：原指按照一定的门类，依照一定的次序安排文章结构、组织词句（班：次序）。现指按一定的规矩、程序办事；也指按老规矩办事，缺乏创新精神。如：梁斌《播火记》："敌情紧急，可是他还是按部就班，有条不紊地安排他的工作。"无论做什么事都要按部就班，不能操之过急。这里的"部"不能写成"步"，因为它没有强调步骤的意思；"按"（àn）也不能错写成"安步当车"（把悠闲的步行当作乘车）的"安"（安详；从容）。

c

cái

（大）材（小用）（不要写作"才"） dàcái-xiǎoyòng

材料。"大材小用"是说把大的材料用在小处。比喻人才使用不当，浪费人才。如：有人认为才学高的人当教师是大材小用，窃以为这是不知道教育的重要性之所致。"材"本指木材，"大材"即大的木材，也泛指其他各种大的材料。这里的"材"不能写作才能、才子、才华的"才"。顺便一提的是，"人才"以往可作"人材"，现在的规范写法是"人才"。

cān

参（半）（不能写作"掺"） cān

并；都。"参半"就是双方各占一半。如：喜忧参半、疑信参半、毁誉参半（批评和表扬各约占一半）、功过参半（功过：功劳和过错）。这里的"参"不能写成掺假、掺杂、酒中掺水的"掺"（混合）。"掺"（chān）和"参"的读音也不同。

参透（和"渗透"不同） cāntuò

看透；透彻领会。这里的"参"作深入研究、领会（道理、意义等）讲。如：参透人生、参透机关（看穿阴谋或秘密）、参透其中奥秘。"渗（shèn）透"不同，是指液体从物体的细小空隙中透过（渗：液体逐渐透入或沁出）。如：雨水渗透了泥土，衣服被汗水渗透了。也用来比喻某种思想或力量逐渐进入其他方面。如：这块奖牌渗透着教练的心血，警惕色情文学、淫秽录像等堕落文化的渗透。

cán

蚕室（≠蚕房） cánshì

一指养蚕的房间。二指古时受宫刑（阉割生殖器的残酷肉刑）后住的牢房。如：司马迁《报任安书》："而仆又佴之蚕室，重为天下观笑"，意为我受宫刑囚禁在蚕室里，被天下人耻笑。因为受宫刑后容易中风死去，需要在像蚕室一样温暖而不通风的房间里养伤，等伤口愈合后才能出来，故古书上常有"下蚕室"之说。"蚕房"仅指养蚕的房间，没有"蚕室"的第二种解释。

càn

粲然（和"灿然"不同） cànrán

笑时露出牙齿的样子。如：粲然一笑，看到他那滑稽的样子，大家不禁粲然。"灿然"和"粲然"音同义不同，"灿然"是形容明亮的样子。如：灿然耀目、灿然一新（给人一种全新的感觉）。它和"笑"丝毫无关，不能和"粲然"混淆。要提及的是，"粲然"也有"亮"的意思，和"灿然"的使用对象有不同：形容阳光明亮时，用"灿然"。如：阳光灿然；形容星星月亮时，用"粲然"。如：星光粲然、星月粲然。

cāo

（粗）糙（不读 zào） cāo

粗；不光滑；不精细。"糙"字在任何词语中（如：粗糙、糙米、毛糙、话糙理不糙，等等）都是这个读音，读 zào 就错了。

cè

厕身（≠侧身）cèshēn

谦词。参与；置身其中，意即从事某项工作或参与某种活动。这里的"厕"作混杂讲，如自谦混杂在教育界可说"厕身教育界"。厕身其间、厕于其事、杂厕（混杂）中的"厕"义同。因为"厕"古又通侧，所以一些辞书在"厕身"这一词条后注明也作"侧身"。《现异》有说明，二者宜作分化处理："表示'参与、置身'宜以'厕身'为推荐词形，'侧身'只表示'歪斜着身子'。"因此，上述的"厕"都不再写作"侧"，而"侧身而过""他从人群中侧身走了过去"中的"侧"也不能写作"厕"。

侧目（和"刮目"不同）cèmù

不敢从正面看，斜着眼睛看。形容畏惧而又愤恨，即对某种不良表现或恶劣行为敢怒而不敢言，只好斜着眼睛旁观来表示不满。如：张恨水《写作生涯回忆》四五："这不但文艺人看了心里不平，所有的老百姓都侧目而视。"世人为之侧目。注意："侧目"是贬义词，不是指一般的转过脸来看，如不能说"一位老者在湖畔展示'拳脚'，引来行人侧目观看"。（可改用"驻足"）"侧目"也不能和"刮目"混淆，"刮目"是褒义词，指彻底改变眼光，即别人已经进步，不能再用老眼光看他。如：他初涉文坛，处女作就是这样一部意味深长的长篇巨著，不能不令人刮目相看；中国铁路取得的成绩让世人刮目相看。下面句中的"侧目"用得不对："第一届摄影年展，由于主创团队的专业化和国际化，使得这个艺术项目在举办的第一年就让世人侧目。"（改用"瞩目"为宜）

cēn

参差（不读 cānchā）cēncī

长短、高低、大小不一致。如：参差不齐、楼房参差错落。"参差"不读 cānchā。注意："参"和"差"都是多音字。"参"有三种读音：最常见的是 cān。如：参加、参展、参战等。二读 shēn，用于中药名或星宿名。如：人参、参茸（人参和鹿茸）、海参、参商（"参"和"商"都是二十八宿之一，两者不同时在天空中出现。比喻亲友不能会面，也比喻感情不和睦）等。还有一个读音是 cēn。如：参差不齐、参错（参差错落）。"差"也有四个读音：一读 chā。如：差别、误差、差强人意（大致能够使人满意）、不差累黍（指十分准确，一点儿也不差）。二读 chà。指不相当或不相合，欠缺，不好或不够标准。如：差劲、差不多、成绩差、差事（口语。形容不中用；不合标准。和"差事"chāishi 不同）。三读 chāi。用在派遣（去做事）或被委派做的事，也指被派遣做事的人方面。如：差遣、差使、出差、差事（和"差 chà 事"不同）等。还有一个读音是 cī。如：参差。

céng

曾几何时（并非事情过了很长时间）céngjǐhéshí

才过多少时候。表示时间过去没有多久（曾：文言副词，相当于"才"。几何：多少）。如：几年前，这里还是一片荒山，曾几何时，一幢幢楼房拔地而起，昔日的荒凉景象再也见不到了；曾几何时，我们还在为粤语"北伐"沾沾自喜，可风云变幻间，不少人又开始为粤语"式微"而大声疾呼。注意："曾几何时"是用来表示某事物的原状态维持时间不长就急剧地转化为相反的状态的一个成语，不能用来表示事情已过了很长一段时间或根本没有涉及什么变化。下面句中的"曾几何时"就用得不妥："曾几何时，西楚霸王何等威风，'力拔山兮气盖世'。这等气概，今日商家想来不胜羡慕之至，于是，市场上开出了一片'霸王花'，手表有'天霸'，空调有'凉霸'，洗澡有'浴霸'……一个个'霸'气十足。""母亲是个多么善良、贤淑的女人啊！曾几何时，她是我作为女人的第一楷模。"（前一句可改用"想当年"，后一句可改为"多少年来"）

曾经（沧海）（不同"曾céng"）céngjīng

曾经经历过。曾经沧海：曾经经历过大海。形容见过大世面，阅历深，见识广。如：曾经沧海的人对一切都看得平淡无奇，你能看出他是曾经沧海的大人物吗？注意：这里的"曾经"不是一个词（副词），而是短语，"曾"是曾经，"经"是经历过。和"上个月他曾经去过上海""这里曾经闹过水灾"中的"曾经"（意思和"曾céng"相同）含义不同。

chā

差（强人意）（并不差chà）chā

稍微；大体上。"差强人意"的原来意思是很能振奋人的意志（差：古代义为"甚"。强：振奋）。现在表示大体上还能使人满意。如：那几盆花都不怎么样，只有这盆君子兰还差强人意。成绩差可（差可：勉强可以）、天气差暖、差可告慰（告慰：使人感到安慰）中的"差"义同。注意："差强人意"不能理解为很差劲，使人感到很不满意。下面句中的"差强人意"就用得不对："由于服务态度的差强人意，她受到了领导的批评。"因为这个"差"不是作不好、不标准讲。这里的"差"也不读chà或chāi。

chá

猹（不读zhā）chá

一种像"獾（huān）"（哺乳动物的一类）的野兽，喜欢吃瓜。鲁迅在他写的《故乡》一文中多次用到这个字。他自己作了解释："'猹'字是我据乡下人所说的声音，生造出来的，读如'查'，现在想起来，也许是獾把。"但"查"有二音，既可读chá，也可读zhā，现已有共识，读chá。

chà

刹那（≠霎时）chànà

梵（fàn）语（印度古代标准语）音

译。指一瞬间；极短的时间。如：一刹那、刹那间。这里的"刹"不读刹车、刹住不正之风的"刹"（shā），也不能写成"霎时""霎时间"的"霎"（shà）。"刹"后紧跟的是"那"；"霎"后紧跟的是"时"，不能错位。"刹那"和"霎时"都有极短的时间这一含义，仍有不同。"刹那"是外来词，"霎时"是汉语中本来就有的词；刹那相当于一秒的七十五分之一，霎时指的极短时间无确定量值。

差不多的（≠差不多）chàbuduōde

名词。普通的人。如：这块石头，差不多的搬不动。"差不多"没有名词用法，一作形容词。有相差很少、相近的意思。如：颜色差不多、水平差不多。又有大多数的意思。如：二百斤一包的大米，差不多的（这里加"的"作定语）人扛不起来；差不多的（"的"同样是定语的标志）庄稼活儿，他都会干。二作副词。有几（jī）乎、接近的意思。如：年龄差不多、钱差不多花光了。

差事（有二读）①chàshì

形容词。不顶用；不合格。如：这皮鞋太差事了，没穿几天就裂了口。②chāishi 名词。一指被派遣去做的事情。如：领导派给我一桩差事。二指职务或官职。如：托人找了个差事、这个差事不错。

chāi

拆（烂污）（不再读 cā）chāi

排泄（大小便）。拆烂污：（吴方言）指拉稀屎。比喻不负责任，把事情搞糟（烂污 lànwū：稀的粪便）。如：叶圣陶《倪焕之》四："货真价实，是商店的唯一的道德，所以教师拆烂污是不应该的。"做工作要认真，不能拆烂污。"拆烂污"原是杭州、宁波一带的方言。"拆"，目前的词典大都按方言读 cā。《现代汉语规范词典》在这一词条后作了提示：这里的"拆"某些地区读 cā，普通话中读 chāi。该词典的"前言"（14 页）也有说明："……'拆烂污'的'拆'，是注 cā 还是注 chāi？我们内部意见开始也不一致。最后还是决定注'chāi'，因为'cā'是方音。方言词进入普通话后应按普通话读音，我们没有理由给'拆'增加一个 cā 的读音。"《现汉》（第 5 版）用的仍是 cā（见第 122 页），（第 6 版）已改用 chāi（见第 139 页）。

chán

禅衣（和"襌衣"不同）chányī

僧衣，即和尚穿的衣服。禅衣是佛门用物。与佛教有关的事物左边都从"礻"（示字旁），如禅师（对和尚的尊称）、禅房、禅椅、禅杖（僧人用的手杖）等。"襌衣"（dānyī）不同，是指无里的单层衣服，即穿在外面仅此一层的罩衣（襌：单层的衣服）。"襌"的左边是"衤"（衣字旁），从"衤"的字大多与衣服有关。因此，"禅衣"和"襌衣"无论读音和解释都不同。汉朝较普通的一种服饰"直裾襌衣"（开襟从领口垂直而下的单层衣服）；1974 年，考古工作者在湖南长沙东郊马王堆汉墓中发掘出来的"素纱襌衣"（没有任何花纹的穿在外面仅此一层的罩衣）中的"禅衣"都不是佛门用物，不能误作"禅衣"。

chǎn

刬（别于"藏"）chǎn

完成。如：刬事（把事情办完）。"刬"（下边是"戋"）和藏（cáng）起来、西藏（zàng）的"藏"形、音、义都不同。

chàn

忏悔（不读 qiān huǐ）chànhuǐ

既可指认识了自己过去的错误或罪行，感到痛心并表示悔改；也可指向神佛表示悔过，请求宽恕。如：他对自己的过错一再地表示忏悔，星期天她去教堂忏悔了。"忏"只有一个读音，就是 chàn，不能读 qiān，也不能和纤维的"纤"（xiān）混淆。

（一）刬（不要写作"划"）chàn

"一刬"是北方官话，一概、全部的意思。如：家具一刬都是新的、一刬的青砖瓦房。也可作一味、总是讲（多见于早期白话）。如：别听他一刬胡言。注意："刬"本来已经作为"铲"的异体字被淘汰，但 1986 年重新发表的《简化字总表》确认"刬"读 chàn 时为规范字，类推简化为"刬"；读 chǎn 时，仍作为"铲"的异体字处理（铁铲、铲除、锅铲等"铲"不能写作"刬"）。一刬的"刬"（左边是"戋"）不能误写作计划的"划"；汉字的一笔叫"一画"，"一画"是规范写法，不写作"一划"。

cháng

长谈（别于"常谈"）chángtán

长时间地交谈。如：彻夜长谈。"长谈"和"常谈"音同义不同。"长谈"是动词，指交流的时间长；"常谈"是名词，指经常说的话，平常的言论。如：老生常谈（原指老书生的平凡议论，今指常讲的没有新意的老话）。这里的"常谈"不能写作"长谈"。

（别无）长物（不读 zhǎngwù）chángwù

多余的财物；值钱的东西（长：多余）。没有多余的东西叫"别无长物"。形容穷困或俭朴。如：家徒四壁，别无长物；屋里除了床和桌椅，别无长物。这里的"长"不读 zhǎng。

长跪（不是长时间跪着）chángguì

古代的一种坐姿，即两膝跪地，臀部离开足跟，挺直上身。又叫"跽"（jì）。如《史记·留侯世家》："因长跪履之。"（就"跪着"替他穿上鞋。）古代在没有出现真正意义的桌椅时，人们要坐只能席地而坐。坐的姿势有两种：一种是两膝着地，脚面朝下，屁股压在脚跟上，这种姿势叫"跪"，这种坐法至今在日本还很常见；另一种是两膝着地，屁股不接触脚后跟，上身挺直，这就是"长跪"。长跪往往是在遇到危险、出于惊恐或警惕时才出现的。总之，这里说的"跪"和"长跪"和我们今天说的谢罪和求饶无关。把"长跪"理解为长时间下跪求饶，是望文生义。

长年（≠常年）chángnián

"长年"和"常年"读音同，也都有终年、长期的意思，因此，常可通用。如：山顶上长年积雪、战士们长年守卫着祖国的边防、他长年在野外工作。其中的"长年"换用"常年"也未尝不可。细微差别是，"长年"比"常年"所表示的时间更久，客观上多表示没有间断；而"常年"则含有长时间不变的意思。这个"常"作时常、常常讲，客观上表示的时间，中间并非无间断，侧重于经常性。如：他常年不回家，以至有人觉得他没有家室；常年葱郁的松树林。"长年"还可指长寿（如"富贵长年"），方言中还可作"长工"讲（如"他年轻时在我们家当过长年"）；而"常年"则有"平常的年份"的含义（如"今年的产量比常年多"），其中的"长年"和"常年"不能错用。顺便一提的是，"长工""长年累月""长生不老"中的"长"不能写作"常"；"常川"（经常地；连续不断地）"常性"（能坚持做某事的一种品质。常：经常；恒久不变）中的"常"则不宜写作"长"。

常川（不作"长川"）chángchuān

经常地；连续不断地。如：常川往来，"梁启超因多病不能常川住院继而辞职。"（《光明日报》2011－04－20）有的辞书在"常川"条后注明：也作长川。《现异》有说明：二者为全等异形词。"常"有"经常""不变"义，与"常川"词义一致，且各权威辞书多以"常川"为主条，故宜以"常川"为推荐词形。而作"长的河流"讲的"长川"则不能写作"常川"。

chē

（辅）车（相依）（不是交通工具）chē

牙床。辅车相依（fǔchē-xiāngyī）：牙床离不开颊骨，颊骨也离不开牙床（辅：颊骨）。比喻两者关系密切，互相依存。如："辅车相依，唇亡齿寒。"（颊骨和牙床互相依靠，嘴唇没有了牙齿就会感到寒冷。）（《左传·宫之奇谏假道》）这两个国家是辅车相依的友好邻邦。注意：这里的"车"不是指陆地上有轮子的火车、汽车等运输工具。

chě

扯淡（不能写作"扯蛋"）chědàn

（北京话）①说无关正题的闲话（淡：无聊、无关紧要）。如：不要扯淡，还是说正经的吧！②胡扯；胡说八道。如：是他诬陷别人，倒要我承认错误，这不是扯淡吗？注意：其中的"淡"不能写作"蛋"，"扯蛋"讲不通。以往有的词典还收有"扯谈"这个词，因使用率不高，且有生造之嫌，《现汉》（第5版）和《现规》已不收。

chè

（风驰电）掣（不能读 zhì）chè

一闪而过。风驰电掣：像刮风和闪电那样迅速。比喻速度极快。如：火车风驰电掣般地开了过来。电掣雷鸣、掣肘（zhǒu）（拉住胳膊；比喻阻挠别人做事。掣：拉；拽）、掣签（抽签。掣：抽取）的"掣"写法同。"掣"不能读 zhì，和

"制"的写法也不同。

(清)澈（不能写作"沏"） chè

水清。清澈：清净透明。如：河水清澈见底。"清澈"是规范写法，其中的"澈"不能误写作沏茶的"沏"(qī)(用开水冲泡)或彻底的"彻"。

chēn

瞋（目而视）（不作"嗔"） chēn

发怒时睁大眼睛。瞋目而视：愤怒地瞪大眼睛注视着对方。"瞋"在《第一批异体字整理表》中被视为"嗔"的异体字。《通用规范汉字表》确认"瞋"为规范字，义为发怒时睁大眼睛，不再作"嗔"的异体字。而嗔怒、半嗔半笑、回嗔作喜（由生气变为高兴）的"嗔"（生气；发怒）和嗔怪、妈妈嗔我多嘴的"嗔"（责怪；埋怨）仍要写作"口"旁的"嗔"，不作"瞋"。还要注意，"瞋目而视"的"瞋"也不能误写作"瞠（chēng）目结舌"（瞪着眼睛一句话也说不出来。形容极端惊讶或窘迫）、"瞠乎其后"（在后面干瞪眼，赶不上）的"瞠"。

chén

(良)辰（美景）（不能写作"晨"） chén

时光；日子。美好的时光，宜人的景色叫"良辰美景"。如：元·关汉卿《金线池》三折："虚度了丽日和风，枉误了良辰美景。"中秋之夜，月光如水，金桂飘香，如此良辰美景，真令人心旷神怡。诞辰、时辰、吉日良辰的"辰"义同。注意："良辰"不能理解为"美好的早晨"。这里的"辰"和寥若晨星（稀少得像早晨的星星。形容很少）的"晨"读音虽同，但字形、字义不同。

晨光（别于"辰光"） chénguāng

清晨的阳光（晨：早晨）。如：晨光熹微（早上天色微明。熹微 xīwēi：形容阳光不强）。"辰光"和"晨光"读音同，但"辰"在这里作"时光"讲，"辰光"也是时光的意思。如：他依然怀念着那个辰光。因为"晨"和"辰"含义有别，因此，上例中的"晨光"和"辰光"不能互换。下面词语中的"晨"和"辰"也用得不对："辰光照在树梢上""良晨美景""吉日良晨"（前一句说的是早晨的阳光怎样，"辰光"应改用"晨光"；后两个词语中的"晨"应改用"辰"，因为这里说的是时光，"良辰"即大好的时光，美好的日子，而不是大好的早晨。

沉浸（和"沉溺"不同） chénjìn

浸入水中，比喻进入某种境界或思想活动中。如：把头沉浸在水里练憋气、沉浸在一片欢乐的气氛中。"沉溺"不同，是指淹没到水中，比喻深深地陷入不良的境地（多指生活习惯方面）而不能自拔。如：沉溺于湖底；沉溺于享乐，不求上进。明显地，"沉溺"是一个含有贬义的词语。因此，可以说"沉溺于网络游戏""沉溺于声色犬马"（指纵情享乐、荒淫无度的生活），不能说"沉溺在童年的回忆中""一家人沉溺在节日的幸福、欢快中"。（改用"沉浸"为宜）

陈规（≠成规） chéngūi

已经过时的、不适用的规章制度、规矩或办法（陈：时间久的；过时的）。如：

打破陈规、陈规陋习。"陈规"和"成（chéng）规"不同。"陈规"是指旧的、过时的规章制度，含贬义；"成规"是指现成或沿袭下来的规章制度、规矩或办法，也就是过去通行，现在还在使用的规章制度（成：已定的；定形的；现成的），是中性词。如：墨守成规、有成规可依。要注意的是，"墨守成规"的"成"不宜写作"陈"，"墨"也不能误写作"默"。

chèn

称钱（≠趁钱）chènqián

（北京话）有钱。如：看他穿的一身旧衣服，不像个称钱的大老板；他们家如今称钱了。"称"和"趁"作口语时，都有"拥有"的意思，因此，作"有钱"解释的"称钱"和"趁钱"可以通用，但"趁"是"称"的借字，因此，宜写作"称钱"。"趁"还可作追逐讲，引申为追求，"趁钱"便有赚钱、挣钱的含义，"称钱"没有这种解释。这个意义的"趁钱"绝对不能写作"称钱"。

chen

（寒）碜（不要写作"伧"）chen

丑；难看。寒碜：一指（外貌）不好看；丑陋。如：这孩子长得太寒碜。二指丢脸；不体面。如：一道题都答不上来，真寒碜！三指讥笑，揭人短处使丢脸。如"你这不是存心寒碜我吗？"注意：①单独用的"碜"读 chěn，在构成寒碜、牙碜（食物中夹着沙子，嚼起来牙齿不舒服。比喻话语粗俗不堪入耳）这些词语后读轻声。②"寒碜"和"寒伧"以往可通用，现在的规范写法是"寒碜"。

chēng

称一称（不能写作"秤一秤"）chēngyīchēng

动词。测定重量。如：把这袋米称一称。称体重、你给我称两斤苹果中的"称"形、音、义同。注意：凡用秤测定物体重量只能用"称"，此"称"不能写作秤钩、秤杆、磅秤的"秤"（chèng）。因为"秤"是名词，是用来测定物体重量的器具。称一称的"称"也不读 chèn 或 chèng。

（饼）铛（不读 dāng）chēng

烙饼或煎食物用的平底浅锅。"饼铛"就是烙饼用的平底锅。电饼铛（电能平底浅锅）的"铛"音、义同。这里的"铛"不读银铛入狱（被铁锁链锁着进入监狱。银铛：铁锁链）、银铛作响、铁索银铛的"铛"（dāng）。

chéng

（遇难）成（祥）（不能写作"呈"）chéng

成为；变为。遭遇危难而转化为吉祥叫"遇难成祥"。《镜花缘》八四回："愿他诸事如意，遇难成祥。"她心中默祷，希望丈夫在这次事故中能逢凶化吉，遇难成祥。注意：这里的"成"不能写成龙凤呈祥、麟趾呈祥（比喻子孙昌盛）的"呈"（显露出。"呈祥"即呈现出吉祥的景象）。其中的"难"要读 nàn，不读 nán。

成才（≠成材）chéngcái

成为有才能的人。如：自学成才、立志成才、成才之路。"成才"和"成材"音同义不同。"成才"只用于人；"成材"是说能成为有用的材料（即树成长为可用的木材），比喻成为有用的人。它既可用于物，也可通过比喻用于人。如：成材林、不成材（等于说"不成器"，即无用的人）、"对于青年干部，他们敢于压担子，在实践中锻炼，在锻炼中成材。"（《人民日报》2000-10-17）

承当（≠承担）chéngdāng

承担（责任）；担当。如：承当重任、出了什么事我一个人承当。"承担"也有担负、担当的意思。如：承担义务、"要勇于探索创新，勇于承担风险。"（《光明日报》2001-06-26）"承当"偏重于敢于担当，不怕负责；"承担"有用肩膀担起来的形象色彩，偏重于承受，不推辞。它们在用于责任之类时可以相通，如"承当责任事故""承当法律责任""承当罪责"中的"承当"都可换用"承担"。但"承担义务""承担一切费用"中的"承担"却不能改用"承当"。方言中"承当"还有答应、应承的意思，如说"我早已承当了把这部词典借给他"。这里的"承当"不能用"承担"去替代。

城府（和"府城"不同）chéngfǔ

城池和府库。比喻待人处世的心机。如：胸无城府（为人坦率）；此人城府很深，难与共事。"府城"不同，是旧时指府一级的行政机构所在的城市（府：旧时行政区划名，比县高一级）。

（计日）程（功）（不能误写作"成"）chéng

估量；计算。计日程功：可以数着日子计算功效。形容进展非常快，有把握在较短的时间内完成。如：这个工程的准备工作很充分，可望计日程功。"计功程劳"（计算功劳）的"程"义同。这里的"程"不能错写为"成"；"计"和"程"义同，也不能误写作"记"。

程（门立雪）（不能误写作"城"）chéng

程颐（宋代著名理学家）。程门立雪：（杨时和游酢 zuò）大雪天恭敬地站在程颐身旁，以候教言。形容尊师重道，恭敬求教。如：这个年轻人很有些程门立雪的精神，为了能多学点知识，总是恭敬地向老先生请教。《宋史·杨时传》记载：宋朝人杨时和游酢有一天去拜访程颐，程颐正闭目静坐，二人站立在旁不敢惊动。待程醒来，门外已有一尺厚的积雪了。"程门立雪"的成语由此而来。此"程"是人名，不能误写作"城"。把"程门立雪"理解为站立在城门外雪地里赏雪就大错特错了。

chèng

枨（和"掌"不同）chèng

一指桌椅等腿中间的横木。如：这张凳子少了一根枨。二指斜撑着的支柱。如：这棵树倾斜了，快支根枨。注意：①"枨"古同"撑"（chēng），现在"撑"是规范写法。撑船、撑腰、撑竿跳高的"撑"不能写作"枨"。②"枨"和手掌、鼓掌的"掌"形、音、义都不同，不能混淆。

chī

吃（瓦片儿）（不是吞咽食物） chī

依靠某种事物来生活。"吃瓦片儿"是北京话，意为吃房租，即依靠出租房子生活（含谐谑意）。如老舍《正红旗下》五："因作官而发了点财的人呢，'吃瓦片'是最稳当可靠的。"吃劳保、吃利息、吃老本、靠山吃山的"吃"义同。以上的"吃"和把食物放到嘴里经过咀嚼咽下去的"吃"含义不同。瓦片是不能吞进肚子里去的。

（鞭）笞（不能误写作"苔"） chī

用鞭、杖或竹板子打。鞭笞：用鞭子抽或板子打，比喻严厉遣责。如：这种行为应该受到舆论的鞭笞；讴歌了正义，鞭笞了邪恶。"笞"（上边是"⺮"）不要和苔藓植物的"苔"(tái)混淆。

chí

持之有故（和"持之以恒"不同） chí zhī yǒu gù

见解或主张有一定的根据（故：根据）。如朱自清《现代人眼中的古代》："但是仔细读了郭先生的引证和解释，觉得他也是持之有故，言之成理的。"要让人家信服，必须持之有故，言之成理。"持之以恒"(chí zhī yǐ héng)不同，是说有恒心，长久地坚持下去。如：锻炼身体要细水长流，持之以恒；只要锲而不舍，持之以恒，多大的困难也能克服。这里的"恒"是恒心的意思。

chǐ

齿冷（和"心寒""齿寒"不同） chǐ lěng

笑久了牙齿感到寒冷（因为笑要张口，时间长了牙齿就有冷的感觉）。借指讥笑、耻笑。如《聊斋志异·翩翩》："居娼家半年，床头金尽，大为姊妹行齿冷。"卑鄙至此，令人齿冷。"心寒"不同，是说因失望而内心痛苦。如：这凄惨的景象，令人心寒；做母亲的如此虐待自己的亲生女儿，实在让人心寒。"心寒"又有害怕的意思。如：胆战心寒。下面句中的"齿冷"用得不对："这惨不忍睹的血淋淋场面，让人齿冷。""最近一段时间，这一带接连发生了令人齿冷的抢劫杀人案。"（应改用"心寒"）"齿寒"和"齿冷"也有别，本来说的是虞（yú）国和虢（guó）国之间唇齿相依的关系（虞国和虢国相邻，要是虢国灭亡了，虞国也难以幸免），以此喻指国家的外忧。有个成语叫"唇亡齿寒"，意即嘴唇没有了，牙齿就会感到寒冷，说的就是这个道理。从字面上说，齿寒和齿冷都有"牙齿寒冷"的意思，一则因"唇亡"而寒，因而产生"国将不国"的外忧；一则因"张口"而冷，以此借指讥笑，是这两个词的区别所在。

哆（口）（不读 duō） chǐ

张开（嘴）。哆口：形容张开嘴的样子。如：哆口欲言、"哆兮侈兮，成是南箕。"（臭嘴张得何其大，好比夜空簸箕星。南箕：星宿名）(《诗·小雅·巷伯》)

这里的"哆"不读吓得他直哆嗦的"哆"（duō）。

（豆）豉（不要误写作"鼓"）chǐ

豆豉：蒸煮后的黄豆或黑豆经发酵制成的一种调味品。豉酒（用豆豉浸渍而成的酒，有药用价值）、蚝豉（煮熟晒干的蚝肉）的"豉"写法同。注意："豉"是指以豆类发酵制成的食品，所以左边是"豆"，不能错写成锣鼓的"鼓"，也不读gǔ或shì。

chì

斥资（和"集资"不同）chìzī

出钱。"斥"是拿出（钱）的意思。如：斥资建桥、斥资兴办企业。"斥资"和"集资"不同。斥资是指个人出钱或政府出钱；而集资是聚集资金，即从民间或企业筹集资金，侧重在与其他人共同集合资金。"集"是聚集的意思。如：集资办学、向社会各界集资。

chōng

（忧心）忡忡（不能写作"重重"）chōng chōng

忧愁不安的样子。忧心忡忡：心事重重，忧虑不安。如：祖母卧病在床，他终日忧心忡忡。"忡"不能读zhōng；"忡忡"也不能误写作心事重重、困难重重、重重包围的"重重"（chóng chóng），因为"重重"是作"一层又一层，形容很多"讲，不能和"忧心"组词。

（河）涌（不读yǒng）chōng

流入大河的小河沟（多用于地名）。"河涌"是指分支的小河。地名东濠涌、西濠涌、沙河涌均在广州。这些"涌"是方音，不读涌现、风起云涌、泪如泉涌的"涌"（yǒng）。

chōu

瘳（别于"廖"）chōu

①病愈。如：病瘳、"染此者十不一二，或随有瘳"。（染上这种病的十个中还不到一两个，间或染了病也很快就好了）（方苞《狱中杂记》）②损害。如：于己何瘳。注意："瘳"（病字旁）和姓廖（liào）的"廖"无论字形、字音、字义都不同。

chóu

雠（和"仇"用法不同）chóu

①校对文字。如：校（jiào）雠。②势不两立的一方；对手。如：仇雠（仇人；冤家对头）。注意："雠"本来作为"仇"的异体字被淘汰，但1986年重新发表的《简化字总表》确认"雠"表示上述意义时为规范字，类推简化为"雠"；表示仇敌、仇恨等意义时仍作为"仇"的异体字处理。据此，校雠、雠定（校对并加以考证）、仇雠中的"雠"不能写成"仇"。《通用规范汉字表》也重新确认"雠"为规范字，用于"校雠"等词语中。其他意义用"仇"。

chū

出神入化（和"出神"迥异）chūshén-rùhuà

形容技艺达到了绝妙的境界（神：神奇。化：化境；绝妙的境界）。如秦牧《艺海拾贝·虾趣》："不知道这位老画师是观察了多少的活虾，才能够画虾画得这样出神入化的！"这幅山水画画得出神入化。"出神入化"和"出神"绝然不同。前者不能用来形容人，只能用来形容功夫和水平十分了得，以至达到炉火纯青的地步；后者是动词，指因精神过度集中而发呆，是用来描写人的神态的。如：大家都走了，他还在望着湖面出神；他听故事听得出了神。下面句中的"出神入化"和"出神"不能互换："这位演员的演技出神入化，让观众看得出了神。"

出售（≠**出卖**）chūshòu

"出售""出卖"都是动词，都有"卖"的意思。它们有时可通用，如"出售房屋""降价出售"中的"出售"也可换用"出卖"但"出售"的对象只能是具体物品；而"出卖"可用于抽象事物，如"出卖灵魂""出卖劳动力"，不能说"出售灵魂""出售劳动力"。"出卖"还有贬义用法，指为了个人利益，做出有利于敌人的事，使国家、民族、亲友等利益受到损害。如：出卖同志、出卖军事机密。

出言不逊（和"**逊言**"迥异）chūyán-bùxùn

说话傲慢无理（逊：谦虚）。如：狂妄自大的人往往会出言不逊；他出言不逊，被父亲狠狠教训了一顿。"逊言"的意思正相反，是指恭顺、谦虚的语言。如《后汉书·胡广传》："常逊言恭色。"下面的"逊言"用得不妥："有的美国官员急了还要发出逊言，称朝鲜为'暴政前哨'。"（应改用"出言不逊"。因为美国官员说的话，明显带有攻击性，是对朝鲜的谩骂）

出乎意料之外（没有语病）chū hū yì liào zhī wài

事物的好坏、情况的变化、数量的大小等超出人们的意料。如"这次考试成绩这么差，真是出乎意料之外。""有这样的事，实在是出乎意料之外啊！"如果从字面上分析，"出乎意料"是说不在人们的意料之中，"意料之外"也是这个意思。这样，"出乎意料之外"就是在人们的意料之外的之外，明显是语义重复。但语言学家吕叔湘、朱德熙先生合著的《语法修辞讲话》中有谈到，语法不是逻辑。"有些话虽然用严格的逻辑眼光来分析有点说不过去，但是大家都这样说，都懂得它的意思，听的人和说的人中间毫无隔阂，毫无误会。站在语法的立场，就不能不承认它是正确的。"

出身（和"**出生**"不同）chū shēn

①名词。由个人早期经历或家庭经济状况所决定的某种身份。如：行（háng）伍出身（当兵出身）、他的出身是工人。②动词。具有某种由个人早期的经历或家庭经济状况决定的身份。如：他出身学生、他出身于工人家庭。"出生"（chū shēng）和"出身"不同。它是动词，指胎儿从母体中生产出来。如：他是1990年出生的，安徒生出生于丹麦的一个鞋匠家庭。出生地、出生率、出生证不能写作出身地、出身率、出身证，店员出身、科班出身（科班：比喻正规的教育或训练）、

他的出身不好中的"出身"不能写作"出生"。("出身不好"中的"出身"是指家庭出身)

出色（和"出众"有别） chū sè

　　特别好；超出一般。如：学习出色、表现出色。"出色"和"出众"不同。出色可修饰名词（如"他是一个出色的射手"），也可以修饰动词（如"他们出色地完成了任务"）；出众是说超出众人。如：才华出众、相貌出众。它用作修饰语时，只能修饰名词（如"出众的人品"）。

chú

除（官）（不是"去掉；免去"） chú

　　授予（官职）。"除官"就是任命官职。如："除臣洗马。"（洗马：官名）（李密《陈情表》）"予除右丞相兼枢密使。"（我被任命做右丞相兼枢密使。枢密使：官名。掌管国家兵权）（文天祥《指南录后序》）注意：这里的"除"是除旧官而任新职，即授予新的官职的意思，和除名、斩草除根、为民除害的"除"（去掉）含义不同，也不能理解为"免去"，把"除官"解释为"免去官职"就错了。

（庭）除（不是"去掉；清除"） chú

　　台阶。庭除：庭院和台阶。如：《朱子家训》："黎明即起，洒扫庭除。"（天刚亮就起床，洒扫庭院和台阶。）杜甫《送孔巢父病归》："清夜置酒临前除。"（寂静的深夜，在靠近前面台阶的地方摆设酒席。）注意：这里的"除"和除尘、斩草除根、除恶务尽（清除坏人坏事或恶势力，务必干净、彻底）的"除"（去掉；清除）含义不同，和"除夕"（农历一年中最后一天的夜晚，也指一年的最后一天）的"除"（更换。旧岁到此而除，次日即新岁，有除旧布新的意思）也有别。

锄（奸）（不能写作"除"） chú

　　铲除；消灭。"锄奸"就是铲除通敌叛国的坏人。如：为民锄奸。锄强扶弱的"锄"写法同。这里的"锄"原是指松土和除草用的农具或用锄松土除草，由此引申出铲除的意思。"锄奸"一词构词用字的稳定性很强，已约定俗成，成为规范词形，不能写成除尘、除恶务尽、除暴安良（铲除暴徒，安抚百姓）等的"除"。

chǔ

处子（不是"处男"） chǔ zǐ

　　处女。如《庄子·逍遥游》："肌肤若冰雪，绰约若处子。"（绰约：形容女子体态柔美的样子。）"静如处子，动如脱兔"（未行动时像处女那样娴雅，行动时像逃脱的兔子那样迅捷）注意：①这里的"处"不读chù。②没有发生过性行为的女子可以叫"处女"；而没有发生过性行为的男子也可叫"处男"，但不能叫"处子"。"（沈从文）虽为人师，毕竟尚是处子，没过多久，他就看上了班里十八岁的少女张兆和。"（《读者》2001年第18期）其中的"处子"是误用。（应改用"小伙子"为宜）也许受"处女"一词的影响，近年来在体育赛事或文艺演出的新闻报道中"处子"一词悄然增加了新的义项和用法，有"初次""首次"的意思，如"处子秀""处子表演""处子赛季"等。

处以（和"处于"不同） chǔyǐ

动词。用某种方法或手段来处分、惩罚（以：用）。如：处以极刑（死刑）、处以罚款。"处于"（chǔ yú）也是动词，但和"处以"不同，是指（人或事物）处在某种地位或状态（于：在）。如：这项科研成果处于世界领先地位、处于水深火热之中。

处事（和"处世"有别） chǔ shì

"处事"和"处世"读音同，都是动词。区别是：前者指处理各种事务，词义范围较小，处理的多是具体的事件、工作。这里的"处"作处置，办理讲，"事"是事情。如：处事有方、处事果断。后者是指在社会上活动，跟人往来相处。所指范围较广，内容较抽象。这里的"处"是跟别人一起生活，交往的意思；"世"是指社会，人间。如：为人处世、大家都看不惯他那种圆滑的处世态度。"一向处事镇定的她这时却慌了手脚"和"他为人谨慎小心，处世圆通随和""处世是一件难事，要处得八面玲珑就更难"中的"处事"和"处世"不能互换。

chuā

欻（有二读）一读 chuā

形容短促迅速的声音。如：欻的一下裤脚给钉子划破了。叠用的"欻"还用来形容整齐的脚步声。如：又一方队操正步欻欻地从主席台前通过。又有"欻啦"一词，是形容菜放进滚油锅里发出的短促的声音。如：欻啦一声，菜倒进了油锅。二读 xū。"忽然"的意思。如：风雨欻至、灾祸欻降。

chuān

川（流不息）（不能写作"穿"） chuān

河流。川流不息：河水流动不停。形容行人、车马等像水流一样连续不断。这里的"川"不能误写作横穿马路、人流如穿梭的"穿"。辞书中没有"穿流不息"的成语。

chuán

传颂（别于"传诵"） chuán sòng

辗转传布颂扬。如：全村人传颂着他英勇救人的事迹，他崇高的医德被广为传颂。"传颂"和"传诵"音同义不同。"传颂"的对象是不平凡的、英雄的人物或事迹。"颂"是颂扬的意思；"传诵"是辗转传布诵读，对象是诗文、故事、名句等。"诵"是诵读或称道的意思。如：李白、杜甫的诗，千百年来传诵不衰；当时"玉堂春"的故事在民间广为传诵。

chuáng

床（前明月光）（不是睡床） chuáng

井上围栏。"床前明月光"是李白《静夜思》中的首句。这里的"床"不是指我们现在睡觉用的床，那时（唐朝）睡觉用的是"榻"（tà）（一种狭长而较矮的床），传到日本后称作"榻榻米"（铺在室内地板上的草席或草垫）。李白半夜在院子里踱步，走到井栏旁边，抬头望见天上的一轮明月，想起了离别的故乡；而不是躺在室内"床"上所见。李白《长干行》

中也有"绕床弄青梅"的句子，是说彼此互相追逐，绕着庭院里的井床，投掷青梅为戏。此处的"床"也不是指睡床。

chuàng

怆（别于"沧"）chuàng

冷。如：天地之间有怆热。"怆"（左边是两点水）和左边是三点水的"沧"形、音、义都不同。沧，音 cāng，是指水色深绿。如：沧海一粟、沧海桑田（比喻世事变化巨大）。"怆"和"沧"的右边都是"仓"，和沦陷、沦丧、沦肌浃髓（lún jī – jiā suǐ 渗透到肌肉和骨髓里。比喻感受极深）的"沦"右边写法不同。

chuí

垂范（和"垂青"迥异）chuí fàn

给后人或下级做榜样（垂：流传下去。范：模范；好榜样）。如：垂范后世、领导干部率（shuài）先垂范。"垂青"不同，是说用黑眼珠看，表示重视或喜爱。这里的"垂"是敬词，用于称别人（多为长辈或上级）对自己的某些行动。"青"是青眼，即黑眼珠（和"白眼"相对，白眼是看不起人的一种表情）。如：格外垂青、老师很垂青这位学生。

垂（暮）（不是物体一头朝下）chuí

快要；将近。垂暮：天将晚的时候，也比喻晚年。如：天已垂暮、垂暮老人。垂死挣扎、生命垂危、坐不垂堂（垂堂：靠近屋檐的地方）、功败垂成等"垂"义同。以上的"垂"和垂柳、垂钓的"垂"（物体一头朝下），垂泪满面、垂涎三尺的"垂"（向下流或滴），名垂青史、永垂不朽的"垂"（流传下去）解释都不同。

垂询（不是谦词）chuí xún

用于称别人对自己的询问。如：承蒙领导垂询，我将尽我所知汇报；有关招生具体情况，欢迎来电垂询。这里的"垂"是敬词（表示尊敬的礼貌用语。和谦词相对），用于称别人（多为长辈或上级）对自己的某些行动。垂爱（称长辈或上级对自己的关爱）、垂念（称长辈或上级对自己的关怀惦念）、垂问（意同"垂询"）的"垂"义同。注意："垂询"只有欢迎别人问自己时才能用；自己问别人、问尊长，不能用。如不能说"我曾经打电话向厂家垂询""有不懂的地方就向老师垂询"。（前句可改为"询问"，后句可用"请教"）

（边）陲（不能写作"垂"）chuí

边疆。边陲：靠近国界的地区。如：驻防边陲要镇、锡都个旧是云南一座边陲小城。"陲"有边境，边疆的含义；"垂"没有这种解释。边陲不能写作"边垂"。

捶（心泣血）（不读 zhuī）chuí

捶打。捶心泣血（chuí xīn – qì xuè）：捶打胸膛，哭得眼中出血。形容极度悲痛。如：听到女儿溺水身亡的消息，她捶心泣血，痛不欲生。"椎牛飨士"（慰劳作战官兵。椎牛：杀牛。飨士：犒劳军士）的"椎"音同。这里的"椎"同"捶"，读音也是 chuí，但不写作"捶"，也不读脊椎、颈椎、腰椎的"椎"（zhuī）。注意和捶背、捶胸顿足的"捶"写法的区别。

(一) 锤（定音）(不再写作"槌") chuí

用锤敲打。一锤定音：本是指熟练的制锣工人敲最后一锤确定锣的音色。后用来比喻凭某个人的一句话把事情最后决定下来。如：老师傅一锤定音，就这么干了；主拍一锤定音（主拍：主持拍卖的人）。有的辞书在"一锤定音"解释后注明："锤"也作槌。现在的规范写法是"一锤定音"。"一锤子买卖"的"锤"写法同，都不要写作"槌"。

chūn

春蚓秋蛇（不限于指书法拙劣）chūnyǐn-qiūshé

辞书多释为：像春天蚯蚓和秋天蛇的行迹那样弯曲。比喻书法拙劣。如：他写出来的字，春蚓秋蛇般，毫无章法。但《汉语成语考释词典》除有"比喻书法不工"的含义外，还有"形容草书笔法神奇多变"一说。据此，说"毛体行行春蚓、字字秋蛇，流动飞舞，恣肆磅礴"。亦无不可。毛泽东是草书大家，说毛体是"行行春蚓、字字秋蛇"，正是说明他的书体龙飞凤舞，笔走龙蛇，千变万化。

chún

纯贞（别于"纯真"）chún zhēn

（爱情）纯洁忠贞（贞：忠贞）。如：纯贞的爱情、纯贞的妻子。"纯贞"和"纯真"都有纯洁的意思，读音也相同。区别是："纯贞"侧重指忠贞、坚定不移；"纯真"是形容纯洁真挚，侧重指真诚。这里的"真"是真实的意思（和"假""伪"相对）。如：纯真的友情、纯真无邪。

cí

（信口）雌黄（不能误作"雄黄"）cí huáng

鸡冠石。一种矿物，成分是三硫化二砷，橙黄色，可用作颜料。古人写字用黄纸，写错了就用雌黄涂改文字，后来便称不顾事实、随口乱说叫"信口雌黄"。如：反映情况要实事求是，不能信口雌黄。又有个成语叫"妄下雌黄"，意思是随意乱改别人的文字或乱发议论。其中的"雌黄"都不能误写作"雄黄"。"雄黄"也叫鸡冠石，矿物名，成分是硫化砷，橘黄色，有光泽。但辞书中并无"信口雄黄""妄下雄黄"的说法。

cì

刺刺（不休）(不能误写作"剌剌") cìcì

形容说话多。刺刺不休：说话没完没了；唠叨。如：他刺刺不休地说个不停，叫人讨厌极了。这里的"刺刺"（它们的左边是"束"cì）不要错写成"剌剌"（là là）（它们的左边是"束"shù）。"剌剌"是象声词，用来形容风声、拍击声、破裂声等。成语有"刺刺不休""喋喋不休"（喋喋 dié dié 说话多的样子），却不见有"剌剌不休"。

cóng

从善如流（和"从谏如流"不同）cóng shàn-rú liú

形容能很快地接受别人的好意见或好建议，像水从高处流到低处一样自然顺畅。如：他从善如流，不管谁提意见，只要是对的，都虚心接受。"从善如流"和"从谏（jiàn）如流"有不同。"从善如流"所指的意见不管来自何方，只要是对的、好的都接受；而"从谏如流"是指接受下级的规劝或意见，像水往低处流一样顺畅自然。它只用于接受下级的意见，因为"谏"是指直言劝告（一般用于下对上）。如：这位村官上任后，既关心群众疾苦，又能从谏如流，受到了群众的好评。

cù

卒中（**不读** zú zhōng） cù zhòng

病名，多由脑血栓、脑出血等引起。通称"中（zhòng）风"或"脑卒中"（nǎo cù zhòng）。症状为突然昏迷、口眼歪斜、言语困难或半身不遂等，严重时很快死亡。注意：这里的"卒"不读 zú，"中"也不读 zhōng。

cuān

（鲫鱼）氽（汤）（**不能误写作**"汆"） cuān

一种烹调方法，把易熟的食物放到沸水里稍微煮一下。如：氽丸子、氽黄瓜片。"氽"又可指氽子（用薄铁皮做的筒状烧水用具）或用氽子烧水。如：氽子里的水开了，呼噜呼噜地响；氽了一氽子水。注意："氽"（上面是"人"）和"汆"（上面是"入"）字形十分相似，要注意区分。"汆"读作 tǔn，是方言，作漂浮或用油炸讲。如：一根木头汆在水上、油汆花生米。

蹿（**房越脊**）（**不能写作**"窜"） cuān

向上跳。"蹿房越脊"是说跳上房，跨过屋脊快速行走（多见于武侠小说）。那只猫一下子蹿上了树；一只猴子在居民区里上蹿下跳，闹得小区居民心慌慌。其中的"蹿"写法同。注意："蹿"是向上或向前跳的意思，与"足"有关，所以是"𧾷"旁。在北京话中，"蹿"还有"喷射"的意思，因此，鼻子蹿血、蹿稀（腹泻）的"蹿"也这样写。这些"蹿"都不能写作逃窜、东奔西窜、巷子里突然窜出一条黑狗的"窜"（cuàn），因为"窜"表示的是在地面的奔逃、乱逃，而没有向上跳的含义。"一场大赛使她一夜之间蹿红歌坛"中的"蹿红"（迅速走红）也是不能写作"窜红"的。

cuàn

窜改（和"篡改"有别） cuàn gǎi

改动文字。"窜"在这里也是改动（文字）的意思。如：窜改记录、窜改原文、文件被人窜改过。"窜改"和"篡改"音同义不同。"窜改"是指对原来的东西错误地进行改动，对象一般是具体的书面材料，如文字、文件、成语、古书等；"篡改"是指用作伪的手段，别有用心地改动或曲解真的、正确的东西。这里的"篡"是指用私意改动或曲解。对象一般是经典、理论、政策、精神等抽象的东西。如：篡改历史、事实不容篡改、篡改学说。"篡改"比"窜改"的程度更严重。

cuī

（等）衰（不读 shuāi）cuī

由大到小，按照一定的等级递减。"等衰"就是等次，和"等差"意思同。"衰"在这里不读衰老、衰落的"衰"（shuāi）。顺便一提的是，贺知章《回乡偶书》中"少小离家老大回，乡音无改鬓毛衰"的"衰"古读 cuī，现行中学语文教材已不再苛求读这音，意即现在读 shuāi 即可。

cuǐ

璀璨（不能写作"璀灿"）cuǐcàn

形容珠宝等光彩鲜明（璨：玉的光泽）。如：璀璨夺目、群星璀璨、一颗璀璨的明珠。"璀璨"与玉有关，所以左边都是"王"（斜玉旁）。"璀"不能误写作"崔""催""摧"，"璨"也不能错写成粲然一笑（粲然：笑时露出牙齿的样子）的"粲"（鲜明；美好）或灿烂的"灿"。

D

dá

达到（≠到达）dádào

通过努力实现某一目的或上升到某一程度。如：达到国际水平、我们的目的已经达到了。"到达"有不同，是说到了（某一地方）。如：火车于下午三时到达广州，我们已经到达目的地。它通常要带表示地点的处所宾语；"达到"不能。如可以说"本次列车明晨六点到达南京"，不能说"本次列车明晨达到南京"；"我们已经到达目的地"中的"到达"也不能换用"达到"。此外，"达到"中间可以插入"得""不"，表示可能。如：这个指标达得到，这个要求达得到还是达不到？"到达"不能这样用。

（一）沓（信纸）（不读 tà）dá

量词。用于叠在一起的纸张等较薄的东西。如：一沓报纸、一大沓钞票、把这沓试卷叠好。注意：作量词用的"沓"都不读杂沓（纷乱；杂乱）、重沓（重复繁多）、纷至沓来（接连不断地到来）的"沓"(tà)。

dǎ

打烊（和"打样""打佯儿"不同）dǎyàng

（吴方言）（商店）晚上关门停止营业。如：店铺都打烊了。"打样"和"打烊"音同义不同，是指在建筑房屋、制造器具前画出设计图样，也指书籍、报刊排版后，印出样张来供校对用。"打佯（yáng）儿"和"打烊"也不同。它是方言，意为装做不知道的样子。如：我问他，他跟我打佯儿。"佯"是假装的意思

dà

大伯（不读 dà bǎi）dàbó

既可指父亲的大哥，又可以是对年长男子的尊称。注意：这里的"伯"和"大伯子"（丈夫的哥哥）中的"伯"（bǎi）读音不同。

大王（有二读）①dàiwang

戏曲、旧小说中对国王或强盗首领的称呼。如向大王请安、山大王。②dàwáng 一是指古代对国君、诸侯王的尊称。二是指垄断某项事业的人。如：钢铁大王、汽车大王。三是借指在某种技艺上有卓越才能的人。如：拳击大王、爆破大王。

大概其（不作"大概齐"）dàgàiqí

大概。如：这本书我只是大概其看了看，他大概其地介绍了这件事的发生过程。有的辞书在"大概其"这一词语解释后注明："其"有时也作齐。《现异》有说明："大概"后面的"其"或"齐"是表音附加成分，不表义。"其"字较虚而"齐"字较实。宜以"大概其"为推荐词形。（见第 101 页）

大奓（≠大炮）dàpào

说大话（奓：说大话）。如：大奓佬（说大话的人）。注意：好（hào）说大话的人通常称之为"大炮"，在这个意义上，

"大炮"和"大奋"可通用（一般写作"大炮"）。但"大炮"还用来比喻说话直率而毫无顾忌的人。如：这个大炮，不管不顾，一番激烈言辞搞得领导下不来台。又可指口径大的炮。如：一门大炮。这里的"大炮"不能写作"大奋"。

大家（闺秀）（**不是人称代词**）dàjiā

名词。有名望的家族。大家闺秀：原指出身于名门的有教养、有风度的年轻女性，现在也泛指有教养、有风度的女性（闺秀：旧时称富贵人家的女儿）。如："姑娘既是位大家闺秀，怎生来得到此？"（清·文康《儿女英雄传》）"她举止文雅，颇有大家的风范"中的"大家"义同。注意：这里的"大家"不是代词，并非指一定范围内所有的人，和"请大家安静""过马路时大家一定要小心"中的"大家"含义不同；和书法大家、散文大家、大家手笔（名人亲手作的文章、写的字或画的画）中的"大家"（著名的专家）解释也不同。

大排档（和"排挡"有别）dàpáidàng

本是广东方言，指集中设在街头路边或一定场所的摊点，特指饮食业大排档。是一种敞开式的简易大众就餐场所。多设在露天临时支起有简易顶盖的棚子内，桌椅简陋，价格便宜。因为广东人称摊位叫"档"或"档口"，进而转变为"排档"了。注意：大排档中的"档"（左边是"木"）不能错写成"挡"（dǎng）（左边是"扌"）。"排挡"一词也是有的，是指汽车、拖拉机等用来调节运行速度或倒车的装置，简称"挡"。和"大排档"是两个完全不同的概念。

大背着枪（和"背着大枪"迥异）dàbēi zheqiāng

把枪的背带从头上套过，斜背在肩膀上，是长途行军时一种常用的背枪姿势，为的是保证枪不会滑下来。如：大部队的战士们大背着枪行进在崎岖的山路上。"背着大枪"和"大背着枪"绝然不同，是指背着步枪（大枪：步枪。对手枪或其他短枪而言）。如：身背一杆大枪。

大事（宣传）（**不能写作"大肆"**）dàshì

大力从事（事：从事；做）。如：大事宣传、大事宣扬、大事渲染。"大事"是中性词。上述的"大事"不能写作"大肆"。"大肆"是指毫无顾忌地（做坏事），是贬义词。如：大肆挥霍、大肆吹嘘、大肆掠夺。"肆"是不顾一切、任意胡来的意思。它的读音是sì，和"事"也不同。

（贻笑）**大方**（**不是"不吝啬；不小气"**）dàfāng

专家学者；内行人。泛指见多识广或有某种专长的人。贻（yí）笑大方：给内行人留下笑柄（贻：遗留；留下）。如：如果有谁把"乐山乐水"（比喻各人的爱好不同或对问题的看法不同。"乐"读yào，喜爱，爱好）的"乐"念作快乐的"乐"（lè）或音乐的"乐"（yuè），那就只能由于自己的无知而贻笑大方了。大方之家（懂得大道理的人）的"大方"义同。这里的"大方"和出手大方（大方：对财物不计较，不吝啬）、举止大方（大方：自然；不拘束）、穿着（zhuó）朴素大方（大方：不俗气）中的"大方"（dàfang）含义都不同。

大伟（≠大车）dàchē

对火车司机或轮船上负责管理机器的人的尊称。这里的"大伟"以往可作"大车"。《现异》有说明："……宜以'大伟'为推荐词形。"我们通常说的"大车"是指牲口拉的两轮或四轮载重车，或用来指大汽车（和"小车"相对）。如：他赶大车去了；你们坐小车，我们坐大车。这里的"大车"不能写作"大伟"。

（士）大夫（不读 dàifu）dàfū

古代官职，地位在卿之下，士之上。士大夫：古代泛指官僚阶层，有时包括未做官但有地位有声望的读书人。如韩愈《师说》："士大夫之族，曰师曰弟子云者，则群聚而笑之。"（士大夫这类人中，如有人称人家为老师、称自己是学生，这些人就聚集在一块嘲笑他）。注意：凡是和古代官职有关的"大夫"都读 dàfū。秦汉以后就有御史大夫、谏大夫、光禄大夫等。宋朝以后把医生称作"大夫"，今天仍沿用。这里的"大夫"才读 dàifu。

汏（衣裳）（不能误写作"汰"）dà

（上海方言）洗；涮。如：汏头（洗头）、汏菜（洗菜）、汏衣裳。注意：汏（右边是"大"）和淘汰、裁汰（裁减多余的或不合用的人员）、优胜劣汰（在竞争中成绩好的获得胜利，成绩差的被淘汰）的"汰"（tài）形、音、义都不同。

dài

（责无旁）贷（不能写作"代"）dài

推卸。"责无旁贷"是说属于自己应尽的责任，不能推卸给别人。如：帮助地方搞好两个文明建设，是人民军队责无旁贷的义务；医务工作者救死扶伤，责无旁贷。注意：这里的"贷"和严惩不贷的"贷"（宽恕）写法同，但含义不同。其中的"贷"也不能误写作"代"。

（严惩不）贷（不能写作"代"）dài

宽恕。严惩不贷：严厉惩罚，决不宽恕。如：如若触犯刑律，严惩不贷。这里的"贷"和责无旁贷的"贷"（推卸）写法同，含义不同，但都不能写作"代"。"严惩不代"无从索解。

（以逸）待（劳）（不能写作"代"）dài

等待；等候。以逸待劳：指作战时采取守势，养精蓄锐，待敌人疲劳后再行出击（逸 yì：闲适；安乐）。如姚雪垠《李自成》二卷二三："依我愚见，目前就抽出一支精兵，并赴陈留附近，或陈留与通许之间，以逸待劳，使左军不能直达开封城外。""以逸待劳"不是说"用逸取代劳"，因为这样，就仅指自己一方前后的变化了，和"以逸待劳"的实际意义不相符，所以这里的"待"不能写作"代"。

戴（着手铐）（和用"带"有别）dài

把东西套在身体的某一部位。戴帽子、戴手套、戴眼镜、戴孝等"戴"义同。以上的"戴"不能写作"带"，因为"带"是指随身携带。"犯人戴着手铐"和"公安人员带着手铐"中的"戴"和"带"意思就不同。（注："戴孝"过去可以写作"带孝"，现在的规范写法是"戴孝"）

戴（罪立功）（不要误写作"带"）dài

头上顶着；承当着。戴罪立功：在承当某种罪名的情况下建立功劳，将功折罪。如：我要在这次抗洪抢险中戴罪立功，重新做人；他认清了犯罪的危害，决心戴罪立功，洗心革面。若把"戴罪立功"写作"带罪立功"，释为"带着罪去立功，将功折罪"也庶几可通，但和"戴罪立功"比较就显得逊色，因为背负着罪名去建立功劳更能体现其对罪过的重视和将功赎罪的决心，更富于表现力，况且辞书中也没有"带罪立功"的成语。

dān

担负（≠负担）dānfù

动词。承担（工作、任务、责任、使命等）。如：他们所担负的具体工作不同、担负着国家的重任。"负担"也可作动词，有承担、担当的意思，和"担负"的意义基本相同，只是在用法上"负担"更多地与"费用""损失"等较为消极的事物搭配。如：他本来工资就不高，还要负担读高中的两个儿子的费用，实在不容易。更重要的，"负担"还有名词用法，作"承受的压力"讲。如：思想负担、减轻农民负担。这里的"负担"就不能用"担负"。

（虎视）眈眈（不能写作"耽耽"）dāndān

眼睛注视的样子。虎视眈眈：像老虎那样贪婪而凶狠地注视着。如孙中山《中国前途问题》："今日中国正是万国虎视眈眈的时候，如果革命家自己相争，四分五裂，岂不是自亡其国。"这伙歹徒正虎视眈眈，伺机抢劫路人财物。注意："眈"是看的意思，看要用眼睛，所以是"目"旁，不能误写作和它读音相同的耽误、耽搁的"耽"。

箪食壶浆（和"箪食瓢饮"迥异）dānshí-hújiāng

古代老百姓用箪盛饭，用壶盛汤来欢迎和犒劳他们爱戴的军队（箪：古代盛饭用的圆形竹编器具。浆：汤水）。后用来形容军队受到欢迎的情况。如：当地群众箪食壶浆，迎接子弟兵的到来。这里的"食"旧读 sì，现在读 shí。（见《现规》262 页）"箪食瓢饮"（dānshí - piáoyǐn）和"箪食壶浆"完全不同，是一箪饭，一瓢水（饮：水）的意思，后用来指清贫的生活，如说"旧中国的教书先生箪食瓢饮，安贫乐道"。

dàn

(1) 石（谷子）（不读 shí）dàn

量词。市制容量单位，10 斗等于 1 石。这个意义的"石"在古书中读 shí，和现在石头、岩石的"石"读音同，但现在的规范读音是 dàn。有个成语叫"以升量石"，是说以小量大，比喻凭肤浅的理解来揣度高深的道理。这里的"石"同样是容量单位，要读 dàn。

（信誓）旦旦（不是天天）dàndàn

诚恳的样子。誓言诚恳可信叫"信誓旦旦"。如：刚上任时，他信誓旦旦，要为群众多办实事，谁知不到两年，他就自个儿寻找安乐窝去了。注意：这里的"旦旦"和"岂若吾乡邻之旦旦有是哉！"（哪里像我的乡邻们天天都有这种受着死亡威胁的事发生呢！）（柳宗元《捕蛇者说》）

中的"旦旦"（天天；日日）含义有别。

疍民（不能写作"蛋民"）dànmín

旧称广东、广西和福建沿海沿江一带以船为家，从事渔业或水上运输的居民。也说疍户。疍民、疍户、疍家儿女的"疍"都不能写作"蛋"；反之，鸡蛋、鸭蛋等的"蛋"也不能写作"疍"。

淡泊（和"淡薄"不同）dànbó

动词。不追求；不热衷。如：他一向淡泊功名利禄；诸葛亮信奉：非淡泊无以明志，非宁静无以致远。"淡泊"和"淡薄"音同义不同。"淡泊"只用于抽象事物，多用于书面语；"淡薄"是形容词，既可用于具体事物，又可用于抽象事物，有多个义项：①（云雾等）密度小。如：浓雾渐渐地淡薄了。②不强烈。如：酒味淡薄、兴趣淡薄。③冷淡；不亲密。如：关系淡薄、人情淡薄。④印象等模糊。如：记忆淡薄；这么多年了，我对他的印象已经淡薄了。

dāng

（锐不可）当（不能写作"挡"）dāng

阻挡；抵挡。锐不可当：气势旺盛，勇往直前，不可抵挡。如：锐不可当的攻势、人民军队锐不可当。注意：这里的"当"不能写作"挡"，也不读 dǎng。以一当十（用一个人抵挡十个人。形容英勇善战，以少胜多）、螳臂当车（比喻做事不自量力或抗拒不可抗拒的强大力量必然招致失败）中的"当"音、义同。尽管这些"当"都作阻挡、抵挡讲，但不读 dǎng。和"安步当车"（慢慢地步行，就当是坐车）"长歌当哭"（把放声悲歌当作痛哭，多指书写诗文来抒发心中的悲愤）中的"当"（dàng）（当作）读音也不同。（注：螳臂当车、势不可当中的"当"写作"挡"dǎng 不算错，但现在一般不这样写，"当"也不读 dǎng）

当局（者迷）（不是掌权者）dāngjú

面对棋局。引申为身当其事。成语有"当局者迷，旁观者清"，是说正在下棋的人有时会受迷惑，反而不如在旁边看棋的人更清楚棋局的走势。比喻当事人往往因为对利害得失的考虑太多，认识不客观，反而不及旁观的人看得清楚。如：俗话说"当局者迷，旁观者清"，他这个局外人的意见倒是很值得考虑。注意：这里的"当"是"面对"的意思，"局"当"棋局"讲，因此"当局者"应理解为下棋的人（和"旁观者"——"看棋的人"相对而言），显然，这里的"当局"不是指政府、党派、学校中的领导者，和政府当局、学校当局、有关当局的"当局"了不相涉。

dǎng

党（同伐异）（不是指政党）dǎng

偏袒。党同伐异：偏袒同伙或与自己意见相同的人，排斥、打击跟自己意见不同的派别或个人（伐：攻击，排斥）。如："在组织内部，要搞五湖四海，团结大多数，反对党同伐异，拉帮结伙。"（《现代汉语成语规范词典》）应当允许学术上不同学派的自由争论，不能唯我独尊，更不能党同伐异。这里的"党"不是指政党，和"死党""结党营私"的"党"（由私人利害关系结成的集团）含义也不同。

dàng

（长歌）当（哭）（不读 dāng） dàng

当作。长歌当哭：把放声歌咏当作痛哭。多指用诗文抒发心中的悲愤。如鲁迅《记念刘和珍君》："长歌当哭，是必须在痛定之后的。""安步当车"（慢慢地步行，就当作坐车）中的"当"音同。这些"当"不读当今、当场、以一当十（一个人抵挡十个人，形容军队勇敢善战）、螳臂当车（螳螂用前腿阻拦车子前进。比喻不自量力去做办不到的事）、势不可当的"当"（dāng）。

凼（不作"氹"） dàng

（粤语）水坑；田地里沤肥的小坑。如：水凼、粪凼、凼肥（把垃圾、树叶、杂草、粪尿等放在坑里沤制成的肥料）。《现汉》《现规》都有说明，"氹"同"凼"。把"凼"作为正条。有的辞书还把"氹"作"凼"的异体字处理。据此，"凼"不再写作"氹"。但澳门有个"氹仔岛"（dàngzǎidǎo），这个地名中的"氹"不写作"凼"。

荡气回肠（和"扬眉吐气"迥异） dàngqì-huícháng

使气息震荡，肝肠回旋。形容文章、乐曲等十分婉转动人。如秦牧《艺海拾贝·鹦鹉与蝴蝶鸟》："而这里面有一个关键性的问题，就是作品应该有荡气回肠的感人力量。"乐曲感情深沉，旋律优美，令人荡气回肠。"扬眉吐气"不同，是说舒展眉头，吐出怨气。形容解脱压抑之后心情舒畅的神态。如：新中国成立后，各族人民扬眉吐气，做了新社会的主人。"荡气回肠"和"扬眉吐气"是两个完全不同的成语，要注意区分。下面句中的"荡气回肠"就用得不对："当地一霸伏法后，老百姓个个荡气回肠。"（应改用"扬眉吐气"）

dào

盗嫂（不是偷嫂子的东西） dàosǎo

和嫂子私通。注意："盗"是有"偷"这种解释，但这里不是，而是作"私通"讲。《汉书·陈平传》："闻平居家时，盗其嫂。""盗其嫂"意即和他的嫂子私通，把它理解为偷窃嫂子的东西就错了。"盗嫂"是有固定含义的，和盗窃嫂子的钱物风马牛不相及；同样，"偷"也有"私通"的解释，"偷汉"就不能理解为某个女盗贼偷盗某男子的钱物。

悼亡（不能用于哀悼丈夫） dàowáng

悼念死去的妻子，也指死了妻子。晋代文学家潘岳中年丧妻，便写了三首《悼亡》诗，"悼亡"一词由此而来，因此，"悼亡"只能用于男子哀悼亡妻，不能用于妻子哀悼丈夫；后人写哀念亡妻的诗也都以"悼亡"为题，说"李商隐（唐代诗人）的悼亡诗真感人"，可以；说"李清照（南宋女词人）的《孤雁儿》是一首追悼明诚的悼亡之作"，不行（明诚，即赵明诚，李清照的丈夫）。"他写了一首《我娘》的悼亡诗，悼念其母逝世一周年"中的"悼亡"也用得不是地方。

道地（≠地道）dàodì

"道地"和"地道"（dìdao）都是形容词，都可用来表示正宗的（跟"冒牌"相对）、纯正的、符合标准的（指工作或材料的质量）的意思，因此往往可以通用。如：道地的台湾香蕉；道地的长白山人参；一口道地的上海话；巴不得、帅、啰唆等词都是道地的从方言（满语）中进入普通话的；象牙雕刻都是精工制作，确实道地。以上的"道地"也可换用"地道"。但"地道"还可作名词。读作dìdào，指的是地下的通道。如：挖地道、过马路请走地道。"道地"没有这种用法。"地道的出口设在隐秘的地方"中的"地道"就不能换用"道地"。

纛（不读 dú）dào

古时军队或仪仗队的大旗。如：高牙大纛（军中的旗帜。泛指居高位者的仪仗。牙：大将的牙旗，竿上用象牙装饰）。注意："纛"（左下的写法是：上"目"中"一"下"小"。旧时"纛"既可读dào，又可读 dú，现在的规范读音是 dào。

dé

（读书）得间（不读 déjiān）déjiàn

找到漏洞；得到机会（间：空隙。比喻窍门）。后来称读书能寻究问题而获得其中的道理。"读书得间"意即读书时能发现问题。如李宝嘉《官场现形记》第五十四回："飏翁！你真可谓读书得间了！你说的一点不错。"这里的"间"不读jiān。"得间"不是得到了时间。

得以（无否定式）déyǐ

能够；可以。如：理想得以实现；问题得以解决；这次得以圆满完成任务，全靠了你们的帮助。注意："得以"不能单说，也不能单独回答问题，没有否定式，如不能说"要解决这个难题，缺乏团队协作精神，是万万不可能得以实现的"。这里的"万万不可能得以实现"是否定式，违反了"得以"没有否定式用法的规则。可删去得以或改用"得到"。

děi

得亏（≠亏得）děikuī

（北京话）幸亏；多亏。如：得亏抢救及时，才保住了性命；得亏我来得早，不然又赶不上车了。这里的"得"不读dé。"亏得"（kuīde）和"得亏"都有多亏、幸亏的意思，在这个意义上用法相同，但"亏得"还可作多亏的反说，表示讥讽。如：说出这样的话，亏得你不脸红；连屈原是谁都不知道，亏得你还是个大学生呢。这里就不能用"得亏"。

děng

等等（≠等）děngděng

表示列举未尽时，"等"可以叠用为"等等"。如：比赛项目包括田径、游泳、球类等（或"等等"），柴、米、油、盐等（或"等等"）生活必需品。但要注意，"等等"一般不用于专有名词的后面（如：鲁迅、郭沫若等），是因为"等等"用在专有名词后面，含有不尊重的意味；"等等"可以重复。如：这家商店经营的商品有电视机、电冰箱、录像机、洗衣机等等，等等。用于列举煞尾时，只能用"等"，不能重叠。如：我国有北京、天津、上海、重庆等四大直辖市；这学期我们学了语文、数学、历史、地理、生物等五门课程。它必须紧紧附在词或短语之后；而"等等"前面可以有标点隔开。

dèng

澄清（有二读）①dèngqīng

使液体里的杂质沉淀而液体变清（澄：使液体里的杂质沉下去）。如：水太浑，用明矾澄清一下；这水澄清之后才能用。②chéngqīng 一指（水）清澈（澄：水清澈透明）。如：湖水碧绿澄清、河水澄清。二是搞清楚；弄明白（澄：使清明；使清楚）。如：澄清事实、澄清误会。

dī

堤防（和"提防"不同） dīfáng

防水的堤。如：加固堤防、小心堤防缺口。"提防"（dīfang）是动词，意为小心防备。如：对这个人可得提防着点儿，提防走漏消息。两个词语中的"堤"和"提"都读 dī，不读 tí。

的士（不读 díshì） dīshì

英语音译词。指出租小汽车。打的、的哥、的姐中的"的"读音同。以上的"的"词典中的注音都是 dí。《现规》已改读为阴平调，即 dī。《现汉》（第5版）"的2"的注释是：dí 的士：打~。注意："的"字在口语中一般读阴平（dī）。（见291页）而（第6版）中的"的士""打

的""的哥""的姐"等的"的"注音都是 dī。（见278页）

dǐ

诋（毁）（不能写作"抵"） dǐ

说坏话；骂。诋毁：诽谤；污蔑。如：百般诋毁、不可诋毁别人。丑诋（辱骂）、诋斥（谴责）的"诋"义同。注意：这里的"诋"（左边是"讠"）不能误写作抵抗的"抵"。

苊（别于"芪"） dǐ

有机化合物，无色晶体，可用来制染料等；"苊"古书上也用来指嫩的蒲草，这里的"苊"读 zhǐ。"苊"（下边是"氐"dǐ）和黄芪（多年生草本植物。根入药）的"芪"（qí，下边是"氏"shì）写法不同。

（中流）砥柱（不能写作"抵柱"） dǐzhù

山名（在河南三门峡东，屹立于黄河的激流中，形状像柱子，故名）。中流砥柱：屹立在黄河激流中央的砥柱山（中流：水流的中央）。比喻在危难中能起支柱作用的人或力量。如：他是公司的中流砥柱，英雄模范是我们民族的中流砥柱。注意：这里的"砥"和砥砺（①磨刀石。②磨炼。③勉励）、砥平（太平；安定）的"砥"写法同，左边都是"石"，不能误写作抵抗的"抵"。

dì

地主（之谊）（不是阶级成分） dìzhǔ

名词。住在本地的主人（对外地来的客人而言）。地主之谊：作为本地主人的

情谊，也就是在招待外地来的客人时，本地主人应尽的义务。如：当尽地主之谊、略尽地主之谊。这里的"地主"不是指占有土地，自己不劳动或只有附带的劳动，主要靠出租土地为生的人。

弟兄（≠兄弟）dìxiong

①弟弟和哥哥。如：他们是亲弟兄；他没有弟兄，只有一个姐姐。②对同辈、同伙或下属男子的亲昵称呼。如：支援农民弟兄；弟兄们，加油干！"弟兄"和"兄弟"（xiōngdì）一般都可以互用，如上述例中的"弟兄"（除最后一例外）都可换用"兄弟"。但用来比喻亲如兄弟的"兄弟"（如兄弟党、兄弟国家、兄弟单位等）不能换用"弟兄"。和"兄弟"（xiōng di "弟"读轻声）也不同，"兄弟"（di）是指：①弟弟。如：他是我的兄弟，我有个兄弟在广州工作。②称呼比自己年龄小的男子。如：小兄弟，请问这是杏花村吗？③谦词。男子跟辈分相同的人或对众人说话时的自称。如：兄弟我初来乍到，请大家多多关照。

（有）的（放矢）（不读 de、dí）dì

箭靶的中心。有的放矢：对准靶子射箭（矢 shǐ：箭）。比喻说话或做事目的明确，有针对性。如：讲课时，教师要做到有的放矢。无的放矢、目的、众矢之的、一语破的（一句话说到要害处）、鹄的（gǔdì）（箭靶子的中心；也指目的）中的"的"音、义同。这些"的"不读"我的书""有的是"（强调有很多）的"的"（de），也不读"的士""打的""的哥"的"的"（dī）或的确、的当（恰当；合适）、的证（确凿的证据）的"的"（dí）。

diān

颠扑（不破）（不能写作"颠仆"）diānpū

跌落、敲打。颠扑不破：无论怎样摔打拍击都不会破裂。比喻理论、学说等正确，驳不倒，推不翻。如："谦受益，满招损"，这是颠扑不破的真理。注意：这里的"颠扑"不能错写成和它读音相同的"颠仆"，因为"颠仆"只有跌倒的意思，而无拍击的含义。如：颠仆不起。

巅（峰）（不能写作"颠"）diān

山顶。巅峰：最高峰；顶峰（多用于比喻）。如：登上泰山巅峰、事业的巅峰、攀登文学艺术的巅峰。"颠"和"巅"读音同，也有高而直立的物体的顶端的解释，如树颠、塔颠。但作"山顶"解释的"巅"不写作"颠"。山巅、峰巅（山峰的顶端）的"巅"写法同。

diǎn

典型（和"典范"不同）diǎnxíng

①名词。具有某种代表性的人物或事件。如：他是村里勤劳致富的典型、树立典型。②形容词。有代表性的。如：这个人很典型，他是个典型的书呆子。③名词。文艺作品中塑造出来的反映一定社会本质而又有鲜明个性的艺术形象。如：祝英台是女子为追求纯贞爱情而献身的典型人物。"典型"和"典范"有不同：前者是中性词，可以用在好人好事方面，也可用在坏人坏事方面。如：他是我们党内极坏的典型。后者是褒义词，指可以作为榜样的人或事物，只能用在好人好事方面。

如：雷锋是我们学习的典范。另外，"典范"只有名词用法，它的前面不能用"不""很"等副词修饰，如不能说"不典范""很典范"；"典型"可以。如：这件事很典型，他艰苦创业的事迹十分典型。

（明正）典刑（不能误写作"典型"） diǎnxíng

执行法律（刑：刑罚）。明正典刑：依照法律公开处以刑罚（明：公开。正：不枉法，指治罪）。如《元曲选·关汉卿〈鲁斋郎〉四》："圣人大怒，即便判了斩字，将此人押赴市朝，明正典刑。"（市朝：人众会集之处，即公共场所）茅盾《〈茅盾文集〉后记》："法西斯意大利完蛋了，墨索里尼受意大利人民的审判，明正典刑；被奴役的欧洲国家的人民翻了身了。"注意：这里的"典刑"不能误写作典型事例、这件事很典型的"典型"。（参见"典型"条）

（文不加）点（不是标点） diǎn

涂改。文不加点：写文章很快，不用涂改（加点：指修改文章时画上符号，表示删去这个字）。如：文不加点，一气呵成；"说完，他走向案头，提起笔来，沾上朱砂，就文不加点地写了出来。"（二月河《雍正皇帝》三六）注意：这里的"点"不是标点符号。"文不加点"不能错误地理解为文章没有加标点符号，如不能说"在语文老师的严格要求下，我逐渐改正了文不加点的毛病"。

diàn

电气（和"电器"不同） diànqì

物质中存在的一种能，可以发光、发热，产生动力等，是一种很重要的能源，广泛用于生产和生活各方面。如：电气设备、电气机车。"电器"不同，一指电气元件或装置，如开关、变阻器、避雷器等；二指家用电器，如电风扇、电视机、空调等。因此，"家用电器展销"中的"电器"是指电气化的器具，不能误写作"电气"，"电气"是不能展销的。

玷（污）（不读 zhān） diàn

白玉上的污点，引申作动词，使有污点。玷污：弄脏；使有污点。如：玷污名声、玷污人格、不要玷污了祖国的荣誉。玷辱、瑕玷（比喻缺点、毛病）、白圭（guī）之玷（比喻美好的人或事物存在的小缺点）中的"玷"读音、写法同。注意："玷污"是贬义词，多用于指人的品质、行为恶劣、败坏。这里的"玷"不能误写作沾上污点、沾光、沾沾自喜的"沾"（zhān）。"沾污"确实也有弄脏的意思，但它是实指。如：这件衣服被墨汁沾污了。上述例中的"玷污"是不能改用"沾污"的。

殿军（不限指第四名） diànjūn

一指行军时走在最后的部队。如：大部队开始转移，三连担任这次行军的殿军。二指体育运动等比赛中的第四名。如：冠军、亚军、季军、殿军。三指比赛后入选的最后一名。注意："殿军"常会被认为只是排在季军之后的第四名，其实它还可以指参加比赛后的入选的最后一名。像广东顺德以前的龙船赛设置的殿军，指的就是参赛队伍中可获奖的最后一名，如二十艘龙船参赛，奖励前十名，第十名就是殿军。

diǎo

（怕个）鸟（不读 niǎo） diǎo

人、畜雄性生殖器的俗称。旧小说、戏曲中用作骂人的话。如：鸟人、鸟东西、"这是什么东西，好像猪鸟。"（《儒林外史》第二十八回）这些"鸟"都读 diǎo，读作 niǎo 就错了。同样，下面句中的"鸟"也不能读 niǎo："武松看了，笑道：'……我却怕什么鸟！'"（《水浒传》第二十三回）电视剧《宰相刘罗锅》中刘罗锅听得外面有人求见，就对仆人张胜说："你去看看是个什么鸟？"

diào

吊膀子（不读 diàobàngzi） diàobǎngzi

（吴语）调情（含贬义）。如：有一班坏人专干那吊膀子骗女人的勾当。其中的"膀"在词典中多注音为 bàng，《现规》已改注为 bǎng。（第 2 版 306 页）

吊唁（和"凭吊"有别） diàoyàn

祭奠死者并慰问家属（唁：对遭遇丧事者表示慰问）。如：驱车前往吊唁，前来吊唁的人在殡仪馆里排起了长队。"凭吊"有不同，是指对着坟墓、遗迹或纪念物等缅怀古人或往事（凭：依靠；凭借）。如：凭吊革命先烈、凭吊古战场、凭吊烈士墓。"吊唁"和"凭吊"虽然都有一个"吊"（追悼死者或慰问死者家属）字，但前者是吊今（对丧家的问候），后者是吊古（人或事）。下面句中的"凭吊"就用得不对："他家财大气粗，老母去世后大办丧事，前来凭吊的人络绎不绝。"（应改用"吊唁"或"吊丧"）

吊死鬼（和"吊死鬼儿"迥异） diàosǐguǐ

迷信指上吊而死的人的鬼魂，也指上吊而死的人。"吊死鬼儿"不同，是尺蠖（huò）（一种昆虫的幼虫，行动时身体一曲一伸，像用大拇指和中指量距离一样）的俗称，化蛹时常吐丝从树上挂下来，将自己悬在半空晃悠着，故称。

（形影相）吊（不是悬挂） diào

慰问。形影相吊：自己的身体和影子互相安慰。形容孤独一人。如毛泽东《别了，司徒雷登》："总之是没有人去理他，使得他'茕茕孑立，形影相吊'，没有什么事做了，只好挟起皮包走路。"（茕 qióng 茕孑立：形容无依无靠）他久居异乡，形影相吊，心绪总是不快。吊民伐罪（慰问受苦的民众，讨伐罪恶的统治者）的"吊"义同。这里的"吊"不作悬挂、追悼死者或慰问死者家属、收回（如吊销驾驶证、吊销营业执照）等讲。

调配（有二读） ① diàopèi

调动分配。如：合理调配劳动力、调配生产工具和原材料。② tiáopèi 调和配制（颜料、药物等）。如：调配颜色、饮食要调配好。

调侃儿（和"调 tiáo 侃"有别） diàokǎnr

（方言）同行业的人彼此说行（háng）话（各个行业的专门使用的一般人不太理解的术语和语词，如钢铁冶炼部门的"翻砂""冷轧"，医务部门的"休克""输氧"等）。"调（tiáo）侃"不同，是说用言语戏弄，嘲笑。如：不要调侃人家、互相调侃了一番。

（尾大不）掉（不是往下落） diào

摆动；摇动。尾大不掉：尾巴太大，摆动不了。比喻属下势力过大或机构组织庞大臃肿，以至指挥不灵。如：机构臃肿，组织庞大，尾大不掉，难以驾驭。掉舌（鼓舌，指游说）、掉书袋（讽刺人说话、写文章爱征引古书，卖弄才学）、掉枪花（耍花招）、掉以轻心、掉臂不顾（形容丝毫不关心照顾）的"掉"义同。这些"掉"都不是往下落的意思。"尾大不掉"的字面意思也不是尾巴大不会掉下来。

掉头（不作"调头"） diàotóu

既指（人）转过头（如"他掉头一看，竟吓了一跳"），又指（车、船等）转成相反的方向（如："小船掉头开走了"）。有的辞书注明："掉头也作调头。"《现异》有说明："掉"的本义为"摇"，引申为回转、掉转。宜以"掉头"为推荐词形。值得注意的是，"掉头"既是一个词，也可视为一个短语，在特定的语言环境中，可能引起不良联想，如说"司机桥下掉头"，司机自然明白这是什么意思，但总觉得心里不快，这就需要变通一下，如果要保留"掉头"这个规范用语，似可换用"车辆桥下掉头"。

掉文（和"悼词"迥异） diàowén

动词。就是转（zhuǎi）文，即为了显示有学问，说话时故意使用文绉绉的词句（掉：摆弄；卖弄）。如：这位老先生说话好（hào）掉文；别掉文，让人听不懂。掉文"实际就是卖弄才学"。"悼（dào）词"完全不同，是名词，指悼念死者的讲话或文章（悼：追念死者）。如：写悼词，悼词对他一生作了公正客观的评价。

dié

叠（≠迭） dié

"叠"曾作为"迭"的繁体字处理。1986年重新发表的《简化字总表》确认"叠"为规范字，不再作为"迭"的繁体字，"叠"和"迭"于是恢复了原来的分工。区别是，"叠"用在：①一层一层地往上加；重复。如：叠假山、层见（xiàn）叠出（接连不断地反复出现）。②折叠。如：叠衣服、叠纸。"迭"用在：①轮流；交替。如：人事更迭、迭为宾主。②屡次。如：风波迭起、好事迭出、迭次会商（迭次：不止一次）。③及。如：后悔不迭（不迭：不及）、忙不迭。注意："叠"除了作动词外，还有量词用法。如：一叠文件、一叠报纸。中国古代乐曲中有《阳关三叠》，这里的"叠"也是量词，"三叠"是说重复咏唱三次，因此，这里的"叠"不能写作"迭"。下面句中的"叠"用得不对：主人被他噎得一愣，忙跟在后头一叠连声赔笑道："您想哪儿去了！"（应改用"迭"。"一迭连声"是说一声接一声，而不是一声加一声地重叠）

dīng

丁（忧）（不是指人口或成年男子） dīng

遭逢。丁忧：遭逢丧父或丧母之事（忧：指父母的丧事）。泛指守丧。也说丁艰。如：丁忧离任、丁忧在家、《晋书·

周光传》："陶侃微时，丁艰，将葬，家中忽失牛而不知所在。"这里的"丁"不是名词。

盯梢（不要误写作"盯哨"）dīngshāo

　　暗中尾随别人，监视其行动。如：小心有坏人盯梢，是谁派他去盯梢的？"梢"是指树枝的末端，引申泛指其他物的末尾。盯梢中的"梢"就有末尾的意思，所以用"木"旁的"梢"；而"哨"（shào）是用在哨兵、哨所、岗哨等词语中，没有末尾的含义，读音和"梢"也不同，不能把"盯梢"误写作"盯哨"。要提及的是，有的辞书注明：（盯梢）也作钉梢。《现异》有说明："'盯梢'词频高，通用性强，宜以'盯梢'为推荐词形。"

dǐng

顶针（别于"顶真"）dǐngzhen

　　做针线活时戴在手指上的工具，使针容易穿过活计而手指不致顶伤。"顶真"（dǐngzhēn）不同，它是一种修辞方式，用前一句末尾的词语或句子做下句的开头。如：茵茵牧草绿山坡，山坡畜群似云朵，云朵游动笛声起，笛声悠扬卷浪波。（"顶真"也叫联珠。有的辞书注明：也作"顶针"（dǐngzhēn）。《现规》只收"顶真"；《现异》也有说明："作为修辞上的专用词语，宜以'顶真'为推荐词形。"至于吴方言中的"顶针 zhēn"，是形容词，作"认真"讲。如：大事小事他都很顶针；我和他随便说说，没想到他竟如此顶针。

（大名）鼎鼎（不能写作"顶顶"）dǐngdǐng

　　盛大的样子。大名鼎鼎：形容名气很大。如马南邨《燕山夜话·学问不可穿凿》："古来不管何等大名鼎鼎的人物，凡是做学问不踏实，而有穿凿附会之病者，几乎没有不闹笑话的。"（穿凿附会：指生拉硬扯，强作解释）他是一位大名鼎鼎的文学家。注意："鼎鼎"不能写作"顶顶"。"顶"不能叠用，辞书中没有"大名顶顶"的成语。

鼎力（和"鼎立"不同）dǐnglì

　　敬词，大力（鼎：大）。用于请求或感谢别人帮忙。如：鼎力相助；多蒙鼎力援助，十分感谢！注意："鼎力"不能用于自己帮助别人，如可以说"你们需要他帮忙什么，尽管说好了，他能办到的，都会鼎力帮忙"，不能说"有困难尽管说，我会鼎力帮助你们的"。"鼎立"和"鼎力"不同，是说像鼎的三条腿那样立着（鼎：古代煮东西用的器物，圆形，一般是三足两耳）。形容三方面的势力对立。如：形成鼎立之势；赤壁之战后，魏（曹操）、蜀（刘备）、吴（孙权）形成了三方势力对峙的局面，史称"三国鼎立"。

dìng

钉（钉子）（不读 dīng）dìng

　　用作动词的有下面两种解释的"钉"必须读 dìng，不读 dīng。一是把钉子或楔子打入他物，以起到固定或连接等作用。如：钉钉（dīng）子、钉马掌、他用竹片钉了个鸡笼。二是用针线把带子、纽扣等缝住。如：钉扣子、钉背带。

钉（扣子）（不能写作"订"）dìng

缝缀（在别的物体上）。"钉扣子"就是用针线把扣子缝住。从"金"的字，多与金属有关，钉扣子要用针缝，针是金属物，所以钉扣子的"钉"左边是"钅"旁，不能误写作订购、订合同、订报纸的"订"。

（指挥若）定（不是镇定）dìng

定局。指挥若定：指挥打仗时就像胜利已成定局一样（若：像）。形容指挥有方，稳操胜算。如："他刚刚坐定，这一大群人已经跟了进来，用各种阿谀逢迎的言词称颂他神机妙算，'指挥若定'。"（姚雪垠《李自成》一卷一一章）在这次战役中，团长胸有成竹，指挥若定。注意：这里的"定"不能理解为镇定。"指挥若定"也不是说指挥作战时镇定自若。

dòng

垌（别于"垧"）① dòng

田地。多用于地名。如：麻垌（在广西）儒垌（在广东）。② tóng 用作地名。如：垌冢（tóngzhǒng），在湖北。"垌"的右边是"同"，和右边是"问"的"垧"（jiōng，指野外；也用于地名。如：大垧，在广西）形、音、义都不同。

dōu

笕子（≠兜子）dōuzi

某些地区指把竹椅绑在两根竹竿上做成的交通工具，作用跟轿子相同。如："建国后，小轿已绝迹，笕子也不见了。"（贵池区政府网《习俗》）"兜子"和"笕子"音同义不同，是指口袋一类的东西。如：裤兜子、网兜子、工具兜子。注意：一蔸白菜、一蔸草的"蔸"（相当于"棵"或"丛"），它的上边是"艹"，和"笕""兜"读音虽同，写法不同，不能混用。

dǒu

斗转参横（≠斗转星移）dǒuzhuǎnshēnhéng

北斗星已转了方向，参星也横斜了（参：参星，星宿名）。指天快亮了。如：已是凌晨四点了，他们赶紧收拾行装，待到出发时已是斗转参横的时候了。"参"在这里的读音和人参、党参、参茸（人参和鹿茸）的"参"（shēn）同，不读cān或参差不齐的"参"（cēn）。"斗转星移"和"斗转参横"不同，是说北斗转向，众星移位。指季节变迁，时光流逝。如：日往月来，斗转星移，不觉已是二十年过去了。

陡然（和"徒然"有别）dǒurán

突然。如：血压陡然下降、陡然刮起一阵狂风。"陡然"和"徒然"不同。陡然中的"陡"（左边是"阝"）是表示动作或情况发生得急而且出人意料，相当于"突然"。"徒（tú）然"有两个义项：一是白白地，不起作用，如：徒然浪费时间；方法不对，再用力也是徒然。二是仅仅；只是。如：这样办，徒然有利于对方；一个月过去了，丝毫没有行动，徒然说空话罢了。这里的"徒"（左边是"彳"）是作白白地或仅仅讲，完全没有"突然"的意思。说某某相声演员的身价一下子提高了只能用"身价陡增",不能说"身价徒增";说自己的年龄白白地增长,学问没有长进或事业没有成就只能说"马齿徒增",不能说"马齿陡增"。

dòu

斗智(≠智斗)dòuzhì

用智慧和计谋争胜。如:斗智斗勇。"斗智"和"智斗"有不同。"斗智"是中性词,是双方智慧的较量,看谁能以智谋取胜,强调的是"斗";"智斗"是以计策、谋略去争斗,达到战胜对方的目的,强调的是"智",感情色彩鲜明。报载,现代京剧《沙家浜》中,阿庆嫂和胡传魁、刁德一有一段对唱,原题叫《斗智》,是周总理看后把它改为《智斗》的,这是用阿庆嫂的"智"和胡传魁、刁德一"斗",扬我压敌。"咱们提队长瓦解敌军、智斗孙万利的经验才值得介绍呢!"(李荣德《大雁山》)

豆蔻年华(不能指男青年)dòukòu-niánhuá

豆蔻开花的时光。指女子十三四岁。也泛指少女时期(豆蔻:外形似芭蕉的一种草本植物。年华:时光)。这个成语出自唐代杜牧的《赠别》诗。相传,杜牧离开扬州时,为一位相好的年轻歌妓写下了"娉娉袅袅十三余,豆蔻梢头二月初"的诗句,他用早春二月枝头含苞待放的豆蔻花来比拟体态轻盈的十三岁少女,后人便用"豆蔻年华"来比喻十三四岁的女子。注意:运用这个成语必须符合两个条件:一是姑娘,二是十三四岁的年龄段。不能用来指男青年。"破瓜之年"和"豆蔻年华"也不同,是特指女子十六岁,也用于指(八八)六十四岁。(参见"破瓜之年")"花季"和"豆蔻年华"也有别,是说鲜花盛开的季节,比喻人十五至十八岁青春期前后的年龄段。多指少女。如:花季少女。也可指少年。如:花季少年。

(俎)豆(不是豆类作物)dòu

古代盛食物用的器具,形状像今天盛水果用的高脚托盘。"俎"(zǔ)在这里也是指古代祭祀时盛牛羊等祭品的器具。俎和豆都是古代祭祀用的器具,引申为祭祀、崇奉的意思。如:"今生畏垒之细民而窃窃焉欲俎豆予于贤人之间。"(而今畏垒山一带的庶民百姓私下里谈论想把我列入贤人的行列而加以供奉)(《庄子·庚桑楚》)"觞酒,豆肉,箪食。"(觞用来盛酒,豆用来盛肉,箪用来盛饭。觞,音shāng古代指酒杯。箪,音dān,古代盛饭用的圆形竹器)(《国语·吴语》)"一箪食,一豆羹,得之则生,弗得则死。"(一箪饭,一豆汤菜,得到的人就能生存下去,得不到的就要饿死)(《孟子·告子上》)中的"豆"义同。这些"豆"都不是指蚕豆、黄豆、豌豆等豆类作物的"豆"。

(句)读(不读dú)dòu

语句中的停顿。旧时诵读古文时文句中需要稍作停顿的地方。古代称文章中语意已尽需要作较长停顿的地方叫"句",语意未尽需要作较短停顿的地方叫"读"(dòu),合称叫句读。泛指文辞需停顿的地方。如:读古文必须懂句读,不懂句读就难读懂古文。注意:"读"在这里不读dú,"句读"也不宜写作"句逗"。

dú

独力（和"独立"不同）dúlì

　　副词。单独依靠自己的力量（做）。如：独力经营、他独力完成了设计任务。"独力"和"独立"音同义不同。"独力"强调的是"力"（力量）；"独立"是动词，强调的是"立"（站立，引申为成立，存在等）。有多个义项：①独自站立。如：独立寒秋；他独立江边，望江水东去。②一个国家或一个政权不受别的国家或别的政权的统治而自主地存在。如：20世纪下半叶，殖民地国家纷纷独立；1990年苏联国内政局变动，至1991年12月，原十五个加盟共和国除俄罗斯联邦外全部宣布独立，苏联解体。③脱离原来所属单位，成为另一单位。如：民俗研究室已经独立出去了，现在叫民俗研究所。④军队在编制上不隶属于高一级的单位而直接隶属更高级的单位。如：独立营（不隶属于"团"，而直接隶属于"师"）。⑤不依靠他人。如：独立思考、十五岁就开始独立生活。

dǔ

肚子（有二读）①dǔzi

　　作为食品用的猪、牛、羊等动物的胃。如：牛肚子、猪肚子。②dùzi 一指腹部。和吴方言说的"肚（dù）皮"义同。如：撑得肚子圆圆的。二借指内心；脑子。如：一肚子坏水。三指像肚子一样圆而鼓起的部分。如：腿肚子。

dù

（鱼）肚（白）（不读dǔ）dù

腹部。鱼肚白：像鱼肚（dù）子那样白里带青的颜色，多指黎明时东方天空的颜色。如：天空泛起了鱼肚白。注意：①这里的"肚"是指鱼的腹部，和"鱼肚"（用某些鱼类的鳔制成的食品）的"肚"（dǔ）读音不同。②"鱼肚白"指的是颜色，且有三个音节，因此，无须说成"鱼肚白色"。③"鱼白"也可以指鱼肚白。"东方一线鱼白，黎明已经到来"中的"鱼白"改用"鱼肚白"也未尝不可，但"鱼白"还用来指鱼的精液。"鱼肚白"没有这种解释。

（普）度（众生）（不能写作"渡"）dù

　　佛教、道教指使人超越尘俗或脱离苦难。普度众生；佛家认为众多的普通百姓如溺海中，广施法力才能让他们脱离苦海得到解脱。后泛指救济众人。如说"佛光普照，普度众生"。注意："渡"没有上述"度"的含义，不能写作"渡"。剃度（佛教指给要出家的人剃去头发，使成为僧尼）、超度亡灵（超度：佛教、道教指念经或做法事使死者灵魂脱离苦难）的"度"义同，也不能写作"渡"。总之，佛教所说的"普度众生""剃度""超度"等，是沿用古代习惯。

度量（≠肚量）dùliàng

　　对人宽容忍让的限度（度：气度）。如：这是他当领导的非凡的度量；此人度量小，说话可要小心啊！"肚量"和"度量"读音同，也可用来指人的气量（跟"度量"同义），因此，"王大哥肚量大，不会因为这点小事记恨你的"中的"肚量"换用"度量"也可以，但它们的语体色彩有不同。"肚量"是口语，用肚子容量大来比喻人的心胸宽；"度量"是书面语词，直接陈述，没有比喻色彩。"肚量"还有饭量的意思。如：那你就放开肚量吃吧；他肚量大着呢，一顿能吃三大碗。这里就不能用"度量"。

渡（过难关）(不能用"度") dù

"渡"和"度"读音同，在作动词用时，都有"过"的意思。区别是："渡"与水有关，主要是指通过（水面），由这一岸到那一岸。"渡"必须通过人为的努力，没有桥，没有船，又不会游泳，就无法"渡"。"渡过难关"实际用的是比喻，由难关的这一边，要达到难关的那一边，就像渡河一样，不是群策群力，也是渡不过去的。而"度"是指时间上"过"，是自然而然的，非度不可的，如元旦到了，你不想度也得度，因此，欢度春节、度假、虚度年华等的"度"才用"度"。

duān

端的（不读 duāndí）duāndì

一是果然、的确的意思（多见于早期白话小说、戏曲）。如：这剑端的是好、方知端的有虎。二是作究竟、到底讲。如："端的是祸，端的是福？""这人端的是谁？"三是指事情的经过、底细。如：不知端的、要问你个端的。古代戏曲中还常见有"兀（wù）的"一词，和"端的"不同，它是"这"的意思。如《西厢记》第四本第四折："兀的前面是草桥。"同"不"连用，则表示反诘语气，有"这岂不"的意思。如：纪君祥《赵氏孤儿》第四折："……兀的不气杀我也！"（这岂不气死我了！）关汉卿《窦娥冤》："天哪，兀的不是我媳妇儿！"

duàn

断弦（再续）(不是实指琴弦断了) duànxián

死了妻子。古代以琴瑟（sè）（琴和瑟是两种弦乐器）比喻夫妇，称死了妻子叫断弦。（再娶妻叫续弦。）"断弦再续"意即妻子死后再娶。如：他断弦不久，又续了弦；"他是上年八月断弦，目下尚虚中馈。"（尚虚中馈：没有再娶妻。中馈 kuì：借指妻）(《官场现形记》第三十八回）这里的"断弦"和"续弦"有它的专门含义和用法。"断弦再续"不能单纯从字面上理解为把断了的琴弦再接上去。

duì

对证（和"对症"不同）duìzhèng

为了证明是否真实而加以核对（证：证明）。如：当面对证、对证笔迹。"对症"和"对证"音同义不同，是指针对疾病的症状（症：疾病），和疾病有关。如：对症下药，吃这种药不对症。"对证"和"对症"是两个完全不同的概念。

对（≠对于）duì

"对"和"对于"用法大致相同，都可以表示对待关系。但"对"的使用范围要广。一般地说，能用"对于"的地方，都能用"对"。如：对于（或"对"）这个城市，他并不陌生；我们对于（或"对"）同学们的课外阅读问题注意得很不够。而用"对"的地方有些就不能换用

"对于"。有两种情况：①表示人与人之间的关系，有"针对"的意思，就只能用"对"。如：他对我很有意见、大家对我很关心。②"对……"可用在助动词、副词之后，"对于"不能。如：商家会对消费者负责的（"会"是助动词），大家都对他深表同情（"都"是副词）。其中的"对"都不能换用"对于"。

兑换（和"对换"有别）duìhuàn

将有价证券换为现金或用一种货币折换另一种货币（兑：交换。特指凭票据换取现金）。如：兑换现金、美元兑换人民币。"对换"不同，是指互相交换；对调（对：互相）。如：对换工作，我和你对换一张电影票。

（西瓜）敦（不读 dūn）duì

"西瓜敦"就是"敦"（duì），流行于春秋、战国时期的一种盛黍、稷（jì 粮食作物）、稻、粱等的器具，器身球形，三短足，二环耳。俗称"西瓜敦"。注意：这里的"敦"不读敦促、敦请、伦敦的"敦"（dūn）。

（元恶大）憝（不读 dūn）duì

凶恶。元恶大憝：罪魁祸首（元恶：首恶）。如：抢劫团伙的元恶大憝已落入法网。"憝"不能读 dūn，也不能误写作怼怼（怨恨）的"怼"（duì 怨恨）；这里的"恶"读 è，不读 wù。

dūn

蹲班（别于"蹲班房"）dūnbān

留级（蹲：停留；呆着）。如：他学习成绩不好，去年蹲了一班。"蹲班房"完全不同，是指坐牢。这里的"蹲"是被关押的意思。

dǔn

不（子）（不能误写作"不"）dǔn

（方言）一指剁物所用的木墩。二指制造瓷器的胚子。"不子"指的就是墩子，即大而厚的整块木头座儿或石头座儿。也用来特指砖状的瓷土块，是制造瓷器的原料。注意："不"字的末笔是捺，和"不"字写法不同，写作"不子"无从索解。

duó

冸（和"泽"不同）duó

就是凌冸，即冰柱（屋檐或水的出口处滴水冻结成的柱状冰）。注意：这里的"冸"（左边是两点水），和"泽"（zé）字的形、音、义都不同。

（以己）度（人）（不读 dù）duó

推测；估计。"以己度人"就是用自己的想法（多指不好的）去衡量别人。如：人家学雷锋，他以己度人，竟说人家是傻子！注意：作推测、估计讲的"度"都不读 dù，而要读 duó。如：揣度、度德量力（衡量自己的品德和能力能否胜任）、揆（kuí）情度理（按照情理来推测估计）、审时度势（仔细研究时局，正确估计形势的发展）。"以己度人"中的"度人"和"金针度人"中的"度（dù）人"读音所以不同，是因为前者是"推测别人"的意思；后者是作"传授给人"讲，这个"度"没有推测的意思。

duǒ

朵（颐）(不是指耳朵) duǒ

动。朵颐（yí）：面颊动，即鼓动腮颊嚼东西的样子，说得简明一点，就是吃东西（颐：口腔的下部，俗称下巴。吃东西咀嚼时，是要动下巴的，所以"朵颐"指吃东西）。如：大快朵颐（形容食物鲜美，吃得很开心。大快：非常痛快）。注意：这里的"朵"不是指耳朵。粤方言中"朵颐"和"朵耳"读音十分相似，若把它理解为"耳朵和下巴"就大错特错了。

duò

驮子（不读 tuózǐ） duòzi

牲口驮（tuó）着的货物。如：把驮子卸下来，让驴子休息一会儿。"驮"有两个读音：作名词或量词（用于牲口驮着的货物。如：这次一共来了三驮货）时读 duò；作动词（指牲畜或人用背部承载人或物体）时读 tuó。如：驮运；驮（duò）子太沉，这匹马驮不动；他驮着我过了河。"驮马"是指专门用来驮东西的马，所以这里的"驮"也读 tuó。注意："驮"的右边是"大"，不是"犬"。

E

é

峨眉（和"蛾眉"不同）Eméi

中国四大佛教名山之一，在四川。"蛾眉"读音同"峨眉"，是指美女细长而弯的眉毛，借指美丽的女子。如：皓（hào）齿蛾眉（形容女子美貌。皓齿：洁白的牙齿）、蛾眉憔悴。"峨眉"和"蛾眉"所指不同，不能混淆。顺便一提的是，"蛾眉"也作"娥眉"，它们是全等异形词。蛾，即蛾子（昆虫名）。因为蚕蛾的触须细长而弯曲，因而用它来比喻女子的眉毛。《现异》有说明：根据通用性原则，参照语源，宜以"蛾眉"为推荐词形。

额手称庆（和"弹冠相庆"有别）éshǒuchēngqìng

把手放在额头上表示庆幸。形容高兴、喜悦的情态。如说"神六"（神舟六号飞船）上天，国人无不额手称庆；"他考上大学的消息传来，村里人无不额手称庆。""额手"是指以手加额，即把手放在脑门子上，这是人们在表示庆幸时的一种常见动作。因此，这里的"手"不能误写作"首"。"额手称庆"是褒义词，不能用在不好的事情上；"弹冠（tánguān）相庆"有不同，按字面的意思是弹去帽子上的灰尘，互相庆祝。指一个人当了官或升了官，他的同伙也互相庆贺将有官可做。也用来形容坏人因得势而庆贺。明显带有贬义。如："那年月，卖国有功，汉奸弹冠相庆；爱国有罪，冤狱遍于国中。"（《现代汉语成语规范词典》）"而日寇、汉奸闻讯，则弹冠相庆，在北京大开庆祝会。"（丁玲《一二九师与晋冀鲁豫边区》四）这里的"弹冠相庆"就不能换用"额手称庆"。注意：这里的"冠"是名词，读作 guān，作帽子讲，和鸡冠、树冠、冠心病的"冠"读音同，不能误读作冠军、未冠（不到二十岁）、勇冠三军（勇猛居全军第一位）的"冠"（guàn）。

è

噩耗（≠恶耗）èhào

指亲近或敬爱的人死亡的消息（噩：惊人的；可怕的。耗：消息）。如鲁迅《记念刘和珍君》："下午便得到噩耗，说卫队居然开枪，死伤至数百人，而刘和珍君即在遇害者之列。"噩耗传来，大家哀叹不已。"噩耗"和"恶耗"读音虽同，但不是等义关系。"噩耗"一般指人死的消息；"恶耗"则泛指坏消息，此"恶"是指坏的，不好的。如："突然，恶耗传来，我们的驻南使馆也遭到了轰炸。"（《人民日报》1999－05－14）（《现规》346 页有"恶耗"一词。《现异》143 页对"噩耗"和"恶耗"也有说明）下面句中的"噩耗"用得不妥："听到弟弟被绞肉机绞断手指的噩耗，他焦急万分。"（应改用"恶耗"）注意：尚未去世的人不能用噩耗，如不能说"也就在这个时候，传来了祖母病危的噩耗"。（可改用"消息"

或"恶耗")

噩梦（≠恶梦）èmèng

有的辞书只收"噩梦"；有的既收"噩梦"，也收"恶梦"。《现规》两词均收，对"噩梦"的注释是：èmèng 名 令人惊恐的梦 从～中惊醒｜这简直是一场～。（见347页）对"恶梦"的解释是：èmèng 名 凶险的梦；比喻已经过去的可怕的遭遇 最近夜里老做～｜那场～，至今难忘。（见346页）由此看来，它们是有区别的。"噩"是惊愕的意思，着重在惊；"恶"有不好（与"善"相对）的意思，又和"凶"同义，"恶梦"即凶恶的梦，迷信认为是不吉利的梦，着重在凶。《现异》是把这两个词作近义词处理的。下面句中的"噩梦"用得不妥："十年浩劫（指'文化大革命'）这场噩梦终于过去了，文化园地逐渐出现了欣欣向荣的景象。""对伊拉克、科威特来说，海湾战争是不堪回首的噩梦。"（应改用"恶梦"）《现规》（第2、3版）只在"噩梦"的解释中多加了一句：比喻可怕的遭遇。

ér

儿齿（不是小孩的牙齿）érchǐ

老人牙齿脱落后再生的细齿（实属罕见。古时以为长寿之征）。如：黄发儿齿（比喻人长寿。黄发：指老人。老人头发白，白久则黄，故称）。"儿齿"不是小孩的牙齿。又见有"黄发垂髫"（huángfàchuítiáo）这个成语，和"黄发儿齿"有不同，是指老人和儿童（垂髫：指儿童。古时儿童的发式，即把头发扎起来下垂着，故称。髫：小儿下垂的头发）。如：晋·陶潜《桃花源记》："黄发垂髫，并怡然自乐。"（老人和小孩都高高兴兴地自得其乐）把"黄发垂髫"解释为黄毛丫头，也不对。

儿（≠兒）ér

"兒"读 ér 时已简化为"儿"，因此，儿子、儿女、儿童、鸟儿、儿媳等的"儿"写作"兒"就不规范，但是"兒"作姓氏或作部件构字时却不能简化成"儿"，也不能读 ér，而要读 ní。如：他姓兒（同"倪"）、狻猊（suānní）（传说中的一种猛兽）、鲵（两栖动物大鲵和小鲵的统称）、霓虹灯、麑（小鹿）等。

儿妇人（不是小孩和女人）érfùrén

女人（含蔑视意）。"儿妇人"是个古汉语词。在古汉语中，用"儿"限定"妇人"，整个词语便带有贬抑色彩。如《陈丞相世家》："鄙语曰'儿妇人口不可用'"，意思就是女人的话听不得。又有"儿女子"的说法，相当于"娘儿们""妇道人家""女流之辈"，也是对女子的蔑称。无论是"儿妇人"也好，"儿女子"也罢，这里的"儿"都不是指小孩，而是一个修饰成分，与小孩无关，不能理解为小孩和女人。

而已（≠已而）éryǐ

用在陈述句末尾，前面常有"不过""只"等互应，表示不过如此，相当于"罢了"。如：如此而已，别无所求；我只不过是说说而已，你别多心。"已而"也有"罢了、算了"的解释。如《论语·微子》："已而，已而，今之从政者殆而。"（算了吧，算了吧，当今执政的人危险啊。）又有"不久、继而"的意思，表示一件事情发生不久另一件事又发生。如："已而简子至，求狼弗得，盛怒。"（过了一会儿赵简子来到，没有找着狼，非常生气。）(《中山狼传》）突然乌云密布，已而大雨倾盆。

ěr

尔后（别于"而后"）ěrhòu

从此以后（尔：这；那）。如：五年前我见过他一面，尔后音讯皆无；尔后不知去向。"而（ér）后"不同，是然后的意思（而：虚词，无实义）。如：先认真考虑，而后作出回答；确有把握而后动手。

（出）尔（反）尔（不是指示代词）ěr

你。出尔反尔：原意是你怎样对待别人，别人也怎样对待你。现在指说了不算或说了又变，言行反复无常，前后矛盾。如茅盾《霜叶红似二月花》："我们可要讲究亲疏，着重情谊，辨明恩仇，不能那么出尔反尔，此一时，彼一时。"顾笑言等《李宗仁归来》三："可见他这个无赖，是一句真话也没有的，言而无信，出尔反尔。"尔曹（你们这些人）、尔虞我诈（你骗我，我骗你，互相欺骗）中的"尔"义同，都是文言人称代词，它和作"这""那"讲的尔后（从此以后）、尔时的"尔"解释不同，和作"这样"讲的果尔、不过尔尔（不过这样罢了）中的"尔"也有别。

èr

二百五（不是实指数字）èrbǎiwǔ

借指有些傻气、做事鲁莽的人。"二百五"来自中国的货币计量单位。过去的银子十两为一锭，五百两为一封，二百五十两即半封，因为半封和"半疯"读音同，时间长了，民间便用"二百五"来借指带有傻气、做事鲁莽的人。如：他真是个二百五，说出这样的话也不怕别人笑话。在北方官话里，二百五又用来指"半瓶醋"，这是因为二百五只有五百的一半，有"不满"的意思。比喻对某种知识或技术一知半解的人。如：身边有那么多名手不用，偏找那些二百五干什么？

二八（芳龄）（不是二十八岁）èrbā

十六岁。"二八芳龄"指的是十六岁的年轻女子（芳龄：称年轻女子的年龄）。注意：这里"二八"两个数字在文学语言中是乘法关系，即 2×8，不能理解为二十八。古文中，类似用法很普遍。如："年华二九正青春"其中的"二九"是指十八岁，并非二十九岁；"三五之夜，明月半墙"（归有光《项脊轩志》）其中的"三五之夜"指的是阴历十五月圆之夜。又如"三五明月满，四五蟾兔缺"（《古诗十九首》）这里的"三五"也是指阴历十五日，"四五"是指阴历二十日（明月和蟾兔都是指月光）。

二毛（不是两角钱）èrmáo

一指花白的头发。如潘岳《秋兴赋》："晋十有四年，余春秋三十有二，始见二毛。"（余：我。春秋三十有二：三十二岁。春秋：指年龄）。二指头发花白的老人。如：《左传·僖公二十二年》："君子不重伤，不禽二毛。"（君子在战争中不再伤害已经受伤的敌人，不俘虏年长的人。

禽：同"擒"，指捉拿）。

贰（臣）（不能写作"二"）èr

有二心；变节，背叛。贰臣：一指在前一朝代做了官，投降后一朝代又做官的人，如洪承畴、钱谦益、刘良佐等都是降清的明朝官员，却为清朝统一作出了巨大贡献。二指有叛逆思想或行为的人。如：贰臣贼子。忠贞不贰（不变节，不背叛）的"贰"义同。上述的"贰"不能写作"二"。"贰"虽是"二"的大写，但"变节，背叛"的含义是"二"所没有的。注意："二心"（不忠实或不专一的念头。如：他对革命怀有二心；学习要专心致志，不能有二心）这个词，以往可作"贰心"，现在的规范词形是"二心"，不要再写作"贰心"。

二乎（不作"二忽"）èrhu

（北京话）一指畏缩。如：无论遇到多大困难，我们也决不二乎。二指犹豫不定。如：在十字路口，他二乎了，不知朝哪个方向走；该怎样就怎样，别二二乎乎的。三是"指望不大"的意思，如：看来这件事又二乎了。"二乎"这个词，有的辞书注明：也作"二忽"。《现异》有说明：二者为全等异形词。依《现汉》和《大词典》，以"二乎"为推荐词形。《现规》（第2版）对"二乎"这一词语解释后也有提示：不宜写作"二忽"。

F

fā

发酵（不能读 fāxiào）fājiào

复杂的有机物质（如面粉）在微生物（如酵母菌）的作用下被分解。发面、酿酒、醋、酱油等都是发酵的应用。酵，就是发酵。如：等面发了酵，就蒸馒头。注意："酵"无论在任何词语中，如酵子（含有酵母菌的面团）、酵母菌（真菌的一种，是重要的发酵微生物，可用来发面、酿酒等）都读 jiào，不能读 xiào。

fá

罚金（≠罚款）fájīn

"罚金"和"罚款"都可指：①被判罚款时所交的钱，②违反合同的一方，按合同规定赔偿给对方的钱。区别是："罚金"是指审判机关强制被判刑人缴纳一定数额的钱，是我国《刑法》规定的一种附加刑，也可以独立使用。如：他被判刑十年，并处罚金50万元。"罚款"是指行政机关强制违法者缴纳一定数量的钱，是一种行政处罚。如：他因违反交通规则被罚了款。

fǎ

法人（不是"人"）fǎrén

法律上指根据法律参加民事活动的组织，包括企事业单位、机关、社会团体等。法人享有与其业务有关的民事权利，承担相应的民事义务。注意：法人不是人，它是一种组织，这是它和"自然人"的区别所在，因此，不能说"十八岁了，成人了，具有当法人的资格了"。这是把法人错误地理解为享有成年公民权利的人了。至于这个单位的经营者或负责人，凡在法律上代表该单位的则称为"法定代表人"。

法币（不是法国的货币）fǎbì

1935年以后国民党政府发行的纸币。1948年8月19日改为金圆券。"法币"不是指法国的货币。法国、瑞士、比利时、卢森堡等国原来的货币单位和非洲一些国家的货币单位叫"法郎"。它是法语音译词，和"法币"是两个完全不同的概念。

法制（和"法治"不同）fǎzhì

法律制度（包括法律的制定、执行和遵守）和根据这些法律制度建立的社会秩序。如：建立社会主义法制；健全法制；必须广泛深入地进行法制教育，扫除法盲。"法治"不同，是指根据法律治理国家的政治主张和治国方式（跟儒家的"人治"相区别）。如：我们实行的是民主和法治；正确处理"权力"和"权利"的关系，提高我们国家的法治水平和文明程度。"法制社会"和"法治社会"的区别是：前者是指有法律制度的社会，后者则指依据法律来治理的社会。

法书（和"书法"不同）fǎshū

一指有高度艺术性的可以作为书法典范的字（与"名画"对称）。如钱锺书《写在人生边上》："在席上传观法书名画。"二是作敬词用。称对方写的字，意思是可以为典范。如：我们是否可以一同到你府上，当面领教你的法书。"书法"不同，是指文字的书写艺术，特指用毛笔写汉字的艺术。如：书法比赛、书法家。下面句中的"法书"和"书法"不能错位："历代讲究书法的人，动辄就以王羲之父子的法书为范本。"（马南邨《燕山夜话》）

fà

（令人）发指（不能写作"发紫"）fàzhǐ

头发竖起来，形容非常愤怒。令人发指：使人愤怒得头发都竖了起来。形容极其愤怒（发：头发。指：直立起来）。如：敌人的残暴令人发指，恐怖行为令人发指。为之发指的"发指"音、义同。这里的"发指"和"红得发紫"（指某个人在某个领域或方面的地位达到了巅峰，好得不能再好）的"发紫"（fàzǐ）音、义都不同。注：古时，"紫"属杂色，本不如"红"正统。春秋时齐桓公喜欢穿紫色服装，从此，紫的地位上升。到了汉唐，紫色又进一步攀升，唐宋两代规定，三品以上高官穿紫色衣服，唐代三品以下五品以上穿红色衣服。由此可见，"红"已标志着人的境遇不错，"紫"则更胜一筹。"发紫"和愤怒毫无瓜葛。

fān

翻悔（和"幡然悔悟"不同）fānhuǐ

反悔，即对以前允诺的事中途后悔而改变主意（翻：推翻原来的）。如：你既然答应下来了就不该翻悔；说话算数，不许翻悔。"幡（fān）然悔悟"不同，是说很快地醒悟，彻底悔改（幡然：迅速而彻底的样子）。如："医以德为本，救死扶伤是医生的天职，收受'红包'者自当幡然悔悟，而个别医院'睁一只眼、闭一只眼'的态度更需改变。"（《人民日报》1996-03-27）顺便提及的是，"幡然"以往可作"翻然"。《现异》有说明：根据通用性原则，宜以"幡然"为推荐词形。

翻一番（和"翻一翻"不同）fānyīfān

数量增加一倍（番：倍）。如：粮食产量再次翻一番、企业总产值一年翻一番。"翻一番"和"翻一翻"音、义和用法都有不同。翻一番中的"一番"不轻读，也可省去"一"说成"翻番"，或根据表达的需要改用其他数词，如：翻两番、翻十番等；"翻一翻"读作 fānyifan（"一翻"都读轻声），意为"翻一下"，表示一个短促的动作。如：这本画册很精美，我真想翻一翻。其中的"一"同样可以去掉，说成"翻翻"，但不能换用其他数词。如不能说"翻两翻""翻十翻"等。值得一提的是，"翻×番"常会被误用，譬如某个城镇原来只有3万人，现在已发展到30万，便说成是翻了十翻。不对。翻一番是指数量加倍，原来是3万，翻一番就是6万，翻两番就是12万，翻三番就是24万，翻四番已超过了30万，翻十番该是多少呢？可想而知。只能说"而今是过去的10倍"，才准确。

fán

烦言（和"繁言"不同）fányán

气愤的话；不满的话。如：啧有烦言（很多人说不满意的话）；无心结怨，口无烦言。"繁言"和"烦言"音同义不同，是指繁琐啰唆的话。如：繁言务去（务去：务必要去掉）、繁言赘语（即啰唆）。"烦"和"繁"的主要区别是："烦"是烦心的意思，与情绪有关。"啧有烦言"无疑是一种牢骚，一种不满情绪；"繁"是繁多的意思，与数量有关。"繁言"自然是话多，啰唆。

fǎn

反应（和"反映"不同）fǎnyìng

一指有机体受到刺激而引起的相应活动；物质发生化学变化或物理变化的过程（应：回答、回应）。如：反应迟钝、蟒蛇对热的反应很灵敏、化学反应。二指打针或服药所引起的呕吐、发热、头痛等症状。如：吃了这种药，一点反应也没有。三指事情发生后在人们中间引起的意见或行动。如：这次演出反应很好，群众对这事反应强烈。"反应"和"反映"音同义不同。"反应"往往侧重于表达反馈信息上；"反映"主要是指反照，比喻把客观事物的实质表现出来。如：这首诗反映了诗人的爱国热情。也指把情况、意见等告诉上级或有关部门。如：把群众的意见反映给市政府。这里的"映"本指因光线照射而显出物体的形象，侧重于表达真实的再现上。

反串（和"客串"不同）fǎnchuàn

戏曲用语。指戏曲演员临时扮演自己行当以外的角色（串：担任非本行当的戏曲角色）。如：青衣反串小生。生行扮演青衣戏、青衣扮演老生戏、武生扮演旦角等都叫反串。总之，反串的都是职业演员，是根据某种需要，如义演或节庆演出中为增强娱乐效果偶尔为之。"客串"不同，是指非专业演员临时参加专业演出，也指非本地或本单位的演员临时参加演出或用来比喻没干过某项工作的人临时担任某项工作。如：票友（业余的戏曲演员）都喜欢登台客串一番，语文老师客串教历史。

反唇相讥（不作"反唇相稽"）fǎnchún-xiāngjī

原作"反唇相稽"，是说受到指责不服气，回嘴与对方计较（反唇：回嘴；顶嘴。稽：计较）。如吴趼人《二十年目睹之怪现状》："小主人骂了他，他又反唇相稽。"后讹变为"反唇相讥"，意为受到指责不服气，反过来讽刺对方（讥：讽刺）。如："德国财长反唇相讥，指出美国应该先把自己的经济处理好，再去训诫他人。"（《人民日报》2000-01-25）巴金《秋》："'三妹，你怕什么？我又不会把你嫁给枚表弟，'觉民反唇相讥地说。"尽管"反唇相讥"是由"反唇相稽"讹变而来，但已取得了合法地位，成为一个规范成语。《现规》第3版和《现汉》第6版都只收录"反唇相讥"。

fàn

犯病（和"患病"不同）fànbìng

旧病复发（犯：发作）。如：哮喘病很难去根儿，一到冬天就容易犯病。"患

（huàn）病"不同，是害病、得病的意思（患：生病；害病）。如：身患重病、他患了哮喘病。

犯罪嫌疑人（别于"罪犯"）fànzuì xiányírén

因涉嫌犯罪被立案侦查和审查起诉，但尚未经司法机关宣判定罪的人。如：犯罪嫌疑人已被警方抓获；根据事主提供的线索，公安人员很快就将犯罪嫌疑人拘留了。"罪犯"和"犯罪嫌疑人"不同，是指触犯刑律，被法院依法判处刑罚的人。如：刑事罪犯、罪犯已被押赴刑场处决。总之，涉案人员在检察机关提起公诉之前，是不能称之为罪犯的，如不能说"两名罪犯抢劫路人财物后已逃离现场""已将罪犯拿获归案"。只有在法庭作出有罪判决，且判决已发生法律效力，才称为罪犯。

（就）范（不能写作"犯"）fàn

范围。就范：使自己的言行纳入到一定的范围。意为听从支配和控制。如：迫使歹徒就范、不肯就范、诱使敌人就范。这里的"范"不能写作"犯"。辞书中没有"就犯"一词。

梵呗（不读 fànbei）fànbài

佛教徒在宗教仪式上吟诵经文的声音（梵：关于佛教的）。如：空山梵呗。"2008广东禅宗六祖文化节"活动中就安排有佛教大型梵呗交响乐演出。这里的"呗"是梵语（印度古代标准语）音译，不读"去就去呗""错了就改呗"的"呗"（bei）。

䤰（不读 miǎn）fàn

（北方官话）禽类下蛋。如：鸡䤰蛋。"䤰"只有一个读音，不能误读作分娩（生小孩儿或生幼畜）的"娩"（miǎn）。

fāng

（食前）方丈（不是住持或其住处）fāngzhàng

名词。指边长一丈的正方形。"食前方丈"是说吃饭时食物摆满一丈见方的地方。形容生活十分奢侈。如："我想先夫在日，食前方丈，从者数百；今日至亲只这三四口儿，好生伤感人也呵！"（王实甫《西厢记·张君瑞闹道场·楔子》）这里的"方丈"不是指寺院或道观中住持住的地方，也不是指寺院的住持。它们的读音也不尽相同，后者的"丈"读轻声。

芳邻（不是谦词）fānglín

敬词。好邻居（多用于称别人的邻居）。如冰心《晚晴集·怀念老舍先生》："校园里，我的少数民族的芳邻好友，老的，少的，男的，女的，多得数不过来。"刘伯是我的芳邻。这里的"芳"是对人的敬词和美称，如用于称年轻女子的名字叫"芳名"，指女子的美好容貌叫"芳容"，称别人的书信叫"芳缄"等。"芳邻"是美称，是敬词，不是谦词。因此，不能自称是某人的芳邻，说"他是我的芳邻"，可以；说"我是他的芳邻"，不行。

芳心（不能用于男性）fāngxīn

指年轻女子的情怀。如：芳心已动。"芳心"只用来指女子尤其是年轻女子的心情、感情，不能用于男性，也不能一般地理解为美好的心灵。如不能说"商家这种做法，在赢得了顾客芳心的同时，也就赢得了市场"。（顾客中不限于女性）"芳心"也不能和读音相同的"芳馨"混淆，芳馨是芳香的意思，也指香草。如：桂花盛开，芳馨浓郁。

fáng

妨碍（和"妨害"有别）fáng'ài

干扰，阻碍，使事情不能顺利进行。如：妨碍交通、大声嚷嚷妨碍别人午睡。"妨碍"和"妨害"有不同：前者重在指造成障碍，使工作、学习、活动、交通等不能顺利进行；后者是损害、有害于的意思，常是指利益、健康、荣誉等受损，程度较"妨碍"重。如：吸烟妨害健康；妨害集体利益；党八股的罪状之一是：流毒全党，妨害革命。下面句中的"妨害"用得不妥："凳子放在这里会妨害别人走路。"（应改用"妨碍"）注意其中的"妨"是"女"旁，作阻碍，损害讲，不能误写作防卫、防寒、防治的"防"。

fēi

飞黄（腾达）（不能写作"辉煌"）fēihuáng

古代传说中的神马名。飞黄腾达：像神马那样腾空奔驰（腾达：腾空飞奔）。比喻官职、地位上升得很快。如：这个当年来自农村的山娃子，现在飞黄腾达啰！这里的"飞黄"不能误写作"辉煌"。辞书中不见有"辉煌腾达"的成语。"飞黄腾达"原作"飞黄腾踏"，《现代汉语成语规范词典》有提示：不要写作"飞黄腾踏"。

飞红（≠绯红）fēihóng

脸、颈迅速出现红晕（飞：形容极快）。如：急得她满脸飞红。"绯红"和"飞红"读音同，是鲜红的意思（绯：红色）。和"飞红"不同的是，它除了可指人的脸色外，也可指其他事物的颜色。如：两颊绯红、她顿时绯红了脸、绯红的晚霞、绯红的石榴裙。

非常（≠十分）fēicháng

"非常"和"十分"都可用来表示程度非常高，有极其、十分的意思，在这个意义上，常可互用。如：非常满意、非常高兴、非常勇敢、非常精彩等中的"非常"都可换用"十分"，但在用法上仍有不同：一是"非常"可以重叠起来用，"十分"不能。如可以说"非常非常漂亮""非常非常精彩"，不能说"十分十分漂亮""十分十分精彩"。二是"非常"前不能用"不"来降低程度，"十分"可以。如不能说"不非常好""不非常高兴"，可以说"不十分好""不十分高兴"。

非徒（和"匪徒"迥异）fēitú

连词。不仅（常跟"而且"呼应）。如：溺爱子女，非徒无益，而且有害。"匪（fěi）徒"指的是强盗，这里的"匪"也是强盗的意思。"非徒"和"匪徒"是两个完全不同的概念。

非礼（和"菲礼"迥异）fēilǐ

一指不合礼仪；不讲礼貌（非：不）。如：怎么能对长辈如此非礼，来而不往非礼也。二指调戏、猥亵（妇女）。"菲礼"不同，是谦词，指微薄的礼物，也就是礼物少，且质量不算好。如：菲礼不足挂齿。这里的"菲",音fěi,是微、薄的意思,和菲敬(对人谦言自己所备的礼物菲薄)、菲酌(对人谦言自己所设的酒饭菲薄)中的"菲"音、义同,不能写作"非"。

蜚声(不能写作"斐声")fēishēng

扬名(蜚:同"飞"。用于"蜚声""流言蜚语"等词语中)。如:蜚声文坛、蜚声海内外,北京大学是蜚声国际的中国品牌大学。称颂一个人声名远扬、事业日盛,可以说"蜚英声"。以上的"蜚"不读蜚蠊(lián)(蟑螂)的"蜚"(fěi),也不能错写成斐然成章(形容很有文采而又成章法。斐然:有文采的样子)、成绩斐然(斐然:显著)的"斐"(fěi)。

fěi

匪(夷所思)(不能写作"非")fěi

不;不是。匪夷所思(fěiyísuǒsī):不是一般人按常理所能想象得到的(夷:平常)。形容言谈举止离奇怪诞。如:时至今日,有的家长居然提出以私塾教育彻底替代小学教育,简直匪夷所思;据报道,荷兰有一家保险公司向人们推出了一些奇特的险种,如外星人劫持险、买彩票老不中奖险等,令人匪夷所思。"非"确实也有"不""不是"的含义,如说"非凡""非同寻常""非亲非故""答非所问"等。但"匪夷所思"是约定俗成的成语,其中的"匪"是不能用"非"去替代的,再说"非"(fēi)和"匪"的读音也不同。"获益匪浅"的"匪"同样不能写作"非"。

菲(酌)(不读fēi)fěi

微薄。菲酌(zhuó):谦词。用于对人称自己所备的不丰盛的酒饭。如:略备菲酌,恭候光临。菲仪(用于对人称自己所送的微薄的礼物)、收入不菲、妄自菲薄(毫无根据地自己看不起自己)中的"菲"音、义同,都不读芳菲(花草散发的香气或借指花草)、菲菲(花草茂盛,香气浓郁)、菲律宾、菲林(香港人称胶卷)的"菲"(fēi)。

fèi

沸沸扬扬(和"纷纷扬扬"不同)fèifèiyángyáng

形容人声喧闹,议论纷纷,就像沸腾后的水翻滚一样(沸沸:水翻涌的样子)。如:消息沸沸扬扬地传开了,闹得沸沸扬扬的全国最大规模的网友横渡琼州海峡挑战赛"泡汤"了。"纷纷扬扬"不同,是用来形容(雪、花、叶等)飘洒得多而杂乱。这里的"纷纷"是又多又乱的意思。如:"朔风渐起,却早纷纷扬扬卷下一天大雪来。"(《水浒》)柳絮纷纷扬扬,漫天飞舞。

费话(和"废话"不同)fèihuà

动词。需要说很多话;反复说。也说费唇舌。如:就这么办,别再费话了;我费了许多话才把他说服。"废话"和"费话"音同义不同,一是名词。指没有用的话。如:废话连篇、少说废话。二是动词。指说废话。如:别废话,快干活去;少废话,快把钱拿出来!"费话"和"废话"的区别是"费"和"废":前者是指花费，后者是指无用的。

柿（和"柿"不同）fèi

削下的木片。如："是非木柿。"（这不是木片）(《河中石兽》）注意：这里的"柿"（右边是"巿"。共四笔，笔顺是：一、亠、亅、巿。上面不是一点，而是一竖贯串中间）和柿子、柿饼、柿子椒（辣椒的一个品种）的"柿"（shì）（右边是"市"，共五笔）形、音、义都不同。

fēn

分辩（和"分辨"不同）fēnbiàn

辩白，即为消除误会或指责而说明事实真相。如"由他说去，我不想分辩""为什么不许我分辩？""分辩"和"分辨"音同义不同。"辩"是辩解、辩论的意思，这要靠语言，所以用从"言"（讠）的"辩"。"分辨"是辨别，区分的意思，对象是容易混淆，不易区别的事物，要靠思维或口、耳、目等，因此用从"刀"（"刂"是"刀"字的变体）的"辨"，意思是像用刀剖开物体那样仔细辨别。如：分辨好人坏人；走在这原始森林里，连东西南北也分辨不清了。

fèn

奋发图强（和"发愤图强"有别）fènfā-túqiáng

振作精神，鼓足干劲，谋求上进（奋：鼓起劲来；振作）。如："我祝愿中年一代的科学工作者奋发图强，……勇攀世界科学高峰。"（郭沫若《科学的春天》）发扬自力更生、奋发图强的革命精神。注意：这里的"奋"不能写作"发愤图强"的"愤"。"奋发图强"和"发愤图强"侧重点不同。前者着重指精神振作，情绪高涨，谋取自强。而后者是指下定决心，努力谋求发展强盛。着重指内心立下大志，痛下决心，努力改变现状。这里的"愤"本指因为不满意而情绪郁结在心中，因此，"发愤"就有了发泄心中的不平，下决心努力的意思。如："孙先生在那次聚会上谈得并不多，只泛泛地谈到了中国积弱太甚了，应该发愤图强，彻底革命。"（何香凝《我的回忆》）中国人民发愤图强，建设自己的国家。

奋不顾身（≠舍身）fènbùgùshēn

奋勇向前，不顾个人安危。如：面对即将垮塌的楼房，他奋不顾身地冲了上去，救出了大娘。"舍身"（shěshēn）不同，原为佛教用语，是指为普度众生而舍弃肉体。后泛指为祖国或他人而牺牲自己。如：舍身为国、董存瑞舍身炸碉堡。"奋不顾身"是英勇行为，值得称颂，但生命并未逝去；"舍身"是壮举，指为国家为他人舍弃了生命。

濆（不能写作"渍"）fèn

水从地下深处喷出。如：濆泉（从地层深处喷出地表的水，用于灌溉，肥效显著）、濆濆（漫溢）。注意："粪"字已简化为"粪"，但"濆"却不能类推简化为"渍"。类似的如"臺"已简化为"台"，但"薹"（tái）不能类推简化为"苔"（"薹"和"苔"是两个不同的字。）（参见"（菜）薹"条）；"腦"和"惱"已分别简化为"脑"和"恼"，但玛瑙的"瑙"却不能类推简化为"𤤽"。

fēng

（谈笑）风生（不能写作"风声"） fēngshēng

形容谈话时兴致很高，气氛活跃。谈笑风生：有说有笑，轻松而有风趣。如：座谈会上，李老师和同学们谈笑风生。这里的"风生"其实就是生风，"生"是动词，因谈笑而搅动了周围的空气，营造了一种欢快活跃的气氛，所以说"风生"；而"风声"是指刮风的声音或比喻透露出来的消息，用在"走漏风声""风声很紧""风声鹤唳"等词语中，却不能和"谈笑"组成"谈笑风声"的成语。近年来，出现有"风生水起"（比喻事物大量迅速地发展，相继兴起，声势浩大）的短语，这里的"生"也是产生的意思，同样不能写作"声"。

（一代）风流（与男女情爱无关） fēngliú

有才华的；杰出的。一代风流：指开创风尚，为当时所景仰的有影响人物。"数风流人物，还看今朝"（毛泽东这句词的大意是：能够数得上建功立业的英雄人物，还要看今天的无产阶级革命英雄）、"大江东去，浪淘尽千古风流人物"（苏轼《念奴娇·赤壁怀古》）中的"风流"义同。这里的"风流"不是用来形容有关男女私情的（如：风流案件、这一对男女很风流），也不是指放荡轻浮（如：风流女人），和"风流云散"（比喻原来相聚在一起的人四散飘零）的"风流"（像风一样流动）也不同。"流风"和"风流"迥异，是指前代流传下来的风尚。如：流风遗俗（流传下来的风尚习俗）。

风（马牛不相及）（不是指流动着的空气） fēng

雌雄互相追逐，互相引诱（或作"走失"讲）。"风马牛不相及"是说马牛不同类，雌雄不会互相引诱（或者说齐楚两国距离很远，即使牛马走失，也不会跑到对方境内。及：遇到）。比喻两件事情毫不相干。如："入围"和"入闱"（科举时代应考的或监考的人进入考场）读音虽同，却是风马牛不相及的两个词；香蕉得了巴拿马病，被称为"蕉癌"。有人担心吃了这种蕉会致癌，其实这只是一种类比，是说香蕉树得了这种病害后难以治愈，与人类的癌症风马牛不相及。

（麻）风（不能误写作"疯"） fēng

中医指某些疾病。"麻风"虽然是一种慢性传染病，但并不表现为精神错乱，举止失常，病状主要体现在身体外部，与疯不疯无关，所以这里的"风"不能写作疯疯癫癫、疯狗、疯人院、人来疯（指小孩儿在有客人来时撒娇、胡闹）的"疯"。同样，白癜风（一种皮肤病）、鹅掌风（手癣）、羊痫风（癫痫）等的"风"都不能写作"疯"。"麻"也不能写作"痳"。

féng

（再作）冯妇（不是姓冯的妇女） féngfù

人名，是古代晋国专门打老虎的勇士，改行后又曾搏虎。"再作冯妇"比喻重新干起旧行业。如："曾经有一位总长，听说，他的出来就职，是因为某公司要来立案，表决时可以多一个赞成者，所以再作冯妇的。"（鲁迅《而已集·反"漫谈"》）注意："冯妇"中的"冯"是姓，"妇"是名，是一位男子，不是姓冯的女子。若把"再作冯妇"解释为"再去做冯家的女人"，就会让人啼笑皆非。

fū

夫人（并不都指女人）fūrén

古代诸侯的妻子或皇帝的妾称夫人，明清两代一、二品官的妻子封夫人。后用来尊称一般人的妻子。值得注意的是，"夫人"有时却是男人的名字，如荆轲刺秦王故事中的荆轲用的匕首是从赵人徐夫人那里得到的，这里的徐夫人就不是女人，而是一姓徐名叫"夫人"的男子；《汉书·郊祀志下》中说的"丁夫人"也是一个男子（"丁"是姓，"夫人"是名）。其实，在古代男人女名和女人男名的现象是存在的，成语"再作冯妇"（比喻重操旧业）中的"冯妇"（古代晋国专门打老虎的勇士）也不是女人，而是一个位堂堂的男子汉，这和南朝隋初的"冼夫人"（被周总理誉为"中国巾帼英雄第一人"）的"夫人"概念完全不同。

铁（和"铁"不同）fū

一指铡刀。如：铁锧（铡刀和铡刀座）。二指斧头。如：人有亡铁者（有个丢失了斧头的人）。注意："铁"（右边是"夫"）和"铁"（tiě）的形、音、义都不同，不能混淆。

趺坐（和"跌坐"不同）fūzuò

指佛教徒盘腿端坐，左脚放在右腿上，右脚放在左腿上（趺：双足交叠而坐）。"趺坐"实际是"跏（jiā）趺坐"的略称。如白居易《在家出家》诗："中宵入定跏趺坐，女唤妻呼多不应。"（中宵：夜半。入定：佛教徒的一种修行方法，闭眼静坐，排除杂念）其中的"趺"（右边是"夫"），不能误写作跌跤的"跌"（diē）。龟趺（石碑的龟形底座）的"趺"（碑下的石座）写法同。"跌坐"不同，是指不由自主地坐下。如：走着走着，不知怎的，她就一下子跌坐在地上。

fú

市（和"市"不同）fú 同"韍"（fú）

一指古代礼服上绣的黑、青两色相间的花纹。二同"韨"（fú），古代祭服前面的护膝围裙，用熟牛皮做成。注意："市"和"市"不同。"市"是冷僻字，中间是一竖，贯穿上下，共4画；"市"（shì）是常见字，上面是"丶"，共5画。由"市"（fú）构成的字有"沛"（如：充沛）、"肺"（如：肺病）、"旆"（pèi）（古时末端形状像燕尾的旗，也泛指旌旗）、"霈"（pèi）（大雨，也形容雨多的样子）；由"市"构成的字有"柿"（shì）（如：柿子）"铈"（shì）（金属元素）等。

伏法（≠服法）fúfǎ

犯人依法被执行死刑（伏：低头屈服；顺从）。如：杀人犯已于昨天伏法、饮弹伏法（即枪毙）。"服法"和"伏法"音同义不同，从字面来理解，是指服从法令，愿意认罪，即罪犯承认自己所犯的罪行，服从法院的判决。如：在狱中，他能认罪服法，积极改造，遵守监规，确有悔改表现。"服法"要具备两个前提：一是承认有罪，二是人还活着。罪大恶极已被处决的犯人，不能用"服法"，只能用"伏法"。此外，"服法"还用来指（药物）服用的方法，"伏法"没有这一义项。顺便一提的是"伏罪"（认罪）和"服罪"以往可通用，现在的规范写法是"服罪"，不要再写作"伏罪"。

扶正（和"斧正"迥异） fúzhèng

除了有扶持正气或把不稳定、倾斜的东西扶持归正的意思外，最常见的解释是旧时指妻死后把妾提到正妻的地位。如：扶为正室（正室：大老婆），《儒林外史》第五回："王氏道：'何不向你爷说，明日我若死了，就把你扶正做个填房？'"（填房：继娶之妻）"斧（fǔ）正"完全不同，是敬词，意为请人修改自己的文章。如：请您斧正；拙作一篇，敬请斧正。"斧正"只能用于请人修改文章，不能用在自己身上，如不能说"您的大作，我斗胆加以斧正"。

fǔ

（渔）父（不读 fù） fǔ

老年男子。"渔父"即捕鱼的老人。"田父"（年老的农民）的"父"音、义同。有下面解释的"父"都读 fǔ，不读 fù：①对老年男人的尊称。②古代加在男子名字下面的美称，如孔子，名丘，字仲尼，为表示对他的尊敬，也称尼父；吕尚，即姜太公，西周初年为"师"（武官名），也称师尚父。后用来尊称一般人的表字（旧时成年人在本名以外取的另一名字），通用"甫"（fǔ）字，如：请问台甫？（台甫：旧时用于问人表字的客气话）台甫如何称呼？

（行装）甫（卸）（"甫"前不能加"刚"） fǔ

刚刚；才。如：行装甫卸（行装：出门时所带的衣物行李）、喘息甫定、年甫二十。注意：①"甫"字只有 fǔ 这个读音，不能读 pǔ。如：杜甫、皇甫（复姓）、台甫（敬词，旧时用于问人的表字）等。②"甫"前不能再加"刚"或"才"。如不能说"我刚从广州甫抵上海"（"刚"是蛇足，应删去）。

府上（不能称自己的家） fǔshàng

敬词，称对方的家或老家。如：明天到府上拜访，您府上是上海吗？注意：古人有自谦的传统，别人的住宅再寒酸，也是豪宅。"府上"是用来称对方住宅的，不能称自己的家，如不能说"有时间到我府上坐坐"。对别人称自己的家，无论怎样豪华，也只能用谦词（专门用来表示谦虚的词语），如"寒舍""敝舍""舍下"等。

（瓦）釜（雷鸣）（不能写作"斧"） fǔ

古代的一种炊具，相当于现在的锅。瓦釜雷鸣：瓦锅中发出如雷一般的巨响。比喻无才无德的人得到重用而显赫一时。如：黄钟毁弃，瓦釜雷鸣（比喻贤能的人不受重用，平庸的人却占据高位。黄钟：古代贵重的乐器。比喻才德之士）。破釜沉舟（比喻下决心不顾一切地干到底）、釜底抽薪（比喻从根本上解决问题）、釜底游鱼（比喻处在极端危险境地的人）中的"釜"义同。这些"釜"都不能误写作和它读音相同的"斧"。

fù

复原（≠复元）fùyuán

"复原"和"复元"读音同，都可作病后恢复健康讲，在这个意义上，可通用。如：手术后身体已经复原（元）。但"复原"还可作恢复原来的样子讲。如：屋内的摆设已经复原，这座在战争中破坏的城市已经复原。这里的"复原"不能写作"复元"，而"恢复元气"中的"元"（元气，指人、国家或组织的生命力）则不能用"原"去替代。

（名）副（其实）（不作"符"）fù

相称；符合。名副其实：名称或名声和实际相符合。如闻一多《端午节历史的教训》："我看为名副其实，这节日干脆叫'龙子节'得了。"颐和园的长廊是一条名副其实的画廊。一些辞书对"名副其实"这一词语解释后注明：也说名符（fú）其实。对"名不副实"（名称或名声不符合实际。指空有虚名）这一词语解释后也注明：也说名不符（fú）实。《现规》已不收"名符其实"，也不收"名不符实"。就《现异》的词频统计来看，"名副其实"的使用率远超"名符其实"。《现汉》（第6版）和《现规》（第3版）虽收有"名符其实"和"名不符实"，但仍以"名副其实"和"名不副实"为正条，因此，其中的"符"应写作"副"为宜。《现规》对"盛名之下，其实难副"（享有盛名的人，他的实际情况未必与名声相符）解释后的提示是："副"不要误写作"符"。（见《现规》第3版1181页）

副（班长）（不能写作"付"）fù

居第二位的；起辅助作用的（区别于"正"或"主"）。副厂长、副校长、副食品等的"副"都这样写。这些"副"不能写作"付"，因为"付"是交给或专指给钱的意思，用在交付、托付、付之一炬（指烧毁。一炬：一把火）、支付、付款等词语中，没有上述"副"的解释；"副"是个多义字，有一个义项是"符合"，因此，"名实相副"、"名不副实"、"盛名之下"、"其实难副"中的"副"也这样写。"副"和"付"各有不同的含义。"付"不是"副"的简化字，不能把该用"副"字的地方写成"付"。

G

gā

咖喱（不读 kālí）gālí

一种用胡椒、姜黄、茴香等制成的调味品。这里的"咖"不读咖啡（常绿小乔木或灌木。种子炒熟制成粉，可做饮料）、咖啡色、咖啡厅的"咖"（kā）。

gá

轧（苗头）（不读 zhá）gá

（吴方言）估计；揣测。轧苗头：察言观色。相传上海城里有一位姓苗的名医，给病人看病时，嘴里不说什么，却会根据病情的轻重，不住地点头或摇头，病人看病时便特别注意苗医生头部的动作，故称轧苗头。注意：这里的"轧"不读轧钢、热轧、冷轧的"轧"（zhá），也不读倾轧、轧棉花、让汽车轧伤了的"轧"（yà）。人轧人（轧：拥挤）、轧朋友（轧：结交）、轧账（轧：核算；查对）、轧头寸（结算收付差额。头寸：旧时商业用语。银行、钱庄等所拥有的款项）中的"轧"都读 gá。

gāi

（言简意）赅（不能写作"该"）gāi

完备。言简意赅：语言简练而意思完备。如：瞿秋白的一句话报告："宣传关键是一个'要'字，鲁智深三拳打死镇关西，拳拳打在要害上。"言简意赅，充满幽默和哲理，让人回味无穷。"赅"字的左边是"贝"，是因为贝类（指田螺、蚌、蛤蜊等有壳的软体动物）常把整个身体藏在贝壳中来表示完整的意思。"赅"和"赅"读音同，古代可通"赅"，现在的"该"已没有"赅"的含义，不能写作"该"。"赅博"（gāibó），指（知识、学问）渊博中的"赅"也不宜写作"该"。

gài

概率（不再用"几率""或然率"）gàilǜ

某一类事件在相同条件下，发生的可能性大小的量。如：飞机在起飞和着陆阶段发生事故的概率最高；把一枚硬币抛到空中落地，是正面朝上还是反面朝上，二者的概率都是二分之一。"概率"旧称"几（jī）率""或然率"，《中国大百科全书·数学卷》只收概率，现在"概率"才是规范写法。

（一）概（而论）（不是一律）gài

旧时量粮食时刮平升、斗的器具。"一概"是指同一标准。"一概而论"是说不加区别地用同一标准来对待或处理（多用于否定式）。如：具体问题应作具体分析，不可一概而论；要分清敌我矛盾还是人民内部矛盾，不能一概而论。注意：这里的"概"和概况、概要的"概"（大略），英雄气概的"概"（气度神情），概不退换的"概"（一律）含义都不同。

gān

干将莫邪（不读 gànjiàng – mòxié）

gānjiāng-mòyé

　　古代宝剑名。传说战国时吴国人干将善铸剑，他为吴王铸了一对宝剑，雄剑名干将，雌剑名莫邪（干将妻子名），十分锋利。后用干将莫邪泛指宝剑。注意：这里的"干将"不能读"得力干将""一员干将"的"干将"（gànjiàng），"莫邪"也不读 mòxié。

干（城）（不是干涸）gān

　　盾牌。干城：盾牌和城墙。比喻保卫国土的将士（城：城墙。"干"和"墙"都能起到防卫作用）。如：国之干城。"干"在这里不读 gàn，也不是干涸枯竭的意思，把干城理解为干涸了的城池就错了。

（河）干（不是干枯）gān

　　河岸；水边。如《诗经·伐檀》："置之河之干兮。"（把砍下的檀树放在河岸边）"江干"的"干"义同。这里的"干"都不是干涸的意思，"河干"不是河水干枯了。

（了无）干涉（不是强行过问或制止）gānshè

　　关系；关涉。了无干涉：彼此完全没有关系（了 liǎo：完全）。如：这件事与我的工作了无干涉，我也就没有花太多的精力去管它；北方方言中，"贼"字经常当副词用，有"很、非常"的意思，如：贼冷、电灯贼亮、附近的旅馆贼多等。这些"贼"和小偷了无干涉。这里的"干涉"和"互不干涉内政""不要干涉别人的私事"的"干涉"（强行过问或干预）含义不同。"了无干涉"也不能理解为一点都不干涉。

（揭）竿（而起）（不能写作"杆"）gān

　　竹竿。借指旗帜。汉代贾谊《过秦论》中有这样的话："斩木为兵，揭竿为旗。"（这里的"揭"是高举的意思，"兵"指兵器、武器）是描写秦末陈胜、吴广发动农民起义的情况。后便用"揭竿而起"泛指人民起义。如：人民纷纷揭竿而起，推翻了封建王朝的腐朽统治。这里的"竿"和"日上三竿""立竿见影""百尺竿头更进一步"的"竿"写法同，都不能写作旗杆、标杆的"杆"。

尴尬（不能读 jiānjiè）gāngà

　　处境困难，不好处理或神态不自然。如：姓"苟"的人向人介绍自己的姓氏时，总觉得尴尬；走也不是，不走也不是，他觉得实在尴尬。"尴尬"不能读作 jiānjiè；它们的左边是"尢"，和"尥蹶子"（liàojuězi）（骡马等跳起来用后腿向后踢）中的"尥"、"尪"（wāng）（小腿、背或胸部弯曲的病，也指瘦弱）左边的写法同。要注意和"旭""馗"（kuí 指四通八达的道路）"訄"（qiú 指用言语逼迫）的左边，"犰狳"（qiúyú 一种哺乳动物）中"犰"的右边，"抛"的中间"九"写法的区别。

gǎn

敢（问）（不是"不害怕，有胆量"）gǎn

　　谦词，用在动词之前，表示自己的行动冒昧。"敢问"就是冒昧地问。如：敢问先生贵庚？（贵庚：用来询问对方的年龄）敢问青春几何？（青春：指青年人的年龄）敢烦（表示冒昧地烦劳对方办某事）、敢情的"敢"义同。这些"敢"都不能解释为有勇气，有胆量，和勇敢、果敢、敢于挑重担的"敢"含义不同。

敢情（和"感情"不同）gǎnqing

（北京话）①表示发现原先没有发现的情况，相当于"原来"的意思。如：哟！敢情这里有窝鸟蛋。②表示在情理之中，无可怀疑，相当于"当然"的意思，如：在这里建座学校，那敢情好。明显地，这里的"敢情"是不能换用"感情"（gǎnqíng）的，因为"感情"是指对外界刺激而产生的比较强烈的心理反应，也指对人或事物关切、喜爱的心情。如：感情激动，他俩的感情很好，他对农村产生了深厚的感情。

感奋（和"感愤"有别）gǎnfèn

因感动而振奋，如：喜讯传来，人们莫不感奋；部队在前方打了大胜仗，使他感奋不已。"感奋"和"感愤"音同义不同。"感奋"的事往往是好事、喜事；而"感愤"是面对不平的事情而激动愤慨，所指的事往往是坏事。如：屈原忧国感愤，乃赋《离骚》；她如此这般虐待自己的孩子，众人无不感愤。

感愧（别于"感喟"）gǎnkuì

"感愧"和"感喟"读音同，都是动词。区别在于不同的构词语素"愧"和"喟"："愧"是惭愧的意思，"感愧"就是又感激又惭愧。如：她曾伤害过他，让他吃了苦；而今，她患了重病，他常来看望她，这使她感愧交加。"喟"是叹息，"感喟"是说有所感触而叹息。如：感喟地说；人事沧桑，感喟不已。"感喟"只表示感叹，并无感激和惭愧的意思。

gàn

干吗（不宜写作"干嘛"）gànmá

疑问代词。干什么；为什么。如："你在干吗？""你干吗老低着头不说话？""就这点小事，干吗到处告状？""干吗"的"干"不读 gān，"吗"不宜写作"嘛"，因为"吗"表示疑问语气，"嘛"不是。《现汉》（第5版）对"嘛"的解释后标有：注意 表示疑问语气用"吗"，不用"嘛"。不加分别，一概写作"嘛"，是不严谨的。下面句中的"嘛"用得才正确："有意见就提嘛""你把车开快一点嘛"。

干细胞（不读 gānxìbāo）gànxìbāo

能够移植治疗白血病的"干细胞"是最原始的血细胞。血液中的红细胞和白细胞都是由干细胞分裂、分化而来。这个"干"是指事物的本体、主干。"干细胞"字义是一种主干细胞。再说，干细胞是湿的，并非干燥的。这里的"干"和干湿的"干"无关，不读 gān，把"干细胞"理解为干燥的细胞就错了。

gāng

扛鼎（不读 kángdǐng）gāngdǐng

举鼎，用手把鼎举在头上方（扛：用双手举重物。鼎：古代煮东西用的三足两耳的青铜器）。后用来形容勇武有力。"鼎"可供"煮牲"，容积巨大，是日用器具中的"庞然大物"，因其庄严沉重，常用作力的象征，因此，"力能扛鼎"便用来形容一个人力大无比，"扛鼎之作"则是指非常有分量的著作。注意："扛鼎"并不是说把鼎放到肩膀上，因此，这里的"扛"不读扛枪、扛锄头、扛行李的"扛"（káng）（用肩膀承载）；"扛鼎"也不能和"鼎力"相混，"鼎力"是大力的意思，一般用作敬词，且多和动词搭配，不用来修饰名词。如：鼎力相助、鼎力扶持。下面句中的"鼎力"就用得不妥："埃德加·斯诺《西行漫记》一书可算是一部中共党史的鼎力之作。"（这里要说的是作品的非寻常的功力，应改用"扛鼎之作"）

（花）岗（岩）（不读 gǎng）gāng

"岗"的常见读音是 gǎng。如：站岗、下岗、岗哨、岗位等等。"冈"才读 gāng，但花岗岩中的"岗"不读 gǎng，也不写作"冈"。

纲（举目张）（并非生物分类的等级）gāng

渔网上的总绳。比喻事物的最主要部分。纲举目张：提起渔网上的大绳一抛，一个个网眼就都张开了（目：网上的眼）。比喻做事抓住要领，就可带动其他环节；也比喻文章条理分明。俗语有"船头上撒网—纲举目张"的说法；《现代汉语成语规范词典》："抓工作要做到抓住重点，带动一般，这样才能纲举目张。"纲领、纲目、教学大纲、提纲挈（qiè）领中的"纲"义同。此"纲"与生物学上所说的"门下为纲，纲下为目"的"纲"无关。

钢精锅（不是用钢做的锅）gāngjīngguō

铝锅。"钢精"也叫钢种（zhǒng），是制造日用器皿的铝。钢精匙就是铝匙，又有钢精壶、钢精盆儿，等等。"钢精"不是钢的精华或是用钢制造出来的各种精制用具。

gàng

岗尖（不读 gǎngjiān）gàngjiān

（北京话）形容极高极满。如：岗尖的一车土；"眨眼间，岗尖岗尖的四大堆柴草已经准备好了！"（《为了六十一个阶级弟兄》，《人民文学》一九六〇年四月号）哈密瓜岗口儿甜（岗口儿甜：极甜）中的"岗"读音同。以上的"岗"不读岗位、岗哨、站岗的"岗"（gǎng）。

钢（刀布）（不读 gāng）gàng

磨刀，使刀锋利。"钢刀布"即鐾（bèi）刀布，是理发师用以磨利剃刀的长方形布条。上述意义的"钢"和指用钝了的刀回火锻造，使锋利的"钢"都不读 gāng，要读 gàng，因此，钢了几下刀；把刀钢一钢；刀钝了，该钢了中的"钢"和"钢（gāng）刀"（用钢铁打造的刀。如：明晃晃的钢刀、一把锋利的钢刀）的"钢"（铁和碳的合金）不仅读音不同，字义也不同。

gāo

高足（和"高材生"不同）gāozú

本指良马，引申比喻为良材，所以敬称对方或别人的优秀学生叫"高足弟子"，简称为"高足"。如：他是王教授的高足，这位是李先生的高足。注意：①不能对别人称说自己是"高足"。如不能说"我是王教授的高足"。②"高材生"和"高足"的使用对象不同,是指成绩优异超群的学生。如:他是北京大学中文系的高材生。这里就不能换用"高足"。(注:"高材生"不宜写作"高才生")

膏粱(和"高粱"不同)gāoliáng

肥肉和细粮(膏:肥肉。粱:细粮),泛指美味的饭菜。如:膏粱子弟(指富贵人家的子弟);膏粱锦绣(指富贵人家豪华奢侈的生活);膏粱厚味少些,大吃大喝不宜(厚味:味道浓)中的"膏粱"写法和含义同。以上的"膏粱"都不能错写成和它读音相同的"高粱"(叶子和玉米相似的一种植物,籽实可以食用)。不论是"膏粱"还是"高粱",其中的"粱"(下边是"米")都不能误写作桥梁、栋梁的"梁"。

gǎo

杲(别于"杳")gǎo

明亮。如:杲日、如日之杲(像太阳那样光明)。"杲"又可叠用为"杲杲",形容太阳很明亮的样子。如:秋阳杲杲。"杳"音 yǎo,本义是昏暗。如《管子·内业》:"杳乎如入于渊。"意即幽暗得像进入深渊。由幽暗又引申为远得看不见踪影。如杜牧《阿房宫赋》:"辘辘远听,杳不知其所知也。"(车声辘辘,越来越小,以至最后不知道它们驶向了何处)杳如黄鹤(比喻人或物下落不明)。"杲"是上"日"下"木",表示日(太阳)升到了树梢上,天亮起来了,有"光明"意;"杳"是上"木"下"日",表示太阳落到树后面去了,天暗下去了,有"昏暗"意。"杲"和"杳"意思正相反。

搞定(不作"搞掂")gǎodìng

(上海方言)动词。把事情办妥;把问题解决好。如:在师生们的帮助下,新生入学整个流程五分钟左右就搞定了。"搞定"本是从粤方言"搞掂"而来,传入其他地区时,"掂"被误写成"定",时间一长,"搞定"搞定了"搞掂",成了规范词形。

gào

膏(油)(不读 gāo)gào

①给车子或机器加润滑油。如:膏车、给缝纫机膏点油。②把毛笔蘸上墨汁,在砚台边上捺匀。如:膏笔、膏墨。上述意义的"膏"应读 gào,不读 gāo。

gē

圪蹴(不读 gēcù)gējiu

(方言)蹲。如:老汉圪蹴在门前石墩上抽着旱烟。这里的"蹴"不读"蹴鞠"(踢球)"一蹴而就"(踏一脚就成功,形容事情轻而易举,一下子就能成功)的"蹴"(cù)。

鸽乳(和"乳鸽"迥异)gērǔ

从成鸽嘴里吐出的乳白色液体(乳:像奶汁的东西)。鸽子不是哺乳动物,是不会产生乳汁的,和其他鸟类一样,小鸽子是由蛋孵化出来的,孵卵任务由"父母亲"共同承担,经过 18 天左右,乳鸽出世了,这时,它们还不会啄食,全靠雌雄鸽子经过孵巢后体内产生的类似母乳的白色浆水来哺育。四五天后,成鸽不再有

"乳汁"时才改用嗉囊中的半成品喂养，直到它们能啄食为止。"乳鸽"完全不同，是指初生的鸽子。这里的"乳"作"初生的；幼小的"讲。"鸽乳"和"乳鸽"是两个完全不同的概念。（"鸽乳"的资料源自《咬文嚼字》2001 年第 3 期）

gé

蛤蚧（不读 hájiè）géjiè

形状像壁虎而较大的一种爬行动物，可以做药材。"蛤蜊"（gélí）（文蛤的通称，是生活在浅海泥沙中的一种软体动物。肉鲜美可食）的"蛤"读音同。以上的"蛤"不读蛤蟆（青蛙和蟾蜍的统称）的"蛤"（há）。

膈膜（和"隔膜"不同）gémó

"膈"的旧称，指人或哺乳动物分隔胸腔和腹腔的膜状肌肉。"隔膜"和"膈膜"音同义不同，是指：①隔阂。如：消除了彼此间的隔膜。②不了解；不熟悉。如：我对这种技术实在隔膜。此"隔"是阻挡使不能相通的意思。

（骨）骼（不再写作"胳"）gé

骨的统称。骨骼：人和动物体内或体外表坚硬的组织。如：成人的骨骼一般由 206 块骨组成。注意："骼"曾作为"胳"的异体字被淘汰，1988 年《现代汉语通用字表》确认"骼"为规范字，作为"骨的统称"的"骼"不再写作"胳"。"骨骼肌"的"骼"写法同。"胳"用在"胳（gā）肢窝"（腋窝）"胳（gē）膊""胳（gé）肢"（在别人身上抓挠，使发痒、发笑）等词语中。

gě

(10) **合**（为 1 升）（不读 hé）gě

这里的"合"是容量单位。用法和"石（dàn）、斗、升"一样。10 合等于 1 升，10 升等于 1 斗，10 斗等于 1 石。"合"不读 hé。同样，作为量粮食的器具，容量是 1 合，方形或圆筒形，多用木头或竹筒制成。其中的"合"也读 gě。

gè

各别（和"个别"不同）gèbié

①各不相同；有区别。如：他俩性情各别；他们的错误性质不同，要各别处理。②特别；（性格等）与众不同（含贬义）。如：这个人性格太各别，很难和他相处。在北京方言中，"各别"还有别致、新奇的意思。如：这个人体雕塑的造型很各别。"个别"和"各别"不同，是作单个、各个或极少数、特殊讲。如：个别辅导、个别谈话、这种情况是极其个别的。

gēng

（少不）更（事）（不读 gèng）gēng

经历。少不更事：年纪轻，经历的事情不多。形容年轻人缺乏经验。如：孩子少不更事，还望先生多加谅解。注意：凡是作经历，改变、改换，古代夜间计时单位（一夜分为五更），更鼓讲的"更"都读 gēng，不读 gèng。如：更改、政权更迭、三更（指晚上 11 点到次晨 1 点）、五更、打更等。"少不更事"中的"少"是指年纪轻（跟"老"相对），要读 shào，不读 shǎo。

（三）**更**（**不能读 jīng**）gēng

旧时夜间计时单位，一夜分为五更，每更大约两个小时，按现在的钟点来说，头更指晚上7点到9点，二更是9点到深夜11点，三更便是深夜11点到次晨1点。我们通常说的"三更半夜"是用来泛指深夜的。注意：这里的"更"不能读 gèng，更不能读 jīng。注意："更"除了戏曲如京剧中读 jīng 外，其他任何词语中都只有 gēng 和 gèng 的读音。

gěng

耿耿（于怀）（**不是"明亮"或"忠诚"**）gěng gěng

心中有事，难以摆脱的样子。耿耿于怀：事情（多指牵挂的或不愉快的）老是放在心里丢不开。如：我只不过批评了他几句，他就一直耿耿于怀，心怀不满。耿耿不寐（mèi）（不寐：不能入睡）的"耿耿"义同。这里的"耿耿"和忠心耿耿、耿耿报国心的"耿耿"（忠诚的样子），耿耿星河、银河耿耿的"耿耿"（明亮的样子）解释不同。"耿"也不能读 jiǒng。

gèng

更加（≠**越发**）gèngjiā

表示程度加深。如：更加说明问题；市场更加繁荣；到了深夜，行人更加稀少。"越发"也是表示程度加深的意思，因此，用"越发"的地方都可换用"更加"。如：心情越发（更加）不能平静了；老师的脸色越发（更加）严厉了；久居海外的人，越发（更加）怀念祖国和亲人。但是，用来表示两种事物的比较时，只能用"更加"，不能用"越发"。如：他比他姐姐更加喜欢读书，小张的身体比小王的身体更加结实。顺便一提的是，当"越发"和上文的"越""越是"相互应时，作用跟"越……越……"相同。如：观众越多，他们演得越发卖力气；越是激动，心里的话就越发说不出来。

gōng

工尺（和"公尺"迥异）gōngchě

是我国民族音乐传统记音符号的统称。用这些符号记录的乐谱叫"工尺（chě）谱"。"公尺"和"工尺"完全不同，它是法定长度计量单位"米"的旧称，符号是 m。要特别注意的是，"工尺"中的"尺"不读 chǐ，要读 chě，和"公尺"的"尺"读音不同，"工尺谱"也不能写作"公尺谱"。

工夫（≠**功夫**）gōngfu

①（做事）所占用的时间。如：他三天工夫就学会了游泳、白费工夫。②空闲时间。如：现在没工夫和你聊。③（北京话）时候。如：我读大学那工夫，你已经是作家了。以上的"工夫"不再写作"功夫"。"功夫"多用来指本领、技能，特指武术方面的本领、技能。如：中国画特别讲究笔墨功夫、这位拳师的腰腿功夫不错。以往"工夫"和"功夫"可通用。《现异》有说明："现代汉语里，'功'和'工'的意义已有分工，宜作分化处理：表时间的各义项宜以'工夫'为推荐词

形；'功夫'只表示'本领，造诣'义，也特指武术。"

工（于心计）（不能误写作"攻"）gōng

擅长；善于。工于心计：善于使用计谋。如：这个人老于世故，工于心计，而且十分有隐蔽性和韧性；对于这样一个工于心计逢迎媚上、文过饰非的人，我们应该警惕。工纺织、工书善画（擅长书法和绘画）、工针黹（善于做针线活。黹 zhǐ：缝纫；刺绣）、工于权谋（擅长于随机应变的谋略）、工于山水画等中的"工"义同，都不能错写成攻心、攻打的"攻"；和工细（精巧细致）、工笔画、异曲同工的"工"（精巧；细致）解释也不同。

工读（别于"攻读"）gōngdú

①动词。用自己的劳动收入供自己读书（工：生产劳动；工作）。如：他上大学的几年一直工读。②名词。指工读教育（对有较轻违法犯罪行为的青少年进行改造、挽救的教育）。如：工读学校。"攻读"和"工读"音同义不同，是动词。指专心致志地读书或钻研某一门学问（攻：致力研究；学习）。如：攻读法语、攻读博士学位。

（女）红（不读 hóng）gōng

妇女纺织、刺绣等活儿。女红：旧时指妇女所做的纺织、缝纫、刺绣一类的工作以及这些工作的成品。如：她素习女红（素习：向来熟悉），丁玲《韦护》："丽嘉早已习惯得很贪玩，女红的事，她生来便不屑于作。"注意：这里的"红"不读 hóng。和"女儿红"（即花雕酒，是上等的绍兴黄酒）中的"红"读音不同。

（事必）躬（亲）（不能写作"恭"）gōng

亲身；亲自。事必躬亲：不管什么事情都一定要亲自去做（躬亲：亲自去做）。如：凡属他管辖的事，他都是事必躬亲，发现问题及时处理。躬耕（亲自种田）、反躬自问（反过来问问自己如何）、躬行实践（躬行：亲身实行）、躬逢其盛（亲自参加了盛典或亲身经历了盛事。躬逢：亲自遇见）中的"躬"义同。以上的"躬"和躬身下拜的"躬"（弯下身子）解释不同；"躬"也不能写作"恭"，因为"恭"只有恭敬的意思，用在恭候、恭贺、恭请等词语中，没有"亲身"的含义。

觥（筹交错）（不能读 guāng）gōng

古代用兽角做的酒器。觥筹交错：酒杯和酒筹交错起落。形容相聚饮酒的热闹场面（筹：喝酒时行令用的竹片）。如欧阳修《醉翁亭记》："射者中，弈者胜，觥筹交错。"席间觥筹交错，宾主尽欢而散。注意："觥"只有 gōng 的读音，不能误读作 guāng。

gòng

供奉（和"贡奉"有别）gòngfèng

①敬奉；供养（供：陈设、摆列享用之物）。如：供奉神佛、供奉祖宗的灵牌。②名词。以某种技艺在皇帝身边服务的人，特指被召在宫内演唱的伶 líng 人（伶人：演奏音乐的人；也指戏曲演员）。如：内廷供奉、升平署的供奉（升平署：清代掌管宫廷演戏的机构）。"贡奉"和"供奉"音同义不同，它只作动词用，是指向朝廷或上司贡献物品；进贡（贡：从下献上）。如：遣使贡奉。"供"和"贡"都

有进献的意思，但进献的对象不同，"供"是献给神灵的。"贡"是献给帝王的。总之，涉及祖先、神佛时用"供"，涉及帝王、朝廷、国家时用"贡"。"供品"和"贡品"亦然，"供品"是供奉神佛、祖宗用的瓜果、酒食等食品，因此用"供"；"贡品"是封建时代官吏、人民、属国向帝王进献的物品，因此用"贡"。

gōu

沟通（和"勾通"不同）gōutōng

本是指用开沟的方法使两条河流相通。比喻使彼此相通。如：沟通思想感情，语言是精神沟通的桥梁，这条公路是沟通南北的交通要道。"勾通"和"沟通"音同义不同，是勾结、暗中串通的意思（勾：结合）。如：勾通车匪路霸，抢劫百姓财物；他和歹徒勾通，共同行窃。"沟通"是中性词，可用于人，也可用于物；"勾通"是贬义词，只能用于人，且只限于坏人之间的不良关系。下面句中的"沟通"和"勾通"属误用："他们企图沟通内奸，里应外合，一举攻下城池。""目前的应试教育体制导致繁重的课业负担压在班主任、学生身上，老师和学生根本没有时间去勾通。"（"沟通"和"勾通"应对调）

gòu

勾当（不读 gōudāng）gòudàng

①古代指事情。如《水浒传》第十六回："我全不晓得路途上的勾当艰难！多少好汉被蒙汗药麻翻了！"②现多指坏事。如：从事拐卖妇女勾当；打着"慈善"的幌子，干着害人的勾当。勾当中的"勾"和"当"都读去声，不读阴平。

够呛（不再写作"够戗"）gòuqiàng

（北方官话）形容情况非常严重，令人难以承受，类似于"够受的"。如：热得够呛、累得够呛、伤口疼得够呛。"够呛"以往多写作"够戗"，《现异》有说明；根据通用性原则，宜以"够呛"为推荐词形。这里的"呛"不读"慢点喝，别呛着""游泳时呛了点儿水"的"呛"（qiāng）。注意："呛"的右下是"巳"，不是"巳"。

gū

呱呱（坠地）（不读 guāguā）gūgū

模拟小孩子哭的声音。呱呱坠地：指婴儿出生。呱呱而泣的"呱呱"读音同。这里的"呱呱"不读顶呱呱、青蛙呱呱叫个不停、他的相声说得呱呱叫的"呱呱"（guāguā），也不读"拉呱儿"（闲谈）的"呱"（guǎ）

孤儿（寡妇）（不是失去父母的儿童）gū'ér

死了父亲的儿童。孤儿寡妇：死了父亲的孩子，死了丈夫的妇女。泛指失去亲人、无依无靠的弱者。也作"孤儿寡母"。如阿英《夜》："她想到同志们的英勇，民众的愤激，孤儿寡妇的哀号，白发黄口的凄吟，一切的经过，又完全涌上心头。"（黄口：雏鸟的嘴。指婴儿）徐铸成《报海旧闻》四六："朱惺公……不幸终于遭了敌伪的暗杀，而且死后遗下孤儿寡妇，家徒四壁。"注意：这里的"孤儿"和孤儿院、他是被父母遗弃的孤儿的"孤儿"（失去父母的儿童）含义不同。

孤独（和"独孤"迥异）gūdú

独自一个；孤单。如：他一个人在外地感到很孤独。"独孤"（Dúgū）完全不同，只能作姓氏用（复姓）。

骨（碌）（不读 gǔ）gū

骨碌：滚；滚动。如：他一骨碌从床上爬起来、把油桶骨碌过来。《普通话异读词审音表》中有规定，"骨"字除了"骨碌""骨朵儿"（没有开放的花朵；花蕾）读 gū 外，其余都读 gǔ。

gǔ

骨朵（和"骨朵儿"迥异）gǔduǒ

古代兵器，用铁或硬木制成，像长棍子，棒端呈瓜形，金黄色。后来只用作仪仗，叫金瓜。"骨朵儿"（gǔduor）和"骨朵"音、义都不同，是指没有开放的花朵。如：花骨朵儿。

古道（热肠）（不是古老的道路）gǔdào

古朴厚道。古道热肠：形容古朴厚道，待人真诚热情。如张恨水《啼笑因缘》八回："关寿峰这人，古道热肠，是个难得的老人家。"老何待人又热心又诚恳，真是古道热肠。这里的"古道"并非指古老的道路，和"咸阳古道""探险队找到了一条没有人烟的古道"中的"古道"迥异。

汩汩（不能写作"汨汨"）gǔgǔ

①形容水流动的声音或样子。如：汩汩水声、泉水汩汩流淌。②比喻文思畅通（文思：写文章的灵感和思路）。如：笔下汩汩而出（文思泉涌）。注意：这里的"汩汩"（右边都是"曰"yuē），不能误写作右边是"日"（rì）的"汨"，"汨"，音 mì，指汨罗江，是湖南省的一条江名。"汨"不能叠用，"汨汨"不成词。

（锥刺）股（不是屁股）gǔ

大腿。"锥刺股"（zhuīcìgǔ）是说（读书困倦想睡时）用锥子（一种尖端锐利、用来钻孔的工具）刺大腿（使自己清醒）。如：勤学苦读，虽然不必采取什么"以锥刺股"那样的办法，但是，也要有相当的发愤之心，否则是一事无成；悬梁刺股（指刻苦学习）。注意：这里的"股"不能解释为屁股，把"锥刺股"理解为用锥子刺屁股就错了。从古至今，"股"字都没有屁股这种解释。《史记·高祖本纪》："左股有七十二黑子。"是说（汉高祖刘邦）左边的大腿上有七十二颗黑痣（黑子：黑痣）。股肱（gōng）（大腿和胳膊。古代用来比喻左右得力的帮手）、股骨（大腿中的长骨）股战（两腿发抖，形容恐惧到极点）中的"股"都作"大腿"讲。现在的人口语中说的"屁股"，古书上的说法是"臀"（tún）或"尻"（kāo）。

股掌（之上）（不能误作"鼓掌"）gǔzhǎng

大腿和手掌。股掌之上：玩弄在大腿和手掌上面。比喻完全操纵控制在手中（股：大腿）。如：任你神通广大，也难把整个股市市场控制在股掌之上；"最突出的例子是慈禧太后，她几十年玩弄整个国家于她的股掌之中。也就在她统治之下，大清帝国日薄西山。"（杨瑞《奶奶愧对祖先》）注意：这里的"股掌"不能误写作"鼓掌"。"鼓掌之上"，真不知所云。

（坐）贾（不读 jiǎ）gǔ

商人。有固定营业地点的商人叫"坐贾"。也叫"坐商"（区别于"行商"）。如：行商坐贾（行商：没有固定营业场所、流动贩卖货物的商人）。注意：只有作姓氏用的"贾"才读 jiǎ，其余的都读 gǔ。如：书贾（贾：商人）、多财善贾（贾：做买卖）、贾马（贾：买）、馀勇可贾（还有未用尽的力量可以使出来。贾：卖）、贾祸（贾：招致；招引）等。

鹄的（不读 hú de）gǔ dì

①箭靶子的中心，也指练习射击的目标（鹄：箭靶子）。如：连射三发，皆中鹄。②目的。如：需继续努力，得达鹄的。"中（zhòng）鹄"（射中靶子。喻指考试及第）的"鹄"音、义同。这些"鹄"都不读鸿鹄（天鹅）、鹄立（像鹄一样直立）、鸠形鹄面（形容人因饥饿而很瘦的样子）的"鹄"（hú）（天鹅）。"鹄的"中的"的"指箭靶的中心，因此，它的读音和目的、一语破的、有的放矢的"的"（dì）同，不读 de 或 dí。

（一）鼓（作气）**（不能误写作"股"）** gǔ

敲鼓。一鼓作气：古代本指作战时擂第一通鼓，士气就振作起来了。后用来比喻趁劲头大的时候一下子把事情完成。如：大家一鼓作气，很快就把剩余的工作全部做完了。"一鼓作气"是成语，有它的来历，这里的"鼓"是动词，是擂响战鼓的意思，不能错写成和它读音相同的一股热气、一股清泉、一股脑儿等的"股"。"股"没有敲鼓的解释，把"一鼓作气"写作"一股作气"，无从索解。

榖（树皮）（不能误作"谷"） gǔ

木名，就是楮（chǔ）树，落叶乔木。通称构树。"榖树皮"就是榖树的皮，粗糙斑驳。形容皮肤皱纹多，不光滑，实际含有丑的意思。《水浒传》中武大郎的绰号（外号）叫"三寸丁榖树皮"，意思是又矮又丑（古代成年男子称丁，"三寸丁"是形容矮）。注意：这里的"榖"（左下是一横和"木"）和"谷"的繁体字"穀"（左下是一横和"禾"）写法不同，因此，"三寸丁榖树皮"的"榖"不能误写作"穀"的简化字"谷"。

gù

估衣（不能写作"故衣"） gùyi

出售的旧衣服或原料较次、加工较粗的新衣服。如：估衣店、卖估衣的商贩。注意，《普通话异读词审音表》有规定：估除"估衣"的"估"读 gù 外，都读 gū。这里的"估"也不能误写作"故"。"故衣"只能理解为旧衣，旧时所着（zhuó）之衣。（见《辞源》1340 页）

故步自封（和"墨守成规"有别） gùbùzìfēng

走老步子，自我限制（故步：原来的步子。封：限制住，停止）。比喻保守，安于现状，不求进步。如：郭沫若《屈原》一："你不随波逐流，也不故步自封。"像他这样稍有进展便故步自封起来，是不会有大的成就的。"故步自封"以往可作"固步自封"。《现异》有说明:"从语源和理据看",宜以"故步自封"为推荐语形。"《现规》也有提示:现在一般写作"故步自封"。《现汉》亦以"故步自封"为正条。"故步自封"和"墨守成规"有不同,前者侧重指不求进步,后者侧重指不求创新。如:要发挥创造精神,不要墨守成规。(参见"墨守成规"条)

(虚应)故事(不是可用做讲述对象的事情)gùshì

旧日的行事制度,惯常的做法。虚应故事:按照成例假意应付了事。如茅盾《蚀·幻灭》一〇:"各方面的活动都是机械的,几乎使你疑惑是虚应故事。"对待工作应当严肃认真,不能虚应故事。奉行故事(按老规矩办事)、沿袭故事的"故事"义同。这里的"故事"和讲故事、神话故事、这部小说故事性很强中的"故事"(用来作为讲述对象的真实或虚构的事情或指文艺作品中用来体现主题的情节)不同。

故居(≠旧居)gùjū

曾经居住过的房屋。如:鲁迅故居、参观宋庆龄故居。"旧居"也可指过去居住过的地方,但和"故居"仍有不同,"旧居"的适用范围较宽,既可指普通人的,也可指名人的。如:祖父在老家的旧居至今保存完好、这是鲁迅的旧居;"故居"通常用于知名人物。"故"和"旧"都是指"旧的""过去的"的意思,但同中有异,"故"有"过去"和"去世"两种意思,容易产生歧义,因此,健在的人过去住过的地方多指旧居,而已故的人旧时住过的地方则指故居。

故交(≠故友)gùjiāo

老朋友。如:故交新知(新知:新结交的知己朋友)、他乡遇故交。"故友"有不同,既可指老朋友(如:寻访故友、故友重逢),又可指死去了的朋友(如:吊祭故友、探寻故友长眠之处)。因此,凡已死去的朋友,是不能称"故交"的。"追念已故的好友"不能说"追念故交"。

告朔饩羊(不读 gào shuò xì yáng)gù shuò xì yáng

比喻表面上应付,只是做个样子罢了(告朔:西周奴隶社会的一种礼制,诸侯每月初一告祭祖庙。朔:阴历每月初一。饩羊:祭庙时作祭品的活羊。鲁国从文公起就不再亲临祖庙祭祀,只杀一只羊做个样子)如《论语·八佾》:"子贡欲去告朔之饩羊。子曰:赐也,尔爱其羊,我爱其礼。"(去:除掉;去掉。赐:端木赐,即子贡,孔子的学生。尔:你)可见,子贡是想把祭庙用羊的旧例废除掉,而孔子竭力反对,为的是把西周礼制保留下来。注意,这里的"告"不读 gào。("告朔"也叫"告月","告"也不读 gào,要读 gù。)

顾主(和:"雇主"有别)gùzhǔ

顾客,即商店或服务行业称来买东西或要求服务的人(顾:商业、服务行业指人前来购买东西或要求服务)。如:喜迎顾主,"也有的把商品编成顺口溜,有板有眼地一遍遍念着,招徕顾主,好似曲艺艺人在演出。"(《报告文学》1985-01-03)"主顾"也是指顾客,和"顾主"义同。如:老主顾、招徕主顾。"雇主"和"顾主"音同义不同。是指雇用工人或车船等的人（雇：出钱临时使用别人的车、船等）。如：他是因为得罪了雇主而被解雇的，船家欢迎雇主光顾。

guā

瓜田李下（并非指田园环境）guātiánlǐxià

比喻容易引起嫌疑的场合或情况。如古人说过："瓜田不纳履，李下不整冠"，进考场什么书都不带为好。（"瓜田不纳履，李下不整冠"亦指"瓜田李下"）注意：这个成语有它的来历。古乐府《君子行》："瓜田不纳履，李下不整冠。"意为经过瓜田时不要弯下身提鞋子（纳履：弯腰提鞋），免得人家怀疑摘瓜；走过李树下时不要举手整理帽子，免得人家怀疑摘李子。可见这个成语是有特定含义的，不能错误地理解为美好的田园环境。下面句中的"瓜田李下"都属误用："老百姓在瓜田李下过着安康的生活""这里全然没有都市的喧嚣，倒有几分闲庭信步，瓜田李下话桑麻的味道"。

瓜片（与"瓜"无关）guāpiàn

一种绿茶。产于安徽六安、霍山一带，因其叶片加工后形状像瓜子壳，故名。如：六安瓜片。"瓜片"和瓜类食品无关，至于在北京果脯食品中一种用糖腌制的冬瓜叫"瓜条"，和瓜片了不相涉。

guài

怪癖（和"怪僻"不同）guàipǐ

稀奇古怪的嗜好。（癖：积久成习的嗜好。）如这个人有吃生米的怪癖、这种怪癖必须改掉。"怪癖"和"怪僻"不同。"怪癖"是名词；"怪僻"是形容词，意为古怪孤僻（僻 pì：性情古怪，跟一般人合不来）。如：怪僻的脾气、他的性情十分怪僻。

guān

关照（和"观照"迥异）guānzhào

一指关心照顾。如：请多多关照。二指告诉；口头通知。如：你关照门卫一声，不要让外人随便进去。"观照"和"关照"音同义殊。原为美学术语，指以超然态度（不站在对立各方的任何一方）对审美对象进行审视。现也指仔细观察，冷静审视（观：看；审视）。如：观照现实，正视生活。下面句中的"关照"和"观照"不能互换："你们在一起生活，要互相关照。""关照一下小刘，明天不用回来上班。""用当代意识观照古代社会。""戏剧，特别是小剧场话剧，以它特有的方式来观照各个层面、各个阶层的观众，给他们出了一道生活中常有的题。"（《北京日报》2001-01-21）

关门（弟子）（不是"关上门"）guānmén

比喻最后的。关门弟子：指所收的是最后一名徒弟，意即收完这名徒弟之后不再收。关门之作的"关门"义同。不能把"关门弟子"理解为"关起门来专门培养的弟子"。

关张（不是停业后又开张）guānzhāng

商店停止营业或倒闭。如：这家商店经营不善，早已关张；看模样，这家饭馆像是快要关张了。古今汉语里有一种偏义复词，这种词是由两个近义或反义的单音词构成，其中一个单音词原来的意义成为整个双音词的意义，而另一个单音词只是凑足一个音节而已。如《乐府民歌·孔雀东南飞》："昼夜勤作息，伶俜萦苦辛。"（日夜操劳，孤单又辛苦。）其中的"作"是劳作，"息"是休息，这里只有"作"的意思。现代汉语里的"国家"不是"国"和"家"，而是偏指"国"。同样，"关张"也是偏义复词，偏在"关"（和"开张"相对），专指商店停止营业。不能把它理解为歇业后又开张。

纶巾（不读 lúnjīn）guānjīn

古代男子戴的一种配有青丝带的头巾。如：羽扇纶巾（手拿羽毛扇，头戴青丝巾。形容古代儒将举止潇洒、儒雅从容的风度）。注意："纶"在这里不读锦纶（合成纤维的一种）、涤纶（合成纤维的一种）、垂纶（钓鱼）、满腹经纶（形容人学识渊博，才能出众）的"纶"(lún)。

官宦（和"宦官"不同）guānhuàn

泛指做官的人。如：官宦子弟、官宦人家、累世官宦（累世：历代）。"宦官"不同，"宦官"通称太监，是指我国封建时代被阉割过的、在宫廷内侍奉帝王及其家属的男人。魏忠贤就是明代专权擅政、迫害东林党人的宦官，李莲英也是光绪朝权势熏天的宦官。

棺材（和"灵柩"不同）guāncái

装殓死人的器具，多用木材制成。也说棺木。如：一口棺材、棺木数具、不见棺材不落泪（比喻人不到穷途末路不死心，或低头认输）。"灵柩"(jiù) 不同，是指已装入死者的棺材。如：八名礼兵抬着灵柩缓缓走出告别室。"棺材"和"灵柩"的区别是：前者是空的，后者是装有尸体的。

鳏（寡孤独）（不能写作"单"）guān

没有妻子或死了妻子的。鳏寡孤独：泛指失去依靠，需要照顾的人（寡：死了丈夫的妇女。孤：幼而无父。独：老而无子）。如萧乾《土地回老家》六："没有劳动力的鳏寡孤独的田和小土地出租者的田，也可以佃给他们。"鳏夫（无妻或丧妻的人）、鳏居（丧妻或无妻的男人独自居住）的"鳏"写法同，都不能错写成"单"。

鳏居（别于"寡居"）guānjū

丧妻或无妻的男人独自居住（鳏：无妻或丧妻的）。如郭沫若《屈原》第三幕："先生鳏居了两年多，又是春天啦。"五年前妻子去世后，他没有再婚，至今还是鳏居。"寡居"不同，是指妇女丧夫后独居（寡：妇女死了丈夫）。如：她已寡居多年。"鳏居"用于男性，"寡居"用于女性，不能混淆。

冠（心病）（不读 guàn）guān

冠心病是一种常见的心脏病，因冠状动脉硬化、供血不足等而引起。冠状动脉是供给心脏养分的动脉，形状像王冠，故冠状动脉、冠心病的"冠"都读 guān，不读 guàn。

guǎn

管保（和"保管"有别）guǎnbǎo

保证；完全有把握。如：管保有效、管保你满意。在表示完全有把握这一意义上的"管保"和"保管"可以通用。如：敌人胆敢进犯，管保（保管）叫他们上西天。前面两例中的"管保"同样可以换用"保管"。但"保管"还有两个义项：①动词。保藏和管理。如：保管仓库、这些资料保管得很好。②名词。做保管工作的人。如：他在这里已经做了二十多年的仓库保管。这里的"保管"不能换成"管保"。

guàn

（道）观（不读 guān）guàn

道教的庙宇。"道观"就是道教的庙宇。注意：以下解释的"观"都读 guàn，不读 guān：①道教的庙宇。如：道观。寺观（佛寺和道观。泛指庙宇）、白云观（在北京）。②古代楼台之类的高大建筑物。如：楼观、台观。③姓。

贯串（和"贯穿"不同）guànchuàn

从头到尾地体现。如：鲁迅的小说《药》贯串着明、暗两条线索，爱国主义思想贯串这部作品的始终。"贯穿"（guànchuān）也有上述含义，因此，它们有时可互用。如：这篇文章从头到尾贯穿（贯串）着求实精神。前两例中的"贯串"也可换用"贯穿"。但"贯穿"还有穿过、连通的意思。如"京广铁路贯穿大江南北"、"吉林省在东北地区中部，松花江贯穿而过，……"这里的"贯穿"不能用"贯串"。

（恶）贯（满盈）（不是"连贯"）guàn

古代穿钱的绳子。恶贯满盈：罪恶极多，像用绳子穿钱一样，已穿满了一根绳子，后用来指罪大恶极（盈：满）。如《杨家将演义》三八回："王钦恶贯满盈，难以宽宥。"（宽宥 yòu：宽恕）这个恶贯满盈的抢劫杀人犯，已于昨日伏法。粟红贯朽（粮食腐烂变质，穿钱的绳子也朽坏了。形容钱粮很多。红：变成红色，指腐烂变质）的"贯"义同。注意：这里的"贯"不是连贯的意思，也不是指货币单位（古代一千钱称一贯）。

（一仍旧）贯（不能写作"惯"）guàn

事例；成例。一仍旧贯：完全按照旧例行事（一：完全）。如：这里的管理模式一仍旧贯，只是人员略有调整。其中的"仍"是按照的意思，不能误写作"扔"；"贯"也不是习惯的意思，不能错写成"惯"，把"一仍旧贯"理解为"完全抛弃过去的坏习惯"就错了。

（弱）冠（不读 guān）guàn

把帽子戴在头上。古代男子年满20岁举行冠礼，就是举行戴帽子仪式。带上成年人的帽子，表示已经长大成人，因20岁的年龄身体尚未强壮，所以叫"弱"，即年少。后用弱冠泛指男子20岁左右的年龄。如姚雪垠《李自成》二卷三七："老先生弱冠中举，如今才三十出头年纪，风华正茂，鹏程万里。"年方弱冠。及冠（指男子年满20岁）、未冠（不到20岁）中的"冠"音、义同。这里的"冠"是动词，要读 guàn，不读王冠、桂冠、衣冠不整、鸡冠、树冠等的"冠"（guān）（名词。指帽子或像帽子的东西）。注意："弱冠"只能用于男子成年；而表示女子成年叫"及笄（jī）"，就是到15岁时，把头发绾起来，插上簪（zān）子（笄：古

裸（别于"裸"）guàn

　　古代一种祭礼，祭祀时用酒浇在地上以求神降福。"裸"（左边是"礻"）不能和裸露、裸体、赤裸裸的"裸"（luǒ 露出，没有遮盖。它的左边是"衤"）混淆。

盥洗（和"灌洗"不同）guàn xǐ

　　洗手洗脸。"盥"也是洗（手、脸）的意思。如：盥洗室（洗手洗脸的专用房间，也借指厕所）。盥漱（洗脸漱口）、盥洗用具的"盥"写法同。"灌洗"不同，是指灌注液体清洗肠胃或其他器官。这里的"灌"是注入的意思。如：灌洗液、支气管肺泡灌洗术。"盥洗"和"灌洗"是两个完全不同的概念，不能混淆。

guāng

光年（不表示时间）guāng nián

　　光在真空中一年所走过的距离为 1 光年（光速在真空中每秒约 30 万千米，1 光年将近 10 万亿千米）。注意：①"光年"是专用于天文学中计量天体距离的单位，里面虽有一个"年"字，也不能用来表示时间。如不能说"在他们的感觉中，时间已经不知过了多少光年"。②和"年光"不同，"年光"是指年华、时光。如：年光易逝。又可指年景、收成。如：今年年光不好。还可指年头儿。如：那年光，吃了上顿没下顿。

光棍（≠光棍儿）guāng gùn

　　一指地痞、流氓。如《牡丹亭·闹宴》："叫中军官暂时拿下那光棍。"这里的"光棍"指的就是流氓。又如：旧社会的光棍，如今也被改造为新人。二指识时务的人，聪明人。如：光棍不吃眼前亏。意为聪明人能见机行事，避开对自己不利的事，免遭受眼前的损失。"光棍"还用来指单身汉。11 月 11 日和 1 月 1 日，人们便戏谑地称之为"大光棍节"和"小光棍节"。而"光棍儿"则只能用来指没有妻子的成年人，单身汉。如：打光棍儿、他年逾四十还是一条光棍儿。

光顾（不能自称）guāng gù

　　敬词。指赏光照顾，是商家或服务性行业欢迎顾客上门时讲的客套话。如：欢迎光顾、热诚欢迎读者光顾。这里的"光"有使增添光彩的意思，"顾"是指商业或服务行业称服务对象到来。因此，"光顾"就有了"（您）的到来使（我）增添了光彩"的意思。明显地，这个词只能是主人对客人使用，不能用于自己。如不能说"这家商店开张以来我经常光顾""我第一次访泰时曾光顾过这家餐馆"。"惠顾"的用法与此同。

guī

归去来兮（不是"回来吧"）guī qù lái xī

　　回去吧！（或"回去啊！"）。其中的"来"是语气助词，无实义。"兮"是文言助词，相当于现代汉语的"啊"。"去来江口守空船"（他走了以后，自己只好在江口守着空船）（白居易《琵琶行》）中的"来"都无实义。因此，"归去来兮"不能错误地理解为"回来吧"（或"回来啊"）。把希望留学人员学成回国说成"留学人员归去来兮"意思就反了。倘若我们要仿照文言的说法表达"回来吧"的意思，可以去掉其中的"去"字，说成"归来兮"便可。如：归来兮！巧手工。这里的"来"不再是语气助词，而是跟"去"相对的"来"。

硅肺（不再作"矽肺"）guīfèi

由于长期吸入游离二氧化硅的灰尘引起的职业病。"硅肺"旧称"矽（xī）肺"，此名称已淘汰。"硅钢"（硅含量占一定比例的合金钢）也不再称作"矽钢"。

guǐ

氿（不是"酒"的简化字）

"氿"有二读：一读 jiǔ，湖名。如：东氿、西氿（都在江苏）。二读 guǐ，是指从山的侧面流出的泉水。如：氿泉。注意："氿"不是"酒"的简化字，它们是完全不同的两个字。白酒、酒家、酒泉卫星发射中心的"酒"是不能写作"氿"的。

（奸）宄（不能误写作"究"）guǐ

坏人。奸宄：奸诈不法的坏人（出自内部的叫奸，来自外部的叫宄）。如：剪除奸宄（剪除：铲除；消灭）、奸宄逃窜。这里的"宄"（上边是"宀"），不能误写成研究、究竟的"究"（jiū），也不能读 jiū。

（阴谋）诡计（不能写作"鬼计"）guǐjì

狡诈的计谋（诡：狡诈）。阴谋诡计：暗中策划的阴险狡诈的计谋。如：搞阴谋诡计的人绝对不会有好下场。诡计多端、诡计不售（售：实现；施展）中的"诡计"写法同，都不能误写成"鬼计"。

鬼怪（和"诡怪"不同）guǐguài

名词。指魔鬼和妖怪。比喻邪恶势力。如：妖魔鬼怪、铲除鬼怪。"诡怪"是形容词。和"鬼怪"音同义殊，是指奇异怪诞。这里的"诡"作奇异讲。如：诡怪的现象、这个人行事诡怪。

guì

刽（子手）（不能读 kuài）guì

砍断。刽子手：旧时指执行斩刑的人。现在用来比喻镇压革命或屠杀人民的人。如：这些双手沾满人民鲜血的刽子手终于被押上了历史断头台。注意："刽"不能读 kuài。

（米珠薪）桂（不能写作"贵"）guì

肉桂（树名，树皮叫桂皮，可做药材）。"米珠薪桂"是说米贵得像珍珠，柴贵得像桂木（薪：柴火）。比喻物价昂贵。如郭沫若《雨》："在目前米珠薪桂的时节，演不成戏便没有收入，的确也是一个伟大的威胁。"食玉炊桂（食品贵得像玉器，燃料贵得像桂木。比喻物价昂贵）中的"桂"义同，都不能误写作和它读音相同的"贵"。

桂冠（和"折桂""挂冠"不同）guìguān

用月桂叶编成的帽子（冠：这里读 guān，指帽子）。古代希腊人常把桂冠授予杰出的诗人或竞技的优胜者。后用来指某种光荣称号或竞赛中的冠军。如：摘取奥运举重桂冠、赢得最佳男主角的桂冠。"桂冠"不能和"折桂"混淆。"折桂"是指科举考试中选，现在也用来指考试取得优异成绩。如：高考一举折桂。"桂冠"

和"挂冠"也不同。"挂冠"是指挂起官帽。比喻辞去或放弃官职。如：挂冠而去、挂冠务农。

gǔn

衮衮（诸公）（不能误写作"滚滚"）gǔngǔn

连续的样子，引申为众多。衮衮诸公：指众多身居高位而无所作为的官僚（诸公：对若干人士的敬称。多用于男性）。如《青春之歌》："别的学校请愿，我们示威，当然要惹恼南京的衮衮诸公。"注意：这里的"衮衮"不能误写作和它读音相同的滚动、滚蛋、滚水、滚瓜烂熟的"滚"。诚然，辞书中也有"滚滚"一词，指急速地翻滚或滚动（如：浓烟滚滚、车轮滚滚）或形容连续不断（如：财源滚滚、雷声滚滚），却不能和"诸公"组合成成语。

碾（地）（不能误写作"滚"）gǔn

用碾子轧。用碾子轧地叫做碾地（碾子：圆柱形的碾轧器具，多用石头做成，用来轧场、修路等）。石碾、碾路面、碾两遍的"碾"写法同。这些"碾"左边都是"石"，不能误写作和它读音相同的滚水、滚落、滚蛋、在地上打滚耍赖的"滚"。

guó

国是（和"国事"有别）guóshì

一般指需要研究商讨的关系到国家发展前途的国家大计，国家的重大决策，是尚未实现的。其中的"是"有"正确""对"的意思。如：希望海峡两岸的炎黄子孙坐在一起，共商国是；"闻一多感于多难的国是，毅然从平静的书斋中走出。"（《文艺评论》，2000）"国是"和"国事"有不同。"国是"是书面语，指的是国家重大的政治方面的事务或方针政策，有庄重、严肃的风格色彩，常用于人大、政协会议的报道中，使用范围较窄；"国事"既可指对国家有重大影响的事情，也可指一般的国家事务。其中的"事"有"事情""事务"的意思。常带口语色彩，使用范围相对广一些。如：关心国事、尽瘁国事（尽瘁：竭尽心力）、进行国事访问。此外，"国事"中间可插入别的成分，可以扩展，如"国家大事""国家政事"；"国是"结构紧密，不能插入别的成分。

国土（≠国有土地）guó tǔ 国家的领土。

如：国土沦丧、俄罗斯联邦的国土面积居世界第一位。"国土"和"国有土地"不同。"国土"是政治概念、地理概念，所指的国家领土包括领陆（大陆和岛屿）、领空、领海等；"国有土地"是经济学概念，"国有"指国家所有的（包括所有权和经营权）；"土地"是一种生产资料，是所有权属于国家的生产资料。"国有土地"仅指陆地，和"国土"的"土"所指范围要小。"国土"不是"国有土地"的简称，它们是完全不同的两个概念。"土地管理局收回了某林场两百亩国有土地使用权"中的"国有土地"不能换用"国土"。

guǒ

（食不）**果**（腹）（不能写作"裹"）guǒ

饱。食不果腹：吃不饱肚子。"果"本来是指植物的果实。凡果实大都饱满，引申为形容人酒足饭饱，腹部隆起的样子。脉望果腹（书画被衣鱼所毁。脉望：蠹鱼，即衣鱼，是一种蛀食衣服、书籍等的昆虫）中的"果"义同。注意：这里的"果"不能错写成包裹、裹足不前的"裹"，因为"裹"是包扎、缠绕的意思，"裹腹"就成了包扎肚子了。"食不裹腹"，不知所云。

果树林（**不说"果树树林"**）guǒ shù lín

（解释略）一个语素既出现在第一个直接成分的末尾，又出现在第二个直接成分的开头，通常就不再重复。这种语言现象，语法学上叫作套装。因此，"果树树林""杨树树林""枣树树林"等都应说成"果树林""杨树林""枣树林"等。

果断（**和"武断"不同**）guǒ duàn

当机立断，不犹豫（果：坚决；不犹豫）。如：做事果断、采取果断措施。"果断"和"武断"在感情色彩上有不同。"果断"是褒义词；"武断"是贬义词，意为只凭主观猜测作判断或用来形容言行主观片面，盲目自信。如：这个人很武断；做事情不要武断；通过"找主干法"（去除枝叶，即修饰语，留下主干的语法分析方法）很多时候确实可以帮助我们理清句子（特别是长句子）的骨架，正确理解句子，但是如果说这是一种十分有效的方法，就未免武断了。试看这样一个句子："于福的老婆是小芹的娘。"（赵树理小说《小二黑结婚》中一个重要人物是三仙姑，她的丈夫叫于福，女儿叫小芹。）若用"找主干法"，可简缩为"老婆是娘"。显然不合事理。

guò

过度（**和"过渡"不同**）guò dù 形容词。

超过一定的限度（度：限度）。如：过度紧张、饮酒不可过度。"过渡"是动词。有两个义项：一指乘船过河。这里的"渡"指通过（水面），由此岸到彼岸。如：由汉口过渡到武昌。二指事物由一个阶段逐步发展转变到另一个阶段。如：过渡时期、过渡政府、这是承上启下的过渡段。"过度"和"过渡"各司其职，不能混淆。

过虑（**和"过滤"有别**）guò lǜ

过分地、不必要地忧虑。如：你过虑了，事情没有你想的那么严重；这件事好解决，不必过虑。"过滤"和"过虑"音同义殊，是指通过滤纸、滤布等多孔材料，把气体或液体中的固体颗粒或有害成分分离出去。如：中药煎好后要过滤一下再服用。"过虑"和"过滤"的主要区别是"虑"（忧虑）和"滤"（使液体除去杂质，变得纯净的一种手段或办法）。"过滤嘴"是指一种安装在香烟一头起过滤作用的烟嘴儿，也指带过滤嘴的香烟，因此，这里的"滤"也不能写作"虑"。

过犹不及（**≠有过之而无不及**）guò yóu bù jí

事情做过了头，就跟做得不够一样，都是不好的（犹：如同。及：到达）。如：这种裙子稍稍短些可以使人显得苗条，但如果太短，便过犹不及，会给人一种轻佻之感。"有过之而无不及"不同,是说相比起来只有超过的,没有比不上的(多用于坏的方面)。如:他的坏脾气和他暴躁的父亲比,真是有过之无不及。下面句中的"过犹不及"用得不妥:"这个新官,在心狠手辣方面,比起下台的那个过犹不及。"(应改用"有过之无不及")

过节(和"过节儿"迥异)guò jié

一指度过节日,指在节日时进行庆祝等活动。如:今年过节可比往年热闹多了。二指过了节日。如:等过了节我们再商量。"过节儿"是北京话,和"过节"完全不同。有三个义项:①待人接物时必要的程序或礼节。如:生怕错了过节儿。②细节;小事。如:小过节儿也要重视。③嫌隙。如:他们俩早有过节儿。顺便提及的是,辞书中又有"过从"一词,和"过节""过节儿"也完全不同,是指交往,互相来往。如:双方过从甚密、朝夕过从。要注意的是,"过从"只能指人与人之间的来往关系,不能用于人和某地的交往。如不能说"他一生中到过国内的许多大城市,特别是与南京的过从甚密"。

H

hà

哈（士蟆）（不读 hā 或 hǎ） hà

哈士蟆（hàshimá）：满语音译。蛙的一种，也称中国林蛙。这里的"哈"既不读哈气、哈哈大笑、点头哈腰、哈密瓜的"哈"（hā），也不读哈巴狗、哈达（藏语音译。藏族和部分蒙古族人表示敬意或祝贺时献给神佛或对方的长丝巾或纱巾）的"哈"（hǎ）。

hāi

咳，（快来呀！）（不读 ké） hāi

注意：凡是单独用在句首，作叹词用，表示招呼、提醒、惋惜、后悔、惊异等意思的"咳"都读 hāi。如：咳，不能这样干；咳，又没有投中；咳，我真傻；咳，他真有两下子。这些"咳"不读咳嗽、百日咳的"咳"（ké）。"咳声叹气"的"咳"也读 hāi（咳：叹息）。

hái

孩提（不能写作"孩堤""孩啼"） háití

指幼儿时期，即刚刚会笑和走路还不稳、需要大人牵带照看的幼儿，一般指两三岁（孩：指小儿笑；一说儿童）。如：孩提时代、孩提之童。注意：这里的"提"是牵带的意思。倘若把"孩提"写成"孩堤"就无从索解；也不能写成"孩啼"，"孩啼"只能理解为"孩子啼哭"，实际上辞书中难觅"孩啼"一词。

hài

骇人听闻（与"耸人听闻"有别） hài rén tīng wén

使人听了非常震惊（骇：震惊；使震惊）。如：骇人听闻的惨案；骇人听闻的暴行；侵华日军七三一部队利用健康活人进行细菌战和毒气战等实验，和南京大屠杀同样骇人听闻。"耸人听闻"也有使人听了感到吃惊的意思（耸 sǒng：引起注意；使人吃惊）。区别是："骇人听闻"多用于使人震惊的坏事，所指的内容通常是真实可信的；"耸人听闻"是指故意夸大事实，说离奇的话，使人听了吃惊。所指的内容是夸大的，甚至是有意编造的。如：有人更加耸人听闻，说这是一场新的世界大战；这都是些耸人听闻的消息，绝对不可信。下面句中的"骇人听闻"用得不妥："有些记者为了制造轰动效应，编造一些骇人听闻的新闻，这直接违背了新闻报道真实性的原则。"（应换用"耸人听闻"）

hān

鼾睡（和"酣睡"不同） hān shuì

打着呼噜熟睡（鼾：睡着时粗重的呼吸声）。如：鼾睡不醒；卧榻之侧，岂容他人鼾睡（在自己睡觉的床边，怎能容许别人打着呼噜睡觉呢？比喻不允许别人侵犯自己的势力范围。榻：床）。鼾声大作、鼾声如雷的"鼾"音、义同。"酣睡"读音同"酣睡",但它只用来表示睡得很熟。(酣:饮酒尽兴。泛指尽兴、畅快。)如:他在酣睡、酣睡中的婴儿。

hán

邯郸(学步)(不是人名)hán dān

战国时赵国都城,在河北。"邯郸学步"是说战国时有个燕国人到赵国首都邯郸去,看到那里的人走路姿势很美,就学习起来,结果不但没学会,反而连自己原来的走法也忘掉了,只好爬着回去。比喻盲目地模仿别人不成,反而把自己原有的技能也丢了。显然,这里的"邯郸"是地名,而不是人名。如:学习外国的先进经验,应立足于本国的特点,结合实际,有所去取,切忌采用邯郸学步那种生硬模仿的方法。

含义(≠含意)hán yì

"含义"和"含意"读音同,都可指文字或话语中所包含的意义。区别是,前者偏重客观存在的意义,是文字或词语自身所蕴含的。如:"社会主义法治的含义包括'有法可依、有法必依、执法必严、违法必究。'"(程燎原《从法制到法治》)"你知道这个字的含义吗?"后者偏重说话人或写作人主观上想要表达的意思,有较明显的主观意味。如:很难猜透他这些话的含意;直到他成为一名真正的国旗手,他才明白了班长那句话的含意。下面句中"含义"和"含意"用得不妥:"成语的含意一般比较稳定。""欲穷千里目,更上一层楼"这两句诗有着深刻的含义。(应对调)

寒潮(≠寒流)hán cháo

从寒冷地带向低纬度地区袭来的强烈冷空气,说得通俗一点,就是从北方寒冷地带向南方侵袭的冷空气,常带来大风、雨雪、霜冻等。如:这次寒潮造成的雨雪天气,使农作物大面积受害。"寒潮"和"寒流"有不同。"寒潮"是气象学术语,属灾害性天气之一;"寒流"固然有"寒潮"的含义,在这个意义上,往往可以通用,如"来寒流了""近日将有寒流到来",其中的"寒流"可换用"寒潮",但"寒流"主要还是指从高纬度流向低纬度的海洋水流。它是地理学术语。寒流的水温低于所流经区域的水温。如:秘鲁寒流、千岛寒流。"寒潮"没有这种解释。

寒门(≠寒士)hán mén

旧时指贫寒卑微的家庭(多作谦词。寒:贫困)。如:出身寒门、寒门不幸。这里的"门"是家庭的意思。"寒门"和"寒士"不同。"寒门"所指范围较广,不限于书生,武人也在里头;"寒士"出身寒门,使用范围较窄,是指贫穷的读书人(士:古代对读书人的通称)。杜甫《茅屋为秋风所破歌》中有"安得广厦千万间,大庇天下寒士俱欢颜"的诗句,意思是说怎么能够得到千万间宽广的大厦,广泛地庇护天下贫苦的人(寒士:这里是泛指贫苦的人)。

hàn

汗青(≠杀青)hàn qīng

指著作完成。古时在竹简上书写,由于竹面有一层青皮,难以吸附墨汁,因此在书写前，先要用火熏烤，让青皮内的水分像汗一样渗出，这样既容易书写，又可免虫蛀，因此，后世把著作完成叫作"汗青"。如：汗青有日。"汗青"也用来借指史册。如：文天祥《过零丁洋》诗："人生自古谁无死，留取丹心照汗青。"（意为从古至今人必有一死，我就是要把自己的一片丹心留在史册上。丹心：此指赤诚的报国之心。）"杀青"也可指著作最后定稿，但不能用来指史册。如：文章杀青、全书杀青。它还有一个义项是指绿茶加工制作的第一道工序，即把刚采摘下来的嫩叶用高温烘干，抑制其发酵，使茶叶保持原有的绿色。"汗青"没有这种解释。

汗牛充栋（不能写作"汗牛冲栋"）hàn niú-chōngdòng

用牛车运书，牛会累得出汗；用屋子堆放书籍，会一直堆到屋顶（栋：指房屋）。形容藏书极多。如郭沫若《沸羹集·谢陈代新》："世间人存心歪曲历史、存心歪曲别人的思想和著作的所谓著作正是汗牛充栋。"这位作家的藏书真可谓汗牛充栋。注意：①"充"在这里是装满的意思，和充电、充塞、充耳不闻的"充"义同，不能误写作和它读音相同的"冲"。②这是一个专门用来形容图书数量多的成语，和"坐拥百城""左图右史"一样，一般不能用来形容别的事物。如不能说"他酷爱集邮，几十年来搜集的邮票可说是汗牛充栋"。

瀚海（并非浩瀚的大海）hànhǎi

指沙漠（瀚：广大的样子）。如：一片瀚海，茫茫无边。之所以叫瀚海，是因为风沙如海浪，人马失迷像沉入大海。把它理解为浩瀚的大海，显系望文生义。下面句中的"瀚海"属误用："置身于瀚海蓝天之间，令人心旷神怡。"（可换用"大海"）

háng

行款（不读 xíng kuǎn）hángkuǎn

书写或排印文字的行列款式（行：行列）。如：书写要注意行款；字迹清楚，行款规范。内行、行家、行伍（旧指军队）、各行各业、我行三（行：排行）等中的"行"音同，都不读 xíng。新中国成立前广州有家商店叫"行行行"，读音应该是：第一个读 xíng，作"施行"讲；第二个读 xìng（今读 xíng），指德行；第三个要读 háng，是商店的意思。"行行行"意即施行好德行的商店。

（脚）行（不读 xíng）háng

行业；职业。脚行：旧指搬运行业，也指做搬运工作的人。这里的"行"不读 xíng。"行"是个多音字，有四种读音：xíng、háng、héng、hàng。其中有下面几种解释的要读 háng：一指行业，职业。如：改行、各行各业、当行出色（本行的事做得特别好）。二指行列。如：行距、三五成行、行伍（旧指军队）。三指成行的东西。如：两行树、写了几行字。四指某种行业的知识、经验。如：内行、在行、行家。五指兄弟姐妹按出生先后排列顺序。如：我行二、你行几？六指某些营业机构。如：银行、车行。

行伍（出身）（不读 xíngwǔ）hángwǔ

旧时指军队。"行伍出身"就是当兵

出身。古代军队编制，五人为"伍"，五伍（即二十五人）为"行"（háng）。因此，用"行伍"来指军队。如沙汀《随军散记》："一个支队长，行伍出身，曾经作过红军的团级指导员。"注意：这里的"行"不读 xíng。"行伍"也不能误写作"行武"，辞书中难觅这个"词"。"行伍"与"武行"的"行"读音同，但"武行"是指戏曲中专门表演武打的配角。

（引）吭（高歌）（不读 kēng） háng

喉咙。"引吭高歌"就是放开喉咙高声歌唱。如一批参观者正在引吭高歌："我的家在东北松花江上……"仰首伸吭，张目而视；扼吭拊背（掐住喉咙，拍击脊背。比喻控制要害，致敌于死命）；"凌迟者，先断其支体，乃抉其吭，当时之极法也。"（《宋史·刑法志一》）意思是说，凌迟（古代一种残酷的死刑）是先把人的肢体砍断，最后才割断喉咙，是当时一种最残酷的刑罚。其中的"吭"读音同。总之，凡是作喉咙讲的"吭"都读 háng，不读一声不吭的"吭"（kēng）。

hàng

（树）行（子）（不读 háng 或 xíng） hàng

行列。树行子（shùhàngzi）：排列成行（háng）的树木，小的树林。注意：这里的"行"不读"行子"（hángzi）（方言。称不喜爱的人或东西。如：我不稀罕这行子。）的"行"，也不读 xíng。（注：本来作"行列"讲的"行"一般读 háng。如：双行、杨柳成行、字写得不成行。但用于"树行子"的"行"则要读 hàng。)

沆瀣（一气）（不能读 hángxiè） hàngxiè

本是指夜间的水气、露水。这里是指崔沆和崔瀣（两个人的名字）。据宋·钱易《南部新书》里记载：唐朝有个主考官崔沆，录取了他的门生（学生）崔瀣。当时有人嘲笑他们："座主门生，沆瀣一气。"意思是老师和学生，一回子事啊！（座主：主考官。）后用沆瀣一气来比喻臭味相投的人勾结在一起。如郭庆晨《挂靠》："说得好听一点，是相互利用，说得难听一点，是沆瀣一气。"在那动荡的年代，兵匪沆瀣一气，老百姓哪里还有安宁之日。"沆"不能读 háng 或 kàng，"瀣"也不能误写作和它读音相同的"薤"（多年生草本植物。鳞茎可以做蔬菜。也叫"藠头"jiàotou）。

巷（道）（不读 xiàng） hàng

巷道。"巷道"是指采矿或探矿时在地下开凿的通道。"巷"在这里不读巷战、一条小巷、街头巷尾等的"巷"（xiàng）。"巷"的下边是"巳"（sì），不是"㔾""已""己"。

háo

（啼饥）号（寒）（不读 hào） háo

大声哭。"啼饥号寒"是说因饥饿寒冷而啼哭，形容缺吃少穿，生活极端困苦。如姚雪垠《李自成》二卷四一："果然他听见很多老幼男女在营门外啼饥号寒，声音凄凄。"巴金《灭亡》一一章："在那般终日啼饥号寒的穷人的心目中，我们兄妹也会被人看作吃人的怪物。"注意：作拉长声音大声呼叫、（风）呼啸、大声哭讲的"号",如号叫、狂风怒号、哀号等,都读 háo,不读 hào。

hǎo

好容易(不是很容易)hǎoróngyì

很不容易(用在动词前面,表示事情经过周折、困难才完成,多同"才"连用)。如:好容易才搞到这张票,我好容易才从人群中钻出来。注意:在"容易"前面用"好"或"好不"意思都是否定的,"好容易才看到狮虎相斗的惊险镜头"和"好不容易才看到狮虎相斗的惊险镜头",都是不容易看到的意思,把它理解为"很容易"就错了。(参看"好不(威风)"条)

好不(威风)hǎobù

(不是"一点都不")多么;很。用在一些双音节形容词前面表示程度深(带有感叹语气)。这里的"好不"可换用"好"。"好不威风"就是很威风,"好不伤心"就是很伤心,"好不开心"等于很开心;不能错误地理解为一点都不威风,一点都不伤心,很不开心。总之,"好不+形容词"和"好+形容词"意思相同,都是表示肯定。注意:要是"好不"或"好"用在"容易"前面时,则表示否定的意思,"好不容易"和"好容易"都是"不容易",而不是"很容易"。(参见"好容易"条)。

(让我)好找(并非容易寻找)hǎozhǎo

好不容易才找到(带有感叹语气)。如:原来你住这儿,可真让我好找哇!这里的"好"是副词,表示程度深,和好香、天气好热、她这个人好糊涂的"好"意思同。注意:这里的"好找"和"张大婶的家好找,就在河边那棵榕树下"的"好找"不同,这里的"好"是形容词,"容易"的意思。"好找"即容易找到,和前面的"好找"意思正相反。

好在(和"幸亏"有别)hǎozài

副词。表示在困难或不利条件下存在着有利因素。如:眼看就要摔倒了,好在他拉了我一把;每天都要来回三趟,好在路途不算远。"好在"和"幸亏"不同。"好在"所指的有利条件是本来就有的;"幸亏"是表示由于依托某种条件而侥幸避免了不良后果,这里说的"有利"是指偶然出现的。如"幸亏武警赶到,才制止了这场斗殴;幸亏你提醒我带伞,要不我准挨淋了"。下面句中的"幸亏"和"好在"用得不妥:"幸亏他懂英语,我们可以直接交谈""好在碰见几个猎人,才把我们带出森林"("幸亏"和"好在"应对调)。

好赖(≠好歹)hǎolài

和"好歹"用法基本相同,都有"好和坏"(如:不知好赖。)"不讲究条件好坏,将就地(做某件事)"(如:好赖有个地方睡就行了。)"不管怎样;无论如何"(如:你好赖不能走。)的意思。(上述句的"好赖"都可换用"好歹"。)不同的是,特指生命危险时,只能用"好歹",不能用"好赖"。如:万一她有个好歹,这可怎么办?

(君子)好(逑)(不读 hào)hǎo

美好。《诗·周南·关雎》中有这样的句子:"窈窕(yǎotiǎo)淑女,君子好述。"意思就是那端庄秀丽的女子啊，是君子的好配偶。这里的"逑"（qiú）作配偶讲。"好逑"就是好配偶，不是追求的意思，因此，把"好"读作 hào 不妥。

hào

好事（之徒）（不读 hǎoshì）hàoshì

喜欢管闲事。好事之徒：指爱管闲事或好惹是非的人。如：这部电视剧的剧情纯属虚构，但总有好事之徒要去探个究竟。"他一向安分守己，从不好事"中的"好事"音、义同。这里的"好"是动词，是喜欢的意思。"好事"不读 hǎoshì。"好事"（hǎoshì）有多个义项：一指好的事情；有益的事情。如：学雷锋，做好事。二指佛事。如：做了七天七夜的好事。三指喜庆的事，特指男女结合的事。如：终于促成了他俩的好事。四指慈善的事。如：多行好事。五是反语，表示讽刺挖苦。如：都是你干的好事，却把我害苦了。这里的"好"是形容词，指优点多的，使人满意的（跟"坏"相对）。"好事"（hàoshì）、"好色"、"亡命"、"无耻"都可以和"之徒"组成短语，因为"徒"在这里是指具有某种属性的人（含贬义）；而"好事"（hǎoshì）却不能。

hé

（大坝）合龙（不能写作"合拢"）hélóng

修筑堤坝或桥梁等从两端施工，最后在中间接合叫作合龙（龙：指龙口，即最后剩下的缺口）。大坝合龙、大桥今日合龙中的"合龙"写法同，不能写成"合拢"（hélǒng）。"合拢"是指闭上，合上。如：两眼合拢、大娘笑得合不拢嘴。也可指收拢，聚合。如：合拢课本、两股水流合拢在一起。

合家（≠阖家）héjiā

全家（合：全）。如：合家欢乐、合家团聚、合家安好（书信用语）。"合家"和"阖家"读音同，用法有不同。"合家"是中性词，不用于尊称对方全家；"阖家"中的"阖"也作"全"讲，"阖家"同样有全家的意思，但它与"阖府"一样，是敬词，专用于称对方全家。"敬请阖家光临""我向大家拜个早年，祝大家身体健康，阖家幸福，工作顺利"中的"阖家"就不宜用"合家"；"春节，是中国人合家团圆的喜庆日子""这家人生了个男孩，合家高兴极了"也不必用"阖家"。

何如（≠如何）hérú

①代词。怎么样；行不行。如：由你来完成这项工作，何如？②连词。用反问语气来表示比不上；不如。如："与其强攻，何如智取？""作为学生，以小车装点自己，何如以知识充实自己呢？""如何"作代词用，是"怎么；怎么样"的意思，若是在句末时，和"何如"同义，可以换用。如"身体如何（何如）？""你先试验一下，如何（何如）？"但是"如何"还用来表示"为什么"，因此用在句首时就有不同："如何"带有反问的语气。"何如"没有。如说"如何不去？"（应当去而责怪人没有去）"何如不去？"（不如不去。不该去而劝止别人不要去。）

何况（≠而况）hékuàng

不用说。用反问的语气表示更进一层的意思。如"骑车尚且来不及，何况步行呢？""形似尚且不易，何况神似？""你去接他一下，这儿不好找，何况他又是第一次来。""而况"在用法上和"何况"有相同的地方，凡是能用"而况"的地方都能用"何况"，如"这张板凳坐一个人都有点支撑不住，而况（何况）坐两个人呢？""他本来就不想去，而况（何况）又下着大雨呢？"不同的是："而况"前不能加"更""又"，"何况"前可以。如不能说"他连50斤重的东西都挑不动，更而况挑80斤？"可以说"他连50斤重的东西都挑不动，更何况挑80斤？"或者说"他连50斤重的东西都挑不动，而况挑80斤？"

和服（不叫"和装"）héfú

日本的民族服装。这里的"和"指日本（日本自称大和民族，简称"和"）。和文（日文）、《汉和词典》中的"和"义同。注意："中服"是中装的别称，"西服"也叫西装，但"和服"不叫和装。

和蔼（别于"和善"）hé'ǎi

态度温和；待人和气。如：和蔼可亲、说话态度和蔼、慈祥和蔼的笑容。"和蔼"和"和善"有不同。"和蔼"侧重于态度；"和善"是温和而善良，和蔼友善，侧重于性情。如：性情和善、和善待人、这位老人样子很和善。要注意"和蔼"的"蔼"（上边是"艹"），不能误写成和它读音相同的暮霭、雾霭、烟霭的"霭"（上面是"雨"，雨字头）。

河东狮吼（不能用于男子）hédōngshīhǒu

河东柳氏像狮子一样吼叫。比喻凶悍之妻对丈夫发怒。如林语堂《论解嘲》："她是有名的悍妇，常作河东狮吼"。传说宋代有个自称龙丘先生的人。喜好宾客又信佛，常设宴款待宾朋，并邀请歌伎伴唱陪饮。其妻柳氏出生于河东（今山西永济县一带）的显贵家族，脾性粗暴，嫉妒心强，见席上有歌伎在座，便在后堂用手中拄杖击壁，以致客人散去。苏轼写有讽喻诗相讥。此处的"河东"是以郡望（郡中显贵的家族）代指柳氏。可见这个成语是用来指悍妻的，不能用于男子。如可以说"她是村里有名的泼妇，可从来不在丈夫面前作河东狮吼"。不能说"他冲上前，破口大骂，声音如同河东狮吼"。

𬌗（不能读gé）hé

牙齿咬合，即上下颌牙齿咬合面的一种状态。如：𬌗学（研究咀嚼系统各组成部分形态、功能、功能异常及临床治疗的一个医学课题）、前牙开𬌗（上下颌牙咬紧时，上下前牙之间无接触，且有一棱形间隙）、反𬌗必须及时治疗。"𬌗"是个医学专业用字，通行于牙科，辞书中不常见。《现汉》（第5版）和《现规》（第2版）有收录。

涸（不能读gù）hé

（水）干枯。如：干涸、涸辙之鲋（在干涸了的车辙里的鲋鱼。比喻处在困境中急待救助的人。鲋鱼：鲫鱼）。注意："堌"（古代指河堤）、痼疾的"痼"、禁锢的"锢"、孟良崮战役的"崮"都读gù，而"涸"却不能读gù，要读hé。

（一丘之）貉（不读 luò 或 háo）hé

一种外形像狐狸的哺乳动物。"一丘之貉"意为同一座土山上的貉。比喻毫无差别，同属一类，后亦比喻都是一样的坏人。如：他俩一个笑面虎，一个恶面狼，都是一丘之貉。注意：这里的"貉"和貉子（貉 hé 的通称）、貉绒（去掉硬毛的貉子皮）的"貉"（háo）读音不同，也不能读 luò。

hè

（恐）吓（不读 xià）hè

一指用威胁的话或手段要挟、吓（xià）唬。"恐吓"就是用要挟的话或手段威胁人。如：恐吓信。威吓、恫（dòng）吓中的"吓"音、义同。二作叹词用，表示不满。如：吓，这不是在耍我吗？以上意义的"吓"不读吓唬、吓倒、吓出一身冷汗等的"吓"（xià）。

贺岁（和"贺寿"有别）hèsuì

贺年（岁：年）。如：贺岁演出、贺岁片（为祝贺新年或春节而上映的影视片）。"贺寿"不同，是庆贺生日的意思。"寿"指寿辰，生日。如：这些学子坐着一溜小轿车赶来是为他贺寿，喝寿酒的；为了给百岁的母亲贺寿，儿子为她请来乐队办了一场寿辰音乐会。庆贺某人生日的活动可以称为贺寿活动，却不能称作"贺岁活动"。

荷（枪实弹）（不读 hé）hè

动词。背（bēi）；扛。"荷枪实弹"就是扛着枪，子弹也上了膛。形容全副武装，处于高度戒备状态。这里的"荷"不读 hé。表示下面意思的"荷"都读 hè，不读 hé。①背或扛。如：荷锄、荷枪实弹。②承担，担负。如：荷重（建筑物能够承受的重量）、"荷天下之重任"（张衡《东京赋》）。③书信上表示承受恩惠的客气话。如：无任感荷（十分感谢）、接洽为荷（为荷：劳驾您了、您多受累）。④指电荷。如：正荷、负荷。

hēi

黑马（一般不指黑色的马）hēimǎ

英国小说《年轻的公爵》中写了一段赛马的故事：在一次比赛中，一匹普通的黑马出人意料地夺得了第一名。后用来比喻在体育比赛、政治角逐等活动中实力出乎意料的竞争者或优胜者。此时的"黑马"已并非马，它的特定词义已扩大到其他领域。体育赛事中说的"这届锦标赛冲出了一匹黑马"便是一例；当年美国的林肯当选为第16任总统时，也有人把他称为"黑马式"总统，是因为他那时名气并不大。这又是一例。因此，"黑马"不能只从字面上理解为"黑色的马"。

hěn

很青春（没语病）hěnqīngchūn

（解释略）副词不能放在名词前边，充当名词的修饰语，这是各种汉语语法书的共同说法（"男不男，女不女""什么山不山的"属特殊格式，不能单说"不男""不女""不山"）。据此，"她年近四十，看起来还很青春""台湾最近的戏味，很大陆"中的"很青春""很大陆"不能成立。因为"很"是副词，"青春"和"大陆"是名词。《现规》第1版在〔活用〕词条②有这样的解释：动特指临时改变词的语法功能和意义。如把名词"青春"活用为形容词，说成"很青春"之类。（见593页）

héng

（道）行（不读 xíng、háng、hàng）héng

"道行"是指僧人道士修行的功夫，借指人的涵养、本领。如：她善待老人，十年如一日，大家都称赞她道行高；"舍利"又名"佛骨"，是有道行的高僧遗体火化后结成的珠状物，非常罕见。注意：这里的"行"既不读替天行道、行道树、行之有效的"行"（xíng），也不读行情、商行、行业的"行"（háng）或树行子（排成行列的树木；小的树林）的"行"（hàng）。

横行（天下）（不含贬义）héngxíng

纵横驰骋。"横行天下"意即遍行天下，没有敌手。如《淮南子·人间训》："兵横行天下而无所绻。"（绻 quǎn：屈）《东周列国志》第六十三回："尝欲广求勇力之士，自为一队，亲率之以横行天下。""男儿本自重横行"（高适《燕歌行》）意为男儿本来就看重驰骋疆场，所向披靡。其中的"横行"义同。以上的"横行"不含贬义，不能理解为行动蛮横，仗势做坏事。和横行无忌、横行霸道、横行乡里中的"横行"含义不同。

横批（和"横披"不同）héngpī

同对联相配的横幅。一般由四个字构成，贴在上下联之间的正上方略高处，起画龙点睛或深化主题的作用。如：新春伊始，为了图吉利，不少人家常在大门上贴对联，常见的便是："福禄寿三星拱照；天地人一气同春。"横批是"吉星高照"四个字，这副对联没有横批。"横披"和"横批"音同义不同，是指横幅的字画，一般两端有轴。如：书房挂着一幅横披，上书"学海无涯"四个大字。

hèng

横（财）（不读 héng）hèng

意想不到的；不正常的。"横财"就是侥幸得来的或用不正当手段获得的钱财。如：发横财。凡是专指蛮不讲理的和不正常的"横"都读 hèng，不读 héng。如：蛮横、强横、横死（非正常死亡。如自杀、他杀或遭遇灾祸而死）、飞来横祸等。不过读 héng 的"横"也有蛮横，蛮不讲理的解释，这和读 hèng 的"横"所指的"不讲道理"意思相近。但只用于成语或文言词中。如：横加干涉、横行无忌、横行霸道、横征暴敛、横加指责等。

hōng

轰（动）（不能写作"哄"）hōng

象声词。表示巨大的声响，如打雷、放炮、机器运转等声音。轰动：（事情或消息等）引起人们的震惊和注意。如：这个消息轰动了整个山城，这个冤案轰动了全国。注意：有些辞书在"轰动"这一词条后注明，也作哄动。这不规范。因为

"哄"所表示的是很多人一起发出声音或同时大笑的声音，如"哄传""哄的一声，听众都笑了"。《第一批异形词整理表》已确定"轰动"为推荐词形；《现规》在这一词条后也有提示：不要写作"哄动"。反之，"哄笑""哄堂大笑"也不能写作"轰笑""轰堂大笑"。

轰然（和"哄然"不同）hōngrán

形容声音很大（轰：象声词）。如：轰然一声，土墙塌了；大雨刚过，山体一侧轰然崩塌。"轰然"和"哄然"音同义不同。"轰然"是指物体倒塌时发出的声音；"哄然"是形容很多人同时发出声音，纷乱喧闹的样子，一般只用于人嘴巴发出的声音（哄：许多人同时发出声音或许多人大笑声或喧哗声）。如：哄然大笑、乘客哄然涌进候车室。

hóng

弘扬（和"发扬"不同）hóngyáng

大力宣传、发扬（弘：使广大；发扬）。如：弘扬祖国文化、弘扬爱国主义精神。"弘扬"和"发扬"不同。"弘扬"着重指扩展使光大，多用于意义重大的精神、文化等；"发扬"是宣扬并使发展的意思，着重指发展提倡，使好的进步的事物在原有基础上进一步扩大、加强，对象多是优点、作风、传统等。如：发扬民主、发扬优良传统。"弘扬佛法""弘扬中华文化"中的"弘扬"不能换用"发扬"；"发扬风格""发扬优良作风"中的"发扬"也不能改用"弘扬"。注意："弘扬"以往也作"宏扬"，现在的规范词形是"弘扬"。

红火（≠火红）hónghuo

①形容旺盛、热闹。如：桃花开得十分红火；联欢晚会节目很多，开得很红火。②（生计、事业）兴旺。如：日子越过越红火、生意红火。"火（huǒ）红"是像火一样红，也可用来比喻旺盛、热烈，但和"红火"仍有不同。"红火"多用来形容日子、事业、晚会、群众活动等；"火红"多用来形容太阳、云霞、旗帜、枫树、青春等。如：枫树一片火红、火红的石榴、火红的晚霞。

宏图（不再写作"鸿图"）hóngtú

规模宏伟的计划、设想。如：大展宏图、宏图大略、再展宏图。注意：以往"宏图"常写作"鸿图"，也有写作"弘图"的。《第一批异形词整理表》已确定"宏图"为推荐词形，不要再写作"鸿图"或"弘图"。

宏伟（与"雄伟"有别）hóngwěi

（规模、计划等）宏大雄伟（宏：宏大；广博）。如：宏伟的计划、宏伟的蓝图、天安门广场气象宏伟。"雄伟"也有雄壮而伟大的意思，和"宏伟"有时可通用。如：这座建筑多么宏伟、宏伟的人民英雄纪念碑、气势宏伟。其中的"宏伟"就可以换用"雄伟"。但仍有不同："宏伟"的意思侧重于伟大，除了修饰具体的事物外，还可形容理想、目标、谋划。如：宏伟的规划、宏伟的目标。"雄伟"的意思侧重于雄壮（雄：有气魄的），修饰的具体事物可以是山峰、歌声、建筑物、人的形体等。如：雄伟的泰山、雄伟的天安门城楼。却不能用来形容理想、谋划等。如不能说"雄伟的规划"。

虹（有二读）① hóng

彩虹。如：一道彩虹、霓虹灯、气贯长虹。② jiàng（口语）义同"虹"(hóng)。如：雨后西边天上出了一道虹、这条虹真美。"虹"(jiàng)只限于单用，不用于合成词中，"彩虹"不读 cǎijiàng；出虹了的"虹"也不读 hóng。

hòu

后嗣（别于"嗣后"）hòusì

指子孙。"嗣"也是子孙的意思。如：这家人没有后嗣；她虽然没有后嗣，在敬老院里倒也过得舒心。"嗣后"不同，是"以后"的意思（嗣：接续；继承）。如：嗣后几日、嗣后家境日益衰落。

后坐（和"后座"有别）hòuzuò

动词。枪弹或炮弹发射时枪身、炮身向后运动（坐：枪炮由于反作用而向后移动）。如：后坐力、后坐速度。"后座"和"后坐"音同义不同。它是名词。一指后排座位。如：前座和后座都空着。二是借指不显要的位置。如：后座议员。

厚谊（和"厚意"不同）hòuyì

深厚的情谊（谊：交情，即人与人之间互相交往而产生的良好情感）。如：他们有多年的厚谊、结下了深情厚谊。"厚谊"和"厚意"音同义不同。"厚谊"偏重友谊，通常指相互之间的交情，是双方相互的感情；"厚意"是深厚的情意（意：心意；愿望），偏重意愿，强调对亲属、朋友、同志深厚的好意，是一方对另一方的感情。如：多谢各位的厚意；对于您的盛情厚意，我万分的感谢。下面句中的"厚谊"和"厚意"用得不妥："你的厚谊我心领了。""他们认识不久，就结下了厚意深情"。（应互换）

hū

忽然（≠**突然**）hūrán

副词。表示情况发生得迅速而又出人意料。如：忽然从身后窜出一条黄狗来；正准备看电视，忽然停电了。"突然"是形容词。表示急促而又出人意料。在这个意义上，它们常可互用，像前面例中的"忽然"都可换用"突然"，换用之后，语意更加强调。不同的是，"突然"可作定语。如：突然的变化、突然的情况。也可作宾语。如：这件事使他感到突然、并不认为突然。还可作谓语，前面常有副词"很""不"等或后面用"极了""得很"作补语。如：这件事很突然、事情并不突然、暴风雨突然得很。"忽然"没有以上这些用法，不能用它去替代。

hú

和（**牌了**）（不读 hé）hú

动词。打麻将或玩纸牌时某一家的牌符合了规定的要求，取得胜利。如：和牌了、连和三把满贯、玩了半天没开和。注意："和"在这里不读 hé，也不能写成"胡"。顺便提及的是，"连和三局"中的"和"有两个读音：作赌博用语时读 hú，下棋或球赛不分胜负时读 hé。

胡子工程（和"豆腐渣工程"不同）húzigōngchéng

比喻中途停停建建、迟迟不能竣工的工程。如："××污水处理厂"已建了五年仍未投入使用，这一胡子工程的"胡子"可谓长矣。"豆腐渣工程"有不同，是指施工中偷工减料，导致质量低劣的建筑工程（豆腐渣：本指制豆浆剩下的渣滓。比喻烂糟）。如："国家质量技术监督局日前发出通知，要求加强国家重点工程项目质量管理，防止出现'豆腐渣'工程。"（《经济日报》1998－11－10）"胡子工程"重在指拖拉，稽延时日，未能按时完工的工程；"豆腐渣工程"重在指质量差，未能达到设计要求的工程。

核儿（不读 hér）húr

用于某些口语词。一指果实当中的坚硬部分。如：桃核儿、杏核儿、枣核儿。二指物体中心像核的部分。如：煤核儿（没有烧透的煤块或煤球）、细胞核儿、吃枣儿不吐核（意即连核儿一起吃掉。比喻人的心狠手辣，毫不留情）。注意：作口语用的"核"不读 hé，非口语用的"核"才读 hé。如：桃核、杏核、细胞核、地核（地球的中心部分）。

hù

护渔（不能写作"护鱼"）hùyú

为保护渔业生产和渔业资源而进行水上巡逻警戒活动。如：这种先进的渔政船主要用于中国重点海域，是开展对外维权护渔工作的海上指挥船；"捕鱼季节将至，英阿（'阿'指阿根廷——笔者）争端又起，英军在福克兰巡逻护渔。"（《姑苏晚报》1996－03－04）其中的"护渔"都不能写作"护鱼"，因为这里的"渔"是动词，作"捕鱼"讲。同样，"休渔"（为保护渔业资源，在一定时期和范围内停止捕鱼）的"渔"也不能写成"鱼"。

护壁（和"补壁"有别）hùbì

墙裙（在室内墙壁下半部表面加的起装饰和保护作用的表面层）。"补壁"不同，按字面的意思就是修补墙壁，是自谦之词。书画家在向别人赠送自己的作品时，常会谦虚地说一句"聊供补壁"，意为自己的作品价值不高，顶多只能用来作为修补墙壁的材料而已。要注意的是，接受馈赠者不能用这个词。

沪（和"泸"有别）hù

上海的别称。如：沪剧、京沪铁路。泸，音 lú。一指泸州。地名，在四川。二指泸水。古水名，即今怒江。"沪"是由"滬"简化而来，"泸"是"瀘"的简化字，两字形、音、义都不同。

虎不拉（不读 hǔbulā）hùbulǎ

河北、北京地区所称的"伯（bó）劳"（鸟名）。这里的"虎"不读 hǔ；"拉"不读 lā，也不读手上拉了个口子的"拉"（lá）。

怙（恶不悛）（不读 gǔ）hù

坚持。怙恶不悛：坚持作恶，死不悔改（悛，音 quān，指悔改）。如：对那些怙恶不悛的犯罪分子，必须严惩。注意："怙"不能读 gǔ；"悛"不能读 jùn，也不能误写作"俊"；"恶"在这里读 è，不读 wù。

糊弄（不读 húlòng）hùnong

（北方官话）①欺骗；蒙混。如：别糊弄人，要说老实话。②将就；凑合。

如：这鞋还能糊弄着穿，先别买新的了。糊弄局（敷衍蒙混的事情）中"糊弄"音同，都不读 húlòng，也不能写作"胡弄"。

huā

花（街柳巷）（并非可供观赏的植物）huā

指妓女。花街柳巷：指妓院聚集的街巷。如：这个人经常出入花街柳巷，行为十分放荡。这里的"花"和"柳"都是指妓女，和花柳病（性病）、花门柳户（义同"花街柳巷"）、吃花酒（妓女陪着饮酒作乐）、寻花问柳中的"花"义同，都不是指花朵。注意它和花红柳绿、花好月圆、花鸟画等"花"的区别。把花街柳巷理解为"街道两旁栽满了花，巷子两边种上了柳树"就错了。

花子（和"花籽"迥异）huāzi

乞丐。也作叫花子。如老舍《四世同堂》："为讨太太的喜欢，冠晓荷偷偷地写了两张喜报，教李四爷给找来两名花子，到门前来报喜。"以往"叫花子"可写作"叫化子"，现在的规范词形是"叫花子"。同样，"花子"也不写作"化子"，其中的"花"也不读 huà。"花籽（huāzǐ）"和"花子"完全不同，是指供观赏的花草的种子。如："经过精心培育，这些花籽已开放出一簇簇美丽的鲜花。"（《人民日报》1999－08－29）

花雕（和"雕花"不同）huādiāo

名词。即花雕酒，又叫"女儿红""状元红"，是上等的绍兴黄酒。因这种酒是装在外表雕有各种花卉虫鱼、民间故事、戏剧人物、山水亭榭等彩图的坛子里而得名。如徐铸成《旧闻杂忆·听戏和饮酒》："听了他的戏，仿佛品饮珍藏多年的花雕酒一样，使人沉醉，回味无穷。""雕花"不同，是：①动词。把花纹、图案等雕刻在木器、石器等上面。如：在柱子上雕花。②名词。雕刻成的图案、花纹。如：雕花家具、一张红木雕花大床放置其间。

花儿 huā'ér（和"花儿 huār"迥异）

流行于甘肃、青海、宁夏一带的民歌。在青海，这类民歌的曲称为"少年"，词称为"花儿"，演唱称"漫少年"。"花儿"（huār）完全不同，指的是"花朵或可供观赏的植物"。如：一朵花儿。这里的"儿"是词的后缀，附在名词后面，略含微小或亲切的意思。跟小孩儿、鸟儿、盆儿等中的"儿"用法同。

花哨（不能写作"花梢"）huāshao

一指色彩艳丽。如：这件衣服也太花哨了。二指花样多；变化多。如：电视上的广告越来越花哨。"哨"在古时有"不正"的含义，如古人在投壶（古代流行于士大夫中的一种游戏。以盛酒的壶口为目标，用箭投入，以投中多少决胜负）开始时，主人会说"枉矢壶哨"这样的话，意即弯曲的箭和不正的壶，表示自谦。装饰过于鲜艳，花样变化多都有过正之义，故用"哨"字；而"梢"是指树枝的末端（如树梢、柳梢）或指长条形东西较细的一头（如辫梢、眉梢），丝毫没有"不正"的含义，故不能写作"花梢"。花里胡哨中的"哨"（shào）也不能写作"梢"。

huá

（春）华（秋实）（不要写作"花"） huá

花。春华秋实：春天开花，秋天结果（实：结果）。多比喻劳作获得成果；也比喻事物的因果关系，多喻因学识渊博，而明于修身律己，品行高洁。如：春华秋实，没有平日的辛劳，哪有今天的优异成绩；你这本散文集，我读完之后，甚觉春华秋实，美不胜收。注意：这里的"华"同"花"，但不读 huā，也不写作"花"。和"春花秋月"（泛指美好的时光）的"花"读音、写法不同。

（老奸巨）猾（不要写作"滑"） huá

奸诈；诡诈。老奸巨猾：形容十分奸诈狡猾。如：任他老奸巨猾，也难逃法网。这里的"猾"不要写作"滑"。尽管"猾"和"滑"都可用来指人的品质，但程度上有不同："猾"的恶劣程度较重；"滑"也有狡诈、不诚恳的意思，但其恶劣程度较轻。因此，狡猾、奸猾应该用"猾"，而这个人很滑头、圆滑、耍滑、油腔滑调中用"滑"才合宜。

huà

化妆（和"化装"有别） huàzhuāng

用脂粉等使容貌美丽。如：他并没有反对女儿化妆，让小女孩化化妆再出去玩。"化妆"和"化装"音同义不同。"化妆"实际就是美容，目的是使容貌漂亮，但不改变基本形象。"化装"是指：①为了演出或娱乐的需要，对容貌、体形进行修饰，要改变基本形象。如：演员正在化装、化装游行。②假扮；改扮。如：

他化装成乞丐躲过了敌人的追捕。

画（地为牢）（不要写作"划"） huà

用笔或类似笔的东西制作线条。画地为牢：在地上画个圆圈当作监狱。比喻只允许在指定范围内活动。如邓小平《党和国家领导制度的改革》："片面强调经济工作中的地区、部门的行政划分和管辖，以至画地为牢，以邻为壑。"周恩来《团结广大人民群众一道前进》："因为不管是在工人农民中和学生中，党员和团员总是少数，少数人自己划个小圈子，把自己圈起来，用中国的古话来说，就叫'画地为牢'。"注意：这里的"画"不能写作"划"，因为"划"的主要意思是指整体分开或谋划、计划，用在划清界线、划定范围、划时代、出谋划策等词语中。画饼充饥、画蛇添足、画虎类犬、画龙点睛、指手画脚（画：像画线的动作，用手脚比划）中的"画"都是不能写作"划"的。"画地为牢"中的"画地"不能错误地理解为"划出某个地方"。

画工（和"画功"有别） huàgōng

以绘画为职业的工匠。如：许多画工到园林绘制长廊的壁画。有的辞书注明，"画工"还可用来指绘画的技巧和方法，绘画的功力。这种解释的"画工"也作"画功"。《现异》有说明："现代汉语里，'工'与'功'有了分工，故'画工'与'画功'宜作分化处理：表示'绘画的技巧'宜以'画功'为推荐词形；'画工'只指以绘画为职业的人。"因此，"画功精细""这位画家的画功很深"中的"画功"不能再写作"画工"。

画外音（和"话外音"有别） huàwàiyīn

电影、电视片中由画面外的人物或物体发出的声音（画：画面）。它是影片内容的有机组成部分，对观众起提示或解说作用。"话外音"不同，是指言外之意，即没有说明而能使人联想到的意思（话：话语）。如：这话外音告诉我们，问题可真不少；你恐怕还没听懂他的话外音。

huái

踝（不能读 guǒ 或 luǒ）huái

小腿与脚连接处左右两侧凸起的圆骨。如：踝子骨（内踝和外踝的统称）。"踝"不能读 guǒ 或 luǒ。

huán

寰球（≠环球）huánqiú

"寰球"和"环球"都有名词用法，指整个地球，全世界。在这个意义上，它们可以通用。如：寰球（环球）战略、震动寰球（环球）、誉满寰球（环球）。区别在于：①前者为书面语词，后者为通用词。②"环球"还有动词用法，作"环绕地球"讲。如：环球旅行、卫星环球飞行。这里的"环"是围绕的意思，"寰"没有这种解释，故这里的"环球"不能写作"寰球"。

huàn

焕然（一新）（不能写作"涣然""换然"）huànrán

形容有光彩。焕然一新：形容出现了崭新的面貌（焕：鲜明；光亮）。如：房子经过装修后，面貌焕然一新。其中的"焕然"不能错写成和它读音相同的"涣然"。"涣然"是离散的样子。如：涣然冰释（像冰块融化一样完全消散。比喻疑难或误会全部消除）。这个"涣"左边是三点水，本义是指流向不同方向的水，引申指离散、消散。"焕然"也不能误写作"换然"。辞书中没有"换然"一词，遑论"换然一新"这个"成语"。

鲩（不能读 wǎn）huàn

草鱼。"鲩"不能读 wǎn。

huāng

（病入膏）**肓**（不要误写作"盲"）huāng

我国古代医学上指心脏和膈膜之间。古代医学认为"膏肓"（膏：心尖脂肪）处是药力达不到的地方，因此用"病入膏肓"来形容病情严重，无法医治。比喻事情严重到了不可挽救的程度。如顾笑言等《李宗仁归来》二："但是，蒋介石集团已病入膏肓，没有什么灵丹妙药可使其起死回生。"注意：这里的"肓"（下边是"月"）不能误写作文盲、盲目、盲从的"盲"，也不能读 máng。"泉石膏肓"（爱好山水成癖，如同病入膏肓一样）中的"肓"写法同。

（兵）**荒**（马乱）（不要写作"慌"）huāng

乱。兵荒马乱：形容战争造成的社会动荡不安的景象。如：在那兵荒马乱的年月里，乡亲们受的苦就没法说了；兵荒马乱时期，人心难以安定。注意：其中的"荒"不要和"心慌意乱"（内心惊慌，思绪纷乱）中的"慌"（慌张）混淆。

荒乱（别于"慌乱"）huāngluàn

饥荒兵乱，形容社会秩序极不安定。如：幼遭荒乱；荒乱年月，民不聊生。"荒乱"不能和"慌乱"混淆。"荒乱"的"荒"是指荒歉，即农作物收成不好或极坏；"慌乱"的"慌"是慌张的意思，"慌乱"就是慌张而忙乱。如：慌乱的心情、心中一点儿也不慌乱。

huáng

黄牛（党）（不是牲畜）huángniú

（吴语）抢购紧俏商品及车票、门票后高价出售而从中取利的人。"黄牛党"是指上述这种人结成的小集团。如：火车售票处前常有黄牛党在活动；两名在火车站倒票、炒票的黄牛党万万没想到，半个小时后即被抓获。注意：这里的"黄牛"不是指用来耕地、拉车的力畜——黄牛（牛的一种），"黄牛党"也不是什么政党的名字。

（痛饮）黄龙（不是酒）huánglóng

黄龙府，古代金国的地名，在今吉林农安。后来泛指敌方的要地。痛饮黄龙：直捣敌人巢穴后尽情欢饮庆功。喻指胜利后的喜悦心情。如朱德《和郭沫若同志〈登尔雅台怀人〉》："内忧外患澄清日，痛饮黄龙定约君。"这里的"黄龙"不是酒名，不能把"痛饮黄龙"错误地理解为"痛快淋漓地喝黄龙酒"。

黄灯区（别于"红灯区""黄泛区"）huángdēngqū

经济学上指已经出现危机前兆的经济状态。如：十月份整体经济运行态势已落入黄灯区。"红灯区"和"黄灯区"完全不同，是指某些城市中色情场所集中的地区。因色情场所的门外多有红灯标志而得名。"黄泛区"和"红灯区"也有不同，它既可指色情行业猖獗的地区，又可指黄河泛滥造成的沙荒地区（黄：黄河的简称）。1938年6月侵华日军向中原地区进犯时，国民党军队在河南郑州附近的花园口炸开黄河大堤，淹没了河南、安徽及江苏三省几十个县，并使这一地区变成沙荒地。这一地区叫"黄泛区"。

黄绢幼妇（不是披着黄色丝绢的少妇）huángjuànyòufù

绝妙。"黄绢"是有色的丝绸，色旁加丝，隐"绝"字；"幼妇"是少女，女旁加少，隐"妙"字，因此，"黄绢幼妇"就成了"绝妙"二字的隐语。如用"墨"字求"对"，"书""笔"等固然可用，但不工巧，用"泉"对之，可谓黄绢幼妇。（"墨"上半部是"黑"，"泉"上半部是"白"，"黑""白"属颜色，义相反；两个字的下半部是"土"和"水"，同属五行）把"黄绢幼妇"理解为"身披黄色丝绢的少女"，纯属望文生义。

黄花（晚节）（并非黄花菜）huánghuā

菊花。因为菊花傲霜耐寒，因而常比喻人有节操。"黄花晚节"就是用来比喻人晚年仍能保持高尚节操的一个成语（晚节：晚年的节操）。如：虽然离开了工作岗位，但他始终保持黄花晚节。明日黄花（比喻过时的或失去现实意义的事物）、人比黄花瘦、战地黄花分外香中的"黄花"均指菊花。黄花菜（金针菜的一个品种）虽然也可以叫"黄花"，但与上述"黄花"丝毫无关；而黄花闺女（处女）、黄花后生中的"黄花"(指没有过性行为的青年男女)含义又有不同。

huī

(心)灰(意懒)(不能写作"恢") huī

消沉;失望。心灰意懒:情绪低落,意志消沉。也说心灰意冷。如:从这件事以后,他对儿子心灰意懒。灰心丧气、万念俱灰的"灰"义同。这些"灰"不能误写成"恢",因为"恢"只有广大、宽广的含义,用在"气势恢宏""天网恢恢,疏而不漏"(形容作恶的人一定会受到惩罚)等词语中。它没有消沉、失望的解释,写成"心恢意懒",扞格难通。

(天网)恢恢(不能写作"灰灰") huīhuī

形容非常广大。天网恢恢:天道的网是十分宽广的。指作恶者逃脱不了国法的惩处(天网:天布下的罗网,比喻国家法律)。这里的"恢恢"不能写成"灰灰"。"灰"没有"广大"的解释,也不能叠加。"天网恢恢"常跟"疏而不漏"连用。如:天网恢恢,疏而不漏,这个杀人犯不管怎样乔装打扮,也终究逃脱不了公安人员设下的天罗地网。"疏而不漏"意即法网虽然宽疏,但不会遗漏一个坏人。指罪犯逃不脱应得的惩罚。

(朝)晖(不要写作"辉") huī

阳光。朝(zhāo)晖:早晨的阳光。如范仲淹《岳阳楼记》:"朝晖夕阴,气象万千。"(有时早晨阳光灿烂,傍晚暮色苍茫,有时早晨雾霭朦胧,傍晚云霞灿烂,景象真是千变万化。)余晖(傍晚的阳光)、春晖(春天的太阳。比喻母爱或父母的恩情)中的"晖"义同。注意:"晖"字本来曾作为"辉"的异体字被淘汰。1988年《现代汉语通用字表》确认"晖"专指阳光时,用在"春晖""朝晖"等词中为规范字,类推简化为"晖";表示光辉和照耀等意义时,仍作为"辉"的异体字处理,就是说,作阳光讲的要写成"晖",其他解释的都写作"辉"(如光辉、辉映、辉煌、增辉,等等)。

huí

(惨遭)回禄(不能误写作"回路") huílù

传说中的火神名,后用作火灾的代称。如《聊斋志异·马介甫》:"又四五年,遭回禄,居室财物,悉为煨烬。"回禄之灾、惨遭回禄。这里的"回禄"不能误写作和它读音相同的"回路"。"回路"是指:①返回去的路。如:截断敌人的回路。②电流通过器件或其他介质后流回电源的通路。通常指闭合电路。它和火灾无关。

回笼(和"归拢"不同) huílǒng

一指把冷却了的熟食重新放回笼屉中蒸热(笼:笼屉)。如:这些馒头快拿去回笼。二指把已发出而能重复使用的东西收回;特指流通中的货币重新回到发行的银行。这里的"笼"则有收罗、掌握的意思。如:包装箱回笼、货币回笼。"归拢"(guīlǒng)不同,是指把分散的东西聚集到一起(拢:收拢)。如:归拢农具、把这些茶杯归拢归拢。

huǐ

毁誉(并非名誉受损) huǐyù

毁谤和称赞；说坏话和说好话。如：毁誉参半（批评和表扬各占一半）、毁誉不一。注意："毁誉"不是偏义词，它表示的是并列的相反两方面（"毁"和"誉"）的意思，不能把它理解为"名誉被损毁"。下面句中的"毁誉"用得不妥："但是，形式主义严重，对传统道德毁誉过多而褒扬不足。"这里把"毁誉"和"褒扬"对举，"毁誉"则有诋毁的意思，这不是"毁誉"的真正意义，改用"非议"或"贬抑"为宜。

huì

汇合（和"会合"不同）huìhé

（江河等）合流；也泛指事物合在一起。如：广西壮族自治区有一条左江，一条右江，汇合后叫邕（yōng）江；黑瞎子岛位于中俄边界的黑龙江、乌苏里江汇合处，面积300多平方公里；人民的意志汇合成一支巨大的力量。"会合"也有聚集到一起的意思，但适用对象不同。"汇合"多用于水流或者像水流似的，"会合"含有相见、碰面的意思。如：他们决定在学校大门口会合，两军会合后继续前进。这里的"会合"不能换用"汇合"。

会商（和"商会"不同）huìshāng

动词。双方或多方在一起商量（会：会合）。如：会商对策、会商解决办法。"商会"是名词，指商人为了维护自己利益而组成的团体（会：为共同目的而结成的团体或组织）。如：成立商会、商会会长。

沬（血）（不能写作"沫"）huì

洗脸。沬血：浴血。如：沬血饮泣（饮泣：眼泪流到了嘴里。形容悲哀到了极点）。注意：这里的"沬"（右边是未来的"未"）不要误写成泡沫、唾沫的"沫"（mò）（右边是末日的"末"）；也不读mèi（读mèi时是指商朝的都城，在今河南汤阴南）。

hūn

荤（相声）（不能写作"浑"）hūn

粗俗的、淫秽的。"荤相声"（hūnxiàngsheng）是指那些带有淫秽内容的不健康的相声。这里的"荤"本是指跟"素"相对的鸡鸭鱼肉等食物，以此来比喻低级、粗俗。荤话（脏话：低级下流的话）、相声不能靠荤段子吸引人中的"荤"写法同。这些"荤"都不能误写作浑话（不讲道理的话；无聊的话）、浑浊、浑然一体的"浑"（hún），因为"浑"没有"荤"的解释，读音也不同。

hún

馄饨（和"混沌"迥异）húntun

一种面食，用薄面片包馅儿，通常是指煮熟后连汤吃。广东人叫"云吞"，江西人叫"清汤"，四川人叫"抄手"。"馄饨"（左边都是"饣"）不能和"混沌"（左边是"氵"）混淆。"混沌"（hùndùn）是：①古代传说中指宇宙形成以前模糊一团的景象。如混沌初开、混沌未凿（比喻本性纯真朴实。凿：凿开；开化）。②模糊；糊涂。如：脑子一片混沌；"在这浑沌的灯光里，渗入一派清辉，却真是奇迹！"（朱自清《桨声灯影里的秦淮河》）（"浑沌"现在的规范写法是"混沌"）

hùn

混一（天下）（并非"混合在一起"或"混为一谈"） hùnyī

统一。混一全国、混一宇内、混一诸侯中的"混一"义同。"混一"是有"不同的事物混合成为一体"的解释，但用在上述词语中明显不通。《三字经》中的"十八传，南北混"理解为"两宋传了十八帝，是将北宋和南宋混合在一起计算的"也不对，应该是"两宋传了十八帝，南北方才统一了"。（"混"是"混一"的省称）。"混一"和"混为一谈"也不同，"混为一谈"是说把不同的事物不加区别地说成是相同的事物。如：生造词语不能跟语言的发展混为一谈。

huǒ

火坑（别于"火炕"） huǒkēng

比喻极端悲惨的生活环境（坑：地面洼下去的地方）。如说"逃出火坑"。旧时称女子被卖为娼妓叫"落入火坑"。"火炕"(kàng) 不同，是指我国北方烧火取暖的炕（北方农村睡觉用的长方台，上面铺席，下面有孔道，跟烟囱相通，可以烧火取暖。"炕"的本义是指用火烤，使之干燥，所以是"火"旁）。如：冬天，北方农村家家都睡火炕。火坑和火炕中的"坑"和"炕"偏旁不同，不能混淆。

（游人甚）夥（不能写作"伙"） huǒ

多。游人很多谓之"游人甚夥"。获益甚夥、地狭人夥中的"夥"义同。注意："夥"在表示同伴、由同伴组成的集体、跟别人合起来等意义时，要简化作"伙"。如：伙伴、同伙、合伙；在表示"多"的意义时，不能简化。

huò

（不可）或（缺）（不是"或许""或者"） huò

稍微。不可或缺：不能有所短缺。如：上海的街道，尤其是南京路、淮海路，红绿灯是不可或缺的；保护健康和尊重生命正逐步成为富裕起来的中国人不可或缺的生活理念。不可或忽、不可或迟中的"或"义同。这里的"或"不作或许、或者解释。

豁然（开朗）（不能写作"霍然"） huòrán

形容开阔敞亮的样子。豁然开朗：形容由狭窄幽暗顿时变得宽敞明亮，也形容（经过别人的指点或自己的思考）顿时明白或领悟过来。如陶潜《桃花源记》："初极狭，才通人；复行数十步，豁然开朗。"（洞口开始很狭窄，只能通过一个人；再走几十步，就豁然明亮了。）经老师点拨后，他心里豁然开朗，连连称是。"霍然"的读音同"豁然"，但它是指：①突然。如：手电筒霍然一亮；电灯霍然一灭，大家不由得"哟"了一声。②疾病迅速消除。如：经过治疗，病体霍然；不日或可霍然。"豁然"和"霍然"的区别在于"豁"和"霍"："豁"是开阔，通达的意思；"霍"是迅速的意思。以上的"豁然"和"霍然"不能错位。下面词语中的"霍然"属误用："霍然贯通""原有的疑团，一经解释，心中霍然"。（应换用"豁然"。"豁然贯通"是说久思不解的问题一下子明白过来）

J

jī

（茶）几（不读 jǐ） jī

小桌子。如：茶几、几案（长条形的桌子；泛指桌子）、窗明几净。注意：凡是指矮小的桌子或有"将近""差不多"意思的"几"（如：几乎、几近、歼灭敌军几千人）都不读 jǐ。

肌（寒血凝）（不能写作"饥"） jī

肌肤。肌寒血凝：浑身发冷，血液凝固。形容"瘆（shèn）人"（让人感到害怕），非常恐怖。如：夜深了，远处传来了狼的嚎叫声，让人肌寒血凝。注意：这里的"肌"不能误写作"饥寒交迫"的"饥"（饥饿）。肌寒血凝不能理解为"因饥饿寒冷而使血液凝固"。

奇零（不读 qīlíng） jīlíng

零数，即大数目后边的尾数（奇：数目的零头）。凡是指单的，不成对的（跟"偶"相对）或作数目的零头讲的"奇"都读 jī，不读 qí。如：奇数（不能被 2 整除的整数，如"1、3、5、-1、-3、-5"等）、奇偶、五十有奇、七万二千四百有奇。

赍（志而殁）（不能误写作"赉"） jī

心里怀着（某种想法）。赍志而殁（mò）：志未遂而死去（赍志：怀抱着志愿。殁：死）。如：在封建社会，有很多像陆游这样的仁人志士赍志而殁。"赍志而殁"又作"赍志没（mò）地"（没地：埋没在地下，指死亡）。这里的"赍"不能误写作"赉"（lài）。"赉"是赏赐的意思。如：赉赏、赉银三百两。"赍"和"赉"形、音、义都不同，不能混淆。辞书中也没有"赉志而殁"的成语。

丌（和"亓"不同） jī

垫东西的架子；底座。"亓"和"丌"不同。亓，音 qí，作姓氏用（"丌"也可作姓氏，和"亓"是不同的姓）。

跻（身）（不能写作"挤"） jī

登：上升。跻身：使自己上升到（某个行列或位置）。如：跻身文坛、跻身前三名。这里的"跻"不能误写作排挤、拥挤、挤牛奶的"挤"。"挤"没有"跻"的解释，"挤"和"身"不能组合成词，再说，"挤"（jǐ）和"跻"的读音也不同。

激奋（别于"激愤"） jīfèn

①形容词。激动振奋（奋：振作、兴奋）。如：心情激奋、精神激奋。②动词。使激动振奋。如：激奋人心的报告，李部长对他说了许多激奋人心的话。"激愤"和"激奋"音同义殊，是形容激动而愤怒（愤：愤怒）。如：群情激愤、情绪非常激愤。总之，凡表示因激动而情绪振奋的用"激奋"，激奋的原因多是积极的、好的；而表示因激动而情绪变坏，难以控制的用"激愤"，激愤的原因多是消极的、不好的。

激烈（和"剧烈"有别） jīliè

"激烈"和"剧烈"都是形容词，可形容来势猛，力量大，有急剧猛烈的意思。激烈的"激"是指水流受阻而涌起或溅起，以此比喻猛烈，因此，"激烈"多修饰涉及矛盾的双方或多方的词语。如：激烈的战斗、激烈的争辩、竞争激烈。"剧烈"（jùliè）的"剧"自身就有猛烈的意思，"剧烈"多修饰反映事物自身矛盾的词语。如：剧烈运动；剧烈的疼痛；在生死考验面前，他产生了剧烈的思想斗争。此外，"激烈"还作激昂慷慨讲。如：情绪激烈、壮怀激烈（壮怀：豪壮的情怀）。"剧烈"没有这一义项，不能换用"剧烈"。

jí

及笄（和"及冠"有别）jíjī

古代指女子年满十五岁，也指女子已到可以出嫁的年龄（笄：簪 zān 子，古代用来束发的条状物）。古代女子十五岁时把头发盘起来，插上簪子，表示已经到了可以结婚的年龄。如：《儒林外史》第十回："鲁老先生有个令爱，年方及笄。"及冠（jíguàn）不同，是古代指男子年满二十岁。古代男子年满二十岁时举行冠礼，戴上成年人的帽子，表示已经长大成人。"及冠"中的"冠"是动词，把帽子戴在头上的意思，因此要读 guàn，不读 guān。

（迫不）及（待）（不能写作"急"）jí

来得及。（不及：来不及）。迫不及待：急迫得不能再等待（迫：紧急、急迫）。如：一下火车，他便迫不及待地向医院跑去。这里的"及"不能误写作"急"，因为"急"与"迫"同义，急迫而又不着急地等待，自相抵牾。但要注意，有一个和"迫不及待"意思相同的成语叫"急不可待"，其中的"急"（急迫）又不能写作"及"。

佶屈（聱牙）（不作"诘屈"）jíqū

曲折；不顺畅。佶屈聱（áo）牙：形容文章读起来不顺口（聱牙：拗口，即读起来不顺口）。如：这段文字，佶屈聱牙，不易上口；这篇散文，文字艰深，文白杂糅，佶屈聱牙。"佶屈聱牙"以往可写成"诘屈聱牙"，现在的规范写法是"佶屈聱牙"。《现规》有提示：①"佶"不读 jié。②不宜写作"诘屈聱牙"。

亟（待解决）（不能写作"极"）jí

迫切；赶紧。亟待解决（亟待：急待）、亟待纠正、村民亟盼在这里建座大桥等的"亟"写法同。注意：以上的"亟"都不能写作"极"，因为"极"是指顶点、达到顶点或指最终的、最高的，表示的是程度，而没有表示时间紧迫的意思，再说，它只能修饰形容词。如：极坏、极热情、极痛苦等。以上解释的"亟"也不读亟来问讯、亟经洽商、余亟叹其技之奇妙（我再三赞叹他技艺巧妙）的"亟"（qì）（屡次）

极尽……能事（并非只作贬义用）jíjìn……néngshì

采取一切可采用的手段达到某一目的（能事：擅长的本领）。如：极尽造谣污蔑之能事；极尽威逼利诱之能事；有人对社会上某些不正之风看不惯，有牢骚，但欲言又止，就用"说不好，不好说，不说好"表述，极尽委婉之能事。"极尽……能事"多作贬义用，也有用在好的方面的。《现汉》（第5版）"能事"这一词条中就有"在会演中，各剧种百花齐放，极尽推陈出新之能事"的例子。（见990页）

在《应用汉语词典》"能事"这一词条后也举了"在大奖赛中,演员们精神抖擞,极尽其能歌善舞之能事"的例子。(见910页)因此,断言"极尽……能事"只有贬义用法,未免有失偏颇。

(病)革(不读 gé)jí

（病）危急。病革:病危。这里的"革"不读 gé。

急流（勇退）（不宜写作"激流"）jíliú

流速很快的水流。急流勇退:船在急流中迅速地退回来。旧时比喻在当官顺利时为了避祸而及时退出官场。这明显是一种明哲保身的处事态度。如清·吴趼人《二十年目睹之怪现状》第二十六回:"做官到了三品时,就要急流勇退,不然就有大祸临头。"这个成语今天的使用范围已有所扩大,可用来比喻事业有成时及时引退,已不限于当官的人,如有些歌星、演员、运动员等在达到巅峰时果断地引退而另辟蹊径;也不都是"明哲保身"。如:她在演艺圈正当走红时,却急流勇退,实在让人惋惜。"激流"(jíliú)也有水流得很急的意思,是指水下有石头,水受阻而激起浪花的急流,不用于平静的水流。在比喻义上,"急流"和居官在位或得势有关;而"激流"则与像激流一样的情势有关。如:激流险滩、生活的激流。再说,"急流勇退"已是约定俗成的成语,不宜写作"激流勇退"。"急流勇进"的写法亦然。

棘手（和"辣手"有别）jíshǒu

荆棘刺手（棘:草木刺人;刺）。形容事情难办,像荆棘刺手。如:这个案子很棘手、棘手的问题。这里的"棘"(两边都是"朿"cì,不是"束"shù)不能读

là。"辣（là）手"也有棘手,事情难办的解释。如:这件事很辣手(和"这件事很棘手"意思同)。但它还有毒辣的手段（名词。如:下辣手、他惯用辣手整人）或指手段厉害、毒辣（形容词。如:辣手神探;这一着确实很辣手,击中了他的要害）的含义。此外,在"铁肩担道义,辣手做文章"中,"辣手"又是高手、老手的意思。这些"辣手"就不能换用"棘手"。

集体（和"群体"不同）jítǐ

许多人合起来的有组织的整体（跟"个人"相对）。如:集体生活、集体宿舍、维护集体的利益。"群体"除了指由许多在生理上发生联系的同种生物个体组成的整体（如动物中的珊瑚虫和植物中的某些藻类）外,还用来泛指由许多本质上有共同点的个体组成的整体（跟"个体"相对）。如:博士群体;艺术群体;在许多人眼里,明星是一个特殊的群体。"集体"和"群体"指的都是一个整体,不能是单个的人,如不能说"这个独生子,今年才八岁,父母因最近车祸双亡,他顿时成了弱势群体"。("他"和"群体"相抵牾,可把"弱势群体"改用"孤儿")

(杯盘狼)藉（不能写作"籍"）jí

盛多;杂乱。杯盘狼藉:杯子、盘子等凌乱地堆放着。形容餐后桌上乱七八糟（狼藉:乱七八糟）。如:宴会上,宾主尽欢,直至午夜。人们才纷纷离去,桌上杯盘狼藉。声名狼藉的"藉"写法同。这里的"藉"(上边是"艹")不能误写作和它读音相同的书籍、祖籍、学籍、籍贯的"籍"(上边是"竹")。要注意的是"藉"

除了 jí 的读音外，还有 jiè 的读音：作"垫子"（名词。如：草藉）或"垫、衬"（动词。如：枕藉——横七竖八地倒或躺在一起、藉茅——用茅草垫着）讲的"藉"都是这个读音；此外，"慰藉"（安慰。如：颇感慰藉）、"蕴（yùn）藉"（说话、神情、文章等含蓄而不显露。如：蕴藉的笑意、诗意蕴藉）中的"藉"也读 jiè，和狼藉的"藉"读音不同。

jǐ

（安分守）己（不能写作"纪"）jǐ

自己。"安分守己"是说安守自己的本分，不惹是生非，也就是规矩老实，不做违法乱纪的事。如：他父亲是个安分守己的老实人。"守己"的意思是守住自己的活动范围，保持自己应有的品德，因此，这里的"己"不能写成遵纪守法、遵守纪律的"纪"。"分"在这里读 fèn，但不能写作"份"。

挤兑（和"挤对"不同）jǐduì

许多人到银行挤着提取现款。多指货币信用危机爆发或严重通货膨胀时，存款人争着到银行提取存款（兑：交易；特指凭票据换取现金）。"挤兑"不能和"挤对"（jǐduì）混淆。"挤对"是北京话，有逼迫或排挤、欺负的意思。如：你别挤对他，她刚到这里的时候挺受挤对的。

挤轧（和"挤压"不同）jǐyà

排挤倾轧（轧：倾轧）。指同一组织或同一行业的人互相排挤和打击。如：互相挤轧。"挤压"（jǐyā）不同，是指挤和压。如：切物挤压、馒头挤压得变了形。

注意"挤轧"中的"轧"不读 zhá。

（人才）济济（不读 jìjì）jǐjǐ

形容人多的样子。"人才济济"是说有才能的人很多。如：高等院校是人才济济的地方。注意：叠字的"济"和作地名用字的"济"（如：济济一堂，河南济源，山东济南、济宁、济阳）都读 jǐ，不读救济、无济于事、扶危济困的"济"（jì）。

（供）给（不读 gěi）jǐ

"给"字有二读：gěi 和 jǐ。作供给、供应或富裕充足讲的要读 jǐ。如：补给、给养、配给、给水站、自给自足、给足（丰富充裕）、家给人足（家家充裕，人人富足）、日不暇给（时间总不够用）。总之，用在多音节词或成语中的"给"都这样读；口语中单用的"给"才读 gěi。如：给他一个苹果、把书还给我、给他一点颜色看看、鸡给黄鼠狼叼走了。此外，为了加强语气的需要，用在口语中的"给"也读 gěi。如：弟弟把花瓶给打了、这件事我给忘了。

jì

（不）计（前嫌）（不能写作"记"）jì

计较；考虑。不计前嫌：不计较以前的怨仇（前嫌：旧怨；旧仇）。如：国难当头，我们要不计前嫌，团结一致，共同御敌。（"以前的怨仇"就是过去的冲突、摩擦等。）形容待人宽宏大量。因此，这里的"计"不能写成和它读音相同的"记"。不计成败、不计名利、不计报酬、不计毁誉（毁誉：诽谤和称赞）中的"计"写法和含义同。

伎俩（不读 jìliǎ）jìliǎng

花招；不正当的手段。如：鬼蜮伎俩（比喻用心险恶、暗中害人的恶劣手段）、骗人的伎俩、敌人惯用贼喊捉贼的伎俩。注意："俩"在这里不读咱俩、母女俩的"俩"（liǎ），也不能写作"两"。

纪念（≠记念）jìniàn

①动词。用事物或行动对人或事表示怀念。如曹禺《雷雨》："你看这些家具都是你以前顶喜欢的东西，多少年我总是留着，为着纪念你。"用实际行动纪念先烈。②名词。表示纪念的物品。如：鲁迅《朝花夕拾·藤野先生》："他所改正的讲义，我曾经订成三厚本，收藏着的，将作为永久的纪念。"这本画册给你做个纪念吧。有的辞书注明："也作记念。"《第一批异形词整理表》已确定表示上述意义以"纪念"为推荐词形。但是，作惦记、挂念讲的"记念"（jìniàn）是绝对不能写作"纪念"的。如：他总是记念着家乡的亲人。

系（鞋带）（不读 xì）jì

动词。打结；扣。如：系领带、系扣子、系着围裙。注意："系"的常见读音是 xì。如：联系、关系、确系事实（系：是）鲁迅系浙江绍兴人（系：是）、解铃还须系铃人（比喻谁惹出麻烦还得由谁去解决。系：拴或绑）。但是，"系"作"打结；扣"讲时，要读 jì。把系红领巾、请系好安全带、头上系了个蝴蝶结的"系"读作 xì 就错了。

忌日（和"祭日"不同）jìrì

原指先辈去世的日子，泛指亲友等去世的日子。古时每逢这一天，忌饮酒作乐，所以叫忌日。也叫"忌辰"。"忌"即忌讳的意思，也就是禁忌某些言语或举动。如：1936年10月19日是鲁迅先生的忌日。我国曾于1915年规定每年夏历清明节为植树节。为纪念孙中山先生忌日（1925年3月12日），1928年便将植树节改在3月12日。每到母亲忌日，他都要去祭奠。又迷信的人指不宜做某事的日子也叫忌日。"忌日"和"祭日"不能混淆。"祭日"是古代一种重要的祭礼，即天子在每年春分（二十四节气之一）设大坛祭祀日神。这里的"祭"是祭祀的意思。

祭奠（和"祭祀"不同）jìdiàn

为死去的人举行仪式，表示悼念（"祭"和"奠"都是指用祭品向死者或神灵致敬）。如：祭奠祖先、祭奠英灵（英灵：杰出的人死后的灵魂，用作对死者的敬称）。"祭奠"和"祭祀"（sì）有不同。"祭奠"侧重指对死者表达哀悼和追念，对象多是亲友，也可以是先烈；"祭祀"是指置备供品向神佛或祖先行礼，表示崇敬并祈求保佑（"祀"即祭祀）。它除了表达对祭拜对象的崇敬心情外，还含有祈求祝福、保佑的意思，对象可以是祖先，也可以是天地神佛。如：祭祀天地、祭祀祖先。

季（弟）（不是"老三"）jì

兄弟排行中第四或最小的。季弟：最小的弟弟。季子（年龄最小的儿子）、伯（bó）仲叔季（兄弟排行的顺序，伯是老大，仲是老二，叔是第三，季是第四或最小的）中的"季"义同。注意：以上的"季"和冠军、亚军、季军的"季"（竞赛中的第三名）不同，和四季中季春（春季的第三个月。一年分春夏秋冬四季,每季有三个月,依次为孟、仲、季)的"季"(指一季中的第三个月)含义也有别。下面句中对"季"的译文有误:"马公卒,属以季女,子兴因抚之为己女。"(马公去世前把他的第三个女儿托付给郭子兴,郭子兴因此便把她当作自己的女儿抚养)(应该是指第四个女儿)

既望(和"冀望"迥异)jìwàng

名词。农历称每月十五日为望,十六日为既望(望:望日,即农历每年十五日)。如:"浙江之潮,天下之伟观也。自既望以至十八日为最甚。"(钱塘江的潮是天下的雄伟景象。从农历的十六至十八的这三天是潮最大的日子。)(周密《观潮》)注意:"冀望"和"既望"音同义不同。"冀望"是动词。希望的意思(这里的"望"和"冀"义同,都作希望讲)。如《蔡廷锴自传·重游南洋,爱妻逝世》:"我每责以大义,冀望他悔过,无奈他置若罔闻,转瞬又故态复萌。"

(一如)既往(不能写作"继往")jìwǎng

过去;以往。一如既往:完全跟过去一样(一如:完全相同)。如:中国将一如既往,坚持改革开放。既往不咎(对以往的错误不再责备追究)的"既往"义同。"既往"是表示已经过去,不能误写作继往开来(继承前人的事业,开辟未来的道路)的"继往"(继承过去);也不能错写成"即往"。

继父(和"寄父"不同)jìfù

子女对母亲再嫁的丈夫的称呼(用于背称。继:接续;连续。"继母"的"继"义同)。"寄父"不同,是指义父。"寄母"是义母。"寄"在这里是指本无亲戚关系而以亲戚关系相认的。

继任(和"留任"有别)jìrèn

接替前任职务。如:原来的校长已调走,由老刘继任。"继任"不是继续担任。留下来继续担任原职务应该叫"留任"。如:降级留任、他仍留任办公室主任。

(国子监)祭酒(不是用酒祭奠或祭祀)jìjiǔ

名词。古代学官名,主管太学或国子监(封建时代的教育管理机构)的教育行政长官,相当于现在的大学校长。如汉代有博士祭酒,为博士之首(博士:官名);西晋改设国子祭酒;隋、唐以后称国子监祭酒,为国子监的主管官。这里的"祭酒"不是动词,不能理解为用酒祭奠或祭祀。

(社)稷(不能写作"谡")jì

谷神。古代帝王为了祈求国事太平,五谷丰登,每年都要祭祀土地神和五谷神(社:土地神)。土地和粮食是百姓和国家的根本。土地神和谷神是百姓和国家都尊崇的神灵。古代封建王朝建立时必先立祭祀社稷的场所,灭人之国时,也要把那祭祀的场所毁掉,所以后来就把"社稷"作为国家的代名词了。如《史记·文帝本纪》:计社稷之安(考虑国家的安定)、保卫社稷。注意:"稷"(左边是"禾",从"禾"的字,大都和粮食作物或农业有关。"稷"就是古代指的一种粮食作物,又指五谷之神)不能误写作谡谡劲松(谡谡:形容挺拔)的"谡"(sù)。

际遇(和"遭遇"不同)jìyù

名词。机遇；机会（际：恰好遇到某个时机）。如：有这样的际遇，实在太好了；他的际遇别有一番滋味儿。"际遇"和作名词用的"遭遇"含义有不同。"际遇"多指生活中遇到的好的事情；而"遭遇"是多指遇到的不幸的事情，因为"遭"在现代汉语中，其对象几乎清一色是不吉利的。如遭劫、遭殃、遭灾等，"遭遇"也不例外。如：他向大伙儿哭诉自己的不幸遭遇、她的遭遇很悲惨、两国人民有共同的历史遭遇。即使作动词用的"遭遇"（遇到；碰上），其对象无论是人还是事，往往也是指不愿意碰上或不愿意发生的。如：遭遇敌人、遭遇小偷、遭遇特大洪水。

jiā

（雪）茄（不读 qié）jiā

音译用字。雪茄：英语音译词。指用烟叶卷成的烟，形状较一般的香烟粗而长。这里的"茄"不读茄子、番茄的"茄"（qié），也不能错写成胡笳（hújiā）（我国古代北方民族的一种类似笛子的乐器）的"笳"。

佳城（并非"好"地方）jiāchéng

旧时称墓地。注意："佳"一般都作"美的；好的"解释，如佳节、佳境、佳音、佳丽，等等。据此，"佳城"该是指美好的城市，但这个词有特定的含义，是墓地的代称。因此，涉及娱乐场所、风景名胜、房产公司等冠于此名准会让人毛骨悚然。

（汗流）浃（背）（不能写作"夹"）jiā

湿透。汗流浃背：汗水湿透了背上的衣服，形容汗出得很多。这里的"浃"与汗水有关，所以左边有"氵"，不要误写作"夹"，也不读 jiá。沦肌浃髓（lúnjījiāsuǐ）（渗透到肌肉和骨髓里。比喻感受或受影响极深）的"浃"形、音、义同。

家具（不能写作"家俬"）jiājù

家庭用具。"家具"常被人写作"家俬"，如"××家俬城""××家俬中心等"。这种写法是从香港流入的，《现汉》《现规》等辞书中并无收录，不能用。"家私"这个词是有的，但不是指家具，而是指家产。如：变卖家私、他有万贯家私。总之，"家具"是唯一正确的写法，写作"家俬""傢具""傢俱"都不规范。顺便一提的是，"家什（shi）"（口语。家具；用具）也不能写作"傢什"。

嘉宾（不要写作"佳宾"）jiābīn

尊贵的客人（嘉：美好）。如：嘉宾满座；现在请出的嘉宾，是毛泽东的孙子、毛岸青的儿子毛新宇研究员。"嘉"和"佳"都是形容词，有美好的意思，在这个意义上，有时可通用，但各有侧重："嘉"偏重于善，多指事物的品质；"佳"偏重于美，多指事物的性状。此外，"嘉"还有动词用法。因此，嘉宾、嘉许（赞许）、嘉奖（表扬奖励）、嘉勉（嘉奖勉励）、嘉纳（赞许采纳）、嘉言懿（yì）行（美好的言辞和高尚的行为）中的"嘉"都不写作"佳"；"佳"用在佳话、佳节、佳句、佳丽、佳偶、佳期、佳音等词语中。"嘉"自古又有吉庆、幸福的意思，因此，古人常说的"嘉禾"（生长得特别茁壮的禾稻。古人认为是吉庆的象征）中的"嘉"不写作"佳"，另有一个含有特定含义的"佳城"（旧时称墓地）的"佳"也不能写成"嘉"。

jiá

戛然（而止）（不能写作"嘎然"）jiárán

形容声音突然停止。戛然而止：指声音突然停止，也可指事情突然停止。如：铜锣嘡的一响，演出戛然而止；美国作家约翰·沃而夫说："演讲最好在听众兴趣未尽时戛然而止。""戛然长鸣"中的"戛然"写法同，只不过它是用来形容鸟的叫声。这里的"戛"不能误写成"嘎"。"嘎"有三个读音：一是 gā。象声词。形容短促而响亮的声音。如：汽车嘎的一声刹住了。二是 gá。如京剧唱腔里有一种"嘎调（diào）"，就是指用特别拔高的音唱某个字时唱出来的音。三是 gǎ。指脾气不好，古怪。如：这个人太嘎，跟谁也合不来。在方言中，"嘎"有调皮的意思（含喜爱色彩）。如：嘎小子、电影《小兵张嘎》中的张嘎。无论哪种解释，"嘎"都没有"停止"的意思，读音和"戛"也不同。要注意，用于译音的戛纳（法国城市）的"戛"要读 gā，不读 jiá。

jiān

尖厉（别于"尖利"）jiānlì

形容声音尖而刺耳。如：寒风尖厉地呼啸着，尖厉的警笛声破空而起。"尖厉"不能和"尖利"混淆，"尖利"是：①形容尖锐锋利。如：尖利的钢刀、尖利的长牙、语言尖利。②感觉敏锐。如：警犬的鼻子真尖利；他的眼光非常尖利，一眼就能看出哪一个是走私的。"厉"和"利"在这里的区别是，前者有猛烈、厉害的意思，后者作锋利讲。据此，形容声高而刺耳用"尖厉"，形容锋刃尖锐或目光敏锐用"尖利"。

歼灭（≠消灭）jiānmiè

消灭（敌人）。如：歼灭敌人有生力量，敌军被我们一举歼灭了。"消灭"除了有消失、灭亡（如：封建帝制在中国已经消灭了，恐龙、猛犸这些古生物早已消灭了）的含义外，也有使消灭、除掉的意思。如：消灭一切敢于入侵之敌、消灭错字。区别是，"歼灭"一般只用于军事，对象只限于敌人；"消灭"既可用于军事，也可用于别的方面，对象可以是敌对的或有害的人或事物。如：消灭残敌、消灭蚊蝇、消灭贫穷和落后。另外，"歼灭"只用于一群而不是一个；"消灭"可以是一群，也可以是一个。如：敌人来一个消灭一个。

坚苦卓绝（和"艰苦卓绝"不同）
jiānkǔ-zhuójué

坚忍刻苦的精神超越寻常（坚苦：坚忍刻苦。卓绝：超过所有的）。如郭沫若《洪波曲·苏联纪行》："这种坚苦卓绝的典型地下工作精神，令人感奋无似。"（无似；无比）"坚苦卓绝"和"艰苦卓绝"音同义不同。"坚苦卓绝"主要指主观态度和精神状况，常用于形容工作精神和工作作风；"艰苦卓绝"是用来形容斗争极其艰难困苦，超乎寻常（艰苦：艰难困苦）。主要指客观形势和物质条件（如生活、工作、环境等）。因此，坚苦卓绝的工作精神中的"坚苦"和"艰苦卓绝的二万五千里长征""野外勘测，餐风饮露，地质工作也是艰苦卓绝的"中的"艰苦"不能错位。

间（不容发）(不读 jiàn) jiān

中间。间不容发：中间容不下一根头发，指事物之间距离极小。比喻离灾祸极近，情势极其危急。如：山体滑坡，铁路被埋，间不容发，必须立即抢修。注意：不能把"间不容发"错误地理解为十分拥挤，连一根头发也容不下，如不能说"街上行人十分拥挤，间不容发"。这里的"间"旧读 jiàn，现在读 jiān；"发"，和千钧一发的"发"一样，是指头发，因此要读 fà，不读 fā。

浅浅（不读 qiǎnqiǎn）jiānjiān

一是象声词。形容流水的声音。如：流水浅浅。二是形容词。形容水流急速的样子。如：石濑（lài）兮浅浅（石濑：水冲击石间形成的急流）。"浅浅"不读 qiǎnqiǎn。

（草）菅（人命）(不能误写作"管") jiān

名词。多年生草本植物，叶子细长而尖，茎、叶可以做造纸原料。草菅人命：把人命看得和野草一样。指任意残杀人民。如："为官做吏的人，千万不要草菅人命，视同儿戏！"（《初刻拍案惊奇》卷一一）"正因为军阀草菅人命，我们才起来革命。"（冯玉祥《我的生活》三七）注意：这里的"菅"（草字头）和管理、保管的"管"（竹字头）无论字形、字音、字义都不同，不能混淆。

缄（口）(不读 qián) jiān

闭上。缄口：闭着嘴（不说话）。如：缄口不言、三缄其口（说话谨慎，不轻易开口）。保持缄默的"缄"义同。我们在信封上看到的寄信人姓名后的"缄"，是用来表示这封信是谁寄出的。特指为书信封口。如：王缄（表示这封信是王某把它封起来寄出去的）、上海李缄（表示这封信是上海李某把它封起来寄出去的）。"缄"只有 jiān 的读音，读作 qián 或 jiǎn 都不对。"缄口"和"钳（qián）口结舌"（形容不敢说话）的"钳口"（闭口）义同，但"钳口结舌"是约定俗成的成语，"钳口"不能改用"缄口"。

jiǎn

捡漏（和"捡漏儿"不同）jiǎnlòu

检查、修理房顶漏雨的地方。如：屋顶漏雨，必须赶紧捡漏。"捡漏儿"（jiǎnlòur）不同，是方言。指找别人说话、做事的漏洞加以利用，抓把柄。如：他的话说得很严密，使对方无法捡漏儿；他们这次是靠捡漏儿踢进一球的。"捡漏"和"捡漏儿"是两个完全不同的概念。不能混淆。

jiàn

见（谅）(不是动词) jiàn

助词。用在动词前面起指代作用，表示对我怎样。"见谅"是客套话，表示请人谅解，就是原谅我，如说"招待不周，请见谅"。"见教"就是指教我；何时出国，希见告（"见告"就是请告诉我）；别见笑；让你见笑了中的"见"义同。解释时都可以去掉"见"字，而在动词后加上第一人称代词"我"。不过，用在动词前的助词"见"还可表示被动，如：见保（被保护）、见欺（被欺负）、见疑（被怀疑），等等，在古汉语中是常见的，我们现在也能听到有人说"见笑于人"（被人笑话）"见笑于大方之家"（被内行人笑话）。这种表示被动的"见"在现代汉语中毕竟用得不多，不赘述。总之，以上的"见"不是动词，不能解释为看见、看得出、会见等。

见长（**有二读**）①jiàncháng

在某方面显示出特长（长：专长，特长）。如：他多才多艺，尤以书法见长；他是大学教授，中国古文字学的奠基者之一，尤以甲骨文和战国文字的考释见长，蜚声海内外。②jiànzhǎng 看着比原来高或大（长：生长、成长）。如：栽下的树苗总不见长；才两年不见，这孩子就见长了。

饯行（**和"践行"有别**）jiànxíng

设酒席为别人送行（饯：设酒食送行）。如：饯行宴会、今晚为考上北京大学的同学饯行。从"饣"（食）的字多与饮食有关，饯行的"饯"离不开饮食。所以左边是"饣"。"践行"读音同"饯行"，但它是实行、实践的意思。如：践行诺言、践行科学发展观。这里的"践"是履行的意思，是从本义踩、踏引申出来；踩，要用脚，所以左边是"⻊"（足字旁）。

践踏（≠**蹂躏**）jiàntà

①踩。如：这是刚铺上草皮的草地，请勿践踏。②比喻摧残。如：土豪劣绅横行乡里，践踏百姓；1900年八国联军入侵北京，肆意践踏中国主权。"蹂躏"（róulìn）也有践踏的意思，比喻用暴力欺压、侮辱、侵害（蹂：践踏）。如：妇女惨遭蹂躏，中国人任人蹂躏宰割的时代一去不复返了。区别是："践踏"侧重于任意损害、破坏，语义较轻，除了用作脚踩的事物，也可用于抽象事物，如主权、民主、心灵等，一般不用于人；"蹂躏"语义较重，可直接用于人，也可用于抽象的事物。下面句中的"践踏"和"蹂躏"用得不妥：蹂躏法制、蹂躏民主自由、不许践踏弱小民族、《白毛女》中的喜儿和杨白劳是旧中国被践踏和被迫害的劳动人民的典型。（应对调）

槛（**车**）（**不读**kǎn）jiàn

押送犯人的囚笼。槛车：古代押送犯人的囚车。如：打开槛车。"槛送"的"槛"音同。上述意义的"槛"和兽槛的"槛"（关野兽的笼子）或作栏杆讲的"槛"（如"槛外长江空自流"）都不读门槛（门下的横木）的"槛"（kǎn）。顺便一提的是，门槛的"槛"以往可写作"坎"，现在的正确写法是"槛"。

（**直栏横**）**槛**（**不读**kǎn）jiàn

栏杆。"直栏横槛"是指纵横的栏杆。杜牧《阿房宫赋》："直栏横槛，多于九土之城郭。"是说（阿房宫里）的纵横栏杆，比全国的城墙还要多。"槛"有二音：一读kǎn，是指门下的横木，即门槛。二读jiàn，有三个义项：一指关牲畜、野兽的栅栏。如：兽槛。二指押送犯人的囚笼。如：槛车（在古代押送犯人的囚车）。三指栏杆。"直栏横槛"中的"直"与

"横"对举,"槛"与"栏"同义,都指栏杆,故这里的"槛"要读 jiàn,不读 kǎn。

jiāng

江（南）（不是泛指）jiāng

特指长江。江南：指长江以南广大地区,特指长江下游以南的江苏、安徽两省的南部和浙江省的北部。江南水乡、江北、大江南北、渡江战役等"江"义同。以上的"江"和黑龙江、金沙江、湘江、鸭绿江、宽阔的江面的"江"（泛指大的河流）解释不同。

（百足之虫,死而不）僵（不是僵硬）jiāng

倒下。"百足之虫,死而不僵"是说百足虫到死仍然有腿足支撑而不会倒下（百足：虫名,即马陆,俗称"千脚虫",这种虫子有很多环节和腿足,切断后仍能蠕动不倒）。比喻事物虽然衰亡,但其影响仍然存在。注意：这里的"僵"不是僵硬的意思,"死而不僵"不能理解为死了也不会僵硬。这个成语多含贬义。如："这个邪教组织虽然被取缔了,但是,百足之虫,死而不僵,至今仍然有少数顽固分子在暗中活动。"（《现代汉语成语规范词典》）

疆埸（和"疆场"不同）jiāngyì

一指田界;田畔。如:疆埸有瓜。二指边境;国境。如:镇守疆埸。注意:疆埸的"埸"（右边是"易","易"不能简化为"𠃓"）和疆场的"场"（chǎng）（由繁体字"場"简化而来,右边是"𠃓"）

写法不同。"疆埸"和"疆场"的含义也不同,它是指战场。如:驰骋疆场、奋战在疆场。"埸"和"场"是两个完全不同的字,不能混淆。如果把"市场"的场写成"埸",就错了。（参见"埸"条）。

jiàng

匠石（和"石匠"有别）jiàngshí

古代名字叫石的巧匠。如《庄子·徐无鬼》:"郢人垩漫其鼻端,若蝇翼,使匠石斫之。"（楚国的郢都有个人鼻尖上沾了像苍蝇翅膀一样薄的白粉（土）,让匠石用斧头削掉它。郢:周朝时楚国的都城。垩（è）:粉刷墙壁用的白土）。"匠石"和"石匠"不同。匠石中的"石"是人名,"匠"是职业身份;而"石匠"是指从事开采石料或用石料制作器物的手工艺人。如:赵州桥是隋朝的石匠李春设计和参加建造的。"匠石"和"石匠"是两个完全不同的概念。

将指（不读 jiāngzhǐ）jiàngzhǐ

手的中指;脚的大趾（五个手指从大拇指起依次为拇指、食指、中指、无名指和小指）。将指的"将"读音和将领、将佐（泛指高级军官）、将略（用兵的谋略）的"将"同,都不读 jiāng,也不读"将进酒"（请喝了这杯酒）、"将子无怒"（请你不要生气）的"将"(qiāng)（请）。

糨糊（不作"浆糊"）jiànghu

用面粉等做成的用来粘贴东西的糊状物,俗称"糨子"。如:她在做糨糊。"糨糊"不宜写作"浆糊"。《现代汉语异形词规范词典》有说明:浆有两音,常读音为 jiāng，一般指较浓的液汁。只在"浆糊"一词中才读 jiàng。考虑到文字读音的单一化更便于使用，宜以"糨糊"为推荐词形。

jiāo

交代（不作"交待"） jiāodài

（解释略）《现规》在"交待"这一词条后注明：现在一般写作"交代"。之后有提示："交代"的本义是交接代替，其他义项都是由这个意义引申而来的；"交待"的本义是交际接待，现已不用。（见650-651页）《现代汉语异形词规范词典》有这样的说明："交待"是由于误用而形成的异形词。宜以"交代"为推荐词形。据此，任何情况下，只有写作"交代"才是正确的。不要再写作"交待"，更不能写作"交带"。

浇漓（不是被雨淋） jiāolí

形容词。（风俗等）不朴素敦厚。意指社会上人情薄，人与人之间缺乏真诚的感情。如：人情浇漓。人们还常用"世道浇漓"来形容社会风气恶劣，伦理道德败坏。如说"世道浇漓，人心日下"。"浇"的本义是灌溉，后演变成浮薄、浅薄的意思。"浇风"（浮薄的社会风气）、"浇竞"（追逐名利的浮薄风气）的"浇"义同。"漓"的本义是指薄酒，即酒味不够醇厚的酒，作形容词时，也有浅薄、不淳厚的意思。"浇漓"就是由这两个意义相近的语素构成。不能误认为是挨雨淋，如不能说"他心情糟透了，转身冲出门外，任凭雨水浇漓"。（改用"浇淋"为宜）

娇纵（和"骄纵"不同） jiāozòng

动词。娇惯放纵。多指孩子因娇生惯养而养成的放纵耍赖的脾气（娇：过分宠爱，不加管教）。如：不要娇纵子女；娇纵孩子，实际是害了孩子。"骄纵"不同，是形容词。意为骄傲放纵，有蛮不讲理、胡作非为的意思（骄：傲慢）。如：这个人骄纵任性、骄纵不轨（不轨：指违反法纪或搞叛乱活动）。"娇纵"和"骄纵"的不同是：前者是指对子女或他人的行为，能带宾语；后者是指自身的行为，不能带宾语。

jiǎo

（庸中）佼佼（不能写作"姣姣"） jiǎojiǎo

胜过一般水平的。庸中佼佼：平常人中比较突出的（庸 yōng：平凡的人）。如：她是我们剧团里的庸中佼佼；他天资聪慧，虽称不上"神童"，却也不失为庸中佼佼者。这里的"佼佼"不能错写成"姣姣"。姣，音 jiāo，是指容貌美好。用在姣好（相貌好）、姣人（美人）、姣美（古代指体态健美；今泛指美丽）等词语中，却难觅"姣姣"一词；也不能误写作月光皎皎的"皎皎"（jiǎojiǎo）（形容很白很亮）。注意"庸中佼佼"是褒义成语，不能作贬义词语使用。

jiào

（犯而不）校（不读 xiào） jiào

计较。犯而不校：别人触犯了自己也不计较（犯：触犯）。如鲁迅《论"费厄泼赖"应该缓行》:"'犯而不校'是恕道,'以眼还眼以牙还牙'是直道。"(恕道:用仁爱之心待人。直道:对敌人针锋相对,直来直往)逆来顺受、犯而不较的林冲最终还是被迫走上了反抗的道路。注意:这里的"校"不读 xiào。凡是作"订正;核对"(如:校对、校样、校正)或比较(如:校场、校量、校力)讲的"校"都读 jiào,而不读 xiào。

教工(别于"教员""教职员")jiàogōng

学校里的教员、职员和工人的统称。"教工"和"教员"不同,"教员"仅是指担任教学工作的人员(即教师)。"教工"和"教职员"也不同,"教职员"是学校里的教员和职员的合称。教工、教员、教职员三者所指范围有不同。

教师(≠老师)jiàoshī

担任教育教学工作的专业人员。如:人民教师、他是大学教师。"教师"不等于"老师"。"教师"只限于教育工作者,具有庄重、文雅的色彩,常见于书面语;"老师"是学生对教师或一般人对有某种特长值得学习的人的尊称,带有尊敬、亲切的感情色彩。常见于口头语言。如:他是我的语文老师;这里的人都比我强,都能当我的老师。"老师"可用来称呼个人,如张老师、李老师;"教师"是个总称,不能这样用。但有些固定搭配的"教师"不能换用"老师"。如:人民教师、教师队伍、教师节等。值得一提的是,"老师"既然是尊称,就只能用于别人,不能用于自身,如不能说"我是×老师",因为对别人自称"老师"不免有自尊自大之嫌,

是不太礼貌的。倘若要说明自己的职业身份,可以用"我是×校教师×××"。

藠头(不能写作"荞头")jiàotou

就是薤(xiè),多年生草本植物,叶细长中空,开紫色花,地下有鳞茎,可做蔬菜,也指这种植物的鳞茎。注意:这里的"藠"不能写成"荞",荞,音 qiáo,是指荞麦(一年生草本植物,籽实磨成粉供食用)。辞书中没有"荞头"一词。

(**再**)**醮**(不能误写作"蘸")jiào

古代结婚时用酒祭神的礼。女子丧夫后再嫁叫"再醮",意思是再举行一次醮礼。改嫁叫"改醮"。上述的"醮"不能错写成蘸白糖、蘸辣椒酱、用抹布蘸点水来擦的"蘸"(zhàn)。(在液体、粉末或糊状的东西里沾一下就拿出来)

jiē

接见(别于"会见")jiējiàn

跟来的人见面。如:总理接见劳模、国家领导人接见了参加会议的全体代表。"接见"和"会见"有不同。"接见"是指级别高的官员会见级别低的,"会见"是双方级别对等的人会面。如:会见亲友、两国总理在联合国亲切会见。

接收(≠接受)jiēshōu

一指收受。如:接收信号、接收来稿。二指依法接管机构、财产、人员等。如:接收公司和公司的财产、接收敌人的武器装备。三指接纳。如:接收新生、接收新党员。"接收"和"接受"的区别是:接收的对象一般是具体的,而接受的对象可以是具体的(如接受礼品、接受捐

款）。这种情况下的"接受"有的可以换用"接收"，"接受礼品"就可说成"接收礼品"。但"接受"的对象还可以是抽象的。如：接受批评、接受考验、似是而非的观点不可盲目接受。这种用法的"接受"不能换用"接收"。

接龙（和"合龙"不同）jiēlóng

骨牌（一种牌类娱乐用具）的一种玩法，两家或几家轮流出牌，点数相同的一头互相衔接，接不上的人从手里选一张牌扣下，以终局不扣牌或所扣的牌点数最小者为赢家。通常叫"顶牛儿"（和"有话好好说，别顶牛儿""这两节课排得顶牛儿了"的"顶牛儿"——比喻双方争持不下或互相冲突有别）。"合龙"不同，是指两端同时施工的桥梁或堤坝等工程，最后在中间接合。如：大桥今日合龙。（参见"（大坝）合龙"条）

（城乡）接（合部）（不写作"结"）jiē

连接。"接合部"是说地区之间相连接的部分。人们常把城市和乡村交接的地方叫"城乡接合部"。如：这个地段处在城乡接合部，流动人口、外来人口多，垃圾、杂物随处可见。其中的"接"不能换用"结"，因为"接合部"和"结合部"的含义不同：前者强调的是连接，除了指物体上不同构件相连接的部位外，也指地区之间相连接或相邻部队衔接的地带，所指较具体，它们接合的两部分基本上还是各自独立的，只不过相接触的部分连在一起罢了；后者是指两者或数者具有紧密关系的部分，所指较抽象，强调结合在一起的各个部分成为一个整体，相互融合。如：西海固地区（指中国西部宁夏回族自治区南部的地带）是北方游牧文化与中原文化的结合部。

jié

拮据（不读 jiéjù）jiéjū

手头不宽裕，缺钱。如：手头拮据、生活拮据。注意："据"的常见读音是 jù，如据说、占据、证据、真凭实据等，但拮据中的"据"要读 jū。

桔（别于"橘"）jié

不单独用。常见的有"桔槔"（gāo）（从井里汲水的一种工具）、"桔梗"（植物名。根可做药材）两个词。注意："桔"不是"橘"的简化字。它们是两个不同的字，把橘子、橘饼、橘红色的"橘"写成"桔"就不规范，"桔"和"橘"（jú）的读音也不同。

（直）截（了当）（不能写作"接"）jié

割断。直截了当（zhíjié-liǎodàng）：形容说话、做事爽快，不绕弯子（跟"转弯抹角"相对。直截：直断；不绕弯子。了当：直爽；痛快）。如：茹志鹃《同志之间》："他认为老张回答得还是含糊，就直截了当地问……"别跟我兜圈子，有话直截了当地说吧。这里的"直截"不能写作直接办理、直接领导、直接选举的"直接"（不经过中间环节的），也不写作"直捷"。《第一批异形词整理表》已确定"直截了当"为推荐语形。

截至（和"截止"不同）jiézhì

到某个时候为止。如：截至上午十时，参观人数已超过八百；截至发稿时，洪水还在上涨。"截至"和"截止"

(jiézhǐ) 有不同。"截至"用在时间名词（上两例中的"上午十时""发稿时"）前，表示的是过程还没有停止或结束，只是在某个时点统计一下数字；"截止"是指到某个时候停止，一般用在时间名词后，表示事情到了规定的期限停止，结束。如：报名在昨天已经截止（"昨天"是时间名词），明天截止登记（"明天"是时间名词）。

jiě

解难（有二读）①jiěnán

解决困难或疑难。如：众人慷慨解囊，替他解难；老师耐心地答疑解难。②jiěnàn 解除危难或灾难。如：消灾解难、排忧解难。读音不同含义也不同。

jiè

（无远弗）届（不能写作"界"）jiè

到、到达。无远弗届：没有哪个边远的地方到不了的（无：没有。弗fú：不）。如："惟德动天，无远弗届。"（德可以感动上天，它的作用是没有哪个地方到不了的）(《书·大禹谟》) 作动词"到"讲的"届"使用频率还是很高的，如：届时务请出席（届时：到时候）、届满离任（届满：规定的任期已满）、年届六旬（六旬：六十岁）、年届九旬，等等。此"届"不能误写作"界"。"界"是名词，有地区跟地区相交的地方、范围等多个义项，就是没有"到"的意思，写成"无远弗界"无从索解。

（一）介（书生）（不能指称他人）jiè

量词。相当于"个"。一介，即一个。"一介书生"是说一个小小的读书人。如唐·王勃《滕王阁序》："勃，三尺微命，一介书生。"意思是：我王勃，三尺童子，一个小小的文弱书生（三尺：古人称不大懂事的小孩。微命：卑微的地位）。一介草民（百姓）、一介武夫（武夫：旧指军人）的"介"义同。注意："一介"往往含有渺小、微贱的意思，多用于说话人自指，有自谦的意味，用于指他人则有轻视的意味，不能随便用。"冯玉祥（爱国将领）虽是一介武夫，但深知环境保护的重要。"其中的"一介武夫"就用得不妥。

界限（≠**界线**）jièxiàn

一指不同事物的分界。如：划清敌我界限；打破行业界限，实行大协作。二指尽头；限度。如：浩瀚的沙漠似乎没有界限，殖民主义者的野心是没有界限的。注意："界限"和"界线"有相同的地方，都可用来指不同事物的分界，但以"界限"为规范词形。区别在于："界线"是指两个地区分界的线，即划定边界的标志线。如：我国东北以黑龙江为中国和俄罗斯两国的自然界线。这里的"界线"就不能用"界限"。"界线"也没有"尽头：限度"这种解释，因此，"界限"第二种解释例中的"界限"不能写作"界线"。总之，指不同事物的分界或作尽头，限度解释的用"界限"；作边界标志线讲的用"界线"。

借口（别于"借故"）jièkǒu

动词。以某事为理由（不是真正的理由）。如：他借口工作忙而忽视了身体锻炼。"借故"是副词，是假借某种原因。

如：他借故逃学。"借口"和"借故"都有假托某种原因的意思，区别是："借口"往往要说出它所"借"的理由（如前例中的"工作忙"），然后再说出其真正的目的，又如：不能借口快速施工而降低工程质量。"借故"只是虚晃一枪，并不说出这"故"是什么，而是直接说出其真实的目的，即做了些什么，如：借故推辞；他不愿意谈自己的看法，借故先走了。下面句中的"借故"就用得不对："我借故上卫生间，提前告辞了。"（应改为"借口"，要么删去"上卫生间"）另外，"借口"还有名词用法，指假托的理由。如：用种种借口推卸责任。

解元（不读 jiěyuán）jièyuán

明清两代称乡试（在省城举行的考试）考取第一名的人。这里的"解"是发送、解送的意思。在唐代，参加进士考试（科举试中最高一级的考试）的人，都是由地方发送入试的，叫做"解"（jiè），因此，科举时代的乡试也叫"解试"，故称乡试中考取第一名的人为"解元"。这里的"解"既不读 jiě，也不读解池（湖名）、浑身解数（全身的技艺、本领）、跑马卖解（骑马表演各种技艺，以此谋生）的"解"(xiè)。

（枕）藉（不读 jí）jiè

垫；衬。枕藉：（很多人）纵横交错地躺在一处或倒在一起。如：战场上敌人尸体枕藉、伤亡枕藉（伤亡的人很多，互相垫衬着）。草藉（草垫子）、藉茅（用茅草垫着）的"藉"读音同。此外，慰藉（安慰）、蕴（yùn）藉（含蓄而不显露）的"藉"也这样读。注意：上述的"藉"不读杯盘狼藉、声名狼藉的"藉"(jí)，也不能简化作"借"或误写作书籍、籍贯、学籍的"籍"(jí)。

jie

（震天）价（响）（不读 jià）jie

①用在状语与动词或形容词之间，相当于"地"。如：北风刮得震天价响、成天价学（一天到晚地学）、成天价忙。②（北方官语）用在否定副词后，加强语气。如：你别价，等等再说（别价：表示劝阻禁止，相当于"不要这样"）；甭（béng）价（不要这样。甭，北京话，"不用"的合音，表示用不着，不必）；要不价，你就别来。注意：以上的"价"不读价格、价值的"价"(jià)，也不读走价（派遣仆人）、小价、来价的"价"(jiè 旧指受派遣替人传送东西或传达事情的人）。

jīn

巾帼（英雄）（不能写作"巾国"）jīnguó

借指妇女（巾、帼：古代妇女戴的头巾和发饰）。巾帼英雄，即女英雄。如：花木兰是众所周知的巾帼英雄；"高夫人——这位在三百年前阶级斗争、民族斗争的激流中涌现出来的巾帼英雄，是值得我们缅怀、纪念的。"（江南村《漫话高夫人》）巾帼丈夫（有男子气概的女子）、巾帼不让须眉（让：逊色；亚于。须眉：指男子）中的"巾帼"写法同，都不能写成"巾国"。注意："巾帼"已包含有妇女的意思，因此，"巾帼英雄"中不能再加"女"字，说成"巾帼女英雄"就叠床架屋了。

（运）斤（成风）（不是量词）jīn

名词。古代砍伐树木的工具，同斧子类似。"运斤成风"本是庄子的寓言，按字面的意思是挥动斧头，风声呼呼。讲的是楚国郢（yǐng）都有个人在鼻尖抹了一层白粉，让一个叫石的巧匠用斧子把粉削去，石便挥动斧子顺着风势削掉白粉，那人的鼻子却丝毫无损。后来就用"运斤成风"来比喻手法熟练，技艺高超。如伍立杨《译文的尴尬》："林纾虽不懂英文，但他有一只有力的手——通英文的搭档，更为关键的是他能力扛鼎运斤成风的古文修养……"注意：这里的"斤"不作一斤、两斤的"斤"（量词）解释。《左传·哀公二十五年》："皆执利兵，无者执斤。"（他们都拿着锋利的武器，没有锋利武器的就手持斧头）中的"斤"义同。

金乌（和"乌金"迥异）jīnwū

指太阳。神话传说太阳中有金色的三足飞禽，叫三足乌，故称。如：金乌坠，玉兔升（玉兔：指月亮。神话传说月亮中有玉兔，故称）；金乌破晓，鸟喧枝头。"乌金"和"金乌"不同，是指煤；中医也用来指墨；还可用来指猪，始于唐代，因有人养猪致富而得名。

（喜结）金兰（不是姻缘）jīnlán

原指坚固而融洽的友好感情，后用来借指结拜的兄弟姐妹（金：金石，比喻坚固。兰：兰草，比喻芳香）。如：金兰之交（坚固如金属，芳香如兰花的友谊。指十分亲密的朋友或结拜兄弟）、喜结金兰、金兰之好、金兰谱（结拜兄弟时互换的帖子）、金兰簿（登记结拜兄弟姓名、年龄、籍贯的簿册）。注意："金兰"不是指姻缘，它与婚姻丝毫无关；"喜结金兰"不能理解为喜结良缘，如不能说"1960年9月，邵华与毛泽东之子毛岸青喜结金兰"。（应改为"喜结良缘"或"喜结连理"）"金兰之好"（比喻经久不渝，十分融洽的交情）和"秦晋之好"（泛指两家联姻）的含义也不同。

jǐn

尽自（和"自尽"迥异）jǐnzi

（方言）副词。老是；总是。如：他尽自干活，不说一句话；要想办法克服困难，别尽自诉苦。这里的"尽"不读jìn。"自尽"完全不同，是指自杀。如：投河自尽。这里的"尽"读jìn，指死亡。

尽量（有二读）①jǐnliàng

副词。表示动作行为力求达到最大限度（尽：力求达到最大限度）。如：字要尽量写得工整些，明天尽量早一些动身。②jìnliàng 动词。表示达到最大限度（多指酒量、饭量）。如：饭要吃饱，酒不要尽量。这里的"尽"是达到极点的意思。下面句中的"尽量"读音有误："荔枝虽好吃，但不可尽（jǐn）量。""老师叫我们尽（jìn）量多发动些人来参加这次活动。"（两个读音应互换）

jìn

进行（和"举行"有别）jìnxíng

①行进；前进。如：进行曲。②从事（某种持续性的活动）。如：进行讨论、工作进行得很顺利。"举行"也有进行（某

种仪式、集会、比赛等）的意思。它们的区别是："举行"可带名词宾语，"进行"不能。如可以说"举行画展""举行座谈会""举行婚礼"，其中的"举行"不能换用"进行"；"举行""进行"虽然都可带动词宾语，但选择有不同，如可以说"举行展览"，不能说"进行展览"；可以说"进行讨论""进行核实"，不能说"举行讨论""举行核实"。

（令行）禁（止）（不是"不许可"） jìn

不许从事某项活动的法令、规章或习俗。"令行禁止"是说有令必行，有禁必止，即命令颁布后立即执行，禁令发出后立即停止。形容执行命令坚决迅速。如：学校必须做到令行禁止，杜绝乱收费现象。违禁、解禁、入国问禁的"禁"义同。这些"禁"都是作为一个名词来使用的，指法令或习俗禁止做的事，和作动词用的禁赌、严禁烟火、禁放烟花爆竹的"禁"（禁止）不同。

jīng

（满腹）经纶（不能误写作"经伦"） jīnglún

整理过的蚕丝（经：治理。纶：指蚕丝）。引申为才学或政治才能。满腹经纶：比喻富有政治才能或很有学问。如：诸葛亮是一位满腹经纶、足智多谋的奇人；让满腹经纶、一把年纪的教授去端盘子，如何体现尊重知识、尊重人才？注意：经纶中的"纶"是"纟"旁，不能误写作伦理、语无伦次、天伦之乐、拟于不伦（用不能相比的人或事物来打比方）的"伦"。辞书中没有"经伦"一词，不能和"满腹"组成成语。

（漫不）经心（不能误写作"精心"） jīngxīn

动词。留意；放在心上。漫不经心：随随便便，不放在心上（漫：随便）。如：上课时，他总是漫不经心；无论干什么他都漫不经心，当然干不好。这里的"经心"不能误写成"精心"。"精心"是形容词。是特别用心，非常小心的意思，强调的是细致、认真。如：精心设计、精心护理。下面句中的"经心"和"精心"用得不妥："日本帝国主义经心策划了卢沟桥事变，悍然发动了全面侵华战争。""他仿佛是不精心地问道：'怎么样？'"（应对调）

（都）经验（过）（不是获得的知识、技能） jīngyàn

动词。亲身经历或体验。如：这种事我从来没有经验过、他经验过丧失亲人的痛苦。这里的"经验"和作名词用的"他有三十多年的教学经验""原来这是一位经验丰富的骨科医生"的"经验"（从实践中得到的知识、技能等）含义不同。

惊鸿（不是惊弓之鸟） jīnghóng

惊飞的大雁。比喻美人的体态轻盈。后用作美人的代称。如曹植《洛神赋》："翩若惊鸿，婉若游龙。"（翩：鸟儿轻盈疾飞的样子）又陆游《沈园》诗："伤心桥下春波绿，曾是惊鸿照影来。"是陆游怀念前妻唐琬的诗作，桥下春水仍泛绿波，曾映照过心中最爱的唐琬的"惊鸿"倩影，而今一切都成了过去。"惊鸿"还可用来形容迅速。如：日月如惊鸿；夕阳与朝霞，黄昏与晨曦，都是时光的惊鸿一瞥，有何区别？"惊鸿"不能和"惊弓之鸟"混淆。"惊弓之鸟"是指被弓箭吓怕了的鸟。比喻受过惊吓，遇到一点动静就特别害怕的人。如：敌人如惊弓之鸟，仓皇逃窜。

兢兢（业业）（不能误写作"竞竞"）jīngjīng

形容小心谨慎的样子。兢兢业业：本来意思是恐惧的样子，后常用来形容做事谨慎、勤恳（业业：担心害怕的样子）。如：为了全国人民——当然也包括自己在内——的幸福，我们每一个人都要兢兢业业，努力工作；他一贯兢兢业业，从不偷闲（偷懒）。战战兢兢（形容因恐惧而发抖或小心谨慎的样子）的"兢兢"形、音、义同。这些"兢"都是由两个"克"组成，不能误写作两个"竞"，"兢"也不读jìng。

精炼（和"精练"有别）jīngliàn

一指除去杂质，提炼精华。如：原油送到炼油厂去精炼，精炼石油的残留物可以导致大马哈鱼胚胎和成鱼的死亡。"精炼"和"精练"有不同。前者是指利用氧化等手段获得工业纯金属或高纯金属；又可指简练，即文章或讲话没有多余的词句。如：语言精练、文字精练。"精练"是指在印染加工中，除去纺织纤维材料里的天然杂质以提高其吸水性，目的在于使纺织纤维及其制品洁净。如：本品也适用于棉织物的退浆和精练，能使织物获得较好的效果。此外，"精练"还有久经训练而精明强干的意思。如：这是一支精练的部队。

jǐng

（背）井（离乡）（不是水井）jǐng

家乡。背井离乡：不得已离开自己的家乡，流落到外地去生活。如《三侠五义》第十八回："廿载沉冤，受尽了背井离乡之苦。"又《水浒传》第三十六回："宋江临别时，嘱咐兄弟道：我此去不要你们忧心，只有父亲年纪高大，我又累被官司缠扰，背井离乡而去。"注意：这里的"井"不是指水井，而是"井田制"的"井"。"井田制"是相传的殷、周时代的一种土地制度，就是将九百亩田作为一个基本单位，划为九个区，每区一百亩，中间一百亩属于统治者的"公田"，周围八百亩为"私田"，平均分给八家农户，因为这种划法形同"井"字，所以叫井田。后用来借指人口聚居的地方或乡里。

（陷）阱（不能误写作"井"）jǐng

用来防御敌人或捕捉野兽的陷坑。陷阱：为捕捉野兽或敌人而挖的坑。比喻害人的圈套。如：这一带丛林中多有猎人设下的陷阱，做暑期工要小心陷入传销陷阱。这里的"阱"不能误写作"井"，因为"井"是凿地而成的深洞，为的是取水饮用，其功能和"阱"截然不同。辞书中也难觅"陷井"一词。

（高山）景行（不是徜徉在美景中）jǐngxíng

大路（景：大）。比喻行为光明正大。高山景行：形容道德高尚，行为光明正大（高山：比喻高尚的道德）。如：他为人忠诚，襟怀坦荡，刚正不阿，大家都钦敬他的高山景行；只要一想起他，一种对高山景行的敬佩之情便油然而生。注意：这里的"景行"不是在美景中前行，"高山"在这里也不是实指，而是比喻，不能把"高山景行"理解为在高山的美景中穿行。要提及的是，"高山景行"是一个具有名词性质的成语，不能把它当作动词来使用，如不能说"大禹治水，三过家门而不入的赤忱，至今仍令一秉大公的仁人志士高山景行"。（一秉大公：说话做事均出以公心）这里的便把"高山景行"当作"景仰"（动词）来使用了。（可以在"高山景行"前加上"钦敬他的"四个字）

jīng

净身（不是沐浴）jìngshēn

封建社会里统治者对进入皇宫当太监的男子进行阉割。明代宦官魏忠贤无疑是净过身的。杨琏《劾魏忠贤二十四大罪疏》："忠贤本市井无赖，中年净身，夤入内地。"（夤 yín：深）这里的"净"本是佛教用语，指清除情欲。不是清洁，没有污垢或杂质。因此，不能把"净身"理解为洗去身上的污垢。

（不）胫（而走）（不能写作"径"）jìng

小腿。"不胫而走"是说没有腿却能跑（走：跑）。形容作品、消息等迅速传开。如：这位路人抢救落水儿童的消息不胫而走，一时传为佳话。注意："胫"（左边是"月"），不能误写作和它读音相同的"径"。"径"是指小路，但这个成语并不是说没有途径也传播出去了，再说，"不胫而走"是一个结构固定的成语，不能随意改动，辞书中也没有"不径而走"的成语。

竟（曰）（不能写作"竞"）jìng

形容词。自始至终；整个。竟日：终日；整天。如：竟日不出门、何竟日默默无言？（何：怎么）这里的"竟"（中间是"曰"）不能误写作"竞"（中间是"口"）。"竟""竞"的区别是，有下面解释的用"竟"：①完毕。如：未竟的事业。②自始至终；整个。③终于。如：有志者事竟成。④出乎意料。如：真没想到，在《中国姓氏统计》的"新百家姓"中，竟也有"死"这个姓。"竞"主要作比赛或争着做某事讲。如：竞赛、竞选、竞相支援。

jiǒng

泂（别于"洞"）jiǒng

形容远，又形容水清深广阔的样子。如：泂酌（远处取水；后也指薄酒）、泂泂（清澈深邃的样子）。还作地名用字。如：诗泂镇（在广东）。"泂"（右边是"冋"）不要误写作"洞"。"洞"的常见读音是 dòng，如山洞、漏洞、防空洞。某些场合读数字时还可代替"O"，如洞拐（07），我是洞幺（01）。"洞"作地名用字（如：洪洞，在山西）时，要读 tóng。

炯炯（有神）（不能误写作"烔烔"）jiǒngjiǒng

（目光等）明亮。"炯炯有神"是说目光明亮有神。如郑振铎《黄公俊之最后》："炯炯有神的眼光，足够表现出他是一个有志的少年。"目光炯炯、两眼炯炯有神的"炯炯"写法、读音同。注意："炯"（右边是"同"）不能误写成"烔炀"（tóngyáng）（水名，又是地名，均在安徽）的"烔"（右边是"同"），也不能写作天高地迥、性格迥异的"迥"（jiǒng 远；差别很大）。

jiǔ

九州（不能写作"九洲"）jiǔzhōu

传说中的我国上古时期的行政区划，后用作"中国"的代称。注意：作为古代行政区划名称的"州"不能写作"洲"。现在这名称还保留在地名里，如广州、苏州、杭州、柳州等，和亚洲、欧洲、非洲、株洲、橘子洲的"洲"写法不同。（参见"株洲市"条）

久假不归（不是请了长假还没回来）jiǔjiǎ-bùguī

长期借用不归还。"久假不归"语出《孟子·尽心上》："久假而不归，恶知其非有也。"（长久地假借仁义之名而不归还，又怎么知道他们不会最终弄假成真施行仁义呢？）如：这本书本来是他从别人哪里借来的，久假不归，搬迁以后，就成了他自己的了。这里的"假"读音是 jiǎ，不读 jià，是"借"的意思；"归"是"归还"，不是"回来"。不能把久假不归错误地理解为"请了长假还没回来"。"久假不归"是早已定型的成语，约定俗成，不能把其中的"假"改为"借"。顺便一提的是，假借、假道（借路；取道）、假座（借用某个场所）、假公济私、假手于人（借助别人的手，来达到自己的目的）、天假之年（老天让他多活些年数）、假途灭虢（以借路为名而行消灭对方之实的策略。假途：借路。虢 guó：春秋时诸侯国名）、狐假虎威中的"假"和"久假不归"中的"假"音、义同，都不读 jià，也不写作"借"。

酒药（别于"药酒"）jiǔyào

就是酒曲，即酿酒用的发酵物，如用糯米饭加适量的酒药，混和均匀，盖严，保温，放置一至两天，便可发成甜酒。酒药不是酒，它本身不含酒精，不会使人酒精中毒。"药酒"不同，是指用药材浸泡而成的酒，如人参酒、蛤蚧酒等。可用来治疗慢性病。

jiù

旧雨（不是曾经下过的雨）jiùyǔ

比喻老朋友。杜甫《秋述》："秋，杜子卧病长安旅次，多雨……常时车马之客，旧，雨来；今，雨不来。"意思是说自己卧病在床，加上雨又多，凄苦中想念朋友，平时车马来来往往的客人中，旧朋友，下雨也来；新朋友，下雨就不来了。后人就把"旧"和"雨"连用作老朋友讲。如：旧雨重逢；旧雨新知，欢聚一堂（新知：新结交的朋友）。注意：①"旧雨"和"今雨"相对，"今雨"是指新朋友。②"新雨"也可比喻新朋友。如：旧知新雨。但新雨还用来指初春的雨，刚下过的雨。③"雨"本身并无"朋友"这种解释，不能说"他是我的好雨"，只有在"雨"前加上"旧"或"今"才可表示旧友新朋。

旧年（≠去年）jiùnián

指农历新年，现在叫春节。如：我们这里过旧年非常热闹。在吴、赣、粤等方言中，"旧年"还用来指去年（今年的前一年），如说"旧年这个时候，我还在大学读书呢"。"旧年的雨水比今年多"。我们现在说的"去年"只指今年的前一年，却没有"春节"的意思。

（既往不）咎（不能写作"究"）jiù

追究罪过；责备。既往不咎：对以往的错误不再责备（既：已经）。如：对来降者，一概既往不咎。归咎（把罪过归到别人身上）、引咎辞职（自己承担过失的责任，并主动辞职）、咎由自取中的"咎"写法同，都不能写作"究"。既往不究中的"究"确实也含有"追究"的意思，但既往不咎这个成语已定型，按成语的规范性要求，不能把"咎"改为"究"，况且"究"（jiū）和"咎"的读音也不全相同。

就诊（和"应诊"有别）jiùzhěn

就医，就是病人到医生那里请他治病（就：到）。如：他常到这家医院就诊，她急切盼望能找一位名医就诊。"应诊"不同，是说接受病人，给予治疗（应：满足要求；允许；接受）。如：前来应诊的病人络绎不绝，节假日照常应诊。"就诊"和"应诊"的区别是：前者指病人找医生看病；后者指医生给病人治病，二者不能混淆。下面句中"就诊"用得不对："他开了一家药铺，每天坐堂就诊，兼营中药。"（应改为"应诊"）

就任（和"就任于"有别）jiùrèn

到任：到工作岗位担任（某种职务）。这里的"就"是到、开始从事的意思。如：就任校长、就任国家主席。"就任"和"就任于"不同。"就任"后面可以直接跟职务（如上例的"校长""国家主席"）；"就任于"后面不能直接跟职务，常跟的是提供某一职务的机构（作为介词的"于"在这里相当于"在"，后面常跟表示处所、时间的名词）。如：就任于清华大学、就任于国务院办公厅。如果要在机构后面加具体职务就只能用"就任"。如：就任清华大学校长、就任国务院办公厅主任。

jū

且月（不读 qiěyuè）jūyuè

指农历六月。凡指农历六月和语气助词（用在句末，表示感叹，相当于"啊"）的"且"，如"匪我思且"（不是我想念的啊）"狂童之狂也且！"（你这个傻家伙中的傻家伙啊！）或人名用字，如范且（即范雎）、夏无且（战国时秦王御医）的"且"都读 jū，而不读 qiě。

鞠躬（尽瘁）（不是弯身行礼）jūgōng

形容小心谨慎的样子。鞠躬尽瘁：小心谨慎，贡献出全部力量（尽瘁：竭尽劳苦）。如：鞠躬尽瘁，死而后已（小心谨慎，尽力去做，一直到死为止）；周总理为人民鞠躬尽瘁。注意：这里的"鞠躬"是形容词，和作动词用的鞠躬致谢、他向老师深深地鞠了个躬的"鞠躬"（弯身行礼）有不同。瘁，音 cuì，是劳累的意思，不能误写作纯粹的"粹"，已，音 yǐ，是停止的意思，不是自己的"己"。

jǔ

弆（别于"弃"）jǔ

收藏。如藏弆、邵长蘅《八大山人传》："亦喜画水墨芭蕉、怪石……人得之，争藏弆以为重。"注意："弆"和放弃、弃权的"弃"形、音、义都不同。

柜柳（不读 guìliǔ）jǔliǔ

落叶乔木。木材轻软，可制家具。也叫枫杨、元宝树。这里的"柜"不读柜台、衣柜、柜员机的"柜"（guì）

咀（和"嘴"不同）jǔ

嚼。如：咀嚼、含英咀华（口中含着花儿，慢慢咀嚼。比喻细细琢磨、体味诗文的精华。英、华：指香花的花瓣）。注意："咀"不是"嘴"的简化，它们是两个不同的字。前面的"咀"不能写作"嘴"。嘴巴、嘴角、茶壶嘴等"嘴"也不能写成"咀"。宁夏有个石嘴山市，而不是石咀山市；但香港尖沙咀（地名）的"咀"和"嘴"（zuǐ）的读音同，这是特例。

举火（不是举着火把）jǔhuǒ

一指点火。如：举火为号；昼则举烽，夜则举火。（烽：烽火。古时遇敌人来犯，边防人员报警点的烟火）。二是专指生火做饭。如旧俗寒食节三日不举火。（清明节前一天为寒食节，古人从这一天起，三天不生火做饭，所以叫寒食。寒食不举火，意即禁火）"举火"不能理解为"举着火把"。

（一）举（成名）（不是举动）jǔ

科举及第。一举成名：原指科举考试中了进士就名扬天下。现泛指一下子就出了名。如明·范受益《寻亲记·训子》："若得你一举成名，那时呵，谁不来敬你！"经过数年的艰苦努力，他终于一举成名，夺得了全国100米短跑冠军。这里的"举"和壮举、创举、一举两得、一举一动的"举"（动作；行为）含义不同。

举（一男）（不是"举起"）jǔ

生育。"举一男"就是生了一个男孩。"举"有多个义项：向上伸或托、举动、兴起、推选、提出等。举一男中的"举"都与这些义项无关，和举座（所有在座的人）、举国上下、举世公认的"举"（全）含义也不同。

jù

（医学）**巨擘**（不能写作"巨臂"）jùbò

大拇指（擘：大拇指）。比喻在某一领域最杰出的人物。如数学巨擘、文坛巨擘、昔日巨擘皆成故人（故人：死去的人）。"擘"（下边是"手"）不能误写作手臂的"臂"（bì）或引擎、擎天柱、众擎易举的"擎"（qíng）。擘划（筹划、安排）、擘窠书（扁额、招牌上写的大字），擘肌分理（分析事理极为精细）中的"擘"写法同。

具体（而微）（不是"明确；不笼统"）jùtǐ

具备形体。具体而微：内容大体具备，而形状或规模较小。如："所谓五千年文物之精美，这里多少还具体而微保存着一些。"（茅盾《成都——"民族形式"的大都会》）"今成皋、陕西大涧中，立土动及百尺，迥然耸立，亦雁荡具体而微者……"（现在成皋、陕西的大山涧里，直立的土峰往往高达百尺，高高地耸立着，也可以算是具备着同样形态而体积较小的雁荡山……）（沈括《梦溪笔谈·雁荡山》）。注意：这里的"具体"不作"明确，不笼统"（跟"抽象"相对）讲，和"开会的具体时间还没有确定""把事情的经过说得具体些"的"具体"含义不同。"具体而微"也不能理解为微小。不值一提。如不能说"这不过是具体而微小的事，何必计较"。其中的"具体而微"应改用"区区"，并去掉"的"。"区区"有"小、少、微不足道"的意思。

虡（和"虚"迥异）jù

古代悬挂钟或磬（qìng）的架子两旁的柱子（钟：金属制成的响器。磬：古代打击乐器）。如：簨（sǔn）虡（古代悬挂钟磬的架子，横杆叫簨，直柱叫虡）。"虡"和空虚、虚心的"虚"形、音、义都不同。

（虎）踞（龙盘）（不能写作"据"）jù

蹲或坐。虎踞龙盘：像虎一样蹲着，像龙一样盘着。形容地势雄伟险要。常特指南京。如毛泽东《人民解放军占领南京》："虎踞龙盘今胜昔，天翻地覆慨而慷。"这里的"踞"不能写作"据"，不是占据的意思。"虎踞龙盘"可以说成"龙盘虎踞"，但不能写作"虎踞龙蟠"或"龙蟠虎踞"。

juān

（细大不）捐（并非捐助）juān

舍弃，抛弃。细大不捐：小的大的都不舍弃。形容兼收并蓄。如唐·韩愈《进学解》："贪多务得，细大不捐。"（贪多务得：形容学习欲望强，务求尽量多地获得知识）捐生（舍弃生命）、捐弃前嫌（抛弃过去的嫌隙、怨恨）的"捐"义同，和捐献、捐钱的"捐"意思不同。"细大不捐"不能理解为某个人很吝啬，大小财物都不愿意捐献。

jué

决计（≠决意）juéjì

"决计"和"决意"都有表示主意已经打定的意思，在这个意义上，它们可通用。如：他决计（决意）明天一早就出发；既然决计（决意）要走，我也不好留你了；他决计（决意）出国深造。不同的是，"决计"还表示十分肯定地判断，相当于"一定""必定"。"决意"没有这种用法。如：这话只要是他说的，决计没错儿；他这样一意孤行，决计没有好下场；这局面决计无法再收拾。其中的"决计"都不能换用"决意"。

决非（和"绝非"不同）juéfēi

动词。（主观上认定）肯定不是（决：一定；必定）。如：决非有意刁难；我说的话是算数的，决非儿戏。"绝非"和"决非"读音同，也是动词，同样有绝对不是的意思（绝：绝对；完全）。区别是："决非"强调的是主观态度；"绝非"强调的是客观上的绝对不是，词义较"决非"更重，否定的内容更加没有回旋的余地。如：煤矿累累出现伤亡事故绝非偶然，杂技演员如此娴熟的车技绝非短时间能学会的。

决（不罢休）（不能用"绝"）jué

一定。如：决不罢休（罢休：停止）、决不反悔、决不食言（食言：失信，说了话不算数）、决无二心（二心：不忠实的念头；异心）。这些用在否定词前面的"决"和用在否定词前面的"绝"词性相同，都是副词。"绝"是绝对、完全的意思。它们的意义和用法相近。区别是："决"强调的是主观上强烈的决心；"绝"强调的是客观上必定如何，排除其他可能性。如：绝不可能、绝不允许、绝无此事。下面句中的"决不"和"绝不"就不能对调："遇到困难决不退缩""天是绝不会塌下来的"。

决意（和"绝意"不同）juéyì

表示拿定主意（决：坚定；坚决）。如：他决意出国留学、我决意明天就走。"绝意"和"决意"音同义殊，"绝意"有断绝某种心愿的意思（绝：断绝）。如：明朝广东潮汕文状元林大钦在京城从政只三年，见朝廷腐败，便以"母亲年迈生病无人奉养"为由，辞官回乡，从此绝意仕途（指做官的道路）。这里若用"决意"，便成了他下定决心要去当官，明显与他要辞官回乡的原意相悖。

角（色）（不读jiǎo）jué

"角"是多音字，有二音：jué 和 jiǎo。有以下解释的要读 jué。①较量；竞赛。如：角斗、角逐、发生口角（此"口角"指吵嘴。和指嘴角的"口角 jiǎo"不同）。②戏剧或电影、电视中，演员扮演的剧中人物。如：他在这出戏里扮演什么角儿？主角、配角。③戏曲演员专业分工的类别或比喻社会生活中的某一类人。如：旦角、丑角、在这次抗洪抢险战斗中他扮演了极不光彩的角色。④泛指演员。如：名角、坤角（旧时指女戏曲演员）。此外，指古代一种盛酒的器具——"角"，或古代五音（宫、商、角、徵、羽）之一的"角"（相当于简谱的"3"）也读 jué。可见，动词中的"角"要读 jué；而名词中的"角"有的读 jiǎo（如：号角、角度、角落、锐角，等等），有的读 jué，其中和演员有关的词语，一律读 jué。有人把角色、主角、名角的"角"读作 jiǎo，是不对的。

绝无仅有（不是完全没有）juéwú-jǐnyǒu

形容极其少有。如：从十多层高的楼上掉下来，竟能奇迹生还，也算是绝无仅有的了；一部黑白电视机，两张破床，算是他家绝无仅有的财产了。"绝无仅有"所表示的是"仅有"（极少有），而不是"绝无"（完全没有）。极其少有不等于完全没有，试比较"'绝无仅有'的误用，也许并非绝无仅有"和"'绝无仅有'的误用，也许并非完全没有"就可以看出，前者是说误用"绝无仅有"的人不在少数，后者是说误用"绝无仅有"的人也有，但不多。下面句中的"绝无仅有"用得不妥："可以断言，所有大大小小的知识分子，没有得到这位'不说话的老师'指教的，绝无仅有。"（显然，这里是把"绝无仅有"理解为"完全没有"的意思了。按文意，可改用"绝对没有"）

绝口（别于"决口"）juékǒu

一指住口（用于"不"之后。绝：断

绝）。如：赞不绝口、骂不绝口。二指闭上嘴绝对不说（用在"不"之前。绝：绝对）。如：要他说，他却绝口不说；对这件事，他绝口不提。"决口"不同，是：①动词。指（河堤）被冲出缺口。如：这段堤坝曾多次决口。②名词。堤岸被水冲垮后形成的缺口。如：赶紧堵住决口。这里的"决"是指大水冲垮（堤岸）。

倔强（**不能读** qūqiáng **或** juèqiáng）juéjiàng

性情刚强而又固执。如曹禺《日出》："你这个人太骄傲，太倔强。"这个人脾气太倔强，谁的话也听不进去。这里的"倔"不能读 qū（"倔"没有这个读音），也不能读倔脾气、倔头倔脑（脾气倔、态度生硬）的"倔"（juè）；"强"不读 qiáng 或勉强、强迫、强词夺理、强人所难（勉强别人做不愿做或难做的事）、牵强附会（把关系不大的事物勉强地扯在一起，勉强凑合）、强颜欢笑（勉强地在脸上做出欢笑的样子）、强解事（不懂事而自以为懂）的"强 qiǎng"。

厥（**功至伟**）（**不能用"居"**）jué

其；他的。厥功至伟：他的功劳不小。如"五四"时期，大学者刘半农（1891—1934）先生把一个几近死亡的"她"（古文"姐"字，古代四川方言称母亲叫"姐"。这个作为"姐"的异体字的"她"，以后便在字书中逐渐消失）字复活，作为女性第三人称代词，在汉字发展史上，厥功至伟；科学家们厥功至伟，为祖国的航天事业作出了巨大贡献。厥后、大放厥词（大发议论）、克尽厥职（能够忠于职守，做好自己的本职工作）的"厥"义同。这些"厥"和昏厥、惊厥的"厥"（晕倒；气闭）含义不同，也不作"才；乃"讲。"厥功"不能写作居功自傲（自以为有功而骄傲自大）、居功自恃（仗恃自己有功，把它作为捞取好处的资本）的"居功"，因为"居功"是贬义词，自以为有功的意思。

矍铄（**不能用于年轻人**）juéshuò

形容老年人很有精神的样子。如：她年近九旬，但精神矍铄，明净而刚毅的眼神不减当年。注意："矍铄"一词只能用来形容老年人精神饱满，有神采，不能用于年轻人。其中的"铄"（左边是"钅"），不能误写作闪烁、繁星烁烁的"烁"（光亮的样子）。

jūn

军座（**和"钧座"有别**）jūnzuò

军长（座：旧时对高级长官的尊敬称呼）。又有处座（处长）、局座（局长）等称呼，这些"座"不是指座位或器物的底托，也不是量词。写作"坐"也不对。"钧座"和"军座"有不同，尽管它也是旧时对长官的称呼，但不限于军长（钧：旧时用作对尊长或上级的敬词。多用于书信或口语）。如："钧座为地方长官，似应一查真相。"（徐特立《致张敬尧的公开信》）

军令如山（**不能说"军令如山倒"**）jūnlìngrúshān

军事命令极为严肃，像山一样不可动摇，必须坚决执行。如姚雪垠《李自成》二二章："哼！汝等只知刁明忠来襄阳原为探母，情有可原，却忘记军令如山，凡不听约束者斩无赦。"（汝等：你们）。春节期间，正在探亲的老李突然接到部队命令，要他马上回部队执行任务。军令如山，他二话不说，立即告别妻儿登上了南下的列车。注意："军令如山"不能说成"军令如山倒"，"山倒"固然有不可阻挡的一面，但毕竟是一种崩溃的形象，失败的形象，这样，"军令"的权威则尽失矣！俗语中倒有"兵败如山倒"的说法，形容军队打败仗后，士气低落，指挥失控，像山体崩塌一样，局面不可收拾。这里用"山倒"恰到好处。"病来如山倒"的说法如是。

龟裂（**不读 guīliè**）jūnliè

指田地等裂开许多缝子，出现许多裂纹。如：久旱不雨，田地龟裂。注意：皮肤因受寒过分干燥而开裂，辞书中也有用"龟裂"的。《现异》有说明："'龟裂'只表示土地等裂开许多缝子；表示皮肤因寒冷、干燥而开裂，宜以'皲裂'为推荐词形。"如：足跟皲裂。（皲 jūn：皮肤因寒冷或干燥而裂开）凡表示裂纹、裂口的"龟"都读 jūn，不读 guī。无疑"龟裂"的"龟"要这样读，又如：不龟手（使手不冻裂）、"手龟笔退不可捉。"（手的皮肤冻裂，连笔都拿不住了）(范成大《次韵李子永雪中长句》) 其中的"龟"也这样读。（注："不龟手""手龟笔退不可捉"中的"龟"现在要写作"皲"。）

君命（和"军令"**迥异**）jūnmìng

国君的命令（君：国君）。如："将在外，君命有所不受。"意思是将（jiàng）虽然受命于君，但是有时候国君的命令也可以不接受。（因为打仗时情况千变万化，必须根据当时的具体情况随机应变。将：军队的统帅）"军令"完全不同，是指军事命令，是由军队的指挥官发出的。如：军令如山（军事命令像山一样不可动摇，必须坚决执行）、军令状。这里的"军"是指军队的指挥官。前例中"将在外，君命有所不受"的"君命"往往会被误写作"军令"，是不对的。因为发出命令的是"将"，而不是"君"，总不能连自己发出的命令都不接受。

（千）钧（一发）（**不能误写作"钓"或"钩"**）jūn

古代重量单位，30 斤为 1 钧。千钧一发：一千钧的重量吊在一根头发上。比喻情况万分危急。如：眼看小男孩就要被车撞上了，在这千钧一发之际，他一个箭步冲上去，把小男孩拽了回来。雷霆万钧（形容威力极大）中的"钧"写法和含义同，注意：①这里的"钧"不是指制陶器用的转轮。②"钧"（右边是"勻"）不能误写作钓鱼的"钓"（diào）或秤钩的"钩"（gōu）

jùn

竣（工）（**不能写作"峻"或"浚"**）jùn

完毕。竣工：工程结束；完工。如：提前竣工、即将竣工。"竣"（左边是"立"）和险峻、崇山峻岭、严刑峻法的"峻"（指山又高又陡或作严厉讲）或疏浚、浚河、浚泥船的"浚"（疏通水道；挖深）读音虽同，字形和字义不同。

K

kǎ

咯（血）（不读 gē）kǎ

用力使东西从咽喉或气管里出来。咯血（解释略）、把痰咯出来、瓜子皮贴在喉咙里咯不出来中的"咯"读音同，都不读咯噔（皮鞋踏地或物体撞击等声音）、咯嗒（母鸡下蛋后的叫声）、咯吱（竹、木等器物受挤压发出的声音）等的"咯"（gē），也不读"当然咯""别生气咯"的"咯"（lo）（用法同"了 le"）或"吡咯"（bǐluò）（有机化合物，可制药品）的"咯"。

kāi

开除（和"除开"迥异）kāichú

动词。将成员从组织或单位中除名。如：开除党籍、开除两名学生。"除开"不同，一般作介词用，有"除了"的意思，既可表示所说的不计算在内（如"这条山路，除开他，谁也没走过"），又可表示在什么之外，还有别的（如"他除开写小说，有时也写诗"）。"除开"有时也作动词用，有"除尽"的意思。如：除得开、除不开、4 能被 2 除开。和"开除"的解释完全不同。

开禁（不是开始禁止）kāijìn

解除禁令。如：部分城区已开禁燃放烟花爆竹、部分查禁书籍已经开禁了。注意：这里的"开"是解除的意思，和开学、开工、开演的"开"（开始）含义不同。"开禁"不能理解为"开始禁止"。"部分城区已开禁燃放烟花爆竹"是说"部分城区已允许燃放烟花爆竹"，"某市近期开禁电动自行车"是说"某市不准电动自行车行驶的禁令已经解除"。倘若把其中的"开禁"解释为"开始禁止"意思就反了。

开司米（不是"米"）kāisīmǐ

英语音译词。原指克什米尔地方所产的山羊绒毛，现也泛指一般羊绒或用羊绒制成的毛线、毛织品。如：开司米围巾、开司米外套。注意："开司米"并不是指某种稻谷碾出来的米。

开外（表年龄和表距离的用法不同）kāiwài

名词。表示大于某一整数的约数（多用在数量词后边，一般用来说明年龄或距离）。如：这位老人年纪总有七十开外了吧；五十里开外；大雾弥漫，五步开外，就什么也看不清了。注意：表示年龄，限于二十以上的成十的数。可以说"三十开外""七十开外"，不能说"十岁开外""五十五岁开外"；表示距离，限于成十的数或五。可以说"五米开外""三十米开外"，不能说"六米开外""三十二米开外"。

开先河（和"开河"不同）kāixiānhé

首先开创（或倡导）（先河：倡导在先的事物。古人认为黄河是海的源头，所以祭祀时先祭黄河，后祭海，表示重视根本，故称）。如：他主演《茶花女》等西洋名剧，开国人演话剧之先河；1920 年，首批三名女学生入北京大学读书，开高校男女同校之先河。"开河"不同，是指河流解冻或开挖河道（供航行或灌溉之用）。如：黄河开河了、开河的工程很大。注意："开先河"已含有"首先"的意思，不宜在它的前面再加"首"字，如不能说"鲁迅先生的短篇小说首开了现代白话小说的先河"。

开怀（和"开怀儿"迥异）kāihuái

形容词。敞开胸怀。比喻内心无拘无束，十分畅快。如：开怀畅饮、乐开了怀。"开怀儿"完全不同，是动词，作口语用，指妇女第一次生育。如：她二十九岁才开怀儿、没开过怀儿（没生过孩子。）

kǎi

凯旋归来（没有语病）kǎixuánguīlái

"凯旋归来"和"凯旋"的意思一样，都作胜利归来讲。本来"凯旋"已包含有"归来"的意思，再加上"归来"，字面上看是词语重复了，但这种"重复的词语"——"归来"我们称它为羡余成分。这种语言中的羡余现象是常见的，如互相交流（"交流"本来就有"互相"的意思）、悬殊很大（"悬殊"本来就包含有"很大"的意思）、免费赠送、高声喧哗，等等。这种羡余表示法有积极作用，读起来朗朗上口，还能突出重点，强调情态，是符合表达习惯的，不能视为语病。它和纯属蛇足的"第一首富""中国汉奸""巾帼女英雄""特别的殊荣"毕竟有不同。

kài

（同仇敌）忾（不能读 qì）kài

愤恨。同仇敌忾：怀着相同的愤怒和仇恨一致对敌。如：全国人民同仇敌忾，奋勇抗敌。注意："忾"只有 kài 的读音，不能读 qì。

kān

（不）刊（之论）（不是刊登、发表）kān

削除；修改。不能改动或磨灭的言论叫"不刊之论"。如：这篇文章是好，但也不能说就是不刊之论。在纸张发明之前，古人便把文章写在竹简、木牍上，如有修改，就用刀子把错误的地方刮去，然后重写。"刊"就是削除刻错了的字，"不刊"就是不可更改。注意：这里的"刊"不能错误地理解为"刊登""发表"；把"不刊之论"当作贬义词，说成是不能刊登发表的言论，就大错特错了。

看（守所）（不读 kàn）kān

监视；看管。凡是有守护照料或监管、监视意思的"看"都读 kān，不读 kàn。如：看管、看家、看青（看护快要成熟的庄稼，防止被偷或被动物损害）、看护病人、看押犯人、把这个小偷先看起来。"看守所"中的"看守"是看管监视的意思，所以也这样读。

kǎn

砍价（≠侃价）kǎnjià

买卖东西时买方要求卖方在原有价格上削减一部分。如：她看中了一件上衣，正和老板砍价。"砍价"是买方在原定价格的基础上要求降价，是买方的行为，这里的"砍"有削减的意思；"侃价"不能和读音相同的"砍价"相混,"侃"本是闲谈、闲聊的意思,这里相当于"论"。"侃价"是讨价还价,你开价,我还价,一来一往的"侃",是买卖双方的共同行为。如:一些出租车不按计价收费,随意侃价。"砍价"和"侃价"的使用要根据具体场合来考虑。"双方正在侃价"说成"双方正在砍价"似有不妥。

侃（大山）（不能写作"坎"）kǎn

闲扯;聊天。"侃大山"是北京土话,就是谈天说地,闲聊,和"神侃"(神聊)义同。如:他们一有空就凑在一起侃大山。这里的"侃"和侃侃而谈的"侃"(理直气壮,从容不迫)、调(tiáo)侃的"侃"(用言语戏弄;调笑)、他们那伙人的侃儿我们听不懂的"侃"(隐语;暗语)解释不同。"侃大山"本可以写作"砍大山",《现异》有说明:"'侃大山'构词理据强于'砍大山',通用性也占绝对优势,宜以'侃大山'为推荐语形。"但无论如何,都是不能写作"坎大山"的。

kàng

亢旱（和"抗旱"迥异）kànghàn

大旱(亢:过度;极;很)。如:亢旱成灾;这个地区长久亢旱,粮食歉收。"亢旱"和"抗旱"音同义殊。亢旱是形容词,侧重指旱灾的程度严重;"抗旱"是动词,指在天旱时,采取措施使农作物不受或少受损害。侧重指抵抗旱灾的行为。如:抗旱夺丰收、动员全民抗旱。

抗生素（不说"抗菌素"）kàngshēngsù

某些微生物或动植物所产生的能抑制或杀灭其他微生物的化学物质。如抗菌用的青霉素、链霉素等。"抗生素"旧称"抗菌素",这种说法不规范,因为它不仅能够抗菌(抑制细菌生长或杀灭细菌),有的还能抗真菌、抗病毒,甚至抗肿瘤,所以用"抗生素"这一名称才能真正反映它的科学概念和本质属性。

kǎo

考问（别于"拷问"）kǎowèn

为了考查而提问,为难倒对方而提问(考:为了解对方的知识或技能,提出问题让对方回答)。如:你这是有意考问我、他真被我考问住了。"拷问"和"考问"音同义不同。"拷问"是拷打审问(拷:用棍棒打犯人,泛指用刑具逼供)。如:严刑拷问;无论敌人怎样拷问,他也不说一个字。要注意的是,随着社会的进步,严刑拷打不再提倡,在法律上更是明令禁止。"拷问"的"拷"在含义上已虚化,拷问也从特指的拷打审问扩大到了一般意义上的"批判""审问",搭配对象由具体的人扩大到了抽象的精神对象。如可以说"拷问人格""拷问良心""拷问灵魂""拷问历史"等。总之,一条明确的界限是,若提问的人认为被问者有过失,该批判,就用"拷问";反之,则用"考问"。

考妣（≠怙恃）kǎobǐ

(死去的)父亲和母亲(考:称死去的父亲。妣:称死去的母亲)。如:如丧考妣(像死了父母一样的伤心和着急)。"怙恃"(hùshì)除了有依仗,凭借(如:怙恃手下人多,便蜂拥而上)的含义,也可用来借指父母。如：少失怙恃、怙恃双亡。和考妣不同的是，它是指健在的父母。顺便提及的是，"椿萱"（chūnxuān）也可用作父母的代称。如"椿萱并茂（比喻父母都健在）、堂上椿萱雪满头（父母亲已经满头白发，年纪很老了）"。"椿萱"指的也是仍然在世的父母。如丧考妣、椿萱并茂都是成语。已约定俗成，其中的"考妣"和"椿萱"不能用"怙恃"去替代。

kē

(不落) 窠臼（不能写作"巢臼"）kējiù

动物的窝和舂米的臼。比喻一成不变的旧格式、老套子。不落窠臼：比喻不受陈旧格式束缚，有独创性。如《红梦楼》七六回："这'凸''凹'二字，历来用的人最少，如今直用作轩馆之名，更觉新鲜，不落窠臼。"这部电视连续剧手法新颖，不落窠臼。注意：其中的"窠"和巢穴的"巢"字形相似，意思也相近（洞中做的窝是"窠"，树上做的窝是"巢"），但历来只有"不落窠臼"的成语，而无"不落巢臼"的说法。

kě

可圈可点（不含贬义）kěquān-kědiǎn

文章精彩，值得加圈加点，比喻表现出色，值得赞美。如：影片中男女主角的表演都可圈可点、奥运会上中国跳水健儿的表现可圈可点。"可圈可点"本是说古人读书，读到精彩的地方，就加上圈或点，表示赞美，可见它是个褒义词语，不能把它理解为可以批评、可以指责，如不能说"尽管这种做法不值得提倡，甚至可圈可点，然而仍有不少人仿效"。

可（心）（不是"同意""值得"）kě

适合。可心：称心；合意。如：买了本可心的书、这件衣服很可心。可意（称心如意）、可身（衣服的肥瘦跟身材正好合适；合身）、可口、气候可人中的"可"义同。这些"可"不能理解为"同意"或"值得"，和许可、认可、可爱、可贵的"可"含义不同。

可怜见（≠可怜）kěliánjiàn

（口语）形容词。值得同情，叫人心疼。如：这孩子从小就没了爹妈，怪可怜见的。"可怜见"和"可怜"都有值得怜悯的意思，上例中的"可怜见"换用"可怜"亦可，但仍有不同，"可怜"还可作动词，是怜悯、同情的意思。如：这样的人不必可怜他，又可用来形容数量少或质量差到极点。如：少得可怜、知识贫乏得可怜。在古诗文中，"可怜"还有可爱的意思。如古乐府《孔雀东南飞》："可怜体无比，阿母为汝求。"（那姑娘非常可爱，身段和模样谁也比不上，娘去替你求婚。）这些句中用的"可怜"不能换用"可怜见"。

kè

克复（失地）（不能写作"克服"）kèfù

经过战斗夺回被敌人占领的地方。如：克复失地、克复城池。注意：有攻克收复之义的"克复"不能误写作"克服困难""克服急躁情绪"的"克服"（kèfú）。

克隆（≠复制）kèlóng

英语音译词，指人工诱导的动物无性繁殖，即经过人工操作，使动物不通过生殖细胞（精子和卵子）的结合而繁殖后代。1997年英国科学家首次利用成年动物细胞，即从一只羊身上取下一个细胞，用它造出了一只名叫"多莉"的、与原先那只一模一样的羊。"克隆"含有"复制"的意思（强调跟原来一模一样），和"复制"又有不同，因为克隆的对象是有生命的；而复制的对象是无生命的，仅指仿照原件制作或依照原样翻印、翻拍、翻录。如：把资料复制几份、这画是复制的。

克（勤克俭）（不是"战胜"）kè

能够（第二个"克"同）。"克勤克俭"是说既能勤劳，又能节俭。如：克勤克俭是中华民族的优良传统。不克前往、克尽厥（jué）职（能忠于职守，完成任务）、克绍箕裘（比喻能继承先辈事业。绍：继承。箕裘 jīqiú：畚箕和皮衣，比喻祖先的事业）、"靡不有初，鲜克有终"（任何事情都有个开头，但很少能到终了。用来告诫人们做事要善始善终。靡 mǐ：无，没有。鲜 xiǎn：少）(《诗经·大雅·荡》)。又柳宗元《贞符序》："不克备究。"（不能够完备地探究）。其中的"克"义同。这些"克"和克敌制胜、攻无不克的"克"（战胜；攻取）含义不同；和克期完成、克日完稿的"克"（限定；约定）的解释也不同；与"克化"（消化。如"吃多了不易克化"）、"这药是克食的"的"克"（消化。克食，即帮助消化食物）更不相涉。

kēi

剋（架）（不作"克"）kēi

打；打架。"剋架"是北京话，就是打架。如：两个人剋了一架。挨了一顿剋；吵着吵着，两人动手剋起来了中的"剋"音、义同。"剋"还有责骂、申斥的意思。如：他被领导狠剋了一顿。注意："剋"用于其他意义时，是"克"（kè）的繁体字，不是特殊场合，不能使用。克扣工钱、加班费被克扣了、克期完工（克期：在限定的期限内）、克日动工（克日：克期）中的"克"写作"剋"就不规范。

kěn

（中）**肯**（不是"愿意；许可"）kěn

肯綮（qìng），即指筋骨结合的地方，比喻问题的关键、要害。中（zhòng）肯：比喻（说的话）切中要害。如鲁迅《花边文学·做文章》："高尔基说，大众语是毛胚，加了工的是文学。我想，这该是很中肯的指示了。"他在大会上的发言很中肯。这里的"肯"和"首肯"（点头表示同意）"我劝说了半天，他才肯了"的"肯"（同意）含义不同，和"肯卖力气""他怎么也不肯来"的"肯"（愿意、乐意）解释也有别。中肯的"中"也不读 zhōng。

kōng

空挡（别于"空档""空当"）kōngdǎng

汽车或其他机器变速的一个位置，在这个位置上，从动齿轮与主动齿轮不相连接，不能获得驱动力，所以叫空挡。汽车等在下坡滑行、刹车后期及平地停车状态时使用该挡（区别于一挡、二挡、三挡等）。这里的"挡"是汽车等机器排挡的简称，表示速度的等级。如：他把车挂在空挡上。注意："空档"和"空挡"音、义不同。空档，音 kòngdàng，指某些事物短缺的部分。如：瞄准市场的空档，加紧生产。"空当"和"空挡"音、义也不同。空当，读音是 kòngdāng，是指空隙。如：趁这个空当儿，你赶快去跟他说说；屋子里堆满了杂物，连下脚的空当都没有。

空穴来风（不限于指"无风不起浪"）kōngxué-láifēng

本是说有了洞穴才有风进来（空：通"孔"，意为洞）。原是用来比喻出现的传言都有一定的原因或根据，如说"流言未可轻信，但空穴来风，关于她的那些传闻，怕还是事出有因吧"。而现在多用来指传言没有根据，即有无稽之谈、无中生有的意思。如：传销可以致富，纯属空穴来风，完全是骗人的鬼话。注意："空穴来风"的原意和现在的意思正相反。使用这个成语时，必须与时俱进，不能仅拘泥于旧说。还要注意"空穴"的读音，是 kōngxué，而不是 kòngxuè。

空心（有二读）①kōngxīn

物体中空或不实的。如：空心菜（蕹 wèng 菜。因茎秆中空，故称）、空心砖、空心面（区别于一般的"实心面"）。②kòngxīn 没吃东西，空着肚子。如：这种药别空心吃、空心酒（没吃东西空着肚子喝下去的酒）。

kǒng

孔（武有力）（不是"洞：窟窿"）kǒng

甚；很。孔武有力：十分勇猛而有力量（武：勇猛）。如郭沫若《少年时代·黑猫》："能够占有俘虏中最美貌的女子的人，必然是战胜者中的孔武有力的男子。"孔阳（很鲜明、很明亮）、孔怀（十分思念）、"谋夫孔多，是用不集。"（出主意的人太多，因此事情倒办不成。）《诗经·小雅·小旻》中的"孔"义同。以上的"孔"和鼻孔、毛孔、百孔千疮的"孔"（洞：窟窿），三孔土窑、一孔高产油田的"孔"（量词，用于窑洞、油井等有孔的东西）含义都不同。

孔方兄（不是人名）kǒngfāngxiōng

指铜钱（有诙谐鄙视意）。如：这种人爱的只是孔方兄；名胜古迹频频遭殃，其中一个重要原因是有的地方片面追求"经济效益"，钻进了钱眼里，唯"孔方兄"马首是瞻。秦始皇统一中国后，通行两种货币，即"上币"（黄金）和"下币"。"下币"就是铜钱，这种铜钱制成圆形，中间有方形的孔，后来便把它戏称为"孔方兄"，或叫孔方、孔兄、方兄，成了钱的另一个别号。钱又有个怪名叫"阿堵物"，还有一种说法叫"青蚨（fú）"。"青蚨"本是古代传说中的一种母子能相互感应的虫子。如果将它们母子的血分别涂在铜钱上，留下母钱，花去子钱，子钱会飞回母钱身边；留下子钱，花去母钱，母钱会飞回子钱身边。后便用"青蚨"作为钱的代称。无论是孔方兄、阿堵物还是带有神话色彩的青蚨,指的都是铜钱,只是说法不同而已。"孔方兄"不是人的名字。

kǒu

口角（有二读）①kǒujiǎo

名词。嘴的左右两端。如：口角流涎（涎 xián：口水）、口角生风（形容说话流利）。②kǒujué 动词。争吵。如：他俩经常口角,一点小事儿不值得跟人发生口角。这里的"角"是角逐、较量的意思。

口角春风（别于"口角生风"）kǒujiǎo-chūnfēng

言谈像春风吹拂,能使万物生长（口角：嘴边）。比喻替别人说好话,帮助他成事。如：得先生口角春风,一经说项（为人说好话,替人讲情）,他就不再追究这事了；他想跟着小李学绘画,你在小李面前口角春风,为他讲几句好话。"口角生风"和"口角春风"迥异,它不是成语,而是词组,用来形容说话流利。

口占（一绝）(不能误写作"口赞") kǒuzhàn

（作诗词不打草稿）随口吟诵出来（占：不起草,口头吟作）。如《西游记》："一夜无寐,口占几句俚谈,权表谢意。"（俚谈：谦语,指浅近的语句）元旦口占。"口占一绝"是说随口吟诵出一首绝句。如邓拓（当代杰出的新闻工作者）在一次病中就曾以山茶花为题口占一绝。（内容略）注意：引用别人的诗文不能叫口占。"口占一绝"也不能误写作"口赞一绝",并不是说口头赞颂某人某事在那

一方面的绝妙之处,其中的"占"和赞不绝口（不住口地连连称赞）的"赞"（zàn）形、音、义不同。

口吃（和"吃口"迥异）kǒuchī

说话时发音不由自主地重复、停顿,语气不连贯。通称结巴。如：他说话有点口吃。"吃口"完全不同,一指家里吃饭的人。如：他家在农村,吃口多,劳力少,日子过得紧巴巴。二指口感。如：这种苹果较硬,吃口略差。三指牲畜吃食物的能力。如：这头猪的吃口好,长膘快。

口碑（≠有口皆碑）kǒubēi

比喻群众口头上的称颂（碑：指功德碑。旧时对人的称颂文字有很多是刻在碑上的）,有时也指群众对一个人的口头评价。如：口碑载道（满路的人都在称道。形容到处都是群众称颂的声音）、口碑不佳。"口碑"和"有口皆碑"有不同。"口碑"是中性词,既可以称颂好的人,也可以对不好的人的评价；"有口皆碑"则是褒义成语,意为人人的嘴都是记功碑,形容受到众人的一致赞扬。如：雷锋的事迹有口皆碑；他退休后仍热心办学,对教育事业的贡献是有口皆碑的。

口内（和"口外"迥异）kǒunèi

（北京话）指胡同、街道里面。如：这家餐馆就在口内三百米处。"口外"不同,是指张家口以北的河北省北部和内蒙古自治区中部；泛指长城以北地区。也说口北。这里的"口"是特指长城的关口。口北出产的马叫"口马"。

kòu

叩头（和"扣头"迥异）kòutóu

动词。以头叩地；磕头（叩：磕头）。如：下跪叩头、叩几个响头。这里的"叩头"和"叩首"义同，只不过"叩首"带有文言色彩而已；"扣头"（kòutou）的含义完全不同，它是名词，指打折扣时扣除的金额。这里的"扣"是扣除、扣留的意思，"头"是指金钱的零头，不是脑袋。

扣压（和"扣押"不同）kòuyā

把文件、意见等扣留下来不办理（压：搁置不动）。如：扣压稿件、群众的举报信被他扣压了。"扣押"和"扣压"音同义不同，是指拘禁、扣留（押：把人拘留，不准自由行动）。如：海关扣押了一个走私犯、扣押人质、扣押赃物。"扣压"和"扣押"都有扣留的意思，区别是：前者一般作普通语文词使用，对象多指物品；后者一般用于跟司法有关的行为，对象可以是人，也可以是物。"连人带行李都被车站扣押了"的说法亦可。

扣（扳机）（不能写作"抠"）kòu

勾动、扳动。"扳机"是枪上的机件，射击时用手指扳动它枪弹便会射出，扣扳机是扳动扳机的动作。这里的"扣"不能写作"抠"（kōu），因为"抠"是指用手指或细小的东西从里往外挖（如：把掉进砖缝里的螺丝抠出来），或指雕刻（花纹）（如：一个模子抠出来的），或指不必要的深究（如：死抠书本儿）；口语中还用来形容吝啬（如：这个人真抠，一分钱都舍不得花）。它完全没有勾动的含义。

kǔ

苦功（和"苦工"不同）kǔgōng

刻苦的功夫（功：功夫）。如：下苦功学习写作；语言这东西不是随便可以学好的，非下苦功不可。"苦工"和"苦功"音同义殊。"苦工"是指条件恶劣，待遇低下的繁重体力劳动，也指从事这种体力劳动的人（工：工作；生产劳动）。如：做苦工、他在小煤窑里当苦工。

kù

（扮相好）酷（不是残酷）kù

英语音译词。潇洒有个性，气度不凡或特别时尚。如：长相酷、扮相酷、造型酷、歌唱得酷等。它和作残暴、凶狠或表示程度深的"极""极其"讲的残酷、酷刑、酷爱、酷热的"酷"了不相涉。

kuài

会（计）（不读 huì）kuài

总计。会计（管理和计算财务的工作或指担任这种工作的人）、会计师、财会、会子（南宋使用的纸币）、会计证中的"会"和作姓氏用的"会"都读 kuài，不读 huì。

快刀（斩乱麻）（不是用刀很快地）kuàidāo

锋利的刀。快刀斩乱麻：用锋利的刀切断乱成一团的麻。比喻采取果断的措施，迅速解决错综复杂的问题。如巴金《谈〈秋〉》："朋友们又接连来信催我到内地去，也有人不赞成我关在上海埋头写《秋》。最后我就用快刀斩乱麻的办法，像现在这样地结束了我的小说。"他决定用快刀斩乱麻的方法解决眼前的矛盾。注意：这里的"快"不作快慢的"快"解释，而是锋利（跟"钝"相对）的意思，因此，不能把"快刀"理解为"用刀很快地"；同样，惯用语"快刀砍西瓜"（形容动作利索，干得痛快）中的"快刀"也应该理解为锋利的刀。

kuān

宽洪（≠宽宏）kuānhóng

（声音）宽厚洪亮（洪：大）。如：宽洪的歌声、嗓音宽洪。"宽宏"和"宽洪"读音同，是指（度量）大（宏：宏大）。如老舍《二马》："据我看，中国人比咱们还宽宏，你看马老先生给马威钱的时候，老是往手里一塞，没数过数儿。"他对人历来宽宏大量。有的辞书注明：宽洪同"宽宏"。宽宏也作"宽洪"。这说明，它们又是可以通用的。但在现代汉语中，一般习惯上，指声音方面的，用"宽洪"；指人的胸怀宽阔、度量大的用"宽宏"。《现异》在这方面也有说明："由于语素'宏''洪'有差异，'宽宏'与'宽洪'在应用中也出现了差异……故宜分化处理。"

宽敞（和"宽畅"迥异）kuānchang

宽阔；宽大（跟"狭窄"相对）。如：宽敞的教室、这间窑洞真宽敞。"宽敞"和"宽畅"虽然都是形容词，但含义迥异。"宽敞"指的是（场地）的面积大，"敞"有宽阔，没有遮拦的意思；而"宽畅"（kuānchàng）则是指（心情）开朗舒畅，"畅"是舒畅的意思。如：胸怀宽畅、心中好不宽畅（好不：多么）。

kuǎn

款识（和"款式"有别）kuǎnzhì

钟鼎等器物上刻的图案和文字（款：刻。识：记号；标志）。如：伪制的紫砂壶多是在新壶上直接刻上名人的款识，或是用没有款识的旧壶，冒刻前代名人的款识。书画作品上作者题写的名字也叫款识。要注意的是，款识中的"识"不读shí，而要读zhì。题识（题写在书、画、古籍上的文字）、默而识之（把所学的知识默默地记在心中）、附识（附在文章、书刊上的有关记述）中的"识"都读zhì。"款式"和"款识"不能混淆。款式是指服装等的样式。如：款式新颖、这个书柜的款式很好。

kuàng

圹埌（不能误写作"塘埌"）kuànglàng

形容原野一望无际（圹：原野）。如：圹埌之野。"圹"不是"塘"的简化字，它们是两个完全不同的字，写法、读音都不同。圹穴（墓穴）、打圹、生圹（生前建造的墓穴）中的"圹"写法同，只不过这里是作"墓穴"讲。"埌"（右边是"良"）也不能误写作"垠"（右边是"艮"）。垠，音yín，是边际、边界的意思。如：一望无垠、无边无垠、广袤（mào）无垠的草原。

kuí

魁首（不是罪魁祸首）kuíshǒu

一指在同辈中才华居首位的人（魁：

为首的，居第一位的）。如：文章魁首（文章写得最好的人）、女中魁首（女子中才华最出众的人）、争夺魁首。二指首领。如：斩其魁首、魁首位置。注意："魁首"多用作褒义。它不是"罪魁祸首"的缩略语，不能理解为作恶犯罪的头子或指坏事的根子。下面句中的"魁首"用得不对："政治上的事往往变幻莫测，昨日的功臣，明日的魁首。""所谓'低碳'，就是降低二氧化碳排放。二氧化碳是温室气体中的主要组成部分，它是全球变暖的魁首。"（前一例中和"功臣"相对应的应该是"罪魁""元凶""罪人"之类的贬义词，后一例明显是"罪魁祸首"的误植）

（一）夔（已足）（不能误写作"夒"） kuí

人名，相传为尧舜时乐官。一夔已足：有夔这样的人，一个就足够了（就可以制乐）。后用来比喻只要是真人才，有一个就够了。如：建设有中国特色的社会主义，需要大批知识分子，那种一夔已足的旧观念必须改变。注意："夔"不要误写成"夒"（同"猱"náo，古书上说的一种猴）。其中的"已"是已经的"已"（yǐ），不是自己的"己"。"已足"是说已经足够。

kuì

（功亏一）篑（不能写作"蒉"或"溃"） kuì

竹制的盛土的筐子。功亏一篑：原意是堆土成山，只因差一筐土而不能完成（功：事业。亏：欠缺）。比喻做一件事最后只差一点而没有取得成功（含惋惜意）。如：患了这种病必须坚持服药，否则会功亏一篑；功亏一篑，令人叹息。这里的"篑"（上边是"⺮"）不能误写作和它读音相同的"蒉"（上边是"艹"。指用草编织的盛土或谷物的器具），或溃败、溃烂的"溃"，也不能读作guì。

kūn

坤表（前面不要加"女式"） kūnbiǎo

女式手表。坤：八卦之一，象征"地"（和"乾"相对），可以用来表示女性。因此，在"坤表"前面再加"女式"，就成了"女式的女式手表"，表义重复。同样，坤包（女式挎包或小手提包）、坤车（女车）、坤鞋（女式鞋）、坤角(jué)儿（旧指女戏曲演员）、坤宅（旧时称婚姻中的女家）等，它们的前面都不要加"女式"。

kǔn

壸（和"壶"迥异） kǔn

皇宫里的道路。引申指内宫，泛指女子居住的内室。如：宫壸（帝王后宫）、闺壸（闺房内室）、壸则（妇女行为的准则）。注意："壸"（下边是"亚"）和茶壶的"壶"(hú)字无论字形、字音、字义都不同，不能混淆。

L

là

(丢三）落（四）(不读 luò 或 lào) là

把东西遗留在某处，忘了带走。丢三落四：形容做事马虎或记忆力不好而好(hào)忘事。如《红楼梦》六七回："俗话说的'夯雀儿先飞'，省的临时丢三落四的不齐全，令人笑话。"（夯：同"笨"）雨伞落在菜场了；你放心，他什么也落不下中的"落"读音同。有以下两种解释的在口语中也读 là：①遗漏。如：这句话中落了一个字。②因为跟不上而被丢在后面。如：他走路总是落在别人后面。以上的"落"既不读 luò，也不读落枕、落色（shǎi）、落架（房屋的木架倒塌，比喻家业败落）、落汗（身上的汗水消下去）、落埋怨（被人埋怨）、落包涵（北京话。受埋怨或指责）、莲花落（一种曲艺。俗称落 lào 子）、捡洋落儿（方言。捡拾外国人丢弃的物品，后来也指得到意外的财物或好处）、吃挂落（方言。受连累）的"落"(lào)。

腊（有二读）①là

一指古代农历十二月合祭众神的祭祀活动。如《左传·宫之奇谏假道》："虞不腊矣。"意思是虞（yú）国等不到举行腊祭（就要灭亡）了。二指农历十二月。如：腊月（即农历十二月）、腊八（农历十二月初八日。民间在这一天有喝腊八粥的习俗）。三指腊月或冬天腌制后风干或熏干的（鱼、肉、鸡、鸭等）。如：腊肉、腊肠。②xī 干肉。如柳宗元《捕蛇者说》："然得而腊之以为饵，可以已大风……"（然而如果捉到这种蛇，把它晾干做成药饵，可以治好麻风……）"腊"在这里作动词用，意为把肉晾干。

蜡（有二读）①là

某些动物、植物或矿物所产生的油质。如：蜂蜡、石蜡等。也用来指蜡烛。如：蜡泪（蜡烛燃烧时滴下的油）、把蜡吹灭、味同嚼蜡。②zhà 古代年末为报答众神的保佑而举行的祭祀。

蜡梅（≠腊梅）làméi

一种冬季开花，花瓣外层黄色，内层暗紫色，香味浓郁的落叶灌木，供观赏。目前辞书中"蜡梅""腊梅"两种写法都有。但"蜡梅"更具理据性，因为它的花色似蜂蜡。宋代诗人黄庭坚说：蜡梅"香气似梅花"，其花"类女工拈蜡所成"，所以叫"蜡梅"。《现规》（第3版）在"腊梅"①后有提示："现在一般写作'蜡梅'。"《现异》也有说明："'蜡梅'这种形式，不仅可突出花色似蜜蜡的特点，而且可以指称蜡梅科的各种蜡梅，因此为学术界广泛采纳。"注意：如果特指腊月前后开的梅花时，就只能写作"腊梅"。

（汽车打）蜡（不能写作"腊"）là

某些动物、植物或矿物所产生的油质。可以做防水剂，也可做蜡烛。打蜡，即涂蜡，就是在器物上面涂抹蜡质，以达到美观和保护的作用。如：给汽车打蜡、实木地板要经常打蜡。注意：这里的"蜡"左边所以是"虫"，是因为虫蜡是一种常见的蜡质。因此，这里的"蜡"不能错写成腊肉、腊肠的"腊"。"店铺门前立着一块牌子，上面写着：'洗车、打腊……'"其中的"腊"就用得不对。

（银样）镴（枪头）（不能写作"蜡"）là

锡和铅的合金。通常称作焊锡，也叫锡镴，质软易熔。银样镴枪头：表面像银子那样闪闪发光，其实是焊锡做的枪头。比喻表面看起来还不错，实际上不中用。如王实甫《西厢记》："你原来苗而不秀，呸！你是个银样镴枪头。"（苗而不秀：比喻天资虽好，但没有成就，或徒有其表，华而不实）他平时口若悬河，可是一到正经场合，便噤若寒蝉，真是个银样镴枪头。这里的"镴"不能写作和它读音相同的蜡烛的"蜡""镴枪头"不能理解为蜡做的枪头。

lái

来归（≠归来）láiguī

①归顺；归附。如：四方来归、欢迎起义官兵来归。②古代称女子嫁到夫家来。如：年十八来归。③归来，特指回家。如：海外游子来归。"归来"也有回来的意思，"海外游子来归"中的"来归"亦可换用"归来"。但这个回来不一定是回家，也可能是回原来的地方。如：国外归来、打靶归来、浪游归来（浪游：漫游）。"归来"也丝毫没有"来归"中的①、②两个义项。

来年（≠来兹）láinián

明年。如：估计来年的收成会比今年好、这条铁路来年可建成。"来兹"也有来年的意思，"兹"在这里作"年"讲。区别是："来年"专指下一年，而"来兹"还泛指今后。"有的家长还为自己读小学的子女来年出国留学作好了充分准备。"其中的来年就用得不对，应改用"来兹"或"他年"。

lán

兰若（不读 lánruò）lánrě

梵（fàn）语（印度古代标准语）音译词。"阿兰若"的简称，即寺庙。注意："若"在这里要读 rě，不读 ruò。般若（bōrě）（梵语音译词。汉语译为智慧）中的"若"也这样读。

栏杆（≠阑干）lángān

指建筑在桥、道路两侧或凉台、看台等边上起栏挡作用的东西。如叶圣陶《记金华的两个岩洞》："沿着石壁凿成石级，一边架设木栏杆以防跌下去，跌下去可不是玩儿的。"有的辞书在"栏杆"条注明：也作"阑干"。《现异》有说明："二者……宜作分化处理：表示建筑设施，以'栏杆'为推荐词形；'阑干'只表示'纵横交错、参差错落'义。"据此，桥栏杆、石栏杆、铁栏杆中的"栏杆"不宜写作"阑干"，而星斗阑干、涕泗阑干（涕：眼泪。泗：鼻涕）中的"阑干"也不能用"栏杆"去替代。

阑尾（炎）（不能写作"烂尾"）lánwěi

盲肠下端的蚯蚓状小管。由于管腔狭窄，容易阻塞而引发炎症。阑尾炎指的就是阑尾发炎的病。过去误称盲肠炎。注意：阑尾中的"阑"是"将尽"的意思。

"阑尾"就是处于盲肠末端的小管。和岁阑（一年将尽的时候）、夜阑人静（夜阑：夜将尽、夜深）、灯火阑珊（灯火将尽）的"阑"义同，都不能写成"烂"。"烂尾"不同，是指建筑工程由于盲目上马、供大于求、资金不足等导致中途停建或无法竣工。如：烂尾楼、烂尾工程。

（灯火）阑珊（不是"辉煌"）lánshān

衰落；将尽。"灯火阑珊"就是灯火将尽，"意兴阑珊"就是兴致将尽，"春意阑珊"就是春天就要过去了。注意："阑珊"不能解释为"辉煌"，把"灯火阑珊"理解为"灯火辉煌"就错了。兴致很浓、春天的气息或情景正浓可用意兴盎然、春意盎然（盎，音 àng，意为充满；洋溢）来表示。下面句中的"灯火阑珊"就用得不妥："华灯闪烁，长安街上，人流如织，灯火阑珊。"（"华灯"是指装饰精美、光辉灿烂的灯，能出现的是流光溢彩，不可能是灯火阑珊）

（夜）阑（不能写作"兰"）lán

形容词。将尽。夜阑：夜将尽，也就是夜深了。如：夜阑人静。岁阑（一年将尽的时候）、灯火阑珊、歌阑舞罢、酒阑人醉的"阑"义同。上述的"阑"和"阑入"（指进入不该进去的地方或加进不适宜的内容）的"阑"（擅自）含义不同。这些"阑"也不能写作兰花的"兰"。

（筚路）蓝缕（不能写作"褴褛"）lánlǚ

破衣服。筚路蓝缕：驾着柴车，穿着破旧的衣服去开辟山林（筚 bì 路：用荆条等制成的简陋车子，因此称筚路为柴车）。后用来形容创业的艰难。如：祖先筚路蓝缕开创的基业，定当珍惜；马相伯（我国近代教育家，曾任清政府驻日本使馆参赞）毁家兴学，从"震旦"（指最初的震旦学院）到"复旦"，筚路蓝缕，奠定了复旦大学的基础，被尊为"爱国老人"。这里的"蓝缕"和衣衫褴褛的"褴褛"音、义相同，但不能用它去替代，因为"筚路蓝缕"已是定型的成语，不能随意变更。其中的"筚"（上边是"⺮"）也不宜写作"荜"。《现异》有说明："根据语源和通用性原则，宜以'筚路蓝缕'为推荐语形。"注意："筚路蓝缕"也不能错误地理解为"衣衫褴褛"，如不能说"看着这些蓬头垢面，筚路蓝缕的乞讨者，心里觉得很不是滋味"。

（无耻）谰言（不能写作"烂言"或"滥言"）lányán

没有根据的话；诬陷的话（谰：诬赖）。无耻谰言：不顾羞耻，说些诬赖的话。如：这家伙的无耻谰言终于被揭穿了、对敌人的无耻谰言进行有力的批驳。注意其中的"谰"不能误写作"烂"或粗制滥造、陈词滥调的"滥"，也不读 làn。

篮（球）（不能写作"蓝"或"兰"）lán

篮子（盛物器具，用竹、藤、柳条等编成）。篮球运动起源于北美，原是用两个盛梨用的篮子作为投球用，后来才改用带网铁圈。这个"篮"（上边是"⺮"）不能误写作表示颜色的"蓝"，也不能简化作"兰"。"篮"和"兰"是两个不同的字，把篮球比赛写成"兰球比赛"就不规范。

làn

滥用（和"乱用"有别）lànyòng

过度地无限制地使用（滥：过度；没有限制）。如：滥用职权；滥用成语典故；在书写信封时，很多人都习惯把某某收的"收"字用括号括起来，这是滥用括号的表现之一。（注：括号的最基本用法就是对括号前的话语进行解释，把人名解释为"收"，岂不笑话？）"滥用"强调的是无节制地用，不必用也用，不该用也用。滥用必然造成乱用。"乱用"是指随随便便地用，强调的是没有秩序，没有条理地使用。如说"救灾款是专门用来救济灾民的，不能乱用"。因为救灾款是有数额的，就那么多，必须专款专用，不可能过度地使用，用到别的地方去就是乱用，而不是滥用。又如：我们并不一般地反对讽刺，但是必须废除讽刺的乱用。

滥觞（和"泛滥""流觞"不同）lànshāng

江河发源的地方，水少只能浮起酒杯，比喻事情的起源（滥：同"泛"，浮起。觞：酒杯）。如：古代神话是中国文学的滥觞；词滥觞于唐，兴盛于宋。"滥觞"不能和"泛滥"相混。泛滥是指江河湖泊的水漫出堤岸，四处奔流，后用来比喻有害的事物无限制地扩散。如：洪水泛滥、吃喝风泛滥。"流觞"和"滥觞"也不同，是指古人每逢农历三月上巳（节日名。三月上旬的巳日。魏以后固定为三月三日）于弯曲的水渠旁集会，在上游放置酒杯，杯随水流，流到谁面前，谁就取杯把酒喝下。下面句中的"滥觞"用得不妥："人体艺术书刊的滥觞现象，已引起了有识之士的忧虑。""这种教育（指"应试教育"）是封建社会科举取士的承袭，源于隋唐，滥觞于两宋，登峰造极于明清。"（改用"泛滥"为宜）

láng

琅琅（≠朗朗）lángláng

象声词。模拟清脆响亮的声音。如：书声琅琅、铁皮一张张落在地上，琅琅有声。朗朗，音lǎnglǎng，是形容词，用来形容声音清晰响亮。如：歌声朗朗、读起来朗朗上口。也用来指明亮。如：朗朗乾坤（形容政治清明，天下太平）、秋月朗朗。注："书声琅琅"写作"书声朗朗"不算错，前者是模拟读书的声音，较常见；后者是形容读书的声音。但"琅琅"没有明亮的解释，因此，朗朗星光、日月朗朗、朗朗乾坤中的"朗朗"不能写作"琅琅"。

榔头（不再写作"鎯头"）lángtou

锤子（多指比较大的）。（例从略）有的辞书注明："也作鎯头或狼头。"写作"狼头"是因其形状像狼的头，后根据这种工具的制作材料（它的"头"有铁制的，也有木制的）分别演化出"鎯头"和"榔头"。"鎯"是非通用字。根据通用性原则《第一批异形词整理表》已确定"榔头"为推荐词形。《现规》也说明："不要写作'鎯头''狼头'。"

锒铛（入狱）(不是象声词) lángdāng

名词。锁囚犯的铁锁链。锒铛入狱：被铁链锁着进监狱。如姚雪垠《李自成》：

"树起大旗起义，何至于银铛入狱。"这里的"银铛"和"铁索银铛""汽车在崎岖的山路上颠簸，银铛作响"中的"银铛"（象声词。形容金属碰撞的声音）含义不同。有的辞书在"银铛"这一词条后注明：也作郎当。《现异》有说明："'郎当'是'银铛'的借形。根据通用性原则，宜以'银铛'为推荐词形。"但衣裤郎当的"郎当"（衣服宽大，不合身）和口语吊儿郎当的"郎当"（颓唐或随便的样子）却不能写作"银铛"。辞书中还有个方言词"啷当"（lāngdāng），是用来表示年龄的，有"左右；上下"的意思。如：三十啷当岁，年富力强，还可以大干一番事业。要是把"啷当"一词倒过来，说成"当啷"，却又成了象声词，是模拟金属器物撞击的声音。如：当啷一声，饭盆掉到地上。啷当、当啷、郎当是三个不同的词。

làng

（屎壳）郎（不读 láng） shǐkelàng

"蜣（qiāng）螂"俗称屎壳郎（昆虫名。身黑，吃动物的尸体和粪尿等，常把粪滚成球形）。注意：这里的"郎"不读 láng。而"克郎球"（康乐球）中的"郎"仍读 láng。

lǎo

老家（和"老家儿"迥异） lǎojiā

一指在外面成立了家庭的人称故乡的家庭。如：老家来人了、我母亲是从老家坐汽车来的。二指原籍。如：我老家在山东，我决定春节回老家一趟。"老家"后面加个"儿"，情况就不同了，因为这个"儿"是词语的后缀，在用作名词后缀时，有一种情况是表示词义的变化，如"白面"和"白面儿"词义就完全不同：前者是指小麦磨成的粉，后者是指海洛因（毒品）。"老家儿"也一样，在北京土话里，是用来指代老辈的人，多指代父母亲。如：老家儿的好意，我怎么能拒绝呢？

老身（不用于男性） lǎoshēn

老年妇女的自称（多见于早期白话）。如关汉卿《窦娥冤》第一折："老身蔡婆婆是也。"注意："老身"在旧时戏曲话本中多用于老妇人自称，不用于男性。

老鼻子（和鼻子无关） lǎobízi

（东北话）多极了（后边带"了"或"啦"）。如：这里摆卖的瓷器可老鼻子了；今年苹果大丰收，可老鼻子啦！"老鼻子"是方言词，有特定的含义，不是说鼻子有什么毛病。

老（儿子）（不是年岁大） lǎo

口语。排行在最后的。"老儿子"就是指最小的儿子。老叔、老妹子中的"老"义同。这些"老"和西南官话中的"幺"（yāo）义同，老叔＝幺叔、老妹子＝幺妹。都不是指年龄大。"大、二、三……十"前的"老"才表示兄弟的排行由大到小。如：老大、老二、老三……老十。"老儿子"不是年龄最大的儿子。要提及的是，"老姑娘"既可指最小的女儿，也可指年纪大了还未婚的女子。

老皇历（不作"老黄历"） lǎohuánglì

过时的历书，比喻陈旧过旧的规矩、办法等。如：不能按老皇历来解决问题；

情况变了，不能再照老皇历办事。《现规》有提示：不宜写作"老黄历"。《现汉》（第6版）也只收"老皇历"。

老（李）（不表示年纪）lǎo

词的前缀。加在姓氏前面（复姓不加），往往并不表年纪，而是对别人的一种尊敬称呼，如说"老李""老张""老王"等。"老"还可以作为词的后缀加在姓氏后面、姓名后面或名字后面，这时的"老"所表示的是对年纪大的人的一种更高品位的尊称，用于德高望重的人。如毛泽东主席尊称徐特立为"徐老"、董必武为"董老"，又尊称陈望道（新中国成立后，复旦大学首任校长）为"陈望老"等。这些"老"并不都表示年纪。

老婆儿（≠老婆子）lǎopór

年老的妇女。如：邻居几个老婆儿在树下乘凉。"老婆子"也是指年老的妇女，但感情色彩有不同。"老婆儿"多含亲热意；"老婆子"则多含厌恶意，如"一个穷老婆子"。至于丈夫把妻子叫"老婆子"则不含贬斥意味。注意：有钱人家的年老妇女并不说"富老婆子"，因为这一称呼含有轻蔑意，可用"富婆"来称呼（亦可用于有很多财产的中年妇女）。

老到（和"老道"有别）lǎodao

形容词。一指（做事）老练周到（老：老练。到：周到）。如：他办事很老到、处理问题十分老到。二指（功夫）精深。如：文笔老到，风格苍劲。"老道"（lǎodào）不同，是名词。道士的俗称。这里的"老"字已经虚化，不是指年纪大。"道"指道士，不能理解为道理、办法。如：白眉老道；他想过清静的生活，便去道观做老道。

佬（并非都含贬义）lǎo

不少辞书对"佬"的解释是：对人的蔑称或指成年男子（含轻蔑意）。由此看来。"佬"是个贬义词。《现规》的解释是：名 称成年男子（有时含轻蔑意）▷乡巴～｜江北～。据此，"佬"并不都是贬义的。肥佬、阔佬、算命佬、和事佬（指不讲原则的调解人）等中的"佬"是含有贬义。而高佬、司机大佬、这里住的都是我们这批外江佬，其中的"佬"就不含贬义，甚至"鬼佬"亦有向中性转化的趋势，有些会说粤语的外国人，竟然开心地自称"鬼佬"。

（夏）潦（不读 liáo）lǎo

一指水大。如：夏潦、潦雨。二指雨后的积水。如：积潦、行潦（路旁积水）。"潦"有两个读音，liáo 是常见读音，如字迹潦草、穷愁潦倒。但在上述解释的词语中要读 lǎo。

lēi

勒（得太紧）（不读 lè）lēi

用绳子等捆住或套住后用力拉紧。如：勒紧裤腰带、她是被人用电线勒死的。注意：上述意义的"勒"不读勒令、勒索、悬崖勒马或作姓氏的"勒"（lè）。

léi

擂（鼓）（不再读 lèi）léi

敲；打。"擂"有二音：作动词用的读 léi。如：擂鼓、自吹自擂、擂了他一拳。作名词用的读 lèi。如：擂台、擂主、

摆擂台。(注:擂鼓的"擂"按旧标准读lèi,按新标准读léi)

羸(和"赢""嬴""蠃"有别)léi

瘦;弱。如:羸弱(瘦弱)、羸顿(瘦弱困顿)、尪(wāng)羸(瘦弱。"尪"在这里也是瘦弱的意思)。注意:"羸"和"赢""嬴""蠃"字形相似,容易混淆。羸(下面中间是"羊")、赢(yíng)(下面中间是"贝"。如:输赢、赢得)、嬴(yíng)(下面中间是"女",只作姓氏用。如嬴政、即秦始皇,中国历史上第一个皇帝,姓嬴名政)、蠃(luǒ)(下面中间是"虫"。如:蜾 guǒ 蠃,一种寄生蜂)。把身体羸弱的"羸"写成"赢""嬴""蠃",都无从索解。

lěi

耒耜(不能误写作"来耜")lěisì

古代一种耕地用的农具,类似现在的犁(木制把手称"耒",前部的犁头叫"耜");泛指农具。注意:这里的"耒"上边是三横(第一笔按新字形是横,不再是撇),不能错写成来往的"来"。同样,耒阳市(在湖南省)、耒耨(nòu)之利(比喻耕作所得的利益)、张耒(宋代诗人)中的"耒"都不能写成"来"。

lěng

冷清(≠清冷)lěngqīng

"冷清"和"清冷"都是形容词,且都有冷落、凄凉的意思,在这个意义上,它们常可通用。如:路上行人稀少,格外冷清(清冷);院子里只有几只麻雀喳喳地叫,显得很冷清(清冷)。但"清冷"还可作凉爽而略带寒意讲。如:清冷的月光、天将破晓更觉清冷。"冷清"没有这种解释。此外,冷清和清冷的重叠格式不同。前者可以重叠为"冷冷清清""冷清清"。如:同室的人都看电影去了,只剩下我一个人冷冷清清;他独身一个人过着冷清清的日子;后者的重叠形式是"清冷清冷"。如:"那泪光在村野的夜色里清冷清冷的。"(《飞天》,1996)

lí

梨枣(不是梨树和枣树)lízǎo

书版。梨木和枣木木质坚硬,古代是雕版刻书的上等材料,旧时多用来刻书,因以"梨枣"为书版的代称。如:付之梨枣(指交付刊印)、寿之梨枣(通过刻版印刷使书籍长久流传)。滥印那些无用或质量不好的书,可用"灾梨祸枣"来比喻。注意:"梨"和"枣"分开来说,语义不言自明,合在一起的时候,有其特定的含义,不能再作梨树和枣树来理解。

lǐ

礼仪(和"礼义"不同)lǐyí

礼节和仪式。如:在社交场合要注意礼仪,中国是举世闻名的礼仪之邦(注重礼节和仪式的国家)。"礼义"不同,是崇礼、行义的意思(行义:为正义而奋斗、献身)。如:礼义廉耻(指崇礼、行义、廉洁、知耻,是古代提倡的四种道德规范)、礼义生于富足(崇礼和道义的产生以衣食富足为基础)。注意:外交礼仪、礼仪小姐、礼仪先生、礼仪从简、礼仪电报（电信部门为顾客的礼仪交往提供的一种服务，如贺喜、吊唁或代为赠送礼品、鲜花等）中的"礼仪"不能写作"礼义"。

礼宾（别于"礼兵"）lǐbīn

按一定的礼节和仪式接待宾客的（多用于外交场合。宾：客人）。如：礼宾服、礼宾用车、外交部礼宾司。"礼兵（bīng）"和"礼宾"不同，是指在重大活动中接受检阅、担任升旗或护卫灵柩等工作的士兵（兵：士兵）。如：人民解放军礼兵、八名礼兵抬着灵柩缓缓走出告别室。

（鞭辟入）里（不能写作"理"）lǐ

内部；里面。鞭辟入里：形容言论或文章说理透彻，切中要害（鞭辟：剖析）。如：张老师的辅导课，分析问题鞭辟入里，很解渴；他的讲话剖析入微，鞭辟入里，有很强的说服力。这里的"里"本是指衣服里层。"里面"是由此引申出来的，不能误写作入情入理（合情合理）、通情达理的"理"（道理；事理）。其中的"辟"和精辟，透辟的"辟"（透彻）义同。要读 pì，不读 bì。

lì

力气（≠气力）lìqì

肌肉收缩所产生的能量。如：别看他年龄不大，力气可不小；累了一整天，连说话的力气都没有了。"力气"和"气力"有不同。"力气"多指体力；"气力"也有力量、体力的含义，因此，"他的力气很大""他浑身有用不完的力气"中的"力气"换用"气力"也是可以的。不同的是，"气力"还包含有精力，即精神力量的意思。如：学习是艰苦的事，要下大气力。这里的"气力"就不宜换用"力气"。反之，若把"力气活"说成"气力活"也会让人觉得别扭。

（再接再）厉（不能写作"励"）lì

古同"砺"，磨。再接再厉：原是指公鸡相斗，每次交锋前都要把嘴磨锋利，后用来比喻一次又一次地继续努力。这里的"接"指交战。如：胜不骄，败不馁，再接再厉，勇攀科学高峰。其中的"厉"写作"励"就错了，写作"砺"也不规范。

呖呖（和"沥沥""历历"不同）lìlì

呖呖、沥沥、历历读音同，区别是，"呖呖"和"沥沥"是象声词，前者用来形容鸟类清脆的叫声。如：莺声呖呖。后者用来形容水声或风声。如：泉声沥沥、沥沥风声。"历历"是形容词，指（物体或景象）一个一个清清楚楚的。如：历历可数；远近风貌，历历在目（风貌：景象）。

利市（不作"利是"）lìshì

一指利润。如：利市三倍。二指买卖顺利的预兆。如：发个利市。三指吉利。如：这几年他家皆不利市。四指送给办事人的赏钱。如：封了二百元钱的利市。有人把"利市"写作"利是"，辞书中难觅。《现规》也未收。

利害（≠厉害）lìhài

名词。利益和害处（利：利益；好处）。如：利害得失、条陈利害（条陈：

分条陈述)、利害攸关。"厉害"不同，是形容词。读作 lìhai。一指凶猛，难以对付。如：老虎可真厉害、"虎妞虽然厉害，但是没了她怎能成个家呢？"（老舍《骆驼祥子》）二是严厉，严格。如：这个老师特别厉害，但同学们都很尊敬他。三是剧烈，严重。如：头疼得厉害、这次他病得很厉害。目前一些辞书在"厉害"这一词条后均有注明，也作"利害"。《现规》的提示是：跟"利害（lìhài）"不同。（见《现规》第2、3版811页）《现异》也有说明："厉害"含有"猛烈""严厉"的意思，宜用"厉"来表达。因"利"字多义，故"利害"有歧义（主要用于表示"利益和损害"，不读轻声，是另一个词）。据此，"利害"专指利益和害处，其他解释的均写作"厉害 hai"。

莅临（和"光临"有别）lìlín

敬词，指到来（莅：来；到）。如：欢迎莅临指导、恭请莅临、莅临现场。莅会讲话（莅会：到会；来到会场）、莅任（官员到职）的"莅"义同。"光临"也是敬词，用于称客人来到，和莅临有相同之处（如欢迎大驾光临。大驾：对对方的敬称）。"光"是用来表示对方的到来使自己感到光荣的意思。在实际使用中，"莅临"和"光临"仍有不同：前者只能用于身份、地位较尊贵的人，且有较明确的目的，即到来做什么；而后者只是对他人来访的尊敬称呼，不限于身份、地位，目的也不甚明确。下面句中的"莅临"和"光临"就用得不妥："欢迎上级领导光临我厂指导工作。""我店定于×月×日正式营业，届时欢迎广大顾客莅临。""请莅临寒舍一叙。"（"光临"和"莅临"应对调）

（火中取）栗（不能误写作"粟"）lì

栗子（此指栗子树的果实）。火中取栗：比喻冒险替人出力，付出了代价而一无所获。如：这种火中取栗的傻事，我可不干。"火中取栗"出自法国作家拉·封登写的一则寓言，说狡猾的猴子骗猫去偷炉火中烤着的栗子，结果栗子让猴子吃了，猫却被烧掉了脚上的毛。这里的"栗"（下边是"木"）不能错写成粟子（某些地区指谷子）的"粟"（sù）（下面是"米"）。

liǎ

（母女）俩（后边不能加"个"或其他量词）liǎ

数量词。两个。如：咱俩、兄弟俩、一顿吃俩馒头。注意："俩"是"两个"的合音，它本身已是"两个"的意思了。后面不能再加"个"字或其他量词，如可以说"买两个馒头"，不能说"买俩个馒头"；可以说"两位朋友""老两口"，不能说"俩位朋友""老俩口"（其中的"位"和"口"是量词）。用来表示不多，几个的"俩"（如：这就么俩人怎么搬得动呢？）用法同。"仨（sā）"（三个）的用法和"俩"一样，后面同样不能再接"个"字或其他量词，如不能说"仨个"。此外，"两"常跟"三"搭配使用，而"俩"则常跟"仨"搭配使用。如：五个馒头，我吃了两个，他吃了三个（或五个馒头，我吃了"俩"，他吃了"仨"）、仨瓜俩枣（指不起眼的东西；比喻不值得一提的小事。如：为仨瓜俩枣的事，生这么大的气不值得)。上述用法的"俩"不能读"伎（jì）俩"（不正当的手段；花招）的"俩"（liǎng）。

lián

连播（和"联播"不同）liánbō

电台或电视台在一个固定栏目里把内容较长的节目分多次连续播出（连：连续）。如：长篇小说连播、评书连播（评书：曲艺的一种）。"联播"不同，是指若干电台或电视台，在规定的时间内同时播送或转播（同一内容的节目）。这里的"联"是联合的意思。如：新闻联播、各地电视台联播中央电视台的节目。

（浮想）联翩（不能写作"连篇"）liánpiān

形容鸟飞翔的样子。比喻连续不断，浮想联翩：形容众多的想象或感想接连不断地涌现出来。如：追忆往事，浮想联翩。遐想联翩、联翩而至、联翩起舞的"联翩"形、音、义同。这些"联翩"不能写作佳作连篇、错字连篇、连篇累牍（用过多篇幅叙述。牍 dú：古代用来写字的狭长木板）的"连篇"（一篇接一篇；满篇）。

联绵词（不作"连绵词"）liánmiáncí

由两个字连缀组成的而不能分割的单纯词。包括双声联绵词（如参差、伶俐、流连）、叠韵联绵词（如逍遥、灿烂、蹉跎）、双声兼叠韵联绵词（如辗转、缱绻）、非双声叠韵联绵词（如芙蓉、玛瑙、鹦鹉）。注意："联绵词"属传统术语，"联"不能改写为"连"。和阴雨连绵、连绵起伏、绵连百余里（绵连：延续不断）的"连"写法不同。

联合国（不是"国"）liánhéguó

第二次世界大战结束后于1945年成立的国际组织，总部设在美国纽约。联合国是由许多国家参加的一个国际组织，并不是一个国家，因此，说"联合国宪章"可以（"宪章"既指某个国家具有宪法作用的文件，又可指规定国际机构的宗旨、原则、组织的文件），说"联合国国旗"不行。因为国旗是国家规定的代表本国的旗帜。作为一个国际组织，它的旗帜是不能叫国旗的，可改用"联合国旗帜"。

廉正（和"廉政"有别）liánzhèng

形容词。廉洁正直（正：正直）。如：为官廉正、廉正无私。"廉政"和"廉正"音同义不同。廉政是动词，意为廉洁从政，使政治清廉。如：廉政爱民、搞好廉政建设。

liàn

炼狱（不是下地狱）liànyù

天主教指人生前罪恶没有赎尽，死后灵魂暂时受罚的地方。比喻险恶的境遇或磨炼人的艰苦环境。如：承受炼狱煎熬，练就一身过硬本领；该剧以秀丽壮美的关东风光，与正发生于这块土地上的颠沛流离、弱肉强食和民不聊生等无异于人间炼狱般的残酷现实，形成了强烈的对比。"炼狱"是天主教的专用术语。天主教认为，人死后有三种可能：善人有善报，可以进入天堂享永福；恶人有恶报，下地狱受永罚；犯了一定的罪，但还不至于下地狱的，须在"炼狱"中暂时受罚，至罪炼尽为止，方可进入天堂，因此，"炼狱"实际是指介乎天堂和地狱之间磨炼人的艰苦环境，条件虽恶劣，但前途还是光明的，和"下地狱"不是一个概念。倘若把大地震给汶川人民带来的灾难说成是"炼狱"就大错特错了。

炼字（和"练字"迥异）liànzì

写作时推敲用字，使准确生动（炼：用心琢磨，使词句简洁优美）。如"春风又绿江南岸"是王安石《船泊瓜洲》中的诗句，句中的"绿"字，是诗人相继圈去"到""过""入""满"后才确定下来的。"绿"的运用历来被认为是"炼字"的范例。"练字"不同，是指练习书写文字，使其规范、美观（练：练习；训练）。如：练毛笔字。

恋栈（和"恋战"不同）liànzhàn

马舍不得离开马棚。比喻做官的人舍不得离开自己的职位。"恋栈"本是从"驽（nú）马恋栈豆"简化来的（驽马：劣马，跑不快的马。栈：马棚。豆：饲料）。用来讽刺无能的人目光短浅，只看到眼前小利，贪位不去。如巴金《探索集·作家》："到该让位的时候，我绝不恋栈。""恋战"和"恋栈"音同义殊，是说为了获得更多战果，舍不得退出战斗（多用于否定）。如：敌众我寡，不可恋战。

liàng

亮眼人（和"明眼人"不同）liàngyǎnrén

盲人称眼睛看得见的人。如：幸亏处处都有亮眼人帮助。"明眼人"不同，是指对事物观察敏锐的人，有见识的人。如：他这一套鬼把戏瞒不过明眼人；明眼人都看得出来，常副市长是这家公司的后台。

(茶)凉（一会儿喝）（不读 liáng）liàng

动词。把热的东西放一会儿，使温度降低。"凉"的常见读音是 liáng。但上述解释的"凉"要读 liàng。又如：把开水凉一凉再喝；粥太烫，凉一会儿再吃。"凉点儿凉开水"中的两个"凉"读音不同：前者读 liàng，后者读 liáng。

亮丽（≠靓丽）liànglì

①明亮而美丽。如：打扮得新潮而亮丽、街头秧歌表演已成为都市里一道亮丽的风景线。②优美、美好；响亮。如：他的诗歌很有韵味，散文也写得亮丽；音质清晰亮丽。"靓丽"和"亮丽"的读音同，但它只指美丽，漂亮。如：靓丽的容颜；能歌善舞，靓丽俊美。这里的"靓"是后起的来自广东话的读音，作漂亮、好看讲。靓仔（zǎi）（漂亮的小伙子）、靓女的"靓"音、义同，都不读靓妆（美丽的妆饰）、靓服的"靓"（jìng），指妆饰艳丽。

量（体裁衣）（不读 liáng）liàng

估计；衡量。"量体裁衣"是说按照身体尺寸裁剪衣服。比喻根据实际情况办事。如：做任何事情都要量体裁衣，不顾客观实际就会犯错误。量入为出（依据收入的多少来决定支出）、不自量力、度（duó）德量力（估量自己的品德和能力是否能胜任）的"量"读音同。这些"量"都不读 liáng。表示动作，指用器具测定事物的轻重、长短、大小、多少或其他性质的"量"(如量体温、量一量体重、丈量、测量等)才读 liáng。

liáo

(民不)聊(生)(不是姑且、闲谈) liáo

依靠；凭借。人民生活失去了依靠，无法生存下去叫"民不聊生"。如：北洋军阀时期，连年混战，民不聊生。无聊、百无聊赖中的"聊"义同。和聊且(姑且)、聊以自慰的"聊"(姑且)，闲聊、聊天的"聊"(闲谈)，聊胜于无(比完全没有略好些)、聊表谢意中的"聊"(略微)解释都不同。

寥寥(无几)(不能写作"了了") liáoliáo

形容词。很少。寥寥无几：形容数量很少。如：参观者寥寥无几；中国文学史上，著名的女作家寥寥无几。寥寥可数、旅客寥寥、人手寥寥、寥寥数语等"寥寥"写法同，都不能误写作"了了"。"了了"，一作聪明讲(如：小时了了，大未必佳)；二作清楚、明白讲(如：不甚了了、心中了了)，却没有"很少"的意思。再说，"了了"(liǎoliǎo)的读音和"寥寥"也不尽相同。下面句中的"了了"和"寥寥"用得不对："前者了了，后者多多""他读这本书不很寥寥，拿给孩子读，孩子也说不懂"。因为前一句是和"多多"相对来说的，应该用表示数量少的"寥寥"才对；后一句的"不很寥寥"，其实是要表示不很明白的意思，"寥寥"应改用"了了"。

liǎo

(不甚)了了(不是聪明) liǎoliǎo

明白，懂得。不甚了了：心里不太明白，不怎么清楚。如叶圣陶《逃难》："'是这样吗？'李太太还是不甚了了。"古籍中"蜚"读作 fěi 时，是指一种有害的小飞虫，常群集飞舞食稻花。这种解释今天一般人已经不甚了了。心中了了中的"了了"义同。这里的"了了"和"小时了了，大未必佳"(小时聪明，长大不一定有大的作为)中的"了了"(聪明)意思不同，和"不了了之"(用不了结这种办法来了结。指该办的事情没有办完，放在一边不管，就算了结)中的"了了"(两个"了"都作了结；结束讲)也有别。

liào

料峭(和"凛冽""冷峭"有别) liàoqiào

形容微寒(多指春风中还有寒意)。如：春寒料峭、春风料峭、料峭轻寒。"料峭"和"凛冽"(lǐnliè)不同。料峭是形容略有寒意，凛冽是形容极其寒冷。如：寒风凛冽、凛冽的冬季。严寒的冬天用"料峭"来形容就不妥帖。如不能说"冬寒料峭"。辞书中又见有"冷峭"一词，它除了有寒气逼人(如冷峭的寒风)的含义外，还用来形容态度严峻，言语尖刻。如：他这一番话十分冷峭。"料峭"和"凛冽"没有这种解释。

(中国)料理(不是办理；处理) liàolǐ

(方言)指某种风格的菜肴。如：中国料理(中国菜)、韩国料理(韩国菜)、日本料理。作为方言，"料理"还有烹调制作的意思。如：名厨料理、蔬菜料理(蔬菜的烹调制作)。以上的"料理"和我们常说的料理家务、料理后事的"料理"（办理；处理）含义迥异。

liè

洌（和"冽"不同）liè

水清或酒清。如：井洌、甘洌（形容水、酒等甜美清澈）、泉香而酒洌（即"泉洌而酒香"，意为泉水清洌，酒味芳香）。这里的"洌"（左边是三点水），和寒风凛冽、北风冷冽（冷冽：寒冷）、凓（lì）冽（非常寒冷）中的"冽"（左边是两点水。作"寒冷"讲）读音虽同，写法和含义却不同。

līn

拎（不读 líng）līn

用手提（东西）。如：拎包（提包）、拎不动、他拎着个菜篮子出门去了。"拎"字依古读是 líng，但这个词是从现代南方方言吸收来的。《普通话异读词审音表》已规定统读为 līn。

lín

林农（别于"农林"）línnóng

主要从事森林的培育、管理、保护等工作的农民。"农林"是农业和林业的合称。如：农林部。

林丛（≠**丛林**）líncóng

"林丛"和"丛林"都可用来指树林子，树木丛生的地方。因此，它们常可通用。如：野兽在林丛（丛林）中出没；两岸的林丛（丛林），一望无边。但"丛林"还用来指和尚聚集修行的场所，泛指大寺院。如王安石《次韵张子野竹林寺》诗二首："涧水横斜石路深，水源穷处有丛林。""林丛"没有这种解释。

（凤毛）麟（角）（不能写作"鳞"）lín

麒（qí）麟（古代传说中一种象征祥瑞的动物，形状像鹿）。凤毛麟角：凤凰的毛，麒麟的角（凤：凤凰。传说中象征祥瑞的鸟，长有美丽的五色羽毛）。比喻珍贵而不可多得的人或事物。如萧乾《在康奈尔校园里》："可惜这种个人捐献在我们国家里还只是凤毛麟角，还没蔚然成风。"在封建社会科举考试中能连中（zhòng）三元（解元、会元、状元）的人真可谓凤毛麟角。这里的"麟"不能误写作和它读音相同的"鳞"。"鳞"是指鱼鳞或像鱼鳞一样的东西。如：鳞片、鳞波（像鱼鳞一样的波纹）、遍体鳞伤。同样，麟凤龟龙（古代称这四种动物为四灵，比喻品德高尚的人）、"学如牛毛，成如麟角"（学习或从事某项事业的人如同牛毛一样多，而获得成功或卓有成效的人却很少，如同麟角一样珍贵）、麟角凤距（比喻珍贵而不实用的东西。距：雄鸡脚爪后面突出像脚趾的部分，虽锐利，但备而不用）、威凤祥麟（比喻太平盛世；也比喻难得的人才。威凤：凤凰有威仪，故称）中的"麟"也不能写成"鳞"。

lìn

吝啬（≠**吝惜**）lìnsè

形容词。过分爱惜自己的财物，该用的却舍不得用（啬：小气；应当用的财物舍不得用）。如：吝啬鬼、他是一个吝啬而贪婪的人。"吝惜"不同，是动词，意为过分爱惜，舍不得（拿出自己的东西或付出气力、精力等）。"惜"在这里是不忍舍弃的意思。如：吝惜钱财、吝惜生命。"吝啬"的对象主要是财物，不能带宾语；"吝惜"的对象除了财物之外，还可以是时间、力气、生命等，可以带宾语。下面句中的"吝啬"用得不对："说实话，我不是吝啬那几元钱。""他干活儿从不吝啬力气。"（前一句的"吝啬"带上了宾语"钱"；后一句的"吝啬"当动词用了，带上了宾语"力气"。都应该换用"吝惜"）

líng

（孤苦）伶仃（不再写作"零丁"） língdīng

孤独；没有依靠。孤苦伶仃：孤单困苦，无依无靠。如：大家都非常关心这个孤苦伶仃的老人。注意：《第一批异形词整理表》已确定"伶仃"是推荐词形，因此，不要再写作"零丁"。瘦骨伶仃中的"伶仃"写法同。

（身陷）囹圄（不能换用"监狱"） língyǔ

监狱。身陷囹圄：身体陷入牢狱，即坐牢。如：为了掩护群众转移，他不幸被捕，身陷囹圄；他身陷囹圄，但无失节行为。"囹圄"虽作监狱讲，但"身陷囹圄"是个成语，已约定俗成，不能随意改为"身陷监狱"。"囹圄"过去可写作"囹圉"，根据通用性原则，《第一批异形词整理表》已确定"囹圄"为推荐词形。

泠风（和"冷风"不同） língfēng

清凉的风（泠：清凉）。晨风泠泠（泠泠：清凉）、泠泠作响（泠泠：声音清越）、西泠桥（桥名。在杭州西湖孤山下）中的"泠"写法同。"冷（lěng）风"不同，是指寒冷的风。如：刺骨的冷风。比喻背地里散布的消极言论。如：刮冷风。注意："泠"（左边是"氵"）和"冷"（左边是"冫"）是两个不同的字，无论字形、字音、字义都不同，不能混淆。

（西）泠（印社）（不能误写作"冷"） líng

"西泠印社"是中国研究篆刻的学术团体，在杭州孤山，因地近西泠桥（桥名）而命名。注意：这里的"泠"（左边是三点水），不能误写作寒冷的"冷"，也不读lěng。晨风泠泠（泠泠：清凉）、山泉泠泠（泠泠：声音清越）中的"泠泠"写法、读音同。

（高屋建）瓴（不能写作"领"） líng

盛水的瓶子。高屋建瓴：从高屋顶上向下倾倒瓶子里的水（建：倾倒）。形容居高临下，不可阻挡的有利形势。如：我军凭借着高屋建瓴之势，打退了敌人一次又一次的进攻。"瓴"不能误写作"领"，"建"也不是建筑、建立或提出的意思。

凌迟（≠陵迟） língchí

古代一种残酷的死刑，俗称剐（guǎ）刑。始于五代，清末废止。如：凌迟而死、"乾隆驾崩后，嘉庆皇帝立即处置和珅与福长安……嘉庆给和珅定了20条罪状，凌迟处死。"（《北京青年报》2002-04-20）凌迟这种刑罚，是把犯人捆绑后，先把身上的肉一块块割下来，犯人虽痛苦至极，但不会马上死去，最后才割断咽喉，致人死命。这种酷刑让人备受凌辱，而且时间拖得很长，故名凌迟。辞书中往往注明：也作陵迟。《现异》有说明："……故'凌迟'较'陵迟'更为通行。表示古代的残酷死刑宜以'凌迟'为推荐词形。'陵迟'只表示'衰落'义。"可见"凌迟"和"陵迟"有不同。家业陵迟、位望陵迟（位望：地位和声望）中的"陵迟"是不能写作"凌迟"的。

凌晨（和"黎明"有别）língchén

天将亮的时候。如：凌晨三点、死于凌晨。这里的"凌"是迫近，接近的意思，因此，从午夜后到天亮前都可称作凌晨，但夜里十二点则不能，因为这是指一天结束的时刻，和一天开始的时刻"凌晨"不搭界。"黎明"和"凌晨"有不同，是指天将亮或刚亮的时候。如：黎明时分他就出发了、他们黎明才赶来。这里的"黎"作比及（等到）讲。若把"他是凌晨两点多才回来的"中的"凌晨"改为"黎明"就不确。另外，"黎明"还有象征光明的意思。如：黑暗终将过去，黎明一定会到来。"凌晨"没有这种用法。

零（和"〇"用法不同）líng

汉字数字"零"有两种表述，即"零"和"〇"。"零"有多种解释，这里只说用于表示数的空位时和"〇"用法的区别。"零"是汉字大写。有以下三种情况的用"零"：①用于整数以外的零数。如：老汉今年八十挂零（挂零：整数外还有少量零数）、找钱没零儿就算了。②表示和整数相对的小数。如：化整为零、零存整取、零用。③表示单位较高的量之下附有单位较低的量。如：一年零三天、一米零五、八点零十分。以上的"零"都不能写作"〇"。"〇"是汉字小写。用于年份的表述或小写汉字（一、二、三……十）数字中，如：二〇〇七年、三〇二号、八〇六部队。《通用规范汉字表》亦有提示：与表数目的汉字"一二三四五六七八九"连用时可用"〇"替代。

零的突破（≠零突破）língdetūpò

突破了零，打破以往没有某种成绩或纪录的局面（零：没有、无）。如：今年这个村，有两个人考上了大学，实现了零的突破；北京奥运会上，他摘取了400米自由泳银牌，实现了中国游泳男选手零的突破。"零突破"完全不同，是说没有突破，这和零风险（没有风险）、零污染、零增长、零距离一样，意为风险、污染、增长、距离为零。

lǐng

（五）**令**（白报纸）（不读 lìng）lǐng

量词。原张的纸500张为一令。买了两令纸、十令道林纸的"令"音、义同。这个"令"不读 lìng，也不读"令狐"（①古地名。在今山西临猗一带。②复姓）的"令"（líng）。

lìng

令尊（和"家父"有别）lìngzūn

对对方父亲的尊敬称呼（令：敬词。用于对方的家属和亲戚）。又有令堂（对对方母亲的尊称）、令郎（对对方儿子的尊称）、令爱（对对方女儿的尊称）、令坦（对对方女婿的尊称）、令阁（gé）（对对方妻子的尊称）等说法。其中的"令"义同。注意："家父"和"令尊"不同。

"家父"（或说"家严"）只能是谦称自己的父亲。如：家父与令尊有旧（有旧：有老交情）。同样，"家母"（或说"家慈"）是谦称自己的母亲，和"令堂"用法也不同。在汉语称呼语系统中，有"家大舍小令外人"的七字口诀，是说称呼自己的亲属用谦称：比自己辈分高或年长的用"家"（如：家父、家母、家兄、家姐等），比自己辈分低或年幼的用"舍"（shè）（如：舍弟、舍侄等）；称呼对方的亲属一般用"令"（如：令尊、令堂等），不能错用。有人在问候别人时说："家父最近身体好吗？"这里的"家父"就用错了，应改用"令尊"。要提及的是，"家"不能用在平辈或晚辈身上，如不能说"家夫""家妻""家儿""家侄"。若要用谦词称自己的丈夫，可用"拙夫"；称自己的妻子，可用"拙荆"。

令嗣（≠**哲嗣**）lìngsì

敬词。用于称对方的儿子。称对方的儿子，既可以用"令郎"，也可以用"令嗣"。这里的"令"是美称，可以代替"您的"。"令嗣"等于说您的儿子。又有令爱（您的女儿）、令尊（您的父亲）、令弟（您的弟弟）等，其中的"令"意思同。"哲嗣"中的"哲"也是美称，指明智，有智慧，"嗣"是子孙后代，但哲嗣不能代替"您的"，只能用来称他人的儿子。如：据梅兰芳（京剧大师）先生的哲嗣梅绍武回忆，对于父亲获得"博士"头衔，国内大多数人是心存敬佩的。但也有人……很不服气。如果祝贺对方的儿子高考被录取，可以说"谨贺令嗣金榜题名"，或"谨贺令嗣高中（zhòng）"，不能说"谨贺哲嗣金榜题名"。

令（**闻**）**令**（**望**）（**不是命令或使、让**）lìng

美好。令闻令望：好的声誉好的名望（闻、望义同，都是名望、声望的意思）。如《诗经·大雅·卷阿》："如硅如璋，令闻令望。"（好像玉硅，好像玉璋，是好名声，是好声望。）令名（美名）、令誉、令德的"令"义同。这里的"令"不是命令的意思，和令人羡慕、令人兴奋的"令"（使）含义也不同。

令人喷饭（和"**忍俊不禁**"**有别**）
lìngrén-pēnfàn

笑得把嘴里的饭都喷了出来。形容事情非常可笑。如：把上海吊车厂说成"上吊"，怀化（在湖南）轮胎厂说成"怀胎"，如此简缩，令人喷饭。"喷"在这里读 pēn，不读喷香的"喷"（pèn）。"忍俊不禁（jīn）"和"令人喷饭"有不同，是说忍不住要笑出来（不禁：禁不住）。如：那黑熊直立行走的姿态，真让人忍俊不禁；他俩的主持语言幽默，常逗得人忍俊不禁。"忍俊不禁"和"令人喷饭"同样都有使人发笑的意思。忍俊不禁中的"忍俊"原是指抑制锋芒外露，后指含笑，是说听到别人幽默的话或看到某种可笑的事后，本想忍着不笑而又忍不住，和"令人喷饭"的情态迥然不同。

吟（**别于：吟**）lìng

音译用字，用于"嘌（piào）吟"（有机化合物）。注意：这个"吟"（右边是"令"）和吟诗、呻吟、笑吟吟（形容亲切微笑的样子）的"吟"（右边是"今"）形、音、义都不同，不能混淆。

liú

流连（和"留恋"有别）liúlián

舍不得离开。如：流连山水、流连在这迷人的海边夜色中。"流连"和"留恋"都有"舍不得离开"这一含义，仍有不同。"流连"是指受吸引而不愿返回，对象仅限于自然景色、名胜佳境等可供游乐观赏的处所、环境；"留恋"指有所依恋而不忍离开，对象通常指故乡、母校、亲人等与自己的经历有过密切关系的人或事物。如：留恋故土；就要离开和自己一起生活了多年的哥哥，心中十分留恋。"流连忘返"含有被美好的景物吸引而忘了回去的意思，故这里的"流连"不能写成"留恋"。注意："流连"以往可作"留连"，现在的规范写法是"流连"。

流利（和"流丽"有别）liúlì

"流利"和"流丽"读音同。都有流畅的意思，是褒义词。区别是所指对象有不同。"流利"是指说话、写文章通畅清楚，多用于读写方面。如：这位维吾尔族老人能讲一口流利的汉语，他的文章写得流利。又可指灵活，不呆板。如：书写流利，他能流利地使用多种表现技法。"流丽"是流畅而华丽。多用于诗文、书法等方面。"丽"是华丽的意思。如：这些富于地方特色的剧种，数百年间流丽悠远、绵延不绝；"大字须注意庄重，小字须注意流丽。"（杨成寅《潘天寿》）毛泽东主席在修改《不怕鬼的故事》序言时用过一个短语"光昌流丽"（形容工作顺利发展，形势大好。光昌：显扬昌盛）。其中的"流丽"不要误写作"流利"。

留传（和"流传"不同）liúchuán

留下来传给后代。多指有价值、有意义的东西。如：这副玉镯是我祖母留传下来的、祖辈留传下来的秘方。"流传"不同。是指传下来或传播开。它既包含有顺着时间往下传的意思，又有扩大范围向外传的含义。多为事迹、言论、作品等。对象不限于后代子孙。如："满招损、谦受益"这句格言，流传到今天至少有两千年了；大禹治水的故事流传至今。

liù

陆（佰元）（不读 lù）liù

"六"的大写。多用于票证、账目等。现在支票或其他票据上的金额数字，除了把金额写成阿拉伯数字外，还要写上大写数字（如：壹、贰、叁、肆……捌、玖、拾），为的是防止有人篡改。这里的"陆"不读 lù。

碌碡（不读 lùdú）liùzhou

农具名。也叫石磙。用石头做成，圆柱形，用来轧谷物，平场地。注意：这里的"碌"不读忙碌、劳碌、碌碌无为的"碌"(lù)；"碡"也不能读 dú。

lóng

龙准（和"隆准"不同）lóngzhǔn

帝王的鼻子（龙：封建时代作为皇帝的象征。准：鼻子）。"隆准"不同，是指高鼻梁（隆：高起；凸出）。如《史记·高祖本纪》："高祖为人，隆准而龙颜，美须髯，左股有七十二黑子。"这里说的"隆准"是说高祖的鼻子高，不是泛指帝王的鼻子。左股，即左大腿。黑子：黑痣。

龙头（别于"笼头"）lóngtóu

　　指自来水管或其他液体容器上的开关。如：水龙头、高压龙头。也比喻带头的、起支配作用的人或事物。如：龙头老大、龙头产品。方言中还用来指自行车、三轮脚踏车的把（bǎ）（如：自行车的龙头歪了）或江湖上用来称帮会的头领。"笼头"（lóngtou）不同，是指套在骡马等头上用来系缰绳、挂嚼子的东西，用皮条或绳子做成。如："这些牲口还没上笼头呢！"马笼头。值得注意的是，人们常会把"水龙头"的"龙头"误写作"笼头"，是因为它们音近所致。"龙"是中国古代传说中的神异动物，它身为水族之长，能兴云降雨，故古人常把液体的出口处喻为"龙头"，再说，"水"是既不能做笼头也不必上笼头的。

龙钟（和"龙种"不同）lóngzhōng

　　形容词。身体衰老，行动不灵便的样子。如：老态龙钟、佝偻龙钟（佝偻gōulóu：脊背弯曲）。"龙种"（lóngzhǒng）不同，是名词，指皇帝的儿子，可以继承皇位的人。因旧时用龙象征皇帝，故称皇帝子孙或皇族后代为"龙种"。

龙马（精神）（并非"龙"和"马"）lóngmǎ

　　古代传说中像龙的骏马。龙马精神：像龙马一样的精神。比喻旺盛奋发的精神。如欧阳山《三家巷》九："见那些大哥哥还在龙马精神地说话，她也听不出味道，就打了两个呵欠，悄悄溜了出来。"这里的"龙马"不是指"龙"和"马"两种动物，"龙马精神"的字面含义也不是像龙和马那样的精神。

lóu

娄子（和"篓子"迥异）lóuzi

　　乱子；麻烦。如：惹娄子、他又捅了个娄子。"娄"的意思是"空"。"捅娄子"按字面的意思是弄出漏洞来了，意即引起纠纷，惹祸。而"篓"是指篓子，即用竹、篾、荆条等编成的盛东西的器具，多为圆筒形，有底。背篓（方言。背 bēi 在背 bèi 上运送东西的篓子）、竹篓、鱼篓、字纸篓的"篓"（lǒu）才这样写。把捅娄子的"娄"写成"篓"，无从索解。

lòu

露面（≠露脸）lòumiàn

　　"露面"和"露脸"都是动词，都有"在公开场合出现"的意思，在这个意义上，它们常可通用。如：他有很长一段时间都没有在屏幕上露面（露脸）了；幕后策划，从不露面（露脸）。但"抛头露（lù）面""酒会开始的时候，他露过一面"则不能换用"露脸"。"露脸"还有一个义项是，比喻取得成绩或受到赞扬，脸上有光彩。如：得了冠军，这回你可露脸了；干出点儿名堂来，也露露脸。注意："露面""露脸"的"露"都读 lòu，不读 lù。（"抛头露面"是成语，成语中的"露"不读 lòu。）

露怯（不是怯场）lòuqiè

　　（北京话）由于无知而当众出丑。如：他把刚长出不久的麦苗说成韭菜，这不露怯了；主持节目时，她把"工尺"的"尺"（chě）念作"chǐ"，真露了怯。注意："露怯"既不能理解为"怯场"（在人多的场面上发言、表演等，因紧张害怕而神态举动不自然），也不能理解为"怯生"（害怕见生人）。"露"在这里不读 lù。

露头（有二读）①lòutóu

动词。一指露出头部。如：敌军指挥官一露头，就被我狙击手干掉了；老鼠刚一露头，就给猫逮住了。二指出现。如：月亮刚一露头就被乌云遮住了；四个月滴水未下，旱象已经露头了。②lùtóu 名词。岩石和矿床露出地面的部分。矿床的露头是矿床存在的直接标记。

lú

芦苇（不能写作"芦苇"）lúwěi

多年生草本植物，多生在水边。"卢"是从"盧"字简化而来，它可以作简化偏旁，类推出简化字"泸"（如：地名泸 lú 州，在四川）、"轳"（lú）（如：辘轳。安在井上汲水的工具）、"垆"（lú）（如：当垆。指卖酒）、"颅"（lú）（如：头颅）等。值得注意的是，另有四个字也有偏旁"盧"，却未按着"盧"简化作"卢"，而是简化作"户"。这四个字是："庐"（lú）（如：庐山）、"炉"（lú）（如：火炉）、"驴"（lǘ）（如：驴子）、"芦"。因此，芦苇、油葫芦 lú（昆虫。外形像蟋蟀而稍大）的"芦"不能写作"芦"。

lù

绿（林）（不读 lǜ）lù

绿林：原指西汉末年聚集湖北绿林山（今湖北大洪山一带）的农民起义军。后泛指聚集山林反抗官府的武装集团。旧时也指占山为王的盗匪。如：绿林好汉、绿林英雄、称雄绿林。以上的"绿"和"绿营"（清代由汉人编成的分驻在地方的武装力量。因为用绿色的旗帜做标志，故称）、鸭绿江（中朝两国界河）的"绿"读音同，都不读 lǜ。

路道（和"道路"不同）lùdào

（方言）一指途径；门路。如：路道熟、路道粗（形容门路广）。二指人的行径（多用于贬义）。如：来人路道不正。"道路"是指地面上供人或车马通行的部分（如：道路平坦、道路泥泞）或借指遵循的途径、路线（如：坚持社会主义道路、走共同富裕的道路），也可指两地之间通道（包括陆路、水路）。如：道路遥远。

（湿）漉漉（不能误写作"辘辘""瀌瀌"）lùlù

潮湿的样子。湿漉漉：形容物体潮湿。如：晾了两天的衣服还是湿漉漉的。以往辞书往往有注明：也作湿渌渌。现在的规范写法是"湿漉漉"。这里的"漉漉"也不能误写作"辘辘"（lùlù）（象声词。指车轮等转动的声音。如：大车辘辘、饥肠辘辘）或"瀌瀌"（biāobiāo）（形容雨雪大。如：雨雪瀌瀌）。

戮（尸）（不是"杀"或"并"）lù

陈尸示众。戮尸：陈尸示众，以示羞辱（古代刑罚的一种）。如《左传·襄公二十八年》："求崔杼之尸，将戮之，不得。"（崔杼：人名，齐卿）"戮"的常见义是"杀"（如：杀戮、屠戮）、"并"（如：戮力同心），但戮尸中的"戮"不是这个意思，"戮尸"不是"杀尸"。"戮"（左下是"夕"）不能和戳穿、邮戳的"戳"

（chuō）（左下是"隹"）混淆。

lǚ

旅（进）旅（退）（不是旅客） lǚ（两个）

　　副词。共同。旅进旅退：跟大家共同前进或后退。形容自己没有主见，跟着别人走。如：他不甘心于旅进旅退，随波逐流，决心要干出一番事业来。这里的"旅"并非指旅客。"旅进旅退"不能理解为进出的旅客。

lǜ

绿肥（红瘦）（不是肥料） lǜféi

　　绿叶茂盛。绿叶茂盛而花朵凋谢谓之绿肥红瘦，形容暮春（指晚春，农历的三月）花木兴衰的景象。如："暮春三月，南方已是绿肥红瘦，草长莺飞；而北国却是万紫千红，春意盎然。"（王月华《春之歌》）此"绿"是指叶子，"红"是指花。这个成语要说的是晚春时节叶子和花的变化情况。这里的"绿肥"不是词，而是词组，不能把它理解为"绿肥"（把植物的嫩茎叶翻压在地里，经过发酵分解而成的肥料）。

luán

娈童（不是猥亵小男孩） luántóng

　　被当作女性玩弄的美男孩儿。这里的"娈"是形容词，指相貌美好。《诗经·邶风·静女》："静女其娈，贻我彤管。"意为文静的姑娘容貌是那样俊俏，送我红色的吹奏乐器。据此，"娈童"按字面的意思就是漂亮的童子，但它在古代是有特定含义的，是指被玩弄的美男孩儿，即男妓。值得注意的是，美国流行音乐巨星迈克尔·杰克逊生前曾涉嫌猥亵小男孩，媒体的报道多称之为"杰克逊娈童案""杰克逊痛斥指控他娈童的人是在撒谎"等。无疑，这里是把"娈"当动词用，指性侵犯、猥亵等的犯罪行为，这样理解不妥，此"娈童"宜改用"狎童"。

lún

伦敦（和"敦伦"迥异） lúndūn

　　英国首都。"敦伦"完全不同，是"敦睦夫妇之伦"的意思，意为让夫妇之间的感情亲善和睦，后来演化成"房事"的代名词，即世俗所指的夫妇之事——做爱。有人警示：某些官员对妻子长期不行敦伦之谊，就不怕戴绿帽子吗？（戴绿帽子：指妻子有外遇）《儒林外史》一五回："敦伦修行，终受当事之知；实至名归，反作终身之玷。"（实至名归：有了实际成就，就会得到应有的名誉。玷：使有污点）倘若把其中的"敦伦"写作"伦敦"，就会让人如堕五里雾中。

（美）轮（美奂）（不能写作"仑"） lún

　　轮囷（qūn），古代一种高大圆形的谷仓。这里形容高大。其中的"奂"既可解释为"众多"，又可解释为"华美"，因此，"美轮美奂"便用来形容房屋高大众多，宏伟壮丽（或说"美啊，多么高大！美啊，多么华丽！"）。如：这一幢幢高层建筑都是近年来新建的，美轮美奂，甚为壮观。注意：这个成语本是用来形容建筑物的，是它固有的用法，现在也用来形容其他事物，如壮观的龙舟赛、亮丽的湖光山色、时装模特的表演、花容月貌的女子等等。《现汉》(第6版)在"美轮美奂"这一词条后就有"也形容装饰、布置等美好漂亮"的解释。(见883页)《现规》(第3版)在这一词条后也有"现也形容景色、装饰等非常美好"的解释。(见897页)可见"美轮美奂"已不局限于指建筑物。其中的"轮"不能误写作"仑","奂"也不能写作"焕"或"换"。

luō

捋（起袖子）（不读 lǚ）luō

用手握住条状物向一头滑动。如：捋枸杞叶、捋起袖子、捋虎须（捋老虎的胡须。比喻触犯有权势的人或做冒险的事情）。以上的"捋"不读 lǚ。捋胡子、捋丝线，捋麻绳中的"捋"才读 lǚ。这里的"捋"是指用手顺着长条物向一端抹过去，使物体顺溜或干净。

啰唆（不再写作"罗唆"）luōsuo

（解释略）注意：按1986年重新发表的《简化字总表》，这里的"啰"不再写作"罗"。"啰嗦"的写法目前仍存在。《现规》有提示：现在一般写作"啰唆"。《现异》也有说明："宜以'啰唆'为推荐词形。"说话哩哩啰啰的"啰"读音和写法同。要注意，喽啰（lóuluó）旧时指强盗头子的部下；现在多比喻坏人的帮凶和爪牙，啰唣（luózào 吵闹）的"啰"和啰唆的"啰"读音不同。

啰里啰唆（并非不能说"啰啰唆唆"）luōliluōsuō

很啰唆（含厌恶意）。如：真没见过说话这么啰里啰唆的。现代汉语中，有一部分含贬义的双音形容词（包括一部分后一语素是"气"的形容词）可以按 A 里 AB 的格式重叠使用。如：肮脏——脏里肮脏、慌张——慌里慌张、怪气——怪里怪气、土气——土里土气；而褒义形容词不能按这种格式重叠，只能用 AABB 式。如：斯文——斯斯文文，大方——大大方方、客气——客客气气。然而，也有特殊，如"啰唆"含贬义，自然可以说"啰里啰唆"，但也可以说"啰啰唆唆"。《现汉》（第6版）第885页"啰唆"这一词条中，对"啰唆"这一词语解释后，就有这样的例子："他啰啰唆唆说了半天，还是没把问题说清楚。"

luó

啰唝曲（不读 luōgòngqǔ）luóhǒngqǔ

古词牌名。又称"望夫歌"。这里的"唝"不读唝吥（Gòngbù 柬埔寨地名。今作贡布）的"唝"，"啰"也不读啰唆的"啰（luō）"。

螺丝（和"螺蛳"迥异）luósī

螺钉。也叫螺丝钉。是用来连接或固定用的金属零件，因其有螺形旋纹而得名。"螺蛳"和"螺丝"音同义殊。"螺蛳"是淡水螺的通称，即一种由硬壳包裹起来的软体动物，在螺类家族中，体形较小，肉可食。因此，"嗍（suō）（吮吸）着螺蛳"中的"螺蛳"是万万不能写作"螺丝"的。有句俗语叫"螺蛳壳里做道场"，意为不畏艰苦，在小的舞台、小的地方也做出一番成绩来。（螺蛳壳：比喻局促、狭窄的空间环境）这里的"螺蛳"也是不能写作"螺丝"的。

M

mā

蚂螂（不读 mǎláng）mālang

蜻蜓。"蚂"的常见读音是 mǎ。如：蚂蟥（蛭的通称）、蚂蚁等，但用于口语的蚂螂的"蚂"要读 mā；而用于口语的蚂蚱（蝗虫）的"蚂"则要读 mà，都不读 mǎ。蚂螂中的"螂"读轻声，不标调，和蜣螂（昆虫名。以动物尸体和粪便等为食。俗称屎壳郎 làng）、蟑螂、螳螂的"螂"（láng）读音不同。

mǎ

马甲（和"甲马"迥异）mǎjiǎ

一指古代战马的护身甲。如《新五代史·汉本纪·高祖》："晋高祖马甲断，梁兵几及，知远以所乘马授之。"（晋高祖的马甲折断了，梁国的军队就要追上来，知远便把自己的马让给他）二指穿在衬衣或羊毛衫等外面的背心。如：那个穿着马甲的正是证券交易所的人。"甲马"不同，一指铠甲和战马。泛指武备，也指战争。二指迷信的人礼拜神佛时所用的纸马。《水浒传》里说的"甲马"，是一种画有神像的符纸，走路时拴在腿上，能健步如飞。和"马甲"绝然不同。

（牛溲）马勃（与"马"无关）mǎbó

一种菌类，生长在朽木或湿地上，可用来止血、治恶疮。牛溲马勃：比喻虽然是微贱之物，却是有用的东西（溲 sōu：小便，"牛溲"就是牛尿；一说是车前草，可做药用）。"牛溲"和"马勃"都是很容易得到而且能做药材的东西。如："牛溲马勃，败鼓之皮，俱收并蓄，待用无遗者，医师之良也。"（车前草、马屁菌，破败的鼓皮，兼收并蓄，备齐待用而没有遗缺，这是医师的高明技术。败鼓之皮：指年久败坏的鼓皮，可治蛊毒。）（韩愈《进学解》）"马勃"与马无涉。

mái

埋单（≠买单）máidān

①（粤方言）动词。在饭馆用餐后结账付款，泛指付钱（埋：收拢、靠拢。"埋单"就是把消费者的账单收拢在一起最后结账）。传入北方话地区后多说"买单"。如：先吃饭，后埋单；试用后觉得满意才埋单。②比喻承担责任。如：造成这种严重后果该由谁埋单？"买（mǎi）单"有不同，它除了有"埋单"的第①种解释外，主要是作名词用，指金融市场作为买入凭证的单据（和"卖单"相对）。如：股市上最大的一张买单。在"埋单"和"买单"的共同义上，应该说，"埋单"是源，"买单"是流。我们首先应尊重方言区的选择，但也可能"买单"人气日长，后来居上。

埋汰（不能写作"埋汏"）máitai

（方言）①形容词。脏；不干净。如：这床被子太埋汰了。②动词。用尖刻的话挖苦人。如：别拿话埋汰人。注意："埋"在这里不读埋怨别人的"埋"（mán）。

"汏"不能误写作"汏头"(洗头)、"汏衣裳"(洗衣裳)的"汏"(dà)(上海方言。洗;涮)

(阴)霾（不能读 lí）mái

空气中因悬浮着大量的烟、尘等微粒而形成的混浊现象。通称"阴霾"。如：阴霾密布、狂风暴雨驱除了空中的阴霾。注意："霾"只有一个读音 mái，不能读 lí。

mài

卖关节（和"卖关子"迥异）màiguānjié

利用权力暗里接受贿赂，为人办违纪违法的事（和"买关节"相对）。此"关节"是指托人情、走后门、行贿勾通官员的事。如：奉劝某些官员，还是不做卖关节的事为好。"卖关子"和"卖关节"完全不同，是指说书人说到故事情节的关键处突然停止，借以吸引听众继续听下去，比喻说话、做事到了关键处故弄玄虚，使对方着急，从而达到自己的目的（关子：小说、戏剧情节中最紧要、最吸引人的地方，比喻事情的关键）。如：有话快说，别卖关子了！

mán

埋怨（不读 máiyuàn）mányuàn

因事情不称心而对人或事物表示不满。如：互相埋怨；埋天怨地（因事情不如意而发泄愤懑）；他热心为集体办事，不怕落（lào）埋怨（落埋怨：被人埋怨）。注意："埋"的常见读音是 mái，但埋怨中的"埋"要读 mán。

màn

蔓延（和"曼延"不同）mànyán

蔓草（蔓生的野草）一类植物不断向周围延伸、扩展。比喻事物像蔓草一样不断向周围延伸、扩展。如：野草蔓延很快、火势蔓延、不能任由这种不良现象发展蔓延。"曼延"和"蔓延"音同义殊，是连续不断的意思（多用于山脉、水流、道路等。曼：长；远）。如：曼延曲折的山路、曼延的群山。

máng

尨(和"龙"有别)"尨"有二音：①máng 一指多毛的狗。二指杂色。②méng 如：尨茸（róng）(蓬松)。"尨"和"龙"形、音、义都不同，不能混淆。

máo

毛贼（和"蟊贼"不同）máozéi

旧时统治者辱骂起义者叫毛贼，而现在常用来指小偷。这里的"毛"有"小"的意思（含贬义），和毛丫头、毛孩子的"毛"义同。"蟊贼"和"毛贼"读音同。这里的"蟊"本是指吃稻根的害虫，因此用"蟊贼"比喻危害国家或人民的人。如：社会蟊贼、他是一个屈膝于敌伪的教育界之蟊贼。"毛贼"和"蟊贼"都是贬义词，前者只是一般的小偷，后者却是祸国殃民的重犯。

(不)**毛**(之地)(不是"毛发") máo

草。不毛之地：连草都不长的地方，引申为不长庄稼的地方。形容土地荒凉、贫瘠。如：他们在这片不毛之地创造了举世瞩目的业绩；昔日的不毛之地，如今已成为人间天堂。注意：这里的"毛"古通"苗"，指地面所生的草木，不是指毛发。"不毛之地"不能理解为不长毛发的地方。

毛孩子（和"毛孩"迥异）máoháizi

小孩子，也指阅历浅、经验不多的年轻人。如：他已从一个不懂事的毛孩子成长为一个企业家。这里的"毛"和毛贼（小偷）、毛丫头（年幼无知的女孩子）的"毛"义同，是"小"的意思，含贬义。"毛孩"不同，是指生下来全身长有毛的小孩，是人类的一种返祖现象。这里的"毛"是指人身上长的毛。

毛皮（≠皮毛）máopí

带毛的兽皮，多指已加工好的可以制作大衣、帽子等的带毛的兽皮。"皮毛"也有带毛的兽皮的解释，但所指范围有不同。"毛皮"多指具体的，如：毛皮大衣、毛皮手套、椅子上铺着个毛皮垫子。"皮毛"是总称。如：他是个皮毛商人，貂皮、狐皮都是很贵重的皮毛。"皮毛"还指人的皮肤和毛发，泛指人体的浅表部分或用来比喻肤浅的知识。如：只伤了点皮毛，没伤着筋骨；我对电脑只是略知皮毛。"毛皮"既不能指人体的浅表部分，也没有比喻义。

（名列前）茅（不能写作"芧""矛"）máo

白茅（即茅草）。名列前茅：名字排在前面（前茅：古代行军，前哨举着白茅，遇有敌情则以茅向后军警示，所以用前茅指先头部队。现比喻考试成绩或其他按优劣排列的系列中靠前的位置）。如：他每次考试总能名列前茅。三顾茅庐（比喻诚心诚意再三邀请。茅庐：草屋）、初出茅庐（比喻刚步入社会）、茅塞顿开的"茅"义同。这些"茅"（下边是"矛"）不能误写作"芧"（xù。古书上指橡实。它的下边是"予"）；也不能写成矛盾的"矛"。

茅屋（和"茅房"迥异）máowū

屋顶用茅草、稻草等盖的简陋房子。又称茅舍（shè）。"茅房"，即茅厕，是厕所的俗称，和"茅屋"是绝对不能混淆的。把"乡村山野的小茅屋"说成"乡村山野的小茅房"，准会让人感到错愕。

猫（腰）（不读 māo）máo

弯（腰）。猫腰：弯腰。如浩然《弯弯的月亮河》："柳顺猫下腰，伸手一摸，原来是个人。"小猫（māo）一猫腰就钻出来了。这里的"猫"不读 māo。北京话里的"毛腰"和"猫腰"意思同。如老舍《茶馆》："树木老，叶儿稀，人老毛腰把头低。"《现异》有说明："毛腰"的"毛"是"猫"的借字。"猫腰"比喻像猫一样弯腰，富于形象性，且词频高，宜以"猫腰"为推荐词形。

mǎo

冇（不读 mó）mǎo

（粤语）没有。如广东话中常有人说"冇冇搞错"。（参见"冇冇搞错"条）"冇"只有一个读音，不能读 mó。

mào

贸（然）（不能写作"冒"）mào

轻率；鲁莽。贸然；轻率地；不加考

虑地。如：贸然行动、不能贸然同意。"冒"也有轻率、莽撞这一解释，把"贸然"写作"冒然"似可通。《现异》有说明："贸然"和"冒然"音相同，义相通。根据通用性原则，宜以"贸然"为推荐词形。《现规》（第3版）在"贸然"这一词条后说得更明确："贸"不要误写作"冒"。

芼（和"笔"不同）mào

拔取（菜、草）。如《诗·周南·关雎》："参差荇菜，左右芼之。"（水荇菜长长短短，采荇人左拣右拣。荇，音xìng，即荇菜。多年生水草，嫩叶可食用，全草可做药材）"笔"是常见字，不赘述。"芼"和"笔"是两个完全不同的字，不能混淆。

帽子戏（和"帽子戏法"迥异）màozixì

就是"开锣"（开始敲锣打鼓，表示戏曲即将开演）。因为是演出中的第一出戏，位居冠首。故称帽子戏。"帽子戏法"完全不同，它来自英国作家刘易斯·卡洛尔的童话《爱丽丝漫游奇境记》，里面描写了一位做帽子的匠人能用帽子变出各种戏法。后来把在一场足球赛中一名队员三次把球射入对方球门叫作上演帽子戏法。如：在这场比赛中，他上演了帽子戏法。现在它的使用范围更加广泛，任何连续三次获得成功的事情都可以用"帽子戏法"这个词语来形容。

méi

（好得）没治（了）（不是无法救治；无法处理）méizhì

（北京话）形容词。（人或事）好得不得了。这球踢得没治了、他的手艺没治了、这件衣服没治了中的"没治"都是这个意思。它和作动词用的"他得的这个病没治了"的"没治"（情况坏得无法挽救）"我真拿他没治"的"没治"（无可奈何）含义迥异。

（衔）枚（不能写作"梅"）méi

古代行军用具。是一种形状像筷子的东西，两端有带，可系于颈上。古代军队秘密行动时，为了防止士兵说话，常常命令士兵把"枚"衔在口中，因此叫衔枚。如：衔枚疾走、衔枚夜行、钳马衔枚（形容古代急行军时听不到马的嘶鸣声和人的说话声。钳马：用器具夹住马嘴，不使鸣叫）。注意：这里的"枚"不能写作"梅"。用"衔枚疾进"来形容足球运动员带球突入对方阵地时的迅疾行动也不妥。

měi

每况愈下（不作"每下愈况"）měikuàngyùxià

形容情况越来越坏（况：情况。愈：更加）。如《人民日报》（1960-10-12）《越来越孤立的不是中国，而是美国》："连美国统治集团的代表人物也不能不认为这表明了美国的'威信'每况愈下。"家道每况愈下（家道：家庭的经济状况）；由于这里条件艰苦，教师流失多，师资质量每况愈下。"每况愈下"原作"每下愈况"，出自《庄子·知北游》："正获之问于监市履狶也，每下愈况。"（正获：司正、司获，官名。监市：监管市场的人。履：踩。豨 xī：猪。况：甚）意思是用脚踩猪腿的方法来检验猪，越往下踩就越能看出猪的肥瘦。因为猪腿的下部最难长肉，最难长肉的地方肥了，肯定是肥猪。"每下愈况"后来习惯写作"每况愈下"，意思是每一次的情况愈发没有前一次好，也就是情况越来越糟糕，这种讹变也因讹成实了。

mèi

（联）袂（不读 jué）mèi

袖子。联袂：手拉着手（用"袂"代手）。比喻共同（合作、来去等）。如：联袂而来、联袂献艺。分袂（分手，离别）、奋袂（把袖子一甩，准备行动）、投袂荷（hè）戈（振起衣袖，拿起武器。表示为国效命）中的"袂"音、义同。注意：从"夬"的字，一般读 jué 或 kuài，如决、诀、抉、快、块，但"袂"不这样读；这里的"联"也不能写作"连"。

谜儿（不读 mír）mèir

谜（mí）语。如：猜谜儿、破谜儿（猜谜语）。上述的"谜"是口语，不读猜谜、谜语、灯谜、谜底的"谜"(mí)。

mén

门外汉（不是"门外的人"）ménwàihàn

外行人。如巴金《父与子》："因为对这件事我也是一个门外汉，妻常常笑我'没有用'。"对于下棋，我是个门外汉。"门外汉"是长期习用的定型短语，一般由几个词组合而成，但不是几个词意义的简单相加。我们常听到的"喝西北风"并不是说"喝从西北方向吹来的风"，而是指"没有东西吃"；同理，"门外汉"也不能理解为"门外的汉子"。下面句中的"门外汉"用得不对："由于自己学习成绩不好，今年高考又名落孙山，成了高等学府的门外汉。"

men

（我）们（不再受数量结构修饰）men

后缀。用在人称代词或指人的名词后面，表示复数。如：我们、乡亲们、同志们。注意：①"们"一般不用在指物的名词后面（拟人的用法或比喻的手法，如"星星们眨着眼睛""猴子们听了欢呼起来""奶奶管我们叫小燕子们"除外）。②名词前有数量词时，后面不加"们"，如不说"五个同学们""几个孩子们"。③这里的"们"读轻声，不读"图们"（地名，在吉林）、"图们江"（水名）的"们"(mén)。

méng

蒙眬（和"朦胧"有别）ménglóng

形容词。一指两眼半开半闭，看东西模糊的样子。如：睡眼蒙眬、醉眼蒙眬、蒙眬睡去。二是用来形容景象模糊不清。如：暮色蒙眬、烟雾蒙眬、眼前蒙眬一片。以上解释的"蒙眬"不再写作"矇眬"，也不能和读音相同的"朦胧"相混。"朦胧"是指月光不明。如：月色朦胧、朦胧的月光笼罩着原野。"朦胧"两个字都是"月"旁，"蒙眬"的"眬"则是

"目"旁。又有"日"旁的"曚昽"一词,读音也是 ménglóng,指的是日光不明。

蒙蒙(不要写作"濛濛") méngméng

用来形容雨点细而密(如:蒙蒙细雨)或形容云雾、烟尘等浓厚而看不清楚(如:烟雨蒙蒙、云雾蒙蒙)的"蒙蒙"是规范词形,不要写作"濛濛"。"蒙蒙"和"蒙蒙亮"(形容天刚有些亮)中的"蒙蒙"(mēngmēng)读音也有别。

蒙尘(和"蒙垢""尘封"不同) méngchén

蒙受风尘(特指帝王因战乱逃亡在外)。如:天子蒙尘、"奸臣窃命,主上蒙尘"。(奸臣窃取了政权,皇上遭受出奔的苦难。)(《三国志·隆中对》)注意:"蒙尘"不能理解为蒙受耻辱或吃亏。如不能说"能说会道,在封建社会就不会饿死;笨嘴拙舌,就只能蒙尘"。可改用"蒙垢",蒙垢(gòu)才是蒙受耻辱的意思。如:不堪蒙垢,奋起反抗。"尘封"和"蒙尘"也不同,是指放置时间长,被尘土盖满。如:尘封的历史、整理尘封多年的古籍。

蒙难(≠遇难) méngnàn

遭受灾难(多指知名人士)。如:叶挺同志是在 1946 年 4 月 8 日由重庆返延安途中,因飞机失事而蒙难的。"蒙难"一般是指有一定身份地位的人,如领袖人物、革命志士或受人敬爱的人遭受到人为的或意外的灾祸。普通人只用"遇难"。如:他在一次飞机失事中遇难,地震使许多居民不幸遇了难。

mí

弥蒙(≠迷蒙) míméng

"弥蒙"和"迷蒙"读音同,都有昏暗看不清的意思,在这个意义上可通用。如:烟雨弥蒙(迷蒙)、薄雾弥蒙(迷蒙)、夜色弥蒙(迷蒙)。但"迷蒙"还可作(神志)模糊不清讲。如:醉意迷蒙、眼神迷蒙。这里的"迷蒙"不能换用"弥蒙"。"弥蒙"和"迷蒙"是两个词的规范写法,不要再用"瀰濛""迷濛",因为"瀰"和"濛"已简化为"弥""蒙"。

mì

(哈)密(瓜)(不能误写作"蜜") mì

哈密,地名,在新疆。"哈密瓜"是中国新疆哈密等地出产的一种甜瓜,因多产于哈密一带,故称。不能把其中的"密"误写作蜜蜂、甜蜜、蜜桃、菠萝蜜(常绿乔木,果肉可食用)的"蜜"。

密诏(和"密召"不同) mì zhào

名词。秘密的诏书(诏书:皇帝颁发的命令)。如梁启超《饮冰室合集·谭嗣同》:"君乃直出密诏示之曰:'今日可以救我圣主者,惟在足下……'"(谭嗣同于是直接拿出秘密诏书给袁世凯看,说:"今天可以救我贤明君主的人,只有您了……")"密召"和"密诏"音同义殊。"密召"是动词,指秘密召唤(召:召唤)。如:密召速回。

(柔情)密(意)(不能误写作"蜜") mì

关系近;感情深。柔情密意:温柔、

亲密的情意。多指恋人之间的感情。如《红楼梦》一一一回："虽说宝玉仍是柔情密意，究竟算不得什么。"一对恋人正陶醉在柔情密意之中。注意这里的"密"并非表示甜蜜之意，而是表示感情、关系的程度深，"密意"即内心深处的爱慕之意，因此，这里的"密"不能写作蜜月、蜜橘、口蜜腹剑的"蜜"。

密语（和"蜜语"不同）mìyǔ

一指秘密交谈（密：秘密）。如：他俩正在低头密语。二指秘密的通信用语。也叫暗语。为了保密，通常用数字、字母、某些特定词语等代替真实的通信内容。如：间谍常用密语交往。"密语"不要和"蜜语"混淆。"蜜语"是指为了讨人喜欢说的好话，这里的"蜜"作甜蜜讲。不过这个词很少独立使用，多用在"甜言蜜语"这个成语中。

mián

绵（里藏针）（**不能误写作"棉"**）mián

丝绵。丝绵是剥取蚕茧表面的乱丝整理而成的像棉花的东西，轻松柔软。因此外柔内刚，柔中有刚或说某个人表面柔和而内心尖刻都可用"绵里藏针"来表示。如：他是个绵里藏针的人，在原则问题上绝不会让步；对那种笑里藏刀、绵里藏针的人，千万要当心。我国古代较早的时候只有丝绵，而棉花的种植比较晚，因此，只能说是丝绵里藏着钢针，而不是棉花里藏着钢针。这个成语已约定俗成，不能把这里的"绵"误写作"棉"。

miǎn

免职（和"撤职"不同）miǎnzhí

免去职务（免：除掉；去掉）。如：他已被免职、该厂长被免职。"免职"不要和"撤职"混淆。免职不一定是犯了错误，也可以是因积极的原因（如提升）而免去现任职务；撤职则必定是因消极的原因（如犯错误、犯罪）而撤销职务。如：撤职查办、他因违纪被撤了职。

勉（为其难）（**不是勉励、鼓励**）miǎn

勉强；力量不够或心里不愿意，但仍尽力去做。"勉为其难"是说勉强去做力所不及或本来不愿做的事。如：让我干这么吃重的工作，我只好勉为其难了（吃重：费力）；他不愿意做就算了，不要勉为其难了。这里的"勉"不是勉励、鼓励的意思，把"勉为其难"解释为鼓励别人去做某件难做的事就错了。

miàn

面子（和"脸子"不同）miànzi

一指物体的表层。如：布鞋面子、被面子。二指脸面；体面。如：这个人很爱面子、给他留点面子。三指情面。如：不讲面子；饭馆碍着他父亲的面子，没有把他辞退。"脸子"是方言，亦有脸面的意思。如：他是要脸子的人，不要当众揭他的短。这里改用"面子"也不错。但它不能用来指物体的表层。此外，"脸子"还用来指不愉快的表情。如：他不会给你脸子看的，动不动就给人家脸子看。这里就不能换用"面子"。"脸子"还可用来指容貌（多指美貌，用于不庄重的口气）。

面貌（≠**面容**）miànmào

脸的形状；相貌。如：我没看清那人的面貌。"面容"也可指人的面貌，容貌。不同的是，"面貌"侧重指人的五官外形，人的长相。面貌姣（jiāo）好，他的面貌一点也不惊人的说法都是可以的；"面容"侧重指人的面部表现出来的健康状况或精神状态。如：面容憔悴、母亲慈祥的面容又浮现在眼前。这里换用"面貌"就不妥。此外，"面貌"还有比喻用法，可用来比喻事物的形态、状况。如：学校的面貌焕然一新，首都面貌发生了巨大变化。"面容"没有这种用法。

面世（和"**面市**"不同）miànshì

作品、产品与世人见面（世：社会、人间）。如：一部新编的大词典即将面世，这种新型燃气炉即将面世。"面市"与"面世"读音同，是指商品开始投放市场（市：市场）。如：又一种新款轿车在上海面市。区别是："面世"的对象是作品，也可以是其他不能出售的新事物（如克隆羊——1997年英国科学家首次利用成年动物细胞克隆一只名叫"多莉"的绵羊）；"面市"不能这样用。如果新产品数量有限，厂家只是把它向世人展示一下，并不出售，也可称作"面世"；而可当作商品交易投放市场的产品（包括新产品有足够数量开始正式销售）才叫面市。

míng

名刺（不是有名的刺客）míngcì

名片。这里的"刺"也是指名片。古代在竹简上刺上名字，故称名刺。西汉时叫谒，东汉时叫刺，后来叫名刺（如"投名刺"就是递上名刺），明清时叫名帖（tiě），现在叫名片。把"名刺"理解为有名的刺客，是望文生义。其中的"刺"写法同刺刀、刺杀的"刺"（左边是"朿"），不能误写作"剌"（là）。辞书中没有"名剌"这个词。

名声（≠**名气**）míngshēng

社会给予人或事物的评价。如：好名声、名声很坏。"名气"也是名声的意思，但在用法上和"名声"有不同。"名气"是褒义词，只能用"大""小"等修饰，不能用"好""坏"修饰。如：小有名气（小：稍微）、他在国际上很有名气。"名声"是中性词，可用"好""坏"来修饰。"好名声""名声很坏"中的"名声"不能用"名气"去替代。

（**一文不**）**名**（不是"说出"）míng

占有。一文不名：一文钱都不占有，形容十分贫困（文：指旧时的铜钱）。如：我实在是一文不名，连坐车的钱都没有了。"一文不名"也说"不名一文"。其中的"名"和莫名其妙、不可名状（无法用言辞来表达、形容）中的"名"（说出）含义不同。"一文不名"也不能和"一文不值"混淆。"一文不名"是说没有钱，只能用于人；"一文不值"是说连一文钱的价值都没有，常用于物，也可用于人。如：这几件破家具，一文不值；他总是把自己看得像一朵花，而把别人说得一文不值。下面句中的"一文不名"和"一文不值"就用得不对："若只会说空话，便一文不名。""杜甫晚年穷困潦倒，一文不

值,最后病死在一条破船上。"(应对调)

(一代)名优(并非有名而优良的) míngyōu

名伶(líng),旧时称著名的戏剧演员或电影演员(优:旧时称演戏的人)。"一代名优"是指一个时代的著名演员。如:一代名优就这样香消玉殒,永辞人间。(香消玉殒:指年轻美貌的女子死亡)这里的"名优"和名优产品、名优特产的"名优"(有名的,高质量的)含义迥异。

名噪一时(和"鼓噪一时"不同) míngzào-yīshí

在一个时期内名声很大,引起轰动(噪:声名响亮,广泛传播)。如:她曾经是名噪一时的歌星,现在却无声无息了;蒲松龄十九岁时,接连考取了县、府、道三个第一,中了秀才,名噪一时,但此后却屡试不第。"名噪一时"是个褒义成语。其中的"名噪"是说名声很响,和鼓噪一时的"鼓噪"(古代指出战时擂鼓呐喊,以壮声势。现泛指喧嚷、起哄。含贬义)不同。如:靖国神社(日本祭祀在历次战争中战死军人的地方)是日本右翼势力鼓噪军国主义的精神阵地;这伙人鼓噪一时,后来自觉无理,也就各自散去了。"名噪一时"也可指物,如说"位于南京秦淮河北岸的江南贡院(给国家选拔人才的科举考场)是中国古代最大的科举考场,曾名噪一时"。

(师出无)名(不是名气) míng

理由。师出无名:出兵没有正当的理由(和"师出有名"相对)。泛指做事没有正当理由。如:师出无名,必败北(败北:打败仗);师出无名,当然办不成事。注意:此"名"不能理解为名气;"师"也不是指老师,而是军队。不能把"师出无名"解释为没有老师的指导也出了名。

名品(和"品名"有别) míngpǐn

有名的产品或品种。如:这里卖的都是名品,西湖龙井是茶中名品。"品名"不同,是指物品的名称。

名义(和"名誉"不同) míngyì

一指做某事时用来作为依据的名称或称号。如:用厂工会的名义发个通知;我以共青团员的名义向组织保证,一定提前完成任务。二指表面上,形式上。如:他名义上是总管,实际上却什么都不管;敌方名义上有一个团,其实只有二百人;他名义上是职员,实际上是工贼。这里的"名义上"多用于不起实际作用的名称,甚至有时含贬义;而"名誉(yù)"除了有名声的含义(如:好名誉、珍惜名誉)外,也有"名义上的"解释。如:名誉校长、张教授是我们的名誉主席。但这"名义上的"多用于荣誉称号,带有敬重色彩,和"名义"中第二种解释的"名义上"词义色彩不同。

明火执仗(和"明杖"迥异) mínghuǒ-zhízhàng

点着火把,拿着武器。指强盗公开抢劫,比喻毫无顾忌地公开干坏事。如,元·无名氏《盆儿鬼》第二折:"我在这瓦窑居住,做些本分生涯,何曾明火执仗,无非赤手求财。"对明火执仗拦路抢劫的坏人,一定要严惩。"明杖"和"明火执仗"完全不同,是指盲人用来探路的手杖。此"杖"是指拐杖、手杖,和明火执仗中的"仗"(兵器)无论写法和含义都不同。

明日（黄花）（不要写作"昨日"） míngrì

指农历九月初九日重阳节后的一天，即九月初十日。明日黄花：过了重阳节的菊花，即将枯萎，没有什么观赏价值了。后用明日黄花比喻过时的或失去现实意义的事物（黄花：菊花。比喻过时的事物）。如：我和他的友情，已是明日黄花，不复存在。有人认为，"明日"的黄花会更美好，怎么会过时呢？应改为"昨日黄花"才合事理。《现汉》（第6版）只收"明日黄花"；《现规》（第3版）在"明日黄花"这一词语解释后的提示是：不要误写作"昨日黄花"。（见922页）

miù

（纰）缪（不读 móu） miù

错误的；不合情理的。"纰（pī）缪"就是错误。如：时有纰缪。这里的"缪"（左边是"纟"）不能误写作谬论、谬误（错误；差错）的"谬"（miù），也不能读未雨绸缪、情意绸缪（缠绵）的"缪"（móu）或作姓氏用的"缪"（miào）。

mó

模范（≠榜样） mófàn

①名词。值得人们学习的先进人物或事物。如：劳动模范、支前模范（支前：支援前线）。②形容词。可以作为榜样的，值得学习的。如：模范家庭、模范人物。"榜样"也有"可以作为仿效的人或事"的解释，不同的是，"模范"是褒义词，仅指正面的人或事物；"榜样"是中性词，多指正面的，也可指反面的。如：雷锋是我们学习的好榜样、榜样的力量是无穷的、坏榜样。

嬷嬷（不读 māma） mómo

①某些地区对年老妇女或奶妈的称呼。②对天主教或东正教修女的称呼。注意："嬷嬷"按旧标准的读音是 māma，《审音表》规定统读为 mó，不要再读 mā，也不能简化作"妈"。

mò

末了（和"未了"不同） mòliǎo

名词。最后。如：这行（háng）末了有个字我不认识；他考虑了半天，末了才同意和我一起去。"未（wèi）了"是动词。意为没有了结，尚未结束。如：未了的案子、还有一桩心愿未了。"末"（mò）和"未"（wèi）字形相似：前者（上横长下横短）是最后，末尾的意思；后者（上横短下横长）是"没"（跟"已"相对）的意思，不能混淆。

没（奈何）（不读 méi） mò

没有；无。"没奈何"就是无可奈何，实在没有办法对付或处理。如：实在太累了，没奈何，只好坐下来休息。"没"有 méi 和 mò 两个读音。有下面意思的"没"要读 mò：①（人或物）沉下或沉没。如：没入水中寻找；金乌西没，玉兔东升。（金乌：太阳。玉兔：月亮）②漫过或高过。如：水深没顶、茅草高得没过人头。③隐藏；隐没。如：这一带常有歹徒出没。④终；尽。如：没世（一辈子；一直到死）、没齿不忘（没齿：终身）。⑤把财物扣下。如：没收、抄没家产。此外，没药树（小乔木。产于非洲东南部、阿拉伯半岛等地）、没药（中药，是没药树树皮上渗出的树脂，可做药材）、悄没声（qiǎomoshēng 方言。不声不响）中的"没"也是这个读音。

脉脉（和"默默"不同）mòmò

形容深含感情凝视或用眼神表达情意。如：脉脉地注视着远去的亲人。朱自清《荷塘月色》："叶子底下是脉脉的流水"中的"脉脉"是形容水没有声音，深含感情的样子，把流水人格化了。"默默"和"脉脉"音同义殊。"默默"是不说话，不出声。如：默默无言、默默忍受、默默无闻。"默默"和"脉脉"不能混淆。把用眼神表达爱慕之意的"含情脉脉"写成"含情默默"就错了。要注意，"脉脉"是规范词形，不要再写作"眽眽"，也不读 màimài。

莫如（≠不如）mòrú

"莫如"和"不如"都是比不上的意思，用于对事物的不同处理方法的比较选择。因此，它们常可通用。如：你来莫如（不如）我去、去了生气莫如（不如）不去、你一个人唱莫如（不如）大家一起唱。不同的是，"莫如"只限于对不同处理方法的优劣的比较选择；而"不如"用法较宽，除用于对不同处理方法的比较选择外，还可以比较高下。如：张师傅的手艺不如李师傅、这个办法不如那个好。"莫如"没有这种用法。此外，"牛马不如""天时不如地利，地利不如人和"中的"不如"也不能换用"莫如"。

莫名其妙（和"莫明其妙"有别）mò míng-qímiào

以往辞书中对"莫名其妙"的解释后往往注明："'名'也作明。"（或"也作莫明其妙"。）由此说来，这两个成语意思相同。其实，仍有细微差别。《现规》对"莫名其妙"的解释是：没有人能说出其中的奥妙。形容非常奥妙。对"莫明其妙"的解释是：没有人明白其中的奥妙。形容事情很奇怪，使人不能理解。而后有提示：由"莫名其妙"衍化而来，现在意义有所分化。《现汉》（第6版）两个成语均收，在"莫明其妙"这一词条的后面同样用了"注意"："……但二者含义略有不同……"的说明。（见917页）"莫名其妙"偏重不能说明（名：说出）。如：魔术师能把钱币从桌面上穿透过去而桌面丝毫不留痕迹，真是莫名其妙。"莫明其妙"偏重不能理解（明：明白；了解）。如：他莫明其妙地问："弄这干啥？"雨伞明明是你自己摆弄坏的，却要埋怨我，真是莫明奇妙。要注意，感激莫名、惊诧莫名中的"莫名"不能写作"莫明"。

莫逆之交（和"刎颈之交"不同）mònìzhījiāo

情投意合的知心朋友（莫逆：彼此情投意合，非常要好）。如茅盾《子夜》三："也是在这一点上，唐云山和吴荪甫新近就成了莫逆之交。"我和他是莫逆之交。"刎（wěn）颈之交"和"莫逆之交"有不同，是指同生死、共患难的朋友（刎颈：割脖子）。如《史记·廉颇蔺相如列传》："卒相与欢，为刎颈之交。"是说（廉颇和蔺相如）终于彼此和好，结成生死与共的朋友。又有个成语叫"忘年之交"，指的是年龄或辈分不同的人之间结成的知心朋友。如："李师傅和他的徒弟年龄相差三十多岁，长期工作在一起，感情融洽，已成了忘年之交。""忘年之交"和"莫逆之交""刎颈之交"又有不同。

墨（守成规）（不能误写作"默"）mò

墨翟（dí），即墨子，春秋战国时期思想家，墨家创始人。墨翟善于守城，因此，人们称善于防守的人叫"墨守"，后来墨守引申出固守、不会变通的意思。这样，墨守成规就用来形容死守老规矩，保守固执，不求改进。如郑逸梅《书报话旧·具有四百年历史的扫叶山房》："由于该店刊印古旧文学书籍，业务日趋衰落；加之经营欠善，墨守成规，那就不免为时代所淘汰。"这幅漫画讽刺了那些墨守成规的保守派；有的同志头脑僵化，墨守成规，对一些似是而非的事情习焉不察。注意：①这里的"墨"不能误写作"默"，不能理解为"默默地"。②"成规"是指已通行的规则、方法，和"陈规"有不同。（参见"陈规"条）这里的"成规"不宜写作"陈规"。

mǔ

拇（指）（不能误写作"姆"）mǔ

"拇指"是指手或脚的第一个指头。也说大拇指，俗称大拇哥。拇战（指划拳）的"拇"和拇指的"拇"写法同，都是"扌"旁。不能误写作保姆的"姆"或母亲的"母"。

mù

木樨饭（不是用桂花炒的饭）mùxifàn

蛋炒饭。"木樨"通称桂花，这里是指经过烹调的打碎的鸡蛋，像黄色的桂花。"炒木樨"就是炒蛋。因"炒蛋"和"操（cào）蛋"音近，北方"操蛋"有骂人意，故改用"炒木樨"。又有木樨汤（蛋花汤）、木樨肉（鸡蛋炒肉丝），都不是用桂花烹调成的菜肴。

目不交睫（和"目不见睫"有别）mùbù jiāojié

眼睛的上下睫毛没有交合（交：合拢。睫：睫毛。交睫：闭眼）。形容难以入睡的样子。如：为了取得这场战役的胜利，司令部的将军们目不交睫，彻夜研究作战方案。"目不交睫"不要和"目不见睫"混淆。"目不见睫"是说自己的眼睛看不见自己的睫毛。比喻没有自知之明或见远不见近。如：不要目不见睫了，能解决这类问题的，你们那里有的是高水平的人，何必来这儿"诚聘"！

目劄（不作"目札"）mùzhá

中医学病名，指不停眨眼的毛病。多用于儿童。"劄"本来被视为"札"的异体字。《通用规范汉字表》确认"劄"为规范字，用于科学技术术语，目劄的"劄"就不写作"札"。其他意义用"札"，如奏札、信札、手札、札记，等等。

牧歌（不是牧师安排唱的歌）mùgē

牧人、牧童放牧时唱的歌谣，泛指以农村生活情趣为题材的诗歌和乐曲。如：田园牧歌、草原上传来悦耳的牧歌。基督教的神职人员——牧师在基督教举行仪式时安排教徒唱的赞美上帝或颂扬教义的诗歌不叫牧歌，而是叫"赞美诗"或"赞美歌"。

N

nā

南无（不读 nánwú）nāmó

佛教用语。表示对佛的尊敬或皈（guī）依。如：南无阿弥陀佛。又如佛教徒口中说的"南无本师释迦牟尼佛""南无观世音菩萨"等，表达的都是对释迦牟尼、观世音菩萨的尊敬或皈依。佛经是从古印度传入我国的，"南无"译成汉文时，亦有译作"南谟""曩谟"的，不管哪种译法，都只能读作 nāmó，而不读 nánwú。

nài

奈何（和"奈河"迥异）nàihé

①表示没有办法，相当于"怎么办"。如：无可奈何、没（mò）奈何、奈何不得。②为什么；如何（用于反问）。如：民不畏死，奈何以死惧之？（人民不怕死，为什么要用死来威吓他们？）③中间加代词，表示"拿此人怎么办"。如："怎奈我何！""不管你怎样劝他，他都不听，又奈他何！""奈河"读音同"奈何"，含义迥异，是佛教所传地狱中的河名。奈河上有桥名叫"奈河桥"。这里的"奈河""奈河桥"和"奈何"毫无瓜葛。

柰（别于"奈"）nài

古代指一种类似花红（也叫林檎或沙果）的果树，也指这种树的果实。"柰"因似李子而肉红，味酸甜，所以人们又称它为柰李。注意：这里的"柰"（上面是"木"）和无可奈何的"奈"读音虽同，但字形和含义不同，不能混淆；把"柰李"写成"奈李"就错了。

（俗不可）耐（不能写作"奈"）nài

忍耐；承受得住。俗不可耐，庸俗得让人无法忍受。如：这部言情小说俗不可耐；她的一身打扮，俗不可耐。注意：这里的"耐"不能误写作无可奈何、奈之何（怎样处置他）的"奈"（对付；处置）。"俗不可耐"是极言庸俗给人带来的反感程度，并不含有如何去改变它的意思，不能错误地理解为庸俗得使人无可奈何。

nán

男工（和"男公"不同）nángōng

男性工人。如：这个车间男工少，女工多。"男公"不同，是对上了年纪的男子的尊称。"公"是对男子（现多指老年）的尊称。如"这位男公，想要吃点什么？"在公共场合，没有穿工人制服而上了年纪的男人称他为"男公"也没有什么不妥。如说"一位西装革履、仪表堂堂的男公正向他走过来"。

难道（≠莫非）nándào

用在反问句里，加强反问语气，句尾常用"吗""不成"相互应。如："难道你还不了解我吗？""难道非他去不成？""莫非"是莫不是的意思，也可用来表示反问，句尾常和"不成"互应。因此，"莫非"和"难道"两个词可通用。如："莫非我听错了？""莫非错怪了他不成？"其中的"莫非"就可以换用"难道"，只不过"难道"的反诘语气更强。此外，"莫非"除表示反问外，还可表示猜测。如"这么晚他都没回来，莫非出了事不成？""难道"和"莫非"都是语气副词，"难道"主要是表示反诘，而"莫非"主要是表示怀疑和猜测，用时尽可能要恰到好处。"怎么钥匙丢了，难道昨晚换衣服时忘了拿出来？"中的"难道"应换用"莫非"为宜；"这件事就发生在你家门口，莫非你不知道吗？"句中用"莫非"就显得别扭。

难兄难弟（有二读）①nánxiōng-nándì

兄弟俩都一样好，难分高下。现在多反用，指兄弟俩或泛指两个人同样坏。如：兄弟俩一个嗜赌，一个吸毒，真是一对难兄难弟。②nànxiōng-nàndì 指共过患难的朋友或处于同样困难境地的人。如：我们都是难兄难弟，又何必客气呢！"难兄难弟"有两个读音，也就有两种解释，不能误用。

nàn

（论）难（不读 nán）nàn

质问。论难：动词。针对对方的论点提出质问，进行辩论。如：双方各执一说，互相论难。非难、责难、质疑问难（提出疑难问题要求解答或共同讨论）中的"难"音、义同。这些难不读 nán。

（排）难（解纷）（不读 nán）nàn

危险。排难解纷：为他人排除危难，调解纠纷。如：《聊斋志异·农妇》："有农人妇，勇健如男子，辄为乡中排难解纷，与夫异县而居。"她热心为人排难解纷，大家有事都愿意找她。这里的"难"和质疑问难（提出疑难问题请人解释或共同讨论）的"难"读音同，都不读 nán。

náo

呶呶（不休）（不能读 núnú）náonáo

说话唠唠叨叨，使人讨厌。呶呶不休：形容说话唠叨，没完没了。如：她呶呶不休地说了半天，我一句话也没听进去。注意："呶呶"不能读作 núnú。又有成语"刺刺不休"（cìcì-bùxiū）。和"呶呶不休"义同，"刺刺"也是形容说话多，只不过是"刺刺"和"呶呶"的写法和读音不同而已。

nào

（泥）淖（不能读 zhuó）nào

烂泥；泥沼。泥淖：烂泥；泥坑（多用于比喻）。如：一片泥淖；敌人内外交困，陷于泥淖。淖尔（蒙语音译词。指湖泊，多用于地名，如罗布淖尔，即罗布泊，在新疆）。注意："淖"只有一个读音——nào，不能读 zhuó。

nǎo

（玛）瑙（不能写作"碯"）nǎo

玛瑙：矿物名。可用来做仪表轴承、研磨工具、装饰品等。注意："瑙"（"王"字旁）和南垴（地名，在山西）、虎头垴（地名，在河北）的"垴"（nǎo，小山丘，多用于地名）写法不同。"脑"和"恼"是由"腦""惱"简化而来（右边都是卤），但"瑙"的右边却不能类推简化为"卤"，把"瑙"写成"𤩝"就不规范。

位于南太平洋上的世界最小岛国——瑙鲁共和国中的"瑙"自然也不能写作"琉"。而"垴"字本来就是这样写的，它的右边并非从"匘"简化而来。

nèi

内子（不是儿子）nèizǐ

内人。对别人称自己的妻子。"内子"是谦词，只有丈夫在别人面前提到自己妻子时才能用，而不能用来称别人的妻子（称别人的妻子应用"令妻""令阃（gé）""令夫人"等敬词）。和"内子"同义的谦词还有贱内、拙荆、糟糠等；"内子"是和"外子"相对来说的，"外子"是专门让妻子来称呼自己丈夫的，只是较少用罢了，但不论是"内子"还是"外子"，都不是指儿子。

nèn

恁地（不能误写作"凭地"）nèndì

（北方官话）①指示代词。这么；那么。如：不要恁地说。②疑问代词。怎么；如何。如：这人好像在哪儿见过，恁地想不起来？注意："恁"不要误写作凭借、凭证、凭空捏造的"凭"（píng），辞书中没有"凭地"这个词；"恁"也只有nèn的读音，不能读rèn或rén。

néng

能（≠会）néng

"能"和"会"的用法略有不同。初次学会某种动作常用"会"，也可以用"能"。如：小弟弟会（能）走路了、他会（能）说上海话了。表示具备某种能力，可以用"能"，也可以用"会"。如：他能（会）写会算，她能（会）唱英文歌。但表示人恢复某种能力时，或在表示达到某种程度或效率时，只能用"能"而不能用"会"。如：腿伤治好后，他又能走路了；他一分钟能打一百五十个字。顺便一提的是，和"不……不"组成双重否定时，"不能不"和"不会不"意思不同："不能不"并不表示"能"，而是表示必须或应该；"不会不"表示"一定"。如：你不能不管、他不会不来的。

（素不相）能（不是"能力""能够"）néng

亲善；和睦。素不相能：相互间一向不和睦友善（素：一向；向来）。如："其实举人老爷和赵秀才素不相能，在理本不能有'共患难'的情谊。"（鲁迅《阿Q正传》）他俩素不相能，在一起工作，总免不了会有摩擦。如果把素不相能中的"能"理解为能力、才干或能够，显然不通。

ní

（烂醉如）泥（不是泥巴）ní

虫名。这种虫没有骨头，有水才能活，离开水便像一堆泥，所以叫"泥"。人在饮酒过量，喝得烂醉时和这种虫的样子相似，所以说烂醉如泥。注意：这里的"泥"不是一堆烂泥，而是一种虫子。

nì

泥（古）(不读ní）nì

固执。泥古：拘泥（nì）古代的制度

或说法，不知结合具体情况加以变通。如：抱残守缺，泥古不化；河南的叶县（地名）、成语"叶公好龙"中的"叶"过去的读音是 shè，后来都已改读 yè。我们不要再泥古不化，按旧的读音去读。注意：下面几种解释的"泥"都读 nì，不读 ní：①固执。如：泥古、拘泥（①固执，不知变通。如拘泥书本。②拘束；不自然。如：咱们好好聊聊，不必拘泥）②泥子（用来涂抹木器或铁器等的缝隙，使其表面平整的泥状油灰）。③用泥（ní）、灰等涂抹墙壁或器物。如：泥墙、把炉子泥一泥。

逆旅（并非逆境）nìlǚ

迎接宾客的房舍、旅舍，即旅馆（逆：迎接）。如宋濂《送东阳马生序》："寓逆旅主人，日再食……"意思是"寄居在旅店主人那里，每天只吃两顿饭……"其中的"逆"和"逆战"（迎接战斗）、"将兵与备并力逆曹"（带领军队和刘备一起合力迎战曹操）(《赤壁之战》）中的"逆"义同。注意：以上的"逆"和逆境的"逆"（不顺利）解释不同；"逆旅"和"逆境"（不顺利的境遇）的含义大相径庭。

逆产（≠难产）nìchǎn

①名词。指背叛国家民族的人的财产，特指日本侵略者侵华时期汉奸的财产。如：没收逆产。②动词。指胎儿出生时，脚先出来。（正常的出生应是头先出来。）也说倒产。"难产"的本义是指分娩时因产妇的骨盆狭窄、胎儿过大或胎位不正等导致胎儿出生困难，只用于产妇，和只用于胎儿出生的"倒产"不同，因此，可以说"胎儿逆产"，不能说"胎儿难产"。"难产"还用来比喻著作、计划、方案等不易完成。"逆产"没有比喻用法。

niān

（信手）拈（来）（不能写作"捡"）niān

用手指头夹或捏取。信手拈来：随手拿来。多形容写文章时能得心应手地运用词汇和选用材料。如：他的语言材料十分丰富，古今中外，信手拈来，皆成妙语；信手拈来，都是好文章。注意："拈"只有 niān 的读音，不能读 zhān。这里的"拈"也不能用"捡"去替代，"捡"是有拾取的意思，但"信手拈来"是一个约定俗成的成语，不见有"信手捡来"的说法。同样，拈阄（jiū）儿（抓阄儿）、拈花惹草、拈轻怕重中的"拈"都不能写作"捡"。

nián

年青（和"年轻"不同）niánqīng

指岁数不大，处在青少年时期。如：年青的一代；你正年青，应把精力用到学习上去。比喻充满活力和朝气。如：他有一颗年青的心，这个城市古老而又年青。"年轻"有不同，指年纪不大（多指十几岁至二十几岁），也指国家、组织等成立不久。如：他才十八岁，很年轻；年轻的国家；年轻的学科。相比之下年纪小也只能用"年轻"。如：他今年五十，你比他年轻；看上去你比我年轻多了。一般来说，四十岁以上的人不说"年青"，但是五六十岁的人有时倒可以说"年轻"，比如说"你还年轻，还可以多干几年"。年轻人、年纪轻、年轻力壮中的"年轻"也是不能写作"年青"的。

年纪（≠年龄）niánjì

"年纪""年龄"都是指岁数，有时可通用。年纪小、年纪大中的"年纪"就可以换用"年龄"。区别是："年纪"只用于人；"年龄"除用于人外，还可以用于动、植物以及天体、地球等。如：他的年龄还小，这只熊猫的年龄不算大，根据年轮可以知道树木的年龄。此外，还有习惯上的用法，如入学年龄、退休年龄、上了年纪、偌（ruò）大年纪（偌大：这么大）中的"年龄"和"年纪"不能互换。

黏（别于"粘"）nián

形容词。像糨糊或胶水等所具有的能使一个物体粘（zhān）在另一个物体上的性质。如：黏合、黏液、黏稠、黏土、糨糊不黏、浴巾黏乎乎的。"粘"和"黏"不同，它是动词，音zhān，是指黏的东西附着在物体上或者互相连接，也指用黏的东西使物体连接起来。如：锅巴粘在锅底上、糖粘牙、饺子粘在一块了、粘贴广告。含黏的合成词不宜写作"粘"；要注意，"粘"作姓氏时不读zhān，要读Nián。

niǎn

蹍（别于"碾"）niǎn

（北方官话）踩，用脚前掌踩住并使劲搓。如：蹍死了一群蚂蚁、把燃着的烟头蹍灭了。"蹍"（左边是"𧾷"）不能误写作和它读音相同的碾子（轧碎谷物或给谷物去皮的石制工具；泛指碾轧东西的工具）、碾坊、碾米的"碾"。

niàn

廿（不读èrshí）niàn

（吴方言）二十。如：廿四史、他在这里住了廿六年了。"廿"不能读èrshí；"廿"后也不能再加"十"。

（五四）念（二周年）（不是"纪念"）niàn

数词。"廿"的大写，即二十。如：二月念五日（二月二十五日）。"五四念二周年"是指五四二十二周年。倘若把这里的"念"理解为"纪念"的话，时间的差距是整整二十年。

niǎo

鸟瞰（≠俯视）niǎokàn

①从高处往下看。"瞰"也是从高处往下看的意思。如：从飞机上鸟瞰大地；登上越秀山，鸟瞰广州城。②全面概括地描述（多用作书名、篇名）。如：旅游市场鸟瞰、世界大势鸟瞰。注意：这里的"瞰"不能误写作"看"，辞书中没有"鸟看"一词。"俯瞰"（俯视；从高处向下看。如：俯瞰旭日晟。晟，音shèng，光明）的"瞰"写法同。"俯视"有不同，"俯视"虽然也是从高处往下看（如：登高俯视全城），但不含有全面概括描述的义项，不能说"经济形势俯视""世界大势俯视"。

niào

（便）溺（不读nì）niào

尿。便（biàn）溺：①动词。排泄大小便。如：不许随地便溺。②名词。屎和尿。如：有些动物的便溺可以入药。注意：凡作小便解释的"溺"都读niào，不读溺死、溺爱的"溺"（nì）。如：溺器（接小便的器皿，即尿壶）、"矢溺皆闭其中"（屎和尿都关在监狱里。矢：屎）（方苞《狱中杂记》）"夫爱马者，以筐盛矢，以蜄盛溺。"（爱马的人，用精致的竹筐装马粪，用珍贵的蛤壳接马尿。蜄：大蛤，此指蛤壳）（《庄子·人间世》）

nié

（发）苶（不能误写作"茶"或"荼"）nié

疲劳；没精神。发苶：表现出精神萎靡不振的样子。如：全身发苶。他今天有点苶；干了一天的活，可累苶了的"苶"形、音、义同。以上的"苶"（下边是"朩"）不能误写作茶叶的"茶"或如火如荼、荼毒生灵（对百姓的肆意残害）的"荼"（tú）（下边是"余"）。

nín

您（后边一般不加"们"）nín

"你"的敬称。如"您好！""您二位想用点什么？"注意：不止一人时，口语中一般不说"您们"（书面上间或有出现），而是在"您"后面加数量词，如"您二位""您三位"。

níng

宁馨（不是宁静温馨）níngxīn

这么样。如：宁馨儿（原意是"这么样的孩子"，后用做称赞孩子的话，意为理想的孩子）。注意："宁馨"本是晋宋时的方言词语（"宁"作"如此"讲；"馨"是语气助词，无义），它与宁静无关，与香气也不相涉，把它理解为"宁静、温馨"就错了，如可以说"宁静而温馨的夜晚"，不能说"宁馨的夜晚"。下面句中的"宁馨"用得不妥："这是一片美丽的土地，蓝天碧野，翡翠一样明净，处处透着大自然的宁馨。"（可改用"宁静温馨"）

宁静（和"宁靖"不同）níngjìng

（环境、心情）安静（静：安定不动，和"动"相对）。如：游人散后，公园里显得格外宁静；激动的心情渐渐宁静下来。"宁靖"和"宁静"音同义殊，是形容（地方秩序）安定（靖：没有变故或动乱，和"乱"相对）。如：四海宁靖，国泰民安；民国时代，这一带土匪横行，很不宁靖。

nìng

（泥）泞（不读 níng）nìng

烂泥。泥泞：一指路上有烂泥而不好走。如：大雨过后，道路泥泞。二指淤积在路上的烂泥。如：他卷起裤脚，踏着泥泞，小心翼翼地前行。注意："泞"只有 nìng 的读音，不能读 níng。

niú

牛马走（不是牛马走路）niúmǎzǒu

成语"牛马走"本是说在皇帝前像牛马奔走的人，后来人们常用它作为自称的谦词——"我"。如蔡襄《和答孙推官久病新起见过》："去年大暑过京口，唯子见过牛马走。"意思是说去年大暑，当路过京口的时候，只有您见过我。这里的后一句话不能理解为"只有您见过牛马走路"。

（气冲）牛斗（不读 niúdòu）niúdǒu

星宿（xiù）名，二十八宿中的牛宿

和斗宿，即牵牛星和北斗星。代指天空。气冲牛斗：形容意气高昂或怒气很盛（气：气概，气势）。也说"气冲斗牛"。如鲁迅《两地书·五一》："从前是气冲牛斗的害马，现在变成童养媳一般。"鲁智深听说镇关西强占民女，顿时怒目圆睁，气冲斗牛。气吞牛斗（气势能吞没星空。形容气魄很大）中的"牛斗"音、义同，其中的"斗"（包括"气冲斗牛"的"斗"）都不读"斗牛"（西班牙盛行的一种人跟牛相斗的娱乐活动。我国传统的斗牛活动是使牛跟牛相斗）、"斗牛士"、"斗牛舞"（拉丁舞的一种）的"斗"（dòu）。顺便一提的是，古书上常说的"斗牛之间"，也不是指两牛相斗之时，而是指天上二十八宿的牛宿和斗宿之间，此"斗"也不能读 dòu。

（鸡口）牛后（不是甘居人后的老黄牛）niúhòu

牛的肛门（后：指屁股）。"鸡口牛后"是"宁为鸡口，无为牛后"的简略语，意为宁做进食的鸡口，小而洁；不做出粪的牛后，大而臭。比喻宁愿在局面小的地方当家作主，不愿在局面大的地方受人支配。如《战国策·韩策一》："宁为鸡口，无为牛后。"明·张凤翼《红拂记·俊杰知时》："我与你相从几年，你岂不识我？大丈夫宁为鸡口，毋为牛后。"（毋，即"无"）这里的"牛后"是和"鸡口"相对来说的，不能理解为"甘居人后的老黄牛"，倘若如此，前面的"鸡口"就无法落实。鸡的嘴巴和不与人争的"老黄牛"毫无瓜葛。

nòng

（装神）弄（鬼）（不读 lòng） nòng

耍弄；玩弄。装神弄鬼（解释略）。"弄"有二音：nòng 和 lòng。区别是：作动词用的读 nòng。如：作弄、玩弄、弄假成真、不要弄火、把事情弄明白等；作名词用的读 lòng。是吴方言，指小巷，胡同。如：里弄、弄堂（小巷）。

nù

怒（放）（不是愤怒） nù

气势强盛、猛烈。"怒放"就是盛开。百花怒放、怒涛、狂风怒号（háo）的"怒"义同。注意：①这里的"怒"不能理解为怒斥、恼怒、怒发冲冠的"怒"（生气；气愤）。②"怒放"只能用于盛开的花朵。花未开放，还裹着花苞时，不能说"含苞怒放"，只能说"含苞未放""含苞待放"或"含苞欲放"。

nǚ

女优（并非优秀的女人） nǚyōu

旧时称戏曲女演员。也叫女伶（líng）。"女优"不是指优秀的女人。俳（pái）优（古代指演滑稽戏的艺人）、一代名优中的"优"和女优中的"优"义同，都是旧时称演戏的人，而不是优良、美好。

O

ǒu

偶合（和"耦合"不同）ǒuhé

"偶合"和"耦合"读音同，都是动词，但含义不同。偶合：无意中恰巧相合。如：我们俩的想法完全偶合；他们两人的见解一致完全是偶合，因为他们事前并没有商量过。"偶合"带有偶然性，不是必然的。下面句中的"偶合"就用得不对："经过协商，双方的意见终于偶合了。"是经过协商后，意见才一致的，不能用"偶合"。"耦合"和"偶合"也不同。"耦合"是物理学术语，指两个或两个以上的体系或两种运动形式间通过相互作用而彼此影响以至联合起来的现象。如：阻容耦合、变压器耦合。

偶尔（和"偶然"不同）ǒu'ěr

"偶尔"有两个义项：一是间或；有时候。如：他偶尔抽一两支烟；已经夜深人静，偶尔还能听见远处传来的几声犬吠。二是偶然发生的。如：偶尔现象。"偶尔"跟"经常"相对，表示次数少。"偶然"有不同，是指超出一般规律和常情的（跟"必然"相对），侧重于表示意外。如：偶然的机会、事故的发生纯属偶然。下面句中的"偶尔"和"偶然"用得不妥："我偶尔听说这里有一位能治跌打刀伤的名老中医。""只有春暖花开的时候，他偶然才会到这里走一走。"（应对调。前者是说意外听人说，或不经意地听人说起，而不是有时候听人说或说起的次数少；后者才表示次数少，不经常。）

òu

怄（气）（不能写作"呕"）òu

（北京话）一是跟人闹别扭或独自生闷气。如：怄了一肚子的气。"怄气"也是这个意思。如：别因为这点小事怄气。二是惹人恼怒，使不愉快。如：你别怄我。注意：这里的"怄"不能写作呕吐、呕血的"呕"。现代汉语中没有"呕气"这个词，"怄"的读音和"呕"（ǒu）也不同。

P

pā

炊（耳朵）（不能误写作"粑"）pā

（方言）本义是（食物等）烂糊、软和（如：饭煮炊了、炊柿子）。"炊"又有软、软弱的意思。"炊耳朵"就是南方人说的耳朵根子软，引申指怕老婆。注意：这里的"炊"是"火"旁，不能误写作糍粑、糯米粑（饼类食物）的"粑"（bā）。

派司（不读 pàisī）pāsi

①名词。旧指厚纸印成的或装订成本儿的出入证、通行证等。如：拿出派司来。②动词。指通过；准予通过（检查、关卡、考试等）。如：期考派司了。注意："派司"是英语音译词，不能读 pàisī。又见"派力司"（pàilìsī）这个英语音译词，是指羊毛织成的平纹毛织品。这里的"派"不读 pā。

pá

扒（手）（不要写作"掱"）pá

扒窃。扒手：偷窃别人身上钱物的人。如：谨防扒手、政治扒手。俗称"扒手"为三只手，所以也写作"掱手"。现在的规范写法是"扒手"。注意：像"掱"这类品形结构的字，有的属规范字，可以使用；有的属异体字或繁体字，除了人名或某种特殊场合需要用到外，一般不能使用。属规范字的有：骉（biāo）（许多马跑的样子。如"骉骎 xuè 驫 xiū 骉 xù"，

意为众马奔走的样子）、毳（cuì）（鸟兽的细毛。如"鸿毳沉舟"，比喻细小的力量积累起来就能发挥大的作用，也可比喻小问题不解决，积累多了就要出大问题）、焱（yàn）（火花；火焰）、品、众、垚（yáo）（山势高峻）、磊、蠢、森、晶、鑫（xīn）（财富兴盛）、赑（bì）（如"赑屃 xì：一指用力的样子。二指传说中的一种像龟的动物）、淼（miǎo）（可用于姓氏人名、地名）、犇（bēn）（本是"奔"的异体字，现可用于姓氏人名）、皛（xiǎo）（用于地名，如：皛店。在河南）等。属异体或繁体的，如：姦（奸）、麤（粗）、羴 shān）、鱻（鲜）、劦（xié）（众人协力）等，只有括号内的写法才规范。

pāi

拍案而起（和"拍案叫绝"有别）pāi'àn'érqǐ

一拍桌子猛然站起。形容十分愤怒的样子（案：几案，桌子）。如毛泽东《别了，司徒雷登》："闻一多拍案而起，横眉怒对国民党的手枪，宁可倒下去，不愿屈服。"面对这伙人的无理狡辩，老李拍案而起，义正词严地予以驳斥。"拍案而起"只能表示一种愤激的情绪，不能用于赞赏、惊羡等感情；"拍案叫绝"不同，是指拍着桌子叫好，形容对所见到听到的事物极为赞赏（绝：极好，极妙）。如：他的口技表演惟妙惟肖，令人拍案叫绝。

pái

排斥（和"排挤"不同）páichì

动词。互不相容，使别人或事物离开自己这方面。如：不要排斥意见不同的

人，上演传统剧目并不排斥创新。"排斥"重在"斥"，突出不相容性，可指人的行为，也可指自然现象，对象可以是人，也可以是物，属中性词；"排挤（jǐ）"有不同，是利用势力或手段使不利于自己的人失去原有地位，重在"挤"，是挤掉别人，以利自己，对象只能是人及其群体，属贬义词。如：在这个单位里，他是受排挤的；排挤外来同志是地方主义的表现。

排忧解难（有二读）①páiyōu-jiěnán

为他人排除忧愁，解决困难（难：困难）。如：她常常为群众排忧解难，受到街坊的一致好评。②páiyōu-jiěnàn 为他人排除忧愁，解除危难（难：危难）。如：子弟兵奋不顾身解救被洪水围困的灾民，为百姓排忧解难。注意："排忧解难（nán）"和"排忧解难（nàn）"是同形词语（词形相同，读音和意义有不同的一组词语），它和"难兄难弟"（"难"有nán、nàn二音）"一日之长"（"长"有zhǎng、cháng二音）一样，都有两种不同的解释。（参见"难兄难弟"、"一日之长"条）

（牛）排（不是排骨）pái

一种西式食品，用大而厚的肉片油煎而成。牛排：大而厚的牛肉片，也指用这种牛肉片做的菜。如：烤牛排、炸牛排。这里的"排"是外来词，不是指排骨。不能把"牛排"误认为牛排骨。"猪排"的"排"亦然。

徘徊（和"倘佯"有别）páihuái

①在一个地方来回地走。如：他在校园里独自徘徊。②比喻犹豫不决。如：徘徊观望。③比喻事物在某个范围内上下浮动、起伏。如：数学成绩总是在70分左右徘徊。注意：①徘徊的"徘"（双立人）不能写成"俳"（pái）（单立人）。"俳"是古代一种滑稽戏，也指演这种戏的人；"俳"又有滑稽、诙谐的意思，无论哪种解释，它都不能和"徊"组合成词。"徊"也只有huái的读音，不能读huí。②"倘佯"（chángyáng）和"徘徊"有不同，它只有悠闲自在地行走这一含义。如：倘佯于山水之间；夕阳中，我们几个人倘佯在湖边。"倘佯"以往可写作"倘佯"，现在"倘佯"才是规范词形。

pǎi

迫击炮（不读pòjīpào）pǎijīpào

一种从炮口装弹，以曲射为主的近射程火炮。这里的"迫"不读pò。

排（子车）（不读pái）pǎi

排子车，也叫大板车。一种用人力拉的供搬运的双轮木板车。注意：这里的"排"和把这双鞋排一排中的"排"（北方官话。指用鞋楦xuàn填紧鞋的中空部分使撑大）读音同，都不读pái。

pán

爿（和"片"不同）pán

（吴方言）①名词。劈成片的竹子、木柴等。如：竹爿、柴爿。②量词。用于土地、商店、工厂。如：一爿商店、一爿田、一爿工厂。"爿"和"片"无论形、音、义都不同，不能混淆。

般（乐）（不读bān）pán

欢乐。般乐（lè）：游乐；玩乐。如《荀子·仲尼》："（齐桓公）闺门之内，般乐奢汰。"（奢汰：奢侈无度。）般游（游乐）的"般"音、义同。注意："般"

的常见读音是 bān，但在"般若"（佛经用语。指智慧）中读 bō，而在"般乐""般游"中则读 pán。（参见"般若"条）

盘踞（不能写作"盘据"）pánjù

非法占据。如：一伙强盗盘踞在山上；我军势如破竹，一举收复了被敌人盘踞的两个小岛。《第一批异形词整理表》已确定"盘踞"为推荐词形，这是规范写法，不要再写作"盘据""蟠据"或"蹯踞"。其中的"盘"和坚如磐石、安如磐石、风雨如磐（比喻社会黑暗，人民陷入苦难之中）的"磐"（pán）写法也不同。

蹒跚（不作"盘跚"）pánshān

形容走路缓慢、摇摇摆摆的样子。如：蹒跚学步、步履蹒跚（步履：行走的样子）。"蹒跚"过去可以写作"盘跚"，现在的规范写法是"蹒跚"；"蹒"也不能读 mán 或 mǎn。

pāng

（大雨）滂沱（不能读 pángtuó）pāngtuó

形容雨下得很大的样子。比喻眼泪流得很多。如：大雨滂沱、涕泗滂沱（形容哭得很厉害，眼泪、鼻涕流得很多。涕：此指眼泪；泗：鼻涕）。"滂"只有 pāng 的读音，不能读 páng。

膀（肿）（不读 páng 或 bǎng）pāng

浮肿。如：膀肿、脚膀了、脸有点膀。注意：作浮肿讲的"膀"不读膀胱的"膀"（páng）或肩膀、翅膀、光着膀子、膀大腰圆的"膀"（bǎng）。

páng

庞大（别于"巨大"）pángdà

很大。常用来指形体、组织或数量等过大或大而无当。如：体积庞大、规模庞大、开支庞大。"庞大"常常有贬斥色彩，和"巨大"有不同，"巨大"也用来指（规模、数量等）非常大，但它是中性词，既可用在好的方面，又可用在不好的方面。如：巨大的成就、巨大的胜利、损失巨大、耗资巨大。"机构臃肿，组织庞大"中的"庞大"不能写作"巨大"。

磅礴（不读 bàngbó）pángbó

（气势）盛大。如：大气磅礴；洞庭湖气势磅礴，时而浊浪排空，时而皓月千里。磅礴的诗篇、磅礴于全世界中的"磅礴"读音同。其中的"磅"不读磅秤、过磅、磅体重的"磅"（bàng）。

pāo

抛弃（≠扬弃）pāoqì

"抛弃"和"扬弃"都有扔掉不要的意思，在这个意义上，它们有时可以通用。如：抛弃恶习、抛弃旧观念。其中的"抛弃"可换用"扬弃"。也有不同，抛弃的"抛"是丢弃的意思，抛弃的过程，只有"去"的一面（即旧事物中消极的东西）。"扬弃"是个外来词（德语意译词），哲学上指新事物在代替旧事物的过程中抛弃旧事物的消极因素，保留并发扬其中对新事物有利的积极因素。它不是简单地抛弃，而是含有发扬和抛弃两重意义。如秦牧《长街灯语·北京春节》："春节的风习已经受到了'扬弃'了。发扬了好的、健康的，而抛弃了坏的、腐朽的了。"下面句中的"扬弃"用得不妥："孔孟之道有些糟粕是要扬弃的""他扬弃了优厚的待遇回到祖国"（应改用"抛弃"）。

páo

（越俎代）庖（不能误写作"疱"） páo

厨师。越俎代庖（yuèzǔ-dàipáo）：厨子不做饭，掌管祭祀的人也不能放下祭器去代替厨子做饭（见于《庄子·逍遥游》）。后用来比喻超越自己的职责范围去处理别人所管的事（俎：古代祭祀时盛放牛羊肉的器具）。如：我想帮他的忙，又怕别人说我越俎代庖；小孩能做的事，大人不要越俎代庖。注意：这里的"庖"（广字旁）不要误写作"病字旁"的"疱疹"（皮肤上起的水泡状的小疙瘩）的"疱"（pào）。

炮烙（不读 pàolào） páoluò

相传是商朝纣王所用的一种酷刑。用炭烧铜柱使烫，让被惩罚的人在铜柱上爬行。后指用烧红的铁烙人。注意：这里的"炮"和"炮制"（用烘、炒等方法制中药，泛指制作）的"炮"读音同，都不读 pào，"烙"也不读烙铁、烙饼、烙印的"烙"（lào）。

pào

泡子（有二读） ①pàozi

某些地区指灯泡。②pāozi 小型湖泊。中国北方（特别是东北）多用于地名。如：泡子沿（在辽宁）、双泡子（在内蒙古）。

泡制（和"炮制"不同） pàozhì

用浸泡的方式来制作（泡：较长时间地浸在液体中）。如：泡制药酒，把圆白菜、萝卜等放在加有盐、酒、花椒等的凉开水里泡制成的带酸味的菜就是泡菜。"炮（páo）制"不同，是指用中草药原料制成药物的过程，方法有烘、炙、炒、洗、蒸、煮等（炮：制作中药的一种方法，把生药放到高温铁锅中急炒，使焦黄爆裂）。泛指编造，制作（含贬义）。如：反动文人炮制了许多谣言文章诬蔑革命者，这篇所谓"事实真相"的文章就是这样炮制出来的。成语有"如法炮制"，是说依照成法，制成中药。比喻按着现成的办法去做。其中的"炮制"义同，都不能写作"泡制"。这里的"炮"也要读 páo，不读 pào。

péi

赔（笑）（不能写作"陪"） péi

赔偿。赔笑：为表示歉意或讨好别人而以笑脸对人。也说赔笑脸。如李茂荣《人望幸福树望春》："宋金山拍拍他的肩膀赔笑道：'问问不为怪嘛，我是惟愿你过好……'"老板赔着笑说："货没有按时送到，实在抱歉！"赔礼、赔罪、赔不是的"赔"义同。注意："赔笑"是指对方没有笑脸儿，因用笑脸表示歉意，是给对方礼貌上的赔偿。因此，这里的"赔"不能写成陪伴的"陪"；如果对方正在笑，你也陪着人家一起笑，岂不让人尴尬？

pèi

（凤冠霞）帔（不能写作"披"） pèi

古代披在肩背上的服饰。"凤冠霞帔"是指戴上饰有凤凰形状的帽子和披上绣有云霞的披肩。原为古代贵妇的礼服，后来女子出嫁时也使用。如《儒林外史》第五十四回："将来从一个贵人，还要带凤冠霞帔，有太太之分哩。"新娘子凤冠霞帔一身传统服装，盖上红盖头，可真是楚楚动人。这里的"帔"不能写作"披"。披，音pī，有覆盖或搭在肩背上的意思，如披肩、披挂、披风。却不能和"霞"组词。

佩带（和"佩戴"不同）pèidài

把武器（手枪、刀、剑等）插在腰部或挂在身上（带：随身拿着；携带）。如：不准佩带武器进场。老舍《蜕》："成群的军人，佩带着古老的手枪，在街尘中喊着一二三四。"佩带的目的不是装饰、象征，而是备用。这里的"佩带"不能误写作"佩戴"。"佩戴"是指（把装饰品、标志物等）固定在胸前、臂上、肩上等部位。佩戴的目的是起到某种装饰、象征的作用。如：佩戴校徽、佩戴肩章。这里的"戴"是指把物品放置在能发挥其功能作用的身体某一部位。

pēng

怦（和"砰"不同）pēng

"怦"和"砰"都是拟声词，读音也相同。区别是："怦"是形容心跳的声音。如鲁迅《呐喊·阿Q正传》："阿Q的心怦怦的跳了。"怦然心动。"砰"是用来形容撞击、爆裂或重物落地的声音。如：砰的一声，房门关上了；轮胎砰的一声爆了。总之，用来形容心跳声音的必须用"忄"的"怦"，形容重物相撞或爆裂声音的才用"石"旁的"砰"。

péng

朋（比为奸）（不是朋友）péng

结党；勾结。朋比为奸：互相勾结起来做坏事（比：勾结。朋比，即互相勾结。为：做。奸：邪恶）。如：他伙同出纳，朋比为奸，侵吞了几十万元后，便潜逃无踪了；朝廷上下，沆瀣一气，朋比为奸。（沆瀣一气 hàngxiè-yīqì：比喻臭味相投的人勾结在一起。）朋党比周（结党营私，排斥异己）、朋党之争、朋党乱政中的"朋"义同。这些"朋"不作"朋友"讲，和"硕大无朋"（大得没法比。形容极大）的"朋"（相比）含义也不同。

蓬荜生辉（不能他用）péngbì-shēnghuī

使我的家增添了光辉。表示由于别人到自己家里来或张挂别人给自己题赠的字画等而使自己非常光荣（蓬荜：用草、树枝等做成的门户，形容穷苦人家所住的简陋的房室，常用作自家住房的谦称）。如：有了你赠我的这幅画挂在屋里，我家可是蓬荜生辉了；承蒙先生枉顾，寒舍蓬荜生辉。（枉顾：称对方来访自己。）注意：①"蓬荜生辉"是谦词，只能自用，不能他用。倘若说"我送您一幅字（画），让您蓬荜生辉！"就有炫耀自己字（画），贬低别人居室的嫌疑。②其中的"蓬"不能误写作"篷"。

pī

批捕（和"被捕"不同）pībǔ

批准逮捕（批：批准）。我国法律规定，批准逮捕的决定书由各级检察部门发出。如："要充分发挥检察机关的法律监督作用，强化立案、侦查、批捕、起诉、审判、执行等各个执法环节和扣罚方面的监督。"（《人民日报》2000-11-08）检察院已经批捕此案的犯罪嫌疑人。"批捕"和"被捕"有不同，"批"只是批准（逮捕），但尚未成为事实；而"被捕"是遭到逮捕的意思（被：遭受），指犯罪嫌疑人已被捉拿归案。如：这几名犯罪嫌疑人已经被捕。

pí

琵琶别抱（并非男子另找新欢）pípábiébào

妇女改嫁。"琵琶别抱"是成语，出自白居易《琵琶行》中的"犹抱琵琶半遮面"（还抱着琵琶遮住半个脸。表示含羞），后专指妇女含羞改嫁。如：她虽琵琶别抱，仍时刻惦念着前夫。注意："琵琶别抱"不能用来指男子另觅新欢或事物的变迁。如不能说"出来工作才一年，他便抛妻弃子，琵琶别抱"。"不久，这家餐馆也琵琶别抱，关张歇业了。"

pǐ

圮（和"圯"迥异）pǐ

毁坏；倒塌。如：坍圮（倒塌；坍塌）；墙体圮塌（圮塌：倒塌）；桥梁被洪水冲圮，交通断绝。注意："圮"（右边是自己的"己"jǐ），和"圯"的写法不同，"圯"（右边是巳时的"巳"sì），音yí，指桥。如：圯上（桥上）、圯上老人（即黄石公。秦时隐士）。

否（极泰来）（不读 fǒu）pǐ

坏；恶（è）。否极泰来（pǐjí-tàilái）：坏的到了尽头，好的就来了。说明物极必反的道理。这里的"否""泰"是《周易》（即易经，我国古代有哲学思想的占卜书，是儒家的重要经典）六十四卦中的卦名，"否"是坏的卦，表示凶；"泰"是好的卦，表示吉。《周易》认为泰和否是可以互相转化的，以此比喻好事坏事可以转化的道理。如孙中山《解决时局问题之演讲》："但是否极泰来，物极必反，亚洲衰弱，走到了这个极端，便另外发生了一个转机。"否极泰来，我就不信，他会一直倒霉下去，没有翻身的时候。注意：这里的"否"要读 pǐ，不读 fǒu。顺便一提的是，"陟罚臧否。"（提拔好人，惩罚坏人。陟 zhì：提拔。臧 zāng：指好人；否：指坏人）（《三国志·蜀志·诸葛亮传》）、臧否人物（评论人物的优劣。臧：褒扬；称赞。否：贬斥）中的"否"也要读 pǐ。

pì

媲美（不能与坏事比较）pìměi

比美；同样美好（媲：比得上）。如：这种鸟的叫声可与画眉媲美；跳鱼，学名叫弹涂鱼（鲁迅散文《故乡》中闰土抓的便是这种鱼），其营养成分可与对虾、龙虾和鳗鱼等海珍品相媲美。"媲美"是褒义词，不能和不好的事物比较，如不能说"老房子成批地被拆除，这一轮的房地产热对这座城市的破坏，可以与刚建国时的拆掉城墙相媲美"。（可改用"相比"）

piān

扁（舟）（不读 biǎn）piān

小。"扁舟"就是小船。如：一叶扁舟（像树叶般大的小船。形容很小的船）。注意："扁"的常见读音是 biǎn，但扁舟中的"扁"要读 piān。"扁舟"的前面也不能加"小小的"，因为"扁"在这里就是小。

pián

（大腹）便便（不读 biànbiàn）piánpián

形容肥胖的样子。大腹便便：肚子肥大凸出的样子（含贬义）。如秦牧《说狼》："那些大腹便便的资本家，不但喝本国人民的鲜血，更喝世界各地人民的鲜血。"注意："便便"不能读 biànbiàn。

（价钱）**便宜**（**不读** biànyī）piányi

价钱低。"便宜"有二音。有以下解释的读 piányi。①价钱低。如：便宜货、这里的苹果很便宜。②不应该得到的好处。如：贪小便宜、占了便宜。③使得到某种好处。如：绝不能便宜了他、便宜了你们单位。作方便适宜、便利讲的读 biànyí。如：你觉得什么时候便宜就什么时候来、便宜行事（指根据当时实际情况，自行斟酌处理而不必请示）。

便辟（和"便嬖"有别）piánbì

善于逢迎谄媚。如《论语·季氏》："友便辟，友善柔，友便佞，损矣。"（同逢迎谄媚，当面恭维背后诽谤、夸夸其谈这三种人交朋友是有害的。友：结交。便佞 piánnìng：善用言辞取媚于人，花言巧语）"便嬖"和"便辟"音同义殊，是指古代统治者所亲近宠爱的人（嬖：受宠爱的人）。如《汉书·萧望之传赞》："卒为便嬖宦竖所图。"大意是：终于被奸邪所利用。注意："便辟""便嬖"中的"便"和价钱很便宜、大腹便便、绝不能便宜了他的"便"读音同，都不读 biàn。

胼手胝足（和"抵足而眠"迥异）piánshǒu-zhīzú

手掌和脚底长满老茧（胼、胝：老茧）。形容长期艰苦劳动，极为辛苦。如邹韬奋《抗战以来》："侨胞的金钱不是容易得到的，是由于他们终年胼手胝足，千辛万苦，省吃俭用，积蓄起来的。"注意："胼"不能读 bìng；"胝"不能读 dǐ，也不能写作"抵"。"抵足而眠"不同，是说同睡一床，形容双方情谊深厚。如《三国演义》四五回："瑜曰：久不与子翼（指蒋干）同榻，今宵抵足而眠。"两位老朋友久别重逢，作竟夕（指整夜）之谈，而后抵足而眠。

piàn

片段（和"片断"不同）piànduàn

名词。整体中相对完整的一个段落（段：指事物的一部分），多用于文章、小说、戏剧。如：《武松打虎》是《水浒传》中的一个片段，故事的每个片段都很精彩。"片段"和"片断"有不同。"片段"侧重整体中的部分，虽是简短的一段，却具有相对独立性和完整性，能自成一体，多用于具体事物。"片断"是指截取的一部分，多指零碎的、不完整的。"断"是截断的意思。"片断"侧重零散，多用于抽象事物。记忆中的片断、片断经验、片片断断的谈话录音、片断的想法、这里说的都是我生活中的点滴片断中的"片断"都不能改用"片段"。

piě

苤蓝（**不读** pīlán）piělan

甘蓝的通称，也叫球茎甘蓝。茎膨大成球形，可以食用。注意："苤"不能误读为和它字形相似的"丕业"（大业）、"丕变"的"丕"（pī，大）或"芣苢"（fúyǐ。古书上指车前，草名）的"芣"；"蓝"读 lan，不读 lán。

pín

贫乏（≠匮乏）pínfá

①贫穷（贫：穷）。如：家境贫乏、物质生活贫乏。②短缺：不丰富（贫：缺乏）。如：知识贫乏、森林资源贫乏。"匮（kuì）乏"和"贫乏"有不同，尽管它也有缺少、缺乏（匮：缺乏）的义项，如粮食匮乏、药品匮乏、史料匮乏。但其对象大多是指物资或材料。而"贫乏"的应用范围较广，既可形容物资或材料等具体事物，也可形容人的语言、知识、思想等抽象事物。把思想贫乏、内容贫乏、生活经验贫乏的"贫乏"改用"匮乏"就不妥。

蘋（和"苹"不同）pín

横生在浅水污泥中的草本植物，也叫田字草或四叶菜。注意：苹果的"苹"是从"蘋"简化来的，要写作"苹"，读作píng才规范；指田字草或四叶菜的"蘋"只能简化作"蘋"，读作pín。

（青）蘋（之末）（不能写作"萍"或"苹"）pín

多年生浅水植物，茎横生在泥中，叶有长柄，顶端有四片小叶，像汉字中的"田"字，所以也叫田字草、四叶菜。青蘋之末：蘋的叶尖（简作"蘋末"）。人们常会用到一句话叫"风起于青蘋之末"，是说微风一吹，青蘋便会轻轻摇晃，以此比喻事物处于萌芽阶段。如：当年的"家俬总汇"，只是风起于青蘋之末，偶尔在街头碰上一两家，而今在我们这个城市里，"家俬城""家俬中心""家俬王国"……已星罗棋布。（"而今"是指20世纪90年代中期——笔者。"家俬"一词，是香港流入的地域性很强的方言词，不规范，正确写法是"家具"。）注意：这里的"青蘋"不能写作"青萍"（qīngpíng）。"青萍"是指浮萍，一年生草本植物，叶子平铺于水面，有须根，但无固定作用，一般微风是吹不动的，更无所谓"末"，因此，青蘋之末的"蘋"不能写作"萍"。也要注意，"蘋"有两个读音：一读píng，是蘋果的"蘋"，已简化为"苹"；二读pín，是青蘋的"蘋"，只能简化作"蘋"，青蘋之末的"蘋"写作"苹"也不对。

pǐn

品位（和"品味"不同）pǐnwèi

名词。物品质量、文艺作品所达到的水平，也指矿石中有用物含有的百分数（位：位置）。如：高品位的蚕丝、文化品位、这个金矿黄金品位很高。而"品味"是动词。指品尝滋味或仔细体会（味：辨别味道或体会）。如：请细细口味这些食品、"山偷半庭月，池印一天星。"（明月爬上半山，被山岭遮住了一半，只有一半洒落在庭院里，池子里是一天星斗的倒影。）（唐·曾弼《宿玉泉寺》）其中的"偷""印"二字，很见功夫，细加品味，妙不可言。

píng

平添（不能写作"凭添"）píngtiān

自然而然地增添或无端地增添（平：自然而然地）。如：一场秋雨，平添了几分凉意；小船在千岛湖、新安江和富春江的水面上，或穿梭奔忙，或随波飘荡，为水乡江南平添了许多生机和妩媚；平添烦恼。注意："凭"有依靠、倚仗、证据等含义，可以组成凭借、凭证、凭空捏造、空口无凭、凭恃其众（仗着他们人多）等词语，却不能和"添"组成"凭添"一词。

平心（而论）（不能写作"凭心"） píngxīn

心情平和，态度冷静。平心而论：平心静气，客观公正地评论。如：平心而论，这个人对工作还是认真负责的；平心而论，这幅画还是不错的。注意：这里的"平心"是指不带有偏激情绪，只有这样，才能对人或事作出正确的评论，因此，不能写作"凭心"，它不是"凭着良心"的意思，一个人光凭良心对是非、善恶的判断还是有局限性的，因为人心各异，难免有不公正的地方。

平靖（和"平静"不同） píngjìng

一指用武力镇压叛乱，使趋于安定（靖：没有变故或动乱；平安）。如：平靖内乱。二指（社会秩序）稳定安静。如：时局趋于平靖。"平靖"多用于社会秩序良好，人民生活安定；"平静"有不同，是说（心情、环境等）平和安静（静：安定不动）。多用于自然现象、社会环境等安静，没有动荡。如：心情很平静、平静的水面。

平和（和"和平"有别） pínghé

"平和"和"和平"都可用来指（药物）作用温和，不剧烈，在这个意义上，它们可以通用。如：这种药的药性很平和（和平），药性平和（和平）的药也不宜过量服用。区别是："平和"可指（性情或言行）温和。如：态度很平和、平和的性格。也可指平静，安宁。如：气氛平和。方言中还有（纷扰）停息的意思。如：这场争端终于平和下来。"和平"没有这些含义，却可用来指没有战争的状态。如：和平时期、保卫世界和平。

（暴虎）冯（河）（不读 féng） píng

涉水。空手打虎，徒步过河叫暴虎冯河（暴虎：空手打虎。冯河：徒步过河）。比喻有勇无谋，冒险蛮干。如《论语·述而》："暴虎冯河，死而无悔者，吾不与也。"（与：赞许。）解救人质，要多想出办法，保证人质安全，绝不可暴虎冯河。注意：作姓氏用的"冯"读 féng，暴虎冯河中的"冯"则要读 píng；这个"冯"也不能误写为"凭"。

pō

（梁山）泊（不读 bó） pō

湖（多用于湖名）。梁山泊：古湖名，在今山东。注意：指湖、湖泊名、大面积的水或血的"泊"，如湖泊、罗布泊（在新疆）、血泊（一大摊血）都读 pō，而不读停泊、漂泊、淡泊功名利禄等的"泊"（bó）。

泼剌（不要误写作"泼刺"） pōlà

拟声词。形容鱼在水里跳跃的声音。如：泼剌一声，鱼儿跃出了水面。注意：这里的"剌"（左边是"束"shù），不能误写作剌刀、讽剌、剌杀的"剌"（左边是"束"cì）。

pó

（须发）皤（然）（不读 fān） pó

（老人）头发（fà）白。须发皤然：胡须和头发很白的样子。注意："皤"不能读 fān，也不能误写作幡。幡，音 fān，本义是擦拭写字板的布，引申指"彻底"。

"幡然"是"迅速而彻底地"的意思。如：幡然悔悟（很快地醒悟，彻底悔改）。

pò

朴树（不读 pǔshù）pòshù

树名。木材可制家具或造纸。厚朴（树名。树皮和花可入药）的"朴"读音同。上述的"朴"都不读朴素的"朴"（pǔ）、朴刀（古代一种兵器）的"朴"（pō）或作姓氏用的"朴"（piáo）。

破相（和"破脸"迥异）pòxiàng

指由于脸部受伤而损坏容貌（相：相貌；外貌）。"破脸"完全不同，是指撕破情面（脸：情面）。如：两人居然破脸，吵了起来；彼此有意见，最好别破脸。

破瓜（与"破身"不同）pòguā

一指十六岁，用于特指女子十六岁（旧时文人拆"瓜"字为两个"八"字，以通"二八十六"的意思。）如：破瓜年纪小腰身。二指六十四岁（即八八六十四）。成语有"破瓜之年"，既可用来指十六岁的妙龄少女，又可指已过花甲的六十四岁老人。"瓜字初分"这个成语也是用来单指十六岁少女的。"破瓜""破瓜之年""瓜字初分"都不能错误地理解为"破身"（女子初次发生性行为）。

破钞（本无"破旧的钞票"义）pòchāo

客套话，表示感谢别人为自己而破费钱。如：真不好意思，这顿饭又让你破钞了。"破钞"现在固然可指破旧的钞票，但它主要还是用作客套话，因为这里的"破"是花费、消耗的意思。破钱、破酒（花钱摆酒）、破家荡产（耗尽家产）中的"破"义同。"破钞"和"破费"也有不同："破钞"只指在金钱方面的消费，且大多用于感谢别人为自己花钱。"破费"也指花费，但不限于金钱，有时也用于时间，也没有感谢别人为自己掏钱的意思。如：随便吃点儿就行了，不要太破费；这样做，既花钱，又破费了不少工夫。

póu

（一）抔（黄土）（不能误写作"杯"）póu

相当于"捧"。一抔黄土：一捧黄土，后人借用来指坟墓；也用它（与高山对比）比喻毫无价值的东西。如司马迁《史记·张释之冯唐列传》："假令愚民取长陵一抔土，陛下何以加其法乎？"（假如有愚民盗取了汉高祖长陵的一抔土，陛下你将如何治罪？"长陵一抔土"是避讳的话，意为盗取汉高祖刘邦的坟墓。）抔饮（用两手捧着喝）的"抔"写法同，它们的左边都是"扌"，不能误写作茶杯的"杯"。没有"一杯黄土"的成语。

pū

（立）仆（不读 pú）pū

向前倒下。"立仆"就是立刻倒下。如鲁迅《记念刘和珍君》："同去的张静淑君想扶起她，中了四弹，其一是手枪，立仆；同去的杨德群君又想去扶起她。也被击，弹从左肩入，穿胸偏右出，也立仆。"（两个"她"均指刘和珍。）"仆"有两个读音：pū 和 pú。读 pū 时，指向前倒下，这是"仆"的本音本义。如：立仆、偃仆（仰面倒下）、前仆后继。读 pú 时，是繁体字"僕"的简化字"仆"，它的基本义是"仆人"。如：仆从、女仆、奴仆。风尘仆仆、仆仆征程的"仆仆"（形容旅途辛苦劳累）也是这个读音。这个读音的

"仆"还用于古代男子谦称自己。如司马迁《报任安书》："仆又薄从上雍。"（我又快要跟从皇上到雍去了。雍：地名。"仆"是司马迁自称）仆不敏（不敏：不聪明）。

pú

（返）璞（归真）（不能误写作"濮"）pú

含玉的石头；未经雕琢的玉。返璞归真：去掉外在的装饰，恢复原来的质朴状态。如：在文学语言方面，他主张返璞归真，反对雕琢藻饰；他晚年思乡心切，总希望回去过几年返璞归真的生活。璞玉浑金（多指人的品质淳朴善良）的"璞"形、音、义同。濮，音同"璞"，只作姓氏或地名用。如：他姓濮、濮阳（地名，在河南），"濮阳"又是复姓。如：她姓濮阳。这里的"濮"不能用在上面的词语中；也不能读 pǔ。

pù

（一）曝（十寒）（不读 bào）pù

晒。《孟子·告子上》："虽有天下易生之物也，一日暴（同"曝"）之，十日寒之，未有能生者也。"意思是即使有世上最容易生长的植物，如果晒它一天，冻它十天，也不可能生长好。后用"一曝十寒"比喻学习或工作常常间断，没有恒心。如：学习要持之以恒，不能一曝十寒。"一曝十寒"以往辞书多作"一暴十寒"，《现异》有说明："《普通话异读词审音表》明确规定，'一暴（曝）十寒'的'暴'读 pù，但常有人误读为暴露的 bào。为避免误读，不如选用'曝'。词频也是用"曝"的高。因此，宜以'一曝十寒'为推荐语形。"《现汉》（第 6 版）也只收"一曝十寒"。"曝"在这里也不读 bào，而在曝光、曝丑（公开暴露自身的缺点或错误以接受群众批评监督）中的"曝"才读 bào。

Q

qī

七月流火（不限于指天气转凉）
qīyuè-liúhuǒ

　　夏历七月大火星逐渐西下，暑热开始减退，天气渐渐变凉。这里的七月指的是夏历七月，而不是阳历的七月；"流"是动词，是向下移动的意思；"火"是星宿名，指大火星，是一颗恒星（不是行星的大火星）。"七月流火"出自《诗经·豳风·七月》，诗的开头是"七月流火，九月授衣"。大意是："当七月（夏历）黄昏，大火星出现在西边天空时，暑气开始消退，到了九月便要添加衣服了。"夏历五月黄昏时分，大火星出现在天空的正南方，位置最高，而后逐渐向西下移，到了夏历七月黄昏就移到西边天空，故称"七月流火"。可见，"七月流火"的传统解释是指天气渐渐变凉的时节。但是到了现在，这种传统的解释在语用实际中，语例少之又少，取而代之的是形容盛夏天气的酷热；形容天气酷热的词语固然有"铄石流金"，总不如用"七月流火"更鲜明生动，因此，《现规》（第3版）在这一词条注释后还有一句是"现也形容公历七月天气炎热似火"。

萋萋（别于"凄凄"） qīqī

　　形容草长得茂盛的样子。如《诗经·周南·葛覃》："葛之覃兮，施于中谷，维叶萋萋。"（葛藤长又长，枝条伸展到山谷，叶儿繁茂。）芳草萋萋。"凄凄"和"萋萋"音同义殊，是：①形容寒冷。如：风雨凄凄。②形容悲伤。如：哭声凄凄然、凄凄惨惨戚戚（戚戚：忧愁的样子）。

期期艾艾（和"自怨自艾"迥异）
qīqī-àiài

　　形容人口吃。《史记》记载：汉代周昌口吃，说话时常带"期期"的声音；又《世说新语》记载：三国时魏国邓艾也口吃，在说到自己时就连说"艾艾"。后人用"期期艾艾"形容说话结巴。如："感情的激动使我说话期期艾艾了，'他哦，你那朋友为什么没法挽救他的爱人？'"（茅盾《腐蚀·十月十日》）"自怨自艾"不同，本是说自己悔恨自己的错误，并加以改正（艾 yì：治理，改正），现只指悔恨自己的错误。如：有错误改了就好，何必自怨自艾呢？明显地，"期期艾艾"和"自怨自艾"的含义大相径庭，不能混淆。前者的"艾"和后者的"艾"读音也不同。

期颐（≠百旬） qīyí

　　指人一百岁。这里的"期"是"要"的意思，"颐"作"养"讲。"期颐"是说人到了一百岁时，失去了生活自理能力，饮食、起居、动作等各方面都需要孝子照养，故称。如：期颐之寿（指高寿）、寿享期颐（享有百岁的寿命）。"百旬"和"期颐"不同。"旬"除了用作时间单位（十日为一旬，一个月分上、中、下三旬）外，还有量词用法，用来表示人的岁数，十岁为一旬，如说"年过七旬"，意即年纪已超过七十。如此类推，"百旬"就是千岁了。和"期颐"相去甚远。

缉（鞋口）（不读 jī） qī

　　一种缝纫方法，用针线细密地缝。缉

鞋口、绲边儿的"绲"音、义同。"缉"的常见读音是 jī。如：通缉、缉毒、缉私等。这里的"缉"是搜捕的意思。但指一种缝纫方法的"缉"不读 jī，而要读 qī。

蹊跷（不读 xīqiāo）qīqiāo

奇怪；可疑。如：这件事真有点蹊跷、蹊跷的事情。"蹊"有两个读音：qī 和 xī。上述联绵词中的"蹊"不读"独辟蹊径"（比喻独创一种新风格或者新方法）"桃李不言，下自成蹊"（桃树李树不会讲话，但由于它的花果吸引着人，时间一长，树下自然会踩出一条路来。比喻只要人品高尚，就能得到别人的尊敬和景仰）的"蹊"（xī）（小路）。

qí

圻（别于"坼"）qí

地的边界。如：边圻。注意："圻"（右边是"斤"）和坼裂（裂开）、天崩地坼的"坼"（chè 裂开）形、音、义都不同，不能混淆。

岐黄（不能误写作"歧黄""芪黄"）qíhuáng

岐伯和黄帝，相传是中医的始祖。古代著名医书《黄帝内经·素问》多用黄帝和岐伯问答的形式写成。后世便用"岐黄"借指中医医术。如：岐黄之术、术精岐黄。注意：岐黄中的"黄"是指黄帝，传说是中原各族的共同祖先；"岐"指岐伯，黄帝之臣，古代的名医。这里的"岐"（左边是"山"）不能误写作和它读音相同的分歧、歧义、歧路亡羊的"歧"（左边是"止"）。自然，《黄帝内经》（我国现存最早的中医理论专著）中的"黄帝"也是不能误写作"皇帝"的，它跟"皇帝老儿"丝毫无关。另有一种药叫"黄芪（qí）"，既不能颠倒作"芪黄"，和"岐黄"也了不相涉。

其间（和"期间"不同）qíjiān

一指中间；其中，如：涉足其间、其间定有缘故。二指某一段时间之内。如：他入伍五年，其间多次得到连队嘉奖；离开学校已经好几年了，其间，他在科学研究上取得了显著成绩。注意："期间"和"其间"有不同。"期（qī）间"只用于指在某段时间之内，不用于其他意义，没有"其间"的第一个义项。此外，"期间"前面必须有表示某段时间过程的词语，即要明确说出是什么期间。如：暑假期间、春节期间、抗日战争期间；而"其间"通常不受其他词语修饰，可单独使用，用来复指前文所说的时段，即在上文有时间交代的语境中，担任状语。下面句中的"期间"用得不对："他 1986—1994 年在广州工作，期间曾担任过某厂厂长。"（可改为"他……工作期间，曾担任……"也可直接把"期间"改为"其间"或在"期间"前加个"这"。）顺便一提的是，"元旦期间"的说法不妥，因为"期间"有一个起迄的过程，而"元旦"仅指每年 1 月 1 日这一天。只能说"元旦前后"。

其他（不再用"其它"）qítā

指示代词。别的。注意：无论是指人还是指物，都可以写作"其他"。如：除老王请假外，其他人都来了；只要找到水源，其他问题都好解决。而"其它"现在多不再用，如果要用，只能用来指代事物。如：主要的先说，说完了再说其它；这种鱼每小时能游几十公里，攻击其它动物时，速度更惊人。

（出）奇（制胜）（不能误写作"其"） qí

　　出人意料的，不同寻常的。出奇制胜：用奇兵或奇计战胜敌人，泛指采用出人意料的方法或行动来取胜。如：他是一位出奇制胜、善于用兵的军事指挥员；河南省中牟县的官渡本来是一个小小的渡口，因历史上著名的官渡之战发生在这里而闻名古今。这场战役成为中国军事史上出奇制胜、以少胜多的著名战例。成语"出其不意"中也有个"其"字，这个"其"和出奇制胜中的"奇"不同，它是作"他们的"讲。"出其不意"是说在对方没有意料到的时候采取行动。因此，这两个成语中的"奇"和"其"不能错位。"制胜"中的"制"是强力管束、限定的意思。"制胜"就是用谋略制服敌人取得胜利，因此，这个"制"也不能误写作"致"。"克敌制胜"中的"制"写法同。

（煮豆燃）萁（不能误写作"箕"） qí

　　豆子的秸秆，即豆茎。煮豆燃萁：烧豆子的茎来煮豆子（燃：烧）。比喻兄弟相残或内部互相迫害。如：都是亲兄弟，何必煮豆燃萁？注意："萁"（上边是"艹"），不能写成簸箕、畚箕（某些地区指簸箕）、粪箕子的"箕"（上边是"⺮"）。"萁"和"箕"（jī）的读音也不同。

qǐ

（枸）杞（不读 jǐ） qǐ

　　枸（gǒu）杞是落叶灌木。果实叫枸杞子，根皮均可入药。注意："杞"只有 qǐ 的读音。把枸杞、杞人忧天、姓杞的"杞"读作 jǐ 就错了。

启程（不作"起程"） qǐchéng

　　开始动身远行。如：队伍明早启程。"启"和"起"有一个义项相同，都可表示"开始"的意思，因此，"启程"和"起程"是全等异形词。《现异》有说明："'启程'通用性强，宜作为推荐词形。""启碇"（借指开船）和"起碇"、"启航"和"起航"、"启运"（货物开始运出）和"起运"这些成对的词，"启"和"起"字形虽不同，但词义可以相通。《现异》也以前一种写法为推荐词形；《现规》在这些词语注释后也有提示：现在一般写作"启程""启碇""启航""启运"。值得注意的是，"启用"和"起用"这两个词，使用的对象和范围则有不同，应注意区分。（参见"启用"条）

启用（和"起用"有别） qǐyòng

　　开始使用。如：启用新公章；欧元于1999年1月1日正式启用；随着《里斯本条约》2009年12月1日生效，世界贸易组织当天正式启用"欧洲联盟"（欧盟）这个名称来取代先前一直使用的"欧洲共同体"（欧共体）。"启用"和"起用"不同。"启用"的对象是物，且是新的；"起用"是重新任用已退职或免职的人员，现也泛指提拔使用。对象是人，且是旧的，是再一次任用。如：起用了一批退伍军人，大胆起用年轻干部，平庸无为的干部不应该起用。注意："启用"前不宜加上"开始"。"开始启用新机场""会议大厅正式开始启用"中的"开始"是蛇足。

起火（有二读）① qǐhuǒ

　　动词。一指点火做饭。如：在食堂吃饭比自己起火方便。二指失火，发生火警。如：汽车起火了。三指发脾气（西南官话）。如：你别起火，有话慢慢说。

②qǐhuo 名词。一种带着苇子杆的花炮，点着后迅速升空，在空中爆响。

起旱（不是出现旱情）qǐhàn

不走水路，走陆路（多指步行或乘坐旧式交通工具）。如：他们坐船走水路，我们起旱吧！注意：这里的"旱"是指旱路，即陆路，并非指旱情、旱灾。把"起旱"理解为"开始出现旱情"，纯属望文生义。

稽（首）（不读 jī）qǐ

稽首。稽首：①古时的一种跪拜礼，叩头到地。②道士所行的一种礼节，先把一只手举到胸前，再俯首至手。稽颡（sǎng）（古时一种跪拜礼，跪拜时用额触地）的"稽"读音同，都不读滑稽、稽查、无稽之谈等的"稽"（jī）。注意："稽首"和"顿首"都是一种跪拜礼，都要叩头到地，但仍有不同。稽首时，头至地后要停留一些时间；顿首是头至地即起。此外，稽首主要用于臣对君，顿首后来多用在书信结尾署名之后。如：弟××顿首。

qì

气味相投（≠臭味相投）qìwèi-xiāngtóu

比喻爱好和志趣互相投合（气味：本指鼻子可以闻到的味儿，借指人的性格和志趣互相投合）。如：他们虽然认识不久，但气味相投，很快成了形影不离的朋友。"气味相投"和"臭味相投"有不同。"气味相投"是中性成语，可作褒义用，有时含贬义。如：狐朋狗友，气味相投。"臭味相投"中的"臭"旧读 xiù，"臭味"即气味。因此，臭味相投"过去也可用于褒义。如《醒世恒言》卷二六："这二位官人，为官也都清正。因此臭味相投，……"而现在，这里的"臭"已读 chòu。"臭味相投"意即由于有相同的坏思想和坏习气而彼此很合得来，已是道地的贬义成语。如：兄弟俩，一个嗜赌，一个吸毒，臭味相投；"原来，这五人均是'粉友'，臭味相投，于去年年底结成犯罪团伙，结伙作案，专门入屋盗窃，筹集毒资。"（《羊城晚报》2002－03－11）

（**珠光宝**）**气**（不能写作"器"）qì

光彩。珠光宝气；像珍珠、宝石一样闪闪发光（珠、宝：指首饰。光、气：指光彩）。形容服饰、陈设等非常华丽。如：刚进来的一位阔太太满身珠光宝气，格外引人注目。"珠光宝气"旨在形容女人佩戴珍珠、宝石一类首饰后所显现出来的光彩照人的华贵风度。这里的"气"不是指器具，不能写作"器"。

气化（和"汽化"不同）qìhuà

中医指人体内气的运行变化。这里的"气"是中医术语。指人体内运行变化的、能使各器官正常发挥功能的原动力。如："气功治疗中的这种'暗示''自我暗示'的气化作用是有条件的。"（荷清《世纪末的中国气功潮》）"汽化"和"气化"音同义殊，是指物质从液体转变为气体（汽：液体或固体受热而变成气体）。主要用于液体变成蒸气。汽化有两种方式：蒸发和沸腾。

气锤（和"汽锤"不同）qìchuí

空气锤的简称，是利用压缩空气产生动力的锻锤。如：已是夜深人静，只有那气锤像鼓声般响彻四周。"汽锤"有不同，是蒸汽锤的简称，它是利用水蒸气产生动力的锻锤。如：从远处一家工厂传来了清晰的汽锤声。"气锤"和"汽锤"主要区别是:"气"和"汽"。前者是指自然状态下的各种气体,特指空气;后者是指非自然状态下的气体。它们的用途也略有不同,前者用于锤打小的锻件,后者用于锤打较大的锻件。

气不忿儿(不能写作"气不愤儿") qìbù-fèr

方言。看到不平的事,心中不服气。和"不忿"意思相当。如:这种不合理的事真叫人气不忿儿。气不忿儿中的"忿"不能写作气愤的"愤",因为"忿"在这里有甘愿、服气的意思;而"愤"只用来表示因为不满意而感情激动,发怒,用在愤恨、愤激(愤怒而激动)、愤慨(气愤不平)、愤愤不平等词语中。"气愤"就是生气、愤恨的意思,这里的"愤"没有甘愿、服气的含义。

弃世(≠去世) qìshì

离开人世;死去(弃:舍弃;扔掉)。如:祖父就这样在贫病交加中弃世、老人家弃世两年了。"弃世"和"去(qù)世"有不同。"弃世"是从死者的角度说的,是死者抛弃了人世,用于亲近的值得留恋的人逝世;而"去世"中"去"是离开的意思。"去世"是从人世的角度说的,指死者离开了人世。只用于一般的成年人死去。如:老夫人去世了,这位老人已在两年前去世了。辞书中又有"弃市"一词,意思完全不同。"弃市"是古代一种刑罚,指在闹市执行死刑,并将尸体扔在大街示众。如《史记·秦始皇本纪》:"有敢偶语《诗》、《书》者弃市,以古非今者族。"(以古非今:用古代的人或事来攻击和否定今天的现实。族:灭族)"逝世"和"去世"也有不同,它专用于长者或受敬仰的人,庄重色彩浓。

弃养(不限于放弃抚养) qìyǎng

"弃养"固然有放弃抚养的意思。如:弃养女童。亦有放弃赡养的意思。如:这对老夫妇被儿女弃养。又有放弃养护(花木、动物等)的含义。如:弃养宠物。"弃养"还有一个重要的义项是指父母死亡(婉词。意思是不再接受子女的奉养)。如:他的父母相继弃养。总之,"弃养"有多个义项。不能单单理解为父母抛弃子女不再抚养。

(修)葺(不能误写作"茸") qì

原指用茅草覆盖屋顶,今指修理房屋。修葺:修理建筑物。如:修葺房屋、商场修葺一新。注意:"葺"("艹"下是"咠")不能错写成鹿茸、参(shēn)茸(人参和鹿茸)、茸茸的绿草、茸茸的黑发的"茸"(róng)。

器重(和"看重"不同) qìzhòng

(长辈对晚辈,上级对下级)看重;重视。如:领导很器重他、局长很器重小王。"看重"也有认为重要、重视的意思,但和"器重"用法有不同。"器重"的对象是晚辈或下级,且多指人的整体素质;"看重"的对象不局限于晚辈或下级,除指人之外,也可指物,指人时多指人的某一方面,如品质、知识、能力等。如:大家都很看重他的人品和才华、看重知识、不可只看重金钱。这里就不能改用"器重"。

器质(和"气质"不同) qìzhì

一指资质。如:器质深厚、非凡的器质。二指人体器官的组织结构。如:器质性病变、器质性水肿。"气质"不同,是指人的比较稳定的个性特点。如活泼好动、沉静寡言、热情好客、冷漠孤僻等。譬如说"淳朴的气质""她有一种沉静稳重的气质"。"气质"也指人的风格、气度。如：文人气质、革命者的气质、他具有学者的气质。

qiā

袷袢（不能误写作"祫袢"）qiāpàn

维吾尔、塔吉克等民族所穿的无领对襟长袍。袷袢和衣服有关，所以左边都是"衤"（衣字旁），其中"袷"不能错写成和它字形相似的"祫"。祫，音xiá，指古时在太庙中合祭祖先的祭礼，每三年举行一次。因为"祫"与祭祀有关，所以左边是"礻"（示字旁）。"袷"和"祫"是两个完全不同的字。

qiǎ

卡（壳）（不读kǎ）qiǎ

夹在中间，不能活动。"卡壳"是说枪膛、炮膛里的弹壳退不出来，或用来比喻办事等遇到困难而暂时停顿（如：枪卡壳了、看来这次出国旅游的事又卡壳了）；也可用来比喻说话突然中断，不能继续下去（如：他说着说着卡壳了）。注意："卡"有二音。音译用字（如：卡车、卡介苗、卡宾枪等）、卡片（如：贺卡、资料卡、老人卡等）、磁卡（如：刷卡、银行卡等）或指录音机上放置盒式磁带的仓式装置（如：双卡录音机）读kǎ外，其余都读qiǎ，如发卡、哨卡、关卡、卡脖子、吃拿卡要（凭借职权吃请、贪占、刁难、索要等不正之风和违法行为），等等。

qià

恰好（和"恰巧"有别）qiàhǎo

正好；刚好。如：只剩十元钱，恰好够买这本书；这块布恰好够做一件衬衣。"恰好"和"恰巧"有不同。"恰好"的语义侧重于正好合适。指时间不早不晚，空间不大不小，数量不多不少，顺序不前不后等；而"恰巧"是刚好，凑巧的意思，语义侧重于指时间、机会、条件等偶然碰巧。如：恰巧碰上他；刚一出门，恰巧下起了小雨；他正愁没人帮他卸车，恰巧这时候老张来了。该用"恰巧"的地方不能误用"恰好"。下面句中的"恰好"就用得不妥："我急忙赶到上海找他，他却恰好出差了。"（应换用"恰巧"）

qiān

千瓦（不再写作"瓩"）qiānwǎ

计量电的功率单位，即1000瓦特。"千瓦"旧作"瓩"，不能再使用。

牵掣（和"牵制"有别）qiānchè

因牵连而受影响（掣：拽；拉）。如：互相牵掣、不要因这些小事牵掣精力。"牵掣"又有牵制的意思，就是拖住对方，使行动受到限制（制约）。在这个意义上，"牵掣"和"牵制"可通用。如：牵掣（制）住敌方援军、牵掣（制）了敌人的兵力。

谦逊（和"谦虚"不同）qiānxùn

形容词。谦虚恭谨、有礼貌。如：谦逊的态度，为人谦逊、正派。"谦逊"和"谦虚"的区别是：前者多指行为态度谦让、有礼貌，强调认识到自己不如人家。一般用于书面；后者是不自满，能接受别人的意见和批评。与"骄傲"相对，形容有自知之明，强调不自以为高明。口语和书面语均可用。如：谦虚谨慎、谦虚使人进步。"谦虚"除了作形容词外，还有动词用法。指说表示谦虚的话。如：他谦虚了一番，终于答应了我的请求；他谦虚了一阵子，怎么也不肯讲述舍己救人的事。"谦逊"没有这种用法。

qián

掮（客）(不能读 jiān) qián

（吴方言）用肩扛东西。如：掮着行李。"掮客"是指替人介绍生意，从中赚取佣金的人。比喻从中渔利的人，多指投机的政客。如：政治掮客。"掮"只有 qián 的读音，不能读 jiān。

（朝）乾（夕惕）(不能写作"干") qián

勉力；自强不息的样子。朝乾夕惕（zhāoqián-xītì）：形容从早到晚很勤奋谨慎，兢兢业业，不敢懈怠（惕：谨慎小心）。如《红楼梦》第十八回："惟朝乾夕惕，忠于厥职。"（厥职：他的职责）。无论学习或工作，都应当朝乾夕惕，时时有所进步。注意："乾"读 gān 时，是"干"的繁体字；读 qián 时是规范字，因此，乾坤（象征天地、阴阳等）、乾造（婚姻中的男方）、乾隆、朝乾夕惕中的"乾"都不能简化为"干"。

荨（麻）(不读 xún) qián

"荨麻"是一种草本植物，茎皮纤维可以做纺织原料。注意：用作植物名的"荨麻"中的"荨"要读 qián，而作病名用的"荨麻疹"（俗称风疹疙瘩或风疹块。一种过敏性皮疹）中的"荨"则读 xún。

钤（印）(不能误写作"铃") qián

盖（图章）。"钤印"就是盖印章。"钤"有名词和动词两种用法，作名词时，是指图章。如：钤记（旧时较低级官吏所用的印章）、接钤任事。作动词时，是盖（印章）的意思。如书画作者在完成作品后，钤印题跋（题跋：写在书籍、字画等前后的文字，前面的叫题，后面的叫跋）是不可少的。以上的"钤"（右边是"今"）不能错写成门铃、电话铃的"铃"（líng）。"钤"和"铃"是两个完全不同的字。

前仆后继（≠前赴后继）qiánpū-hòujì

前面的人倒下去了，后面的人紧紧跟上（仆：向前倒下）。形容不怕牺牲，英勇奋战。如：无数先烈，前仆后继，献出了宝贵的生命。"前赴（fù）后继"和"前仆后继"是同义成语，意思不完全同。"前赴后继"是说前面的人冲上去了，后面的人也紧紧跟上（赴：奔赴）。形容奋勇向前，连续不断。如：他们为科学而献身的精神将永远激励后人在攀登科学的道路上前赴后继，勇敢攀登；"给汉根说媒的三姑六婆，摩肩接踵，前赴后继，你方唱罢我登场。"（刘绍棠《锅伙》一章）注意：前仆后继中的"仆"和"立仆"（立刻倒下）的"仆"义同，都读 pū，不读仆人、奴仆、公仆的"仆"（pú），也不能写作"扑"。

黔首（和"面首"迥异）qiánshǒu

古代称老百姓（黔：指黑色）。一说古代平民都用黑巾裹头，故称。如《史记·秦始皇本纪》："上农除末，黔首是富。"意思是崇尚农业而革除商业等，老百姓也就富裕起来了（上：崇尚）。注意：①此"黔"和黔驴技穷（比喻仅有的一点本领已经用光、再无别的办法）的"黔"（贵州省的别称）含义不同。②"面首"和"黔首"完全不同，是旧指供贵妇人玩弄的美男子（面：指面貌；首：指发 fà 美）。如战国时秦国人嫪毐（Lài'ǎi）就是秦始皇母亲的面首；史料记载，武则天称皇帝后，后宫也养了很多面首。

qiàn

欠伸（和"欠身"不同）qiànshēn

打哈欠。伸懒腰（欠：打哈欠）。"欠身"和"欠伸"音同义殊，是说身体稍微向上向前，做出要站起来的姿势，多表示对人恭敬（欠：上身稍微向上抬起或脚稍微跷起）。如：他赶忙欠身致谢；他欠了欠身，和客人打招呼。商务礼仪中有一种"欠身礼"：当你正坐在办公桌前工作时，若有领导、来宾从你身边经过，你微笑问候，欠身致意，然后继续工作。此"欠身"不能写作"欠伸"。

（拉）纤（不读 xiān）qiàn

拉船用的绳子。拉纤：①在岸上用绳子拉着船前进。②为双方牵线，说合婚姻或买卖，自己也从中获利。如：说媒拉纤。注意：和上述解释有关的"纤"都读 qiàn，不读 xiān。如：纤夫（旧时指背纤拉船来维持生活的人）、纤手（也叫拉纤的人，给人介绍买卖的人。多指介绍房地产交易的人）、纤路（纤夫拖船前进走来的路）等；而作"细小"讲的"纤"才读 xiān。如：纤小（细小）、纤弱（细弱）、纤腰（细腰，指美人的腰）等。

茜（纱）（不读 xī）qiàn

红色。茜纱：红色的纱。凡指茜草（多年生草本植物。根可做红色染料，也可入药）或作红色讲的"茜"都读 qiàn，不读 xī。外国妇女名字的译音则多读 xī。如：露茜、美茜、茜茜公主。而中国妇女名字中的"茜"一般也是这个读音，但也有读 qiàn 的，要根据具体情况来考虑。如陈毅夫人张茜的"茜"一般都读 qiàn；倘若有人的名字叫"露茜"的，这里的"茜"也读 qiàn 为宜，因为"露茜"有露水中的茜草之意。

qiāng

（呼天）抢（地）（不读 qiǎng）qiāng

碰；撞。"呼天抢地"是说高声喊天，用头撞地。形容极度悲痛。如：旧社会的富人花天酒地，穷人只落得呼天抢地；听到儿子溺水身亡的消息后，她呼天抢地，痛不欲生。以头抢地的"抢"音、义同。注意：这里的"抢"，左边是"扌"（提手旁），不读抢劫、抢救、抢购等的"抢"（qiǎng），也不能误写作枪弹、枪击、枪支弹药的"枪"（qiāng）。

将（进酒）（不读 jiāng 或 jiàng）qiāng

请；希望。李白《将进酒》诗中有这样的句子："将进酒，杯莫停"，"将进酒"意即请喝了这杯酒。《诗经·卫风·氓》中也有"将子无怒，秋以为期"的句子，意思是请你不要生气，我们结婚的日期就定在秋季。又《诗经·郑风·将仲子》中的"将仲子兮"就是仲子啊，我求求你（仲子：人名）。成语"将伯之助"（请求长者的帮助。后泛指别人对自己的帮助。伯：长者）中的"将"音、义同。上述这些"将"都不读 jiāng 或 jiàng，也不能理解为"将要"。

qiáng

(挖）墙脚（不能写作"墙角"） qiángjiǎo

墙根（脚：物体的最下部）。比喻基础。挖墙脚：比喻从基础上破坏，拆台。如：两个剧团之间互相挖墙脚，拉走对方的骨干演员；那一伙人结党营私，挖社会主义墙脚。注意：这里的"墙脚"不能误写作和它读音相同的"墙角"。在建筑结构中，墙脚是基础部分，墙脚被挖，受到的损害必然是十分惨重的，因此，人们常用它比喻对别人造成的重大打击；而"墙角"仅指两堵墙的连接处，墙角受损，还不至于危及整座建筑物，因此，"挖墙角"无法表达后果的严重。拆墙脚、打墙脚（比喻事先做好基础工作）的"墙脚"也不能写作"墙角"。

qiǎng

强（人所难）（不读 qiáng） qiǎng

勉强。强人所难：勉强别人做不愿做或难做的事。如：老李和他是一对冤家，你硬要老李去找他，岂不是强人所难么！注意：作迫使或勉强讲的"强"都读 qiǎng，而不读 qiáng。如：强迫（施加压力迫使对方服从）、强求（勉强要求）、强辩（竭力辩解，把没理的事说成有理。强：勉强）、强词夺理、强颜欢笑（勉强做出高兴的神态）、牵强附会（生拉硬扯，强作解释，把没有关系的事物说成有关系，把没有某种意义的事物说成有某种意义）、强解事（不懂事而自以为懂）等。

qiāo

缲（衣边）（不读 sāo） qiāo

一种缝纫方法，做衣服边儿或带子时，把布边往里头卷进去，然后藏着针脚缝。如：给台布缲边儿、缲一根带子。注意：这里的"缲"不读 sāo（"缲"的另一个读音，同缫丝的"缫"现在一般写作"缫"）。

qiáo

乔迁（不能用于自己搬家） qiáoqiān

本来是说鸟儿从深谷飞出，迁移到高大的树上筑巢（乔：乔木，枝干高大的树木）。后用来祝贺人搬入新居或升官。如：乔迁之喜（搬入新居或晋升职位的喜庆）；听说你最近买了套新房，很快就要乔迁了，是吗？注意："乔迁"是敬词，用于祝贺别人，不能用于指自己搬家或升职，如不能说："这次我乔迁新居，多亏了邻居的帮忙。""八年来，我已经是第三次乔迁了。"因乔迁寓人往高处走之意，说自己高升有自吹之嫌，不符合中国人谦虚的传统美德。

qiǎo

巧夺天工（不能指天然美） qiǎoduótiāngōng

人工的精巧胜过天然形成的。多形容高超过人的技艺（天工：天然形成的精巧。与"人工"相对）。如：这幅"三峡风光"的蜀绣巧夺天工（蜀绣：四川出产的刺绣）；象牙雕刻的人物花鸟，生动活泼，巧夺天工。"巧夺天工"的本意是赞美人工，并非赞美天然。只有人工的东西才可以形容为巧夺天工，本身就是"天工"的东西，巧夺天工就无从说起。下面句中的"巧夺天工"就用得不妥："位于湖南省西北部的张家界,是著名的风景区,这里千峰插地,曲径幽谷,实在是大自然巧夺天工的造化。"(可删去"巧夺天工"或换用"鬼斧神工""神奇"一类词语)。

悄没声（**不读** qiāoméishēng）qiǎomoshēng

形容没有声音或声音很低,和"悄声"相当。如:他悄没声地走了。悄寂（寂静无声）、悄然离去、悄无声息、低声悄语中的"悄"和"悄没声"的"悄"读音同,都不读 qiāo；只有用在叠音词中的"悄"（如悄悄、悄悄话、他悄悄地溜走了）才读 qiāo。悄没声中的"没"也不读 méi,而要读 mo。

雀（盲眼）（**不读** què）qiǎo

与"雀"（què）义同。雀盲眼:（北京话）原指鸟雀日暮看不见东西,借指夜盲（一种眼病,症状是夜间或在光线暗淡的地方视物不清或完全看不见。俗称雀盲眼）。如:他是雀盲眼,天一黑就什么也看不清了。注意:用于口语的"雀盲眼""家雀儿"的"雀"不读麻雀、雀斑、雀跃欢呼、门可罗雀的"雀"（què）,也不读"雀子"（口语。指人脸上的雀 què 斑）的"雀"（qiāo）。

qiào

（地）**壳**（**不读** ké）qiào

某些动物或植物果实外面的硬皮,泛指物体外部的硬皮。（用于书面语,不单用。）地壳、甲壳（虾、蟹的外壳）、金蝉脱壳（比喻使用计谋脱身溜走,而使对方不能及时发觉）、躯壳（指人的肉体）等的"壳"和壳菜（贻贝,通常指贻贝的肉）、壳斗（某些植物果实特有的一种外壳,如包在栗子外面的有刺硬壳）的"壳"都读 qiào,而不读花生壳儿、鸡蛋壳儿、贝壳儿、脑壳儿、报废的汽车壳子的"壳"（ké）(义同"壳"qiào,用于口语,可单用)。此外,方言"壳郎猪"（即架子猪,就是骨架已经长成,但还没有育肥的猪）中的"壳"也读 ké。

qiē

切口（有二读）①qiēkǒu

书页裁切的边或指书页裁切后各边（上、下、侧）留下的空白处,如:切口整齐、上下切口各留 2.5 厘米。"切口"又指外科手术用刀切开的口子。如:这是很小的手术,切口不大。②qièkǒu 帮会或某些行业中用的暗语,如旧时东北土匪称眼睛为"昭子"。称吸大烟为"啃海草"。

qié

伽（蓝）（**不读** jiā）qié

音译用字。伽蓝:梵语（印度古代标准语）僧伽蓝摩的简称。指僧众所住的园林,后来泛指佛寺。如《洛阳伽蓝记》（书名。北魏杨玄之著。记述洛阳的寺院）。伽南香（常绿乔木、即沉香）的"伽"读音同。这里的"伽"不读瑜（yú）伽（印度教的一种修身方法）、伽倻琴（朝鲜族的一种弦乐器,有些像古筝）、伽利略（意大利科学家）的"伽"（jiā）,也不读伽马刀（利用伽马射线代替手术刀进行手术的医疗装置）、伽马射线的"伽"（gā）。

qiè

窃（以为）（不是偷） qiè

表示自谦，有私下认为、私自的意思。"窃以为"就是私下认为。如：窃以为不可；有人断言，"夭"短命，年少而死，不能用于中年。窃以为，这一结论下得过于武断。"窃"字除有"偷"（如：盗窃、行窃）、暗中、偷偷地（如：窃笑、窃听）的意思外，还用作谦词，用来指称自己的意见。窃以为、窃闻（我私下里听说）、窃思（我私自推测）中的"窃"就是这种用法，与盗窃无关。注意：作谦词用的"窃"，它的前面不能再出现第一人称，因为"窃"已暗含"我"在内，把"窃以为"说成"我同时窃以为"就叠床架屋了。

qīn

（授受不）亲（不能写作"清"） qīn

相碰。封建礼教规定，男女之间一方给予，一方接受时，双方的手不能相碰叫授受不亲。如《孟子·离娄上》："男女授受不亲，礼也；嫂溺，援之以手者，权也。"（男女不能互相亲手递受物品，这是礼；伸手援助沉进水中的嫂子，这是懂得变通。）在男女授受不亲的封建社会里，爱情自由和婚姻自由是难以实现的。注意这里的"亲"不能误写作"清"，"授受不亲"并非说"男女互相亲手递受物品就很难说得清楚了"。其中的"授"是给予，"受"是接受，"授受"不能错位。

qīng

青眼（并非"青光眼"） qīngyǎn

眼睛正着看，黑色的眼珠在中间，是对人喜爱或看重的一种表情（跟"白眼"相对）。如：青眼相待、青眼相看、青眼有加。这里的"青"是黑色的意思，和青布、一缕青丝、青衣（黑色衣服或指穿黑色衣服的地位低下的婢女、侍童等，也指戏曲中旦角的一种，扮演举止端庄的中青年女子。大都穿黑色衣衫）、青睐（lài）（用黑眼珠看人。表示喜爱或看重）中的"青"义同，而不是指蓝色或绿色。注意："青眼"和医学上说的"青光眼"（一种眼病，由眼内的压力增高引起，会出现剧烈头痛和呕吐，视力急剧减退，甚至失明）截然不同。

青睐（不读 qīnglái） qīnglài

用黑眼珠看人。表示重视，看得起（青：指黑眼珠。睐：看；向旁边看）。如：方便食品大受上班族的青睐；如今，人们的生活水平提高了，鸡鸭鱼肉不再受到青睐，野菜杂粮反而成了现代人的"宠儿"。注意："睐"不能读 lái，也不能写作赏赉（赏赐）的"赉"（lài）。

（一缕）青丝（不是绿色的丝线） qīngsī

①黑发，多指女子的头发。"一缕青丝"即一缕黑发。注意：这里的"青"是指颜色，但不是蓝色或绿色，而是黑色。青布、青眼（眼睛正着看，黑色的眼珠在中间，借指对人喜爱或重视的一种表情）、云青青兮欲雨（云块乌黑要下雨）、客舍青青柳色新中的"青"都是这个意思，和青苔、青草、青山绿水的"青"含义不同。"青丝"不能解理为"绿色的丝巾"。②"青丝"又指用青梅（青色的梅子）等切成的细丝，放在糕点馅内，或放在糕点面上做点缀。

青纱帐（不能写作"青纱账"） qīngshā

zhàng

青纱制成的帐子。比喻长得又高又密的大面积绿色庄稼（如玉米、高粱等）。如：游击队活跃在青纱帐里和鬼子周旋。注意：这里的"帐"不能写作"账"。"帐"和"账"现在有了明确的分工："帐"专表用布、纱、绸子等制成的有遮蔽作用的生活用品，如蚊帐、帐篷、营帐、青纱帐（比喻用法）等；"账"原来也写作"帐"，现在只用于与钱财出入有关的词语，如账本、账单、账房、旧账、流水账等。"帐"和"账"不能再混用。

（山）清（水秀）（不能写作"青"） qīng

纯净没有杂质。山清水秀：山水秀丽，风景优美。如：这里山清水秀，宛然江南风景；桂林确实山清水秀，使我像置身于画卷之中，心旷神怡。注意：这里的"山"是对"水"来说的，"山"和"水"可看作"山水"，指有山有水的风景；"清"是对"秀"来说的，"清"和"秀"可当作"清秀"一词来理解，用来形容风景的清新和秀美。因此，这里的"清"不能误写作"青"（绿色或蓝色），注意和"山青水碧""青山绿水"的"青"区别。不过，山清水秀也可作"山明水秀"。因为"明"有亮丽的意思，"山明"和"水秀"前后搭配也协调。如郁云《我的父亲郁达夫》："富阳虽说是个小县，但却是山明水秀的鱼米之乡。"

清泠（和"清冷"有别） qīnglíng

清爽寒凉（泠：清凉）。如刘桢《黎阳山赋》："云兴风起，萧瑟清泠。"（萧瑟 xiāosè：风吹树木的声音）、清泠的山泉水。这里的"泠"（左边是三点水），和"清冷（lěng）"的"冷"写法不同。"清泠"一指凉爽而微寒。和"清冷"的意思差不多，但"清冷"往往偏重于凄清（凄凉清冷），多用来描写月光、时令等。如："柔和清冷的月光，流泻在黝黑粗糙的岩石上，勾勒出一幅幅朦胧的剪影。"（《人民日报》1977－06－20）"清泠"则偏重于清爽，多用于对风、水的描写。二指冷清。如：场面十分清冷；夜深了，街上显得很清冷。以上的"清冷"都不能换用"清泠"。"清泠"和"清冷"的结构特点也不同：前者的重叠形式是清清泠泠，后者的重叠形式是清冷清冷。

清净（和"清静"不同） qīngjìng

①安定；没有干扰（净：干净）。如：耳根清净、过几年清净日子。②清澈。如：清净的泉水、湖水清净见底。"清静"和"清净"音同义殊，是指（环境）安静，不嘈杂（静：没有声响）。如：夜深了，公园里格外清静；我们找个清静的地方谈谈。"清净"和"清静"都有安静的意思，但前者多用来指人的心境，强调没有杂事的打扰，不烦恼；后者则多指环境。"打太极拳要选择比较清净，易于定心的地方才好。"这里的"清净"应改用"清静"为宜。

qíng

情同手足（不能用于亲兄弟） qíngtóng shǒuzú

感情深厚，如同亲兄弟一般。如：战友们同甘共苦，情同手足；他俩十分要好，情同手足。"手足"在这里比喻兄弟，常用于战友、朋友之间，并非指具有血缘关系的亲兄弟，如不能说"周氏兄弟情同手足，记得周作人刚到北大上班不久，突然得了麻疹，高烧不退，鲁迅以为得了猩红热，虚惊一场"。因为鲁迅和周作人

（鲁迅二弟）本来就是亲兄弟，说"周氏兄弟情同手足"等于说"周氏兄弟情同兄弟"，显然不妥，可改用"周氏兄弟友于情笃"（兄弟情深。友于：指兄弟，笃 dǔ：忠实；专一）或干脆说"周氏兄弟情深"。

qìng

庆父（不死，鲁难未已）（不读 qìngfù） qìngfǔ

鲁国公子，曾一再制造内乱，先后杀死两个国君。庆父不死，鲁难未已（qíngfǔ-bùsǐ, lǔnàn-wèiyǐ）：《左传·闵公元年》："不去庆父，鲁难未已"意思是不杀掉庆父。鲁国的灾难就不会停止。后用"庆父不死，鲁难未已"比喻不除掉制造内乱的罪魁祸首，国家就不得安宁。如：庆父不死，鲁难未已，不把这帮篡党夺权的野心家清除掉，将国无宁日，民无宁日。注意：这里的"父"不读 fù，要读 fǔ；"已"是停止的意思，"未已"即不会停止，不能把这里的"已"写成自己的"己"。

凊（和"清"不同） qìng

凉。如：冬温夏凊（冬天使老人能得到温暖，夏天能让老人凉快。指儿女侍奉父母无微不至）。如《礼记·曲礼上》："凡为人子之礼，冬温而夏凊，昏定而晨省。"指的是旧时子女侍奉父母的日常礼节。"昏定晨省（xǐng）"意为晚间侍候就寝，清晨省视问安。注意："凊"（左边是两点水）和清洁的"清"形、音、义都不同。

罄（竹难书）（不能误写作"磬"） qìng

用尽；用完。罄竹难书（qìngzhú-nánshū）：砍掉山上所有的竹子做成竹简（古代用来写字的狭长竹片，在纸张发明以前，是最重要的书写材料）都写不完。比喻事实（多指罪恶）很多，难以说完。如孙中山《历年政治宣言》："自满清盗窃中国，于今二百六十有八年，其间虐政罄竹难书。"这伙暴徒奸淫劫掠，无恶不作，其罪行罄竹难书。罄尽（没有剩余）、现房售罄、罄其所有（把他所有的东西都拿出来）的"罄"音、义同。注意：①这个成语一般作贬义用，主要用来指罪行多，偶尔也用来形容事情多得写不尽。如邹韬奋《抗战以来》二三："沦陷区的同胞在抗战中所表现的奇迹，真是所谓罄竹难书。"但下面的用法则不妥："多年来，他对我的关怀，罄竹难书。"（应改用"无微不至"）②其中的"罄"（下边是"缶"）不能误写作和它读音相同的"磬"。"磬"是指古代用玉或石制成的打击乐器，也指佛教用铜制成的打击乐器。它没有"罄"的含义。

qióng

穷（而后工）（不是贫穷） qióng

处境困难，没有出路。穷而后工：文人处境越困厄，诗文就写得越好（工：精巧；细致）。如茅盾《子夜》："别的诗人是'穷而后工'，我们这范诗人却是'穷而后光'！他那里还能做诗。"穷当益坚、穷寇勿追、穷鼠啮（niè）狸（逼到走投无路的老鼠也会咬猫。比喻人被欺压太甚，就是力不能敌，也会拼死反抗）、"穷不失义，达不离道。"（无论得志或不得志，都不违背儒家的道义。）（《孟子·尽心上》）中的"穷"义同。注意：上述的"穷"，其反义词是"通""达"，而不是"贫"，不能理解为贫穷，缺少钱财，和穷人、穷日子、穷酸的"穷"含义不同；和穷兵黩（dú）武（用尽全部兵力，任意发动战争）、穷毕生精力的"穷"（使尽；用尽）解释也有别。

穷家富路（并非穷人走上了富裕的道路）qióngjiā-fùlù

指在家受点穷没有关系，出门在外必须多带盘缠，以备不时之需。如：出门不比在家，多带一点钱，路上总会方便些，穷家富路嘛，你就不要推辞了。"穷家富路"不能错误地理解为"贫苦人家走上了富裕的道路"。

（兀兀）穷年（并非年成不好）qióngnián

终年、整年。兀兀（wùwù）穷年；终年勤奋工作，十分劳苦（兀兀：独自勤奋不止的样子）。如韩愈《进学解》："焚膏油以继晷，恒兀兀以穷年。先生之于业，可谓勤矣。"（点灯熬油，夜以继日，经常终年苦学不倦。先生对待学业，可称勤奋了。）他工作非常勤奋，夜以继日，兀兀穷年。穷年累月、穷年忧黎元（百姓十分困苦，诗人一年到头都为百姓的命运而忧愁。黎元：老百姓）中的"穷年"义同，都不能理解为年成不好，百姓穷困。

穷尽（不是贫穷到极点）qióngjìn

①动词。竭尽；到尽头（穷：尽；完）。如：无法穷尽、真理不可穷尽。②名词。尽头。如：科学探索是没有穷尽的，群众的智慧是没有穷尽的。注意：穷尽中的"穷"不是贫困、缺少钱财的意思，把"穷尽"理解为"贫穷到极点"就错了。

qū

屈指可数（和"指不胜屈"迥异）qūzhǐ-kěshǔ

弯弯手指头就可以数清楚。形容数量少（屈指：弯着手指头计算数目）。如：在我们村里，只有屈指可数的几户人家没有汽车；"40年代中国学者在美国大学里教书，很少能取得教授的地位，能被聘为终身职教授的屈指可数。"（费孝通《访美掠影》）注意："屈指可数"并不是表示数目多的成语，用来表示数量多的成语其中有"指不胜屈"，意为扳着指头数也数不过来。如冰心《关于女人·再版自序》："第一版《关于女人》，我实在无法送人，错字太多了……至于'我'变成'你'，'你'变成'他'更是指不胜屈。"下面句中的"屈指可数"用得不对："困难，无时不在，无处不有。回眸十年来我们所遇到的困难屈指可数。"（可改用"指不胜屈"或"数不胜数"之类的成语）

（举）祛（拂尘）（不能写作"祛"）qū

衣袖；也专指袖口。举祛拂尘（解释略）。注意："祛"（左从"衤"，即衣字旁）在一般词典中除了有上述注释外。还注明它同"祛"（左从"礻"，即示字旁）。《现规》对"祛"的解释后有提示："跟'祛'不同。"对"祛"的解释是：祛除。根据提示：祛邪、祛暑、祛痰、祛疑（消除他人的疑惑）中的"祛"（qū）不能再写作"祛"；反之，举祛拂尘的"祛"也不能写作"祛"。

觑觑眼（不读 qùqùyǎn）qūqūyǎn

（吴方言）近视眼。注意：这里的"觑"不读小觑（小看）、面面相觑（你看我，我看你，形容大家因惊惧或无可奈何而互相望着，都不说话）、冷眼相觑的"觑（qù）"（看）。读qū音的"觑"是指把眼睛眯成一条细缝（仔细看），患近视眼的人常用"觑觑眼"来缓解这种症状，"觑觑眼"便成了近视眼的代名词。

其中的"觑觑"也不能误写作"曲曲"。

qú

（清）癯（不能误写作"瞿"） qú

瘦。清癯：清瘦。如：面容清癯、清癯老者。"清癯"一般用来形容健康有精神的老年人，而不用于年轻人；"癯"不能误写作和它读音相同的"瞿"。"瞿"是惊视的样子或作姓氏用，不能和"清"组词。

qǔ

龋（齿）（不读 yǔ） qǔ

牙齿被腐蚀而形成空洞或残缺。也指患这种病的牙。龋齿：蛀齿，就是我们常说的虫牙。这里的"龋"不能读 yǔ，也不能写成踽踽独行（一个人孤单单独自走路。踽踽：孤独的样子）的"踽"（jǔ）。

qù

去职（不是前往任职） qùzhí

离开原来的职位，即不再担任原来的职务。（去：离开）如：他是因病去职的，去职后他就回乡务农了。去国（离开本国或离开故乡）、去世（离开人世。指成年人死去）、去留两便、何去何从（离开哪里，到哪里去。指在重大问题上作出选择）中的"去"义同。这些"去"和去北京、从广州去上海、去学校看球赛中的"去"（从说话人所在地到别的地方。跟"来"相对）意思正相反。"去职"不能理解为"前去任职"。

（他）去（曹操）（不是跟"来"相对） qù

扮演（戏剧里的角色）。如：在这出戏中，她去白毛女。"他去曹操"即他扮演曹操。这里的"去"不是指离开说话人所在地到别的地方。"他去曹操"不能理解为"他到曹操那里去"。这个"去"也不作离开（如：去世、去职）、距离（如：两地相去三十里、去今二十年）、失去（如：大势已去、光阴一去不复返）等解释。

quán

权利（和"权力"不同） quánlì

公民或法人（法人是法律上指根据法律参加民事活动的组织，包括企业、事业单位、机关、社会团体等）依法行使的权力和享受的利益（跟"义务"相对。利：利益）。如：儿童保有受教育的权利（保有：具有；拥有）；生命权是公民最重要的权利，任何人未经法律许可，均不得非法剥夺他人的生命。"权利"和"权力"不同。权利是法律赋予的权力和利益，对象是公民、法人，也可以是国家机关；而"权力"是指政治上的强制力量或（个人或机构）在职责范围内的支配力量（力：力量）。如毛泽东《中国革命和中国共产党》："在封建国家中，皇帝有至高无上的权力。"国际奥委会拥有奥林匹克运动会的一切权力、他利用手中的权力大搞"权钱交易"。它是国家、公众或上级赋予的职权、强制力，对象可以是个人，也可以是国家机关。在词语搭配上，"权利"常跟的是"享受""享有"等，"权力"常跟的是"行使""使用"等。下面句中的"权利"和"权力"用得不当："中华人民共和国公民享有人身自由的权力。""我依法有隐私的权力，你没有权利随便拆开我的信。"（"权力"处应用"权利"，"权利"处应用"权力"。）

权（衡）（不是权力）quán

秤锤。权衡：秤锤和秤杆（"权"和"衡"都是称重量的工具。衡：指秤杆）。比喻衡量、考虑、比较。如：权衡轻重、权衡得失、权衡利弊。其中的"权"和权其轻重、"权，然后知轻重。"（称过了，才知道轻重。）（《孟子·梁惠王上》）的"权"义同，不作权力、权利、姑且等解释。

全天候（不只限于气候条件）quántiānhòu

以往辞书的一般解释是，不受天气条件限制的，在任何气候条件下都能使用或工作的。如：全天候公路，这种国产新型战机能够在恶劣的气象条件下全天候作战。注意：《现规》（第1版）和《现汉》（第5版）都增加了第二种解释：形（服务性单位）每天工作满24小时的▷~服务｜~，无假日。（见《现规》1084页）《现规》（第2版）和《现汉》（第6版）也有这一义项，解释基本相同。

全人（和"完人"不同）quánrén

"全"有完整、齐备、不缺少任何一部分的意思。因此，德智体等全面发展的人叫全人。如：要重视全人教育。"全"又有整个的意思，因此，"全人"又指完整的人，整个人。如：制定手术方案要顾及全人。而"完人"是指十全十美、没有任何缺点和错误的人（完：齐全）。如：金无足赤，人无完人。又苏州大学和台湾东吴大学的校训：养天地正气，法古今完人。意即培养天地间坚毅不屈的气节。师法古今完美道德的圣贤。

全然（用于否定式）quánrán

完全。如：全然不顾个人安危、全然不计后果、家里的事他全然不管不顾。注意："全然"只能用于否定式。可以说"全然不考虑个人得失""对这里的情况他全然不了解"，不能说"全然考虑个人得失""对这里的情况他全然了解"。

蜷曲（≠卷曲）quánqū

动词。弯曲（多用于人或动物的肢体）。如：蜷曲着腿、草丛里蜷曲着一条蛇。"蜷曲"以往可作"拳曲"。《现异》有说明："根据通用性原则，宜以'蜷曲'为推荐词形。""卷（juǎn）曲"也是弯曲的意思，但它是形容词，一般不能用来形容人或动物的肢体。如：卷曲的头发。下面句中的"卷曲"和"蜷曲"用得不对："蜷曲的叶子里大多有虫子""刺猬遇到敌害时，便把身体卷曲成球形"（"蜷曲"和"卷曲"应调换）。

quǎn

犬子（并非狗崽）quǎnzǐ

谦称自己的儿子。如《史记·司马相如列传》："少时，好读书，学击剑，故其亲名之曰犬子。"（司马相如小时候喜欢读书，又学击剑，所以他的父母亲就给他取了个小名叫犬子。）又作"小犬"。如《红楼梦》第一百十四回："（贾政）又指着宝玉道：'这是第二小犬，名叫宝玉。'"这里的"小犬"也并非小狗。要注意，对别人儿子的蔑称也可用"犬子"。如《三国演义》七三回："吾虎女安肯嫁犬子乎！"（安肯：哪里肯）

quàn

劝（学）（不是"劝说"）quàn

勉励；鼓励。劝学：勉励人努力学

习。战国末期的荀子写有《劝学》一文，这里的"劝"就是勉励、鼓励的意思。晁错《论贵粟疏》："三曰劝农功"（第三是鼓励人民务农），其中的"劝"义同。注意：这些"劝"和劝阻、劝退、劝诫、劝诱（劝说并诱导）的"劝"（劝说）含义不同，把"劝学"理解为"劝说人们要努力学习"就错了。

劝说（与"规劝"有别）quànshuō

　　说明道理，使人同意。如：经反复劝说，他才勉强答应；这个人就是因为不听劝说才落到这步田地的。"规劝"有不同，是说以郑重的态度告诫和劝说，使改正错误。如：多次规劝，他仍无悔改之意；耐心地规劝他重新做人。"规劝"的对象通常是犯了错误的人，而"劝说"的对象没有这种限制。

quē

缺陷（和"缺憾"有别）quēxiàn

　　不完善或不健全的地方（陷：缺点；不完善的部分）。如：生理缺陷、她最大的缺陷是爱唠叨。"缺陷"和"缺憾(hàn)"有不同。前者偏重指不完备，多指人的生理方面或知识、方法等有欠缺或不完美的地方；后者是指因不够完美而使人感到遗憾的地方（憾：不满意；失望）。如：文章的结构还有缺憾；书是写完了，她总觉得还是留下了几处缺憾。下面句中的"缺陷"和"缺憾"就不宜对换："他口吃是个生理缺陷，和兄弟姐妹在一起，总是让父母感到是个缺憾。"

缺少（≠**缺乏**）quēshǎo

　　"缺少"和"缺乏"都有短少不够的意思，因此，这两个词常可换用，如"缺少骨干""缺少经验""缺少锻炼"中的"缺少"都可改用"缺乏"。区别是，"缺少"多指人或物数量不够。如：缺少人手、缺少零件、缺少路费；"缺乏"是指所需要的、想要的或一般应具备的事物没有或不够，一般是不能用数字计算的。如：缺乏斗志、缺乏战斗力。"缺乏"较"缺少"的语意要重一些。

què

鹊巢鸠占（不能误作"雀巢鸠占"）quècháo-jiūzhàn

　　喜鹊筑的巢被斑鸠侵占了。比喻房屋、土地、位子、妻室等被别人强占。如：法院判给她的一间瓦房竟被小叔子鹊巢鸠占了。注意这里的"鹊"不能误写作麻雀的"雀"。因为"雀"是泛指麻雀一类的小鸟，体小巢小，它的巢是容不下斑鸠的；而斑鸠的体形大小和喜鹊相差无几，且喜鹊的巢极为完固，才可能被鸠侵占。重要的还是这个成语已约定俗成，不能随意更改。

qún

群楼（和"裙楼"有别）qúnlóu

　　楼群，指一群楼。如：小孩子在群楼间嬉戏。"裙楼"和"群楼"音同义殊，是指像裙子一样围绕在高大主楼周围，层数较少的建筑物。它是整栋建筑的一部分，弥补主楼自身和周边配套的不足。因此，"住宅群楼"不能写成"住宅裙楼"；"刚落成的商业大厦由主楼和裙楼组成""图书馆的主楼收藏各类图书，裙楼设置阅览室和研究室"中的"裙楼"也不能写作"群楼"。

R

rǎn

染指（不是褒义词）rǎnzhǐ

据记载，春秋时，郑灵公请大臣们品尝甲鱼，故意不给子公吃。子公很生气，用手指在盛甲鱼的鼎里蘸上点汤，尝了尝就离开了。后用"染指"比喻分享不应得的利益，也比喻参与或插手某种事情。如：有些人贪得无厌，连救济金也想染指；这是我们国家的内政，绝不允许别国染指。注意："染指"是贬义词，不能用来指好的事情。"这四名选手都未曾染指过世锦赛的单项冠军。"其中的"染指"就用得不妥，宜改用"获取"。

rǎng

（熙熙）攘攘（不能误写作"嚷嚷"）rǎngrǎng

形容众多而纷乱的样子。熙熙攘攘：形容人来人往，非常热闹（熙熙：和乐的样子）。如：节假日，公园里人头攒动，熙熙攘攘。其中的"攘"和人群熙攘、熙来攘往（意同"熙熙攘攘"）的"攘"都是"扌"旁，不能误写作"嚷"。"嚷嚷"（rāngrang）和"攘攘"不同，是指吵闹。如：别嚷嚷，人家还在午休。也指声张。如：这事嚷嚷出去，对大家都不利。"熙"和"嚷"不能组合成词，也没有"熙熙嚷嚷"的成语。注意"熙"字的写法：左上是"臣"（yí），不是臣子、君臣的"臣"（chén）。

rén

人丹（≠仁丹）réndān

中成药，用薄荷脑、冰片、丁香等制成。由爱国商人黄楚九创制。如："到了夏天，每个家庭都要准备一些防暑药，其中人丹、十滴水和清凉油又是必备品种。"（《人民日报》1997-05-29）注意："仁丹"和"人丹"不是同一品牌的药，它是19世纪末由日本商人创制。那时的"仁丹"在中国市场大量倾销，胡子人头的仁丹广告遍及中国城乡。而爱国商人黄楚九按中国古方"诸葛行军散"配制成的"龙虎牌"人丹，经过艰苦曲折的斗争击败了日本"仁丹"。可见"仁丹"仅用于特定历史时期；而"人丹"是通用词，沿用至今，使用时不能错位。下面句中的"仁丹"和"人丹"必须对调："他蓄的是上唇的胡子，不是'人丹胡'。""我们店里的龙虎仁丹半个月前就短货了。"

人面桃花（≠面若桃花）rénmiàn-táohuā

形容男子怀念一见钟情后不能再度相见的女子的怅惘心情，也指内心爱慕而不能相见的女子，或指事已过去，不可复得。如：当他从国外回来，妻子已不知搬去何处，他站立旧地怅然良久，真有人面桃花之感；每当重游他们相识的地方时，他总不免有人面桃花之感。"人面桃花"这个成语，是从唐人崔护的"去年今日此门中，人面桃花相映红。人面不知何处去，桃花依旧笑春风"。诗句而来。这里的"人面桃花"是指女子的面容和住宅周围桃花互相映衬的美色，因此，只把它理解为容貌美丽就不全面，如说"招聘人才不应只看应聘者是否人面桃花，而应把思想素质、文化素质、工作能力作为主要考查内容"。其中的"人面桃花"就用得不妥。可改用"面若桃花"。"面若桃花"才可以用来形容女子的容貌像桃花一样美丽。用"面容姣好"也未尝不可。

人道主义灾难（并非人道主义带来灾难）réndàozhǔyìzāinàn

实际是指非人道主义的灾难。如：持续不断的教派清洗，已造成数万人被迫背井离乡，一场潜在的人道主义灾难正在形成。人道主义提倡关怀人、尊重人、以人为中心的世界观，应该说它给人们带来的是吉庆、祥和的社会氛围，灾难不可能是由人道主义引起的，只有非人道主义才会造成人类的灾难。这种看似不合理的语言现象，是由于说话人站在的角度不同造成的，正如一个人有了病，需要打针，他偏要站在护士的角度说"去打针"，"打针"和"去打针"说的都是一回子事嘛。"打扫卫生""看医生""晒太阳"等说法亦然，都已约定俗成，符合人们使用的习惯，不必看作是语病。

人证（和"证人"不同）rénzhèng

由知道案件情况的人、目击者等证人提供的有关案件事实的口头、书面证词及其他查证线索（区别于"物证"）。如：出具了人证；人证物证俱在，休想抵赖。"人证"和"证人"不同。"人证"是一种证据；"证人"是法律上指除当事人外能对案件提供证据的人，即了解案件真实情况而被通知出庭作证的非当事人，也泛指对某事实提供证明的人。如：这几个证人都写了详细的证言；没有证人，谁会相信。

人犯（≠犯人）rénfàn

犯罪的人。泛指某一案件中的被告人或牵连在内的人。如：迅速拘捕与此案有关的人犯、提人犯过堂、一干人犯。"人犯"和"犯人"都可指犯罪的人，不同的是，犯人是指经法院依法判处刑罚，正在服刑的人。如：近日枪决了一批犯人，这些犯人经过劳动教养都学到了一些生产技能。

人心惶惶（不要写作"人心慌慌"）rénxīn-huánghuáng

人们的内心惶恐不安（惶惶：惊恐不安的样子）。如：发生地震的消息传来，人心惶惶。巴金《寒夜》一四："今天外面谣言更多，人心惶惶，好像大祸就要临头。"惶惶不可终日（惊恐慌乱，连一天也过不下去。形容极为惊恐）中的"惶惶"写法同，都不能写作"慌慌"。而心慌盗汗、心慌意乱中才用"慌"。

壬（别于"壬"）rén

天干的第九位。现常用来表示顺序的第九位。注意：壬（下边是"士"）和"壬"（下边是"土"）写法和读音都不同。"壬"，音tǐng。由"壬"构成的字有"任""饪"（rèn 如：烹饪）"妊"（如：妊娠 rènshēn：怀孕）等；由"壬"构成的字有"廷""庭""艇""挺"（如：挺身而出）"铤"（如：铤而走险）等。

（麻木不）仁（不是仁慈）rén

感觉灵敏。"不仁"就是失去知觉。麻木不仁：肢体失去知觉。比喻思想迟钝，对外界事物漠不关心。如：对村民反映的问题，不能漠不关心，麻木不仁；对那些在长途汽车上设赌骗人钱财的歹徒,不能熟视无睹,麻木不仁。注意：这里的"仁"和不仁不义、施行仁政、为富不仁（靠不正当手段发财的人是不会讲仁义的）的"仁"（仁慈）含义不同。

rěn

（色厉内）荏（不读 rèn）rěn

软弱；怯懦。色厉内荏：外表强硬而内心怯懦（色：神色）。如叶圣陶《四三集·英文教授》："他跑遍租界的各处，观察了帝国主义爪牙的色厉内荏的窘态。"荏弱（软弱）、光阴荏苒（rǎn）（荏苒：时间不知不觉地渐渐过去）中的"荏"读音同。"荏"只有 rěn 的读音，不能读 rèn。

rèn

（发）轫（不能误写作"韧"）rèn

用来阻止车轮滚动的木头。要启动车子，第一件事便是要搬开这块木头，这就是发轫。后用来比喻新事物或某种局面开始出现。如：发轫之作；发轫之初，不可不慎；新文学运动发轫于五四运动。"轫"既然是用来止住车轮滑动的木头，所以左边从"车"，不能误写作以"韦"为偏旁的"韧"。"韦"指的是牛皮，以坚韧为特征，"韧"便有柔软而坚固的意思，用在韧性、坚韧、柔韧等词语中，却无缘和"发"组词。

（桑）葚（儿）（不读 shèn）rèn

就是桑葚儿，即桑葚（shèn）（桑树的果实）。注意：桑葚中的"葚"读作 shèn 是正确的，只有在口语中的"桑葚儿"才读 sāngrènr。桑葚晒干后制成的药材可写作"桑椹（shèn）"。

rì

日前（别于"目前""日内"）rìqián

今天之前的几天。如：日前我才和他通过电话，日前他曾来过一次。"日前"和"目前"不同。"日前"是指过去的一段时间；"目前"是指当前，现在。如：目前形势很好，到目前为止还没有消息。"日前"和"日内"意思正相反。"日前"指的是现在之前的几天，"日内"是指现在之后的几天。如：日内启程、大会将于日内召开。下面句中的"日前"用得不当："日前正在紧张排练中。"因为"日前"表示时间已经过去，而"正"则表示行为在进行中，两个词在时态上互相矛盾（应改用"目前"）。这也告诉我们，"日前"和"正"不能连用。

日无暇晷（和"日晷"迥异）rìwúxiáguǐ

一天忙到晚，没有空闲的时间（晷：日影，比喻为时间）。日不移晷（日影没有移动，意为时间短，速度快）、焚膏继晷（形容夜以继日地勤奋学习或工作）、苦无余晷、风檐寸晷（在不蔽风雨的破檐下争取一寸的时光。形容旧时科举考试的紧张状态）中的"晷"写法同。"日无暇晷"和"日晷"完全不同。日晷也叫日规，是中国古代一种利用太阳投射的影子来测定时刻的装置。注意：以上的"晷"不能错写成既往不咎、咎由自取、休咎（吉凶）的"咎"（jiù），也不能误写作"昝"（zǎn，姓）。晷、咎、昝是三个不同的字，无论字形、字音、字义都不同。

róng

容貌（和"相貌"有别）róngmào

面容，长相。如：容貌美丽、容貌端庄。"相貌"也是长相、容貌的意思，但和"容貌"在用法上有不同。"相貌"是中性词，既可指好的长相，也可指不好的长相；而"容貌"则多指美好的。如"相貌端庄"也可说"容貌端庄"，但"相貌丑陋"却不能说"容貌丑陋"。此外，还要考虑词语搭配和使用的习惯，把"相貌堂堂"说成"容貌堂堂"显然不妥。

溶溶（和"融融"不同）róngróng

一是形容（水）宽广的样子。如：溶溶的江水、春水溶溶。二是形容月光荡漾。如：月色溶溶。"融融"和"溶溶"音同义殊，是：①形容和睦快乐的样子。如：其乐融融、情意融融。②形容暖和。如：春光融融。

熔化（和"溶化""融化"不同）rónghuà

熔化、溶化和融化都是动词，且读音相同，但它们的适用对象不同："熔化"是指金属、蜡烛等固体受热而变成液体状态或胶体状态。例如，铁加热到1530℃以上就熔化成铁水，蜡烛燃烧时会像眼泪一样流下蜡油。"溶化"不同，是指固体在液体中溶解，如有些药片可以在水中溶解开，食盐放在水中会成为盐水。"融化"又不同，是指（冰、雪等）受热变为液体。如：河里的冰已开始融化了。这三个词的最根本区别是：熔、溶和融。"熔"指固体受热变形，"溶"强调溶剂是液体，"融"特指冰雪等受热变为液体。顺便提及的是，有些辞书注明：（融化）也作溶化。《现异》有说明：表示"冰雪化成水"，以"融化"为推荐词形；指固体在水或其他液体中化开，仍用"溶化"。

融汇（和"融会"不同）rónghuì

"融汇"和"融会"都是动词，读音也相同。区别是："融汇"是融合汇集（汇：聚集；聚合）。如：涓涓细流融汇成浩瀚大海，欢歌笑语融汇成一片欢乐的海洋。"融会"是融合的意思，即把不同的事物聚集起来合成一体。如：融会了多种文化，中、西文化互相融会。融会贯通中的"融会"不能写成"融汇"，是因为这里的"融会"是融合领会的意思；"贯通"是贯穿前后，全面地理解，意即彻底理解。如：他学习知识能融会贯通。"汇"是有集合义，指众水注入，这个意思"融"已包含，却没有"领会"的意思。

rǒng

（拨）冗（不能读 chén）rǒng

繁忙的事务。"拨冗"是客套话，义为（请对方）推开繁忙的工作，抽出时间。如：敬请拨冗出席、拨冗接待、请拨冗光临指导。注意：这里的"冗"和冗长、冗余（多余；不必要的）、冗员的"冗"写法、读音同，都不能误写作"沉"，也不能读 chén。拨，音 bō，本是指用手脚或棍棒等横着用力，使东西移动；比喻推开，除去。它的右边是"发"，不是"发"，不能误写作拔草、拔除、拔刀相助的"拔"（bá）。"拨冗"是表示礼貌的客气话，只能用于别人，不能用于自己，如不能说"我定当拨冗完成这个任务"。

róu

(杂)糅（不能写作"揉"）róu

混杂。杂糅：把不同的事物掺杂、混合在一起。如：真伪杂糅、中外杂糅、有些同学的作文经常出现句式杂糅的毛病。"糅"本是指用几种米混合做成的饭，所以是"米"旁，由此引申出混杂、掺和的意思，此"糅"不能误写作揉眼睛、揉面、揉木（使木弯曲）的"揉"（用手反复擦、搓，团弄或使东西弯曲）。这些"揉"都与手有关，所以是"扌"旁，它没有混杂的含义，不能和"杂"组词。

rú

如聆梵音（和"如聆謦欬"有别）
rúlíngfànyīn

好像听梵音一样，听不懂说的是什么（聆：听。梵音：指诵读佛经的声音）。如：这位老教授知识渊博，讲课时旁征博引，对一些文史基础知识尚未过关的学生来说，简直如聆梵音。"如聆梵音"和"不知所云"义近，区别是：前者是说听的人因某方面知识缺憾而没能听懂对方的话，并非指说话者知识上的错误或语言表达不清，用"如聆梵音"既坦诚地表明没有听懂对方的话，而又显得对说话人十分尊重（俗语中把别人的言论、教诲等比作梵音，是一种美誉）；后者是指文章或说话人言语等方面有毛病，不知道在说些什么，使人听不懂，明显带有贬义。"如聆謦欬"和"如聆梵音"也不同，是说好像听到了别人的谈笑声（謦欬，音 qǐngkài。本指咳嗽，借指谈笑）。如董必武《读〈革命烈士诗钞〉》："如聆謦欬精神振，展诵遗篇识所归。"是说董老在阅读《革命烈士诗钞》时，虽然烈士已经不在了，但读着这些遗篇，仍然好像听到他们在向自己倾诉革命的情怀，精神深受鼓舞。倘若是亲耳听到别人的谈笑声，则用"亲聆謦欬"为宜。如："在重庆时，我得以经常亲聆周恩来同志的謦欬。"（《新华月报》1980 年第 10 期）无论是"如聆謦欬"或"亲聆謦欬"都与"如聆梵音"含义相去甚远。

如坐春风（不能用于施动者）
rúzuòchūnfēng

就像置身于和暖的春风之中。比喻受到良师极好的教育。如唐弢《锁忆》："（鲁迅）说话时态度镇静，亲切而又从容，使听的人心情舒畅，真个有'如坐春风'的感觉。"注意："如坐春风"只能是听的人（受动者）的感受，不能用来形容施动者，即说话人自身，如不能说"不论什么时候，她都是亲切随意，如坐春风……"

如鱼得水（和"如鱼似水"不同）
rúyúdéshuǐ

好像鱼得到水一样。比喻得到了志同道合的人或适合自己发展的环境。如《红楼梦》六六回："二人相会，如鱼得水。"他有志于投身教育事业，如今当了一名教师，可真是如鱼得水。"如鱼似（sì）水"不同，是说像鱼和水一样不能分离。比喻夫妻或情侣之间关系融洽亲密，泛指双方感情极为亲密。如《醒世恒言》卷三六："且说朱源自娶了瑞虹，彼此相敬相爱，如鱼似水。"他俩一见钟情后，如鱼似水，形影不离。"如鱼得水"和"如鱼似水"的区别在于：前者偏重指一方得到了最需要、最适合的；后者偏重指两方面的关系密切，不可分离。

如（厕）（不是好像；如同）rú
往；到……去。"如厕"就是上厕所。如："坐须臾，沛公起如厕，……"（坐了一会儿，刘邦起身到厕所去，……）（司马迁《鸿门宴》）"如扬州"（前往扬州）（文天祥《指南录后序》）这里的"如"是一个含有文言色彩的词，不能作"好像""符合""比得上"等解释。

如其（和"如期"不同）rúqí
连词。如果。如《三国志·蜀书·诸葛亮传》："如其不才，君可自取。"（假如他没有才能，你就可以取代他。不才：没有才能）如其不然，后果自负。"如期（rúqī）"不同，是副词。意为按照规定的期限。如：如期完成、大会如期召开。

蠕动（和"嚅动"不同）rúdòng
像蚯蚓爬行那样动（蠕：指蚯蚓爬行的样子）。如：蚕儿在蠕动；远远望去，人流在缓缓地向前蠕动着。"嚅动"和"蠕动"音同义殊，是指想要说话而嘴唇微动。如：他嚅动着嘴唇，想要说什么；老人嚅动着嘴巴却说不出话。"嚅"是嘴唇微动，和"口"有关，所以左边是"口"，不单独使用，只有构成"嚅动""嗫（niè）嚅"（欲言又止）等词语才有意义。

rù

入闱（和"入围"不同）rùwéi
科举时代应考的或监考的人进入考场（闱：科举时代的考场）；今借指考试命题人员及相关工作人员进入命题场所，不得擅自与外界联系。如：全体命题人员下周开始入闱。注意："入闱"不能和"入围"混淆。"入围"是指通过竞争等进入某一范围。如：你的参赛作品已经入了围；经过评选，这部长篇小说入围茅盾文学奖。可见，"入闱"和"入围"是两个完全不同的概念。

入定（和"人定"不同）rùdìng
佛教徒的一种修行方法，闭着眼睛静坐，排除杂念，使思想、感情进入安静不动的状态。如：老僧入定。"入定"不能和"人定"（réndìng）混淆，"人定"是指夜深人静的时候。如古乐府《孔雀东南飞》："奄奄黄昏后，寂寂人定初。"（暗沉沉的黄昏来到之后，静悄悄的，人们开始安歇了。奄奄：同"晻晻"，暗沉沉的）

入主（和"入住"有别）rùzhǔ
进入并成为主宰者或统治者。如：入主中原、美国新任总统入主白宫。"入住"不同，是指住进去，即房屋建好并交付使用后，房屋业主住进新住宅。如：新楼年初可以入住、入住新居。下边句中的"入主"用得不对："因为旅馆比较小，俞俐芬和每个入主'背包客'的人都能很熟。"（应改用"入住"。背包客：旅馆名）

ruǎn

阮囊（羞涩）（不能误作"锦囊"）ruǎnnáng
阮孚（fú）（晋代人名）。阮囊羞涩：阮孚为钱袋钱少感到难为情。指经济困难，没有钱用（囊：口袋，这里指钱袋。羞涩 xiūsè：不好意思，难为情）。如欧阳予倩《桃花扇》三："秀才点状元，那有不愿意的道理！只是我阮囊羞涩，难以为情。"我不是不想去旅游，只因为阮囊羞涩，拿不出闲钱来。注意：①这里的"阮囊"不能误写作"锦囊"，锦囊是指用锦（有彩色花纹的丝织品）做成的袋子，古人多用来藏诗稿或机密文件。如：锦囊妙计（比喻能及时解除危难的好办法）、锦囊佳句（指优美的诗句）。②"阮囊羞涩"这个成语现在一般很少使用，多用"囊中羞涩"取代。

软硬兼施（和"恩威并用"不同）ruǎnyìng-jiānshī

软的手段和硬的手段一齐用。如：经不住敌人软硬兼施，他变节了；敌人软硬兼施也没能使这位革命者低头。"软硬兼施"不能和"恩威并用"混淆。"软硬兼施"是贬义词，一般用于坏人对好人：上对下、下对上、平等或敌对的双方均可；"恩威并用"是褒义词，意为恩赐和惩罚两种手段同时使用，一般用于好人对坏人，而且只能用于上级对下级。如《李宗仁回忆录》五六："对于这些部队的驾驭指挥，必须一视同仁，恩威并用，因势利导，掩其所短而用其所长。"《现代汉语成语规范词典》："曹操作为一个政治家，很懂得赏功罚罪、恩威并用的作用。"

ruì

锐利（≠锋利）ruìlì

"锐利"和"锋利"都是形容词，都可用来指（工具、武器等）尖而快，或形容（语言、文笔等）尖锐。如说"锐利的武器""锐利的匕首""眼光锐利""措词十分锐利""锋利的钢刀""谈吐锋利""笔调锋利"等。因此，它们有时可以通用，如"锐利的匕首"也可说成"锋利的匕首"，"目光锐利"也可说成"锋利的目光"。区别是，前者着重指工具等尖而快，易刺入物体；后者除了指尖而快外，还指侧刃薄，易切断物体，因此，刮胡子的刀片很锋利中的"锋利"不能换用"锐利"。

ruò

爇（不能简化为"𤋲"）ruò

点燃；焚烧。如：爇烛、爇櫬（chèn）（焚烧棺材。古代受降之礼）、爇香于鼎（把点燃的香插在鼎上）。注意："热"字是从"熱"简化而来，但"爇"在《简化字总表》第一表中不能类推简化。因此，"爇"不能写作"𤋲"。同样，"蓺"（yì 种植。如：蓺菊、蓺麻）也不能简化作"𦭴"。

S

sā

仨（后面不能加"个"或其他量词）sā

三个，用于口语。如：仨人、他们哥儿仨、仨瓜俩（liǎ）枣（比喻不值得一提的小事）。注意："仨"字后面不能再加"个"字或其他量词。如可以说"三个人"，不能说"仨个人"；可以说"他吃了三个馒头"，不能说"他吃了仨个馒头"。这种用法和"俩"（liǎ）一样（参见"母女俩"条）。

sà

卅（不读 sānshí）sà

数目，三十。如：五卅运动。注意：①"卅"不能误写作杭州、广州的"州"，也不能读作 sānshí。②"卅"字后面不能加"十"。顺便一提的是，"廿"（数目，二十）、"卌"（xì）（数目，四十）后面也不能加"十"。

sāi

（于）思（不读 sī）sāi

于（yú）思：形容胡须很多（多叠用）。如："只怕人家有好好的女儿，未必肯嫁给于思的老翁了。"（《二十年目睹之怪现状》七〇回）多年不见，他竟成了于思的老人了。注意：这里的"思"不读 sī。

sài

塞（外）（不读 sāi 或 sè）sài

易于据守御敌的险要地方。塞外，也叫塞北，中国古代指长城以北的地区。边塞、要塞、关塞、塞翁失马（按字面意思是：边塞上的一个老人丢了一匹马）的"塞"读音同。注意：上述意义的"塞"和作塞子讲的瓶塞、耳塞、软木塞或只能单用的"把洞口塞住""箱子里塞满了乱七八糟的东西"的"塞"（sāi）读音不同，和堵塞、闭塞、阻塞、敷衍塞责、茅塞顿开的"塞"（sè）（只用于成语和某些双音节词）读音也有别。"塞"的三种读音，有三种不同的含义，各司其职，不能混淆。

sān

三聚氰胺（不读 sānjùqīng'ān）sānjùqíng'àn

一种由氮、氢、碳等元素合成的有机化合物，白色晶体，对人体有害。三聚氰胺进入人体后不容易代谢，会导致肾结石、膀胱结石等。曾一度闹得沸沸扬扬的问题奶粉中含有三聚氰胺中的"氰胺"往往被人读作 qīng'ān。不对。"氰"只有 qíng 的读音。氰化钾、氰化钠的读音亦然；"胺"也只有 àn 的读音，除此无他。氨水、氨气、氨基酸的"氨"才读 ān。

三人成虎（并非团结就是力量）sānrénchénghǔ

有三个人谎报市上有老虎，听的人就信以为真。比喻谣言或讹传一再重复，就容易使人误假为真。如有个人说："此人有'特异功能'，能从三楼透过楼层看到底层茶几上的东西。"旁边也有人证实，三人成虎，于是这则消息很快就误传开了。"三人成虎"不是说三个人抱成团，就是一头猛虎，团结起来，才有力量。如不能说"要挪动这块石头，非得有几个人不可。三人成虎，说的就是这个理嘛！"

三昧（和"三味"不同）sānmèi

佛教用语。意思是使心神平静，一心专注，直到完全没有杂念，是佛教的重要修行方法之一。借指事物的诀窍或精义。如："个中三昧"（个中：其中）"深得其中三昧""软包装为何如此受欢迎？行内人士道出其中三昧……"这里的"昧"（左边是"日"），和拾金不昧、昧良心、天地草昧（天地万物处在蒙昧的草创之时）、半明半昧（半明半暗）中的"昧"写法同，都不能错写成"味"。"三昧"和鲁迅先生少年时代在绍兴读书的私塾——三味书屋中的"三味"（用饮食来比喻读经、史、子等各种书籍能品尝到的各种滋味，形容读书有无限的乐趣）含义完全不同；"昧"和"味"的读音有别。

三部曲（一般不作"三步曲"）sānbùqǔ

外来词。源于古希腊，最初仅指情节连贯的三部悲剧，后泛指三部内容各自独立而又互相联系的文学作品。如：巴金的"激流三部曲"——《家》《春》《秋》和"爱情三部曲"——《雾》《雨》《电》，高尔基的"自传体三部曲"——《童年》《在人间》《我的大学》，郁达夫（中国现代文学家）的"沉沦三部曲"——《沉沦》《南迁》《银灰色的死》。注意：以上指文艺作品的"三部曲"不能写作"三步曲"。"三步曲"源自"三部曲"，表示事情发展的三个阶段、三个步骤。如：发展战略的"三步曲"、外企招聘"三步曲"、英语作业"三步曲"等。这里的"三步曲"写作"三部曲"也可以，相比之下，用"三步曲"更好理解。如："表弟从借房、租房到买房的三步曲，不正是我们时代的一个缩影吗？"（《人民日报》2002-10-11）

三阳开泰（不作"三羊开泰"）sānyáng-kāitài

大意是春天来了，万事吉祥安泰。（是一年开头的吉祥用语）按古人对事物发展变化的认识，由于农历每年冬至那一日之后白天渐长，古人便认为冬至标志着"一阳生"（第一次阳气生发），而农历十二月是"二阳生"，新年正月便是"三阳生"。这时阴消阳长，大地回春，是吉利的象征。"三阳"就是指春天开始。因为"阳"与"羊"同音，且羊在古代又被当成灵兽和吉祥物，因此"三阳"常被画家或雕塑家用母子三头羊来表示，以"羊"代"阳"（用谐音替代来表示吉祥的表现手法，民间习俗是常见的，我们有时能看到的画五只蝙蝠表示"五福临门"，这也是一例）。"泰"是《易经》中的泰卦（《易经》以正月为泰卦），泰卦是好卦，预示着吉运当头，因此，人们便用"三羊开泰"作为一年开头的祝颂之词，其实这是对"三阳开泰"的化用，是一种修辞，其中的"羊"要写作"阳"才正确。把"三阳开泰"理解为"三只羊奔向泰山"，纯属望文生义。

（连中）三元（不是上元、中元、下元）sānyuán

解元、会元、状元。封建社会的科举考试共分三级。先是乡试，被录取的称为举人，第一名叫解（jiè）元；然后是会试，录取后称为贡士，第一名叫会元；最后是殿试，录取后称为进士，进士分一、二、三甲，一甲第一名叫状元。"连中（zhòng）三元"就是指连中解元、会元、状元的人。现在所说的连中三元，已不限于科举，比如在三次考试或比赛中连续得胜，或在一项比赛中连续三次取得成功都可以这么说。注意：旧俗以农历正月十五日（即元宵节）为上元，七月十五日为中元，十月十五日为下元，合称"三元"。"连中三元"中的"三元"与此无关；旧时也称农历正月初一为"三元"，因为初一是年月日三者的开始，故称。"连中三元"中的"三元"与此也有别。

三鼎甲（≠三甲）sāndǐngjiǎ

前三名。如进入前三名可以说跻身三鼎甲。殿试（古代科举制度中最高一级的考试）被录取后叫进士，进士分一、二、三甲：一甲第一名叫状元，第二名叫榜眼，第三名叫探花（二、三甲人数不定）。据此，"三鼎甲"就是前三名。（鼎甲：科举制度中进士一甲前三名的总称，因鼎有三足，一甲共三名，故称。）注意："三鼎甲"和"三甲"不同。"三甲"除了一甲中的一、二、三名外，还包括二三甲的人数，这样，少则几十人，多则二三百人。因此，把进入前三名说成跻身三强、跻身三鼎甲都可以，而说成进入三甲或跻身三甲，在目前辞书中还找不到直接的依据。

（一问）三不知（不是实指哪方面）sānbùzhī

泛指什么都不知道。一问三不知：被问的人什么都不知道，什么全答不上来。如《红楼梦》五十五回里，凤姐说宝钗是"拿定主意，不干己事不张口，一问摇头三不知。"王愿坚《三张纸条》："那是国民党白鬼子的天下嘛，我就给他个装疯卖傻，一问三不知。""三不知"原指对事情的开头、中间和结尾一无所知，后泛指全不知，并非具体指哪方面。

（退避）三舍（并非"三间房舍"）sānshè

古代行军三十里叫一舍，三舍就是九十里。退避三舍：把军队撤退九十里。后用来比喻对人让步或回避，不和对方争高下。如：他为人傲慢，趾高气扬，许多人见了他都退避三舍。注意：这里的"舍"不读shě，但和舍弟（对别人称自己的弟弟）、舍妹的"舍"（shè 谦称自己的亲属）含义不同；也不能理解为房子，把"三舍"解释为"三间房舍"就错了。

三驾马车（不是三辆马车）sānjiàmǎchē

外来词。由三匹马并列牵引的运载工具，通常是带有滑橇的雪车，但也指装有车轮的马车。比喻紧密联系的三个人、三人小组或三种事物。如："而创名牌，则需要政府、企业与消费者'三驾马车'的共同努力。"（《"三驾马车"共创中国名牌》2003-10-13《人民日报》）夫妻和独生孩子组成的家庭，就像三驾马车，只有共同努力，日子才能过得和美。注意："三驾马车"的字面意思并不是指并驾齐驱或有前有后，有轻有重的三辆马车，而是一辆马车，只不过是由三匹马一起拉罢了。"三驾马车"和"三辆马车"（或"三架马车"）是完全不同的概念。

sāng

桑梓（不要写作"乡梓"）sāngzǐ

桑树和梓树（两种乔木的名称）。后用来借指故乡。古人常在家宅旁边栽种桑和梓，说明这两种树和人们的衣食住行、生老病死有着密切的关系。《诗经·小雅·小弁》："维桑与梓，必恭敬止。"意思是，家乡的桑树和梓树是父母亲手栽的，对它要表示敬意。故用桑梓作为故乡的代称。如：造福桑梓、情系桑梓、敬恭桑梓（比喻热爱故乡，敬重乡亲父老）。"桑梓"也可叫梓里，但不能说"乡梓"，辞书中难觅"乡梓"一词。

sāo

搔痒（和"瘙痒"不同）sāoyǎng

在皮肤痒处抓挠。如：搔到痒处（比喻说到点子上）、隔靴搔痒（比喻说话、做事没有抓住要害，不解决问题）。"瘙痒"不同，是指发痒。如：浑身瘙痒、瘙痒难忍。"搔"是动词，指用指甲或别的东西轻轻地抓挠，与手有关，所以是"扌"旁；"瘙"（sào）是名词，指皮肤发痒的病，古代指疥疮，与疾病有关，所以是"疒"旁。"搔"和"瘙"不能混淆。倘若把"皮肤瘙痒"写成"皮肤搔痒"，准会让人摸不着头脑。

shā

沙龙（和"纱笼"迥异）shālóng

法语音译词。①本义是客厅。17、18世纪法国巴黎的文人和艺术家常接受贵族妇女的招待，在她们的客厅里聚会清谈，后来就把西欧上流社会这种社交性集会或集会的场所叫沙龙。现泛指文学、艺术等方面人士非正式的小型聚会。如：文艺沙龙、体育沙龙、摄影沙龙。②特指法国官方每年在巴黎定期举行的造型艺术展览会。"纱笼"和"沙龙"音同义殊。它是马来语音译词，指东南亚一带人（如印尼、马来西亚、泰国等）穿的一种用长布制成的围裹腰腿的下装，样子像长裙，除小孩外，男女都可以穿。

砂眼（和"沙眼"迥异）shāyǎn

铸件表面或内部形成的小孔，是铸件的一种缺陷。如：这个铸件有砂眼；这口铁锅漏水，有砂眼。"沙眼"和"砂眼"音同义殊。沙眼是眼的慢性传染病，会引起眼睑内翻倒睫，严重影响视力。

shà

唼喋（不读 shàdié）shàzhá

拟声词。成群的鱼或水鸟等吃东西的声音。如：唼喋青藻。这里的"喋"不读喋血（xuè）（血流满地。常用来形容杀人很多）、喋喋不休（唠唠叨叨，说起来没完没了）的"喋 dié"。

（高楼大）厦（不读 xià）shà

（高大的）房子。高楼大厦（解释略）。凡是指高大的房屋或指房屋后面的廊子（如：广厦、商厦、前廊后厦）的"厦"都读 shà。厦门（市名，在福建）、噶（gá）厦（原西藏地方政府）中的"厦"才读 xià。

shān

山高水低（并非景色秀丽）shāngāo-shuǐdī

比喻意外发生的不幸事情（多指死亡）。如："如果他肯归降，但有山高水低，我一力承当。"（一力承当：一个人把责任全部担当起来）《荡寇志》第八十七回）不要让小孩私自下河游泳，万一有个山高水低，可怎么得了。"山高水低"不是用来描写景色秀丽的成语，不能错解为山峰高耸入云，低处水声潺潺。它和"山高水长（cháng）"（像山一样高耸，像水一样长流。比喻人的品格节操高洁，影响深远，或比喻情谊、恩德深厚。如范仲淹《严先生祠堂记》："云山苍苍，江水泱泱，先生之风，山高水长。"）的含义大相径庭。

（寝）苫（枕块）（不读 shàn）shān

草垫子。寝苫枕块：睡在草垫上，把土块当枕头（寝：睡。块：土块）。这是古代宗法制度下所规定的死了父母后居丧的礼节。如：在有些尚未开化的山寨，至今还保留着寝苫枕块的丧礼习俗。"苫"有二音，作动词时读 shàn，是指用席、布等遮盖。如：苫布（遮盖货物用的大雨布）、用布把麦垛苫上。作名词时读 shān，指用草编成的盖东西或垫东西的器物。如：草苫子。前者表示动作，后者表示事物。据此，寝苫枕块中的"苫"不读 shàn。

潸（然泪下）（不要误写作"潜"）shān

形容流泪。潸然泪下：形容感情有所触动而不禁流泪（潸然：流泪的样子）。如：一阵感伤，潸然泪下。热泪潸潸（潸潸：形容流泪不止）的"潸潸"写法同。注意：这里的"潸"（右边是"斱"）不能错写成潜逃、潜水艇的"潜"，也不读 qián。

扇动（和"煽动"有别）shāndòng

动词。摇动（扇子或其他片状物）。如：扇动翅膀。"煽动"和"扇动"音同义殊，是指鼓动（别人去做坏事）。如：煽动闹事、阴谋煽动暴乱。"扇动"也有"煽动"这种解释。《现异》有说明，宜分化处理：表示摇动（扇子或像扇子的东西）用"扇动"；表示鼓动（别人不满、反对或做坏事），以"煽动"为推荐词形。注意：扇动中的"扇"和作名词用的扇子、扇形、扇贝的"扇"（shàn）读音不同。

shǎn

闪耀（≠闪烁）shǎnyào

一指光亮忽明忽暗，晃动不定。如：繁星闪耀、警灯闪耀不停。二指发出耀眼的光彩。如：灯光闪耀、塔顶闪耀着金光。注意：闪烁（shuò）也有光亮忽明忽暗，摇晃不定的义项，因此，繁星闪耀、警灯闪耀不停中的"闪耀"也可换用"闪烁"。但"闪烁"一般不用来指光彩耀眼的亮光，把"远处闪烁着灯光"中的"闪烁"换用"闪耀"就不当，反之，把"金光闪耀"说成"金光闪烁"也不妥。此外，"闪烁"还可用来比喻（说话）吞吞吐吐，躲躲闪闪。如：他一直闪烁其词，不肯说出事情的真相。这种意义的"闪烁"不能换用"闪耀"。

shàn

善财（和"善才"迥异）shàncái

梵（fàn）语（印度古代标准语）意译词，佛教中的菩萨之一。又叫"善财童子"，因曾从观音菩萨受教，所以观音塑像或画像旁，常有善财童子的像。如：两位弟子在老师身旁，像菩萨左右的两位善财童子。"善才"和"善财"完全不同，是指唐代著名的琵琶师，后也用来称琵琶师。白居易《〈琵琶行〉序》:"尝学琵琶于穆、曹二善才。"(曾经跟穆姓、曹姓两位琵琶师学习琵琶。)又:"曲罢曾教善才服,妆成每被秋娘妒。"(曲子弹完后,曾经使乐师佩服,打扮起来,往往遭到同行歌伎的嫉妒。秋娘:唐代歌伎常用的名字)

赡养(不能误写作"瞻养") shànyǎng

供给生活需要,特指子女对父母在物质上和生活上进行帮助(赡:供给;供养)。如:赡养费、赡养父母的义务不可推卸。其中的"赡"(左边是"贝"。贝壳曾经是古人珍贵的装饰品,后又曾作为货币流通,所以"贝"这个字就从宝物引申为货币。凡从"贝"的字大都与钱财有关,赡养父母离不开钱财,故"赡"字左从"贝")不能错写成瞻仰、高瞻远瞩、马首是瞻(比喻愿意听从指挥或追随别人)的"瞻"(zhān)(向上或向前看。与眼睛有关,所以左从"目")。赡养的"赡"和瞻仰的"瞻"不能混淆。注意"赡养"和"抚(fǔ)养"的使用对象有不同。"赡养"一般用于晚辈对长辈;"抚养"是关心爱护并教育培养的意思,一般用于长辈对晚辈(包括哥哥、姐姐对弟弟、妹妹)。"赡养父母及子女"的说法就有问题。可以说"赡养父母",却不能说"赡养子女",应该说"赡养父母及抚养子女"才恰当。

shāng

汤汤(不读 tāngtāng) shāngshāng

水流大而急。如:河水汤汤、浩浩汤汤。注意:叠用的"汤"都读 shāng,而不读 tāng。"浩浩汤汤"和"浩浩荡荡"也不同。前者是形容水势浩大的样子,如《岳阳楼记》:"衔远山,吞长江,浩浩汤汤,横无际涯",意为(远处的山峦与洞庭湖相接)洞庭湖像张口含着远处的山,(长江与洞庭湖相连,)洞庭湖像吞吐着长江的水,水势浩大,无边无际;后者既可用来形容水势浩大(如长江和黄河浩浩荡荡向东流去),又可用来形容规模盛大(如浩浩荡荡的科技大军、游行队伍浩浩荡荡地通过天安门广场)。这里的"荡荡"(dàngdàng)是广大的意思。

商榷(和"商量"有别) shāngquè

(就不同意见进行)商量讨论(榷:商讨)。如:这篇文章的论点值得商榷,"将近十余年"的说法值得商榷。("将近"表示的是还没有达到这个数值,"余"表示的是过了这个数值。)"商榷"不能误写作"商确",它不是"商量后再确定"的意思。辞书中没有"商确"这个词。"商榷"和"商量"也不同。"商榷"是书面语词,有庄重色彩,它的使用范围较窄,对象多为学术方面的问题;"商量"是口语词,多指用口头交流的方式就一般的问题交换意见,使用范围较宽,大小问题不限。如:遇事要多和群众商量;都是自己人,有事好商量。

商女(不是女商人) shāngnǚ

歌女。如:杜牧《泊秦淮》诗中有"商女不知亡国恨,隔江犹唱《后庭花》"的句子,意思是歌女们不知道亡国的耻辱,隔着秦淮河传来了《玉树后庭花》这支亡国的曲调。(《后庭花》是南朝陈后主所作,因"其辞轻荡,而其音甚哀",被后人称作"亡国之音"。)注意:"商女"不是指女商人,而是用它来借称歌女。"商嫂"和"商女"也完全不同，是指在商界服务的已婚妇女。如：诚招商嫂10名。

shàng

上交（≠上缴）shàngjiāo

交给上级部门。如：拾物上交、不能什么矛盾都上交了事。"上缴（jiǎo）"是指按照规定把收入的财物、利润、税款、财政节余等缴给上级主管部门，依照法令将某些钱物交给主管部门。如：上缴武器、把罚款上缴国库。和"上交"不同的是，"上交"所指范围较大；"上缴"所指范围较小，且带有一定的强制性。

上坟（≠扫墓）shàngfén

到坟前祭奠死者。如鲁迅《药》："许多的工夫过去了；上坟的人渐渐增多，几个老的小的，在土坟间出没。""扫墓"也可指清扫坟墓，祭奠死者，和"上坟"亦有不同。"上坟"只指给自己亲人的坟墓进行祭奠；扫墓不仅指给自己亲人的坟墓进行祭奠，而且也可指在烈士墓或烈士碑前举行纪念活动。如：清明节扫墓、到烈士陵园扫墓。

上色（有二读）①shàngsè

上等（货物）。如：上色奶粉、上色绿茶。

②shàngshǎi

涂上颜色。如：这家具没上色、这柜子上完色就好看了。注意："上色（sè）家具"是说质量上乘的家具，不是指涂上了颜色的家具。这里的"色"是指物品的质量，它和"家具刚做好，还没有上色（shǎi）"（颜色）音、义不同。

上下其手（不作"非礼"讲）
shàngxià-qíshǒu

玩弄手法，串通作弊。这个成语是有来历的。据《左传·襄公二十六年》记载：楚国的穿封戍俘虏了郑国守将皇颉（jié），王子围要争功，请伯州犁裁决，伯州犁有意偏袒王子围，叫皇颉出面作证，同他谈到王子围时"上其手"（举起手），谈到穿封戍时"下其手"（放下手）。皇颉领会了伯州犁的意思，就谎称是王子围抓获他的。后来便用"上下其手"来比喻玩弄手法，串通作弊。如：他一上台，就在身边安插了一批亲信，以便上下其手。以上说的是"上下其手"的正宗用法。目前，在中国香港、中国台湾、新加坡等地常用来形容男人对女人的猥亵（wěixiè）（淫秽下流的动作行为），内地实属罕见。《现规》第2、3版和《现汉》第6版尚无此解。

（礼）尚（往来）（不能写作"上"）
shàng

崇尚；注重。礼尚往来：在礼节上重视有来有往。现也指你对我怎么样，我也对你怎么样。如：交往要礼尚往来；春节期间，他送我一部价格不菲的手机，礼尚往来，我回赠他一部电脑。注意：这里的"尚"不能误写作高高在上、至高无上的"上"。"上"虽是个多义字，却没有崇尚，注重的含义。

sháo

韶（不能读shào）sháo

"韶"在任何词语中都读sháo。有人把它读作shào，错！

shǎo

少（安毋躁）（不要写作"稍"） shǎo

稍微；暂时。少安毋躁（shǎo'ānwúzào）：稍微耐心等一下，不要急躁（毋：不要）。如：请各位少安毋躁，车很快就到；耐心听候，少安毋躁。这里的"少"旧读 shāo，因而容易写作"稍"，也可通，但现在的规范写法是"少"；"毋躁"也不能误写作"无燥"或"母燥"。

少时（不读 shàoshí） shǎoshí

不大一会儿；不多时。如：少时，刮起了大风，尘土飞扬。注意："少时"也说"少刻""少顷（qǐng）"，其中的"少"都不读 shào，要读 shǎo，也不能把"少时"错误地理解为"少年时代"。

（老）少（边穷）（不是指年少） shǎo

少数民族地区。老少边穷：指老解放区、少数民族地区、边疆地区和穷困地区。如："特别是去年，国家计委和国家广电总局，为解决老少边穷地区看电视难的问题，提出并实施'村村通'计划。"（《中国企业报》，2000-09-01）注意：这里的"少"和"不老少"（不少）的"少"（数量小）音同义不同，和"男女老少""老来少"（指年老而童心未泯的人）的"少"（shào）音、义都不同。

shào

少儿歌曲（和"儿歌"有别） shào'érgēqǔ

少年儿童歌曲的简称。"少儿歌曲"和"儿歌"是有区别的：前者是歌曲的一种，有词有谱，属音乐范畴；后者是反映儿童生活和情趣，适合儿童唱的歌谣，只有词而无谱，属文学范畴。它们演唱的形式也不完全同，因此，"少年儿童歌曲"可简称为"少儿歌曲"，却不能称作"儿歌"。

（年高德）劭（不能误写作"邵"） shào

美好（多指道德品质）。年高德劭：年纪大，品德好。如：徐老是年高德劭的革命家。注意："邵"和"劭"读音同，但它只能作姓氏或地名（邵阳，在湖南）用。年高德劭中的"劭"不能写作"邵"。

shé

（唇枪）舌剑（不能写作"舌战"） shéjiàn

舌头似剑。唇枪舌剑：唇如枪，舌似剑。形容争辩激烈，言辞锋利。如：辩论会上，双方唇枪舌剑，互相辩难（nàn）。这里的"舌剑"不能误写作"舌战"。"舌战"一词是有的，意为口头交锋（如双方展开舌战、诸葛亮舌战群儒），却不能和"唇枪"组成"唇枪舌战"的成语。"唇枪舌剑"也可说"舌剑唇枪"，但在辞书中压根儿没有"唇枪舌战"的说法。

折（本）（不读 zhē 或 zhé） shé

亏损。"折本"就是亏本；赔本。和"蚀（shí）本"义同，只是写法和读音不同。如：做买卖折了本。折秤、折耗（物品或商品在加工、制造、运输、保管、出售等过程中的损耗）、亏折了本钱（亏折：损失；亏损）的"折"读音同。此外，作"断"（多用于长条形的东西）讲的"折"也这样读。如：树枝折了、绳子折了、椅子腿折了、那辆车的把折了。以上的"折"既不读折腾、折跟头、拿两个碗把热水折一折就凉了的"折"（zhē），也不读转折、折价、折中、受尽折磨等的"折"（zhé）。

shě

舍宾（与宾客无关）shěbīn

英语音译词。一种形体健美运动，产生于苏联，盛行于俄罗斯。20世纪90年代传入中国。以形体美、静态美、动态美（动作、表情、姿势等）、气质美（内在美）、整体美（整体协调的美，包括服饰、发型、化妆的搭配）为训练目的，参加训练的多为女性。如：舍宾俱乐部、好舍宾啊！（称赞别人形体好）。"舍宾"本是名词，后也用作动词，如说"网页内容要舍宾"。"舍宾"和减肥不同，减肥仅指让肥胖者减少体内多余的脂肪，使肥胖程度减轻。明显地，舍宾的内涵要丰富得多。"舍宾"是音译词，和宾客毫无瓜葛。这里的"舍"也不读 shè。

shě

舍利（不读 shělì）shèlì

又名佛骨，也叫舍利子，是梵（fàn）语（印度古代标准语）"小米"的音译。佛教称释迦牟尼遗体火化后骨灰中出现的形状像小米的结晶体，有白（骨舍利）、黑（发舍利）、赤（肉舍利）三种颜色。后来也指德行较高的和尚死后烧剩的骨头。唐朝至今，我国都流行供奉佛舍利的风气。注意：这里的"舍"不读 shě，也不要和"猞猁"（shēlì）（一种外形像猫的哺乳动物）混淆。

（神不守）舍（并非指房屋）shè

人的躯体。神不守舍：灵魂没有守在躯体里。形容心神不定。如：儿子被人贩子拐骗后，母亲整天神情恍惚，神不守舍。"魂不守舍"（意同"神不守舍"）的"舍"义同。这里的"舍"不是指房屋，和校舍、宿舍、打家劫舍的"舍"含义不同，也不读舍身、舍命、舍宾（一种盛行于俄罗斯的形体健美运动。以形体美、静态美、动态美、气质美、整体美为训练目的，参加者多为女性）、舍己救人的"舍"（shě）。

舍弟（≠弟弟）shèdì

谦称自己的弟弟。此"舍"是谦词，用于对别人称自己的亲属，一般指比自己辈分或年纪小的人。舍妹、舍侄、舍亲（对人称自己的亲戚）的"舍"义同。"舍弟"和"弟弟"不同。"舍弟"只能"自己用"，不能用来称别人的弟弟，如不能问别人"舍弟找到工作没有？"；"弟弟"不受这种限制，既可以说"你的弟弟在哪里工作？"也可以说"我弟弟初中还没有毕业"。注意：如果对别人谦称辈分比自己高或同辈中年纪比自己大的亲戚则不能用"舍"，而要用"家"。如：家父、家母、家兄。

拾（级）（不读 shí）shè

放轻脚步登上。拾级：一步步登上梯级。如：拾级而上、拾级登楼。注意：①"拾"的常见读音是 shí，拾级中的"拾"则要读 shè。②"拾级"一词只能用于上阶梯，不可用于下阶梯，如不能说"我们拾级而下，来到了……""拾级而下"可改用"沿着台阶走下去"。

摄氏度（不能说"摄氏……度"）shèshìdù

摄氏温标的单位，符号为℃。"摄氏度"是一个单位，不能随意拆开或简化。

如说20摄氏度（20℃），不能说成"摄氏20度"；0摄氏度（0℃），不能说成"摄氏0度"。摄氏度也不能简称为"度"，因为在我国法定计量单位中，"度"是弧、角的单位。

shēn

身体（力行）（不是指人的身体）shēntǐ

亲身体验。亲身体验，努力实行叫"身体力行"。如李国文《吴趼人之死》："这位科西嘉的上尉，身体力行他的格言：一个不想当元帅的士兵，不是好士兵。"他廉洁奉公，身体力行，吃苦在前，享受在后。注意：这里的"身体"不是指人的身体（名词），而是个主谓词组，"身"是亲身，"体"是体验。

莘莘学子（不能加数量词）shēnshēnxuézǐ

众多的学子（莘莘：形容众多）。如："西部开发助学工程极大地激发了莘莘学子发奋读书、建设家乡的强烈愿望。"（《人民日报》2000-12-15）海外的莘莘学子纷纷学成回国，投身于祖国的建设大业。注意：①"莘莘"本身已有众多的意思，"莘莘学子"描绘的是学生的群体形象，因此，在它前面不能再加数量词。如不能说"他是××师范学院的一名莘莘学子"。"面对滚滚而来的市场经济大潮，一些莘莘学子困惑了。"（"一名莘莘学子"等于说"一名众多的学子"，自相矛盾；"一些莘莘学子"，"一些"表示少，"莘莘"表示多，互相抵牾）。②这里的"莘莘"不能读 xīnxīn，和上海市莘庄（xīnzhuāng 地名）的"莘"读音不同。

深文周纳（不是刻意寻求深奥的文义）shēnwén-zhōunà

苛刻地援引法律条文，周密地罗织罪名，把无罪的人定成有罪（深文：苛刻地制定或援引法律条文。周：周密，不放松。纳：使陷入）。泛指不根据事实给人强加罪名。如：深文周纳，妄加罪名；"文革"期间，不少知识分子身受深文周纳之害，身陷囹圄（囹圄 língyǔ：监狱）。注意："深文周纳"不能解释为"刻意寻求深奥的文义"，如不能说"'不求甚解'的本来意思是读书只要领会要旨，不必深文周纳，钻牛角尖"。（可删去"深文周纳"）

神荼郁垒（不读 shéntú-yùlěi）shēnshū-yùlǜ

神荼和郁垒是传说中能制服恶鬼的两位神人。后世把他们作为门神，正月初一，绘二神贴在门的左右两边。注意：这里的"神"要读 shēn，而不读 shén；"荼"不能误写作茶叶的"茶"，也不读如火如荼、荼毒生灵的"荼"（tú）；郁垒中的"垒"要读 lǜ，不读堡垒、垒球、垒一道墙的"垒"（lěi）。

shén

神旺（和"神往"不同）shénwàng

精神旺盛，精神振奋。如清李鸿章《复潘琴轩书》："〔连接来函〕读之神旺，快慰无似。"（无似：无比）他敢于向黑恶势力进行不懈的斗争，令人神旺。"神往"不同，是极其向往的意思。如：台湾的日月潭是著名的旅游胜地，四周翠峰环抱，烟雨迷蒙，令人神往；登高远望，座座殿宇宛若碧海中的仙岛，令人神往。

神舟（六号）（不能误写作"神州"）
shénzhōu

神奇的飞船（舟：船）。注意：这里的"神舟"不能写作"神州"。"神州"是一个专有名词，"中国"的别称。之所以不用"神州"而用"神舟"，是因为"船"在汉语里又称"舟"，把遨游神秘太空的飞船用"神舟"来命名，既形象又贴切，再说"神舟"和"神州"读音相同，一语双关，寓意中国腾飞。我国载人航天试验飞船，从神舟一号到×号，"神舟"的写法均无例外。

shěn

哂（纳）（不能误写作"晒"） shěn

①微笑。如：哂纳（笑纳。用于请人收下自己赠送的礼物时说的客气话）、聊博一哂（姑且博得一笑）。②讥笑。如：哂笑（嘲笑）、将为后代所哂（将被后代人讥笑）。注意："哂"（左边是"口"）不能错写成晒太阳的"晒"。如果把"哂纳"写成"晒纳"，"哂笑"写成"晒笑"，准会让人摸不着头脑。

shèn

蜃景（和"胜景"不同） shènjǐng

通称海市蜃楼。大气中由于光线的折射作用，把远处景物显示在空中或地面以下的奇异景象，多发生在夏天沿海一带或沙漠中。古人误认为是蜃（大蛤蜊）吐气而成，所以叫"蜃景"。常用来比喻虚幻的事物。如：面对美丽的蜃景，我心情特别舒畅；她那些不切实际的美好愿望，只不过是蜃景而已。注意：①"蜃"是左上半包围结构，不是上下结构，不能写作

"蜃"，也不能读 chén。②"胜（shèng）景"和"蜃景"不同，是指优美的风景。如：园林胜景。

shēng

生日（≠诞辰） shēngrì

人出生的日子，也指每年满周岁的那一天。如：在登记表里把生日写上，今天是我的 15 岁生日。"诞辰"（dànchén）也是指生日，但和"生日"有不同。"生日"多用于口语，除说一般人外，还可作比喻。如：七月一日是中国共产党的生日、向党的生日献礼。"诞辰"多用于书面，一般用于长辈和所尊敬的人，带有庄重色彩。如：纪念周恩来同志诞辰 110 周年，今天是李老师 80 岁诞辰。

生前（不作"死前"） shēngqián

死者还活着的时候。如：生前好友，这幅画是我祖父生前遗留下来的，这本集子收入了作家生前未发表的十篇文章。当一个人还活着的时候，说"生前"可以，说"死前"似无不可，正如说"恢复体力"和"恢复疲劳"一样，只是说话人的注意焦点不同而已，但就目前权威的工具书如《现汉》《现规》《新华词典》等都难觅"死前"的踪影，因此，应以"生前"用法为规范。

生机勃勃（和"生气勃勃"不同）
shēngjī-bóbó

形容生命力旺盛，朝气蓬勃（生机：生命力；活力。勃勃：旺盛的样子）。如：大地回春，草木复苏，生机勃勃。"生机勃勃"和"生气勃勃"不同。"生机勃勃"不能用来形容人；"生气勃勃"是形容富有朝气，充满活力（生气：生命的活

力），用来形容人。如：幼儿园内孩子们活泼可爱，生气勃勃。下面句中的"生机勃勃"就用得不对："看到这群生机勃勃的年轻人，我们似乎也变得年轻了。"（应换用"生气勃勃"）。

（他是上海）生人（不是陌生人）
shēngrén

　　动词。出生。如：他是1968年生人，包拯（政治家。民间称他为包公或包青天）是北宋初年生人，你是哪一年生人？注意：这里的"生人"和外面来了个生人、这孩子一见生人就闹、不要让生人进来的"生人"（名词。不认识的人）含义不同，也不能理解为生孩子或活着的人。

生意（盎然）（并非做买卖） shēngyì

　　生机；生命力。生意盎（àng）然：充满生机（盎然：气氛、趣味等充分流露出来的样子）。生意勃然、富有生意中的"生意"义同。又庾信《枯树赋》："此树婆娑，生意尽矣！"（这棵树已经凋零衰落，生机到了尽头了！婆娑：此作衰落解。）晋傅咸《羽扇赋》序："吴人截鸟翼而摇风，既胜于方圆二扇，而中国莫有生意。"（吴地商人割断鸟的翅膀当扇子扇，比方形和圆形的扇子好用多了，但是在北方却没有生命力。意为北方人不接受这种扇子，对这种扇子不感兴趣。）中的"生意"也是这种解释，都不是指商业活动，和今天我们说的"做生意"有别。"生意盎然"也不能理解为生意兴隆。

声名鹊起（别于"声名雀噪"）
shēngmíngquèqǐ

　　形容名声迅速提高（鹊起：像喜鹊一样飞起）。如：他原是一个默默无闻的业余作者，自从发表这部长篇小说以后，顿时声名鹊起，成了文坛新星。"声名鹊起"是褒义成语，和含贬义的"声名雀噪"不同。"声名雀噪"虽然也有声名传扬一时的意思，但其感情色彩不同，带有讽刺意味。这里的"雀噪"是说像雀儿成群鸣叫。

声速（不再用"音速"） shēngsù

　　声波传播的速度。声速在15℃的空气中约为每秒340米。"音速"是旧称，已淘汰。"超音速"应改用"超声速"才规范。值得注意的是，"噪音"不能都说成"噪声"，它们是有区别的：如果是指嘈杂、刺耳的声音，就不再用"噪音"，而用"噪声"；如果是指音高和音强变化混乱，听起来不和谐的声音（和有一定频率，听起来比较和谐悦耳的声音——"乐（yuè）音"相区别）就用"噪音"。"噪声污染"不作"噪音污染"。

shèng

胜于（≠甚于） shèngyú

　　胜过。如：身教胜于言教、事实胜于雄辩（事实的本身比强有力的辩论更有说服力）、聊胜于无（比完全没有略微好一些。聊：略微；稍微）、实际行动胜于空洞的言辞。"胜于"和"甚于"（shènyú）有不同。"胜于"连接的前后两种事物，只能是前一种事物比后一种事物好；而"甚于"虽然也有"超过""胜过"的意思，但它连接的前后两种事物多是不好的方面超过后者。如：官僚主义危害，甚于水火；防民之口，甚于防川（堵住老百姓的嘴，不让他们说话造成的危害，比堵住河流造成的水灾还要严重）。下面句中的"胜于"就用得不对："癌症对人类的威胁胜于洪水猛兽。"（应改用"甚于"）

胜地（和"圣地"不同）shèngdì

著名的风景优美的地方。如：避暑胜地，庐山是江西省北部著名的游览胜地。这里的"胜"是指优美的。"圣地"和"胜地"音同义殊，"圣地"是指：①宗教徒称与宗教创始人的生平有重大关系的地方。如伊斯兰教徒称麦加为圣地；祇（qí）洹精舍（也作祇园精舍），是印度佛教圣地之一。②人们所尊崇的有重大历史意义的地方。如：革命圣地延安，"北京，人民的首都；北京，革命的圣地。"（徐迟《三峡记》）可见，"圣地"所指的是神圣或具有重大历史意义和作用的地方。"圣"在这里有神圣或最崇高的意思。

shī

尸（位素餐）（不是尸体）shī

古代祭祀时代表死者受祭的活人。引申为空占着（职位）。尸位素餐：空占着职位不做事，白吃饭（尸位：空占着职位而不做事。素餐：吃闲饭）。如：群众强烈要求政府罢免那些尸位素餐的官员。上古祭祀鬼神时，为表示对鬼神的尊敬，便选出一个人来，让这个人在祭祀仪式中代表鬼神或死去的祖先，人们拜祭这个人，并让他吃饱喝足，这个人就叫作"尸"。这里的"尸"不是指尸体。

失误（不要加"不必要"）shīwù

因疏忽或水平不高而造成差错（如判断失误、传球失误）。含贬义，是人们所不希望看到的，因此，在它前面不能再加修饰语"不必要"，因为"不必要"是"必要"的否定式，有"必要"的一面，才有"不必要"的一面，如果不存在肯定的一面，否定的一面就没有意义。下面句中的"不必要"就应该删去："只要加强监督，就能避免不必要的失误。"同样，"浪费""损失""事故""灾祸""误解"等词语的前面也是不能用"不必要"去修饰、限制的。

失散（≠散失）shīsàn

分离后失去联系。如：他终于找到了失散多年的弟弟，父子俩在战乱中失散了。"失散"和"散失"有不同。"失散"指的是人与人之间失去了联系，"散失"是指①散落遗失。如：那张珍贵的邮票早已散失，散失的书稿找回来了。②（水分等）消散失去。如：藏在地窖里的蔬菜，水分不容易散失；纸包里的茶叶，香味都散失了。以上的"散失"都不能改用"失散"，因为它只能用来指物，不能指人。

失真（和"失贞"迥异）shīzhēn

（声音、图像等）跟原来的有出入（真：真实）。如：声音失真、照片失真。"失贞"和"失真"音同义殊，"失贞"是指失身，即妇女丧失贞操（贞：封建礼教指女子的贞节）。

失物（和"遗物"不同）shīwù

遗失的东西（失：丢掉；失去）。如：寻找失物、失物招领。遗（yí）物不同，"遗"固然可作遗失的东西（如：路不拾遗）讲，但它还有留下或专指死人留下的含义，"遗物"一词指的就是历史上或死者留下来的东西。如：烈士遗物，这些都是死者的遗物。"失物"和它最大的区别是指活人丢失的物品。倘若把"拾获巨款的人拒不退还失物"中的"失物"改用"遗物"，就会使人产生误会，以为失主已死亡，拾获巨款的人不肯把巨款退还给继承人。

师座（和"座师"迥异）shīzuò

师长（军队职务名）。"座"是旧时对高级长官的尊敬称呼。军座（军长）、委座（蒋介石曾任黄埔军校校长和国民党政府军事委员会委员长。"委座"是他在任期间一些学生对他的尊称）、局座、处座（处长）的"座"义同。注意：①以上的"座"并非指座位或器物的底托。②"座师"和"师座"完全不同，"座师"是指明、清两代举人、进士对主考官的敬称，它和"座主"（唐代进士称主考官）所指相同。

诗三百（不是《唐诗三百首》）shīsānbǎi

指的是《诗经》。《诗经》是我国第一部诗歌总集，原名为《诗》，分"风""雅""颂"三大类，保存了从西周到春秋中期的诗歌三百零五篇。如《论语·为政》："诗三百，一言以蔽之，曰'诗无邪'。"意思是：《诗》三百篇，用一句话来概括它，就是"思想纯正"。《唐诗三百首》不同，是唐诗选集。选唐诗三百一十首，后四藤吟社本又赠补杜甫《咏怀古迹》三首。是清朝乾隆年间蘅塘退士（孙洙）选编的。《唐诗三百首》不能简称为"诗三百"。

（红烧）狮子头（并非狮子的头）shīzitóu

一种菜肴，把猪肉剁碎后加入其他材料做成的大丸子。"红烧狮子头"是用棕色调料炖烂的肉丸。这里的"狮子头"不是指狮子的头。"红烧狮子头"不能理解为"烧红了的狮子的头"。

嘘（有二音）

"嘘"的常见读音是 xū，但在表示制止说话或驱赶家禽时也读 shī。如"嘘！别吵了。""嘘，回窝里去！"其他解释的"嘘"（如：嘘了一口气、嘘寒问暖等）或方言中指发出"嘘"声来制止或驱逐（如：这个无赖终于被大家嘘走了；他唱得不好，被大家嘘下了台）的"嘘"不能读 shī。

shí

十来斤重（≠十斤来重）shíláijīnzhòng

"十来斤重"和"十斤来重"都表示概数，但意思不同。前者可以比十斤多或少一二斤，后者只能比十斤多或少一二两。

十七八岁（不能写作17、8岁）shíqībāsuì

《国家标准》明确规定：相邻的两个数字并列连用表示的概数，必须使用汉字。连用的两个数字之间也不得用顿号隔开。"十七八岁"写作"17、8岁"显然违背了这一规定。同样，"四十五六岁""七十二三岁"也不能写作"45、6岁""72、3岁"。

十三点（不表示时间）shísāndiǎn

方言。上海和苏州一带用来骂人的话。一指傻里傻气或言行不合情理（形容词）。二指傻里傻气，言行不合情理的人（名词）。如：这个人有点十三点、他是个十三点。"十三点"是因"痴"字一共十三笔而来，是用一个字的笔画数来指代这个字的意思，表示的是痴痴呆呆，并不是用来指时间。

什一（和"十一"不同）shíyī

十分之一（什：同"十"，多用于分数或倍数）。"什九"就是十分之九、"什百"就是十倍或百倍、"会天寒，士卒堕指者什二三。"是说赶上大冷天，冻掉手指的战士占十分之二三。（《史记·高祖本纪》）"十一"Shí-Yī不同，即十月一日，中华人民共和国国庆日。

时过境迁（和"事过境迁"有别） shíguò-jìngqiān

时间过去了，境况也发生了变化（境：环境，境遇。迁：改变）。如：时过境迁，现在百姓买一部汽车已不是什么新鲜事；"强人"，古代指盗贼，时过境迁，今天讲到"女强人"却是指能干的妇女。"事过境迁"略有不同，是说事情过去了，情况也发生了变化。如巴金《谈〈憩园〉》："讲私话，谈秘密，难免要犯信口开河的毛病，而且事过境迁，记忆力又衰退，更不免有记错讲错的事。"事过境迁，儿时的不幸遭遇我不想再提。前者侧重指时间过去，后者侧重指事情过去。

时事（和"时势"不同） shíshì

当前的国内外大事。如：关心时事、写一篇时事述评、讽喻时事（讽喻：修辞方式，用说故事等方式说明事物的道理）。"时势"和"时事"音同义殊，是指某一时期的客观形势，是"时事"的发展趋势、发展方向，因此，认清时势，时势造英雄，英雄造时势中的"时势"不能用"时事"去替代。

实足（和"十足"不同） shízú

确实足数的（实：真实；实在）。如：实足年龄、我实足等了三个钟头。"十足"不同，是指：①十分充足。如：信心十足、十足的洋奴思想。②成色纯（指黄金、珠宝等）。如：十足的黄金、成色十足。这里的"十"是表示达到顶点。

实落（≠落实） shíluò

方言。①诚实；不虚伪。如：他有点执拗，对人心地可实落。②（心情）安稳踏实。如：直到他表态以后，我心里才感到实落。③确切。如：你什么时候去北京，请告诉我个实落的日子。④结实；牢固。如：这把椅子做得可真实落。"落实"是有（心情）安稳、踏实的解释，和"实落"②的含义同。如：事情没有结果，心里总是不落实。这里的"落实"可换用"实落"。其他义项和"实落"不同。此外，指（计划、政策、措施等）落到实处，得到实现（如：出国留学的计划还未落实。）或作"使落实"讲的"落实"（如：落实资金。）也不能换用"实落"。

实行（和"履行"不同） shíxíng

用行动来实现。如：实行灯火管制、实行科学种田。"实行"和"履（lǚ）行"不同。"实行"是指用行动来实现已有的设想，对象多为预定的政策、方针、计划、主张等；"履行"是实践（自己应做的或答应做的事），即实践所承诺的义务，对象多为带约束性的条约、合同、协定等。如：履行手续、履行合同。

食言（而肥）（不能误作"失言"） shíyán

失信，说了话不算数。食言而肥：说话不算数，不守信用（食：吞没，不履行）。如周恩来《论统一战线》："我们打了，他又取消诺言，食言而肥。"食言毁约、从不食言中的"食言"义同。"失言"不同，是说无意中说了不该说的话。"失"（shī）在这里是没有控制住的意思。因此，"决不食言"和"酒后失言""我是一时失言，罪过罪过"中的"食言"和"失言"不能错位。另有"失语"一词，固然有失言的解释，但多指大脑言语中枢病变引起的说话困难或不能说话。如：失语症。

食指（大动）（不能误写作"十指"）
shízhǐ

手的第二指（从拇指数起）。"食指大动"是有美味可吃的预兆。现多指面对美好的食物食欲强烈。如：小小番薯（甘薯），在大厨的精心制作下，引起人们食指大动。这里的"食指"和食指众多、食指浩繁（家中吃饭的人很多）中的"食指"（比喻家庭人口）含义不同。以上的"食指"也不能误写作"十指"，因为它不是指十个手指，"食指大动"不是说十个指头都动了起来，和"十指连心"的"十指"有别。

食色（不是食物的颜色） shísè

食欲与性欲（色：情欲）。如《孟子·告子上》："食色，性也。"意思是：饮食情欲，是人出于本性而表现出来的要求。性：本性，天性。"色"在这里不是指颜色，"食色"不是食物的颜色。"食色，性也。日本人的食物，首先要求在色上过关，要漂亮、要造型……"这里的"食色"就用得不对。

食粮（≠粮食） shíliáng

"食粮"和"粮食"都可指供人食用的东西，除了一些习惯用法，如粮食是宝中宝、爱惜每一粒粮食、别糟蹋粮食等外，往往可以互用。如：粮食供应、粮食短缺中的"粮食"都可换用"食粮"，但仍有不同，"粮食"仅指可供食用的谷类、豆类和薯类等，范围较小；"食粮"除上述含义外，还包括干鲜果菜，甚至树叶、草根等。如："野桑，叶儿又小又瘦，不能作蚕宝宝的食粮。"（茅盾《桑树》）病痛没有离开过他一刻儿，药，是维系他生命的食粮。此外，"粮食"可用于农业生产，如今年粮食大丰收。"食粮"不能。在实际语用中，"食粮"多用作比喻，指某些能转化为力量或能量的东西。如：书籍是人类的精神食粮，煤是工业的食粮。"粮食"一般没有比喻用法。

shǐ

（遗）矢（不是箭） shǐ

同"屎"（即粪便）。遗矢（yíshǐ）：拉屎。如《廉颇蔺相如列传》："顷之，三遗矢矣。"（一会儿拉了三回屎。）蝇矢、"矢溺皆闭其中。"（屎尿都关闭在牢房里。"溺"在这里读 niào，是指"尿"）（《狱中杂记》）中的"矢"义同。这些"矢"和流矢、有的放矢的"矢"（箭）解释不同，和矢口抵赖、矢志不渝的"矢"（发誓）含义也有别。

（狼奔）豕（突）（不能误写作"豸"） shǐ

猪。狼奔豕突：像狼和猪东奔西撞一样。比喻成群的坏人到处乱窜乱闯，肆意妄为。如：侵略者狼奔豕突。豕心（其心似猪。比喻贪得无厌）、鲁鱼亥豕（把"鲁"字写成"鱼"字，把"亥"字写成"豕"字。指文字传抄或刊印错误）中的"豕"写法同。不要误写作和它字形相似的"豸"（zhì。蚯蚓之类没有脚的虫）。这里的"奔"也不读 bèn，而读 bēn。

始作俑者（不是褒义词语）
shǐzuòyǒngzhě

开始用俑殉葬的人。孔子是反对用俑殉葬的，曾说过："始作俑者，其无后乎！"意思是最早发明用俑来殉葬的人，该不会有后代吧！可见孔子对首倡用俑作为死人殉葬品的人是十分痛恨的，甚至诅咒他们会受到断子绝孙的报应，后用"始作俑者"借指带头做坏事的人（作俑：制造殉葬用的偶像。比喻倡导做不好的事。偶像：用木头、泥土等雕塑成的神像）。如《历代讽刺诗选萃》："……开个庆祝会，本来是很对。会竟没开成，民众被打退……章乃器被打，李公朴被毁，郭沫若受伤，施复亮挨捶……拳打和脚踢，施君伤为最。这种坏办法，始作俑者段芝贵。"（段芝贵：北洋军阀，曾镇压过义和团）他就是制造这场闹剧的始作俑者。要注意，始作俑者中的"俑"不能误写作"勇"。这个成语含贬义，不能用在好人好事方面，如不能说"他是把西方流行音乐和我国的民间音乐融合在一起的始作俑者"。"始作俑者需要胆魄和才能。"

shì

士女（和"仕女"有别）shìnǚ

古代指未婚男女，现泛指男女。如《诗经·小雅·甫田》："以穀我士女。"（穀，即"谷"：指养活。士：未婚男子）士女如林。这里的"士女"不能写作"仕女"。"仕女"除了作宫女讲外，还用来指以美女为题材的国画。如：仕女图。也用来指古代官宦人家的女子。如石君宝《曲江池》第一折："你看那王孙蹴鞠，仕女秋千。"（蹴鞠 cùjū：中国古代的一种足球运动）

（人情）世故（不能误写作"事故"）shìgù

处世的经验（世：社会；人间）。人情世故：为人处世的道理。如：他深谙人情世故。（深谙 ān：非常熟悉）这个书呆子，一点儿人情世故也不懂。老于世故（形容处世经验丰富）、洞察世故的"世故"义同。以上的"世故"都不能误写作人身事故、交通事故、伤亡事故的"事故"（意外的损失或灾祸）。

式微（不是稍微或少许）shìwēi

衰微；衰落。"式微"原为《诗经·邶风》中的篇名，首句是"式微，式微，胡不归，"意思是天要黑了，天要黑了，怎么还不回家。"式"是文言语助词，无义；"微"是衰微、衰落的意思，因此，"式微"后便借用来指国家或大家族的衰落，也泛指事物由盛而衰。如：家道式微；如今在城镇，腊八粥（在腊八这一天，用米、豆等谷物和枣、栗、莲子等干果煮成的粥。腊八：农历十二月初八日）已基本式微，丰盛的年夜饭成了"年吃"的开端。注意：不能把"式微"错误地理解为"稍微"，如不能说"以我平庸的写作，来式微地弥补因他们的早逝而形成的人类永恒的遗憾"。

似的（不读 sìde）shìde

助词。用在名词、代词或动词后面，表示和某种事物或情况相似。如：淋得落汤鸡似的、瓢泼似的大雨、仿佛睡着了似的。注意：①只有助词"似的"中的"似"才读 shì，其他"似"均读 sì。（注："幸福的家庭总是相似的"中"相似的"是"相似"加"的"的结构，"似"应读 sì。）②在近代汉语白话文里，"似的"也作"是的"。在现代汉语中，已不用"是的"，只有"似的"的写法才规范。要提及的是，"他一阵风似的跑过来""鸟儿一展翅箭也似的飞去了"中,"似的"是否要（可）用"似地"？一般语法书上都说,当动词或形容词作谓语时,它前面的修饰语是状语,常要带结构助词"地",这个"地"是状语的书面标志。如："船埠头便冷清清地荡漾着暗绿色的脏水。"（叶圣陶《多收了三五斗》）连长严厉地批评了他,她嘴里还是"汉奸""走狗"一个劲地骂。据此,前两例中的"似的"换用"似地"似乎也没有什么不妥,因为"跑""飞"是动词,作谓语；"一阵风似（地）""箭也似（地）"是状语。其实,这是一种误解。这里的"的"不是结构助词,而"似的"才是。辞书中只有"似的"的结构助词,却没有"似地"的结构助词,"似的"不能写成"似地"。同样,"小张飞也似的跑回去""他们像老朋友似的交谈着""他像喝醉了酒似的跌跌撞撞""像雪似的那么白"等中的"似的"都不能写成"似地"。

势不两立（≠**誓不两立**）shìbùliǎnglì

敌对双方矛盾尖锐,不能并存（势：情势。立：存）。也比喻矛盾不可调和。如鲁迅《两地书》六六："做文章呢,还是教书？因为这两件事,是势不两立的：作文要热情,教书要冷静。"双方为争夺遗产闹得不可开交,势不两立。"势不两立"和"誓不两立"（发誓决不和对方共同存在。形容仇恨极深,不可调和）是同义成语,区别是,前者侧重客观形势使然,意即客观形势决定双方不能同时并存；后者侧重主观行为使然。如《三侠五义》四六回："小弟既来寻找南侠,便与他誓不两立。""他带领大家血战到底,与敌人誓不两立。"（《现代汉语成语规范词典》)

（无所）**事事**（不是每件事）shìshì

做事情（前一个"事"：做。后一个"事"：事情）。无所事事：闲着什么事也不干。如：莫学那公子哥儿一天到晚无所事事,虚度光阴。这里的"事事"和事事留心、不必事事都请示的"事事"（每件事）含义不同；这里的"事事"也不能误写作"世事"或"视事",因为"世事"是指人世间的事。如：世事多变、洞察世事。"视事"是指新任官员到职办公。如：新市长到任视事。都不能和"无所"组成成语。

（各行其）**是**（不能误写作"事"）shì

正确。各行其是：各自按照自己认为正确的去做。多指思想行动不一致。如：工作要有个定准（确定的标准）,不能各行其是；各行其是会影响任务的完成。这里的"是"是对、正确的意思（跟"非"相对）,"其是"就是他自己认为正确的。自以为是、你说得是、一无是处（一点对的地方也没有）中的"是"义同,都不能写成"事"。各行其是不能理解为"各人干各人自己的事",它和各司其事（各自负责自己应该做的事。司：主持、主管）、若无其事、张大其事（把事情夸大）、赞成其事（赞成：帮助促成）、郑重其事中的"事"（事情）写法和含义都不同。

（惹）**是**（生非）（不作"事"）shì

对；正确（与"非"相对）。惹是生非：惹是非,就是招引是非,引起争端,制造麻烦（是非：正确的和错误的。这里指口舌,争端）。如：他是个老实巴交的人,从不惹是生非；"你这样大了,一天还惹是生非！"（巴金《春》）《现规》第2

版1100页还收录有"惹事生非"这一词条，后面注明：现在一般写作"惹是生非"。而《现异》也作了说明：宜以"惹是生非"为推荐语形。值得注意的是，"无事生非""寻事生非""这孩子爱惹事"中的"事"绝对不能写作"是"，因为这里的"事"作事情、问题讲。

是否（≠是不是）shìfǒu

是不是。一般用在动词前，有时用在主语前，如"你是否考虑成熟了？""他是否来参加？""是否他也来参加？""是否他也上台表演？"（前两例用在动词前，后两例用在主语"他"前。）上述的"是否"也可用"是不是"替代。但要注意，"是不是"后面可以带名词性成分，"是否"不能。如可以说"是不是他？""是不是王老师？"不能说"是否他？""是否王老师？"不过，"是否王老师来了？"的说法又是可以成立的，因为有了"来"字，就成了动词性成分。

适合（≠合适）shìhé

符合（实际情况或要求）。如：这件上衣最适合你穿，这道菜最适合他的胃口。"适合"和"合适"用法上有不同。"适合"是动词，可以带宾语；"合适"的意思和"适合"一样，但它是形容词，不能带宾语。如：室内放两张床正合适，这个字用在这里不合适。有时我们可以通过调整两个词在句中的位置来表达相同的意思。如："这件上衣最适合你穿"可以说成"这件上衣你穿最合适"，"这个字不适合用在这里"说成"这个字用在这里不合适"，意思也没有什么不同。

弑（不能用于"上"对"下"）shì

古代指臣下杀死君主或子女杀死父母。如：弑君、弑父。注意："弑"这种行为只能是下对上，不能用于君杀臣或父母杀子女。

释怀（和"忘怀"不同）shìhuái

消除心中的某种情绪（多用于否定）。如：久病在床的母亲让他挂念，难以释怀；故友的绝情，使他久久不能释怀。"释怀"不能和"忘怀"混淆，"释怀"是专指人内心某种感情，如爱憎、悲喜、思念等在心中消除，"释"是化解、消除的意思；而"忘怀"只是忘掉（多用于值得怀念的事），不含消除的意思。如：杭州西湖的美景，使我久久不能忘怀；老师的教诲我怎能忘怀？下面句中的"释怀"用得不妥："她无论出现在哪里，脸上始终挂着一抹微笑，真诚、甜美、亲切，让人难以释怀。"（应改用"忘怀"）

嗜好（和"爱好"有别）shìhào

特殊的爱好（嗜：极端爱好）。如：他有饮酒的嗜好，他就是改不掉抽烟的嗜好。"嗜好"和"爱好"有不同。"嗜好"是指习惯成癖的爱好；"爱好"只是对某种事物有浓厚的兴趣，并未成癖，是中性词，语义较嗜好轻。如：他的爱好很广泛、她爱好打太极拳。下面句中的"爱好"用得不妥："他吸毒的爱好是改不了啦。"（应改用"嗜好"）此外，"嗜好"是名词，不能带宾语；"爱好"除了作名词外，还用作动词，能带宾语。如：爱好游泳、爱好音乐。这里的"爱好"就不能换用"嗜好"。

shi

（骨）殖（不读zhí）shi

尸骨。骨殖：死人的骨头。注意：

"殖"的常见读音是 zhí。如：生殖、繁殖、殖民地等。但骨殖中的"殖"不读 zhí，而要读 shi（轻声）。

shōu

收集（和"搜集"不同）shōují

把分散在各处的东西收拢聚集在一起。如：收集废品、收集雨花石。"收集"不能和"搜（sōu）集"混淆。"收集"着重指收拢、聚集，对象是分散的事物；"搜集"是到处寻找（事物），对象是不在一起而又难以找到的东西收到一起。这里的"搜"是寻找的意思。如：搜集革命文物。"情报"也该用"搜集"为宜，因为情报带有机密性质，要用侦察手段或其他方法才能获取。

收罗（与"搜罗"有别）shōuluó

把人或物聚集在一起。如：收罗人才、收罗奇花异草。"搜罗"也有把人或物聚集到一起的意思。如：搜罗秘闻、搜罗文献资料。和"收罗"仍有不同，"收罗"侧重广泛收集，不强调寻找；"搜罗"侧重到处寻找，有时包括一定程度的选择。如冯骥才《三寸金莲》："牛凤章常去四处搜罗些小古玩器。"值得一提的是《现规》（第 3 版）和《现汉》（第 6 版）既列举有"收罗人才"的例子，又列举有"搜罗人才"的例子，又该怎样理解呢？其实，这两个词语的意义还是有不同的：前者是一般意义上的聚集有才能的人；后者则侧重人才难得，需要到处寻找才能得到。

收场（≠下场）shōuchǎng

一指结束。如：草草收场、戏该收场了。二指结局；下场。如：只落得如此收场。"下场"除了指运动员退场的解释外，也有"结局"的含义。如：可耻的下场，搞阴谋诡计的人绝不会有好下场。不同的是，"收场"是中性词，可以是好的结局，也可以是不好的结局；"下场"多作贬义词用，指不好的结局。"圆满的收场""收场还说得过去"中的"收场"就不能改用"下场"。此外，旧时指到考场应考也可叫"下场"，"收场"没有这种解释。

shǒu

手术（前面不能加"被"）shǒushù

"手术"有名词和动词两种用法。作名词时，是指医生用医疗器械在人体有病的部位做的切除、修补、缝合等治疗。如：大手术、动手术。作动词时，是指进行手术。如：这种病要住院手术。注意："手术"前不能加"被"，因为现代汉语中的"被字句"，除了要有"被"字这类介词外，最关键的一点是"被"字后面要有动词，而且必须是及物动词，否则，"受事成分"便可能和动词失去呼应，成为病句。"手术"固然有动词用法，但它不是及物动词，因此前面不能加"被"，如不能说"这个病人是在下午三时才被手术的"。类似地，"被诉讼""被纠纷""被共识"的说法都是违反了"被字句"用法的，因为诉讼、纠纷、共识都是名词（"诉讼"是"诉"和"讼"两个动词性词素构成的，看似动词，实是名词。说"被起诉"可以，说"被诉讼"不行）。

首当其冲（不是首先）shǒudāngqíchōng

处在要冲的位置。比喻最先受到攻击或遭遇灾难（当：承受。冲：要冲；交通要道）。如：一旦出了差错，无疑我个人是首当其冲；小企业力量单薄，首当其冲地成了这次金融危机中的牺牲品。这里的"冲"不能解释为冲锋、向前冲的"冲"（向前快速猛闯），"首当其冲"不是说首先应当冲锋在前，也不能错误地理解为首先或首先考虑。下边句中的"首当其冲"就犯了这样的错误："作为一个学生，首当其冲的就是把学习搞好。""参与会议的同志，首当其冲讨论了改革的目标问题。"

首（肯）（不是首先） shǒu

头。首肯：点头表示同意（肯：肯定，赞同）。如：先就业再考研的决定得到了父母的首肯；如果将李芾甘（即巴金，原名李尧棠，字芾甘）中的"芾"读作 fú（这里应读 fèi），恐怕巴老是不会首肯的。（"芾"的另一个读音是 fú。参见人名"米芾"条。）成语"心折首肯"（非常钦佩赞许）中的"首肯"义同。首肯的"首"不是首先、开始的意思，它和首屈一指（屈指计数时总是首先弯下大拇指，表示位居第一）的"首"含义不同。

首犯（和"初犯"不同） shǒufàn

组织、带领犯罪集团进行犯罪活动的首要分子。（首：领头的人；头领）。如：严惩首犯。"首犯"是和"从犯"相对来说的，不能错误地理解为第一次犯罪或犯错误；第一次犯罪或犯错误叫"初犯"（与"累犯"相对）。如：考虑到他是初犯，且有悔改表现，所以从轻处罚。

首鼠（两端）（和老鼠无关） shǒushǔ

踌躇，犹豫不决。首鼠两端：形容瞻前顾后，迟疑不决（两端：两头）。如郭沫若《甲申三百年祭》："像吴三桂那样首鼠两端的人，在初对于自成本有归顺之心，只是尚在踌躇观望而已。"去还是不去，你该拿定主意，不要首鼠两端。首鼠模棱（犹豫不决，动摇不定的样子）的"首鼠"义同。注意："首鼠"不能理解为因为老鼠生性多疑，出洞时往往东张西望，迟疑不决。其实，它是联绵词，联绵词是不能拆开来一个字一个字解释的，只有两个字合起来才表示它的意义。首鼠两端古也说"首施两端"，"首鼠""首施"都是"踌躇"的音转，和老鼠无关。《现代汉语成语规范词典》有提示：不宜写作"首施两端"。《现汉》《现规》已不收"首施两端"。

首都（和"首府"有别） shǒudū

一个国家最高政权机关所在地，是全国的政治中心。如说"北京是中华人民共和国首都"。"首府"不同，是旧指省会所在的府；今指自治区或自治州人民政府所在地。如：拉萨是我国西藏自治区的首府，广西壮族自治区的首府是南宁市。"首府"也指附属国、殖民地最高政府机关的所在地。

首善之区（不能指首都以外的城市） shǒushànzhīqū

最好的地方（首善：最好的）。后用来指首都。《汉书·儒林传·序》："教化之行也，建首善自京师始。"意为实施教化自京师开始，京师为四方的模范。也就从这时（西汉中叶）起，"首善"或"首善之区"成为京城（首都）的代名词。鲁迅《彷徨·示众》："首善之区的西城的一条马路上，这时候什么扰攘也没有。"这里的"首善之区"就是指当时即民国初年的中国首都北京。可见，"首善之区"早已有约定俗成的含义，当今之世，中国的首善之区非北京莫属，其他城市（包括直辖市）均无资格列入首善之区。

shòu

寿幛（和"挽幛"有别）shòuzhàng

　　祝寿用的幛子，即贴有祝寿文辞的整幅布匹或绸缎（幛子：用作祝贺或吊唁（yàn）礼物的整幅绸布，上面多附有题词）。"寿幛"和"挽幛"不能混淆。挽幛是指写有挽词的整幅绸布，是哀悼死者用的。注意：这里的"幛"不能误写作"帐"。

受众（不是接受众人什么）shòuzhòng

　　新闻媒体的传播对象和各种文化、艺术作品的接受者，包括听众、观众、读者等。如：电视受众、受众广泛、刊登假新闻必将失去受众的信任。注意："受众"是作为一个名词来使用的，不能看作动宾词组——接受众人什么或受到众人怎么样。

受（看）（不是接受）shòu

　　（北方官话）适合。受看：看着舒服。如：这对鸳鸯绣得好，挺受看；这幅画一点也不受看。受听（听着入耳）、受吃（吃着有味）中的"受"义同。上述的"受"不同于受表扬、受教育、贪污受贿的"受"（接受），和受灾、受苦、受批评的"受"（遭受）含义也不同。

受命（和"授命"不同）shòumìng

　　接受命令或任务（受：接受）。如：受命办理、受命率团出访。"授命"和"受命"音同义殊，一指献出生命。如：临危授命。二指下命令（多指国家元首下命令）。如：总统授命总理组阁。"授"作给予、交付讲。"授命"和"受命"不能错用。下面句中的"受命"用得不对："一个人在国家需要时应能见危受命，工作出了问题敢挑担子。"（应改用"授命"。意思是遇到危难时不惜付出自己的生命。）

授人以渔（和"授人以鱼"不同）shòurényǐyú

　　以渔授人（渔：动词。指捕鱼），即教给别人打鱼的方法（以：拿。授：给予）。如："该标准意味着我国师范教育体系要进行大改革，改革后的师范课程将着重于教师实践能力的提高。教师工作的重心必须从'教会知识'转向'教学生会学知识'，即所谓的'授人以渔'。"（《羊城晚报》，2010-06-28）"授人以渔"不能和"授人以鱼"混淆。授人以鱼是说以鱼授人，即送给别人鱼。此"鱼"是名词，指水中游动的鱼。因此，"授人以鱼不如授人以渔"（送给别人几条鱼不如教给别人捕鱼的方法）中的"鱼"和"渔"不能互换。

授权（和"受权"有别）shòuquán

　　依法授予行使某种权力，就是把权力委托给人或机构代为执行（授：给予，交付）。如：国家授权外交部全权处理、授权新华社发表声明、授权排长办理。授予者一般是上级。"受权"不同，是依法接受行使某种权力（和"授权"相对。受：接受）。如：外交部受权发表声明、律师受权向对方索赔。接受的对象一般是下级。

shū

（伯仲）叔（季）（并非指叔父）shū

　　弟兄排行中的老三。古时兄弟排行，以伯（bó）、仲、叔、季作次序，伯是老大、仲是老二、叔是老三、季是最小的。注意这里的"叔"不是指丈夫的弟弟、父亲的弟弟或称呼跟父亲辈分相同而年纪较小的男子。

（名）姝（不能误写作"殊"） shū

美女。名姝：有名的美女。如：天下名姝、名姝异伎（有名的美女、卓越的歌女。伎jì：古代称以歌舞为职业的女子）、绝代姝女（绝代：当代独一无二）中的"姝"写法同。这些"姝"（左边是"女"）不能误写作特殊的"殊"。

舒怀（和"抒怀"不同） shūhuái

开怀；舒展心怀（舒：伸展；使宽松）。如：舒怀畅饮、舒怀长谈。"抒怀"和"舒怀"音同义殊，是指抒发心中的感情（抒：表达；抒发）。如：写诗抒怀、咏物抒怀。

shú

孰料（和"殊料"迥异） shúliào

谁料，表示没有意料到的意思（孰：疑问代词。谁）。如：我本想去劝劝她，孰料遭到一顿臭骂。"殊（shū）料"和"孰料"的意思正相反，是竟然料到的意思（殊：竟；竟然）。因此，把上例中的"孰料"改用"殊料"就不合文意。不过，把"孰料"换用"殊不料"又是可以的。"她本想生个男孩，孰料事与愿违，婴儿呱呱坠地时，却是个女孩！"中的"孰料"改用"殊不料"，意思也没有什么不同。

shù

树立（和"竖立"不同） shùlì

建立（树：这里也是建立的意思）。如：树立榜样、树立新观念、树立远大的理想。"树立"和"竖立"读音同，含义和用法不同。"树立"多用于抽象的好的事情，如思想、理想、观点、典型、威信等；"竖立"是把长形物体垂直地立在地上或把其中一段埋在地下（竖：使物体跟地面垂直）。所指一般都是具体的事物，如旗杆、电线杆、棍子、井架等。如：路旁道口竖立着一块指路牌；公园深处有一座喷水池，自由神像就竖立在喷水池的中心。

竖子（和"庶子"有别） shùzǐ

"竖子"和"庶子"读音同，都是名词。区别是："竖子"既指童仆，又指小子，意即愚蠢无能的人。是对人的蔑称（竖：年轻的仆人）。如："竖子不足与谋！"（这小子不值得跟他同谋大事！）（《史记·鸿门宴》）、竖子成名（无能者侥幸得以成名）。"竖子"不能和"庶子"混淆。庶子是旧时指妾所生的儿子（区别于"嫡子"——正妻所生的儿子。庶：旧指家庭的旁支，非正妻所生的子女）。

shuāng

双鲤（并非实指两条鲤鱼） shuānglǐ

书信的代称。古乐府《饮马长城窟行》："客从远方来，遗我双鲤鱼；呼童烹鲤鱼，中有尺素书。"这里说的客人从远方带来的"双鲤鱼"并不是真的两条鲤鱼，而是用两块鲤鱼形状的木板封起来的书信，即把写在尺素（指一尺长的白色绢帛，古人多用来写信或作画）中的信夹在"鲤鱼"中，再封好；收信人招呼小儿打开"鲤鱼"，是要把信拿出来，不是把"鲤鱼"煮来吃掉。（其实这"鲤鱼"是不能吃的。）"莫遣鲤鱼稀"是说不要写信太少。这里的"鲤鱼"指的也是书信。

shuǎng

（屡试不）爽（不是舒服；畅快） shuǎng

差错。"屡试不爽"是说多次试验都没有差错。如：这种草药能治刀伤，对人体又没有任何副作用，我们屡试不爽。毫厘不爽（丝毫没有差错）、爽约（失约）的"爽"义同。"不爽"就是没有差错，也就是成功，如愿，和指（身体、心情）不爽快的"不爽"有别。下面句中的"屡试不爽"用得不对："他多次参加招聘会，却屡试不爽，到现在也没有找到一份适合自己的工作。"（多次应聘，屡战屡败，才会找不到适合自己的工作，而不会是屡试不爽。显然，这里是把"屡试不爽"误解为"总是失败"，心里不舒服了。）

shuǐ

水酒（和"酒水"有别） shuǐjiǔ

一指很淡薄的酒（多用作谦词，指请客时自己所准备的酒）。如：略备水酒，敬请光临。二指饮料和酒。"酒水"有不同，除了指酒和汽水等饮料（如：餐厅备有二十多种酒水）外，还用作方言，指酒席。如：办了三桌酒水。不能用来指淡薄的酒。

shuì

（游）说（不读shuō） shuì

用话劝说使人听从自己的意见。游说：古代叫作"说客"的政客，奔走各国，凭着自己的口才，劝说统治者接受自己的政治主张，后来泛指劝说别人接受某种意见或主张。孔子就曾周游列国，游说诸侯。说客（古代指游说的人，后借指善于做劝说工作的人），按传统读音是shuìkè，如：充当说客。《现规》（第2、3版）在这一词条后增加了提示："现在也读shuōkè。"《现汉》（第6版）只收"说（shuō）客"这一词条。

shùn

（节哀）顺变（不能写作"顺便"） shùnbiàn

顺应变故。节哀顺变：节制悲哀，顺应变故。如毛泽东《致杨开智》："得电惊悉杨老夫人逝世，十分哀痛。……望你节哀顺变。"注意：这里的"顺变"是指顺应死去亲人的变故，是用来安慰死者家属的，不能错写成"我刚好路过这里，顺便去看看他"的"顺便"（趁做某事的方便）。

shuō

说不上（≠说不上来） shuōbushàng

一是无法说出，说不清楚。如：我也说不上去城里走哪条路方便些。二是称不上。有无须提到或不值得提的意思。如：大家随便吃点儿，说不上请客。"说不上"和"说不上来"有不同。"说不上"是因了解不够或认识不清而无法具体说出来；而"说不上来"尽管也有说不出的意思，但这是因为心急或受惊吓等原因造成的。如：他越心急越说不上来。"说不上来"还有不好说出口的意思。如：这件事我可说不上来，还是你去跟他说吧；"说不上"

没有这种用法。

shuò

（众口）铄（金） shuò **（不能写作"烁"）**

　　熔化。众口铄金：众口一词，其力量足以熔化金属。形容舆论的力量大，后多指很多人乱说，足以混淆是非。如：众口铄金，积毁销骨（诽谤的话积累多了，足以置人于死地。毁：指诽谤的话）。流金铄石（石头被熔化，金属变成了水。形容天气极热）、精神矍（jué）铄（形容老年人精神好，有神采）中的"铄"写法同。它们的左边都是"钅"，不能误写作"火"旁的繁星闪烁、目光烁烁的"烁"（光亮）。

数（见不鲜）（不读 shù 或 shǔ） shuò

　　屡次（表示动作行为频繁）。数见不鲜：屡见不鲜，意思是经常来的客人就不必宰杀禽畜来款待了（鲜，这里读 xiān，指新杀的鸟兽，引申为新鲜）。后用来形容多次见到就不觉得新奇。如：在改革开放的今天，中国农民自费出国考察已是数见不鲜的事情；为争夺帝位而自相残杀，在中国历史上是数见不鲜的。数飞（雏鸟屡次拍着翅膀练习飞翔）、"扶苏以数谏故，上使外将兵。"（扶苏由于屡次进谏的缘故，秦始皇便让他在外地领兵守边。扶苏：秦始皇的大儿子）（《史记·陈涉起义》）中的"数"音、义同。总之，凡是用来表示次数多、屡次意思的"数"都读 shuò，而不读数目的"数"（shù）或数一数的"数"（shǔ）。这里的"鲜"和表示"少"的"鲜"（如：鲜有、鲜见、鲜为人知、寡廉鲜耻）含义不同，不读 xiǎn。

sī

司空（见惯）（不是人名） sīkōng

　　古代官名。掌管全国水利土木等工程。相传唐朝司空李绅请诗人刘禹锡（原任和州刺史——古代一州的行政长官）喝酒，席上叫歌伎劝酒。刘作诗，有"司空见惯浑闲事，断尽江南刺史肠"的句子。意思是这种场面您司空是见惯了的，所以觉得很平常，但对我来说却十分伤感。后用"司空见惯"表示某事常见，不足为奇。如：在我们这里，这样的事司空见惯，大可不必大惊小怪；现在网上购物是司空见惯的事。注意：①这里的"司空"既不是人名，也不是姓（姓氏中有这个姓）。②"司空见惯"相当于一个形容词，不作动词用，不能带宾语。如不能说"我们都司空见惯了那种'危险勿近'的警示语"。（可改为"那种'危险勿近'的警示语我们司空见惯"。或干脆删去"司空"二字）

私淑（和"私塾"不同） sīshū

　　敬仰其人的学问、人品，虽未亲身受教，却把他当作自己的老师（淑：善；认为好）。如：私淑弟子（未亲自受业的弟子）、早已私淑王先生。"私塾"不同，是旧时私人设立的教学处所，规模很小，一般只有一个教师，没有固定的教材和学习年限（塾 shú 旧时私人设立的教学的地方）。如：私塾先生、教私塾、只读过一年私塾。

澌（别于"蟴"） sī

　　"澌"和"蟴"读音同，写法和含义不同：澌（左边是两点水），指解冻时流动的水。澌（左边是三点水），是尽、消失的意思。如：澌灭（消失干净）。

斯文（扫地）（不是文雅）sīwén

名词。指文化或文人。斯文扫地：指文化或文人不受尊重或文人自甘堕落（扫地：比喻完全丧失）。如：故宫，这个国宝荟萃之地，也曾上演过一场斯文扫地的闹剧，一个小毛贼竟胆大包天潜入宫内盗取文物。"文革"期间，教授被迫扫厕所，真是斯文扫地。虽然已穷愁潦倒，但他仍不愿为了换取几个铜板而去做斯文扫地的事。敬重斯文、假充斯文中的"斯文"义同。这些"斯文"和"他说话挺斯文的""斯斯文文的一个小伙子"中的"斯文"（形容词。指举止文雅）含义不同。

sǐ

死耗（不是死老鼠）sǐhào

人死亡的消息，死讯（耗：坏消息）。这里的"耗"不是北方官话或西南官话中说的"耗子"（老鼠）。"死耗"不是死老鼠。

死校（不读 sǐxiào）sǐjiào

出版校（jiào）对工作中完全按照原稿校对，只对原稿负责（跟"活校"相对）。这里的"校"是订正、校对的意思，不能理解为学校。"死校"不是没有活力、死气沉沉的学校。

死友（不是死去的朋友）sǐyǒu

旧时指交情深厚，至死不相负的朋友（死：至死，表示坚决）。这里的"死"不是亡故的意思。"死友"并非指死去的朋友。死去的朋友叫故友或亡友。（注："故友"也可指旧日的朋友。）

死于安乐（不是在安乐中死去）sǐyú'ānlè

安逸享乐使人沉沦而死亡。如："该剧以越王勾践卧薪尝胆的故事，揭示了生于忧患，死于安乐的道理。"（《现代汉语成语规范词典》）。注意："生于忧患（忧愁祸患使人奋进而得以生存发展），死于安乐"说明两种不同的精神状态出现两种不同的结果。"死于安乐"并不是说在安乐中死去，而是表明一种生存方式。

sì

似乎（≠好像）sìhū

副词。仿佛，好像。如：他似乎没听懂；满天乌云，似乎要下雨了。"好像"和"似乎"有同有异，它除了作动词有些像、类似的解释（如"他俩好像是亲兄弟""花红得好像燃烧的火"）外，也可作副词，同样有似乎、仿佛的意思。如：他好像不知道这件事；他低着头不作声，好像在想什么。在这个意义上，"好像"和"似乎"往往可以互用，但用副词"好像"的句子，句末可以加"似的""一样"。如：这个人我好像在哪儿见过似的；他说得有声有色，好像事情就发生在眼前一样。"似乎"不能这样用。此外，"好像"可以用于打比方。如：天空好像一大块洗褪了色的浅灰色大幕，不知是谁在往下扯这大幕似的；草原上一片片羊群，好像绿波里倒映着白云。"似乎"也不能这样用。

sōng

（雨）凇（不能误写作"淞"）sōng

雾气、雨滴遇冷而凝聚在树枝等上面的白色冰晶。分为雾凇和雨凇两种。通称"树挂、冰挂。""雨凇"是指雨落在 0℃ 以下的地表或地面物体时，冻结而成的均匀透明的薄冰层。通称冰挂。以上的"凇"（左边是两点水）不能误写作和它读音相同的吴淞江（水名。黄浦江支流，在上海）的"淞"。

sōu

蒐（不再是"搜"的异体字）sōu

①草名，即茜（qiàn）草（多年生草本植物）。②春天打猎。《第一批异体字整理表》中"蒐"被视为"搜"的异体字，目前有些辞书仍在"搜"这一词目后用括号标明。《通用规范汉字表》确认"蒐"为规范字，用于表示草名和春天打猎。其他意义用"搜"。

sù

（尸位）素餐（并非素的饭菜或吃素食）sùcān

不做事白吃饭。尸位素餐：空占着职位，白吃饭不做事（尸位：空占着职位）。如丁玲《我读〈洗礼〉》："少数人甚至意志消沉，尸位素餐，成了改革的绊脚石。"岂有此理，他自己尸位素餐，竟说我们不做事。注意：这里的"素"不是指跟"荤"相对的蔬菜、瓜果等食物，而是"白白地、空"的意思，"素餐"不能理解为素的饭菜或吃素。

（不）速（之客）（不是迅速）sù

邀请。不速之客：没有邀请而自己来的客人。如：听说前天到他家的两个不速之客来头不小。注意：这里的"速"不是迅速的意思。"不速之客"不能理解为没有迅速到来的客人。如不能说"约定上午八点在车站见面，八点半了，他还没来，真是个不速之客"。

suān

（腰）酸（腿痛）（不再写作"痠"）suān

因疲劳或疾病而微痛乏力。腰酸腿痛、浑身酸痛、腿站酸了的"酸"写法同。"痠"（suān）的本义是酸痛，在酸痛意义上，"痠""酸"二字以往可通用。古代某些医家，特别强调"痠"字的专用性，凡表示"酸痛"义的都用"痠"，理由也许是，这里的"痠"表示的是一种病痛，就必须写带"疒"旁的"痠"，其实，现代人的著作，用的都是"酸"。《现规》对"痠"字的解释后也有提示：现在一般写作"酸"。而《现汉》（第6版）已把"痠"作为"酸"的异体字处理，不再收录"痠"字。

suī

尿（泡）（不读 niào）suī

和"尿"（niào）义同，用于口语。如：孩子又尿（niào）了一泡尿。尿泡（pao），即膀胱。如：猪尿泡。注意："尿"只有在作口语用时才读 suī。用在撒尿、尿床、尿布、屁滚尿流等中的"尿"仍要读 niào。

（暴戾恣）睢（不要误写作"睢"）suī

睁着眼睛向上看，即趾高气扬、盛气凌人的样子。暴戾恣睢（bàolì-zìsuī）：残暴凶狠，胡作非为（暴戾：凶猛，残忍。恣睢：任意胡作非为）。如邹韬奋《经历·抗战以来》："我们对于这类暴戾恣睢的不肖的个人，无暇攻击，也不值得攻击。"此人暴戾恣睢，无恶不作，当地乡民对他恨之入骨。"睢"还用于地名或姓。如：

睢县（在河南）、睢宁（在江苏）。注意："睢"（左边是"目"）不能误写作和它字形相似的"雎"（jū）（左边是"且"），指雎鸠，一种水鸟，即鱼鹰；"雎"又用于古人名，如范雎、唐雎（都是战国时人）。"睢"和"雎"是两个完全不同的字，不能混淆。

sūn

（饔）飧（不继）（不能误写作"飨"或"餐"）sūn

晚饭。饔飧不继（yōngsūn-bùjì）：吃了早饭没有晚饭，即吃了上顿没下顿。形容非常穷困（饔：熟食，这里指早饭。不继：接不上）。如敦敏《瓶湖懋斋记盛》："雪芹（曹雪芹）固贫，饔飧有时不继……"这里的"飧"（左边是"夕"）不能误写作飨客、以飨读者的"飨"（xiǎng）（用酒食款待人，泛指请人享受）；"飧"也不是"餐"的简化字，它们是两个完全不同的字。

sǔn

损坏（与"损害"不同）sǔnhuài

使受损变坏，失去原来的使用效能。如：损坏公物、损坏牙齿。"损害"也有伤害、使遭受损失的含义。如：损害视力、吸烟损害人体健康。区别是，"损坏"的对象多是具体的，如庄稼、牙齿、路面等，而且往往指外观形式上受到损伤；而"损害"的对象多是抽象的，往往是使事物在内容性质上受到损伤。因此，"损坏牙齿"和"损害眼睛"中的"损坏"与"损害"一般是不能互换的，尽管前者也可涉及牙齿的功能，但还是侧重指牙齿的外形受损；后者侧重眼睛的视力（即性质、功能）受损。同样，"损坏公物"和"损害形象"中的"损坏"与"损害"也不能互换，前者明显指的是事物的外形，后者则是指内在的（品质上的）受损。

T

tā

他们（不限于男性） tāmen

称自己和对方以外的若干人。如：他们俩是好朋友。注意：①现代书面语中，男性用"他们"；有男有女时（即使女比男多）也用"他们"，不用"他（她）们"或"他们和她们"。如："黑暗中，很难看清他们是男的还是女的。"不要写成"黑暗中，很难看清他（她）们是男的还是女的"，或"黑暗中，很难看清他们和她们是男的还是女的"。只有全部是女性时才用"她们"。②"他们"和"它们"不同："他们"指称的是人，而"它们"指称的是人以外的事物。

（死心）塌（地）（不要写作"踏"） tā

倒（指支架起来的东西倒下或陷下）。死心塌地：形容主意已定，决不改变（多含贬义）。如：对那些死心塌地搞迷信活动骗人钱财的人，一定要严厉打击；他死心塌地投靠敌人，出卖同志，是绝不会有好下场的。也有不含贬义的。如《水浒传》第四十一回："这回只得死心塌地，与哥哥同生共死。"冰心《寄小读者》："我死心塌地的肯定了我们居住的世界是极乐的。"注意："死心塌地"和"死心踏地"是全等异形成语，《第一批异形词整理表》根据通用性原则，已确定"死心塌地"为推荐语形，因此，其中的"塌"不要再写作"踏"。

（汗）褟（儿）（不能误写作"裆"） tā

①名词。指贴身的单衫。"汗褟儿"就是夏天贴身穿的中式小褂。②动词。在衣服上镶花边。如：褟花边、褟一道绦（tāo）子（绦子：用丝线编织成的花边或扁平的带子。可以用来镶衣服、枕头、窗帘等的边）。注意："褟"和"裆"字形相似，容易混淆，要从字形、字音、字义方面去辨析："褟"，左从"衤"，右上是"日"；"裆"，左从"衤"，右上是"罒"，音 xuān，只作姓氏用。

tǎ

（水）獭（不读 lài） tǎ

水獭、旱獭、海獭的总称，通常指水獭（穴居河边的一种哺乳动物）。旱獭（掘洞穴居的一种哺乳动物）、海獭（海洋哺乳动物）的"獭"（左边都是"犭"）写法同。"獭"只有 tǎ 这个读音，不能读 lài。

獭祭（不能误作"懒祭"） tǎjì

比喻罗列或堆砌典故。如："史家写东西，易犯獭祭堆垛之病。《心河帆影》却是……"（《中华读书报》1997-02-26）"獭"是兽名，哺乳动物的一种。通常指水獭。《礼记·月令》："獭祭鱼。"水獭喜欢吃鱼，经常把捕来的鱼陈列在水边，像举行祭礼似的，称为祭鱼，"獭祭"一词由此而来。这里的"獭"（左边是"犭"）不能误写作懒惰的"懒"（lǎn）。辞书中没有"懒祭"这个词。"獭"也不能读作 lài。

tà

拓（片）（不读 tuò） tà

在石碑、器物上蒙一层薄纸，轻轻拍打使凹凸分明，然后涂上墨，显出文字、图像来。"拓片"就是把碑刻、铜器等文物的形状和上面的文字、图像拓下来的纸片。拓本（装订成册的拓片）、把碑文拓下来、拓得不怎么清楚中的"拓"音、义同。这些"拓"不读开拓、拓荒（开荒）、拓宽思路、拓展国际市场等的"拓"（tuò）。

tāi

（舌）苔（不读 tái）tāi

"舌苔"是指舌头表面上的一层滑腻物质。"苔"的常见读音是 tái。如：苔藓、苔原（终年气候寒冷，地表只生长苔藓、地衣等的地区）。但舌苔中的"苔"要读 tāi。注意："苔"不是"薹"的简化字，它们是两个完全不同的字。{参见"（菜）薹"条}

tái

鲐背（和"期颐"有别）táibèi

长寿老人。鲐，是生活在沿海海域的一种鱼，背青色，腹白色。鲐鱼背有黑斑，老人也有，老人背上生斑像鲐鱼背，因此，称长寿老人叫鲐背。成语有黄发（fà）鲐背，指的就是长寿老人。"鲐背"和"期颐"（qīyí）有不同。鲐背是泛指人长寿，而期颐是指人一百岁。如：期颐之寿（高寿）、寿享期颐（享有百岁的寿命）。

（菜）薹（不能简化作"苔"）tái

蒜、韭菜、油菜等生长到一定阶段时在中央部分长出的细长的茎，茎顶开花，嫩的可以食用。"菜薹"就是指韭菜、油菜等蔬菜的花茎。蒜薹（蒜的花轴）、芸薹（油菜的一种）的"薹"写法同。注意："薹"不能简化作"苔"（"臺"字确实是简化为"台"了，但不能由此类推"薹"也可以简化成"苔"）。"薹"和"苔"是完全不同的两个字。"苔"是指苔藓植物，读作 tái；又可读 tāi，指舌苔。

tài

太牢（和"大牢"迥异）tàiláo

古代天子祭祀用牛、羊、猪三牲（有时只指牛一牲）叫"太牢"（牢：饲养牲畜的圈，这里指祭祀用的牲畜）。如《礼记·王制》："天子社稷皆太牢，诸侯社稷皆少牢。"（社，是土神；稷 jì，是谷神。古代祭祀土神、谷神叫"社稷"。诸侯祭祀用羊、猪二牲叫"少牢"。）"大牢"完全不同，是指监狱（牢：监禁囚犯的地方）。如：他蹲过大牢。

太阿（倒持）（不读 tài'ā）tài'ē

古代宝剑名。"太阿倒持"是说倒拿着宝剑，把剑柄交给别人。比喻把权柄给人家，自己反而受到威胁或祸害。如：他们把军权交给打着援助幌子的军事顾问团，这无异于太阿倒持；家庭的实权全掌握在老管家的手上，老太太要听他的话，真可谓是太阿倒持了。太阿之柄（比喻权柄）、太阿在握（比喻掌握了权柄）中的"太阿"音、义同，其中的"阿"都不读 ā。

tān

（抢）滩（不能写作"摊"）tān

滩头。"抢滩"本来有两种解释：一指船只有沉没危险时，设法使船只搁浅在浅滩上，防止沉没。二是军事用语，指抢占滩头阵地。现在我们说的"洋证书抢滩中国""各种品牌的小轿车抢滩大上海""香港歌手'非典'过后抢滩广州""大陆歌手抢滩台湾选秀"等中的"抢滩"是商业用语，比喻抢占市场。这个比喻义是从第二种解释引申出来的。"抢滩中国"就是抢占中国的市场。要注意这里的"滩"不能误写作抢占摊位的"摊"。

tán

弹劾（不读 dànhé）tánhé

①君主时代担任监察职务的官员检举揭发官吏的罪状。②某些国家的议会对政府官员的过错和罪行进行揭发检举并追究其法律责任（弹：抨击；检举。劾：揭发罪状）。如：被人弹劾、遭到弹劾。这里的"弹"不读 dàn，"劾"不能错写作抢劫的"劫"。

（天方夜）谭（不要写作"谈"）tán

谈。天方夜谭，即《一千零一夜》，是阿拉伯古代民间故事集。后多用来比喻荒诞离奇、不足为信的传闻或议论（天方：我国古代称中东一带的阿拉伯国家。夜谭：夜里讲的故事）。如：别听他胡扯，无非都是天方夜谭罢了。这里的"谭"虽然通"谈"，但按约定俗成的写法，要写作"谭"。《现规》、《现汉》（第6版）、《现代汉语成语规范词典》都不见有"天方夜谈"的词目。"谭"也不能误写作水潭、龙潭虎穴的"潭"。

tǎn

坦陈（己见）（不能写作"坦诚"）tǎnchén

动词。坦率地陈述（陈：叙述；说明）。"坦陈己见"就是把自己的意见坦率地说出来。坦陈自己的观点、坦陈一孔之见中的"坦陈"写法同。注意：以上词语中的"坦陈"不能写作"坦诚"。"坦诚"（tǎnchéng）是形容词。直率诚恳的意思（诚：诚恳）。用在坦诚相见、坦诚相告、态度坦诚、心地坦诚等词语中。

tàn

碳化板（不能写作"炭化板"）tànhuàbǎn

一种隔墙板，有防火、隔音、耐水等特性。如：这种碳化板具有特殊的作用。因为碳化板在制造过程中是用二氧化碳碳化而成的，所以用"碳"字。碳是一种非金属元素，碳元素是肉眼看不见的；"炭"不同，是指木炭，用木头烧制成的黑色燃料，可用于烧烤食物，如炭烤牛排、炭烧咖啡。它和碳化板的制作无关，碳化板中的"碳"不能写作"炭"。

tāng

（赴）汤（蹈火）（并非汤水）tāng

热水；开水。"赴汤蹈火"按字面意思是奔向沸水，踏着烈火。比喻不畏艰险，奋不顾身。如周立波《王震将军记》："为了他们的号召，他是可以赴汤蹈火的。"为了国家和民族的利益，即使赴汤蹈火我也在所不辞。固若金汤（形容防守非常坚固。汤：汤池；流着沸水的护城河）、如汤沃雪、落汤鸡、扬汤止沸（比喻办法不彻底，没有从根本上解决问题）中的"汤"义同。日本汉字中的"汤"指的也是热水，如街上店招上写着的"×

×汤",也不是说有什么肉汤、菜汤可供应的餐馆,而是指浴室。这些"汤"都不是作鸡汤、绿豆汤、菠菜汤等的"汤"讲。

蹚(和"趟"不同)tāng

一指从浅水里或从雪地、草地等的地方走过去。如:蹚水过河、在草地上蹚出一条路来、小心别蹚坏了庄稼。二指用犁把土翻开,除去杂草并给苗培土。如:蹚地、玉米地已蹚过了。"蹚"曾被视为"趟"的异体字,《通用规范汉字表》确认"蹚"为规范字,用于上述解释的词语中。而曾作为规范写法的趟水、趟道(探路,比喻摸情况)、趟地、趟浑水(比喻跟着别人干坏事)的"趟"现在都应改用"蹚"才正确;再说,"趟"现在也取消了 tāng 的读音,只读 tàng,用在赶不上趟、到河边走了一趟、打了一趟太极拳、教室里有六趟课桌(此"趟"指成行的东西)等词语中。

tāo

叨教(别于"讨教")tāojiào

客套话,用于感谢对方的指教(叨:受到好处)。如:承蒙您看得起我,以后一定常来叨教;昨日前来叨教,受益匪浅。"讨教"不同,是说请求人指教(讨:索要;请求)。如:"农民服气了,纷纷来向他讨教怎样制作饲料的诀窍。"(《人民日报》1998–08–22)这个疑难问题还是向专家讨教吧。注意:叨教中的"叨"既不读唠唠叨叨的"叨"(dāo),也不读叨咕(小声絮叨)的"叨"(dáo)。"叨光"(沾光,即受到好处,表示感谢)、"叨扰"(打扰,即受到款待,表示感谢)中的"叨"读音同。

绦(不能读 tiáo)tāo

绦子(用丝线编织成的带子)。"绦"无论在任何词语中都读 tāo,如丝绦、绦带、绦虫(人或家畜肠道中的一种寄生虫),不能读 tiáo。

táo

(乐)陶陶(不能写作"淘淘")táotáo

形容快乐的样子(陶:喜悦;快乐)。乐陶陶:形容人快乐陶醉的样子。如陈毅《过临洮》诗:"煮豆燃萁伤往昔,而今团结乐陶陶。"他退休后,迷上了根雕,其乐陶陶。"陶"本是指用黏土制造器物,后借用来表示快乐的样子。如《礼记·檀弓》:"人喜则斯陶,陶斯咏。"是说人碰上喜事就会快乐,快乐就会忍不住咏唱。现代汉语中的陶醉、陶然(舒畅快乐的样子)的"陶"都是这个意思。这里的"陶"不要写作"淘",因为"淘"是指用水洗去杂质,并无"快乐"的意思,"陶陶"比"淘淘"更合理据。《现汉》《现规》只收"陶陶",而不见有"淘淘"一词。

tǐ

体己(不读 tǐjǐ)tīji

贴心的、亲近的或指家庭成员个人的私房钱。如:体己话、体己人、体己钱。有的辞书在"体己"这一词语解释后注明:也作梯己。《现异》这样的说明:二者为全等异形词。"体"字有体贴、体恤义,"梯"字只表音。据此,宜以"体己"为推荐词形。注意:"体己"中的"体"不读 tǐ,"己"读轻声。

tí

鹈鸠（不能写作"鹈䴗"）tíjué

杜鹃鸟（别称子规）。杜鹃鸟有多种名称：布谷、杜宇、鸤鸠（shījiū）、谢豹（xièbào）等指的都是。注意：鹈鸠中的"鸠"（左"夬"右"鸟"）不能误写作和它读音相同的"䴗"（左"鸟"右"夬"）。"䴗"是古书上指的"伯"（bó）劳（鸟名，有的地区叫"虎不拉"）。如：䴗舌（指伯劳的叫声，比喻语言难懂）。

鹈鸠（和鸟有关，所以右边是"鸟"）也不能和"駃騠"（juétí）混淆。駃騠是指驴骡（公马和母驴交配所生的杂种）；又是古书上说的一种骏马。它和马有关，所以是"马"旁。

题名（和"提名"不同）tímíng

为留作纪念或表示表扬而写上姓名。如：题名留念、金榜题名（科举时代指殿试的录取榜上有自己或某人的名字。后泛指考试被录取）。这里的"题"是写上的意思。题字、题签（为书、画等作品题字或指书、画等作品上的题字）、题诗的"题"义同。"题名"不要和"提名"混淆。"提名"是指在选举或评选前，由选举者或评选者提出候选者的姓名或名称（提：提议；推举）。如：提名奖、提名候选人，他被提名为下届工会主席。提名只是获得一种候选资格，并不意味着入选。

题词（和"提词"迥异）tící

①动词。写一段话表示纪念或勉励。如：市长为展览馆题词。②名词。为表示纪念或勉励而写下来的话。如：《野草》题词、这几幅题词很有意义。这里的"题"是写上的意思。"提词"和"题词"含义迥异，"提词"是说戏剧演出时在幕后给演员提示台词。如：演员靠提词是演不好戏的。这里的"提"作提示讲，"词"特指台词。

醍醐（灌顶）（不能写作"鹈鹕"）tíhú

古时指从牛奶中提炼出来的精华，佛教比喻最高的佛法。醍醐灌顶：佛教指灌输智慧，使人彻底醒悟（灌：浇。顶：头顶）。比喻听了精辟高明的意见，受到很大启发。如：您老的一席话，有如醍醐灌顶，我终生难忘。"醍醐灌顶"是一个约定俗成的成语，其中的"醍醐"不能误写作和它读音相同的"鹈鹕"（一种善于游泳和捕鱼的水鸟。也叫淘河），也不能写作"提壶"。

tì

涕（泗滂沱）（不是鼻涕）tì

眼泪。涕泗滂沱（tìsì-pāngtuó）：眼泪、鼻涕流得很多，像下大雨一样。形容哭得非常厉害（泗：鼻涕。滂沱：雨下得很大的样子）。如：涕泗滂沱，痛不欲生。注意：涕泗滂沱、涕泗横流、痛哭流涕、感激涕零（因感激而流泪。零：落）、破涕为笑（一下子停止哭泣，露出笑容。指转悲为喜）中的"涕"指的都是眼泪，不是鼻涕；而涕泪交流（眼泪和鼻涕交替流下）、涕泪俱下中的"涕"才作鼻涕讲。顺便一提的是，"涕"在古汉语中是指眼泪，"泗"指鼻涕。后来"泪"代替了"涕"，"涕"代替了"泗"，而"泗"一般不用了。

惕（≠惕）tì

谨慎小心。如：警惕、日夜惕厉（惕厉：警惕；谨慎）、朝乾（qián）夕惕

（终日努力而谨慎）。注意：惕（右边是"易"）不能简化为"惕"，"惕"是从"惕"简化来的，有两个读音：一读dàng，是放荡的意思；二读shāng，可组成"惕惕"一词，形容走路时身直而步快。"惕"和"惕"是两个不同的字。凡是"易"或作偏旁用时，都不能简作"旸"。如：踢、锡（xī，和"钖"不同）、剔、赐、蜴等；"昜"才可以简化为"旸"。如：汤、场、畅、杨、肠、钖（yáng，马额头上的金属装饰物）、觞（shāng，古代称酒杯）、殇（shāng，没有到成年就死去）等。"傷"没有简化作"伤"，而是"伤"，这是特例。

tiān

（素面朝）天（不是天空） tiān

天子、帝王。素面朝天：本指女子自以为美丽，不施脂粉，去朝见帝王（素面：不施脂粉的天然美颜）。今指女性不作化妆而保持本来的容颜。如宋·乐史《杨太真外传》："虢国（夫人）不施妆粉，自衒美艳，常素面朝天。"（虢 guó 国夫人：指唐玄宗贵妃杨玉环的姐姐，因自恃长得出众，常常不施脂粉，便直接去朝见天子。衒，音 xuàn，夸耀的意思。）这里的"朝天"是指朝见天子，和脸朝黄土背朝天的"朝天"含义不同。又，成语"瞒天过海"（比喻采用种种欺骗的手段暗中进行活动），其字面意思是瞒过皇帝，私自过海。这里的"天"指的也是皇帝。《说唐演义后传》二十六回："茂功道：我想起来了也容易。除设一个瞒天过海之计，瞒了天子，过海到高丽就可以征东了。"这里的"天子"是指唐太宗李世民，

可见这里的"天"的真正含义是皇帝，而不是上苍、老天爷。

天老爷（和"天老儿"迥异） tiānlǎoye

口语。就是老天爷（lǎotiānyé）。民间认为天上有个主宰一切的神，尊称这个神叫老天爷。多用来表示祈求或惊叹，如说"老天爷，救求这个苦命的孩子吧！""老天爷，我该怎么办？""天老儿"（tiānlǎor）完全不同，是俗称患白化病的人。白化病是一种先天性疾病，患者体内缺乏色素，毛发呈白色，皮肤呈粉红色，眼睛怕光。

（民以食为）天（不是老天爷） tiān

赖以生存的事物。民以食为天：人民把粮食当作生存的最根本条件。如：吃饭问题不解决，社会就无法稳定，民以食为天，我们必须高度重视发展农业生产。这里的"天"不是指天空、天气、天然的或迷信的人指神佛仙人所住的地方。和天字第一号（第一或第一类中的第一号。后泛指最高的、最大的或最强的。如：她称得上是天字第一号红人。）的"天"（《千字文》第一句"天地玄黄"的第一个字）含义也不同。

添彩（别于"挂彩"） tiāncǎi

增添光彩。如：为庆典添彩、这个小品为晚会添了彩。"挂彩"不同，一是指悬挂彩绸，表示庆贺。如：披红挂彩、张灯挂彩。二是指作战负伤流血。如：在战斗中，许多战士挂彩了；班长挂彩了。

tián

（焚林而）田（不是农田） tián

通"畋"（tián），指打猎。焚（fén）林而田：用烧毁树林的办法猎取禽兽。比

喻只图眼前利益，不考虑长远利益（焚：烧）。我们用来形容人只顾眼前利益，无休止地索取而不留余地叫"焚林而田，竭泽而渔"。（竭泽而渔，即把湖水排干了来捕鱼。）《孟子·梁惠王（下）》："今王田猎于此，百姓闻王车马之音……"（如果大王在这里打猎，百姓听到了君王车骑马队的喧嚣声……）又《左传·庄公八年》："……遂田于贝丘，见大豕。"（……后来又到贝丘那里打猎，看见了大野猪。豕shǐ：猪）。以上的"田"都是打猎的意思，不是指耕种的土地。把"焚林而田"理解为"把树木烧光后做耕地"就错了。《现规》收有"焚林而猎"这一词条，义同"焚林而田"。

填房（≠**偏房**）tiánfáng

一作名词，指前妻死后再娶的妻子。也叫续弦。如：这个男人妻子亡故后又娶了个填房。一作动词，指女子嫁给死了妻子的人。如巴金《谈〈家〉》："没有'父母之命媒妁之言'，便毫无办法。而且过了二十，嫁出去也只能给人家'填房'。"（媒妁：媒人）"偏（piān）房"不同，其中一个义项是"妾"（男子正妻以外另娶的女子）。旧时称妻子为正室，妾为侧室或偏房，只有妻子死后把妾提到妻的地位，才可以叫填房。如《儒林外史》："王氏道：'何不向你爷说，明日我若死了，就把你扶正做个填房。'"（扶正：这里是指妻死后把妾提到正妻的地位）可见，"填房"和"偏房"是两个不同的概念。

tiǎn

忝（居其位）（**不能用于别人**）tiǎn

谦词，表示自己处于某种地位或职务，因能力或资力不够而有愧。"忝居其位"是说自己虽然有了这一职位，但心里觉得还不够格，因而感到惭愧。"忝近芳邻，缘即至深。"（我不够格地挨近你，以你为芳邻，那是有极深缘分的。）（《聊斋志异·莲花公主》）、虚忝（无功而徒受）、忝为人师、忝列门墙（指自己不是够格的学生，辱没了老师）、忝列其间的"忝"义同。注意：其中的"忝"不能误写作"添"；也不能用来说别人，而只能表示自谦。倘若说："某人忝陪末座（陪座在最卑微的座位上，心里也觉得惭愧），你作为林教授的学生，却在背后说他的坏话，你真是忝列门墙！"那是对"某人"和"你"的不尊敬。

舔（和"掭"有别）tiǎn

用舌头接触取食或擦拭。如：狗用舌头舔伤口、舔掉嘴角的饭粒、老牛舔小牛。"掭"（tiàn）和"舔"不同，是指把毛笔蘸墨汁后在砚台上整理均匀。注意：老牛舐犊（lǎoniú-shìdú）（老牛舔小牛。比喻父母疼爱子女）、舐犊情深（比喻疼爱子女的感情很深）这两个成语中的"舐"都是"舔"的意思，却又不能换用"舔"。

tiáo

条文（和"条纹"迥异）tiáowén

法规、章程等分条说明的文字（文：文字）。如：法律条文、政策条文。"条纹"不同，是指条状的花纹（纹：物体表面呈线条状的花纹）。如：条纹布、斑马身上有黑白相间的条纹。

（千里）迢迢（**不能读** zhàozhào）tiáotiáo

遥远的样子。千里迢迢：形容路途极其遥远。如：大娘千里迢迢从北京来到广州。注意："迢"只有 tiáo 的读音，既不能读 zhào，也不能读 zhāo。

tíng

亭亭（玉立）（不能写作"婷婷"）
tíngtíng

形容高耸直立或身材修长的样子。亭亭玉立：形容美女身材修长或花木等挺拔。如：她那亭亭玉立的身材令人羡慕，湖中开满了亭亭玉立的荷花。注意：这里的"亭亭"不能写作和它读音相同的"婷婷"，因为"婷婷"只用来形容人或花木美好，而没有高耸直立的含义。如：袅袅（niǎoniǎo）婷婷（形容女子走路时体态轻盈柔美）。《现异》有说明："宜将二者分化：以'婷婷'为美丽义的推荐词形，以'亭亭'为直立高耸或（身材）修长义的推荐词形。""叶子出水很高，像亭亭的舞女的裙。"（朱自清《荷塘月色》）、亭亭倩（qiàn）影、亭亭玉立的金针花（金针花：指金针菜的花）中的"亭亭"写作"婷婷"就不妥。

tǐng

挺尸（并非死亡） tǐngshī

（北京话）骂人的话，指人睡觉。如：吃饱了就挺尸，《红楼梦》五一回："连我都醒了，他守在旁边还不知道，真是个挺死尸呢！""挺尸"只是说睡得太死，惊不醒，像尸体那样直挺挺地躺着，并非指人死亡。

铤（而走险）（不能写作"挺"） tǐng

形容快跑的样子。铤而走险：因走投无路而采取冒险行动。如：我们不能做铤而走险的事；他铤而走险，走上了贩制毒品的不归路。"铤"还有一个读音是 dìng，是指未经冶炼的铜铁矿石，和铤而走险中的"铤"读音不同。要注意，铤而走险的"铤"是金字旁（钅），不能误写作挺身而出的"挺"，也不能写作和它字形相似的"鋋"（chán 古代一种铁柄短矛）。

tōng

恫瘝（在抱）（不要写作"痌鳏"）
tōngguān

病痛，疾苦。恫瘝在抱：把人民的疾苦放在心上（抱：胸怀，存在心里）。如：地震灾害发生后，总理恫瘝在抱，亲赴灾区指导抗震救灾工作，看望受灾群众；焦裕禄那种恫瘝在抱、爱憎分明、为人民的事业鞠躬尽瘁的品质，将永远激励着大家前进。注意：这里的"恫"不要写作"痌"（"痌"是异体字，不规范），也不读恫吓（hè）、百姓恫恐（恫恐：恐惧）的"恫"dòng；"瘝"不能写作和它读音相同的鳏夫、鳏寡孤独的"鳏"（无妻或丧妻的）。

通信（和"通讯"不同） tōngxìn

主要指通过信件来往互通消息，反映情况。如：通信处、我和他经常通信。值得注意的是，过去我们能看到的"通讯处""通讯兵""通讯系统"中的"通讯"都不符合全国科学技术名词审定委员会审定公布的规范写法，现在都要写作"通信处""通信兵""通信系统"。各通讯公司也已改为"通信公司"。"通讯"完全不同，它是训诂（gǔ）学（语言学的一个分支，研究古书字句的解释）的专门用语，就是在字书或古书的注释中，对多义字按通常意义所加的解释。清代朱骏声（"说文四大家"之一）的代表作《说文通训定声》中的"通训"就不能误写作"通讯"或"通信"。

tóng

同行（有二读） ①tóngxíng
　　动词。一同行路。如：我和他一路同行，同行的还有两名记者。②tóngháng
　　一是动词。指干同一个行业。如：我跟他同行，都是学医的。二是名词。指同一行业的人。如：他们俩是多年不见的同行，谈得很投机；中医针灸学，正在为世界上越来越多的医学界同行所接受。

铜版（和"铜板"有别） tóngbǎn
　　用铜制成的印刷版，主要用来印刷照片、图片等。这里的"版"是指印刷用的底板，过去用木板、金属板，现多用胶片。"铜版"不要和"铜板"混淆。"铜板"是指铜元（清末到抗日战争前通用的铜质辅币）或指铜制的板材，还用来指演唱大鼓、快书等打拍子用的铜制板状乐器，如现在说山东快书时便多用月牙形铜板。注意：铜版画、铜版纸（供印刷彩色图形用的较厚、挺的纸张）中的"版"不能写作"板"。

童真（和"童贞"有别） tóngzhēn
　　儿童的天真稚气。如：儿歌富有童真情趣；村庄已经被淹，孩子们似乎感觉不到危险，依然一脸童真。"童贞"和"童真"音同义殊，是指没有经过性交的人所保持的贞操（多指女性）。如：据《福音书》记载，玛利亚（英语音译词，《圣经》中指耶稣的母亲）是童贞女，由"圣灵感孕"而生耶稣；"黄花闺女"是指保有童贞的青年女子。

童生（并非仅指年幼的读书人） tóngshēng
　　明清两代称没有考秀才或没有考取秀才的读书人，不论年龄大小都叫童生。如："邑有成名者，操童子业，久不售。"（华阴县有个人叫成名，读书考秀才，但多次没有考中。邑 yì：古时县的别名。童子：即童生。售：实现，此指考中）（蒲松龄《促织》）、老童生（屡试未中而年龄老大的读书人）。

曈曈（不能误写作"瞳瞳"） tóngtóng
　　形容太阳刚升起时明亮的样子或形容明亮。如王安石《元日》最后两句："千门万户曈曈日，总把新桃换旧符。"（旭日的光辉普照着千家万户，家家门上换上了新的桃符。桃符：古代挂在大门上的两块画着门神或写着门神名字的桃木板，据说可以避邪。后来成了春联的别名）、大火曈曈。曈曈（左边都是"日"），不能错写成"瞳瞳"。"瞳"（左边是"目"）和"曈"读音同，但它专指瞳孔（眼球虹膜中央进光的圆孔。也叫瞳仁），且不能叠用，没有"瞳瞳"这个词。

tǒng

统率（和"统帅"有别） tǒngshuài
　　动词。统辖率领（率：率领）。如：统率全军、中央军委主席统率全国武装力量。"统帅"也有"统率"这一含义，且读音相同，以往这个意义上的统帅和统率可以互用。如"统率全军"亦可作"统帅全军"，但"统率"只作动词用，而"统帅"还有名词用法，用来指武装力量的最高领导人（帅：军队中最高指挥员）。《现异》有说明："为提高词语表义的准确性，二者宜作分化处理：表示统辖率领义的动词用'统率'，名词用'统帅'；'统帅'不再作动词用。"据此，"全军统帅""盟军统帅"中的"统帅"不写作"统率"，"三军统帅"和"统率三军"中的'统帅'和'统率'不能互换。

tòng

（胡）同（不读 tóng）tòng
　　胡同。"胡同"是蒙古语音译。指巷子、小街道。如：北京城里的胡同多如牛毛。注意：胡同中的"同"不读 tóng，"胡同"也不要写作"衚衕"。

（闹了一）通（不读 tōng）tòng
　　量词。用于动作，相当于"阵""遍""顿"等。擂了三通鼓、挨了一通打、发了一通牢骚的"通"读音同。总之，这些用来表示动作行为单位的量词都读 tòng，而不读 tōng。

痛哭失声（和"失声痛哭"有别）tòngkūshīshēng
　　十分痛心地哭，因悲痛过度而哽咽，哭不出声来。如：噩耗传来，全家皆痛哭失声。注意：痛哭失声中的"失声"是失去声音的意思，指因极度悲伤而哭不出声，和"失声痛哭"中的"失声"（情不自禁地发出声音。失：没有控制住）含义不同，这样，"失声痛哭"的含义也就不同，是指心中万分悲痛，控制不住自己，放声大哭起来。失声喊叫、失声大笑的"失声"义同。"追悼会上，嘘唏声不已，有的甚至痛哭失声。"这里的"痛哭失声"应改用"失声痛哭"为宜，因为原本是嘘唏（xūxī 哽咽；抽噎），现在有人控制不住放声大哭（"甚至"有更进一层的意思）。

tóu

投（明）（不是投靠；参加）tóu
　　临；在……以前。投明：天亮以前（明：特指天亮）。投老（到老；已近老年）、投暮（天黑以前）的"投"义同。这里的"投"不作投向、参加讲，和弃暗投明（离开黑暗，投向光明）的"投"含义不同。

投（毛巾）（不是投掷；扔）tóu
　　（北方官话）用清水漂洗衣物。"投毛巾"不言自明。先用清水投一投，再打肥皂；这些脏衣服至少要投三遍才会干净。这些"投"和投笔从戎（扔掉笔墨去当兵）、投畀（bì）豺虎（扔给豺狼老虎吃掉。表示对坏人的愤恨）中的"投"（扔）含义不同，和投递、投稿的"投"（寄出去）也有别。"投毛巾"不能理解为把毛巾扔过去。

tū

凸现（和"突现"有别）tūxiàn
　　清楚地呈现出来（凸：高于周围。现：表露在外面使可以看见）。如：绿树丛中凸现出一座宝塔；经济的高速发展，使不少历史遗留问题凸现出来。"凸现"侧重于呈现、出现，强调从无到有的结果。"突现"有不同，一是指突然出现。如：翻过一座山，一片美丽的景色突现在眼前。二是指突出地显现。如：言谈举止中突现他洒脱的个性，"以'移民之难'来突现库区移民之献身牺牲的精神，使全剧跃动着时代的脉搏。"(《人民日报》1995－05－17)"突现"强调的是突然或超出一般。

(曲)突(徙薪)(不是突然) tū

古代指烟囱。曲突徙薪：把烟囱改建成弯的，搬开灶旁的柴火，避免发生火灾。比喻事先采取措施以防止危险的发生(徙 xǐ，迁移。薪 xīn，柴草)。如梁启超《上粤督李傅相书》："今不为曲突徙薪之计，后必有噬脐无及之忧。"(噬 shì 脐无及：比喻后悔也来不及。)卫生局要求市民给鸡注射疫苗，目的是曲突徙薪，以防禽流感的发生。注意：这里的"突"和"孔席墨突"(孔子、墨翟忙于奔走游说，坐席未暖，灶突不黑，又离开了。指忙于世事，各处奔走。孔、墨：指孔子和墨翟 dí)、"墨突不黔"(墨子奔走四方，每到一个地方，烟囱还未熏黑，就又到别处去了。形容忙于公务，四处奔波。黔 qián，此指黑色)中的"突"都是指烟囱，不作突然、高于周围或猛冲讲。

突起(≠凸起) tūqǐ

突然发生或突然兴起。如：狂风突起、异军突起(比喻一种新生的派别或力量突然兴起)、乐声突起。以上的"突起"不能写作"凸起"，因为"突"有突然的意思，而"凸"没有这种解释。不过，"突"和"凸"都有高于周围(跟"凹"相对)的含义，因此，"突起"和"凸起"都可指鼓出来(动词)或隆起的小包块(名词)。《现异》有说明："二者宜分工并存……表高耸、隆起或隆起的小包块，以'凸起'为推荐词形；'突起'只表示突然发生、突然兴起。"据此，青筋凸起；颧骨凸起；攀岩时，要抓住岩壁上的凸起往上爬；在中国、印度、尼泊尔等国交汇的地方，凸起一座"世界屋脊"中的"凸起"都不要写作"突起"。

tú

荼(毒生灵)(不是茅草的白花) tú

古书上指一种苦菜。荼毒生灵：本是说用荼菜的苦味和蛇蝎的毒液来毒害人民(荼毒：毒害。生灵：指百姓)。指对百姓的肆意残害。如鲁迅《坟·论雷峰塔的倒掉》："听说，后来玉皇大帝也就怪法海多事，以至荼毒生灵，想要拿办他了。"这些法西斯匪徒竟然把荼毒生灵当作一种乐趣，真令人发指。注意："荼"在这里的含义和"如火如荼"(形容气势旺盛或热烈)、"秋荼密网"(比喻刑法苛细如秋天的荼草和细密的罗网一样)的"荼"(茅草、芦苇等所开的白花)不同。"荼"(下边是"余")和茶叶的"茶"形、音、义也不同，不能误写。

(生灵)涂炭(不是死亡) tútàn

烂泥和炭火(涂：指泥)。比喻极端困苦的处境。生灵涂炭：形容社会混乱时期人民群众处在极端困苦的环境中(生灵：指百姓)。如：在军阀混战的年代，兵匪横行，生灵涂炭，神州满目凄凉。注意："涂炭"并非指死亡。倘若把在一次车祸中有23人遇难，说成是"23人惨遭涂炭"就不妥。

tuān

湍(急)(不能写作"喘") tuān

水流得急。如：水流湍急、湍急的江水、山泉湍急。"湍急"就是水流急。疾湍、湍流(急速而有漩涡的水流)、湍濑

（石滩上的急流）中的"湍"写法同。这些"湍"不能误写作哮喘的"喘"（chuǎn）。"湍"和"喘"的读音也不同。

tuī

忒（甜）（不读 tè） tuī

太；非常。忒甜、忒冷、人忒多中的"忒"读音同。"忒"还有一个读音是 tè，指的是差错。如：差忒（失误）。两个读音两种解释，不能混淆。

tuì

蜕化（变质）（不能写作"退化"） tuìhuà

昆虫的幼虫脱皮后，增大体形或变为另一种形态。比喻人的品质变坏，腐化堕落。如：蜕化变质分子；人才是可以培养的，人才也是可能蜕化的。注意：这里的"蜕化"不能写作"退化"，"退化"是指：①生物体的某一部分器官进化过程中，部分残留或全部消失，如鲸的四肢变为鳍，人的阑尾变短，虱子的翅膀完全消失等。②泛指事物由好变坏，由优变劣。如：智力退化、体能退化。它和"蜕化"的适用范围和对象不同，也没有比喻义，指人的腐化堕落不能用"退化"。

煺毛（和"褪毛"不同） tuìmáo

已宰杀的猪、鸡等用滚水烫后去掉毛（"煺"也是这个意思）。如：猪煺毛后就开膛、煺鸡毛。"褪毛"和"煺毛"音同义殊，是指鸟、兽换毛。如：兔子褪毛了、小鸭褪了黄毛。这里的"褪"是脱落的意思。注意：无论是"煺毛"还是"褪毛"，其中的"煺"和"褪"都不写作"退"。

tún

屯积（≠囤积） túnjī

聚积；储存（屯：蓄积；聚集）。如：屯积军用物资。"囤积"也有储存的意思（囤：储存），且与"屯积"读音同，但它专指商人为牟取暴利而积存货物。如：囤积了大量粮食、囤积居奇（大量收购、储存贵重或紧缺货物，等待时机，高价出售，牟取暴利）。

tùn

褪（下手套）（不读 tuì） tùn

用力使穿着或套着的东西脱离。如：褪下手镯、褪下裤子、狗褪了套跑了。上述解释的"褪"和方言中指藏在袖子里的"褪"（如他褪着手站在一边、袖子里褪着一封信）都不读 tuì，而要读 tùn；用于颜色等变淡、消失（如衣服褪了色、油渍已经褪净）或羽毛等脱落（如小鸭褪了黄毛）中的"褪"才读 tuì。

tuō

脱壳（有二读） ①tuōké

脱去外壳。如：脱壳机、小鸡脱壳而出。

②tuōqiào 蝉变为成虫时脱去幼虫的壳，比喻用计脱身。如：金蝉脱壳（比喻用计脱身，不让对方察觉）。

tuó

鸵鸟（不能误写作"驼鸟"） tuóniǎo

（解释略）鸵鸟是鸟类，所以左边是"鸟"；骆驼因其外形与马相类似，左边才

酡（红）（不能误写作"陀"）tuó

喝了酒脸色发红。酒醉后脸色发红叫酡红。如：脸色酡红。"俄顷已酡颜"（俄顷：一会儿。酡颜：醉容）中的"酡"义同。"酡"与酒有关，所以左边是"酉"（"酉"像盛酒的器皿。从"酉"的字，大都与酒有关），不要误写作陀螺（儿童玩具）、阿弥陀佛的"陀"，也不能读 tā。

tuǒ

庹（和"拃"有别）tuǒ

量词。成年人两臂左右平伸时，从一只手的中指端到另一只手的中指端的长度，约有 5 市尺。如：这面墙有 5 庹宽。"庹"和作量词用的"拃"（zhǎ）意思不同，"拃"是指张开的拇指和中指（或小指）两端之间的长度。如：这块布有 3 拃宽。"庹"不能读 dù。

tuò

拓宽（≠拓展）tuòkuān

开拓使宽广。如：拓宽马路、拓宽销路、拓宽视野。"拓展"是开拓发展的意思，它和"拓宽"的共同点是都有开拓的含义，因此有时可以互用。如拓宽马路、拓宽思路、拓宽研究领域中的"拓宽"都可换用"拓展"，但"拓得宽""拓不宽"中的"宽"则不能用"展"去替代。用"拓展"的地方大都不能用"拓宽"。如：拓展宏图、拓展国际市场等。

柝（和"析""拆""折"不同）tuò

旧时巡夜打更用的梆子。如：柝声、抱关击柝（借指小官吏。抱关：守关门）、朔气传金柝（朔气：北方的寒气。金柝：即刁斗。古代军中夜间报更所敲击的器物）。注意："柝"（左"木"右"斥"）和分析、剖析的"析"（xī）（左"木"右"斤"），拆除、拆迁的"拆"（chāi）（左"扌"右"斥"），折（zhé）磨、折（zhē）腾、折（shé）秤的"折"（左"扌"右"斤"）形、音、义都不同。柝、析、拆、折是四个不同的字，各司其职，不能混淆。

唾手可得（义同"垂手可得"）tuòshǒu-kědé

往手上吐口唾沫就可以得到。比喻非常容易得到（唾：口水；唾沫。唾手：往手上吐唾沫）。也说唾手可取。如路遥《惊心动魄的一幕》："咱们又有武装部胡政委的支持，此一来，全县的政权就唾手可得了。""垂手可得"也作垂手而得，同样是用来形容得来毫不费力（垂手：两手下垂着，没做任何动作，表示容易）。两个成语意思相同，不同的是"唾"和"垂"的读音和解释，所差之字，道出了"可得"的不同方式。《现规》（第 2 版）对这两个成语分条作了解释。（见 1342 页和 210 页）

W

wā

（女）娲（不读 wō）wā

女娲是我国古代神话中的女神，被认为是人类的始祖。"娲"只有 wā 的读音，不能读 wō。

wǎ

（弄）瓦（不是瓦片）wǎ

原始的陶制纺锤。生了女孩叫弄（nòng）瓦。古代妇女以纺织为主业，纺锤是古代妇女纺线的用具。拿纺锤给女孩子玩，是希望她长大后能胜任纺织。（生下男孩子叫弄璋，璋是一种玉器，古人常给男孩子玩璋，是希望他将来有玉一样的美德。）这里的"瓦"不能作砖头瓦片的"瓦"讲。

wà

瓦（瓦）（不读 wǎ）wà

盖（瓦）。"瓦瓦"（wàwǎ）：盖上瓦。如：瓦瓦屋顶；房顶快完工了，就等着瓦瓦了。作动词的"瓦"和瓦刀（瓦工用来砍断砖瓦、涂抹泥灰的钢制工具，形状像菜刀）的"瓦"都要读 wà，不读 wǎ。

wài

外商（并非外地客商）wàishāng

外国商人。如：外商云集、欢迎外商来华投资办厂。"外商"不能理解为外地客商，外地客商只能指外省市的商人，把外省市的商人简称为"外商"，既不符合汉语的语言习惯，也容易引起误解。

外号（和"号外"迥异）wàihào

人们根据某人的特征在他的本名以外另起的名字，大都含有亲昵、憎恶或开玩笑的意味。如：此人外号叫"大炮"；我忘了他的姓名，只记得他的外号叫"马大哈"。"号外"完全不同，是指报社为争取时间报道重大消息而临时出版的不加编号的报纸，因在定期出版的报纸顺序编号之外，故名。如：报童大声叫卖刚刚出版的号外。

wán

完了（不读 wánle）wánliǎo

动词。（事情）结束。如：等事情办完了我才回家、球赛快完了的时候突然有人大叫起来。《现规》（第 2 版）在这一词条后有提示："了"这里不读 le。（见《现规》1349 页）值得注意的是，口语中完了的"了"还是读 le，作连词用，用在句中，表示两件事相承接，依次发生。如说"洗漱完毕先晨练，完了再去买菜"。《现汉》（第 6 版）新增了"完了"wán·le 这一词条。（见 1339 页）

完事大吉（和"万事大吉"不同）wánshìdàjí

事情完结，从此不用再费心（含谐谑意。完事：事情了结）。如：哪能这样随便扫扫就完事大吉。"万事大吉"不同，是说一切事情都很圆满顺利（万事：一切事情）。如：祝愿您万事大吉、"乡村里没有警察，没有宪兵，没有被捕的危险。即

便有,在高粱地里一钻,在瓜园里一藏,万事大吉。"(梁斌《红旗谱》)

wǎn

莞尔（一笑）（不读 guǎn'ěr 或 guān'ěr） wǎn'ěr

形容微笑的样子。如：莞尔而笑、相顾莞尔、不禁莞尔。这里的"莞"不读 guān（古书上指水葱一类的植物。俗称席子草）。和东莞（地名,在广东）的"莞"(guǎn)读音也不同。

wàn

万人空巷（不是大街上没有人） wànrén-kōngxiàng

家家户户的人都从小巷子里出来,聚集到一处。形容盛大场面或轰动事件吸引众人的情景。如：贵宾抵达时,群众都到广场欢迎,几乎万人空巷；体育健儿所到之处,几乎万人空巷,人们都想一睹他们的风采。注意：这个成语不是说大街上没有人,人都呆在家里,如不能说"夜深了,万人空巷,人们都安歇了"。（可改用"万籁俱寂"）

万万（≠千万） wànwàn

"万万"和"千万"都可作副词,意思相近。"万万"的意思是"绝对；无论如何"。如：万万不可粗心大意、万万不能伤了她的心。"千万"的意思是"务必"（表示恳切叮咛）。如：过马路千万要小心、千万不能动武。这两个词在祈使句中可以互换,如"万万不可掉以轻心!""万万不可粗心大意!"中的"万万"就可换用"千万",只是"万万"在语气上更重一些。值得注意的是,在陈述句中,只能用"万万",不能用"千万",如"万万没想到会发生这样的事情"。其中的"万万"不能换用"千万"。此外,"万万"只能用在否定句中,"千万"没有这个限制。因此,"千万要小心"、"这件事你千万要记在心里"中的"千万"不能换用"万万"。

(压)蔓（不读 màn） wàn

草本植物细长不能直立的茎。压蔓：给瓜类等作物的匍匐茎每隔一段距离压上土,促使茎上长出不定根,以多吸收养分。这里的"蔓"用于口语,和藤蔓、瓜蔓儿、顺蔓摸瓜、丝瓜爬蔓儿了的"蔓"读音同,都不读蔓草、枝蔓、蔓延、蔓生植物的"蔓"（màn）,也不读蔓菁（mánjing）（二年生草本植物,块根可做蔬菜）的"蔓"。

wáng

亡妻（不是亡故者的妻子） wángqī

死去的妻子（或称先室）。"亡故者的妻子"和"亡妻"不同,是指死了丈夫的妻子,因此,不能把亡故者的妻子缩略为"亡妻"。有一则新闻,标题是："深夜偷钓丧命 亡妻愤然上告",说的是丈夫深夜到养鱼的水库偷钓时,被护渔工发现追赶而落水身亡,死者的妻子将水库的承包人告上法庭,但这里用"亡妻"会使人误解为"死去的妻子"而大惑不解。

亡命（不是丧命） wángmìng

一指逃亡,流亡在外。如：亡命他乡、多年的亡命生活。二指（冒险作恶的人）不顾性命。如：亡命之徒、亡命逃窜。注意："亡命"不能理解为丢掉性命。郭沫若《洪波曲》第十一章三："大革命失败后，我到日本去亡命。"其中的"亡命"是流亡的意思，并非丧命。"亡命他乡"也不是说死在他乡。

wǎng

枉顾（和"罔顾"有别）wǎnggù

敬词，用于称别人到自己这里来访问（枉：屈就）。如：承蒙枉顾，深感荣幸。"罔顾"和"枉顾"音同义殊，是不顾、不顾及的意思。这里的"罔"表示否定，相当于"不"。如：这位女士面对骗局罔顾别人的苦劝，硬是把八万元汇给骗子；这完全是罔顾事实编造出来的谎言。

（置若）罔（闻）（不能误写作"网"）wǎng

动词。无；没有。置若罔闻：放到一边，好像没听见一样。形容漠不关心，不予理会。如：长辈对我们的教育不能置若罔闻。罔极之恩（父母之恩。罔极：无穷尽）、药石罔效（用药和进针已经没有效果。表示病人已无法医治。石：针灸用的石针）的"罔"义同。以上的"罔"不作副词用，不表示否定或禁止，不能理解为"不""不要"，和罔知所惜、罔罪尔众（不归罪于你们）、罔淫于乐（淫：过度；深溺）中的"罔"含义不同，也不能错写成"网"，"置若网闻"扞格不通。

wàng

望八（不表示时间）wàngbā

年龄将近八十。如：望八之年，他写下了自传。"望"确实有表示时间的义项，指农历每月十五日（有时是十六日或十七日），如"朔望"（农历每月的初一和十五日）、"望日"（指月亮圆的那一天，通常是农历每月十五日），然而这里的"望"是作"（年龄）接近"讲。"望六之年"是指年近六十，"望九之年"就是年近九十。这些"望"与时间无关。

望其项背（和"望尘莫及""项背相望"不同）wàngqíxiàngbèi

能够望到前面人的颈项和背脊，表示有希望赶上或达到（多用于否定句。项背：指人的背影）。如：难以望其项背；不能望其项背；《红楼梦》的影响力，一般小说岂能望其项背。"难以望其项背""岂能望其项背"意思都是不能望其项背，也就是赶不上、比不上。注意："望其项背"和"望尘莫及"不同。"望其项背"强调的是还有希望赶得上而不是赶不上；"望尘莫及"则是指只能望见走在前面的人马带起的尘土，却无法赶上（及：赶上）。比喻远远落后。如：他那娴熟的滑冰技巧，是一般人望尘莫及的；这篇文章议论入木三分，结构别出心裁，文字如行云流水，我等只能望尘莫及。下面句中这样使用"望其项背"不妥："他既做演员，又唱歌，还做主持人，一般人只能望其项背。"（若要保留"望其项背"，其中的"只能"要改用否定式"不能"或"岂能"）总之，"望其项背"是表示距离近，赶得上；若要表示赶不上，就必须使用"望其项背"的否定式"不能望其项背""难以望其项背"或者反问式"怎能望其项背""岂敢望其项背"。"望尘莫及"和"望其项背"的意思正相反，是表示距离远，赶不上。"项背相望"和"望其项背"也不同。"项背相望"原指前后相顾，后用来形容行人很多，一个紧接一个，连续不断。如：节假日到黄山游览的人络绎

望洋（兴叹）（不是望着海洋）
wàngyáng

抬头向上看的样子。"望洋兴叹"这个成语出自《庄子·秋水》，讲的是河伯（黄河神）自以为了不起，后来到了海边，看到无边无际的大海，才感到自己的渺小，于是仰望着海神而发出了感叹，意思是看到人家的伟大才感到自己的渺小。后多转指要做一件事而力量不够，感到无可奈何。如周恩来《当前文字改革的任务》："他们遭到的最大困难就是汉字，因此常有望洋兴叹之感。"眼看高考临近，他却不巧生病住院，只好在病榻上望洋兴叹。注意：这里的"望洋"是语法里讲的联绵词，属双音节的单纯词。联绵词是不能拆开来解释的，只有合起来才表示一个意思，"望洋"就是仰视，作"兴叹"的状语，这里指（河神）仰望着海神（发出感叹），把它拆开来解释为"望着海洋"就不对。

wēi

危楼（不限于指有倒塌危险的楼房）
wēilóu

"危楼"固然可指有倒塌危险的楼房，也可指高楼，因为这里的"危"也有"高、高耸"的意思。如：危楼百尺、危楼高耸。危峰、危城（城墙很高的城）的"危"也是高耸的意思。它和单纯作危险解释的危房、危机、危如累卵、危在旦夕的"危"有不同；和危言耸听的"危"（使感到恐惧）、危言危行（讲正直的话，做正直的事）、危言正色（正直的言论和严正的态度）、危坐（端端正正地坐着）的"危"（正直；端正）也有别。

（正襟）危（坐）（不是危险） wēi

端正。正襟危坐（zhèngjīn-wēizuò）：整理好衣服端端正正地坐着。形容严肃拘谨或恭敬的样子。如《史记·日者列传》："猎缨正襟危坐。"（猎缨：捋齐帽带。猎：揽；捋。缨：帽带）学子们都正襟危坐，聆听着老教授的讲课。"危坐"是说腰伸直来坐，也就是端端正正地坐着。俨然危坐（俨然：庄重的样子）的"危坐"义同。这里的"危"不能理解为危险，和危机、危局、危如累卵、危在旦夕的"危"含义不同。

危（言）危（行）（不是危险） wēi

正直。危言危行：讲正直的话，做正直的事。如《论语·宪问》："邦有道，危言危行。"（"邦有道"是指国家政治清明）危言谠（dǎng）论（正直的言论。谠：正直）、危言正色（正言正色。正色：态度严肃；神色严厉）中的"危"义同。注意："危言危行"是一个褒义成语，这里的"危"不能解释为危房、危局、危难、危在旦夕的"危"（危险）。把危言危行理解为危险的言论、危险的行为就错了。下面句中的"危言危行"用得不妥："这些人不断散布'台独'言论，干着分裂祖国的勾当，这些危言危行终将使他们成为中华民族的千古罪人。"（可改用"丑陋的言行"）

（虚与）委蛇（不读 wěishé） wēiyí

随便应付。虚与（xūyǔ）委蛇：对人虚情假意，敷衍应酬。如：工商管理所的人来了，他虽然心里很不满，但还是强作笑脸，虚与委蛇一番；反思虚与委蛇易，担责椎（chuí）心泣血难（椎心泣血：形容极度悲痛）。注意：这里的"委蛇"是个联绵词，联绵词中的用字只有记音的作用，不能单独表义，"蛇"不是指爬行动物。"委蛇"不能读作 wěishé。委蛇行事、委蛇保荣（为了保持虚名没有什么作为）中的"委蛇"也要读 wēiyí。

微词（不是微不足道的话）wēicí

隐含不满或批评的话。如：这种做法，群众颇有微词；把"送气上门"的字样标在运送液化气的车身上，顾客颇有微词。"微词"不能理解为微不足道的话，也不能和"微言"混淆。"微言"一般不单独使用，有"微言大义"这个成语，原是指用精当的言辞阐述儒家经典的要义；现在指含蓄的语言中包含的十分深刻的道理（微言：精深微妙的言辞）。如朱自清《经典常谈·尚书第三》："他们解经，只重微言大义；而所谓微言大义，其实只是他们自己的历史哲学和政治哲学。"这么简单的几句话，哪里有什么微言大义。

wéi

韦（编三绝）（不能误写作"苇"）wéi

熟牛皮。韦编三绝（wéibiān-sānjué）：形容读书勤奋刻苦（韦编：古代用竹简写书，用熟牛皮绳把竹简编联起来。三绝：多次断绝）。据记载，孔子晚年喜欢读《周易》这部书，因反复阅读，以致使编联竹简的牛皮绳断了好多次，所以有了这个成语。注意：这里的"韦"不能误写作芦苇的"苇"，也不读 wěi。

为荷（不读 wéihé）wéihè

表示承受恩惠而感谢。有"劳驾您了""您多受累"的意思。这里的"荷"是动词，作承受恩惠讲。多用在书信里表示客气。如：请予接洽为荷、请予办理为荷。作动词的"荷"都读 hè，不读 hé。如：荷锄、荷枪实弹、无任感荷（无任：十分；非常）。

为富不仁（不是富人都没有好心肠）wéifù-bùrén

要聚敛财富便不会讲仁慈，意即靠不正当手段发财致富的人是不会有好心肠的（为：谋求。"为富"即想发财致富。不仁：不仁义）。如《孟子·滕文公上》："阳虎曰：'为富不仁矣，为仁不富矣。'"（阳虎说："要想富裕就不能仁慈，要想仁慈就别想富贵。"）我们要走一条共同富裕的道路，这和为富不仁是格格不入的；丰子恺先生的漫画充满了对弱者、穷人的真挚的同情，同样不乏对为富不仁者的鞭挞。这里的"为富"不能理解为"作为富人"，倘若把为富不仁解释为"作为富人都是没有好心肠的"就未免失之偏颇。

圩垸（不读 xūwǎn）wéiyuàn

沿江、沿湖的低洼地区为了防止江湖水侵入而筑的堤。如：圩垸工程。这里的"圩"和圩堤（江河附近低洼地区防涝护田的堤岸）、圩田（用圩堤围住的农田）、圩埂（围水的堤堰）、圩户（耕种圩田的农户）以及一些带"圩"字的村庄名，如安徽省固镇县的李圩、王圩、赵圩等中的"圩"都读 wéi，而不读赶圩（北方地区叫赶集）、圩埠（集市码头）、圩日（开市的日子）的"圩"（xū，某些地区指集市）。总之，一般和堤坝类的建筑布局有关的"圩"或村名用字的"圩"读 wéi；和集市有关的"圩"读 xū。"垸"也不能读 wǎn。

围腰（和"腰围"不同）wéiyāo

围在腰上起保护作用的宽带子，通常较厚较硬。有的地方也指蔽膝，即系在衣服前面的围裙。如：围上围腰再去炒菜。"腰围"也可用来指束腰的宽带子，但不限于较厚较硬的带子。如：产妇用腰围把腰部缠裹起来。"腰围"更常用来指的是围绕腰部一周的长度或指衣服围腰部分的长度。如：三围是指人体的胸围、腰围和臀围；你的净腰围是二尺四，裤子的腰围是二尺八寸。

wěi

委身（和"献身"不同）wěishēn

①把命运交给他人主宰（委：托付）。如：委身事人（事：侍奉）、委身权贵之门。②旧时特指女人嫁给男人。如："年长色衰，委身为贾人妇。"（年纪大了，容貌衰老了，只好嫁给商人做妻子。）（白居易《琵琶行》序）岂能委身于贼！"委身"和"献身"不同。"委身"多指不得不如此，是一种不得已或不情愿的行为；而"献身"是指把自己的全部精力，甚至生命奉献出来，是一种出于自愿的积极主动行为。如：献身教育事业、为革命而光荣献身。

委曲（求全）（不能误写作"委屈"）wěiqū

勉强迁就。委曲求全：勉强迁就，以求保全。指为了顾全大局而暂时忍让。如：在原则问题上必须据理力争，不能委曲求全。注意：这里的"委曲"不能错写成"委屈"。"委"和"曲"都是"弯"的意思，"委曲"就是弯弯曲曲，由这个本义引申指压抑自己的意愿，去迁就别人，是一种对人对事的态度。委曲从俗、委曲成全（使自己受委屈，以成全别人）的"委曲"义同；"委屈"是指受到不应有的指责或待遇而心里难过，是用来表示心情的。"我有一肚子的委屈""这许多委屈向谁诉？"这里用"委屈"才正确。

wèi

未亡人（不是还活在世上的人）wèiwángrén

旧时寡妇的自称，即死了丈夫的妇女。如："赵先生听声音就知道一个是他的老二，一个是刚刚十九岁就已成了'未亡人'的他的大儿媳。"（茅盾：《泡沫·赵先生想不通》）"这农家自从几年以前让一个独生子远游之后，不到一年便丧了主翁，留下一个孤苦伶仃的未亡人。"（陈毅《归来的儿子》）注意：早在几千年前的《左传》中，"未亡人"就已成了"寡妇"的自称，而今，一般只用于他称。不能把"未亡人"错误地理解为尚未死亡的人。"在这次车祸中，他幸免于难，是家中唯一的未亡人。"其中的"未亡人"就用得不对。（可改用"活着的人"或"幸存者"之类）

未果（不是没有结果）wèiguǒ

没有实现。如：妄图强行闯入，未果；"欣然规往。未果，寻病终。"（兴致勃勃地计划前往。这个打算没有实现，不久就病故了。规：计划。果：实现。寻：不久）（陶渊明《桃花源记》）注意：这里的"未果"不能理解为没有结果。前一例不是说闯入以后没达到什么目的，而是连闯入的机会都没有；后一例也不是说没有找着（桃花源），而是没有去成。没有成为事实和没有得出结果明显是有不同的。因此，"两国谈判未果"还是"两国谈判未能取得成果"（或"无果而终"），应根据实际情况考虑用词。

未免（和"难免"有别）wèimiǎn

实在不能不说是。对某种做法表示不以为然（意在委婉地否定）。如：内容不错，只是篇幅未免太长；只抓升学率未免失之偏颇。"未免"和"难免"不同。"未免"是表示对某种过分的情况不以为然，侧重在评价；"难免"则表示某种情况在客观上不可避免。如：初来乍到，对情况不熟悉，办起事来难免缩手缩脚；完全凭手记，难免有遗漏。把"这未免太过分了"中的"未免"改为"难免"就不妥。

（一）位（英雄）（和用"名"不同）wèi

量词。用于人（含敬意）。如：一位英雄、各位代表、家里来了几位客人。注意：量词"位"是敬词，含有尊敬色彩，说"一名教师"是客观叙述，说"一位教师"就含有敬意。罪犯、小偷、受贿者、卖淫嫖娼者等的前面绝对不能用"位"。"日本靖国神社中供奉有十四位二战甲级战犯的牌位""这次考试，有三位同学作弊"，其中的"位"就用得不对。可改用"名"或"个"。此外，"位"也不宜用于自称，如不能说"我是一位歌手"。

慰藉（不读 wèijí）wèijiè

动词。安慰。如：甚感慰藉、慰藉别人也是关心他人。注意：①这里的"藉"不读杯盘狼藉、声名狼藉的"藉"（jí）。凡是作垫子（名词）或垫，衬（动词）讲的"藉"，如：草藉、枕藉（很多人交错地倒或躺在一起）都读 jiè。此外，作安慰讲的"藉"（如：甚感慰藉）和蕴（yùn）藉（含蓄而不显露）中的"藉"也读 jiè。②以上的"藉"不能简化为"借"，也不能误写作国籍、学籍、籍贯的"籍"（jí）。

慰问电（和"唁电"不同）wèiwèndiàn

慰问病人的电报。如：他生病之后，许多国家的领导人都发去了慰问电。"唁（yàn）电"不同，是指对死者家属表示慰问的电报（唁：对遭遇丧事的人表示慰问）。如：国家领导人致唁电哀悼萨马兰奇逝世。一个人生了病，别人发电慰问只能称作慰问电，只有当这个人病逝以后，发去吊唁的电报才能叫唁电。

wēn

温吞（≠温暾）wēntūn

"温吞"和"温暾"读音同，都有微暖、不冷不热的意思，但适应对象和语体色彩有差异："温吞"是口语词，多形容液体、性格。如：温吞水，"昆明人的性格像春城的气候不冷不热、温吞吞的。但是……"（《人民日报》1996-04-22）"温暾"是书面语词，多形容太阳、气候（暾：刚出的太阳）。如："忽然阴云四合，掩蔽了正当中天的温暾的太阳。"（沙汀《困兽记》）这两个词还有一个共同义项是，形容态度不鲜明、办事不爽利。如：温吞之谈。《现异》有说明：根据通用性原则，共同义项宜以"温吞"为推荐词形。

wén

文（身）（不能误写作"纹"）wén

动词。在身上或脸上刺画花纹或字。

"文身"就是在人体的皮肤上刺上文字或图案。早在《庄子·逍遥游》中就有"越人断发文身"的记载，意即越国人截断头发（使头发变短），在身上刺画花纹。文臂（在手臂上刺画出花纹）、文了双颊的"文"都是这种解释。这里的"文"不能误写作"纹"，因为"纹"是指丝织品上的条纹或图形，泛指物体上呈线条状的花纹或用来指皮肤的皱痕，是名词。如：木纹、指纹、抬头纹（额上的皱纹）、鱼尾纹（人的眼角与鬓角之间的像鱼尾的皱纹）。

文理（别于"纹理"）wénlǐ

一指文章的条理。如：文理通顺、讲究文理。二是文科和理科的合称。如：文理并重。"纹理"和"文理"音同义殊，"纹理"是指物体上呈线条的花纹。如：这块木板上的纹理清晰；劈柴看纹理，讲话凭道理。

纹风（不动）（不能写作"闻风"）wénfēng

轻微的风、柔和的风。"纹"本作"文"，是柔和、不猛烈的意思。"文风不动"就是像一丝风儿都没有一样，固定不动。形容保持原样，一点儿也不动。如《红楼梦》二九回："（宝玉）狠命往地下一摔……偏生那玉坚硬非常，摔了一下，竟文风不动。"《现异》有说明："文风"有歧义，参照同义成语"纹丝不动"，宜以"纹风不动"为推荐语形。（"'文风'有歧义"是说"文风"还可理解为文章等使用语言文字的作风——笔者注）。注意：这里的"纹风"不能误写作"闻风而动""闻风丧胆""闻风而逃"的"闻风"，因为这里的"闻"是作听见、听到讲。

wèn

问津（和"过问"不同）wènjīn

原意是打听渡口在哪儿（津：渡口）。比喻探问（价格、情况）或尝试（多用于否定句）。如：这些贵族学校收费动辄几千上万元，是工薪阶层子女不敢问津的；招聘条件太苛刻，许多本科生都不敢问津。"过问"不同，是了解情况，参加意见或干预的意思。如：请有关部门过问一下这件事、跟你无关的事就别过问。下面句中的"问津"用得不对："路灯坏了好几个月，却无人问津。"（应改用"过问"）

问鼎（不宜用于夺冠后）wèndǐng

①指图谋夺取政权（含贬义）。如：问鼎中原。②比喻希望在（体育等赛事中）夺取第一名。如：问鼎奥运会；这次比赛主队连输几场，失去了问鼎的机会。（这种解释的"问鼎"已不含贬义。）值得注意的是，在体育赛事中运用"问鼎"一词，只适用于获得决赛权，尚未夺得冠军；决赛之后获得了冠军不能用。可以说"他期盼着这次能有问鼎的机会"。不能说"他已经是第三次问鼎冠军了。"（"问鼎冠军"可改用夺冠、夺魁或折桂一类的词语。）下面句中的"问鼎"用得不妥："他出手阔绰，每次请我吃饭，少则几百元，多则问鼎千元。"（花钱与"问鼎"丝毫无关，应删去"问鼎"。）

wō

窝心（南北方言迥异）wōxīn

方言。在北方方言中是指因受到委屈或侮辱后不能表白或发泄而心中苦闷。

如：无端被他撸了一顿，实在窝心；他窝心，整天闷闷不乐。但在南方方言（如吴方言、上海方言、苏州方言）中是开心、高兴的意思，和北方方言中的用法正相反。如：一句贴心的话，听起来十分窝心。

蜗（居）（不能写作"窝"）wō

蜗牛。像蜗牛壳那样的居室叫蜗居。常用来谦称自己窄小的住所。如：有空请到蜗居小坐。"蜗居"还作动词用，可理解为像蜗牛那样居住（在窄小的房子里）。如：十多年来，他就蜗居在这六平方米的木屋里。注意：这里的"蜗"不能写作"窝"，辞书中有窝棚（低矮简陋的小屋）这个词（"窝"指像窝的地方），却没有"窝居"这个词。"蜗居"不能写作"窝居"。

wǒ

我公司（不能说"我司"）wǒgōngsī

我们的公司。"我公司"不能简称为"我司"，因为"司"是指中央部一级机关里所设的分工办事的部门（级别比部低，比处高）。如：外交部礼宾司、财政部人事司。而"公司"是依法设立，以营利为目的的具有法人资格的企业。如：百货公司、煤气公司、运输公司等，因此，各类公司可自称"我公司"或"本公司"，不能说"我司"或"本司"。这和"我们的学校"简称为"我校"，"我们的工厂"简称为"我厂"不同，因为有学校含义的"校"和作工厂解释的"厂"简称为"校"和"厂"不会让人产生误会。

wò

斡旋（和"周旋"有别）wòxuán

调解（斡：旋转）。如：经他从中斡旋，双方同意重新合作；联合国秘书长到中东斡旋。"斡"的右边是"斗"，不要受"干"（gàn）的繁体字"幹"的影响而误写，也不能和"翰"（hàn）（长而坚硬的鸟羽，借指毛笔、文章、书信等）字混淆。"周旋"和"斡旋"不同，有三个义项：一指回旋，盘旋。如：大鸟在高空周旋。二指应酬，打交道。如：谈判桌上，他曾从容不迫地同各种各样的头面人物周旋。三指（与敌人）较量，辗转追逐。如：游击队巧妙地和敌人周旋。

wū

（兔走）乌（飞）（不能误写作"鸟"）wū

太阳。神话传说，太阳中有三足乌（金色的三足飞禽），因此"乌"又用作太阳的代称。"兔走乌飞"是说日月流逝，比喻时间过得很快（兔：指月亮。古代传说月亮里有玉兔，故称）。如唐·韦庄《秋日早行》诗："行人自是心如火，兔走乌飞不觉长。"兔走乌飞，不知不觉又过了五年。乌阳（指太阳）、乌焰（指红日）中的"乌"写法同。这些"乌"都不能写作"鸟"（niǎo）。这个成语并不是说兔子跑了，鸟也飞走了。

乌七八糟（不要写作"污七八糟"）wūqībāzāo

①十分杂乱；乱七八糟。如：他总是把房间弄得乌七八糟的；站牌被广告贴得乌七八糟，连站名都看不清了。②黄色；下流；男女关系混乱。如：他总是看一些乌七八糟的书、脑子里尽想些乌七八糟的事。注意：辞书中常有注明："乌七八糟"

也作"污七八糟"。《第一批异形词整理表》已把"乌七八糟"作为规范语形。《现规》（第2、3版）也作了提示：不要写作"污七八糟"。（见1381页）

於菟（不读 yútù）wūtú

古代楚国人把老虎叫做於菟。"於"字本来已作为"于"的异体字被淘汰了，但1988年《现代汉语通用字表》确认"於"在读 wū、yū 以及读 yú（用于地名）时为规范字，读 yú 作介词用时仍作为"于"的异体字处理。如：於菟、於戏（wūhū，是"呜呼"二字的另一种写法，现在一般写作"呜呼"），於梨华（美籍华裔女作家。这里的"於"读 yū），於（yú）陵（古代地名，在今山东）。除上述三种情况外的"於"一律写作"于"，读作 yú（包括作姓氏用的"于"）。如：限于条件、重于泰山、鲁迅于1936年逝世、于谦（明代政治家）。注意："於"和"于"都可作姓氏用，前者读 yū，后者读 yú，是两个不同的姓。"菟"有二读，於菟中的"菟"不读菟丝子（一年生草本植物，种子可入药）的"菟"（tù）。

（不愧）屋漏（不是屋子漏雨）wūlòu

名词。指房子的西北角。常用小帐遮掩着。古人把床设在屋的北窗旁，因西北角上开有天窗，日光由此照射入室，故称屋漏。"不愧屋漏"义同"不欺暗室"（暗室：指幽暗隐蔽的地方；没有人的地方）。比喻在别人看不见的地方也不做坏事，起坏念头。如《诗·大雅·抑》："相在尔室，尚不愧于屋漏。"（看你独自处在室内的时候，是不是能无愧于神明。屋漏则见天光，暗中之事全现，喻神明监察）。注意：这里的"屋漏"是一个方位名词，不能理解为屋子漏雨。值得一提的是，杜甫《茅屋为秋风所破歌》："床头屋漏无干处，雨脚如麻未断绝。"诗中的"屋漏"历来被解释为屋子漏雨，其实指的也是房子的西北角。

（路）恶（在）？（不读 è、ě 或 wù）wū

文言疑问代词。表示反问，相当于"哪里""怎么"。"路恶在？"意即路在哪里？又"先生饮一斗而醉、恶能饮一石（dàn）乎？"意即您喝一斗酒就醉了，怎么能喝一石酒呢？（"石"和"斗"都是容量单位，1石有10斗）"恶能治天下？"其中的"恶"都读 wū。读作 wū 的"恶"，又可作叹词用，表示惊讶，相当于"啊"。如："恶，是何言也！"（啊，这是什么话！）注意：以上两种解释的"恶"都不读可恶、深恶痛绝、好逸恶劳、恶湿居下（讨厌潮湿，却又居住在低洼的地方）的"恶"（wù），也不读凶恶、罪恶、穷凶极恶、恶贯满盈的"恶"（è）或恶心的"恶"（ě）。

wú

无为（而治）（不是无所作为）wúwéi

道家指顺应自然变化，不必主观有所追求。"无为而治"是古代道家的哲学思想和政治主张。强调顺应自然，无须采用刑罚及其他强制措施，就能把国家管理好。如孙中山《建国方略之一·心理建设》："若政府官吏能无为而治，不倒行逆施，不积极作恶，以害国害民，则中国之强盛已自然可致。"这里的"无为"和碌碌无为的"无为"（无所作为）解释不同。

无一例外（和"莫不例外"迥异）wúyīlìwài

没有一个不属于这种情况。如：打工

仔讨薪的见得多了，但无一例外是向老板讨薪，像这位老板却反过来向工人"讨薪"，这可是大姑娘上轿——头一回。"莫不例外"不同，是说没有一个不例外的，等于说全都例外，和"无一例外"意思正相反。因此，在运用时必须注意。如说："古往今来，凡是为公而赴汤蹈火、默默奉献的人们，大都载入了光辉的史册，不论是古代为治水三过家门而不入的大禹，还是当今之为改变阿里地区穷困面貌三次进藏的孔繁森，莫不例外。"这里用"莫不例外"是在告诉人们，大禹、孔繁森都没有载入光辉的史册，这与原意不符，应改用"无一例外"。又如"悼亡"一词是专门用来表示男子哀悼亡妻的，不能用在表示妻子哀悼丈夫的语境中，不论诗文，莫不例外。这里的"莫不例外"也用得不对，同样要改用"无一例外"。

无瑕（和"无暇"有别）wúxiá

形容词。原指玉上没有斑点。后比喻人或物没有缺点或污点。如：白璧无瑕、洁白无瑕、无瑕可击（没有一点缺陷可以受人攻击）。"无暇"和"无瑕"音同义殊，是指没有空闲的时间。如：无暇顾及、无暇过问。"无瑕"和"无暇"的区别在于"瑕"和"暇"。"瑕"是指玉上的斑点（比喻缺点），与玉有关，所以义符是斜玉旁（现在也称王字旁）；"暇"是指空闲，与时间有关，所以义符是"日"。

无中生有（和"捕风捉影"不同）wúzhōng-shēngyǒu

把本来没有的事硬说成有。指凭空捏造。如：造谣是无中生有，诬蔑是颠倒黑白，目的都在于害人。"无中生有"和"捕风捉影"（bǔfēng-zhuōyǐng）都是贬义成语，区别是："无中生有"是故意捏造事实或证据；而"捕风捉影"是比喻说话、做事以不确实的传闻或似是而非的迹象做根据，侧重在表示没有确凿根据，缺乏事实。如：这些事纯属捕风捉影；要以事实为根据，不能捕风捉影，胡乱猜疑。下面句中的"无中生有"和"捕风捉影"就用得不对："你的推测完全是无中生有，毫无事实根据。""此人心术不正，常常捕风捉影地编造假话来拨弄是非。"（应对换）

无以（和"无已"不同）wúyǐ

没有什么可以用来；无从（以：拿；用）。如：没有改革，无以创新；无以复加（没有什么可以再增加了，形容已达到顶点）；无以为报。"无已"和"无以"音同义殊，是没有休止、不停止的意思（已：停止）。如：有增无已、苛责无已。注意：这里的"已"是已经的"已"（yǐ），不能误写作自己的"己"。

无由（不是没有理由）wúyóu

无从。指做某件事没有门径或找不到头绪。如：无由相见，深感遗憾；无由会晤。"无由"不是没有理由，"他这样盛情邀请，你无由拒绝。"这里的"无由"就用得不对。"没来由"和"无由"也有别，是说无缘无故。如《西厢记》第三本第一折："分明是你过犯，没来由把我摧残。"（过犯：指过错）

无不（和"不无"有别）wúbù

副词。没有一个不（如此）；表示无例外。如：无不欢欣鼓舞、观者无不为之动容。注意："无不"带有复数性质，是指很多的个体，不能用来说某一个人怎么样。"看到这翻天覆地的变化，他无不感慨地说……"其中的"无不"就用得不妥。"不无"不同，是动词。意为不是没有，多少有一些。如：不无关系、不无影响、不无怀念之情。

无所不至（和"无微不至"有别）
wúsuǒbùzhì

本指没有到不了的地方。后多指什么事都做得出来（多含贬义）。如：细菌的活动范围极广，无所不至；鬼子所到之处，杀人放火，奸淫掳掠，无所不至。其中的"所"作地方，处所讲。因此，它和"无微不至"的含义就不同。"无微不至"是说没有一处细微的地方没有考虑到。形容关怀、照顾得非常周到细致（含褒义）。如：她对病人的关心照顾真是无微不至。这里的"微"是细微的意思。

无疑不是（和"不能不说是"迥异）
wúyíbùshì

毫无疑问不是。"无疑不是一个好消息"意为绝对不是一个好消息；"无疑不是一个大难题"意为完全不是难题。注意："无疑"中虽有一个"无"字，但它并不是否定词，而是毫无疑问的意思，因此，它和后面表示否定的"不是"连用，不能认为是用双重否定表示肯定的意思，而是对"不是"更起到强调的作用；"不能不说是"才是表示肯定的名副其实的双重否定，和"无疑不是"意思正相反，因此，在实际使用时，不能混淆。"这无疑不是这伙人设下的骗局，千万不要上当！"其中的"无疑不是"就用得不妥。既然不是这伙人设下的骗局，也就无须警告人们"不要上当"。可去掉"无疑不是"中的"不"字。

（一往）无前（不是无法再前进）
wúqián

前面没有什么东西可以阻挡。一往无前：形容无所畏惧地奋勇向前（一往：一

直，始终）。如：战士们一往无前地冲向敌阵。注意：这里的"无前"含有无敌的意思，和成绩无前、史无前例中的"无前"（过去没有过；空前）含义不同，更不能理解为"无法再前进"，如是，则与原意大相径庭。

无耻（不是没有耻辱）wúchǐ

不顾羞耻；不知羞耻。如：厚颜无耻、无耻吹捧、卑鄙无耻。注意："无耻"是形容词，含义是明确而固定的，如果把它拆开来，"无"作"没有"、"耻"作"耻辱"来理解就大错特错了。

无时无刻（和"每时每刻"迥异）
wúshí-wúkè

没有一时没有一刻。当"无……无……"分别用在两个意义相同或相近的词或词素前面时，它强调的是没有，如说"无缘无故（没有缘故）"无声无臭（xiù）（没有声音没有气味）"无依无靠"（没有依靠）"无牵无挂"（没有任何牵挂）"无亲无故"（没有亲人，也没有朋友）等。"无时无刻"也不例外，它和"每时每刻"的意思正好相反。如果想用"无时无刻"来表达每时每刻的意思，就要在它的后面加上一个"不"字，构成双重否定，才能表达肯定的意思。如：我们无时无刻不在想念着你。下面句中的"无时无刻"就用得不对："她无时无刻都在潜心著述。"（可把"无时无刻"换用"每时每刻"，或把其中的"都"改为"不"。）

毋宁（不再写作"无宁"）wúnìng

相当于"不如"（常跟"与其"呼应）。表示在两项中，比较之后，选前一项不如选后一项更好。如：与其坐以待毙，毋宁和敌人拼你死我活；鸦片战争的失败，与其说侵略者舰利船坚，毋宁说

统治者腐败无能。注意：①"毋"（四笔。笔顺是㇉乛凵毋毋），不要误写作"母"。②"毋宁"以往可作"无宁"，现在的正确写法是"毋宁"。"宁"在这里也不读 níng。

wǔ

五风十雨（并非指恶劣天气）
wǔfēngshíyǔ

五天刮一次风，十天下一场雨。形容风调雨顺。这个成语出自汉·王充《论衡·是应》："风不鸣条，雨不破块，五日一风，十日一雨。"意思是风不吹响树枝，雨不冲破土块，每五天刮一次风，十天下一场雨。后便用来形容风调雨顺。如：开春以来，五风十雨，看来又是一个丰收的好年景。"五风十雨"是个褒义成语，不能错误地理解为风雨频繁、变化无常的恶劣天气。

五湖四海（和"五洲四海"不同）
wǔhú-sìhǎi

指全国各地（五湖：历来说法不一，一般指洞庭湖、鄱阳湖、太湖、巢湖、洪泽湖。四海：我们的祖先认为我国四面都是海）。如：我们大家都是来自五湖四海。"五洲四海"不同，是泛指世界各地（五洲：亚洲、欧洲、非洲、美洲和大洋洲；泛指世界各地）。因此，"欢迎你，来自五湖四海的朋友"和"欢迎你，来自五洲四海的朋友"中的"朋友"涉及的范围大小不同。下面句中的"五湖四海"用得不妥："中国人民有信心、有能力办好世博会。我们将以博大的胸怀、灿烂的笑容，欢迎来自五湖四海的宾客。"（应改用"五洲四海"，因为"世博会"是一次全世界的盛会）

五四运动（不写作"5·4运动"）
wǔ-sìyùndòng

（解释略）根据国家颁布的数字用法的国家标准：《出版物上数字用法的规定》，凡用月、日表示节日或事件的名称，要符合两个条件：一是要用汉字；二是在月、日之间，除一月、十一月、十二月外，一律不用间隔号。"5·4运动"的写法显然不符这两个条件（用的是阿拉伯数字，数字之间又加了间隔号）。规范的写法应是"五四运动"。同样，五一国际劳动节、三八国际妇女节、九一八事变也不写作5·1国际劳动节、3·8国际妇女节、9·18事变，但一二·九运动中的间隔号又是不可少的，因为它指的是12月9日，不加间隔号就可能错误地理解为1月29日。以上写法是符合国家标准的。但2001年9月11日美国纽约等地恐怖事件发生后，报纸上几乎都写作9·11，2008年5月12日汶川大地震发生后，媒体报道中，亦有写作5·12的。这些写法按标准是不合法的，但有位哲学家说过"存在即合理"。"9·11"也好，"九一一"也罢，完全不影响意义的表达，不必强行定于一尊。要提及的是，五四运动、三八妇女节、九一八事变，这些都是约定俗成的写法，我们应当尊重传统体例，不宜写作5·4运动、3·8妇女节、9·18事变。值得注意的是，月、日之间的间隔号圆点应放在中间，不能用小数点（圆点居下），写成9.11；月和日应用引号单独标出，置于事件之前，不能把事件也放在引号内。如：不能写作"9·11事件""九一八事变"等。是否用引号，视事件的知名度而定，像五四运动、五卅运动、五一国际劳动节、九一八事变、七七事变等可不用；而五二〇声明、九一三事件、一一·一〇案件、一二·八事变等则要用引号，写作"五二〇"声明、"九一三"事件、"一一·一〇"案件、"一二·八"事变。

武功（≠武工）wǔgōng

①指军事方面的功绩。如：文治武功（政绩和战功）、他武功卓著。②武术功夫。如：武功过人、他练过武功。③戏曲中的武术表演。如：他武功可好啦！注意：①②项解释的"武功"不能写作"武工"。"武工"只有"武功"中的第③种解释。《现异》也以"武功"为推荐词形。但武工队中的"武工"却不能写成"武功"，因为这里的"武工"是武装工作的意思。

wù

乌（拉草）（不读 wū）wù

乌拉草是多年生草本植物。主要产于我国东北地区。我国东北地区冬天穿的用皮革做的一种名叫"靰鞡"（wùla）的鞋，里面便垫有乌拉草。这里的"乌"不读 wū。"乌拉"（wūlā）完全不同，是西藏民主改革前，农奴向官府或农奴主所服的各种劳役；也指服这种劳役的人。

戊夜（≠午夜）wùyè

五更天，相当于现在的凌晨三点至五点，是天快亮的时候。旧时从黄昏到拂晓（晚7时至次日晨5时）这段时间分为五个时段，依次叫一更、二更、三更……五更，合称五更（每更相当于现在的两小时）。如《南史·梁武帝纪》："常至戊夜"，就是常到五更天的意思。"戊夜"有时也写作"五夜"，但和"午夜"不同，午夜是指半夜，即夜里十二点前后的一段时间。如：他常常工作到午夜。

物象（和"物像"有别）wùxiàng

①动物、器物等在不同的环境中显示的现象（象：形态；样子），可作为预测天气变化等的辅助手段。如：馒头云在天脚边，晴天无雨日又煎；月晕而风，础润而雨（月亮周围出现光环就要刮风，石墩湿润了就要下雨。晕：月亮周围出现的光环。础：柱子底下的石墩）；猪衔草，寒潮到等。②事物的形象。如：摹写物象、眼前的物象清晰可见。"物像"不同，是指来自物体的光通过小孔或受到反射、折射后形成的像（像：图景）。如"海市蜃（shèn）楼"就是大气中由于光线的折射作用把远处景物显示在空中或地面的奇异幻景。又如安徽省广德县的太极洞在春天的某一天当太阳光射进洞内时偶尔出现的太极重光现象。

物（议纷纷）（不能误写作"勿"）wù

指自己以外的人，即他人。物议纷纷：众人的批评议论很多。如：楼上乱抛垃圾，行人物议纷纷，指责这种人缺乏道德。物议沸腾、免遭物议、引起物议中的"物"写法、含义同，都不能错写成请勿吸烟、切勿上当的"勿"（不要）；物议纷纷也不能理解为不要议论纷纷。还要注意："物议"的前面不要加"大家"二字，如不能说"大家物议纷纷""引起大家物议"，因为"物议"本身已含有众人批评的意思，"大家"无疑是蛇足。（参见"待人接物"条）

（待人接）物（不是指东西；事物）wù

他人。待人接物：跟别人交往相处（接物：与人交往）。如：待人接物要讲究礼貌；他待人接物，恰到好处。按理说，人是人，物是物，井水不犯河水，但在汉语中，往往有称他人或众人为"物"的。如：傲物（自负，轻视他人）、物望（众望）、物议纷纷（众人的批评议论很多）等。以上的"物"都不能解释为货物、万物、身外之物的"物"（东西）。倘若把"待人接物"理解为在家里等待接受别人的礼物，就会让人啼笑皆非。

（交）恶（不读 è、ě、wū）wù

憎恨（跟"好 hào"相对）。交恶：互相憎恨仇视。如：岛屿争端使两国交恶；1979 年，伊朗伊斯兰革命推翻亲美政权，美伊开始交恶。厌恶、恶寒（①厌恶寒冷。②感到身体一阵一阵发冷）、深恶痛绝、好（hào）逸恶劳、恶湿居下（讨厌潮湿，却又居住在低洼的地方。比喻行动与愿望相悖）、恶醉强（qiǎng）酒（怕醉，却硬要喝酒。比喻明知故犯）、痛恶不正之风（痛恶：极其厌恶；憎恨）中的"恶"音、义同。这些"恶"不读作恶、凶恶、恶毒的"恶"（è）；不读恶心（有呕吐的感觉）、找个机会恶心恶心他（恶心：故意使人难堪）的"恶"（ě）；也不读"路恶在？"（路在哪里？）"恶可如此？"（怎么可以这样呢？）"恶，是何言也！"（啊，这是什么话！）的"恶"（wū）（①文言疑问代词。哪里；怎么。②叹词，表示惊讶，相当于"啊"）。要特别注意，"交恶"的"恶"容易被人读作è，不对！

（趋之若）鹜（不能误写作"骛"）wù

鸭子。"趋之若鹜"是说像成群的鸭子一样，争先恐后地跑过去。比喻很多人争着去做不好的事情。如：一些不明真相的人轻信传销可以致富，便趋之若鹜。鸡鹜争食（鸡和鸭争夺食物。比喻平庸的人为了名利互相争斗）、刻鹄类鹜（比喻仿效虽不算成功，但还近似。鹄 hú：天鹅）的"鹜"写法同。它们的下边是"鸟"，不要误写作和它读音相同的"骛"（下边是"马"），是指马快跑，引申为追求。如：好高骛远（不切实际地追求过高的目标）、旁骛（在正业以外有所追求，不专心）。

（好高）骛（远）（不能误写作"鹜"）wù

奔驰，引申为追求。好高骛远：不切实际地追求过高的目标。如：他一向鄙视这种好高骛远的人；必须打好基础，才能建起高楼大厦。好高骛远，终难成其大事。旁骛（把注意力用到正事以外的事上）的"骛"写法同。这些"骛"（下边是"马"）不能错写成和它读音相同的"趋之若鹜"的"鹜"（下边是"鸟"。指鸭子），也不宜写作不务正业的"务"。好高骛远中的"好"是喜爱、喜欢的意思，要读 hào，不读 hǎo。

寤生（≠逆产）wùshēng

逆生，指胎儿脚先出来，等于说难产。（胎儿顺产是头先从母体出来。寤，同"牾"：逆、倒着）。如《左传·隐公元年》："庄公寤生，惊姜氏。"说的是郑庄公出生时难产，做母亲的受了惊。"逆产"固然也可指胎儿出生时脚先出来，然而它还有一个义项是指背叛国家民族的人的财产。如：抄没（mò）逆产。这里的"逆"是作背叛的人讲。"寤生"没有此解。

X

xī

皙（别于"晳"）xī

指人的皮肤白。如：白皙（皮肤白净）、白皙的面孔。注意："皙"（上"析"下"白"）不要和"晳"（上"折"下"日"）混淆。晳，音 zhé，是明亮的意思。如：庭燎晳晳（庭燎：庭中用来照明的火炬）、明星晳晳。要强调的是，"皙"只有用来指人的皮肤白时才这样写，用于其他意义时，"皙"是"晰"的异体字。因此，明晰、发音清晰的"晰"不能写作"皙"。

锡茶壶（不能误写作"钖茶壶"）
xīcháhú

锡茶壶就是指锡做的茶壶，并无他义，例举意在强调不能错写成"钖茶壶"。"锡"和"钖"的区别："锡"是从"錫"字简化而来（只是偏旁"金"简化作"钅"，"易"并未简化）；而"钖"是从"鍚"字简化而来（偏旁"金"简化作"钅"，右边的"昜"简化作"㐅"），读作 yáng，指马额上的装饰物。"茶"和"荼"的区别："茶"（下边是"木"，共四笔）、"荼"（下边是"朩"，共五笔），读作 tú。一指茅草开的白花（如：如火如荼），二指古书上说的一种苦菜（如：荼毒生灵。荼毒：比喻毒害。生灵：指百姓）。"壶"和"壸"的区别："壶"（下边是"业"）；"壸"（下边是"亚"），读作 kǔn，指皇宫里的路。引申指内宫，泛指女子居住的内室。如：宫壸（帝王后宫）、壸闱（wéi）（古时妇女居住的内室）。可见，"锡茶壶"和"钖茶壸"分别是三个完全不同的字，字形、字音、字义都不同，不能混淆。

嘻皮笑脸（和"喜眉笑眼"不同）
xīpí-xiàoliǎn

形容嘻笑而不严肃的样子（嘻：形容笑的声音）。如：正经点儿，别嘻皮笑脸的；每次批评他，他都嘻皮笑脸地不在乎。"喜眉笑眼"（xǐméi-xiàoyǎn）不同，是说面带笑容，非常高兴（喜：快乐；高兴）。如，他喜眉笑眼地说："我这次数学考试又取得了好成绩。"注意："嘻皮笑脸"是规范词形，不要再写作"嬉皮笑脸"。《现异》以"嘻皮笑脸"为推荐语形（见 571 页），《现规》也有提示。

膝下（和"足下"不同）xīxià

①子女幼小时常偎依于父母的膝盖之下。因此旧时表示有无儿女，常说"膝下怎样怎样"。如："膝下有子女一双"就是"有一个儿子、一个女儿"的意思，"膝下尚虚"就是还没有子女的意思。②子女给父母或祖父母写信时，在开头的称呼之后加"膝下"二字，以表示自己对上辈的尊敬。如：父亲大人膝下。"足下"不同，是对朋友的尊称（多用于书信）。如："足下高见""足下以为如何？""某某仁兄足下"。下面句中的"足下"用得不妥："老人足下无子无女，老伴去世后，生活全靠远房侄子尽心扶持。"（应改用"膝下"）

膝下犹虚（和"中馈犹虚"有别）
xīxiàyóuxū

膝下还空虚着，意即还没有儿女

（犹：还。虚：空，无）。如：他年届四十，膝下犹虚。儿女幼小时常偎依于父母的膝盖之下，因此旧时表示有无儿女，常说"膝下怎样怎样"，如说"膝下有子女一双"，意思就是有一个儿子、一个女儿。"中馈犹虚"（zhōngkuìyóuxū）和膝下犹虚有不同。"中馈犹虚"是说家中没有妻子。多指妻子去世（中馈：指厨房之事，引申指妻子）。如：他是去年六月断弦，目下中馈犹虚。（断弦：借指妻子死去）。家中没有妻子（多指妻子去世）也可说"中馈乏人"。

嬉笑（和"嘻笑"有别）xīxiào

笑着闹着（嬉：游戏；玩耍）。如：嬉笑不停、远处传来了孩子们的嬉笑声。"嬉"和"嘻"音同义殊：前者是动词，主要用来描述行为；后者是象声词，主要用来模拟声音或情态，"嘻笑"就是嘻嘻地笑，和"嬉笑"的含义不同。把嘻笑着说、嘻皮笑脸（嘻笑而不严肃的样子）、他冲我嘻嘻地笑中的"嘻"写作"嬉"就不妥；把"嬉笑怒骂，皆成文章"（写作不拘题材形式，任意发挥，都能写出好文章）中的"嬉"写成"嘻"也不对，因为这里的"嬉"是嬉笑、玩耍的意思。"嬉笑怒骂"按字面的意思是嬉戏、耍笑、发怒、斥骂。它表现出来的就是这些行为动作。

xí

习习（有二解）xíxí

常见的解释是，形容风轻轻地吹。如：凉风习习、微风习习、晚风习习。然而"习习笼中鸟""春燕习习筑巢忙"中的"习习"则是指鸟飞来飞去的样子。

习非成是（和"积非成是"不同）xífēi-chéngshì

对错误的东西习惯了，反认为是正确的（习：习惯。是：对；正确）。如钱玄同《寄陈独秀》："于是习非成是，一若文不用典，即为俭学之征。"铜臭的"臭"以往我一直把它读作chòu，习非成是，还以为这是铁定的，殊不知这个读音是不对的。"积非成是"不同，是说错误的东西流传久了，也会被认为是正确的。如："每况愈下"这个成语，本作"每下愈况"，意思是愈下愈甚，指用脚踩猪腿的方法来验猪，越往下踩越能看出猪的肥瘦。况：甚。后讹变为"每况愈下"，用来指情况越来越坏。积非成是，这种误用由于使用的时间长久，也就确定了它存在的地位。

媳妇儿（和"媳妇"不同）xífur

一指妻子。如：他的媳妇儿是护士。二泛指已结婚的年轻妇女。如：一群媳妇儿正在溪边浣衣。注意："媳妇儿"是北京的地方话，如果北京人说："这是我媳妇儿"，说的就是我的老婆。它和"媳妇"（xífù）是两个不同的概念。"媳妇"是，一指儿子的妻子。也叫儿媳妇。如：她是张太太的媳妇。二指弟弟或晚辈亲属的妻子（前面加晚辈称呼）。如：弟媳妇、侄媳妇、孙媳妇。

xǐ

洗钱（与"洗儿钱"无关）xǐqián

把非法得来的钱款（如走私、贩毒、抢劫、贪污等）通过存入银行等改变名义、性质，使成为合法收入，即把"黑钱"变成所谓"干净的钱"。为维护金融安全，必须打击洗钱犯罪活动。这种行为源于20世纪20年代，美国芝加哥一黑手党金融专家开设的洗衣店，故称。"洗儿钱"不同，是指我国旧俗在婴儿出生后第三天给他洗澡（即"洗三"），以示喜庆，这个仪式叫"洗儿"，洗儿那天亲戚朋友送给婴儿的钱叫洗儿钱，也可缩略为"洗钱"，但和前面说的"洗钱"无瓜葛。

xì

卌（后边不能加"十"）xì

数目，四十。如：离别卌载，父子终相见。注意："卌"和"卅"（sà，三十）、"廿"（niàn，二十）一样，后边都不能再加"十"。

（解铃）系（铃）（不读 jì）xì

拴；绑。解铃系铃（jiělíng-xìlíng）："解铃还须系铃人"的缩略，意为谁系在老虎脖子上的铃，还得由谁去解。比喻由谁惹出来的麻烦还得由谁去解决。如：他发怒是由你引起的，解铃系铃，你还是去向他认个错吧；解铃系铃，馊主意是他出的，还得由他去解决。成语词典中对其中的"系"读音不统一，有读 xì 的，也有读 jì 的。按其解释，应读 xì，因为读 jì 的"系"只有"打结；扣"的意思。如：系鞋带、系着围裙、皮带系得紧绷绷的。《现汉》《现规》都读 xì；《现代汉语成语规范词典》还有提示："系"这里不读 jì。

（收拾）细软（不是指棉被等杂物）xìruǎn

指贵重而又便于携带的首饰、珠宝、绸帛等（细：指金银珠宝。软：指皮货字画等）。如：细软家私；收拾细软，准备潜逃。这里的"细软"不是指棉被或一些破旧衣服。它和作形容词用的细软的秀发、细软的柳条在风中摇曳的"细软"（纤细柔软）也不同。

（脉搏）细数（不读 xìshǔ）xìshuò

细微且跳动得快。脉搏细数：中医诊脉的常用术语，是说脉搏细微而且跳动得快。"数"在这里表示次数多。凡是用来表示屡次意思的"数"都读 shuò。如：数见不鲜（屡见不鲜）、小便频数（频数：次数多而密）。这里的"细数"和"互联网时代，信息泛滥带来的弊端难以细数"中的"细数"（xìshǔ）音、义都不同。

xiá

鍜（别于"锻"）xiá

古代战士头盔后面垂着的保护颈项的铠甲。"鍜"和"锻"字形相似，不能误写作"锻"。"锻"（duàn）是指把金属工件加热到一定温度后锤打，使成为具有一定形状和尺寸的工件，并提高它的机械性能。如：锻锤、锻铁、锻接。"鍜"是个冷僻字，它的右边是"叚"。假、瑕、暇的右边，霞、葭（jiā，指初生的芦苇）的下边写法同。它们和"锻"的右边写法有别。

xià

下里巴人（不是"人"）xiàlǐ-bārén

战国时代楚国的民间歌曲（下里：乡下。巴人：指川东和今重庆一带地方的人民，表明做歌曲的人和地方）。后泛指通俗的文艺作品（经常跟"阳春白雪"对举）。如毛泽东《在延安文艺座谈会上的讲话》："现在是'阳春白雪'和'下里巴人'统一的问题，是提高和普及统一的问题。"（阳春白雪：泛指高深的、不通俗的文艺作品。）我们既要阳春白雪，也要下里巴人，提倡百花齐放，互相促进。注意："下里巴人"不是指人，不能把它当作"下等人"来理解。如不能说"有人以为番薯（甘薯）缺乏档次，是下里巴人用以糊口的食粮，其实，这是一种偏见"。

下首（和"下手"有别）xiàshǒu

一指较卑下的位置（和"上首"相对）。如：客人坐上首，我坐下首。二指下家（打牌、行酒令等下一个轮到的人）。如：该下首出牌。注意："下手"和"下首"的读音同，也有"下首"的两种解释，不过指较卑下的位置的"下手"现在一般写作"下首"。"下手"还有两个义项是"下首"没有的：一指动手，开始进行。如：无从下手、先下手为强。二指助手。如：打下手（打杂儿，担任助手）；你掌勺，我当下手。这里的"下手"不能换用"下首"。

下野（和"下台"不同）xiàyě

当权的党政军要人被迫下台回到民间当平民（野：乡野、民间）。如：下野为民；丑闻一揭露，部长下野了。"下台"也有卸去公职或交出政权的意思，但和"下野"在使用范围上有不同，它既可指有地位的一般人物，又可指执政的党政军要人。如：那个总经理早已下台了、总统下台了。"下野"的使用范围较窄，只能指执政的党政军要人。如可以说"总统下野""部长下野"，不能说"厂长下野""校长下野"。再说，"下台"可能是自愿的，也可能是被迫的；"下野"一般是被迫的。

下榻（和"下塌"迥异）xiàtà

客人（现多指贵宾）住宿。如：下榻国际饭店、总理在下榻的国宾馆举行了盛大的答谢宴会。下榻中的"下"是放下的意思，"榻"原是指狭长而较矮的床，后来指一般的床；"下榻"按字面的意思是放下床。《后汉书·陈蕃传》记载：东汉时，陈蕃在任豫章（今江西省南昌市境内）太守时，一般不接待宾客，只有徐稚（豫章地区的有识之士，学问渊博，品德高尚）来时，出于对徐稚的敬重，便把家里为他特设的小床放下来，供他坐卧。徐稚走后，便把床悬挂起来。后来，人们便把留客住宿叫下榻，久而久之，又有了入住（旅社、宾馆）的意思，现在常借"下榻"一词作为对贵宾住处的尊称，如外国领导人来我国访问住到某某宾馆或某某饭店时，媒体常说他们在某某宾馆（或饭店）"下榻"。要注意的是，"下榻"不能用于自身，如不能说"这次我们到上海一行，下榻在某某宾馆"。（可改用"入住"）"下塌"和"下榻"完全不同，"下塌"是说向下坍塌，塌陷（塌 tā：坍塌）。如：桥面下塌、墙基下塌。

夏至（不是"夏天到了"）xiàzhì

农历二十四节气之一，在每年公历6月21日或22日。注意：这里的"至"不作"到"讲，应解释为"极、极点"，因此，"夏至"按字面也不是夏天到了。按照我国古代阴阳转化的观点，夏至这天阳气达到极点，此后，阳气开始下降，阴气开始上升，直到"冬至"阴气达到极点，于是又开始新一轮彼消此长的阴阳转化过程；从季节变化来说，夏至也不是夏天到了或夏天的开始，而是位于夏天的半中间，而"立夏"（二十四节气之一）才作为夏季的开始。同理，"冬至"也不能理解为冬天的开始，而是冬天的一半，"立冬"才是冬天的开始。

xiān

先生（并非男士的专利）xiānsheng

①老师。②对男子的尊敬称呼（如：记者先生、先生贵姓?）。③称别人的丈夫或对别人称自己的丈夫（如：她先生爱下棋、我先生刚出去）。④医生（如：小孩感冒了，快去请先生看看）。⑤旧时管账的人或说书、卖唱、相面、算卦、看风水等为职业的人（如：账房先生、算命先生、风水先生）。注意："先生"这种称谓，也并非是男士才能独享的专利，像在学术界、知识界和文化界有很高声望的专家学者，不论男女也可称作"先生"，如钱锺书（中国现代文学家、学者）自然是"先生"，他的夫人著作甚多，也被称为"杨绛先生"；"中国原子弹之父"钱三强的夫人何泽慧院士是核物理学家，也可称之为"先生"。曹靖华《飞花集·"电工"鲁迅》中也有："鲁迅先生和宋庆龄先生，长期间就在敌人的暗无天日的统治下，冒着生命危险，从事庄严的革命工作。"

先室（不称"先妻"）xiānshì

亡故的妻子。"先"在这里有已经死去的（含尊重意）意思。对长辈或自己尊敬的死者，称"先"不称"亡"。如：先考（自称去世的父亲）、先人（祖先或特指已故的父亲）、先妣（自称去世的母亲）、先兄、先嫂、先夫等，但按传统叫法，死去的妻子不叫"先妻"，而叫"先室"；不过，对人称自己已经去世的妻子也可叫"亡荆"。

祆（和"袄"、"祅"不同）xiān

祆教。古代流行于伊朗和中亚细亚一带的宗教，崇拜火神，又称拜火教。注意：此"祆"（左边是"礻"，右边是"天"）和棉袄、皮袄的"袄"（左边是"衤"，右边是"夭"）左右写法都不同；也不能误写作"祅"（左边是"礻"，右边是"夭"）。"祅"是"妖"的异体字，现已停止使用。

xián

（垂）涎（不能读yán）xián

口水。垂涎：因嘴馋而流口水，比喻非常眼红别人的好东西。如：垂涎三尺、垂涎欲滴（馋得口水都要滴下来了；形容非常眼红，极想得到）。注意："涎"在任何词语中都只有xián的读音，不能读yán。

舷梯（和"悬梯"有别）xiántī

靠舷而设的专门用来上、下轮船或飞机的梯子（舷：船、飞机等两侧的边儿）。如：一位身材魁梧的将军从机舱里出来缓缓走下舷梯。"悬梯"（xuántī）不同，是指悬挂在直升机、山崖等高处的绳梯。如：从直升机上放下悬梯，救援被洪水围困的群众。

xiǎn

洗马（不是给马洗澡）xiǎnmǎ

在车马前作向导。古代有"太子洗马"这一官职，是太子的侍从官，太子出行时担任仪仗前驱。"洗马"本作"先马""前马"，故有先驱、侍从、使者的意思，不能从字面上理解为给马洗澡；又因为"洗"通"先"，变读为 xiǎn，所以把这里的"洗"读作 xǐ 也不对。

xiàn

（华佗再）见（不读 jiàn）xiàn

表露在外面，使人可以看见。"华佗再见"是说华佗这样的名医好像又一次出现在人间。称赞医生医术高明。图穷匕首见（比喻事情发展到最后，真相才完全显露出来）；情见乎辞（情意表现在文辞中）；层见叠出（形容事物接连不断出现）；踵决肘见（形容衣衫破烂，穷困不堪）；读书百遍，其义自见；"何时眼前突兀（wù）见此屋"（什么时候这些高耸的房子会出现在我的眼前）（杜甫《茅屋为秋风所破歌》）中的"见"都不读 jiàn，也不写作"现"。倘若把"华佗再见"解释为"再见啦华佗！"准会让人啼笑皆非。

献芹（并非实指送上芹菜）xiànqín

谦称赠送人的礼品微薄或所提的建议浅陋。"芹"本指芹菜，是普通蔬菜，这里是用来比喻微薄的（礼物、情意等），表示微不足道。如明·无名氏《精忠记·赴难》："今日将这碗饭送去与他充饥，野老献芹，聊表微意。"也说"芹献"。如：备有薄礼，聊当芹献。又有芹意（微薄的情意）、美芹之献（指地位低微的人提出的好意见）的说法，其中的"芹"义同，是比喻说法，并非实指芹菜，把"献芹"理解为送上芹菜，纯系望文生义。

献丑（和"现丑"有别）xiànchǒu

用于向人出示作品或表演技艺时，表示自己的能力很差（献：表现给人看）。如：大家要我表演节目，那我只好献丑了。"献丑"不能和"现丑"混淆。"献丑"是谦词，不管技艺如何，都可以说，但只能是自己说；而"现丑"是贬义词，出丑的意思，其表现确实不尽如人意。这里的"现"作显露、露出讲。如：他不会唱，硬要他唱，这不现丑了；参加比赛前一定要认真准备，免得到时现丑。

xiāng

乡党（并非乡村中的党员）xiāngdǎng

（西北官话）泛指家乡，又指同乡。如《论语·乡党》："孔子于乡党，恂恂如也，似不能言者。"（孔子在家乡，总是谦卑恭顺的样子，像个不善说话的人。恂恂 xúnxún：谨慎谦恭的样子）各位乡党。"党"在这里是指古代的地方户籍编制单位。相传周制以五百家为一党，一万二千五百家为一乡，故有"乡党"之说。"乡党"绝不是乡村中的党员。

乡愿（不是回乡的愿望）xiāngyuàn

名词。指乡里中貌似忠厚而实与流俗、污浊的社会同流合污的伪善者，也就是外表忠诚老实，实际言行不一的伪君子。乡愿这种人，很具有迷惑性，你要批评他却举不出具体的事实来；要指责他却又觉得没有什么可指责的，正如孔子在《论语·阳货》中说的"德之贼也"。无疑，"乡愿"是个贬义词，无怪乎孔子指控他是道德的败坏者。如：我不能以乡愿的姿态，多方讨好，侥幸图存。"乡愿"不是"回乡愿望"的缩略语，这里的"愿"不作心愿、愿望讲，而是谨慎、老实、恭谨的意思。下面句中的"乡愿"就用得不对："离家三年多，因种种原因，无缘与家人相聚，这次出差，终于实现了乡愿。"

相见恨晚（别于"相知恨晚"）
xiāngjiàn-hènwǎn

只因为互相见面太晚而感到遗憾。形容意气相投，一见如故。如：两人谈得非常投机，大有相见恨晚之意。"相见恨晚"和"相知恨晚"不同。"相见恨晚"是说双方以前没有见过面，现在见到了，一见如故，感觉非常好，以至只恨相识得太晚；而"相知恨晚"是说只恨相知太晚了（相知：彼此相交，互相了解），指的并非第一次见到。相见不一定就会相知。如：过去读这部小说，未产生多少兴趣，近日重读，真有相知恨晚之感。（这里用"相见恨晚"就不妥。）

相应（有二读）①xiāngyìng

互相互应或适应。如：文章要首尾相应；时代变了，人们的某些观念也要相应地改变。②xiāngyīng 旧式公文用语，意同"理当""应该"。如：相应函告（函告：用书信方式告知）、相应咨复。注意：山东话作"便宜"（piányi）讲的"相应"读 xiāngying（"应"读轻声）。

xiáng

（安）详（不能写作"祥"） xiáng

审慎。安详：表情平静，动作从容。如：神态安详、举止安详、面容安详。"安详"是由表示安稳意思的"安"和表示审慎意思的"详"组成的联合式合成词，这个"详"既不作详细、清楚讲，也不是细细说明的意思；"详"也不能误写作吉祥、祥瑞的"祥"。

降服（和"降伏"迥异） xiángfú

投降屈服。是弱者的行为，失败的象征。如：敌军降服、缴械降服。"降伏"和"降服"音同义殊，是制服、使驯服（多用于物）的意思。如：烈马终于被降伏了；由于大力兴修水利，当地人民终于降伏了旱魔。是一种强势行为，胜利的象征。

翔（实）（不作"详"） xiáng

详细。翔实：详细而确实。如：内容翔实、翔实的记录、叙述翔实可信。"翔实"和"详实"是全等异形词。《现异》有说明：根据通用性原则，宜以"翔实"为推荐词形。《现汉》（第6版）在"详实"这一词条后注明：同"翔实"。《现规》（第3版）在"详实"这一词条后也有说明：现在一般写作"翔实"。

庠（序）（不能误写作"痒"） xiáng

古代的学校。庠序：古代指地方办的学校（殷代叫"庠"，周代叫"序"），泛指学校。如："谨庠序之教"，意即重视学校的教育。庠生（科举时代府学、州学、县学的生员。生员：通称秀才）中的"庠"写法同。注意：这里的"庠"（广字旁儿）和搔痒、浑身发痒、搔到痒处（比喻说到点子上）的"痒"（yǎng）形、音、义都不同，不能混淆。

xiǎng

享年（不能用于青少年） xiǎngnián

敬词。用来称死去的人活的岁数。如：享年八十二岁。注意：①这里的"享"不能误写作万事亨通的"亨"（hēng）。②"享年"多指老人死去时的岁数，也可用于壮年。如："她生在上海，长在澳洲，嫁在北平，死在云南，享年三十二岁。"（冰心《我的学生》）③指人去世时的年龄也可用"终年"（老年、壮年均可），但它不是敬词，同样不能用于青少年。

响马（非"马"） xiǎngmǎ

旧时称拦路抢劫的强盗，因马身上系着铃，从远处就能听到声音而知道他们的到来或抢劫时先放响箭（射出时能发出响声的箭）而得名。如李渔《奈何天·筹饷》："只因西北路上，响马最多，这银子不比别样东西，时时要防盗贼。""响马"与"马"无关。

想象（不再写作"想像"） xiǎngxiàng

①名词。对于从没见过的事物，在知觉材料的基础上，经过头脑加工而创造出新形象的心理过程。如：凭空想象、想象丰富。②动词。推想出不在眼前的事物的具体形象或发展结果。如：难以想象、想象不到他竟会做出这样的事来。有些辞书注明：想象也作"想像"。2001年10月18日全国科技名词委和国家语委联合召开的"'象'与'像'用法研讨会"已确定"想象"为规范词形。如说"我们现在进行的伟大事业，是前人所不能想象的。"其中的"象"就不要再写作"像"。"想象力"的"象"也该这么写。

xiàng

向午（≠晌午） xiàngwǔ

接近中午的时候（向：接近；将近）。如：睡到向午才起床。"晌午"（shǎngwǔ）有不同，是指中午，即白天12点前后的一段时间。"晌"也是中午的意思。如：晌午饭、睡晌午觉。

向导（不读 xiǎngdǎo） xiàngdǎo

①动词。带路。如：你来向导。②名词。带路的人。如：请你做我们的向导。注意："向"在任何词语中都只有xiàng这个读音，若把"向导"误读为xiǎngdǎo，往往就会把"向导"写作"响导"，"向往"写作"响往"。其实，辞书中并无"响导""响往"这两个词。

（吉人天）相（不是相貌） xiàng

帮助；保佑。吉人天相：好人一定有上天保佑（吉：好）。如：吉人天相，像他这样的好人，定能平安归来。这里的"相"不能解释为相貌、外貌，也不读xiāng。

象箸（不能误写作"象著"） xiàngzhù

象牙筷子。如：这是一双象箸。这里的"箸"（上边是"⺮"）指的是筷子。举箸（举起筷子）、下箸（拿筷子夹东西吃）、象箸玉杯（象牙筷子和玉做的酒杯）中的"箸"写法同，都不能写作显著、著名的"著"。

（四不）像（不能写作"象"） xiàng

跟某事物相似。四不像：通常指的是麋（mí）鹿（哺乳动物，雄的有角，角像鹿，头像马，身子像驴，蹄子像牛，但从整体来看又不全像以上四种动物中的一种，故名）。注意：这里的"像"不能写作"象"。"像"和"象"现在已有明确分工，其中，跟某事物相同或相似解释的"像"（如孩子长得像他爸爸、他的面貌像他哥哥、他像只好斗的公鸡）不能写作"象"。

xiāo

枭首（不是贩毒集团的头目） xiāoshǒu

旧时的一种死刑，把人头砍下并且悬挂起来。这里的"枭"是指悬挂（砍下的人头)。如:枭首示众、二十八人枭首。注意:"枭首"并非指贩毒集团的头目,贩毒集团的头目叫毒枭(枭:首领)。如:毒枭终被击毙。

(元)宵(不能误写作"霄") xiāo

夜。元宵:一指农历正月十五日夜晚。因为这一天称上元节,所以晚上叫元宵。如:闹元宵、元宵观灯。二指汤圆。元宵节应时食品,用糯米粉做成,球形。这里的"宵"不能写作"霄"。凡是作"夜"解释的"宵"上边都是"宀"。如:通宵、良宵(美好的夜晚)、宵禁(夜间戒严,禁止通行)、通宵达旦(一整夜,直到天亮)。与云或天空有关的"霄"上边才是雨字头。如:云霄、霄汉(指高空。霄:云;汉:天河)、九霄、霄壤之别(像天和地那样相差极远。形容差别很大)。

萧郎(并非特指姓萧的小伙子) xiāoláng

萧郎本是指萧姓男子,但到了唐代,《全唐诗》中许多爱情诗中的女主人公所思慕的男恋人都叫萧郎;宋代和清代也有这种用法。如唐无名氏《醉公子》词"门外猧儿吠,知是萧郎至。"(猧儿,即猧 wō 儿,指小狗)又唐崔郊《赠婢》:"侯门一入深如海,从此萧郎是路人。"其中的"萧郎"指的也是女子的恋人,至于这位恋人是不是姓萧,可就不一定了。成语有"萧郎陌路",是指把曾经爱过的男子当作了陌生人。萧郎就是泛指女子所爱恋的男子。

销毁(和"烧毁"不同) xiāohuǐ

熔化掉;烧掉;毁掉(销:加热使固态金属成为液态或去掉,使不存在)。如:销毁核武器、销毁罪证、销毁盗版 CD 是维护知识产权的重要举措。"销毁"和"烧毁"有不同。"销毁"仅指有意的行为;而"烧毁"是指由于燃烧而毁坏、毁灭,既可指人为的(包括有意或无意的),又可指自然产生的。如:那份材料已当着他的面烧毁了,山火烧毁了大片树林。下面句中的"烧毁"和"销毁"不能错位:"鬼子把整个村庄烧毁了。""把旧铅字全部销毁。""金属银器全销毁了。"(第一句是指由于燃烧而毁坏、毁灭,尽管是有意的行为,但不含有"销"——熔化金属的含义;后两句含有熔化掉的意思)。

(一笔勾)销(不能写作"消") xiāo

除掉;解除。一笔勾销:把账一笔抹去,比喻把一切完全取消。如:把这笔账一笔勾销了;只要你把那间宅子还给我,我们之间的恩恩怨怨便一笔勾销了。撤销、销假、报销车费、吊销营业执照、销声匿(nì)迹(不再公开讲话,不再出头露面。形容隐藏起来或不公开出现)等的"销"写法同。注意:"销"和"消"都有去掉,使不存在的含义;一般说来,"销"侧重于去掉、解除,而"消"侧重于灭掉、除尽。"一笔勾销"意为把原来的账一笔抹掉,而不是灭掉,所以不写作"消"。

(形)销(骨立)(不能写作"消") xiāo

消瘦。形销骨立:形体消瘦,只剩一副骨头。形容身体极其消瘦(骨立:一根根骨头露着,形容人消瘦)。如冰心《秋雨秋风愁煞人》:"哪里是苗条,简直是形销骨立。"他病得形销骨立。"形销骨立"是约定俗成的成语,其中的"销"不能随意改作"消"。

xiǎo

小时（≠钟头）xiǎoshí

"小时"和"钟头"都是时间单位，都表示一天时间的1/24。它们常可互用，一个小时叫一个钟头；它们前面都可加数词，但"钟头"之前必须有量词"个"。"小时"可以有量词，也可以省去量词。如可以说"一小时""五小时"，也可以说"一个小时""五个小时"，但用"钟头"表示时，只能说"一个钟头""五个钟头"，不能说"一钟头""五钟头"。有些科技术语只能用"小时"表述。如："千瓦小时"，不能说"千瓦钟头"。

小可（不才）（不是轻微；寻常）xiǎokě

名词。谦称自己（多见于早期白话）。如：小可不才（我没有才能）；小可年少无知，请前辈见谅。此处的"小可"和这件事非同小可中的"小可"（形容词。是轻微；寻常的意思）含义不同。

小字（≠字）xiǎozì

除了指蝇头至樱桃大小的工笔楷体字外，还用来指小名。如曹操小字阿瞒、刘禅小字阿斗、杨贵妃小字玉环等。"字"不同，有多个义项，其中也可用来指人的表字（旧时成年人在本名以外另起的与本名在意义上有联系的别名；婴儿出生三个月后由父亲取名。男子二十岁行冠礼，结发加冠，就是举行戴帽子仪式，将垂发束起来绾在头顶，戴上成人的帽子，这时给他取字），是成年后才取的。如：曹操字孟德、诸葛亮字孔明、岳飞字鹏举、毛泽东字润之等。可见"小字"和"字"是两个不同的概念。

小子（有二音）①xiǎozǐ

一指年幼的人。如《诗经·大雅·思齐》："小子有造。"这里的"造"指成就。又如"后生小子"。二是长辈对晚辈的称呼或晚辈在长辈面前的自称。如："小子识之！"（识zhì 记住）"小子不才，还请前辈多多指教。不才：没有才能。多表示自谦。②xiǎozi 是口语。一指男孩子。如：大小子；胖小子；他有两个小子，一个闺女。二是对人的蔑称。如：这小子也太不讲理了，这小子真不是个东西！注意：又有"小小子（xiǎoxiǎozi）"的说法，这是对幼小男孩子的昵称，和前面两种"小子"的含义不同。

（关）小号（不是乐器）xiǎohào

方言。指单人牢房。"小号"既可指用来吹奏的形制较小的铜管乐器，又可指同类商品中型号较小的，如：小号球鞋、小号衬衣；旧时商人对自己铺子的谦称也可用小号，但"关小号"中的"小号"与上述的"小号"了不相涉。

小儿（并非仅指最小的儿子）xiǎo'ér

除了指儿童（如：小儿麻痹症、小儿科的大夫）外，还用来谦称自己的儿子。如：小儿不懂事，还请您多多关照。值得注意的是，对外人谦称自己的儿子时，不管是大儿子、二儿子或小儿子，都称作小儿。因此，主人若有大儿子结婚，请柬上也不能写"大儿某月某日结婚"，只能写"小儿某月某日结婚"，不然，就会让人哂笑。顺便一提的是，"小儿"（xiǎor）和"小儿"（xiǎo'ér）有不同，"小儿"（xiǎor）是口语，有两个义项：一指幼年。二指男孩子。如：胖小儿。

小熊猫（不是熊猫的崽）xiǎoxióngmāo

小猫熊的通称，哺乳动物，头部棕、

白相间，背部棕红，尾巴长而粗，黄白相间。生活在高山上，能爬树，以野果、野菜、竹叶为食，也吃小鸟等动物。属国家二级保护动物。可见，它和大熊猫是两种不同的动物。大熊猫不是小熊猫的老子，小熊猫也不是熊猫的爱称，小熊猫再大再老也还是小熊猫。因此，大熊猫生下的幼崽不能叫小熊猫。（注：大熊猫也叫熊猫、猫熊、大猫熊，是我国特有的珍贵动物。）

小照（和"玉照"有别）xiǎozhào

"小照"和"玉照"都是指照片。区别是：小照是谦称自己的照片。如：内有小照一幅，赠君留念。"玉照"是敬词，只能用来称别人的照片，而且多指女性的。这里的"玉"是用来尊称与对方有关的事物。和玉体、玉音（尊称对方的书信、回话）的"玉"意思同。

xiào

笑眯眯（不能写作"笑咪咪"）xiàomīmī

形容微笑时眼皮微微合拢，像眯成一条缝一样。"眯"在这里是指眼皮微微合上，重叠后便用来形容这种情态。与眼睛有关，所以是"目"旁。色眯眯（形容贪求女色的神态）的"眯眯"写法同。注意：这里的"眯眯"不能误写作小猫咪咪叫、她咪咪地叫她的小猫的"咪咪"（猫叫的声音或唤猫的声音）。"咪"是象声词，仿效猫叫的声音，所以是"口"旁。

（以儆）效尤（不是效仿优秀的人）xiàoyóu

效仿错误的行为。以儆（jǐng）效尤：用对一个坏人或一件坏事的严肃处理来警告那些学做坏事的人（儆：告诫；使人警醒而不犯错误）。如：对那些偷猎者，必须绳之以法，以儆效尤。注意：这里的"尤"是过失、错误的意思。《左传·僖公二十四年》："尤而效之，罪又甚焉。"意思是，明知是错误的却又去仿效它，罪就更大了。后来人们把"尤而效之"缩略为"效尤"一词，以此表示仿效错误的行为，可见它带有明显的贬义，因此，这里的"尤"不能错写成"优"，"效尤"不是效仿优秀的人。其中的"儆"也不要写作"警"，它和"以一儆百"（惩罚一人以警诫众人）的"儆"形、音、义同。

效仿（和"效尤"不同）xiàofǎng

仿照（仿：模仿，照着现成的样子去做，以求相似）。如：不要一味效仿，要有所创新；他水性好，能做一系列别人难以效仿的水中的绝活。"效仿"和"效尤"不同。"效仿"多是比较积极地学习别人的办法、精神、长处，"效尤"是指明知别人的行为是错误的而照样去做（尤：过失；过错）。是贬义词。如：以儆效尤（严肃处理某些坏人坏事，用来警诫学做坏事的人）。下面句中的"效尤"用得不妥："1851年英国伦敦世博会成功举办后，英国在国际舞台上声誉大增，世界各国群起效尤，争做主办国。"（应改用"效仿"）

效力（和"效率"不同）xiàolì

①动词。效劳。如：为国效力、为教育事业效力。②名词。事物产生的积极作用。如：失去效力、这种药的效力等于零。效率（xiàolǜ）只有名词用法：一是指机械、电器等工作时，有用功在总功中所占的百分比，即所用能力与所生功效的比率。二是指单位时间内所完成的工作量。如：工作效率；字形是书面语言的载

体，字形书写的规范与否直接影响到书面交流的效率，不能等闲视之。

xié

叶（韵）（不读 yè）xié

和谐；相合。"叶韵"就是押韵，使音韵和谐。诗歌通常都要求叶韵。叶声、叶句、"逢吉与李程同执政，不叶。"（李逢吉和李程共同执政，双方并不和洽。）（《新唐书》）中的"叶"音、义同。以上意义的"叶"不读 yè。

斜睨（和"斜视"不同）xiénì

斜着眼睛看（睨：斜着眼看）。如：他斜睨了我们两眼。"斜睨"和"斜视"有不同。"斜睨"和睨视一切中的"睨视"意思同，都含有瞧不起的意味和色彩；而"斜视"虽然也是斜着眼看的意思，但不含有轻蔑等感情色彩。如：目不斜视。此外，"斜视"还用来指一只眼睛视线偏斜的眼病。如：矫正斜视。"斜睨"没有这种解释。

偕同（和"协同"有别）xiétóng

跟别人一起（到某处去）。此"偕"作一起讲。如：偕同夫人出访、偕同贵宾参观玫瑰园。"偕同"和"协同"都有共同、一起的意思，且读音相同。仍有区别："偕同"只当"和别人一起到某个地方去"，别无它义；"协同"是指各方面互相配合或甲方协助乙方做某件事（协：共同）。如：协同办理、协同作战、民兵协同解放军守卫边疆。它没有到某处去的意思。

xiè

泄露（和"泄漏"有别）xièlòu

"泄露"和"泄漏"读音同，都有泄密，不应该让人知道的事情让人知道了的意思。区别是："泄露"走漏的程度较"泄漏"重，比较彻底，范围大，对象既可以是机密，又可以是别人原来不知道的各种事情。如：泄露风声、泄露行动计划。"泄漏"的对象一般都是机密；它还有一个义项是"泄露"没有的，是指（液体、气体）漏出。如：管道破裂，石油大量泄漏；毒气泄漏了。这里的"泄漏"不能换用"泄露"。注意："泄露"中的"露"不读 lù。

卸妆（≠卸装）xièzhuāng

妇女除去身上的装饰（妆：女子身上的装饰）。如：一回到家，她卸妆后就挑水去了。"卸装"和"卸妆"音同义殊，是指演员演出后除去化装时穿戴涂抹的东西（装：演员演出时穿戴打扮用的东西）。如：演员们正在卸装。下面句中的"卸妆"用得不对："正当大家疲惫不堪地卸妆、拆台时，两位女中学生来到后台，真诚地向演员表达她们的感动。"（应改用"卸装"）

（浑身）解（数）（不读 jiě 或 jiè）xiè

武术的套路，借指武术。全身的本事，所有的本领叫浑身解数（解数 shù：武术中的架势。也泛指手段、本事）。如：他把浑身解数都施展出来了；即使你使出浑身解数，也挽回不了失败的命运。这里的"解"要读 xiè。有下面解释的"解"都读 xiè：①懂得；明白。如：多想想就解得开这个道理了。②杂技表演的各种技艺，特指骑在马上表演的技艺。如：跑马卖解（旧时指表演马戏谋生）。③水名、地名用字。如：解池（湖名）、解州（地名），都在山西。④姓。此外，"解佽(yì)"（身体不适。中医指困倦无力、懒得说话，抑郁不欢的症状）中的"解"也这样读。这些"解"都不读 jiě 或押解、解元（明、清两代，乡试考取第一名的人）的"解"（jiè）。

邂逅（相遇）（前面不要再加"偶然"）
xièhòu

事先没有相约而遇见。邂逅相遇：事先没有相约而无意中遇见。如：真没想到，我们竟在这里邂逅相遇了。"邂逅"已含有偶然的意思，因此，在它前面再加"偶然"一类的词语，就叠床架屋了。

xīn

心心相印（和"心手相应"不同）
xīnxīn-xiāngyìn

彼此思想感情完全一致（印：符合）。如：这对恋人，从小青梅竹马，彼此心心相印；他俩是多年的老朋友，早已心心相印。"心手相应"和"心心相印"不同，是说心和手互相配合，指心里怎么想，手就能怎么做，多形容技艺精熟，运用自如（应：配合）。类似"得心应手"的意思。如《儿女英雄传》一八回："那消半月工夫……都学得心手相应。"无论是书法还是绘画，要做到心手相应都必须下苦功夫。

心广体胖（和"心宽体胖"有别）
xīnguǎng-tǐpán

原意是有修养的人胸襟开阔，身体也就安泰舒适。现多用来表示心中闲适，无忧无虑，因而身体健壮（胖：安泰舒适）。如老舍《赵子曰》二："莫大年是心广体胖，心里有什么，嘴里就说什么。"注意：这里的"胖"不读 pàng，也不能理解为肥胖。"心宽体胖"不同，是说心情舒畅，身体发胖。如：刘大妈心宽体胖，越来越富态了。这里的"胖"才作肥胖讲，读作 pàng。《现规》（第2版）在"心宽体胖"这一词条注释后有提示：跟"心广体胖(pán)"不同。"胖"这里是脂肪多的意思，不读 pán。（见1457页）

心律（和"心率"不同）xīnlǜ

心脏跳动的节律（律：规则）。如：心律不齐（心脏跳动的节律不整齐、不正常，即心跳之间的间隔时间有时快有时慢，节律不规则）；她心跳得快，心律却没有紊乱。"心率"和"心律"音同义殊，"心率"是指心脏搏动的频率，即每分钟心脏跳动的次数，是从心脏跳动的快慢来说的。如：心率过快。"心力"和"心律"也不同，一是指精神和体力。如：竭尽心力、心力交瘁（精神和体力耗费过大，极度疲劳。瘁 cuì：极度的劳累）。二是指心肌收缩的力量。如：心力衰竭。总之，心律、心率和心力是三个不同的概念，不能混淆。

心肌梗死（不说"心肌梗塞"）
xīnjīgěngsǐ

病名，由于供应心脏血液的血管阻塞使相应部位的心肌（构成心脏的肌肉）严重缺血而发生坏死，是冠心病一种重要的临床表现。局部动脉堵塞，血液无法通过叫"梗塞"，组织因缺血而坏死叫"梗死"。明显地，以往把"心肌梗死"叫"心肌梗塞"的叫法没有"心肌梗死"合理。

心劳计绌（和"心劳日拙"不同）
xīnláo-jìchù

费尽心思想不出好主意（绌：短缺）。如：面对眼前出现的难题，他心劳计绌，无计可施。注意：这里的"绌"（左边是"纟"）和心余力绌（心里很想干但力量不够）、相形见绌、左支右绌（指力量不足，应付了这一方面，那一方面又有了问题）等的"绌"写法和含义同。"心劳日拙"不同，是说用尽心机，处境反而越来越糟。这里的"拙"（左边是"扌"），音zhuō，是笨的意思，引申为困窘。如：反动派妄图扑灭革命火种，但心劳日拙，无济于事。笨嘴拙舌（形容口头表达能力很差）、弄巧成拙、大巧若拙（非常灵巧聪明的人并不炫耀自己，反而貌似笨拙）等的"拙"才这样写。

心心念念（和"念心儿"迥异）xīnxīn-niànniàn

心里总是存在着某种念头（想做某件事或得到某样东西）。如：他心心念念要在自己的家乡修座钢筋水泥桥。"念心儿"（niànxinr）完全不同，是北京话，指的是纪念品，和"念物"意思同。如：我要参军了，这本书送给你做个念心儿吧！

辛酸（≠心酸）xīnsuān

辣和酸（辛：辣）。比喻痛苦和悲伤。如：辛酸的童年；他的辛酸经历，令人同情。"心酸"和"辛酸"读音同，也有心里悲痛的意思。区别是，"辛酸"多用来比喻生活经历很艰难，很痛苦；"心酸"是用来表示心理活动的，侧重指内心悲痛。如：地震灾区考生，烈日下备考，让人心酸；听了她的哭诉，无人不心酸落泪。下面句中的"心酸"和"辛酸"用得不对："剧中的歌女由弃婴到歌星的心酸故事，并没有多少新意和深意。""直到今天，兄弟俩还能清晰地记得当年分手时令人辛酸的一幕。"（"心酸"和"辛酸"应对调）

新中国（≠祖国）xīnzhōngguó

特指中华人民共和国。如：新中国60岁生日、新中国走过了60年的光辉历程。"新中国"和"祖国"是两个不同的概念。"新中国"是1949年10月1日建立的；而"祖国"是指自己的国家，是一个有历史延续性的概念。我们伟大祖国是历史悠久的文明古国，大约有五千年的历史。新中国成立之前，我们的祖国也是存在的，因此前面例中的"新中国"不能改用"祖国"。

xìn

信（赏必罚）（不是"相信"）xìn

确实。信赏必罚：该奖赏的一定奖赏，该处罚的一定处罚。形容赏罚分明。如：新厂长来了以后，信赏必罚，工厂出现了新气象。此"信"不作相信、信用、听凭等讲，而是真实，确实的意思。信史（内容真实可靠的历史）、信而有征（真实可靠而且有证据）、"信言不美，美言不信。"（真实的话不漂亮，漂亮的话不真实。）（《老子》第八十一章）中的"信"义同。

xīng

星期四（不能写作"星期4"）xīngqīsì

按《试行规定》和《国家标准》，星期几一律要用汉字。因为这是一个完整的概念，它不是"星期"和"四"的组合，就是说，这里的"四"是一个语素。《国家标准》规定：作为语素的数字，必须使用汉字。因此，"星期一、二……六"都不能写作"星期1、2……6"。

星辰（和"晨星"不同）xīngchén

天上星星的总称（辰：日、月、星的统称；众星）。如：日月星辰、星辰布满夜空。"晨星"不同，是指清晨稀疏的星（晨：早晨）。如：寥（liáo）若晨星（稀少得好像早晨的星星）、疏落的晨星。此外，晨星还用来指日出前在东方出现的金星或水星。

惺惺（惺惺惺）（不能误写作"猩猩"）xīngxīng

聪明的人。惺惺惜惺惺：聪明人怜惜聪明人，泛指性格、才能或境遇相同的人互相爱慕、敬爱或同情。如老舍《离婚》一三："老李，自从我一和你见面，心里就说这是个朋友：惺惺惜惺惺，好汉爱好汉！"惺惺作态（装模作样，故作姿态。形容不老实）中的"惺惺"写法同。以上的"惺惺"不能误写作"猩猩"（xīngxīng 动物名），"惺惺惜惺惺"不是说猩猩之间也有互相怜惜的心；"惺惺作态"中的"惺惺"是假惺惺（即假意）的意思，惺惺作态也不是猩猩故意装出一种姿态而把"惺惺"误写作"猩猩"。

xíng

行旅（和"行李"迥异）xínglǚ

一指旅客，出门走远路的人。如：行旅往来、行旅称便（称便：称说方便）。二指出行，旅行。如：他向大家讲述了行旅中的所见所闻。"行李"和"行旅"完全不同。是指出门时所带的包裹、箱子等。如：行李箱、打点行李。"行李"和"行囊"也有不同，"行囊"仅指随身携带的包或袋。如：解开行囊。

（一介）行李（并非出行时所带的东西）xínglǐ

使者，外交官。一介行李：一个外交使者（一介：一个）。如《左传·襄公八年》："亦不使一介行李告于寡君。""行李之往来，共其乏困。"（秦国的使者来往经过，我们可以供给他们所缺少的物资。）（《左传·烛之武退秦师》）注意：这里的"行李"是个古语词，本当作"行理"（理：治），意为行走于国外以治理国家的人，即往来于国家之间的外交官。我们现在所说的"行李"是从这里引申出来的，已没有这种古义，只指出门时所带的包裹、箱子等。如：看管行李、行李超重了。

行迹（别于"形迹"）xíngjì

行动的踪迹。如：行迹无定、行迹遍布全国。"行迹"和"形迹"有不同。"行迹"是指人的旅行路线、到过的地方等，偏重从一地到另一地留下的踪迹，是中性词；"形迹"既可指举动和神色（如：此人行踪诡秘，形迹可疑），又可指痕迹（如：不留形迹），还可用来指仪容礼貌（如：不拘形迹）。这里的"形"指形貌。"形迹"偏重人的举动和神色上流露出的迹象，多含贬义。

形容（憔悴）（不是动词）xíngróng

名词。模样；容貌。"形容憔悴"是说身体瘦弱，面色枯黄（憔悴 qiáocuì：形容人又黄又瘦的样子）。如：这些逃荒的百姓衣衫褴褛，形容憔悴。形容枯槁（枯槁：憔悴）的"形容"义同。这里的"形容"不是动词，和难以形容、简直无法用语言形容的"形容"（描绘；描述）

含义不同。

形象（和"形相"有别）xíngxiàng

"形象"和"形相"读音同，也都可用来指形状、外貌。仍有区别："形象"偏重于人或物的外表、本质等诸种因素的综合表现（象：现象、表现）。如：这些问题的出现，无疑对他个人的形象是有影响的；树立企业形象。"形象"还用来指文学作品中人物的精神面貌和性格特征。如：影片中的英雄人物形象深深地印在他的脑海里。"形相"偏重于人或物体的外表形貌（相：人的相貌或物体的外观）。如：她嘴里嚼着口香糖，其"唇摇齿转"之恶形恶状的形相十分惹人反感。下面句中的"形象"用得不对："记得当时他的那副形象十分吓人。"（应改用"形相"）

xǐng

（归）省（不读shěng）xǐng

看望（尊长）。归省：回家探望（父母）。如：今朝归省得见父母。省亲、晨昏定省（早晨和晚上服侍问候双亲）的"省"音、义同。有下面解释的"省"读xǐng，不读shěng：①检查自己的思想行为。如：反省、内省（在心里进行反省）。②探望，问候。③明白，觉悟。如：不省人事、发人深省。注意："归省"和"归宁"不能混淆，"归宁"是指出嫁女子回娘家看望父母。如：归宁省亲。

省悟（别于"醒悟"）xǐngwù

经过思考终于明白（省：明白；觉悟）。如：经过一番激烈的思想斗争，他终于省悟过来了。"省悟"和"醒悟"有不同。"省悟"强调的是省察思考的过程，即通过反省、检查而认识问题；"醒悟"

是指在认识上由模糊到清楚，由错误到正确（醒：大脑皮层由睡眠或昏迷状态恢复兴奋状态，引申为清醒、觉悟）。如：经过许多挫折以后，他终于醒悟了。它强调清醒的结果，且有如梦初醒的形象色彩。

xìng

杏林（和"杏坛"迥异）xìnglín

良医。相传三国时福建侯官（今福州市）人董奉免费为人治病，只要求病重的治好后种五株杏树，病轻的治好后种一株杏树，几年后杏树蔚然成林，后来便用"杏林"代指良医，并且常用"杏林春暖""誉满杏林"等话来称颂医道非凡或医德高尚的人。"杏坛"和"杏林"完全不同，是传说中孔子聚徒讲学的地方，后来也泛指授徒讲学的场所，成为"教坛"的一个雅称。教书育人的地方可用"杏坛"代称，却不能用"杏林"称之。

xiōng

（川）芎（不读gōng）xiōng

"川芎"也叫芎䓖（qióng）。多年生草本植物，根茎可入药。"芎"只有xiōng的读音，不能读gōng或qióng。

（气势）汹汹（不能写作"凶凶"）xiōngxiōng

声势盛大的样子。气势汹汹：形容态度或声势凶猛而嚣张。如：他手持菜刀气势汹汹地追了上去。这里的"汹"不能误写作来势凶猛、凶手、吉凶的"凶"。"来势汹汹"的"汹汹"写法同。气势汹汹、来势汹汹这两个成语都含贬义，只能用在坏人坏事方面。如：这伙暴徒来势汹汹，见人就打，见车就砸。

胸有成竹（和"胸中有数"不同）
xiōngyǒuchéngzhú

　　画竹子之前，心里已经有了竹子的完整形象。比喻做事之前已有全面的设想和安排。如：为了参加这次辩论会，他准备了半年多，早已胸有成竹；明年的出版计划，总编辑早就胸有成竹了。"胸有成竹"和"胸中有数"有不同。"胸有成竹"是说对面临的问题已有全面考虑和解决办法；"胸中有数"是指对情况和问题了解得比较清楚，对面临的问题心里有把握，着眼于对眼前情况有所了解（和"胸中无数"相对）。如：在谈判之前，为了做到胸中有数，我们查阅了大量资料，并做了认真分析。下面句中的"胸有成竹"和"胸中有数"用得不妥："对这种纷乱的局面，他胸中有数，早就想好了解决的办法。""这场辩论的谁是谁非，他虽然没有发表意见却胸有成竹。"（"胸中有数"和"胸有成竹"应对调）

胸怀（≠襟怀）xiōnghuái

　　①动词。心里怀着。如：胸怀大志、胸怀祖国。②名词。胸襟。如：胸怀宽阔、胸怀坦荡。③胸部；胸膛。如：敞着胸怀。"襟怀"是名词，也有胸襟的解释（襟：上衣、袍子前面的部分）。如：襟怀坦荡、他具有革命者的博大襟怀。但和"胸怀"在用法上仍有不同。"襟怀"是褒义词，侧重指有抱负、有气量的伟大胸怀，语义比"胸怀"重；"胸怀"是中性词，因此，有些用"胸怀"的地方不能换用"襟怀"。如：胸怀狭窄。

xiū

休止符（和"终止符"有别）xiūzhǐfú

　　音乐术语。指乐谱中用来表示乐音停顿时间长短的符号。乐曲演奏者在休止符出现的地方必须按兵不动，按照要求的时间长短停顿之后，继续演奏。"终止符"也是音乐术语。和"休止符"不同的是，它表示的是整个乐曲的结束。如：为期四天的音乐会昨晚已降下帷幕，画上了终止符。音乐术语中既有休止符，又有终止符；休止符只是"中止"，而不是"终止"，不能错用。下面句中的"休止符"就用得不对："这场历经数年的官司终于画上了休止符。"（可改用"终止符"或"句号"。因为"休止符"并不表示一个事件或状态的结束）

休憩（≠休息）xiūqì

　　"休憩"和"休息"都有暂时停止工作、学习或活动，使体力和精力得到恢复的意思。区别是："休憩"主要由于劳累作较短时间歇息，且偏重人主观上放松身心。如：休憩片刻；路边设有坐椅，供行人休憩。"休息"的原因除劳累外，还可能是疾病、假期等，时间可长可短，且偏重于工作、行动的停顿、停止。如：不要拼死拼活地干，要注意适当休息；楼上的装修明显影响了她手术后的休息。此外，"休憩"不能叠用，"休息"可以。下边句中的"休憩"和"休息"用得不妥："实在太累了，休憩休憩再走。""寺中为游人特备的休息所，古香古色，雅洁可人。"（前者的"休憩休憩"应改为"休息休息"；后者的"休息所"宜改为"休憩所"，因为它是为游人短暂休息放松身心而设）

休戚与共（和"休戚相关"不同）
xiūqī-yǔgòng

有福同享，有难同当。形容彼此同甘共苦。如毛泽东《中国人民志愿军要爱护朝鲜的一山一水一草一木》："中朝两国同志要亲如兄弟般地团结在一起，休戚与共，生死相依，为战胜共同敌人而奋斗到底。"这里的"休"和"戚"意思正相反："休"是欢乐，喜庆；"戚"是忧愁，悲伤。"休戚相关"（彼此之间的忧愁喜乐、祸害幸福都关联在一起，利害一致）中的"休戚"意思同。但这两个成语的含义略有不同：前者侧重指主观上的认识和态度，强调共同承受苦与乐；后者侧重指客观存在的关系，强调祸福相连，利害不分开。如巴金《书的故事·星》："他明白隔壁那些人带着紧张的心情和休戚相关的态度在讨论目前的重要问题。"过去，有一种流行的说法："行不更名，坐不改姓"，足见名字和人的一生休戚相关；而今，名字的功能只是一个符号。改名换姓是常有的事，毛泽东就曾改名李德胜，周恩来曾改名伍豪。下边句中的"休戚与共"和"休戚相关"用得不妥："《红楼梦》中的四大家族，休戚与共，荣损相连。""我们应该紧密团结，休戚相关，生死相依。"（应互相对调）

修整（和"休整""整修"有别）
xiūzhěng

修理使完整或整齐（修：修理；整治）。如：修整篱笆、修整台凳。"修整"和"休整"音同义殊。"修整"的对象是物，不能指人；而"休整"是休息整顿的意思（休：休息），对象是人，且多用于军队。如：利用战斗间隙进行休整，各部队原地休整三天。"修整"和"整修"也略有不同：一般地说，"修整"多用于个体的、小量的东西或规模较小的工程，如农具、果树、门窗、胡须等；"整修"也是整治和修理的意思，但多用于规模较大的工程。如：整修梯田；古寺经过整修，更显得庄严肃穆。若把整修水库堤坝中的"整修"改用"修整"就不妥。

（束）脩（不作"修"）xiū

干肉。旧时送给老师的酬金。束脩：扎成一捆（十条）的干肉。是古时学生送给老师的见面礼，后用作教师报酬的代称。脩金（即束脩）、脩脯（干肉）的"脩"字形、字义同。注意："脩"是"修"的异体字，但在束脩、脩金、脩脯等作干肉讲的文言词中，仍写作"脩"。

xiǔ

（住了一）宿（不读 sù 或 xiù）xiǔ

用于计算夜。如：三天两宿、成宿不回家（成宿：整夜地）、半宿没睡。"宿"是个多音字。凡用于计算夜的量词"宿"都读 xiǔ，不读宿舍、住宿的"宿"（sù），也不读星宿、二十八宿的"宿"（xiù 古代指天空中某些星的集合体）。

xiù

（脱口）秀（不是清秀、秀气）xiù

表演、演出、展示。脱口秀：相当于谈话表演，即广播电视的主持人和嘉宾以谈话为主的节目形式。脱口秀不但要说得精彩得体，而且多是即兴脱口而出，故称。日常生活中，"××秀"层出不穷，如作秀（①表演或演出。②为促销、竞选等而开展各种宣传活动。③弄虚作假，做样子骗人）、时装秀、婚纱秀、发型秀等等。这些"秀"是英语 show 的音译，不能理解为清秀、秀气。顺便提及的是，"秀"有的并非真正的表演，而是带有虚假、荒谬的成分；"秀"也不能滥用，如把民工为追讨老板的工钱而以跳楼抗争的行为说成"跳楼秀"就不妥，因为这毕竟是残酷的现实，并非是轻飘飘的表演。

（其）臭（如兰）（不读 chòu）xiù

气味（此指香气）。《周易·系辞》中有"同心之言，其臭如兰"的句子，意思是志同道合的人说出的话语，就像兰花一样气味芬芳。《说文·艸部》："荤，臭菜也。"是说葱、蒜等是能发出刺激气味的蔬菜。（这里的"荤"用的是本义，指的是能发出强烈刺激气味的葱、蒜等蔬菜。后发展为现在所指的肉类食物。）其中的"臭"指的也是气味，要读 xiù。铜臭熏天、乳臭未干（身上的奶腥味还没有退净，形容年幼无知）、无声无臭中的"臭"音、义同，都不是指恶臭，和臭不可闻、臭烘烘、臭气熏天的"臭"（chòu）读音不同，含义也不同。

xū

须要（和"需要"不同）xūyào

一定要；必须要。如：须要努力、教育学生须要耐心、这种病人须要特别护理。"须要"和"需要"不同。"须要"只能用在动词性或形容词性词语之前，没有名词性用法。"需要"是：①对事物的欲望或要求。如：我们要了解群众的需要，我们需要有一支强大的武装力量。②要求得到，应该有。如：总结成绩需要纵比，也需要横比；应该看到，科学需要一个人贡献出毕生的精力。它可带名词性、动词性宾语，有名词性用法。如：写论文需要参考书、国家建设事业需要千千万万的实干家、他很需要别人的帮助、这是出于工作的需要。下面句中的"须要"和"需要"用得不当："语言的规范化要求人们使用合乎标准的语言，这是社会发展的须要。""这个问题需要认真对待。"（"须要"和"需要"应对调）

xǔ

栩栩如生（和"惟妙惟肖"有别）
xǔxǔ-rúshēng

形容形象生动逼真，跟活的一样（栩栩：形容生动活泼的样子）。如：人物的情态描写得栩栩如生；卢沟桥的桥身两侧柱头上有大小石狮 485 个，神态各异，栩栩如生。"惟妙惟肖"（wéimiào-wéixiào）不同，是指描写或模仿得非常好，非常逼真（惟：语助词，无实义。肖：相像）。如：口技演员模仿各种动物的叫声，真是惟妙惟肖；他能把故事中的各种人物学得惟妙惟肖。"栩栩如生"强调的是逼真，和活的一样，多用于书画等艺术品；"惟妙惟肖"强调的是酷似，适用范围较广。下面句中的"栩栩如生"用得不妥："他扮演老太婆，言语、动作无不栩栩如生。"（应改用"惟妙惟肖"）注意：栩栩如生中的"栩"（木旁）不要错写成和它读音相同的"诩"（自我夸耀）的"诩"（说大话；夸耀）。

xù

芧（别于"茅"）xù

古指橡树（栎∥树的通称）的果实。"芧"（"艹"下是"予"）不要和茅草、名列前茅的"茅"（"艹"下是"矛"）

混淆。

畜（牧）（不读chù）xù

　　饲养（禽兽）。"畜"有二音：xù和chù。区别是，作动词用的读xù。如：畜牧（饲养放牧较多数量的家畜）、畜牧业、畜养、畜产（畜牧业产品）。作名词用的读chù。如：耕畜、畜疫、六畜（马、牛、羊、猪、狗、鸡六种家畜家禽的合称）。"畜养禽畜"中的两个"畜"读音不同：前者读xù，后者读chù。

酗（酒）（不读xiōng）xù

　　①沉迷于酒。②酒醉后言行失常。"酗酒"是说没有节制地喝酒，喝酒后撒酒疯。如：酗酒闹事、切忌酗酒。注意："酗"不能读作xiōng。

xuān

宣（泄）（不能写作"渲"）xuān

　　疏通；发散。宣泄：①使积水流出去。如：宣泄洪水、地里的积水宣泄不出。②倾吐发泄（心中的某种情绪）。如：宣泄心中的愤恨；在这里，人们以各种独特的方式，宣泄着自己的情绪。注意：这里的"宣"不能写成"渲"（xuàn），因为"渲"是指中国画的一种技法，它只能组成"渲染"一词。

暄腾（和"喧腾"有别）xuānteng

　　（北方官话）松软而有弹性（暄：松软）。如：这馒头特别暄腾、瞧这发糕多暄腾。"馒头很暄腾"也可以说"馒头很暄"，但其中的"暄"（左边是"日"）都不能误写作"喧"。"喧腾"和"暄腾"不同。"喧腾"（xuānténg）是指喧闹沸腾（喧：声音大而嘈杂）。如：工地一片喧腾、人群中喧腾起来了。

（寒）暄（不能误写作"喧"）xuān

　　（阳光）温暖。寒暄：见面时谈天气冷暖之类的应酬话。如：他俩寒暄了一阵；他站起来与客人拉了拉手，寒暄了几句。暄妍（天气和暖，景物明媚）、暄暖（温暖）、天气微暄、负暄（冬天在太阳下取暖）中的"暄"写法和含义同。这些"暄"（左边是"日"）不能误写作和它读音相同的喧哗、锣鼓喧天的"喧"（声音大而嘈杂）。

（负）暄（不能误写作"喧"）xuān

　　（阳光）温暖。负暄：冬天在太阳下取暖。"负"在这里有身子背负着（太阳）的意思，是"太阳照在身上"的一种富含情味的说法。如杜甫《西阁曝日》诗："凛冽倦玄冬，负暄嗜飞阁。"（在寒风凛冽的冬天，登上嗜飞阁晒太阳。）张中行先生（著名学者、哲学家、散文家）写有散文集《负暄琐话》，这"负暄琐话"的意思就是晒太阳时谈闲话。这里的"暄"左边是"日"，和寒暄（见面时说的客套话）、馒头很暄（暄：松软）的"暄"写法同，不能误写作和它读音相同的喧闹、喧哗、喧宾夺主的"喧"。还要注意，"负"上边的写法，是"ㄅ"，不是"刀"。

xuán

玄乎（和"悬乎"有别）xuánhu

　　虚幻不实，难以捉摸（玄：玄虚；靠不住）。如：这事可真玄乎，简直没法儿想象；他说得也太玄乎了，天下哪有这种事！"悬乎"和"玄乎"音同义殊，是北京话，作危险、不牢靠讲，北京话中的"悬"有"危险"的意思。如：这件事让他去办可有点儿悬乎；货轮通过时，船离岸边只有二英尺的距离，让人觉得悬乎。下边句中的"悬乎"用得不妥："只靠一台电脑就能让一个人成为'饱学之士'，这也未免太悬乎了。"（应改用"玄乎"）

xuàn

（拱）券（不读 quàn）xuàn

①名词。拱券。②动词。砌成拱形。拱券（gǒngxuàn）：桥梁、门窗等建筑物上部呈弧形的部分。注意：这里的"券"不读入场券、奖券、国库券的"券"（quàn）或 juàn。"券"的下边是"刀"，不是"力"。

xué

（同等）学力（不能写作"学历"）xuélì

实际达到的文化程度和学术研究水平。如：学力深厚、具有高等学校同等学力。所谓"同等学力"是指虽未取得在某一等级的学校毕业的证书，但通过自学或补习而具有的相同文化程度。"学历"和"学力"不同，是说求学的经历，指在哪些学校肄业或毕业。如：高中学历、大学本科学历、请在登记表上填写你的学历。"同等学力"中的"学力"不能写成"学历"。"他虽无大专学历，但他的学力绝不会低于许多学士、硕士。"（其中的"学历"和"学力"就不能错位）

学长（别于"学兄"）xuézhǎng

一是对同学的尊称，也指对比自己年龄大或比自己年级高的同学的尊称。如：原来是两位老学长，失迎了。二是指旧时大学各科的负责人。如：文科学长、理科学长。注意：同学之间，只能称"学长"，不能称"学兄"，因为过去只有师长（老师）称学生才称"兄"，鲁迅就一直称许广平为广平兄。

xuè

血（液）（不读 xiě）xuè

"血"有二音，区别是：能和其他字构成双音节或多音节词（包括成语）的读 xuè。如：血液、血统、血管、贫血、狗血喷头、呕心沥血。用作口语，能单独使用的读 xiě。如：鸡血、流了不少血、吐了两口血。"血债要用血来还"中，前一个"血"读 xuè，后一个读 xiě。

血晕（有二读）①xiěyùn

名词。皮肤受伤后未破而出现的红紫色。②xuèyùn 中医指妇女产后因失血过多而晕厥（动词）或指这种病症（名词）。也用来指某些人见到鲜血就会晕厥（动词）。

谑（而不虐）（不能写作"虐"）xuè

开玩笑。谑而不虐：开玩笑而不至于使人难堪（不虐：不过火）。如：他给了主任一个幽默，谑而不虐，逗得大家一阵哄笑；他讲的笑话谑而不虐。戏谑、谐谑（语言、动作滑稽而略带戏弄）、调谑（调笑）的"谑"写法同。这些"谑"不能误写作肆虐、虐待老人的"虐"，也不读 nüè。

xún

（酒过三）巡（不能误写作"旬"）xún

遍（用于为酒宴上所有客人斟酒的次数）。"酒过三巡"是说斟了三遍酒（斟酒一遍，也要巡场一周，故称"巡"）。敬酒两巡的"巡"字形、字义同。这里的"巡"不能写作读音和它相同的"旬"(①十天叫一旬,一个月分上、中、下三旬。二十天叫"兼旬"。②十岁也叫一旬。如:年过六旬、八旬老母)。"旬"和酒无关。"酒过三旬"不知所云。

xùn

(不足为)训（不是教训） xùn

准则;典范。不足为训:不能当做典范或法则。如:他的行为虽然不足为训,但某些议论却有独到之处,不能一概否定;有人硬是把星期五的"五"写成"5",这种无视语文规范的做法实在不足为训。(按国家标准《出版物上数字用法的规定》,"星期×"中的"×"必须使用汉字。)注意:这里的"训"不是教训的意思,"不足为训"不能把它理解为"不能把它当做教训"。下边句中的"不足为训"就用得不对:"人非圣贤,孰能无过?犯点小错误是难免的,也是不足为训的。"

徇情（和"殉情"不同） xùnqíng

为了私情而做不合法的事。如:徇情枉法、决不徇情。"殉情"是指因恋爱受到挫折感到绝望而自杀。如:祝英台的殉情表现了对封建礼教的抗争。"殉情"和"徇情"读音同,但"殉"和"徇"写法和含义不同。"殉"指为了某种理想、追求而牺牲生命:"殉义"是为道义而死,"殉财"是为财而死,"殉物"是为追求物质利益而死,为爱情而死便是"殉情;"徇"是作依从,无原则地顺从讲:"徇私"是曲从私情;"徇私舞弊"便是曲从私情,弄虚作假干坏事;曲从私情,歪曲和破坏法律,胡乱断案便叫"徇私枉法"。以上例中的"殉"和"徇"不能误植。

Y

yā

压题（和"押题"不同）yātí

报刊等为引起读者注意，把体现文章主题的照片、图片等压在文章的标题上排印。如：压题照片。"押题"和"压题"音同义不同，"押题"是说考试之前猜测试题内容并做重点准备。此"押"有赌博时下注的意思。如：押题不利于全面掌握所学的内容。

yá

牙牙（学语）（不能写作"呀呀"）yáyá

象声词。形容婴儿学说话的声音。牙牙学语（解释略）。形容婴儿说话的声音既可用"牙牙"，也可用"哑哑"（yāyā）或"咿呀"（yīyā），却不能用"呀呀"。

yà

（倾）轧（不读 zhá）yà

排挤。"倾轧"是说同一组织或同一行业内的人为争权夺利而互相排挤打击。如：他们彼此倾轧，勾心斗角；共和党内部各派系互相倾轧。挤轧（排挤打击）的"轧"读音同（注："挤轧"和"挤压"不同）。注意："轧"有三种读音：作碾、滚压（如：把路面轧平、轧路）、排挤或形容机器转动声（如：机声轧轧）讲的"轧"读 yà。指把金属材料压成一定形状（如：轧钢）的"轧"读 zhá。有"挤"（如：人轧人）、"结交"（如：轧朋友）、"查对（账目）"（如：轧账）、"估计，揣测"（如：轧苗头——上海话。指察言观色）意思的"轧"读 gá。

（被车）轧（了）（不能写作"压"）yà

碾；用车轮或圆柱形的工具滚压。被车撞了，如果不用"碾"来表示的话，可用"轧"，但不能用"压"。"压"读 yā 时，确实是有对物体施压力的意思，但其力的作用方向多半是指从上向下（如：压平、上面压几块砖、把土压实），它和力的作用方向是轮子滚动方向的"轧"不同。因此，"被车轧伤了""五岁小女孩就这样活活被车轧死了"的"轧"不能写作"压"。如果是车子侧翻而被压，就该用"压"。如：货车严重超载，侧翻压死三人。

亚（不能读 yǎ）yà

有人把"亚"读作 yǎ，不对。《普通话异读词审音表》已明确规定：亚 yà（统读）。这说明，"亚"在任何词语中都只有 yà 这个读音。有"口"旁的哑巴、哑炮、嘶哑、哑口无言等的"哑"才读 yǎ。

yān

（病）恹恹（不能写作"奄奄"）yānyān

形容有病而精神不振的样子。病恹恹：形容因病倦怠无力、精神不振。如：她病恹恹地扶着椅子站了起来。注意：这里的"恹恹"不能写作"奄奄"。"奄奄"（yǎnyǎn）是形容气息微弱的样子，只剩下微弱的一口气。如：奄奄一息、气息奄奄。注意：恹恹欲睡（形容患病的人精神疲乏，昏昏欲睡的样子）中的"恹恹"也不能写作"奄奄",因为它所表现的是病人精神疲乏,而不是形容病人临近死亡时气息的微弱。

殷(红)(不读 yīn) yān

形容颜色红中带黑。殷红:深红;黑红。如:殷红的血迹、殷红的鸡冠子。"殷"在这里既不读殷切的期望、殷勤招待、殷实人家(殷实:富裕)的"殷"(yīn),也不读雷声殷殷、殷殷其雷的"殷"(yǐn)(象声词,形容雷声)。值得注意的是,"殷红"是指血凝固时的颜色,只能用来描写血迹,不能用来指鲜血和热血,如不能说"顷刻间殷红的鲜血奔涌而出""烈士们殷红的鲜血洒满了这块土地"。因为鲜血和热血是鲜红的。

烟土(≠土烟) yāntǔ

没有经过熬制的鸦片。"烟土"和"土烟"不同。烟土中的"土"是指生的鸦片,即未经熬制的鸦片。云土(云南产的烟土)的"土"义同;而"土烟"是和"洋烟"相对来说的,指本地产的烟,并非舶来品,"土"是用来修饰后边的"烟"的,和土布、土产、土炮的"土"义同。

烟花(三月)(并非焰火) yānhuā

烟霭中的花。借指美丽的春景。如:正值烟花三月。李白《送孟浩然之广陵》诗中的"故人西辞黄鹤楼,烟花三月下扬州"写的正是在繁花似锦,烟水迷离的阳春三月,诗人在黄鹤楼送友人孟浩然去扬州的情景。这里的"烟花"既不是指燃放烟花爆竹中的"烟花"(焰火),和烟花女(妓女)、烟花巷、沦为烟花中的"烟花"(旧时指妓女)含义也不同。

阉(鸡)(不能写作"劁") yān

阉割。阉鸡、阉猪、阉人(被阉割后的男人,特指宦官)的"阉"写法同。注意:同"阉"同义的还有"劁"(qiāo)、"骟"(dūn)或"骟"(shàn)。阉猪就可以说劁猪或骟猪。被阉割过的猪还可以叫"豮(fén)猪"。但"阉""劁""骟"等都不能用"劁"去替代。"劁"是生造字。

淹没(和"湮没"不同) yānmò

一指(大水)浸没(淹:大水漫过或吞没)。如:洪水淹没了整个村庄、小桥被洪水淹没了。二是比喻声音等被掩盖。如:他的讲话淹没在一片欢呼声中、喊话声被风雨声淹没了。"湮没"和"淹没"读音同,它是埋没的意思(湮:埋没)。如:湮没无闻;纵观科学发展的历史,有价值的科学成果是不会被湮没的。

yán

延(医)(不是拖延) yán

邀请,聘请。延医:请医生看病。延聘(聘请)、延请家庭教师(延请:请人担任工作)中的"延"义同。这些"延"不是延期、延误、延迟的意思,把"延医"理解为拖延就医就不对。

言(归于好)(不是"话"或"说") yán

(文言文句首助词,没有实际意义)。彼此重新和好谓之"言归于好"。如:老赵和老李已消除误会,言归于好。这里的"言"没有词汇意义,和言归正传(把话转回到正题上来)、言多必失、言之有理、不苟言笑(不随便说笑。形容态度庄重严肃)中的"言"("话"或"说")含义不同。

妍（别于"姘"）yán

美丽（跟"媸 chī"相对）。如：百花争妍、妍媸莫辨（妍媸：美和丑）、妍丽可爱（妍丽：美丽）。"妍"的右边是"开"，和右边是"并"的"姘"不能混淆。姘，音 pīn，是指非夫妻关系而发生性行为。如：姘居（非夫妻关系而同居）、姘妇（姘居的女方）、姘头（非夫妻关系同居的男女，也指其中的一方）。"妍"和"姘"是两个完全不同的字，形、音、义都不同。

（海）蜒（不要误写作"蜓"）yán

即海蜒，是幼鳀（tí）加工制成的鱼干（鳀：一种海产小鱼）。此"蜒"和蜿蜒、蜒蚰（蛞蝓 kuòyú，即鼻涕虫。蚰，音 yóu）、蚰蜒（像蜈蚣而略小的节肢动物）的"蜒"写法同。注意：以上的"蜒"（右边是"延"）不能误写作蜻蜓、蝘（yǎn）蜓（壁虎）的"蜓"（右边是"廷"）。

（帽）檐（不能写作"沿"）yán

某些器物上形状像房檐的部分。帽檐：帽子前面或四周突出的部分。如：帽檐下露出乌黑的头发。"帽舌"指的也是帽子前边伸出的形状像舌头的檐。这些"檐"不能误写作炕沿、沿用、前沿阵地的"沿"。辞书中也难觅"帽沿"这个词。

（和）颜（悦色）（不要写作"言"）yán

面容。和颜悦色：温和的面容，喜悦的表情（色：表情）。形容态度和蔼可亲。如：他对别人总是和颜悦色，从来不发脾气。"和颜"不能写作"和言"，因为它不是说温和的语言。注意和察言观色（观察言语脸色来揣摩对方的心思）、疾言厉色（形容说话急促，神色严厉的样子）的"言"区别。

yǎn

㲃（别于"放"）yǎn

一指旌旗上的飘带。二用来形容旌旗飞扬的样子。"㲃"（右边是"人"）不能和"放"字混淆。

yàn

晏（睡）（不能误写作"宴"）yàn

迟；晚。"晏睡"就是睡得晚，熬夜。晏起、晏驾（帝王死去的委婉说法）和作姓氏用的"晏"都这样写，不能误写作宴会、宴请、宴安鸩毒（贪图安乐等于喝毒酒自杀）的"宴"。

宴（安鸩毒）（不能误写作"晏"）yàn

安乐；安闲。宴安鸩毒（yàn'ān-zhèndú）：贪图享乐等于喝毒酒自杀（鸩：传说中的一种毒鸟，用它的羽毛浸的酒可以毒死人）。如："宴安鸩毒，不可怀也。"（《左传·闵公元年》）"宴安鸩毒"，我不能坐享父辈的财富，自甘堕落，而应该艰苦奋斗，创造自己的事业。宴乐（安乐）的"宴"形、音、义同，不能写作晏睡（睡得晚；熬夜）、晏起的"晏"（晚；迟）或河清海晏（黄河水清，大海平静。比喻天下太平）的"晏"（平静；安定）。其中的"鸩"（左边是"冘"）和饮鸩止渴（喝毒酒来止渴。比喻只图眼前痛快，不顾后果怎样）的"鸩"写法同，都不能误写作斑鸠、鹊巢鸠占的"鸠"（jiū）。

酽（茶）（不能写作"严"）yàn

（汁液）浓。酽茶：浓茶。如：他喜欢喝酽茶。酒太酽、把墨磨得酽酽的中的

"酽"形、音、义同，都不能写作"严"，也不读 yán。

赝（品）（不能误写作"膺"）yàn

伪造的。赝品：伪造的文物或艺术品。如：你买的郑板桥的这幅画并非真迹，乃是赝品。赝币（伪钞；假币）、赝本（伪造的名人书画及碑帖等）的"赝"形、音、义同。这些"赝"（厂字旁。半包围结构）不能错写成义愤填膺、荣膺勋章、膺选为班长（膺选：当选）的"膺"（yīng）（广字旁。下边的写法和"赝"也不同）。

讌（不再使用）yàn

《第一批异体字整理表》中"宴"有异体字"讌"。1964年发表的《简化字总表》收录"讌"的类推简化字"讌"。这个"讌"字目前辞书中也多有收录，然而，经重新审查后，2013年6月由国务院正式发布的《通用规范汉字表》（最新、最权威的规范汉字依据）仍将"讌"作为"宴"的异体字。因此不能再使用。

yáng

扬长（而去）（不是扬起马鞭）yángcháng

大模大样地离开的样子。扬长而去：大模大样地离去。如《红楼梦》第十二回："说毕，徉长而去。"（徉长，即扬长）这伙人在饭店吃完饭后，钱也不付，便扬长而去。注意：这里的"扬长"是一个联绵词，联绵词是不能拆开来逐字进行解释的，因此不能把它理解为发扬长处、举起衣袖或扬起马鞭，它和"扬长避短"（发扬长处和优点，避开短处和缺点）中的"扬长"含义不同。

扬州（炒饭）（不是扬州市）yángzhōu

叉烧和鲜虾的合称。扬州炒蛋、扬州窝面中的"扬州"义同。注意：这里的"扬州"是配料的名称，不是指江苏省扬州市。扬州炒饭也不是扬州菜系，和扬州菜（江苏扬州风味的菜肴）的"扬州"是不同的概念。

（衡）阳（不是太阳；日光）yáng

山的南面。地名的第二个字用"阳"的一般都是这种解释。衡阳就是因为在衡山南面，故称。又如贵阳是因为它在贵山的南面，故称。水的北面也叫"阳"。如：洛阳（在洛水的北面）、耒（lěi）阳（耒水的北面。耒水：湘江支流）、沈阳（沈水的北面）。这些"阳"和指山的北面，水的南面的"阴"相对。如：华阴（在华山的北面）、江阴（在长江的南面）、山阴（在会稽山的北面）。

杨花（和"扬花"迥异）yánghuā

柳絮。如："新年鸟声千种啭，二月杨花满路飞。"（北周庾信《春赋》）、水性杨花（水性流动，杨花轻飘。比喻女子作风轻浮，爱情不专一）。注意：杨柳除了指杨树和柳树外，也可只指柳树，这里的"杨花"指的就是柳树种子上面似棉絮的白色茸毛，即柳絮。不能误写作"扬花"，因为"扬花"是指水稻、小麦、高粱等作物开花时，花药裂开，花粉飞散。如：小麦扬花了。此"扬"是飞扬、飘扬的意思。

钖（和"锡"有别）yáng

马额头上的金属装饰物，马走动时会发出响声。如：钖鸾和铃（戴在马身体各个部位的铃。钖在额，鸾在镳，和在衡，铃在旗）。注意："钖"和"锡"（xī）

（金属元素）是两个完全不同的字："锡"是"錫"的简化字；而"鍚"仅是偏旁"金"简化作"钅"，"昜"并未简化。和"昜"组成的繁体字，此"昜"大都简化作"𠃓"。如：扬、杨、场、旸（yáng 太阳升起）、玚（yáng 古代的一种玉）、惕（①dàng 放荡。②shāng 如：惕惕。是形容走路时身直而步快。"惕"和警惕的"惕"形、音、义都不同）、荡等；和"昜"组成的字，此"昜"都不能简化。如：锡矿的"锡"、警惕的"惕"、疆场的"埸"（yì）（田界；边境。"埸"和疆场的"场"chǎng 形、音、义都不同）、蜥蜴的"蜴"（yì）、剔除的"剔"、踢足球的"踢"等，把这些字中"昜"简化为"𠃓"就错了。

洋泾浜（不能误写作"洋泾滨"）yángjīngbāng

原是旧中国上海租界里一条河名，这个地方华人洋人杂处，语言混杂，流行着夹有汉语成分的不纯正的英语，称之为洋泾浜语，简称洋泾浜。后来语言学中也用来泛指混合语。注意：这里的"浜"不能错写成湖滨、海滨的"滨"（bīn）。

yǎng

映咽（不能误写作"映咽"）yǎngyè

形容水流堵塞不通。如左思《魏都赋》："泉流进集而映咽。"（泉水流入此处交汇不再流向他处。）注意：这里的"映"（左边是"口"）不能误写作"映（yìng）"；"映"读 yǎng 时，是指应答声，和"映咽"中的"映"读音有不同。"咽"在这里也不读咽喉的"咽（yān）"或狼吞虎咽的"咽"（yàn），而要读 yè。

yāo

幺麽（小丑）（不能写作"幺么"）yāomó

微小。幺麽小丑：微不足道的坏人。如："本来这些幺麽小丑，算不得什么。"（《官场现形记》）"只有李半仙闻风逃走，不知去向。这本是幺麽小丑，不足挂齿。"（蔡东藩等《民国演义》五七回）注意：①"什么""怎么"的"么"是从"麽"简化来的，写作"么"才规范，但"幺麽"中的"麽"不能简化，也不读 me。②这里的"幺麽"不能误写作和它读音相同的妖魔鬼怪的"妖魔"。

（民国）幺（年）（不是数目"1"）yāo

细；小。引申指末、最后。"民国幺年"就是民国最后一年。诚然，数目中的"1"也可以说成"幺"，那是有限制的：只能单用，不能组成合成数词，也不能带量词。旧时指色（shǎi）子和骨牌中的一点，现在说数码时在某些场合也用来代替"1"。如：呼幺喝六（掷色子时的喊叫声或耍威风时的呼喝叫喊）、火警电话是幺幺九（119）、我是洞幺（01）。"民国幺年"中的"幺"不是"1"，把"民国幺年"理解为民国第一年就不对。

约（一斤肉）（不读 yuē）yāo

用秤称重量。这种解释的"约"都读 yāo，不读 yuē。如：约一斤苹果，约一约体重，约一约这尾鱼有多重？

（哼）唷（不读 yō）yāo

辞书中有哼唷、杭育这两个词，都是叹词，是指集体从事重体力劳动时，用来协同动作的互应声。"哼唷"读 hēngyō，"杭育"读 hángyō，"唷"和"育"都读

yō。但《现规》在其"前言"中有说明："语音规范标准是比较明确的，国家通用语言（普通话）是以北京语音为标准音的。但现在通行的一些词典中，'哟、唷'以及'杭育'中的'育'均注为 yō 音。然而，北京语音中没有这个音节，我们规范词典中自然不能出现 yō 音。……最后我们本着实事求是和规范的原则，将三个字的读音注为 yāo，轻读时注为 yao。这既反映了普通话的实际读音，也符合北京语音系统。"（见第14页、第3版第16页亦有说明）据此，哼唷、杭育应读为 hēngyāo 和 hángyāo。

yǎo

杳（无音信）（不能误写作"查"）yǎo

遥远；不见踪影。杳无音信：很长时间没有一点消息。如：神秘失踪的八岁女童，至今杳无音信；三年前他找过我一次，尔后，杳无音信了。杳渺（形容遥远或深远）；杳如黄鹤（比喻人或物下落不明）；一从别后，音信杳然（一从：自从。杳然：形容沉寂没有声音）；雁杳鱼沉（比喻音信断绝）中的"杳"写法和含义同。这些"杳"都不能错写成"查"，也不读 chá 或 miǎo。

窈窕（和"苗条"不同）yǎotiǎo

一指（女子）文静而美好的样子。如：窈窕淑女（文静善良的女子。淑女：善良的女子）、窈窕世无双。二指（宫室、山水）幽深，深远。如：云雾窈窕、幽岫（xiù）窈窕（幽岫：山峰）。可见，"窈窕"和用来指身材细长柔美，三围符合标准的苗条女子无关，身材苗条的淑女一般是不能用"窈窕"去修饰的。

yào

疟（子）（不读 nüè）yào

疟子。疟子（yàozi）是口语，疟（nüè）疾（一种急性传染病）的俗称。如：发疟子（患疟疾。西南官话叫"打摆子"）。疟（nüè）疾通称疟（yào）子，前后两个"疟"读音不同。疟疾的"疟"也不能误写作和它读音相同的虐待的"虐"。

要紧（≠紧要）yàojǐn

①重要；紧迫急切。如：先别追究事故责任，救人要紧。②严重。如：只是一点小毛病，不要紧。"紧要"虽然也有紧急重要的意思。如：紧要关头、事关紧要。但在搭配上与"要紧"有不同。紧要关头、紧要任务、事关紧要中的"紧要"改用"要紧"就显得别扭，反之，这份文件很要紧、要紧的是先救人中的"要紧"改为"紧要"也不妥贴。"要紧"还有严重的意思，"紧要"没有这种解释。"不要紧"就不能说成"不紧要"。

乐（山乐水）（不读 lè 或 yuè）yào

爱好，喜爱（后一个"乐"音、义同）。《论语·雍也》："子曰：'知者乐水，仁者乐山。'"意思是聪明的人爱水，仁德的人爱山（这里的"知"通"智"）。后便用乐山乐水比喻不同思想性格的人有不同的爱好或对问题的看法不同。如程颢、程颐《二程外书》七："乐山乐水，气类相合。"（气类相合：志趣相投的人自然结合在一起）注意：这里的"乐"既不读快乐的"乐"（lè），也不读音乐的"乐"（yuè）。

yé

(治乱天)邪（不读 xié）yé

语气词。相当于现代汉语的"吗""呢""呀"等。"治乱天邪"是说"国家的治和乱，是天造成的吗？""是邪，非也？""赵王岂以一璧之故欺秦邪？"（赵王难道会因为一块璧的缘故欺骗我们秦国吗？）汉乐府曲《上邪》中的"邪"都是这个读音。上邪，意即"天呀"。"邪"的常见读音是 xié，义为不正当或不正常的意思，如邪恶、邪祟、歪风邪气等，但用在句末，作为疑问或反问的语气词"邪"要读 yé。

yè

叶公（好龙）（不姓叶）yègōng

姓沈，名诸梁，字子高。"叶公好（hào）龙"是个成语，用来比喻对某事物表面喜爱而实际并不喜爱，甚至是畏惧。如毛泽东《湖南农民运动考察报告》："嘴里天天说'唤起民众'，民众起来了又害怕得要死，这和叶公好龙有什么两样！"这里的叶公据汉代刘向《新序·杂事五》可知，他是春秋时楚国贵族，因受封于叶（今河南平顶山市叶县）为尹，故称叶公（尹：官名。公：对男子的尊称）。可见，叶公并非姓叶。顺便一提的是，这里的"叶"旧读 shè，现在的规范读音是 Yè。

夜来（和"日来"迥异）yèlái

①指刚过去的夜里；夜间。如：夜来一场大雨，清晨的空气凉丝丝的，沁人心肺。②某些地区指昨天。如：他夜来就离开了上海。"日来"完全不同，是近几天来的意思。如：日来气温陡升。

夜以继日（不作"日以继夜"）yèyǐjìrì

晚上接着白天，日夜不停。形容劳苦勤奋。如：他工作非常勤奋，夜以继日，兀（wù）兀穷年（终年勤奋工作，十分劳苦。兀兀：勤勉不止的样子）。有的辞书对"夜以继日"这一成语解释后注明：也说日以继夜。"夜以继日"按古代汉语语法分析就是"以夜继日"，"以"当"用"讲，译出来就是用夜晚接续白天。若说成"日以继夜"就成了用白天接续夜晚，与现实生活悖理。当然，为了特殊的修辞目的而临时调换又当别论。《现规》已不收"日以继夜"。《现代汉语成语规范词典》（李行健主编）在这一词条后也有提示：不要写作"日以继夜"。

夜宵（≠宵夜）yèxiāo

名词。供夜里吃的酒食、点心等。如：食堂为夜班工人准备了夜宵。注意："夜宵"以往可作"夜消"，《第一批异形词整理表》已确定"夜宵"为规范词形。《现规》也有提示：不要写作"夜消"。"宵夜"也有夜宵的意思，作名词用。如：吃点宵夜再走。但它还有动词用法，作动词的"宵夜"要写作"消夜"：一指夜里吃点心。如：他们正在这里消夜。二是表示消遣夜间时光。如：盛夏，月白风清的夜晚，到这个荷花池边散步消夜的人不少。

（呜）咽（不读 yān 或 yàn）yè

声音受阻而低沉。呜咽：低声哭泣。也比喻发出让人感到凄凉而悲哀的声音。如：她呜咽着离开了家、琴声呜咽、山泉鸣咽。哽咽、映（yǎng）咽（水流阻滞的样子）、哭声幽咽（幽咽：形容低微的哭泣声）的"咽"形、音、义同。注意：

以上的"咽"既不读咽喉的"咽"（yān），也不读吞咽、狼吞虎咽的"咽"（yàn）。

yī

一齐（和"一起"有别）yīqí

　　副词。同时。如：咱们一齐动手把桌子搬出去，大家一齐鼓起掌来，人和行李一齐到了。"一齐"和"一起"用法有不同。"一齐"表示事情发生在同一时间，是从人或事物的每个个体出发的，相当于"都"；而作副词用的"一起"是表示动作行为发生在同一地点或合到一处，是从一个整体出发的，相当于"一同、一道"。如：咱们一起看电影去吧；从此，孩子就和奶奶一起生活；我和工人一起劳动了半年。此外，"一起"还可作名词用，表示同一处所，一块儿。如：他俩坐在一起，两样东西加在一起。

（可见）一斑（不能写作"一般"）yībān

　　指豹身上的一块斑纹。比喻事物中很小的一部分。可见一斑：通过竹管的小孔来看豹，只能看到豹子身上的一块斑纹。喻指从看到的某一部分，可以推知全貌。如：据《鲁迅日记》载，在1916年5月至7月这短短的三个月里，鲁迅一共到琉璃厂二十六次。琉璃厂的魅力由此可见一斑。（琉璃厂：北京的一个老地名，是北京著名的文物一条街）唐人《金陵春梦》一集二："老百姓因为吃不起盐，缺乏碘质，在头颈间长个大肉瘤……这种苦人几到处可见，毫不稀奇。盐价之昂，乡民之穷，也就可见一斑了。"注意：这里的"一斑"不能写作"他俩长得一般高"（一般：一样）、这篇文章写得很一般（一般：普通）、别有一般风味（一般：一种）的"一般"。

一蹴而就（和"一挥而就"有别）yīcù'érjiù

　　踏一脚就成功。形容事情很容易办成（蹴：踏；踩）。如：事业的成功不会一蹴而就；做学问就是一个集腋成裘的过程，不可能一蹴而就。（集腋yè成裘：比喻积少成多）注意：①"蹴"不能写成一触即发、一触即溃的"触"（碰到；挨上），也不能读作jiù。②"一挥而就"和"一蹴而就"不同，"一挥而就"是说一动笔就写成了。形容写字、作文、绘画等非常熟练或才思敏捷。如：他沉思片刻，一挥而就，一只神奇的虾便跃然纸上。

一日之长（有二读）①yīrìzhīzhǎng

　　比别人年龄稍微大些或资格较老（长：年长。年龄比别人稍大些）。如：岂堪为一日之长（哪里有资格当教师）。②yīrìzhīcháng 比别人稍强些（长：长处。指才能比别人稍强一些）。如：有一日之长（有那么一点长处）、争一日之长（争个高低强弱）。

一窝蜂（和"一阵风"有别）yīwōfēng

　　形容像蜂群一样乱哄哄地一拥而上。如：孩子们一窝蜂似的围了上来，一窝蜂地往车厢里挤。"一阵风"是：①形容动作快。如：他一阵风似的跑了过去。②形容做事不能持久。如：反腐败要一抓到底，不能一阵风。它们中有一个共同点是，速度快。区别是："一阵风"重在快；"一窝蜂"快且乱；"一阵风"可用于个人，也可用于群体；"一窝蜂"只能用于群体。

一半天（不是一天或半天）yībàntiān

（口语）一两天。如：他可能一半天回不来，这本书过一半天就还给你。"一半天"既不是指一天或半天，也不是指半边天（①天空的一部分。如：彩霞映红了半边天。②泛指妇女）

一呼百应（≠一呼百诺、一呼再诺）yīhū-bǎiyìng

一声呼唤，很多人响应（应：响应）。多形容威信高，号召力大。如周立波《暴风骤雨》第二部一："布排好了，赶到屯里开大会那天，张富英一呼百应，轻轻巧巧地把个郭全海攥出了农会。"陈胜、吴广揭竿而起，天下一呼百应。"一呼百诺（nuò）"不同，是说一声呼唤，很多人应诺（诺：答应）。形容权势显赫，仆从很多。如《醒世姻缘传》九四回："他如今做了这几年官，前呼后拥，一呼百诺的，叫人奉承惯了的性儿。"看他奴仆成群，一呼百诺，就知道是个有钱人家的少爷。和"一呼再诺"也有别，"一呼再诺"是说听到一声呼唤，便连声应答（再：两次）。形容态度谦卑恭顺。

一发不可收（和"一发不可收拾"不同）yīfābùkěshōu

（事情）更加难以结束（一发：更加），意即事情一做开了头就很难停下来。如："于是我终于答应他也做文章了，这便是最初的一篇《狂人日记》。从此以后，便一发而不可收……积久就有了十余篇。"（鲁迅《〈呐喊〉自序》）"一发不可收拾"不同，是说事情坏到、乱到或溃败到无法整顿的地步。明显带有贬义。如：这件事如果处理不当，就一发不可收拾了；他两年前跟同事学会了地下"六合彩"赌博，由小赌开始，一发不可收拾。这里的"收拾"和一发不可收中的"收"（停止；结束）含义不同，是作整理、整顿讲。注意："一发"中的"发"不能误读为千钧一发的"发"（fà，指头发）。

一口钟（不是一口铜钟）yīkǒuzhōng

辞书中列举的词目"一口钟"，是有它特定含义的，并非指寺院或其他地方悬挂的钟，而是指斗篷，是穷和尚穿的一种极其简单省布的长袍，无袖，左右不开衩。因为它上小下大，有点像钟，故称一口钟。也叫"一裹圆"。如《西游记》第四十六回："柜里是件破烂流丢一口钟。"这里的"一口钟"就不能理解为用来敲击的铜钟，"破烂流丢一口钟"也不是指脏兮兮的有破洞的铜钟。

一诺千金（和"一掷千金"迥异）yīnuò-qiānjīn

一声答应，价值千金（诺：答应；应允）。形容说话算数，绝对守信用。如：周伯是个极守信用的人，他说出的话在商场上是一诺千金的。"一掷（zhì）千金"不同，是说任意挥霍钱财（掷：扔）。如：这个阔少，一掷千金，不作什么回事。注意：其中的"金"不能误写作"斤"。

（修整）一（新）（不表示数目）yī

满；完全。一新，即完全变成新的。面目一新、一身汗、一天星斗（满天星星）、一仍旧贯（完全按照旧例行事。仍：按照）、一如既往（完全跟从前一样）中的"一"义同，都不表示数目。

（毁于）一旦（和副词"一旦"不同）yīdàn

一天之内（表示时间短）。毁于一旦：在一天的时间里就毁掉了（多指长期的劳动成果或来之不易的东西一下子被毁掉）。如：一场禽流感，辛辛苦苦养殖的上万只鸡毁于一旦。这里的"一旦"是名词，和作副词用的表示忽然有一天或假如有一天的"一旦"含义不同。如：一旦掉落悬崖，必将车毁人亡；同窗三年，一旦离别，怎不想念？

1983 年前（不能写作"83 年前"）

《试行规定》明确指出："年份不能简写，如 1980 年不能写作 80 年，1950—1980 年不能写作 1950—80 年。"《国家标准》也说："年份一般不用简写"，虽然加了"一般"二字，但其基本精神是一致的。1983 年前缩略为 83 年前显然不合规定，也容易让人产生歧义。以为是 83（八十三）年前。

（下车）伊始（不能写作"尹始"）yīshǐ

开始（伊：文言助词，无义）。"下车伊始"是说官吏刚到任。后泛指刚到一个新的工作岗位或刚刚到达一个新的地方。如：不要下车伊始，就哇啦哇啦大发议论。自今伊始、创办伊始、新年伊始的"伊始"意思同，不能误写作"尹（yǐn）始"。"尹"是旧时官名或作姓氏，不能和"始"组成"尹始"一词。

衣（锦还乡）（不再读 yì）yī

动词。穿；给人穿。衣锦还乡：古时指做官以后，穿着锦绣的官服回到故乡向亲友夸耀；后泛指富贵后光荣地回到家乡。如徐铸成《旧闻杂忆·朝阳大店》："不少学生，四年里住住公寓，吃吃馆子，逛逛'八大胡同'，就带着一批讲义，成为法学士而衣锦还乡了。"注意：过去作动词用的"衣"，是穿（衣服），拿衣服给别人穿的意思，读作 yì。如：解衣（yī）衣我（解衣：脱下衣服）、不织而衣、衣锦荣归。现在都读 yī。

袆（别于"袆"）yī

形容词。美好（多用于人名）。注意："袆"（左边是"礻"）和"袆"（huī）（古时王后的一种祭服）是两个完全不同的字，形、音、义都不同。

（开门）揖（盗）（不能写作"缉"）yī

拱手行礼。开门揖盗：打开大门，向强盗拱手行礼，请他进来。比喻引来坏人，自招祸害。如茅盾《子夜》一九："把市场上虚虚实实的内情都告诉了他的那番话，不是开门揖盗么？"某些国家接受霸权主义者的军援，实际上是开门揖盗。这里的"揖"和罗圈儿揖（身体转着圈儿向周围的人作的揖）、打躬作揖的"揖"写法同，不能误写作通缉、缉私、缉拿归案的"缉"（jī）。"揖盗"不能理解为缉拿盗匪。

yí

夷（为平地）（不能写作"移"）yí

铲平，削平，即破坏建筑物（使成为平地）。夷为平地：毁掉（建筑物等）使成为平地。这里的"夷"和履险如夷（走险路像走平地一样）、化险为夷的"夷"（平坦；平安）含义不同；"夷"也不能错写为"移"。因为"移"只有移动或改变、变更的意思。

贻笑大方（前边不能加"令人"或"被人"）yíxiào-dàfāng

留下笑话给大方之家，意即让内行人笑话。如：对于电脑，我也只是略知一二，乱发议论，岂不贻笑大方；这幅画并不怎么样，他却在众人面前到处宣扬，真是贻笑大方。"贻"是遗留、留下的意思；贻笑，即让人笑话；大方，即大方之家，指见多识广、具有某种专长的人。"贻笑大方"本身已含有"令内行人笑话""被内行人取笑"的意思，在它前面再加"令人""被人"，显然是叠床架屋了。下面所用的"贻笑大方"就属这种情况："中文字词浩如烟海，稍不留神就可能错写误用，令人贻笑大方或使人产生误解。""有些人为了追求时髦，不考虑国情民意和实际效果，喜欢搬用外来词作商品名，如在汽车配件门市部的橱窗玻璃上写上'纯正部品'字样就是一例。这'部品'绝对不是'部优产品'，而是日语汉字，译成汉语就是'零件'。如此一个让人看不懂的商品名，只能让人贻笑大方。"（前一句可删去"令人贻笑大方或"，也可只保留"贻笑大方"；后一句去掉"让人"二字即可。）

宧（别于"宦"）yí

古代称屋子里的东北角，即做饭、吃饭的地方。古人认为在这里饮食对身体有益。注意："宧"（下边是"**臣**"，七画）和宦官（太监）的"宦"（huàn 下边是"臣"，六画）是两个不同的字，不能混淆。颐（yí，左边）、熙（xī，左上）、姬（jī，右边）都是"**臣**"（yí），不是"臣"（chén）。（注：姬，音 chén，意为谨慎，和"姬"有别。）

移译（不作"迻译"）yíyì

翻译。如：移译名著、移译翻印。注意：有的辞书在"移译"后注明：同"迻译"。《现异》有说明："迻"已作为"移"的异体字淘汰。应以"移译"为规范词形。《现规》也有提示：不要写作"迻译"。（见第 3 版 1554 页）

（伯牙）移情（不是转移爱情的对象）yíqíng

投入专注的特定感情。"伯牙移情"是说伯牙投入了专注的感情弹琴（伯 Bó 牙：古代有名的琴师）。这里的"移情"并不是指某人爱上了第三者，转移了爱情的对象，和移情别恋的"移情"含义不同。

yǐ

倚（和"徛"迥异）yǐ

"倚"有三个义项：①靠着。如：倚着栏杆、倚马可待（形容才思敏捷，写文章一挥而就）。②仗恃。如：倚势欺人、倚老卖老（仗着年纪大，摆老资格）。③偏；歪。如：不偏不倚。"徛"和"倚"完全不同，音 jì，名词。是指放在水中用来供人渡水的石头，也指石桥。又（方言），动词。站立的意思。

已决犯（不是已被枪毙了的犯人）yǐjuéfàn

经法院判决定了罪的犯人。如：将这两名已决犯押送监狱。"已决犯"是和"未决犯"（指已被提起刑事诉讼但尚未经法院判决定罪的人）相对来说的，不能错误地理解为是已经处决了的犯人；同样，也不能把"未决犯"理解为还没有处决的犯人。

（不为）已（甚）（不能误写作"己"）yǐ

太。不为已甚：不做太过分的事。后用来指对人的责备或处罚，要适可而止（已甚：太过分）。如《孟子·离娄下》："孟子曰：'仲尼不为已甚者。'"（孟子说："孔子不做太过分的事情。"）他既然承认了错误，就不为已甚，不要再追究了。注意：这里的"已"（yǐ）不能误写作自己的"己"，辞书中没有"不为己甚"的成语。

以来（≠**以后**）yǐlái

"以来"和"以后"都是名词，在表示从过去某时到现在说话时，它们有时可以互用。如：毕业以来（以后）、改革开放以来（以后）、参加工作以来（以后）；表示从现在说话时到将来某时或从将来某时到更往后的时间，只能用"以后"。如：从今以后、五分钟以后奇迹果然出现了。

以致（和"**以至**"不同）yǐzhì

连词。用在下半句话的开头，有"致使"的意味，表示下文中所说的结果（多指不好的或说话人不希望的）是由于上半句谈到的原因造成的。如：他酒后开车，以致出了车祸；他自幼任性，以致误入歧途。"以致"和连接分句的"以至"有不同。"以致"强调的是结果；而"以至"强调的是程度，它含有"甚至"的意味，表示上文所说的动作、情况的程度很深而形成的结果，可以是好的，也可以是坏的。如：事态的急剧变化，以至使很多人感到突然；鲁迅先生的逝世，是中国以至世界文坛的重大损失。此外，"以至"可以后接"于"，成为"以至于"，语法作用不变；"以致"不能，如不能说"他非常用心地写生，以致于野地里刮起风沙来也不理会"。（应换用"以至"或"以至于"）

（马）尾（儿）（不读 wěi）yǐ

一指尾巴。特指马尾（wěi）上的长毛。马尾儿：马尾巴上的毛。马尾罗（用马尾毛做的筛子）、马尾拴豆腐——提不起来（歇后语）。其中的"尾"读音同。二是特指蟋蟀等尾部的针状物。如：二尾儿（雄蟋蟀）、三尾儿（雌蟋蟀）。注意：以上用在口语词中的"尾"和"车后尾儿""个子矮的排在后尾儿""他走得慢，落在后尾儿了"等中"后尾儿"（末尾；后面）的"尾"都读 yǐ，而不读尾巴、一尾鱼、马尾辫、马尾松（常绿乔木）等的"尾"（wěi）。

（风光）旖旎（不读 qínǐ）yǐnǐ

柔和美丽。相当于婀娜的意思。如：云南省昆明市，气候温和，四季如春，风光旖旎；太行峡谷风光旖旎，自然景观和人文景观资源十分丰富。注意："旖旎"不能误读作 qínǐ。

yì

（贪贿无）艺（不是技能；本领）yì

准则，引申为限度。贪贿无艺：一味贪求财物而没有限度（贿 huì：财物）。如毛泽东《向国民党的十点要求》："彼辈不注意敌人而以对内为能事，杀人如麻，贪贿无艺，实谣言之大本营，奸邪之制造所。"这里的"艺"和用人无艺的"艺"义同，不能理解为手艺、园艺、多才多艺的"艺"（技能；本领）。

乂（和"义"不同）yì

①治理。如：保国乂民。②安定。如：乂安（太平无事）。以上的"乂"不能写作"义"。"义"没有治理、安定的解释。

异地（和"易地"不同）yìdì

名词。他乡；外地（异：其他的；别的）。如：流落异地、异地相逢。"易地"和"异地"音同义殊，是动词。指换个地方（易：改变；变换）。如：易地出售。据此，"易地安置"和"异地安置"便有不同的含义，把因改造旧城区需要搬迁的居民说成"异地安置"就会让人难以理解。下面句中的"异地"用得也不妥："有一种大型海鸟叫'信天翁'，它凝立水际不动，鱼过其下则取之，终日无鱼，亦不异地。"（按宋洪迈《容斋五笔》卷三记载，此处的"异地"是"易地"）

抑或（和"亦或"不同）yìhuò

连词。表示选择关系，相当于"或者""还是"。这里的"抑"连接分句，表示选择；"或"也是表示选择关系的连词。"抑"和"或"同义连用，意义不变。如：支持抑或反对，你都应该明确表态；那是一个连，还是一个营，抑或是一个团？"亦或"和"抑或"读音同，只见于古代典籍中，它不是一个词，而是"亦"和"或"两个文言虚词的组合，"亦"是"也"的意思；"或"表示泛指的代词，作"有的（人、物）"或"有时"讲，"亦或"连用相当于"也有的""也有时"，并无表示选择关系连词的用法。如："虽由物犯，囹圄淹滞，亦或有冤。"（虽说是因为环境引起犯罪，长期呆在牢狱里，也有的是含冤受屈的。囹圄língyǔ：监狱）（《陈书·世祖纪》）"然洋洋六百万言之巨著，偶疏之处，亦或有之。"（《古汉语研究》1988年第1期）

（造）诣（不能读zhǐ）yì

（学问、技艺等）所达到的高度或深度。造诣：学问、技艺等达到的水平。如：有很高的造诣、造诣颇深；继鲁迅之后的我国现代文学主将郭沫若，在对联方面具有深湛的造诣。注意："诣"在任何词语中都只有yì的读音。如：诣烈士墓致祭（诣：前往）、苦心孤诣（孤诣：别人所达不到的）等，和宗旨、意旨的"旨"（zhǐ）形、音、义都不同。"造诣"是褒义词，只用于个人，多指较大的成就。

昳丽（不读diélì）yìlì

神采焕发，容貌美丽。如《战国策·齐策一》："邹忌修八尺有余，而形貌昳丽。"（邹忌身长八尺多，身材魁梧，容貌漂亮。）"昳"还有一个读音是dié。如：日昳（十二时辰之一，十三时至十五时，即下午一点到三点）。但昳丽中的"昳"不这样读。

（神采）奕奕（不能误写作"弈弈"）yìyì

精神焕发的样子。神采奕奕：形容人精神旺盛，容光焕发。如：他神采奕奕地走上领奖台。这里的"奕"（下边是"大"）不要误写作和它读音相同的对弈、弈棋的"弈"（下棋）。"奕"和"弈"上边都是"亦"，和变、恋、峦、挛、孪、娈（luán，指相貌美好）等上边写法不同，要注意区分。神采奕奕和小心翼翼中的"翼翼"（严肃谨慎）字形、字义也不同。

肄业（不能误写作"肆业"）yìyè

在学校学习，特指在学校学习而没有达到规定的学习年限中途离校（肄：学习）。如：北京大学肄业、肄业证书。肄习（学习）、讲肄之所（讲肄：讲习）的"肄"写法同。注意："肄"（左边是"𦘒"）不能和肆虐、放肆、肆无忌惮的"肆"（sì左边是"镸"）混淆，也不读sì。"肄业"是没有毕业或尚未毕业（而离开学校），和"毕业"（指在学校学习期满，完成并结束学业（而离开学校）有明显的区别。

yīn

因缘（和"姻缘"不同）yīnyuán

"因缘"和"姻缘"音同义不同。"因缘"除了佛教指事物产生、变化和毁灭的根据和条件这一解释外，还用来指缘分，这个缘分既可指人与人之间遇合的机会，也可指人与事物之间发生联系的可能性。如：恨无因缘与先生相见，听说这对夫妇的结合与他的一篇什么文章有点因缘，天假因缘（上天给予的美好缘分。指难得的好机会。假：借，给予），张恨水的小说《啼笑因缘》。"姻缘"不同，专指男女结成夫妻的缘分。如：美满姻缘、千里姻缘一线牵。一般来说，同性之间，只能有因缘的可能性；异性之间，既有因缘的可能性，也有姻缘的可能性。值得注意的是，张恨水写的长篇小说《啼笑因缘》中的"因缘"常会被人误写作"姻缘"。为什么不用"姻缘"？有作者的说法："……而我写的这个就不完全是婚姻问题，所以，'因缘'的'因'字没有女字旁。"（张明明《有关〈啼笑因缘〉的二三事》）

阴鸷（和"阴骘"不同）yīnzhì

形容词。阴险凶狠（鸷：原指凶猛的鸟，引申为凶猛）。如：阴鸷毒辣，传说中的曹操是为人阴鸷的人，目光阴鸷。"阴骘"和"阴鸷"音同义殊，它原是暗中使安定（骘：安定），转指阴德。是名词。如：积阴骘、伤阴骘（暗中做害人的事）、祖宗的阴骘。下面句中的"阴骘"用得不当："由此产生了一种我得不到你也享受不成的阴骘的欲念。"（应改用"阴鸷"）注意"鸷"（上"执"下"鸟"）和"骘"（上"陟"下"马"）的不同写法。

（绿草如）茵（非花非草）yīn

垫子或褥子。绿草如茵：绿茸茸的草就像厚厚的地毯一样。"茵"本是指古代车上的坐席、垫，最初也许是用草编织的，故上边是"艹"，后来字义有了发展，已不限于草垫，而是泛指其他垫褥或用来比喻像垫褥一样的东西，如"绿茵场"（草地足球场）就是因为足球场上绿草如茵而得名的，它本身便包含着比喻。有人把"茵"解释为草，如用"绿茵如毯"来修饰草坪，不对。因为"绿茵如毯"只能解释为绿色的毯子像毯子，这样的比喻显然不能成立；有人把"茵"理解为花，如说"落茵缤纷"，也不对。只有把"落茵缤纷"改为"落英缤纷"（形容鲜花盛开后纷纷凋谢的景象。"英"指谢落的花）才说得通。

殷勤（和"殷殷勤勤""献殷勤"不同）yīnqín

热情而周到。如：殷勤招待、殷勤照料病人。"殷勤"和"殷殷勤勤""献殷勤"都不同。"殷勤"是褒义词，而"殷殷勤勤"和"献殷勤"都含贬义。殷殷勤勤是形容小心着意地伺候巴结别人。如《初刻拍案惊奇》卷一八："又送酒肴内房中去，殷殷勤勤，自不必说。"而"献殷勤"是说为了讨好别人而小心仔细地奉承伺候。如：这个人总喜欢在上司面前献殷勤。

（万马齐）喑（不能误写作"暗"）yīn

沉默，不作声。万马齐喑：千万匹马都沉寂无声，比喻人们都沉默，不说话，不发表意见，形容局面沉闷。如龚自珍《己亥杂诗》："九州生气恃风雷，万马齐喑究可哀。""文化大革命"表面上轰轰烈烈，实际上万马齐喑，这种情况在思想界和文化界尤其突出。注意：①这里的"喑"（左边是"口"）不能错写成黑暗、暗示、暗杀的"暗"（àn）。②这个成语一般用来指大的社会环境，不能用在狭小的范围中，如不能说"祖父的专断独行造成了我们家万马齐喑的局面"。

yín

（富贵不能）淫（不是淫乱） yín

迷惑。富贵不能淫：不为金钱、地位所迷惑。如："面对敌人的金钱诱惑，他丝毫不为所动，表现了他富贵不能淫的高贵品质。"（《现代汉语成语规范词典》）注意：这里的"淫"不是指不正当的男女关系。"富贵不能淫"既不能理解为富贵了也不能淫乱，也不能理解为有钱也不能太性感。它和孔子说的"乐而不淫，哀而不伤"（高兴时不要过于高兴，悲哀时不要过于伤心）中的"淫"（过度）含义也不同。

yǐn

（雷声）殷殷（不读 yīnyīn） yǐnyǐn

象声词。形容雷声。凡是用来形容雷声或作震动解释的"殷"都不读殷勤、殷切、殷实（富裕）的"殷"（yīn），也不读殷红的血迹、殷红的鸡冠子的"殷"（yān 黑红色）。如："殷其雷，在南山之阳。"（隆隆雷声，震荡在南山的南面。）（《诗·召南·殷其雷》）殷天动地（震动天地，形容震动极大）、"熊咆龙吟殷岩泉。"（熊和龙在咆哮，震动了岩石和泉水。）（《梦游天姥吟留别》）值得注意的是，殷殷期盼、殷殷催促、殷殷嘱咐、情意殷殷、忧心殷殷、殷殷千虑等中的"殷殷"却不读 yǐnyǐn，而要读 yīnyīn，因为这里的"殷殷"是作殷切或忧愁讲。

隐讳（和"隐晦"不同） yǐnhuì

动词。因有顾忌而隐瞒不说（讳：因有顾虑不敢说或不便说）。如：我们毫不隐讳自己的观点，他从不隐讳自己的缺点和错误。"隐晦"和"隐讳"音同义殊，是形容词，意为意思不明显（晦：不明显）。如毛泽东《在延安文艺座谈会上的讲话》："杂文形式就不应该简单地和鲁迅的一样，我们可以大声疾呼，而不要隐晦曲折，使人民大众不易看懂。"这首诗写得十分隐晦，很不容易读懂。

隐私（≠阴私） yǐnsī

不愿告诉人的或不愿公开的个人的事（隐：秘密的事）。如："社会逐步形成了尊重个人权利、尊重个人隐私的氛围。"（《人民日报》1998－03－04）不要探听别人的隐私。"隐私"和"阴私"（yīnsī）有不同。"隐私"是中性词，不一定是坏事，可以是自己的；"阴私"是贬义词，指不可告人的事（阴：奸诈、隐秘），强调的是别人的奸诈、非法而不可告人的坏事。如："似乎被人发见了阴私，兰女士的脸色突然变了。"（茅盾《昙》）

瘾君子（≠隐君子） yǐnjūnzǐ

吸毒或抽烟成瘾的人。如徐铸成《报人六十年》："其友人陈先生为一瘾君子。"《近代中国社会变迁录》第二卷 558 页："让瘾君子断瘾是一件更困难也更重要的工作。""瘾君子"有辞书作"隐君子"，原意是指隐居的人，后借用来嘲讽吸毒或吸烟上瘾的人（"隐"与"瘾"谐音）。现在语言实际运用中几乎都写作"瘾君子"，因吸毒残害人体、吸烟有害健康，实属病态，所以用"疒"（病字头）作部首的"瘾"语意更明，更易为人们接受。《现规》是这样解释两个词的："瘾君子"指吸烟或吸毒成瘾的人（含讥讽意）。"隐君子"指隐士。

yìn

饮（马）（不读 yǐn） yìn

给牲口喝水。"饮马"就是给马喝水。成语有"饮马投钱"，是说饮马之后投钱在水中（作为报酬），比喻人廉洁不苟取。饮驴、牲口饮过了的"饮"音、义同。"饮"又有一个义项是给人喝水，如说"饮场"就是旧时指舞台上给演员在表演的间隙喝茶。"饮"的常见读音是 yǐn，以上解释的"饮"则要读 yìn。

饮牛（和"牛饮"不同） yìnniú

给牛喝水。这里的"饮"是指给牲口喝水，和饮马、饮驴、牲口饮过了的"饮"音、义同，都读 yìn。"牛饮"不同，是说像牛一样大口地喝，狂饮。这里的"饮"就是喝，读 yǐn，和饮牛的"饮"音、义都不同。

荫翳（和"阴翳"不同） yìnyì

遮蔽（翳：遮盖）。如：柳树荫翳的河边。"阴翳"（yīnyì）有不同，是指树阴，阴影。如清·徐珂《清稗类钞·冯婉贞》："去村四里有森林，阴翳蔽日，伏焉。"（距离村子四里的地方有一片森林，浓密的树阴遮天蔽日，他们便埋伏在那里。）有的辞书对"阴翳"的解释后注明：同'荫翳'。《现规》是把它们作为两个不同的词来解释的。对"荫翳"的注释是：yìnyì 动 遮蔽▷林木~。后面作了提示：跟"阴翳"不同。对"阴翳"的注释是：yīnyì 名 树阴；阴影▷一缕不祥的~掠过心头。后面作了提示：跟"荫翳"不同。

yīng

应分（有二读）①yīngfèn

形容词。分内应该的。如：帮老人挑点水，也是我们应分的事。②yīngfēn 应当分配、分到、分别等。如：每人应分八斤柑子、做事应分轻重缓急。"应分（fēn）"是词组，和"应分（fèn）"不同。

英寸（不再写作"吋"） yīngcùn

（解释略）过去写作"吋"，根据《部分计量单位名称统一用字表》已淘汰。同样，呎、哩、呼（或"浔"）、浬都是过去的写法，均已淘汰，现在依次规范的写法是：英尺、英里、英寻（英美制计量水深的单位）海里。

英年（不能指少年或老年） yīngnián

称生气勃勃的青壮年时期。如：正当（dāng）英年；中央电视台著名播音主持人罗京因患"淋巴癌"而英年早逝，年仅48岁。注意："英年"只能用来指处于青壮年时期的人，不能指少年或老年。

（含）英（咀华）（不是杰出） yīng

花。含英咀华（hányīng – jǔhuá）：口中含着花细细咀嚼。比喻读书时细细琢磨领会文章的精华。"华"也是花，这里指精华。"咀"是咀嚼的意思，这里指体会，玩味。如：读着《伊索寓言》，含英咀华，教益不浅。韩愈《进学解》："沈浸酕醲，含英咀华。"（您埋头在内容醇厚的儒家典籍之中，玩味其中的精华。酕 nóng 郁：这里指内容醇厚的著作）这里的"英"不能解释为英雄、英俊、精英、群英会的"英"（杰出；杰出的人）。"咀"不能读 zuǐ，也不能写作"嘴"。"咀"和"嘴"是两个不同的字。

yíng

荧光（和"萤光"不同）yíngguāng

某些物质受光或其他射线照射时所发出的可见光（荧：光亮微弱的样子）。如：荧光灯、荧光屏。"萤光"和"荧光"音同义殊，是指萤火虫发出的光，泛指微弱的光（萤：通称萤火虫，昆虫名）。如：萤光点点。也借指磷光。如：乱坟间不时闪着萤光。

营利（和"盈利"不同）yínglì

动词。谋求利润。如：不能只图营利，不顾信誉；学校是培养人才的场所，不能以营利为办学宗旨。"盈利"和"营利"音同义殊，是动词。"盈利"指获得利润，赚钱。如：这种买卖可以盈利；今年连同去年下半年，公司盈利上百万元。又是名词。指获得的利润。如：今年的盈利比去年多、盈利五百万元。营利和盈利都有动词用法，区别是，营，谋求的意思，"营利"是一种在主观上有获取利润的行为；"盈"是获利的意思，"盈利"是客观上得到利润，是一种赚钱的行为，不赚钱就不叫盈利。因此，"非营利的组织"不能误写作"非盈利组织"，因为它是不以谋求利润为目的的组织。如：在抗震救灾的日子里，非营利组织发挥了积极的作用。如果说成非盈利组织，便是指该组织最终没有获得利润，这与非营利组织的性质相悖。

蝇营狗苟（不能写作"营营苟苟"）yíngyíng-gǒugǒu

像苍蝇那样飞来飞去，像狗那样苟且偷生。比喻不择手段地到处钻营，追逐名利（营：钻营。苟：苟且）。如：丈夫当立身天地间，岂可蝇营狗苟？（丈夫：成年的男子）抗日战争时期，大后方的许多作家并没有因环境险恶而以蝇营狗苟的态度来保全自己。"蝇营狗苟"也说"狗苟蝇营"，却不能说"营营苟苟"，辞书中没有这样的成语。

yōng

拥趸（不能误写作"拥蚤"）yōngdǔn

"拥趸"是改革开放后出现的新词语，指演员、运动员或运动队等的支持者。如："近来，他的歌迷、影迷已经扩展到了全亚洲，在中国他更是拥有众多拥趸。"（《北京日报》2000-06-28）著名歌星麦当娜是瑜伽（yújiā 印度教的一种修身方法）的狂热拥趸、明星的拥趸有个时尚的说法叫"粉丝"。注意：这里的"趸"（下边是"足"）不能误写作水蚤（蜻蜓的幼虫）、蜂虿有毒（蜂虿之类的小动物，它们的毒也可以伤人。比喻不能轻视有害的小事物）的"虿"（chài，蝎子一类的毒虫）。

yóng

喁喁（有二音）① yóngyóng

比喻众人如群鱼之口向上仰望期待的样子（喁：鱼口向上，露出水面。）如：

喁喁期盼、众望喁喁。②yúyú 一指随声附和（喁：应和的声音）。二是形容说话的声音（多用于小声说话）。如：喁喁私语（小声说话），"夜晚，戴愉又来了。在晓燕的房里他们喁喁不休地谈着话。"（杨沫《青青之歌》第二部第二七章）

yǒng

永世（和"永逝"不同）yǒngshì

副词。永远，也指终生。如：永世不忘、永世长存。"永逝"和"永世"音同义殊，是动词。既可指永远消逝（如：青春永逝、永逝的韶光），也可指人死（如：没想到他遽jù然永逝。遽然：突然）。

勇（往直前）（不能误写作"永"）yǒng

勇敢。勇往直前：勇敢地一直向前进。如成仿吾《长征回忆录·突破四道封锁线》："红军已大步前进，直指湖南，这时红军突出重围，真是如虎添翼，勇往直前。"我军冒着敌人的炮火勇往直前。注意：这里的"勇"不能误写作和它读音相同的"永"。

yōu

优点（和"长处"不同）yōudiǎn

优秀之处；好的方面。如：谦虚谨慎是他的优点；不能只看缺点，不看优点。"优点"和"长处"有不同。"优点"多就人或事物本身而言，与"缺点"相对；"长处"（chángchu）是优点、特长的意思，强调的是与其他事物或人比较起来较突出的地方，与"短处"相对。如：要善于学习别人的长处，每个人都有自己的长处和短处。该用"长处"的地方不能用"优点"，如不能说"他是山区长大的，善于爬山是他的优点"。

优雅（和"幽雅"有别）yōuyǎ

优美高雅。如：唱词优雅，优雅的居室，举手投足显出一种优雅的风度。"优雅"和"幽雅"音同义殊。"优雅"可以用来描述音乐、环境的优美雅致，也可以用来赞美人的行为举止优美高雅；"幽雅"是幽静而雅致的意思，常用来描述环境。如：景致幽雅、环境幽雅、幽雅的书斋。"优雅"重在美，"幽雅"重在静。

（学而）**优**（则仕）（本非优秀）yōu

有余力。"学而优则仕"出自《论语·子张》："子夏曰：'仕而优则学，学而优则仕。'"意思是做官了，有余力便去学习；学习了，有余力便去做官（仕：做官。子夏：孔子的学生）。注意：现代汉语中，"优"作优秀解释是十分常见的，但在春秋时代并无这一含义，我们现在说的"学习成绩优秀便可去当官"是后起义。

（性命）**攸**（关）（不能写作"悠"）yōu

助词。所。性命攸关：与生死相关，形容关系重大。如：这是性命攸关的大事，千万不可掉以轻心。生死攸关、大局攸关、责有攸归（是谁的责任就该由谁承担，推卸不掉）的"攸"写法和含义同，此"攸"不能误写作悠闲、历史悠久的"悠"，也不能写成"有"。

幽禁（≠幽闭）yōujìn

软禁；囚禁。如：中南海的瀛台曾经是幽禁光绪皇帝的地方，张学良在台湾度过了近半个世纪的幽禁生涯。"幽闭"除了有软禁、囚禁的意思（如：下狱幽闭）外，又指古代毁坏妇女生殖器官，使其不能生育的一种酷刑，相当于施于男子次于

"大辟"一等的宫刑（大辟：古代一种砍头的死刑）。如：男子去势，妇人幽闭（去势：摘除睾丸）。还用来指深居家中不愿或不能外出。如：终日幽闭，不出户所。

悠哉悠哉（和"优哉游哉"不同）yōuzāiyōuzāi

形容思虑深长（悠：忧思）。如《诗经·周南·关雎》："悠哉悠哉，辗转反侧。"（辗转反侧：躺在床上翻来覆去睡不着。极言男子追求女子而未能达到目的时的苦闷心情）"悠哉悠哉"并非指一种悠然自得的神态，如不能说"这些退休老人每天早上都到这间茶楼品茶、聊天，悠哉悠哉"。"春节期间，我在家里边看电视边嗑瓜子，悠哉悠哉。"这里的"悠哉悠哉"应改用"优哉游哉"，"优哉游哉"（yōuzāi - yóuzāi）说的正是一种从容不迫、悠闲自得的精神状态（优、游：悠闲，从容）。

yóu

（无耻之）尤（不是"更加""格外"）yóu

突出的。无耻之尤：最无耻的，无耻到了极点的。如："说是去开会或考察，原来是公款旅游，甚至有的进赌场、逛红灯区，回来还向人夸口，真是无耻之尤！"（《现代汉语成语规范词典》）这里的"尤"和尤甚（尤其严重）、尤为重要、尤喜书画中的"尤"（尤其；更加）含义不同；和怨天尤人的"尤"（归罪于；责怪）也有别。

（记忆）犹（新）（不能写作"尤"）yóu

还；仍然。记忆犹新：过去的事记得很清楚，就像刚刚发生的一样。如：地震发生时的情景人们至今记忆犹新；祖父临终时的嘱咐，我至今记忆犹新。这里的"犹"和话犹未了、言犹在耳、困兽犹斗（比喻身陷绝境仍然竭力挣扎。多指坏人）、中馈（kuì）犹虚（尚未娶妻。中馈：借指妻子）的"犹"义同，都不能写作"尤"，因为它不是尤其、更加的意思。

莜麦（不能误写作"筱麦"）yóumài

类似燕麦的草本植物；籽实也叫莜麦，磨成粉可以食用。注意："莜"（上边是"艹"），不要错写成"筱"（xiǎo）。筱：一指小竹子；二同"小"（多用于人名）。

游客（≠游人）yóukè

旅游的人。如：今天游客不少，这批游客是从法国来的。注意："游客"和"游人"的词义范围有不同。"游客"强调"客"，多指从外国或外地来的；而"游人"则兼指外地（外国）人和本地人，是一切游览者的泛称。如：游人如织。因此，公园、名胜古迹等处挂的"游人须知""游人止步""游人不得恐吓动物"是对的，改为"游客"就不妥。

圝子（和"游子"有别）yóuzi

用已捉到的鸟把同类鸟引诱过来的鸟。也叫"囮子"（ézi）。有的辞书注明（圝子）"也作游子。"《现异》有说明："'圝，鸟媒也。'即猎人豢养的鸟，用以诱捕其他飞鸟。'游'是'圝'的俗借字。"其实"游子"更常见的读音是yóuzǐ。是指远离家乡或久居外地的人。如：海外游子、"慈母手中线，游子身上衣"。据此，"圝子"不宜再写作"游子"。

yǒu

有冇搞错（不是"有没有搞错？"）
yǒumǎogǎocuò

怎么搞的！注意："有冇搞错"可说是香港人的一句口头禅，传入内地后，有人按字面的意思把它直译为"有没有搞错？"（冇：没有）变成了疑问句，其实，这是一句强烈的感叹语句，它并不需要人们回答什么。

（良）莠（不齐）（不能误写作"优"）
yǒu

狗尾草，一种形状像禾的田间杂草。比喻品质坏的人。良莠不齐：好苗和野草混杂在一起，比喻好人和坏人混杂在一起（良：指好人）。如：这里的城乡接合部，流动人口多，良莠不齐，要加强治安管理。不分良莠、不稂（láng）不莠（比喻不成材、没出息。稂：狼尾草，形状像狼尾的田间杂草）的"莠"音、义同。这些"莠"都不能误写作"优"，也不读 yōu 或 xiù。

yòu

（无出其）右（不能写作"左"）yòu

较高的位置或等级（因为古人常以"右"为尊）。"无出其右"是说没有人处在他的右边，也就是才能出众，没有能超过他的（出：超过）。如：他的书法独步书坛，世人无出其右。（独步：在某一领域里超过所有的人）这个意义的"右"跟指较低地位的"左"相对（如"左迁"就是降职的意思）。然而，古人也并不全是以右为尊的，按古代礼节，主居右而客居左，因此亦有用"左"作为尊位的说法，如乘车时，把左边的座位让给客人坐叫"虚左"，正是对客人一种恭敬的表示。"无出其右"是个约定俗成的成语，这里的"右"是不能改用"左"的。

（六十）有（五）（不读 yǒu）yòu

用在整数和零数之间，相当于"又"。古代计数目，凡十以上加"有"字，表示两数相加。如：十有九年（即十九年）、老身今年六十有五（我今年六十五岁了，老身：老年妇女的自称）。"十有九年""三十有八年"不能理解为十个年头中有九个年头、三十年中有八年。这里的"有"也不读 yǒu。

yú

于（事无补）（不能写作"与"）yú

介词。对；对于。于事无补：对事情没有益处。如：这样做，于事无补；事情已到了这步田地，大家再埋怨也于事无补了。无济于事的"于"义同。"与"也有介词用法，如"与世无争""与困难作斗争""与虎谋皮""与朋友约定"等，但它是作"跟""同"讲，和"于"的用法不同，再说，这里的"与"不读 yú，要读 yǔ。

予（取予求）（不是"给 gěi"）yú（两个）

人称代词。我。予取予求：原意是从我这里取，从我这里求（财物）；后用来指任意索取。如徐铸成《报海旧闻》四五："他们是老板，可以予取予求，不受任何限制。"予取予求，何日而止。人莫予毒（没有谁能伤害我。表示无所顾忌，目空一切。毒：伤害）、予与汝同往（汝 rǔ：你）中的"予"音、义同。这些

"予"和予以表扬、免予处罚、予人口实（给人留下可以利用的把柄。口实：借口，把柄）、生杀予夺（指统治者对人民的生命财产随意处置。生杀：让人活或把人杀死。予夺：给予或剥夺）的"予"（yǔ）（给）音、义不同。

鱼肉（百姓）（不是鱼的肉）yúròu

鱼和肉。比喻用暴力欺凌、残害。"鱼肉百姓"就是把百姓当作鱼和肉（任意宰割）。这里的"鱼肉"本是出自《史记·项羽本纪》："如今人方为刀俎，我为鱼肉。"意思是现在人家正是刀和砧板，我们是被宰割的鱼和肉（俎，音 zǔ 指切肉用的砧板）。后便用它来比喻用暴力欺凌、残害。如魏永贵《楹联的启示》："清代有一官吏，一贯贪赃枉法，鱼肉百姓，而却厚颜无耻地贴一副对联自我标榜：'爱民若子，执法如山。'"鱼肉乡里的"鱼肉"义同。这里的"鱼肉"和鱼肉丸子、鱼肉松（即鱼松。是用鱼类的肉加工制成的松散如绒状或碎末状的食品）中的"鱼肉"不同，那是指鱼的肉。

（滥）竽（充数）（不能误写作"芋"）yú

古代乐器，形状像现在的笙。"滥竽充数"本来说的是古代齐国有一位南郭先生不会吹竽，却混在吹竽的乐队里充数。比喻没有本事的人混在有真才实学的人里面充数，或拿不好的东西混在好的里面充数。有时也用作自谦的话。如：不懂装懂，滥竽充数的现象，不能再继续下去了；岂敢岂敢，我不过滥竽充数罢了。注意：这里的"滥"是浮泛而不切实际的意思，不能误写作破烂、腐烂的"烂"；"竽"是一种竹制的吹奏乐器，和竹子有关，所以上边是"竹字头"，不能错写成芋头的"芋"（yù 上边是"艹"）。"滥竽充数"绝对不是用烂芋头去充数。

馀年（无多）（不能写作"余年"）yúnián

剩下的年龄，即暮年、晚年（馀：剩下）。馀年无多：剩下的年龄已经不多了，意即接近生命的尽头。注意："馀"是"余"的繁体字，一般情况下，应写作"余"才规范，但这里的"馀"不能简化。因为"馀年无多"是文言句，在古代，"馀"和"余"的解释不同，"余"是"我"的意思，若写成"余年"，就成了"我的年龄"了，和原意不符。不过，这里的"馀"要类推简化为"馀"。毛主席《沁园春·雪》一词中"望长城内外，惟馀莽莽"的"馀"也是剩余的意思，同样不能写作"余"。

（竭泽而）渔（不能写作"鱼"）yú

捕鱼。竭泽而渔（jiézééryú）：排干池塘或湖泊的水捕鱼（竭泽：使湖泊池水枯竭）。比喻只图眼前利益，不作长远打算。如毛泽东《抗日时期的经济问题和财政问题》："另外的错误观点，就是不顾人民困难，只顾政府和军队的需求，竭泽而渔，诛求无已。这是国民党的思想，我们决不能承袭。"（诛求无已：勒索榨取没完没了）王安《竭泽而渔与辍学就业》："竭泽而渔，早已被视为愚行。然而，与此类似的事，在社会上却并不罕见，比如让正值学习文化知识黄金年龄的青少年辍学去务工经商就是一例。"注意：这里的"渔"不能写作"鱼"。凡是作动词用的有捕鱼或谋取不该得到的东西讲的"渔"都不能写作"鱼"。如：渔民、渔船（捕鱼用的船)、休渔(为保护渔业资源,在一定时期和范围内停止捕鱼)、渔利给孩子鱼不如教给孩子渔(其中的"渔")等。

渔（色之徒）（不能写作"鱼"）yú

动词。捕鱼。渔色之徒：贪恋女色的人(渔色:像捕鱼一样,追逐女性。色：女子的美好容貌)。渔色成性(成性:成为习惯)、渔猎女色(渔猎:贪求并追逐)中的"渔"写法同,都不能写作"鱼",因为"鱼"是名词,指水中游鱼。"渔色"不是指鱼的颜色。(参见{"(竭泽而)渔"条})

(一)隅（之见）（不能读 ǒu）yú

角落。一隅之见：在狭窄的角落里所见到的。形容片面的见解(意同"一孔之见")。如姚雪垠《李自成》一卷二六章："启翁！你说,这不是一隅之见么？"一隅之地(泛指偏僻狭隘的地方)、一隅三反(即"举一反三")、向隅而泣、城隅(城角)、墙隅的"隅"义同。顺便提及的是,"负隅顽抗"(凭借险要地势或某种条件顽固抵抗)这个成语,有的词典在释义后注明：也作负嵎顽抗。《第一批异形词整理表》已确定"负隅顽抗"为推荐语形；《现规》(第3版)对"负隅顽抗"解释后也有提示：①"隅"不读 ǒu 或 yù,也不要误写作"偶"。②不要写作"负嵎顽抗"。(见411页)

(不)虞（之誉）（不是欺骗）yú

意料。不虞之誉：没有料到的赞扬。如《孟子·离娄上》："有不虞之誉,有求全之毁。"(有意想不到的赞誉,也有对某人求全责备而引起的毁谤。)不虞之祸、不虞之隙(意料不到的误会)、以防不虞的"虞"义同。这些"虞"和衣食无虞；前途堪虞(堪虞：令人忧虑)；兴修水利,水旱无虞的"虞"(忧虑)含义不同,和尔虞我诈(你骗我,我骗你,互相欺骗)的"虞"(欺骗)也有别。

yǔ

与时俱进（和"与日俱增"有别）
yǔshí-jùjìn

和时代一同前进。指永远保持进取的精神,跟上时代的步伐(俱:全,都)。如：与时俱进,开拓创新；对某些词语的使用也要与时俱进,"每下愈况"这个成语现在就习惯写作"每况愈下"(形容情况越来越糟)。注意：其中的"俱"不能写作"具"。两败俱伤、万事俱备、事实俱在、一应俱全(一切应该有的全有)中的"俱"形、音、义同。"与时俱进"和"与日俱增"不同。"与时俱进"是褒义词,表示的是质量上的发展、进步；而"与日俱增"是中性词,意为随着时间的推移而不断增长。它只能表示数量上的增长、增加。如"离开家乡八年了,思乡之情与日俱增"。下面句中的"与时俱进"和"与日俱增"就用得不妥："一读研究生,功利心就与时俱进,原初的触角就结了茧,到了我辈这把年龄就更不待言了。""先生的一生,是为祖国、为人民不懈奋斗的一生,是追求真理,与日俱增的一生。"(前一句中"功利之心"即功名利禄之心,在这里是作者要指责的,不能和含褒义的"与时俱进"用在一起。可改用"与日俱增"。后一句,表明先生的一生不是虚度年华、碌碌无为的一生,而是随着时代的进步不断奋斗的一生,因此,应改用"与时俱进")

雨前（不是下雨之前）yǔqián

一种绿茶，因为是用"谷雨"（二十四节气之一）前采摘的细嫩茶叶芽尖制成，故名。"雨前"不能理解为下雨之前，此"雨"和下雨、雨过天晴的"雨"无关。

雨过天青（≠雨过天晴）yǔguò-tiānqīng

雨后初晴的天色，泛指一种蓝绿色。也比喻情况由坏变好。如《红楼梦》四〇回："那个软烟罗只有四样颜色：一样雨过天青，一样秋香色，一样松绿的，一样就是银红的。"他吃了多少苦，受了多少累，终于雨过天青，有了一个小小的家，完全属于自己的家。"雨过天晴"不同，是说雨后的天空转为晴朗；也可用来比喻情况由坏变好。如《三侠五义》七八回："此时雨过天晴，月明如洗。"刚才还哭哭啼啼的呢，现在雨过天晴，什么事都没了。它和"雨过天青"不同的是，不能用来形容颜色。

瘐（死）（不能误写作"庾""瘦""廋"）yǔ

罪犯在狱中因受刑、饥寒或疾病而死。瘐死：古代指犯人在监狱中因冻饿、疾病、受刑而死。后来也泛指在监狱中病死。如：瘐死狱中。瘐毙（义同"瘐死"）的"瘐"写法同。注意：这里的"瘐"（"疒"旁）和"广"旁的"庾"读音同。含义不同，"庾"是指露天的谷仓；和"瘦"（shòu"疒"旁，右下是"叟"）、"廋"（sōu"广"旁，右下是"叟"。指隐藏、藏匿）的写法和含义也不同。

yù

与（会）（不读yǔ）yù

参加。"与会"就是参加会议。与会代表、参与（参加到里面去进行活动）、与闻（参与并且知道这件事的内情）中的"与"读音同。注意：凡是作动词"参加"讲的"与"都读yù，不读yǔ。"咸与维新"中的"与"也不例外。（咸：都。与：参与。维：语助词，无义。新：革新）

（呼）吁（不读xū或yū）yù

为某种要求而呼喊。"呼吁"就是公开申述，希望得到同情、支持。如：呼吁书、呼吁和平、呼吁救济。"吁"是个多音字。呼吁、吁请（呼吁请求）中的"吁"要读yù；气喘吁吁（吁吁：喘气的声音）、长吁短叹（吁：叹息）中的"吁"读xū；如果是作象声词，指吆喝牲口停止前进的声音时读yū。

愈加（≠更加）yùjiā

"愈加"和"更（gèng）加"都是副词，表示程度加深，有"尤其""越发"的意思，因此，用来比喻同一事物的发展变化时既可用"愈加"，也可用"更加"。如：病情愈加（更加）严重，事情变得愈加（更加）复杂。但用于两种事物比较时，就只能用"更加"，不能用"愈加"。如：他比他姐姐更加喜欢读书；小刘身体很结实，小张更加结实。

（鬼）蜮（不能误写作"域"）yù

传说中的一种怪物，能躲在水里含沙射人，使人发病。鬼蜮：鬼和蜮。比喻用心险恶、暗中害人的坏人。如：鬼蜮横行、敌人的鬼蜮伎俩被彻底揭穿了。蜮

（huǐ）虺（比喻险恶的小人。虺：古代传说中的一种毒蛇）、为鬼为蜮（比喻使用阴谋诡计，暗地害人）的"蜮"写法同。这些"蜮"（左边是"虫"）不能错写成和它读音相同的区域、领域的"域"，也不能读 huò。

熨帖（不读 yùntiē）yùtiē

①恰当；妥帖。如：比喻熨帖、这个词用在这里不太熨帖。②心里平静、舒服。如王愿坚《党费》："好久没听这样的歌子了，在这样的时候，心里真觉得熨帖。"经他一劝，我心里十分熨帖。注意：这里的"熨"不读熨斗（熨平衣物的金属器具）、熨烫衣服的"熨"（yùn）；"帖"也不宜写作"贴"，《现异》有说明：根据通用性原则，宜以"熨帖"为推荐词形。

yuán

元气（不能写作"原气"）yuánqì

指人、国家或机构的生命力。如：恢复元气；元气旺盛；久病之后，元气亏耗，需要好好调养。这里的"元"是作"主要的，根本的"解释；而"原"没有这一含义，不能用它去替代。"经过一番较量，敌人原气大伤。"其中的"原气"就用得不对。

（目不窥）园（不能写作"圆"）yuán

花园。"目不窥园"按字面意思是眼睛不偷看一下花园（窥：偷看）。原指董仲舒（西汉哲学家）专心治学，几年中都无暇观赏花园中的景致。后用来形容埋头读书，专心苦学。如《儿女英雄传》三三回："那公子却也真个足不出户，目不窥园，日就月将，功夫大进。"（日就月将：日有所得，月有所获，不断进步）注意：这里的"园"不能写成"圆"，因为它不是指某种圆形的东西。"目不窥园"也不能理解为刺探别人的隐私。

原型（和"原形"不同）yuánxíng

原来的类型或模型。特指文学创作中作者塑造人物时所依据的现实生活中的真实人物。如：她就是《白毛女》中喜儿的原型，《红岩》中小萝卜头这个人物的原型叫宋振中，电影《红樱桃》讲述了中国女孩楚楚在德国法西斯集中营的悲惨遭遇，影片主人公的原型是朱德的独生女朱敏。"原形"和"原型"不同，是指原来的形状，本来的面目（含贬义）。如：现原形、原形毕露。

原原本本（别于"原本"）
yuányuán-běnběn

照原样不加任何改动。如：他原原本本地把事情的经过说了一遍、原原本本照样子做了。"原原本本"是规范写法。《现规》有提示：不要写作"源源本本""元元本本"。"原本"和"原原本本"不同。是指：①底本；原稿（区别于传抄本）。如：这是鲁迅《野草》的原本；原本已经丧失，这是转抄本。②初刻本（区别于重刻本）。③翻译时所依据的原书。如：这本书是依据日文原本翻译成中文的。④原来；本来。如：这个地下商场原本是防空洞；他原本是泥瓦匠，后改行搞雕塑。

圆（珠笔）（不能写作"园"）yuán

形状像圆圈或球形的。圆珠笔（解释略）。注意：圆珠笔中的"圆"不能写作"园"，是因为他的笔尖是个小钢珠。"园"和"圆"是不同的另一个字，是指：①种植蔬菜、花草、果木的地方

（如：菜园、果园）。②供人游览娱乐的地方（如：公园、动物园）。它没有圆形的或形状像球的解释。

圆寂（≠**坐化**）yuánjì

佛教用语，称僧尼（和尚和尼姑）死亡。如：和尚圆寂；广东是六祖惠能出生、弘法和圆寂之地，是佛教南禅的发祥地。"坐化"有不同，是佛教指和尚盘腿端坐死去。鲁迅《为了忘却的记念》："记得《说岳全传》里讲过一个高僧，当追捕的差役刚到寺门之前，他就'坐化'了……"不管是圆寂还是坐化，都不能用来指一般人的死，如不能说"祖母×月×日圆寂"。

（**世外桃**）**源**（不能误写作"园"）yuán

水流起头的地方。世外桃源，原为晋代陶渊明在《桃花源记》中虚构的一个与世隔绝、没有战乱的安乐而美好的地方。后用"世外桃源"指不受外界干扰的理想处所或幻想中的美好世界。《桃花源记》中描述的是武陵渔人沿溪捕鱼，发现一片桃花林，林子一直伸展到水的源头……因为"林尽水源"便称它为"桃花源"，因此，这里的"源"不能写成桃园（桃树园）、桃园结义的"园"。

yuàn

（**名**）**媛**（不能误写作"嫒"）yuàn

美女。名媛：有名的美女，也指名门闺秀。要注意"媛"在这里的读音和写法：不读婵媛（姿态美好，多用来形容女子）的"媛"（yuán）。"嫒"的右边是"爱"，和右边是"爱"的令嫒（对对方女儿的尊称。现在一般写作"令爱"）的"嫒"（ài）形、音、义都不同。

愿景（和"**远景**"不同）yuànjǐng

所向往的前景（愿：愿望，即希望将来能达到某种目的的想法）。如：和平发展的共同愿景、两岸未来经贸发展愿景。"远景"和"愿景"都是名词，但有不同。"远景"是指：①远处的景物。如：眺望远景、这部影片中使用了很多远景镜头。②将来的景象。如：远景规划、对实现美好的远景充满信心。

yuě

（**干**）**哕**（不读 huì）yuě

呕吐：干哕（gānyuě）：要呕吐又吐不出来。如：她一看到死老鼠就干哕。"哕"有二读：凡作呕吐或呕吐时嘴里发出的声音讲的"哕"都读 yuě。如：刚吃的药都哕出来了；哕的一声，吐了；喔（wà）哕（呕吐）。而作鸟鸣声或叠用的"哕哕"（形容有节奏的铃声。如：鸾 luán 声哕哕。鸾：铃铛）中的"哕"则要读 huì。

yuè

越冬（≠**过冬**）yuèdōng

度过冬天（多指植物、昆虫、病菌、鱼类等）。如：越冬作物、青蛙钻到泥土里越冬。"越冬"和"过冬"都是动词，含义也相同，只是适用对象有不同："越冬"不能用于人，"过冬"能用于人和其他事物。如：过冬作物、大雁每年都来这儿过冬、必须确保灾民安全过冬、就是盖这张薄棉被也能过冬。（后两例中的"过冬"不能改用"越冬"）

yún

芸芸（众生）（不能写作"纭纭""云云"） yúnyún

形容众多。芸芸众生：佛教指一切有生命的东西，后用来指众多的普通百姓。如："那一个个有趣而搞笑的故事与芸芸众生十分贴近，令人捧腹之余又能让人体悟出许多做人的道理。"（《文汇报》2000-02-11）"大马路上熙熙攘攘，摩肩接踵地走着芸芸众生，有的悠闲自在，有的兴致冲冲，有的东张西望，有的目不斜视地埋头赶路。"（张贤亮《浪漫的黑炮》）万物芸芸；莘莘学子，芸芸园丁的"芸芸"写法同。"纭纭"、"云云"和"芸芸"音同义殊。"纭纭"是形容多面乱。如"纷纷纭纭、众说纭纭"。"云云"是如此，这样。引用文句或谈话时，表示结束或有所省略。如：他在电话中告诉我，暑假期间读了一些书，还游览了长城，过得很舒心云云。

（判若）云泥（不能写作"云霓"） yúnní

天空的云和地下的泥，比喻地位高下悬殊。判若云泥：高低差别就像天上的云彩和地上的泥土那样。比喻差距极大（判：区别）。如：这两首诗无论在思想上和艺术上都判若云泥。云泥之别（比喻差别悬殊）的"云泥"写法同。以上的"云泥"不能误写作和它读音相同的大旱望云霓（大旱的时候，人们渴望着下雨）的"云霓"（虹。古人认为虹的出现预示着下雨）。

Z

zài

再见（≠后会有期）zàijiàn

"再见"和"后会有期"（hòuhuì yǒuqī）都可用于分手时，表示希望以后再见面的意思。稍有不同的是，一般情况下多用"再见"；如果特别强调，如长时间离别，对对方安慰时才用"后会有期"。如元·无名氏《来生债》第一折："今日相别，后会有期。"

再（衰三竭）（不表重复或继续）zài

两次；第二次。再衰三竭：力量已经衰减耗尽。如毛泽东《第二次世界大战的转折点》："希特勒已到再衰三竭之时，他对斯大林格勒、高加索两处的进攻已经失败。"再拜（古代的一种礼节。先后拜两次，表示礼节隆重）；再战再胜（打两次仗，一连两次获胜）；一而再，再而三；田忌一不胜而再胜（田忌赛马三场，输了一场，赢了两场）；再版（第二次出版；也指第二次印刷）中的"再"义同。这些"再"和表示同一动作、行为的重复或继续的"再"（如：再唱一遍；学习，学习，再学习；机不可失，时不再来等）有不同。"再"和"又"都可表示行为的重复或继续，区别是：表示已经重复的动作用"又"，表示将要重复的动作用"再"。如：这部电影最近我又看了一遍，以后有时间我还要再看。

再世（和"在世"不同）zàishì

①来世。迷信指人死后再转生到世上的那一生。如：再世姻缘。②死去的人再次在世上出现。如：华佗再世。"在世"不同，是指（人）活在世上；活着（跟"去世"相对）。如：祖父在世的时候，当年的老人在世的不多了。注意："华佗再世""即使诸葛亮再世，怕也没办法"中的"再世"是说像他们那样的人再次出现在世上，并非指他们现在还活着，这里的"再世"是不能错写为"在世"的。

（青春不）再（不能写作"在"）zài

重现；继续。"青春不再"是说青春时期对一个人来说，一生只有一次，过了这个时期，就再也不可能出现了（不再：不会再一次出现）。良机难再；好景不常，盛筵难再；十几年来一直受宠的挂历，已风光不再中的"再"义同。以上的"再"不能写作和它读音相同"精神永在""父母健在""留得青山在，不怕没柴烧"等的"在"，因为这些"在"是作存在，生存讲；况且"××不再"已成为约定俗成的常用句式，写作"××不在"不符合语言习惯。

（华佗）再见（并非希望以后再见面）zàixiàn

（以往的事情）再次出现。"华佗再见"是说医师医术高超，好像华佗再次出现。如：这家中医师诊所墙壁正中挂着一块匾额，上书"华佗再见"四个大字。注意：这里的"见"是"现"的意思，和层见叠出（屡次出现）、图穷匕首见的"见"读音同，不读jiàn；"再见"也不能理解为再次见面，和我们常说的"再见（jiàn）"（客套话，用于分手时表示希望以后再见面）意思完全不同。

（厚德）载（物）（不读 zǎi）zài

承担。厚德载物：道德高尚的人能够承担重任（厚德：指道德高尚的人。物：万物）。今多用来指以崇高的道德、博大精深的学识培育学子。如：清华大学的校训：自强不息，厚德载物。"载"有二音：zǎi 和 zài。读 zǎi 时，是作"年"（如：一年半载、千载难逢）或"记录；刊登"（如：记载、刊载、载入史册）讲；读 zài 时，是"装载；承受"（如：载客、载重汽车）、"充满（道路）"（如：怨声载道、风雪载途）的意思。如果两个"载"连用，是表示两种动作同时进行，相当于"又"。如：载歌载舞（又唱歌又跳舞。形容尽情地欢乐）、载沉载浮。

zào

皂（白）（不是肥皂）zào

形容词。黑色（跟"白"相对）。皂白：黑与白。比喻是与非、好与坏。如：皂白难辨、不分青红皂白。皂衣、皂鞋的"皂"义同。这些"皂"不作香皂、药皂的"皂"（肥皂）讲，和皂隶（旧时官府的差役）的"皂"（旧时称官府里当差的人）含义也不同。注意"皂"的下边是"七"，不是"匕"或"七"。

（戒骄戒）躁（不能写作"燥"）zào

性情急；不冷静。戒骄戒躁：警惕、防止产生骄傲和急躁情绪（戒：防备；警惕）。如：我们应当谦虚谨慎，戒骄戒躁。这里的"躁"不能误写作和它读音相同的"燥"。"躁"和"燥"的区别：凡是作性急，不冷静讲的用"躁"。如：急躁、暴躁、躁动、不骄不躁；凡是指缺少水分的用"燥"。如：干燥、燥热、风高物燥。

zé

责问（和"质问"不同）zéwèn

用责备的口气问。如：严词责问、厉声责问（厉声：说话声音大而严厉）。"责问"和"质（zhì）问"有不同。"责问"重在责备，批评和指出对方的缺失过错，不一定要求回答。"质问"是追问，问清是非。依据事实追问是非曲直，通常要求回答。如：质问老板为什么卖假烟；他被大家质问得面红耳赤，频频语塞。"质问"的语气比"责问"重。

（求全）责备（不是批评，指责）zébèi

要求完备。求全责备：对人对事要求十全十美，毫无缺点。如：对新生事物不能求全责备；世界上完美无缺的事物是少有的，求全责备的思想要不得。注意：这里的"责"是要求的意思，"备"作完备、完美讲，"责备"和"求全"含义同，都是要求完美的意思，而不是批评指责，和"责备他几句就算了""不要动不动就责备孩子"的"责备"意思不同。

咋（舌）（不读 zǎ 或 zhā）zé

咬住。咋舌：咬住舌头。形容因吃惊、害怕而说不出话。如：闻者咋舌、这件上衣贵得令人咋舌。这里的"咋"不读 zǎ（河南话），"怎么"的意思。如"咋样？""该咋办？"也不读咋（zhā）呼（北方官话。一指大声说话，吆喝。如：别咋呼，人家还在睡午觉。二指炫耀，张扬。如：光咋呼不行，得拿出真本事来；别干了一点事就到处咋呼。)

啧（有烦言）（不能写作"责"）zé

形容很多人说话或争辩的样子。啧有烦言：很多人议论纷纷地说不满意的话

（烦言：气愤或不满的话）。如郭沫若《我的童年》二："他专一和我要好，他以前的朋友便对他啧有烦言。"注意：这里的"啧"不能写作负责、责任、责有攸归（责任有所归属）的"责"，因为"责"没有"啧"的含义。"啧"又可叠用，叠用后的"啧啧"，一是用来模拟咂嘴的声音，常表示赞赏或厌恶。如：啧啧称羡（连声赞叹，表示羡慕）、人言啧啧（人们不满意地纷纷议论开了）。二是模拟鸟叫的声音。如：鸟鸣啧啧、鹊鸣啧啧。"责"不能这样用。

zéi

贼（冷）（并非小偷）zéi

（北京话）很；非常（多用于表示令人不满意或情况不正常）。贼冷、这菜贼咸、皮鞋擦得贼亮贼亮。这些"贼"都不是偷东西的人或作狡猾、伤害等讲。北京话中"附近的旅馆贼多"的"贼多"也不是说偷东西的人很多，而是指（旅馆）很多。顺便一提的是，北方话还把从门窗等缝隙中钻进的风叫"贼风"，称流星叫"贼星"，把表示程度极深，使人难于忍受叫"贼死"（如：累得贼死、气了个贼死）。

zēng

增殖（和"增值"不同）zēngzhí

①增生。指生物体某部分组织细胞数目增加，体积增大，如手掌或脚掌上因长期反复摩擦生成的茧子、骨质增生、颈椎增生等都属增殖。②繁殖；增加。如：人口增殖很快，畜牧场两年来增殖耕牛上千头。"增值"和"增殖"读音同，也都有增加的意思。区别是："增殖"侧重于数量的增加，多用于生物及资本等；而"增值"增加的是产值或价值（跟"贬值"相对），侧重于价值的提高，常用于商品、土地等。如：商品房增值、"彩票从收藏价值上讲，其增值的潜力还是比较大的。"（《北京日报》2000-12-01）"增值税"是指国家对商品在生产、流通、销售等环节中新增的价值所征收的税，因此，这里的"值"也是不能写作"殖"的。

zhāi

侧（歪）（不读cè）zhāi

倾斜；不正。侧歪：（北京话）歪向一边。如：侧歪着身体；超载了，船已经侧歪。侧棱（leng）着耳朵听、侧棱着身子睡觉中"侧棱"（向一边倾斜）的"侧"音同。总之，作倾斜，不正解释的"侧"都不读cè，而要读zhāi。

zhái

择（席）（不读zé）zhái

挑选（用于口语，一般单用）。择席：在某个地方睡惯了，换个地方就睡不着或睡不安稳。如：他有择席的毛病。择菜（剔除蔬菜中不能吃的部分，留下能吃的部分）、择不开（①摆脱不开，抽不出身。如：最近忙得我一天也择不开。②分解不开；难解难分。如：毛线缠成一团，择不开）、把烂苹果择出来中的"择"读音同。"择"的常见读音是zé，如选择、择业、择优录取等等，但上述的"择"不这样读。

zhǎn

崭露头角（和"初露头角"有别）
zhǎnlù-tóujiǎo

突出地显示出自己的才能（多指青少年。崭：突出。头角：借指突出的才能、本领）。如茅盾《"战时景气"的宠儿——宝鸡》："宝鸡，陕西省的一个不甚重要的小县，战争使它崭露头角。"小将们在国际大赛中崭露头角。注意：这里的"崭"不能误写作"暂"或"展"。"初露头角"和"崭露头角"有不同，"初露头角"是说刚刚显露出杰出的才华（初：刚刚开始）。如碧野《起步艰难》："《泡沫》社成员一二百人，都是北平各大学爱好文艺的青年，当中有已在文坛初露头角的青年作者。"周得京《花城洛阳赏牡丹》："相信洛阳牡丹在隋前还是默默无闻的，到唐朝初露头角。"

zhàn

（皮开肉）绽（不能读 dìng 或 diàn）
zhàn

裂开。皮开肉绽：皮和肉都裂开了。形容被打得伤势很重。如：他已被打得皮开肉绽，奄奄一息。这里的"绽"（绞丝旁）不能读作 dìng 或淀粉、白洋淀（在河北）的"淀"（diàn）。破绽、鞋开绽了、鲜花绽放的"绽"形、音、义同。

zhǎng

掌上明珠（不能自称）
zhǎngshàng-míngzhū

手掌中的明珠。比喻极受父母钟爱的子女，特指女儿；也比喻珍爱的物品。如《红楼梦》二回："只嫡妻贾氏生得一女，乳名黛玉，年方五岁，夫妻爱之如掌上明珠。"她可是林老板的掌上明珠。注意："掌上明珠"只能用于第二、第三人称，不能自称，如可以说"你是家里的掌上明珠，全家人都得听你的"或"她是家里的掌上明珠……"，不能说"我是家里的掌上明珠，全家人都得听我的"。

zhàng

（乌烟）瘴气（不能写作"脏气"）
zhàngqì

指我国南部、西南部山林中的湿热空气，从前认为它是引起瘴疠（亚热带潮湿地区流行的恶性疟疾等传染病）的毒气。乌烟瘴气：形容环境嘈杂，或指社会秩序混乱，歪风邪气盛行。如《儿女英雄传》第二十一回："何况问话的又正是海马周三乌烟瘴气这班人！"孩子们在屋子里闹得乌烟瘴气。注意："瘴气"不能写成"脏气"，不是指肮脏的空气。

zhāo

招徕（和"招揽""招来"不同）
zhāolái

招揽（顾客）。如：招徕顾客；招徕观众；优质服务，招徕回头客。"招徕"和"招揽"有不同。"招徕"的对象只限于人；"招揽"的对象则不限于人，可以说"招揽顾客"，也可以说"招揽生意"。"招徕"和"招来"也有不同。"招徕"是书面语；"招来"则多用作口语，对象可以是人，也可以是物，且多指不好的事。如：招来非议、招来杀身之祸、祥林嫂的絮叨招来的是厌恶和白眼。

zhào

肇端（不是制造事端）zhàoduān

开端；开始。如：科举制肇端于隋，确立于唐；祸患往往肇端于细微，故小事不可不慎。这里的"肇"是开始的意思。肇始（开始）的"肇"义同。不能和肇祸（闯祸）、肇事（引起事故；闹事）的"肇"（发生；引起）含义混淆。"肇端"也不能理解为制造事端，如不能说"严惩肇端者"。（应改用"肇事"）

zhē

（马蜂）蜇（人）（不能误写作"蛰"）zhē

蜂、蝎子等用毒刺刺人或动物。如：他被蜈蚣蜇了。某些物质刺激皮肤或黏膜使人感觉不适或微痛也用这个"蜇"。如：切洋葱蜇得我眼睛都睁不开了，洗头时当心蜇眼睛。"蜇"还有一个读音是 zhé，指海蜇（生活在海中的腔肠动物）。以上的"蜇"（上边是"折"）不能误写作和它字形相似的惊蛰（二十四节气之一）、蛰伏（指动物冬眠）、蛰居（像动物冬眠一样隐居起来）的"蛰"（zhé 上边是"执"）。

zhé

摺（不能都简化为"折"）zhé

折叠。如："始摺屏风，新开户扇。"（刚折叠了精致的屏风，打开了夜闭的门窗。屏风：室内用来挡风或阻隔视线的用具。户扇：门窗）（庾信《镜赋》）注意："摺"已简化为"折"，应写作"折"才规范，但在"摺"和"折"意义可能混淆时，《简化字总表》规定仍用"摺"，如上例中的"始摺屏风"，若写作"始折屏风"，就可能解释为"折断屏风"，显然和原意不符。

折子（和"褶子"迥异）zhézi

一指手折，即用长条纸一正一反折叠成的小册子，两头有硬纸封面，外面有封套。旧时官员用来书写公文奏章，民间也用来记账。如：立一个折子。二指银行存折。"褶（zhě）子"完全不同，是指衣服折叠后留下的痕迹，也指脸上的皱纹。如：这件上衣放在箱底，压得尽是褶子；这位老人一笑起来，脸上的褶子就更多了。

zhè

这么些（≠这么点儿）zhèmexiē

一指较近的人或物，强调其数量（多指数量大）。如：怎么坐得下这么些人；这么些工作，够你做的了。二是代替较近的人或物，强调其多或少。如：壮汉有这么些，任你挑；钱就这么些，省着点。"这么些"和"这么点儿"的主要区别是："这么些"多指数量大，也可指数量少。"钱就这么些，省着点""才买了这么些水果，够谁吃"中的"这么些"都是指数量少。"这么点儿"只能用来指较小的数量。如：下这么点儿雨不管用；这么点儿饭，够谁吃。

zhēn

（一）帧（油画）（不再读 zhèng）zhēn

①量词。用于字画、相片等，相当于

"幅"。如：一帧油画、一帧山水画、画像六帧。②名词。画幅。如：装帧（书刊的装潢设计）；偶成一诗，题于帧首。注意："帧"过去的读音是 zhèng，现在的规范读音是 zhēn。

针打（别于"打针"）zhēndǎ

名词。针式打印机的简称。也叫"点阵打印机"。打印时由打印针撞击色带，将色带上的墨打印到纸上，形成文字或图形。价格较便宜，能进行多层打印，但噪声大，打印质量相对较差。"打针"是动词。指把液体药物注射到体内。如：打了一针。和"针打"风马牛不相及。

箴言（和"谶语"不同）zhēnyán

规劝告诫的话（箴：规劝；告诫）。如：警世箴言、"今天工作不努力，明天努力找工作。"这是企业界流行的一句箴言，告诫人们要珍视本职工作，心中要有危机意识。"谶（chèn）语"不同，是迷信的人指事后应验的话（谶：古人认为将来能应验的预言、预兆）。如：给孩子喂药，孩子啼哭，母亲哄孩子："别哭，别哭，完了，快完了。"没想到，三个月后，此话竟成谶语，孩子没了。

臻（不是贬义词）zhēn

动词。达到。如：日臻完善（一天一天地趋于完善）、交通工具日臻便利、能力往往在人格的修炼中臻于完善成熟。注意："臻"是褒义词，它所达到的是完善、美好的境地，不能作贬义词用，如不能说"日臻没落""日臻衰败"（"日臻"可改用"日趋"，"日趋"是中性词。"一天天地走向"的意思）"臻"也不能读 qín。

zhèn

纼（和"矧"有别）zhèn

穿在牛鼻子上用来牵引的绳子。泛指拴牲口的绳子。"纼"不能读 yǐn，也不能和"矧"混淆，矧，音 shěn，是文言连词，作况且、何况讲。如：矧今之人，曾不是思（况且现在的人，竟不考虑这个）。

（饮）鸩（止渴）（不能误写作"鸠"）zhèn

古代传说中的一种毒鸟，用它的羽毛泡的酒，喝了能毒死人，这里是指毒酒。饮鸩止渴：喝毒酒解渴。比喻用有害的办法解决眼前的困难，不顾后果。如巴金《谈〈憩园〉》："年纪大一点的轿夫多数抽大烟，因为他们的体力不够，不得不用这种兴奋剂来刺激，明知道这是饮鸩止渴，但是也无其他办法。"饮鸩而亡、宴安鸩毒（贪图享乐等于喝毒酒自杀）中的"鸩"音、义同。这些"鸩"（左边是"尤"）不能误写作斑鸠（一种鸟）的"鸠"（jiū 左边是"九"）。

振（聋发聩）（不能误写作"震"）zhèn

开启。振聋发聩（zhènlóng-fākuì）：发出很大的响声，使耳聋的人也能听见。比喻用语言文字唤醒糊涂的人。如：鲁迅先生用他那犀利的笔，写了许多振聋发聩的杂文。这个成语由两个动宾词语联合组成，"振"和"发"都是动词，表示开启；"聋"和"聩"是名词，都是耳聋的意思，"振聋"是说使耳聋的人能听见声音，不是表示声音震动很大，几乎把耳朵都震聋了，因此，这里的"振"不能写作震耳欲聋的"震"。

朕（不能读 zhèng）zhèn

秦代以前说话人称自己，相当于"我""我的"。如"朕皇考曰伯庸"。（我的先父叫伯庸。皇考：称死去的父亲）

（屈原《离骚》）从秦始皇开始专用作皇帝的自称，沿用到清末。如《史记·秦始皇本纪》："天子自称曰朕。""朕为始皇帝"。"朕"又可作先兆，预兆讲。如：有朕兆可寻。（朕兆：预兆，兆头）注意："朕"不能读 zhèng。

zhēng

丁丁（**不读** dīngdīng） zhēngzhēng

象声词，形容砍树、下棋、弹琴等的声音。如：伐木丁丁、琴声丁丁。注意："丁丁"不读 dīngdīng。

正（月）（**不读** zhèng） zhēng

正月（农历每年的第一个月）。如：正月里来是新春。新正（新春正月）的"正"音、义同。注意：①作正月讲的"正"不读 zhèng，要读 zhēng。②"正旦"的"正"则有二音：如果是指农历正月初一日就读 zhēng；如果是指传统戏曲中旦角的一种（扮演举止端庄的中青年女性。旧称青衣）就读 zhèng。

（综合）征（**不能写作**"**症**"） zhēng

现象；迹象。"综合征"是医疗名词，也说症候群。是指肌体同时出现的一系列症状，它反映一些有关联的器官发生的病变或功能的紊乱，如肾病综合征表现为水肿、蛋白尿、低蛋白血症、胆固醇增高等。注意：综合征往往不是一种独立的疾病，而是多种症状的征象、征候。我们不能想当然地认为它既然与疾病有关，就该用"疒"旁的症，（的确，"疒"旁的字多与疾病有关），因为同样用来表示某种疾病的词语，即使意思完全相同，也并非一定要选用"疒"旁的不可，如腰酸腿痛的"酸"现在一般就不写作"痠"（"酸"

和"痠"在这里的意思完全相同）。因此，更年期综合征、头颈部综合征、疲劳综合症、电视综合征（即电视病）、修炼综合征（俗称走火入魔。指精神错乱，是神志失常的一组征候）等中的"征"都不写作"症"，也不读 zhèng。

征候（和"症候"不同） zhēnghòu

预兆；发生某种情况的迹象（征：征兆）。如：病情有好转的征候、尚未发现地震的征候。"征候"和"症候"有不同。"征候"所指的迹象范围较广，泛指各种事情发生前的迹象，既可以是自然方面的，也可以是社会方面的，如水灾、旱灾、战争等；而"症（zhèng）候"是指疾病（如：偶感风寒，有些伤风症候；不知道他得的是什么症候？），也用来指症状（即生物体因患病而表现出来的异常状态。如：咳嗽、发烧等），所指仅是疾病方面的，使用范围较窄。

症结（**不读** zhèngjié） zhēngjié

名词。中医指肚子里结硬块的病，比喻事情的纠葛或不好解决的关键。如：问题的症结在于管理不善，百姓看病难症结何在？注意："症"的常见读音是 zhèng，如症状、炎症、对症下药等，但症结中的"症"要读 zhēng。

zhèng

正当（**有二音**）①zhèngdāng

正处在（某个时期或阶段）。如：正当春耕之时；正当高考期间；正当我要出门的时候，他来了。②zhèngdàng 合理合法的。如：正当要求、理由正当。还可指（人品）端正。如：这个人向来很正当、为人正当。

正中下怀（不能用来称别人）
zhèngzhòng-xiàhuái

正好符合自己的心意（中：投合。下怀：指自己的心意）。如："我听叶挺如此表示，正中下怀，深表赞同。"（《蔡廷锴自传·擢升师长》）"蔡福听了，心中暗喜：'如此发放，正中下怀。'"（《水浒传》第六十三回）注意：这个成语只能用于当事人自己，即用在别人说的话或做的事符合自己的心意方面，不能用在别人身上。"下"本是方位词，指位置在低处的，也可指身份、地位低。中国人有谦卑的传统，常用"下"谦称自己，如说"在下""下走"是"我"的谦称，而官吏用来自称便说"下官"，称他人就显得不礼貌。如不能说"我阐述的观点，正中了与会者的下怀"。

正座（和"正襟危坐"不同）zhèngzuò

有三个义项：一是旧时指坐北向南的座位。二是剧场、影院等正对舞台的座位。三是汽车等交通工具上的正式座位。"正襟危坐（zhèngjīn-wēizuò）和"正座"不同，是说整理好衣服，端端正正地坐着。形容严肃、拘谨或恭敬的样子（"襟"在这里是指上衣或袍子前面的部分。"危"在这里是端正的意思）。如：学子们个个正襟危坐，聆听着老教授的讲课。

诤言（≠铮铮誓言）zhèngyán

直言劝告人改正错误的话（诤：直爽地劝告）。如：诤言屡进；如今，在共产党的领导下，民主党派参政、议政，作"诤友"，进"诤言"。诤友（能直言规劝的朋友）、诤谏（直爽地说出人的过错，劝人改正）的"诤"音、义同。"铮铮誓言"不同，是说誓言的铿锵有力，掷地有声（铮铮：金属撞击所发出的响亮声音）。如："若鸦片一日未绝，本大臣一日不回，誓与此事相始终。"一百多年前林则徐的铮铮誓言，已经成为今日神州大地上党和政府打击毒品犯罪的果敢行动。铮铮悦耳、铁中铮铮（比喻胜过一般人的人）、铮铮铁骨（指敢于斗争、坚强不屈的高尚气节）的"铮"音、义同。这里的"铮"（"钅"旁），音 zhēng，和诤言的"诤"形、音、义都不同。"诤"也不能叠用。

zhī

之喜（和"志喜"不同）zhīxǐ

的喜事（之：助词。大致跟"的 de"相当）。如：开张之喜、新婚之喜。"志喜"意为记住喜事（志：动词。记住，不忘）。大致有两种情况：一是写在匾、镜等可以长期保存的物件上，表示用所送的东西作为喜事的永久性纪念；二是写在红包、花篮上，表示用所送的东西对喜事表示祝贺。实际使用"之喜""志喜"时要注意，若开头有"祝贺"二字，后面用"之喜"；若开头没有"祝贺"二字，后面就用"志喜"。如：祝贺××饮食店开张之喜、××公司开业志喜。下面用法就不妥："××、××新婚之喜。"（这样写"祝贺"的意思就没有表达出来，抬头要加上"祝贺"二字）

卮言（和"危言"迥异）zhīyán

对自己著作的谦词，相当于"漫谈"。如：《文化卮言》《诸子卮言》《经学卮言》。"卮"是古代一种盛酒器，酒满会失去平衡而倾倒，无酒则保持平衡而直立，"卮言"就是取酒器或倾或立比喻言之随事而变，并无定准；"危言"不同，是耸人听闻的言论，即吓人的话，"危"作恐惧，使感到恐惧讲。如：《盛世危言》、成语有"危言耸听"，是故意说些惊人的话，使人听了惊怕之意。

知命（之年）（不能写作"天命"）
zhīmìng

指人50岁。《论语·为政》中有"五十而知天命"的话，意思是到了50岁，能了解上天的意志和人的命运。后便用"知命"指人50岁。如：他到知命之年时，已是大名鼎鼎的学者了。这里的"命"是指天命，"知天命"可以省略为"知命"，但不能省作"天命"，因为"天命"是指上天的旨意，也指上天主宰之下的人的命运。如：不信天命信科学。"知命"和"天命"是两个不同的概念，不能混淆。下面句中的"天命"就用得不对："如今我已是天命之年的人了。不消说这50多年里，至少穿过百十双鞋……"（应改为"知命"）

栀子花（不能误写作"桅子花"）
zhīzihuā

栀子（常绿灌木）开的花（白色，有浓烈的香味）。栀子花的得名是因为它的花形像"卮 zhī"（古代盛酒的杯子），因此，这里的"栀"右边是"卮"，不能错写成桅杆的"桅"（wéi）。生活中也不见有"桅子花"这种东西。

祇（别于"祗"）zhī

恭敬地。如：祇仰（敬仰）、祇请、祇候光临（恭候您的来到）、祇候回音（恭敬地等着您的答复）。"祇"和"祗"字形相似，区别是："祇"字右边是"氐 dǐ"；"祗 qí"字右边是"氏 shì"，指地

神。如：耶稣（上帝的儿子）正是被钉上十字架，才得以成为一名神祗，光芒普照大地。（神祗：泛指神）在佛教的神祗等级中，至高无尚者是佛，次一级是菩萨，再次一级即为罗汉。

zhí

执着（不作"执著"）zhízhuó

指对某一事物坚持不放，不能超脱。后来指固执或拘泥，也指坚持不懈。如："对于人生的热爱，对崇高理想的执着，这也是对的。"（茅盾《关于遥远的爱》）这个故事真正的意义在于，光有梦想还是不够的，还得执着地追求，锲而不舍地努力。"执着"本来是从佛教词语"执著（zhuó）"发展来的，目前辞书中"执著"的写法还不少，但从发展的趋势看，"执着"有后来居上的势头。《现汉》第5版和第6版对这对异形词的处理也有变化：前者以"执著"为主条；后者则以"执着"为主条。诚然，读zhuó音的著装、著眼、著落的"著"早已被着装、着眼、着落的"着"所替代，再说，现在"著"读zhuó音也实在少见，看来，"执着"代替"执著"已是顺理成章的事。

（父）执（不是执行或坚持，固执）zhí

志同道合的人。父执：父亲的朋友。如：父执之辈；袁世凯年轻时作恶多端，不容于族里，不得已就到登州投奔父执山东军务帮办吴长庆。执友（志同道合的朋友）的"执"义同。注意"执"是个多义字，这里的"执"和执掌、执行、坚持、捉住、凭单等义都无关。

直升机（不说"直升飞机"）zhíshēngjī

（解释略）人们习惯把直升机称作直

升飞机，实际上在构造、外形、飞行性能和操纵方式上，飞机和直升机都有很大的不同。现在"直升飞机"的说法已被淘汰。顺便一提的是，"直升机母舰"也不叫"直升飞机航空母舰"，因为它只搭载直升机，航空母舰还可以搭载固定翼飞机。

值当（不读 zhídāng）zhídàng

（北方官话）值得；合算。如：为这种人生这么大的气不值当；增长了知识，吃点苦也值当。这里的"当"不读 dāng。

zhǐ

只有（和"只要"有别）zhǐyǒu

连词。表示唯一的条件，意即如果没有这一条件就不可能出现后面的结果（下文常用"才"或"方"互应）。如：只有他去，事情才能得到解决；只有播种，才会有收获。"只要"也是连词，但用法和"只有"不同。"只要"表示充分条件，它不排除其他条件也会引起同样结果（下文常用"就"或"便"呼应）。如：只要下雨，地就会湿；只要功夫深，铁杵（chǔ）磨成针；只要儿女们都有出息，我后半生也就有望了。"只有"和"只要"的最主要区别是：前者表示某条件是唯一有效的，其他条件都不行；后者表示具备了某条件就足够了，但还可以有别的条件引起同样结果（比较上面所举的例就可看出它们的差别）。再比较下面两例："只有用这种药才有效。"（其他药都无效）"只要用这种药就有效。"（不排除其他药也有效）

只是（和"不过"有别）zhǐshì

"只是"除了有相当于"仅仅是""就是"的含义外，还用作连词，用在后一分句，表示轻微的转折，相当于"不过"。如：他说的也没错，只是态度生硬了点儿。作连词用的"只是"和"不过"用法相近，但"不过"的转折语气比"只是"更重。如：从这里绕道过去也可以，不过要非常小心；教育孩子是必要的，不过要讲究方式。此外，"不过"后面可以停顿，"只是"后面不能停顿。下边句中的"只是"和"不过"用得不妥："这种病也不是不可以手术，只是要慎重。""这东西好是好，不过贵了些。"（应对换为宜）

徵（和"征"用法不同）zhǐ

名词。古代五音（宫、商、角、徵、羽）之一。相当于简谱的"5"。注意：征兵、征税、征稿、特征、信而有征（真实可靠而且有证据）等"征"是从"徵"简化来的，但上述意义的"徵"不能简化，也不读 zhēng。

抵（掌而谈）（不能误写作"抵"）zhǐ

侧手击；拍。抵掌而谈：形容无拘无束地畅谈，高兴而融洽（抵掌：鼓掌；击掌。表示高兴）。如：他二人意气相投，抵掌而谈，十分畅快。注意：抵（右边是"氏 shì"）和抵抗的"抵（dǐ）"形、音、义都不同，不能误写。

zhì

志哀（和"致哀"有不同）zhǐ'āi

表示哀悼，意即记在心里，表示悲伤哀悼（志：记住，不忘）。如：下半旗志哀、拉响防空警报志哀。永志不忘（永远牢记，终生不忘）、开张志喜（志喜：留下喜庆的纪念，以表示祝贺）的"志"义同。注意：《现汉》《现规》还有"致哀"这一词条，释为："向（《现汉》用"对"）死者表示哀悼。""致"是表示，表达的意思。如：向死难烈士致哀；又如毛泽东同志在冼星海逝世后亲笔题写的挽词："为人民的音乐家冼星海同志致哀。""志哀"和"致哀"的主要区别是侧重点有不同：前者强调的是方式，即通过一定的形式（如下半旗、汽车、火车、舰船鸣笛等），留下刻骨铭心的记忆；后者虽可用于上述场合，但强调的是对象，是对逝者的直接表达（如向死难烈士、向舍己救人的民警等）。"为死难同胞志哀""侯宝林（相声大师）逝世后，吴老先生（侯宝林的好友吴晓铃）曾题诗致哀"中的"志哀"和"致哀"对调更妥帖。

（默而）识（之）（不读 shí）zhì

记住。默而识之：默默地记住它。《论语·述而》中有"默而识之"的话，是说把所学的知识默默地记在心中。注意：凡是作记住或记号，标志解释的"识"都读 zhì，而不读 shí。如：博闻强识（见闻广博，记忆力强）、款识（钟、鼎等器物上刻的图案和文字，也指书法或国画作品上作者题写的名字）、题识（题写在书、画、古籍上的文字），还有人们见得特别多的表示商品标记的"标识"的"识"（"标识"是过去的写法，现在的规范写法是"标志"）。但"博识"（指学识广博）中的"识"仍要读 shí，因为这里的"识"是知识的意思，和博闻强识中的"识"含义不同。

制服（和"治服"不同）zhìfú

①动词。用强力压制使驯服（制：强力管束；控制）。如巴金《家》："学生也不是容易被人制服的。"烈马终于被制服了。②名词。某些职业和岗位所规定的、式样统一的服装。如：警察制服、学生制服、呢子制服。第①种解释的"制服"可写作"制伏"，现在一般写作"制服"；《现异》也有说明：宜以"制服"为推荐词形。第②种解释的"制服"不能写作"制伏"。"治服"和"制服"读音同，是治理使驯服的意思（治：治理）。如：治服沙尘暴、将流沙治服。

质（言之）（不是指性质；本质）zhì

实；诚信。质言之：直截了当地说（质言：实言）。如：质言之，事故的出现，源于学校疏于管理。这里的"质"不是指事物的根本特性、优劣程度或物质等，和人质的"质"（作抵押的人）含义也不同。注意："质"已统读为 zhì，不读 zhí 或 zhǐ。

炙（手可热）（不能误写作"灸"）zhì

烤。炙手可热：手一挨近就感到热得烫手。比喻权势很大，气焰很盛。如：当他炙手可热之际，"吹喇叭""抬轿子"的自然大有人在。炙肉（烤肉）、炙热（像火烤一样的热，形容极热）、烈日炙人的"炙"义同。以上的"炙"和脍炙人口（比喻美好的诗文人人赞美传诵）、残杯冷炙（喝剩的酒，吃剩的饭菜）中的"炙"写法和读音同，只不过它是作烤熟的肉讲。注意：以上的"炙"（上边是"夕"）不能误写作针灸（中医的一种治疗方法）、急脉缓灸（来势急猛的病症，要缓缓地调治）的"灸"（jiǔ 上边是"久"）。"炙手可热"本是一个带有贬义色彩的成语，现在却有泛化的趋势，如说"欧洲足球锦标赛炙手可热""二手汽车交易炙手可热""上世纪80年代前后,'生命科学'研究在国内一度炙手可热""新广州游炙手可热"等等,这种用法是否能取得合法身份,还拭目以待。

致仕（不是获得官职）zhìshì

旧称交还官职,即辞官（致：归还；交还。仕：官职）。据《周礼》记载："大夫七十而致仕。"意即做官的到了七十岁就要还禄位于君,告老还乡；把禄位还给国君,就是辞去官职。成语有"悬车致仕",意为辞官家居（悬车：把车子挂起不用,指告老家居）。注意：这里的"致"不是获得的意思,"致仕"不能理解为踏上仕途,从政为官。

(八)秩（寿辰）(不是次序)zhì

十年（用于老年人的年纪）。"八秩寿辰",即八十岁生日。年逾九秩（年龄已经超过九十岁）、八秩晋三（八十三岁）中的"秩"义同。这里的"秩"和秩序的"秩"（次序）含义不同。

制（高点）（不能误写作"至"）zhì

强力管束、限定（即有制止、控制的意思）。制高点：军事上指某一地域内,能居高临下,便于观察、控制战斗局势和发挥火力的高地或建筑物。如：占领制高点；死守制高点；一夜急行军,拂晓抢占制高点。这里的"制"不是最、极的意思,不能误写成"至"。

zhōng

中止（和"终止"不同）zhōngzhǐ

事情没有完成就中途停止。如：中止比赛、房子建了一半就中止了。"中止"和"终止"虽然都有停止的意思,但是如何停止的,所指并不同。"中止"是指事情在进行中间,因故停下来；"终止"是结束、停止,是指事情终了或结束后停止。这里的"终"是结束、完了的意思。如：会谈终止,这种侵犯人权的行为必须终止。

中（饱私囊）（不是"填"）zhōng

中间。中饱私囊：从中侵吞经手的钱物,装满自己的腰包。如：对那些损公肥私、中饱私囊的人必须绳之以法。他利用职务便利中饱私囊的事实近日终于败露。这个成语出自《韩非子·外储说右下》,其中有"府库空虚于上,百姓贫饿于下,然而奸吏富矣"的话,据此,"中"应是特指处于朝庭和百姓之间的奸吏,如果把它理解为"填"或"塞"的意思,从字面来说,似乎也可通,但这种解释和成语出典的原意不符。

终生（和"终身"有别）zhōngshēng

一生：从出生直到生命结束的整个过程（婴幼儿时期可以不计）。如：人的血型终生不变；这种神奇的佛光（指高山峰顶在有云雾的天气中,阳光将山顶的轮廓,包括游人影像投射在云雾上的一种光学现象）,终生也难得一见。"终生"所指的一生多就事业或工作来说的,如说"他终生行医""奋斗终生"。而"终身"也指一辈子,一生。所指的一生是多就切身的事,即生活方面的事来说的。这里的"身"可理解为某种身份。"终身"是指具有某种身份后到去世的那个时间段。如：终身不嫁（从该出嫁的年龄算起）；学得这种本领,终身受益（从这个人学到这种本领后算起）；剥夺政治权利终身（从法院判决生效的那一天开始算起）。可以说"终身总统",不能说"终生总统",

因为总统不是一出生就可以当的，而是从当选的那一天算起。同样，把"终身禁驾"说成"终生禁驾"也不对。问题是事业或工作和切身的事又是息息相关的，很难截然分开，如说："这位老人住在深山沟里，终生也没坐过地铁"，无疑这里说的是这位老人生活上的事，与事业或工作无关，但若改用"终身"又是不妥的，因为这里说的是这位老人从出生直到生命结束的时间。因此，用"终生"还是"终身"某些时候还要掂量掂量。

衷情（和"钟情"不同）zhōngqíng

名词。内心的感情（衷：内心）。如：畅叙衷情、一片衷情、互诉衷情。"钟情"不同，是动词，意为感情专注（多指爱情。钟：集中，专一）。如：一见钟情、钟情于她、为之钟情。

（莫）衷（一是）（不能误写作"中"）zhōng

决断。莫衷一是：无法判定哪种说法对，哪种不对，不能得出一致的结论（是：对，正确）。如：众说纷纭，莫衷一是；对于这个问题，大家意见纷纷。莫衷一是。注意：这里的"衷"不能误写作折中方案、折中主义的"中"。"衷"（中间是"中"）也不能错写成悲哀的"哀"（āi 中间是"口"）或衰老的"衰"（shuāi 中间是"冄"）。

衷心（和"忠心"不同）zhōngxīn

形容词。发自内心的（衷：内心）。如：衷心祝贺、衷心感佩（感佩：感动佩服）。"忠心"和"衷心"音同义殊，它是名词，指忠诚的心（忠：忠诚）。如：一片忠心、忠心耿耿。

zhòng

（安土）重迁（不是重新迁居）zhòngqiān

把迁居看得很重。安土重迁：住惯了本乡本土，不肯轻易迁移。如《东周列国志》七八回："自古道：'安土重迁'。说了离乡背井，那一个不怕的？"由于群众克服了安土重迁的思想，库区移民工作进行得很顺利。注意：这里的"重"是重视、不轻易的意思，所以要读 zhòng，不读 chóng；"重迁"不是重新迁居。况且"重新迁居"和前面的"安土"（安于故土）也互相抵牾。

zhòu

（贵）胄（不能误写作"胃"）zhòu

后代子孙。贵胄：贵族的后代。华胄（①华夏族的后代，指汉族。②名门贵族的后代）、高胄（显贵家族的后裔）、王室之胄的"胄"写法和含义同。这些"胄"和甲胄（铠甲和头盔，即作战时护身的衣帽）的"胄"（古代作战时戴的保护头部的帽子）含义有别；"胄"（上边是"由"）也不能错写作"胃"（wèi），"贵胃"是什么？无从索解，再说，"胄"和"胃"的读音也相去甚远。

酎（别于"醊"）zhòu

经多次酿造而成的醇酒。醊，音 lèi，把酒浇在地上，表示祭奠。如：以酒酎地、酎祝（祭奠祝告）、一尊还酎江月（还是让我把一杯酒洒向滔滔的江水，邀请江上明月一醉消愁吧）。

zhū

(不教而)诛(不是杀死) zhū

指责；惩罚。不教而诛：平时不进行教育，错误发生后就指责惩罚。如：对幼辈管教，严厉是对的，但也不能不教而诛啊！口诛笔伐（用言语和文字进行谴责和声讨）、诛心之论（深刻揭露内心动机的批评）的"诛"义同。以上的"诛"别于诛戮、天诛地灭、罪不容诛（所犯之罪，判处死刑都不足以抵偿）的"诛"（杀死），也不作诛求无已（勒索榨取没完没了）的"诛"（要求；要别人供给东西）讲。"不教而诛"不能理解为平时不进行教育，错误发生后就把他杀死。

猪仔（和"猪崽"不同） zhūzǎi

旧指被拐骗到外国做苦工的人。如高云览《小城春秋》："二百多个'猪仔'被枪手强押到荒芭上去……荒芭上有七百多个'猪仔'，全是被美国和荷兰的资本家派遣的骗子拐来的。"注意：这里的"仔"不读仔猪（初生的小猪）、仔鸡（刚孵化出来的小鸡）、仔鱼（刚孵化出来的小鱼）的"仔"（zǐ）。"猪崽"和"猪仔"音同义殊，是指小猪。如："邱磊当即掏出50元塞过去：'去买头小母猪吧，喂大了生崽，猪崽卖了不就可以赚钱嘛！'"（《人民日报》2000-10-06）

zhú

(白)术(不读 shù) zhú

多年生草本植物。如：白术（多年生草本植物，花紫红色，有药用价值）、苍术（多年生草本植物，花白色或淡红色，可做药材）、莪（é）术（多年生草本植物，茎可入药）、仙居术（产于浙江省仙居县的一种白术，供药用）。以上的"术"都不读 shù。

zhǔ

属(文)(不读 shǔ) zhǔ

连缀（词句）；撰写。"属文"就是连缀字句成文，即写文章。如《张衡传》："衡少，善属文。"（张衡年轻时，善于撰写文章。）注意：上述解释的"属"或作连接，连续；（注意力）集中到一点，专注讲的"属"都读 zhǔ，不读 shǔ。如："亡国破家相随属"（亡国破家的事一件接着一件地发生）、前后相属、属意（留意，注意）、属垣（yuán）有耳（有人把耳朵贴在墙上偷听。指隔墙有耳，说话要防止别人听见。属：接触。垣：墙。贴着墙听，表示很注意地听）。

麈谈(不能误写作"尘谈") zhǔtán

魏晋时的名士喜好清谈，又常手持麈尾（用麈的尾巴制成的拂尘。麈：鹿的一种），以助谈锋，后世常称漫谈为麈谈。过去写信，也把对方的谈话叫麈谈，表示一种尊敬的意思。如："……前于鄂渚，又侍麈谈。"（前不久又在湖北武昌，聆听过您的谈话。鄂渚：武昌）（摘自现代著名作家苏雪林致蔡元培信的开头）注意："麈"（下边是"主"），因为它和"尘"（chén）的繁体字"塵"（下边是"土"）字形相似，往往容易被人误写作"尘"。辞书中并无"尘谈"一词。"麈谈"和"扯淡"也不同，它并非高谈阔论，参加者都是社会名流，且每次清谈都有明确的命题，还规定一人先阐述自己的见解，而后大家可发问和辩论，这和"扯淡"明显

不同。（参见"扯淡"条）

zhù

驻地（和"住地"有别）zhùdì

一指部队或外勤工作人员驻扎的地方。如：边防军驻地、地质勘探队驻地。二指地方行政机关的所在地。如：这里是省政府的驻地。"驻地"和"住地"不同。"驻"的主体是指部队、机关或执行公务的人，为军事目的或执行公务而居住；而"住"是指一般的居住，"住"的主体指个人或家庭。住地就是居住的地方，用于个人或家庭居住的地方。

驻颜（和"铸颜"迥异）zhùyán

保持容颜使不衰老（驻：留住；保持不变。颜：面容）。如《神仙传·刘根》："草木诸药，能治百病，补虚驻颜……"驻颜有术。"铸颜"和"驻颜"音同义殊，是指培养人才（铸：铸造；比喻培养、陶冶。颜：指颜渊，是孔子的学生，好学，乐道安贫，在孔门中以德行著称）。

（一）炷（香）（不能误写作"柱"）zhù

量词。用于点着的香。如：烧一炷香；一炷香工夫；人争一口气，佛争一炷香。其中的"炷"与"火"有关，所以是"火"旁，不能错写成柱子的"柱"，因为"柱"只作名词用，指柱子或形状像柱子的东西（如石柱、水柱、顶梁柱、中流砥柱），不能作量词。

疰夏（不能写作"注夏"）zhùxià

中医指夏季长期发烧的病，食量减少，身体消瘦。患者多为小儿。有的地方叫苦夏。如：小孩疰夏，秋凉了就会好的。这里的"疰"是指因不能适应气候而得的病，和疾病有关，所以是"疒"旁，不能误写作和它读音相同的"注"。

（借）箸（代筹）（不能误写作"著"）zhù

筷子。借箸代筹：借你面前的筷子作为筹码来比划当时的形势。后用来指为别人出谋划策（筹：筹码，引申为筹划）。如：他说要买套好家具，我借箸代筹，给他出了个好主意。举箸（举起筷子）、下箸（拿筷子夹东西吃）、象箸玉杯（象牙筷子和玉做的酒杯）中的"箸"写法同。这些"箸"（上边是"⺮"）不能错写成和它读音相同的"著"。

zhuā

抓周（和"抓阄"不同）zhuāzhōu

旧俗，婴儿周岁时，父母摆上各种玩具和生活用具任其抓取，用来试探婴儿将来的志向、爱好等。杨绛《记钱锺书与〈围城〉》中就讲述了钱锺书取名的缘由："锺书周岁'抓周'，抓了一本书，因此取名'锺书'。"（钱锺书：中国现代文学家、学者。"锺书"意即钟情于书。）"抓阄（jiū）儿"和"抓周"不同，是指每个人从事先做好记号的纸卷或纸团中抓取一个，以决定谁该得什么或做什么。如：别争了，还是抓阄儿吧。

挝（鼓）（不读 wō）zhuā

动词。敲打；击。"挝鼓"就是击鼓。挝打、挝杀、渔阳三挝（古乐曲名）中的"挝"读音同。这些"挝"不读老挝（亚州国名）的"挝"（wō）。

zhuǎ

（鸡）爪子（不读 zhǎozi）zhuǎzi

"爪"有两个读音：zhǎo 和 zhuǎ。前者是书面读音，凡已定型的书面词语习惯上读这个音。如：鹰爪、爪牙、一鳞半爪、张牙舞爪；后者是口语，指鸟兽的脚（如猪爪儿、鸡爪子、猫爪子）或指某些器物上的脚（如三爪儿铁锅、炒菜锅碰掉了一个爪儿）。

zhuǎi

转（文）（不读 zhuǎn）zhuǎi

（北方官话）同"转文"，意思是为了显示自己有学问，说话时故意用些文绉绉的字眼儿。如：别转文了，有话直说；写文章不要之乎者也，故意转文；爱转文的人最爱挑字眼儿。这里的"转"：①可以单独使用，如说"臭转"（胡乱搬用词藻）"这位老先生说话好（hào）转。"②不读 zhuàn。有的辞书注明：转（zhuǎi）文是"转（zhuǎn）文"的又音。《现规》（第3版）只有 zhuǎiwéi 的读音。

zhuān

专程（和"专诚"不同）zhuānchéng

专为某事登程到某地（程：道路）。如：专程进京、专程前去迎接客人。"专诚"不同，一指专一而真诚。如：待人特别专诚、他对爱情是那样专诚。二是专心诚意地，特地的意思。如：专诚邀请、专诚拜访。这里的"诚"是真心实意的意思，"专诚"表示不是顺便。

zhuàn

（不见经）**传**（不读 chuán）zhuàn

古代注解、阐述经书的著作；"经传"是"经"（儒家的经典著作）和"传"的统称，泛指经典著作。"不见经传"是说不见载于经典文献。比喻没有书本根据或没有名气。如宋·罗大经《鹤林玉露》卷六："（方寸地）三字虽不见于经传，却亦甚雅。"名不见经传的小人物。注意：上述意义的"传"和作传记（如自传、树碑立传）或叙述历史故事的小说（如《水浒传》《新儿女英雄传》）讲的"传"都不读 chuán。

zhuāng

装饰（和"妆饰"不同）zhuāngshì

①动词。在身体或物体的表面加些附属的东西，使美观。如：她向来不喜欢装饰、客厅装饰得非常漂亮、彩霞把天空装饰得非常绚丽。②名词。指装饰品。如：建筑物上的各种装饰都很精巧；有了这些装饰，大厅更显得雅致了。"装饰"和"妆饰"音同义殊。"装饰"强调装点，可用于人，也可用于物；而"妆饰"是：①动词。梳妆打扮。如：精心妆饰、着意妆饰。②名词。打扮出来的样子。如：妆饰俏丽、艳丽的妆饰。可见，妆饰强调的是用脂粉等打扮容貌（多指女性）或用饰品的点缀，使美观漂亮，却不能用于物。

装潢（不作"装璜"）zhuānghuáng

①动词。原指装裱书画，现泛指装饰物品、房屋等，使美观。如：装潢门面、客厅装潢得很时尚。②名词。指物品外表的装饰。如：这本书的装潢相当华丽、这间酒店的装潢很讲究。"潢"是指一种特殊的染纸工艺，这种工艺所用的染料，据载是黄檗（bò）树（树名）的汁，用这种汁染成的纸叫"潢纸"，因为中国书画

习惯用潢纸装裱，所以称为装潢。"装潢"过去可写作"装璜"，现在的规范写法是"装潢"。

zhuàng

（一）幢（楼房）（不能读 dòng） zhuàng

（吴方言）量词。用于房屋，相当于"座"。注意：这里的"幢"不读经幢（佛教的柱型石刻）、树影幢幢、灯影幢幢（幢幢：形容影子晃动的样子）的"幢"（chuáng）。"栋"（dòng）也可作量词，房屋一座也叫一栋，但和"幢"的读音、写法不同。

zhuō

拙见（前面不能加"我的"） zhuōjiàn

自谦之词，称自己的见解（跟"高见"相对）。如：几点拙见，仅供参考。这里的"拙"是谦词，称自己的（文章、见解等），里面已包含着"我"的意思，在它前面再加"我"就叠床架屋了。因此，不能说"我的拙见"。同样，"拙作"（自己的作品）、"拙笔"（自己的文章或书画作品等）、"拙荆"（自己的妻子）、"拙女"（自己的女儿）等前面都不能加上"我的"。

拙荆（不能称别人的妻子） zhuōjīng

谦称自己的妻子（拙：谦称和自己有关的）。如蒲松龄《聊斋志异·狐嫁女》："遂有妇人出拜，年可四十余。翁曰：'此拙荆。'"改日当携拙荆一同登门道谢。注意："拙荆"是谦词，和"贱内"的用法一样，即使刚与同事的妻子吵了一架，也不能对同事说："刚才你的拙荆很不文明""你要劝劝你的贱内"。

捉刀（和"枪手"不同） zhuōdāo

代别人写文章。《世说新语·容止》记载，曹操将接见匈奴使者，认为自己相貌丑陋，不足以显示威武，便找人代替自己接见，自己却握刀站在旁边，结果被匈奴使者看出了捉刀人气质不凡，说捉刀人是英雄。后来，人们就把代别人做文章叫"捉刀"。如：捉刀代笔。"枪手"和"捉刀"不同，"枪手"除了古代指以长枪为武器的士兵（现在指射击手）外，还指考试时冒名顶替别人做文章或答题的人（含贬义）。如：他真后悔自己当初不该去当枪手。下面句中的"捉刀"用得不妥："一些影星、歌星稍有名气后便捉刀弄笔，忙于立传。"（如果是自己动笔的话，可改用"舞文弄墨"；倘若自己写不了，要花钱雇人代写，可改用"雇人捉刀代笔"）

zhuó

（矰）缴（不读 jiǎo） zhuó

古代系（jì）在射鸟用的箭上的生丝绳。矰（zēng）缴：猎取飞鸟的射具（矰：古代射鸟用的拴着丝绳的短箭）。引申为迫害人的手段。如《汉书·张良传》："虽有矰缴，尚安所施？"（"尚安所施？"，意为又有何用？）"思援弓缴而射之"（想取过弓箭来射它们——天鹅）、"好弋（yì）者先具缴与矰。"（弋：用带着绳子的箭射鸟。具：准备）（《淮南子·说山》）中的"缴"音、义同。这些"缴"都不读 jiǎo。

zī

资讯（和"资信"不同） zīxùn

资料和信息。如：人才资讯、科技资讯。这里的"资"指资料、材料；"讯"指音信、消息。"资信"（zīxìn）不同，是指企业或个人的资金实力与信誉水平。如：资信评估、进行资信调查。这里的"资"是指资产、资金；"信"指信誉。可见"资讯"和"资信"是两个完全不同的概念。

资历（和"资力"不同）zīlì

资格和经历（历：经历）。如：资历浅、资历较深。"资历"只用于人，和人从事某种活动所应具备的条件、身份及经历有关；"资力"既可指财力物力（如：资力不足、有雄厚的资力），又可指天资和能力（如：资力有限、资力甚高）。这里的"力"是指力量，能力。

滋生（≠孳生）zīshēng

产生；引起。如：滋生事端、铲除滋生腐败的土壤。"孳生"和"滋生"读音同，是繁殖的意思。如：防止蚊蝇孳生；春回大地，万物孳生。"孳生"和"滋生"是一对异形词，作繁殖讲的"孳生"本来也可作"滋生"。《现异》有这样的说明："二词宜作分化处理：表示'繁殖、生育'以'孳生'为推荐词形；表示'引起、产生'以'滋生'为推荐词形。"

zǐ

（床）笫（不能误写作"第"）zǐ

竹编的床垫或床席，也用作床的代称。"床笫"就是床铺，多借指闺房或夫妇关系。如：床笫之言（夫妻之间的私房话）、床笫之私（古人指做爱或夫妻间的悄悄话）、呻吟床笫等。注意："笫"和"第"字形十分相似，"第"的下面是"朿"，和姊妹的"姊"、湖北秭归（地名）的"秭"右边写法同；而第一、第二的"第"下面是"弟"，不能混淆。"床笫"不能误写作"床第"，自古以来，没有"床第"这个词。

紫薇（和"紫微"迥异）zǐwēi

一种可供观赏的落叶小乔木。也叫满堂红。"紫微"和"紫薇"读音同，所指完全不同，它是星宿名，指紫微星，在北斗以北。因位居中央为群星拱卫，遂将紫微星代称天子。可见，紫薇和紫微，一为植物，一为星斗，二者不能混为一谈。

zì

（登高）自卑（不是轻视自己）zìbēi

从低处。《礼记·中庸》："辟如行远，必自迩；譬如登高，必自卑。"意思是，譬如走远路，一定要从近处出发；譬如登高山，一定要从低处启程（辟：同"譬"。自：从。迩 ěr：近。卑：低下，与"高"相对）。"登高自卑"意即登高山从底下开始。比喻事情循序进行由浅入深。自卑亭（湖南岳麓山下湖南大学广场的一个亭名）中的"自卑"义同。注意：这里的"自卑"是两个单音词的组合，和我们现在常说的"自卑感""他从来不自卑"中的"自卑"（轻视自己，认为无法赶上别人）含义完全不同。"登高必自卑"也不能理解为登上高处后，面对茫茫宇宙，感觉到了自己的渺小、卑微。

自持（别于"自恃"）zìchí

控制自己的欲望或情绪（持：控制）。如：廉洁自持，无私奉献；他收到大学的录取通知书时，激动得难以自持。"自恃（shì）"不同，是：①过分自信而骄傲自满。如：为人不可过于自恃、这个人十分自恃。②倚仗（自己的强势）。如：自恃有功、自恃人多势众。这里的"恃"是仗着、依赖的意思。

自己（别于"自已"）zìjǐ

人称代词。①代替人或物本身。通常用来复指前面的名词或代词。如：他自己心里明白该怎么做、衣架是自己掉下来的。②用在名词前，表示属于本人这方面的。如：自己人、自己家里。"自已"（zìyǐ）不同，是动词。指控制自己的感情（多用于否定）。如：思乡之情难以自已；站在领奖台上，她兴奋得不能自已，泪水刷刷地流了下来。注意：这里的"已"（半开口）是停止的意思。不能错写成自己人的"己"（全开口），也不能写成巳时（上午9点到11点）的"巳"（sì 全闭口）。成语有"不能自已"（不能控制自己的情绪），倘若把其中的"自已（yǐ）"写成"自己（jǐ）"也无法解释。

自视（和"自是"不同）zìshì

自己把自己看得（如何如何）。如：自视甚高（自己把自己看得很高）、自视清高。这里的"视"是看的意思。"自是"不同，一指自然是。如：这次能参加比赛，自是高兴；由她扮演这个角色，自是再合适不过了。二是自以为是。这个"是"作"对"讲。如：不要盲目自是。

自咎（和"自疚"不同）zìjiù

自己责备自己，怪罪自己（咎：责备）。如：勇于自咎；做错了事，他一点也不自咎。"自疚"和"自咎"音同义殊，是对自己的过失深感不安（疚：由于自己的过失而产生不安或惭愧的心情）。如：万分自疚；事故的责任全在我，我深感自疚。"自咎"和"自疚"的主要区别是：前者强调的是对自己的过失、错误进行责备，后者强调的是对自己的错误感到痛苦。

自愿（≠志愿）zìyuàn

自己愿意。如：自愿报名、出于自愿。"志（zhì）愿"和"自愿"有不同，它既有"自愿"的含义，如"志愿军""我志愿到边疆工作"，又有志向和愿望的意思，即把自愿做的事当成终身奋斗的目标，如"我的志愿是当飞行员""这是我们共同的志愿"。因为"志愿"不仅有自己情愿的意思，还强调了志向，所以，入党誓词中，"我志愿加入中国共产党"的"志愿"是不能写作"自愿"的。

（待）字（并非文字）zì

许配。待字：指女子尚未定亲（古代女子许配以后才命"字"，故称）。如：待字闺中（居住在闺房内还未定婚）。尚未字人的"字"义同。古代女子成年许婚后才起"字"（指人名以外的别名）。而待字中的"字"从这里引申出来，是动词。此"字"不是指文字。

zǒu

走（马看花）（不是行走）zǒu

跑。走马看花：骑着马边跑边观赏花。多用来比喻粗略地观察一下事物。如：他在水库边走马看花转了一圈，便匆匆坐上车走了。注意："走马"是骑着马跑，不是说骑着马慢慢地走。走马上任、走狗（本是善跑的狗，指猎狗，猎狗善跑，故称。现在用来比喻受人豢养帮人干坏事的人）、飞禽走兽（走兽：善于奔跑的兽类。野兽都善跑，故称）、奔走相告、不胫（jìng）而走（没有腿却能跑。比喻消息等传布迅速。胫：小腿）、"两股战战，几欲先走"（两条腿打哆嗦，几乎都要抢先跑出去）（林嗣环《口技》）等中的"走"都是跑的意思，和行走、学走路、孩子会走了的"走"含义不同。

zǔ

阻击（非典）（不能用"狙击"） zǔjī

用防御手段阻止敌人增援、逃跑或进攻（阻：阻止；拦挡）。"阻击非典"就是阻止非典型肺炎的蔓延。阻击战、阻击敌人的援兵、阻击百年一遇的金融风暴中的"阻击"义同。"阻击"和"狙（jū）击"都是军事术语，但有不同："阻击"是阵地战，属于防御性作战；而"狙击"是指埋伏起来，乘敌人不备而伺机袭击，是进攻性作战。这里的"狙"是古书上指的一种猴子。猴子聪明、灵巧，善于偷袭。这里作动词，有窥伺的意思。如：狙击敌人。军事上，把执行隐蔽袭击任务的人叫狙击手，却无"阻击手"一说。防控流行病的蔓延，理应打阻击战，而不是"狙击战"。

zuǎn

（编）纂（不能误写作"篡"） zuǎn

编辑。编纂：根据大量资料编辑或编写（大部头书籍）。如：编纂《辞海》、编纂百科全书。纂修（编纂）、纂辑的"纂"义同。这些"纂"和篡夺、篡权的"篡"（cuàn）形、音、义都不同，不能混淆。

zuì

晬（盘）（不要误作"睟"） zuì

周年，特指婴儿周岁。"晬盘"即抓周。按江南风俗，旧时婴儿周岁那天，用一只红漆木盘，里面盛放弓矢笔墨算盘等物，让婴儿抓取，根据婴儿抓取的东西，来预测孩子将来的志向。这里的"晬"（左边是"日"）不能误写作"目"旁的"睟"（suì—指润泽，二指颜色纯粹）。（参见"抓周"条）

罪不容诛（不是够不上判死罪） zuìbùróngzhū

罪恶极大，即使判处死刑也抵偿不了（诛：杀死）。如：这些屠杀人民的刽子手罪不容诛；民愤极大，罪不容诛。注意：和"罪不容诛"近义的成语是罪大恶极、罪恶滔天、罪该万死、恶贯满盈等。这个成语往往被人理解为所犯的罪还没有达到应该判死刑的地步，如说"这个惯犯虽有严重罪行，但罪不容诛"。这明显是望文生义。

zuō

（小器）作（不读 zuò） zuō

作（zuō）坊（手工业工场）。小器作：制作、修理硬木家具、细巧木器的作坊。注意：凡是作"作坊"解释的"作"，如石作、洗衣作、油漆作、五行（háng）八作（各种手工行业）都读 zuō，其他解释的"作"一律读 zuò。

zuǒ

左迁（不是升官） zuǒqiān

贬官，降职。如：获罪左迁、"予左迁九江郡司马。"（我被贬为江州司马。九江郡：唐代叫江州或浔阳郡，治所在现在江西省九江市。司马：官名。州刺史的副职）（白居易《琵琶行》）注意：古人以右为尊，成语有"无出其右"，意思是说没有人处在他的右边，即没有人能超过他。可见，古代右比左高，右比左尊贵（乘车却以左为尊）。"左迁"就是贬了官的意思，把它理解为"升了官"，意思就反了。

zuò

作死（和"佯死"不同）zuòsǐ

自己找死。如："酒后开快车，这不是作死吗！"在北方，"作"有自找不幸的意思，北方人训斥自己的小孩时也常说"你们作死啊！"。"作死"不能和"佯（yáng）死"混淆，"作死"并不是装作死去，假装死去应该用"佯死"才对。注意这里的"佯"不能误写作和它读音相同的徜徉（悠闲自在地行走）的"徉"。

作客（他乡）（不能写作"做客"）zuòkè

寄居在别处。指远离故乡在异地生活。如：作客他乡、异乡作客多年。此处的"作客"不能换用"做客"，因为在"做"产生之前，"作客他乡"一类的用法已经固定；而表示到亲友处去拜访时，用"作客"或"做客"都可以，但就目前的走势来看，"做客"的用法渐多：亲友是主人，自己是客人，叫"做客"也顺理成章，就是平常人们常用的礼节用语，如"欢迎常来我家做客"中也用"做客"。

作脸（和"作色"不同）zuòliǎn

（方言）争光；争气。如：这孩子听话，学习又好，真给父母作脸。"作色（sè）"不同，是改变脸色、发怒的意思。这里的"色"是指脸上表现的神情，神色。如：勃然作色（勃然：突然）、愤然作色。

作践（不能写作"作贱"）zuòjian（轻声）

糟蹋。如：作践粮食、姑娘被他作践了。这里的"践"是足字旁，作踏，用脚踩，比喻为摧残。"贱"只有价格低、地位低、卑鄙等解释，如贱价、贫贱、贱人等，它没有摧残的意思，不能和"作"组词。

作料（和"佐料"有别）zuòliào

（口语中也读 zuóliao）烹调用的调味品，如油、盐、酱、醋和葱、姜、蒜等。"佐料"（zuǒliào）不同，是指菜肴做成后或临吃时所加的配料。这里的"佐"是辅助，帮助的意思。"作料"和"佐料"形、音、义都不同。

作派（和"做派"迥异）zuòpài

派头；故意做出的姿态、架势。如：老舍《骆驼祥子》："他们仗着'作派'去维持自己的尊严。祥子当然决不采取这几种态度。"一副少爷作派。"做派"完全不同，是指戏曲演员演戏时的动作和表情（跟"唱功"相区别）。如：毕竟是名角，那做派透出一股子英雄气概；马派老生的做派非常潇洒。

坐（月子）（不能写作"做"）zuò

不动。坐月子：指妇女在产后一个月内休息和调养身体。如：她正坐月子，可不能吹了风。这里的"坐"指的是一种静态的止息方式，为的是弥补生孩子付出的心力和体力，因此，它和做满月（在婴儿出生满一个月时宴请亲友）的"做"（举办、举行）写法不同。

坐（此解职）（不是动词）zuò

介词。引进动作的原因，相当于"因为"。坐此解职：因为这（某件事或某种原因）而被解除了职务。如：受贿而坐此解职，坐是（因此），坐此失彼，"来归相怨怒，但坐观罗敷。"（回家来大家相互埋怨，只因为看罗敷误了工。罗敷：旧多用作美丽而坚贞的女子的代称）（《乐府诗集·陌上桑》）中的"坐"义词。这些"坐"不能解释为请坐、坐车、坐吃山空、坐享其成的"坐"。

坐镇（不能写作"坐阵"）zuòzhèn

比喻到下层亲自指挥、督促。如：总工程师坐镇施工现场；有老将坐镇，仗一定能打赢。注意：这里的"镇"是镇守的意思。"坐镇"强调的是时间的持续性，不是临时性的，这也是它和"视察"不同的地方。如果写作"坐阵"，会让人误解为坐于阵地之中，况且辞书中也没有"坐阵"这个词。

坐拥百城（并非指富有）
zuòyōngbǎichéng

比喻藏书丰富，比管辖一百座城池还强。如郑逸梅《丁福保的读书和藏书》："无锡丁福保先生，我和他是忘年交，他坐拥百城，编述宏富。"他居室简陋，但坐拥百城，乐在其中。注意："坐拥百城"不是说某人很有钱，拥有上百座城池，如不能说"此人非常富有，坐拥百城，身家过亿"。用来形容藏书丰富的成语还有"汗牛充栋"、"左图右史"（左面放着地图，右边放着史书。形容藏书极多）等。

做功（和"做工"有别）zuògōng

戏曲演员表演中的动作和表情（区别于"唱功"）。如：做功戏（以动作和表情为主的戏）、京剧花旦的表演多以做功为主。"做工"有不同，是指从事体力劳动或指制作的技术。如：他在制药厂做工、这套家具做工精细。注意："做功"可以写作"做工"，但应以"做功"为规范词形；而上述的"做工"却不能写作"做功"。

易读错、写错的姓氏

冮 Gāng　左边是两点水，不要和"江"（Jiāng）姓混淆。

厍 Shè　"厍"（厂字旁）和仓库的"库"读音和写法都不同；"库"也可作姓氏用，和"厍"是不同的姓。

邒 Tíng　"鄧"的简化字是"邓"，而不是"邒"。"邓"和"邒"是两个不同的姓。

佘 Shé　"佘"（下边是"示"）和"余"（Yú）是不同的姓。

祭 Zhài　不读祭祀、祭品的"祭"（jì）。

苘 Màn　"苘"（下边是"冋"）不能错写成"茼"（下边是"同"），音qǐng，是一种植物，叫苘麻，通称青麻；也不能误写作茼蒿（tónghāo　一种草本植物，可以食用）的"茼"（下边是"同"）。

难 Nàn　不读nán。"难"姓是"新百家姓"中的第一小姓。

丏 Miǎn　"丏"（笔顺是一、丆、口、丏），和乞丐的"丐"（gài）都是四画，但笔形和笔顺有不同，读音也不同。"沔"（Miǎn）也可作姓氏用，和"丏"姓不同。

襾 Xuān　"襾"的左边是"礻"（示字旁），右上是"四"。"襾"也可作姓氏用，读作Tā，它的左边是"衤"（衣字旁），右上是"日"。和"襾"是不同的姓，不能混淆。

乜 Niè　①不读乜斜（眯着眼斜视，也指眼睛眯成一条缝）的"乜"（miē）。②不要和"也"姓相混。

邢 Xíng　"邢"（下面是"水"）不能错写成光荣的"荣"。"荣"也可作姓氏用，和"邢"姓不同。

仇 Qiú　不读chóu。

召 Shào　不读zhào。"绍"姓和"召"姓读音同，是不同的姓。"召"作傣族姓时仍读zhào。

区 Ōu　不读qū。注意："区"和"欧"是不同的姓。

䜣 Xīn　"訢"是"䜣"的繁体字，曾作为"欣"的异体字被淘汰，但1986年重新发表的《简化字总表》确认"訢"作姓氏用时为规范字，类推简化为"䜣"；《通用规范汉字表》重新确认"䜣"可用于姓氏人名；但要注意"䜣"和"欣"是两个不同的姓。"䜣"的右边是"斤"，和告诉、诉苦的"诉"写法也不同，不能混淆。

姬 Jī　姬（右边是"臣"，音yí）不能错写成右边是"臣"（chén）的"姬"（chén），谨慎的意思。黄帝（传说是中原各族的共同祖先），"姬"姓。与"姬"丝毫无关。

昝 Zǎn　既不能错写成日晷（也叫"日规"，是古代一种利用太阳投射的影子来测定时刻的仪器）、日无暇晷（一天忙到晚，没有空闲时间）的"晷"（guǐ），也不能误写作既往不咎、归咎（归罪）、咎由自取（罪过或灾祸都是自己造成的）

的"咎"（jiù）。

番 Pān 不读 fān。注意：①"番"姓和"潘"姓读音同，是不同的姓。②番禺（地名，在广东）的"番"也读 pān。

圻 Qí 圻（右边是"斤"），不要错写成坼裂、天崩地坼的"坼"（chè）。

舄 Xì 和日本地名"新潟"的"潟"（xì）写法不同。

娜 Nà 不读婀娜多姿的"娜"（nuó）。人名用字（多用于女性）的"娜"音同。

夐 Xiòng ①和"夏"姓不同。②不能错写成"藑茅"（古书上说的一种草）的"藑"（qióng）。

肓 Huāng 肓（下边是"月"），不要错写成"盲"。"盲"（máng）也可作姓氏用，和"肓"姓不同。

后 Hòu 注意：后、候（hòu）、侯（Hóu）是三个不同的姓。

种 Chóng 《现规》只有这个读音，而《现汉》（第6版）还有 zhǒng 的读音。但不能读 zhòng。

过 Guō 不读 guò。

查 Zhā 不读 chá。

朴 Piáo 不读朴素的（pǔ）、朴刀（古代一种兵器）的"朴"（pō）或朴树（植物名）的"朴"（pò）。"扑"（pū）也可作姓氏用，和"朴"姓不同。

华 Huà 不读 huá。

纪 Jǐ 不读 jì。

任 Rén 不读 rèn。

葛 Gě 不读葛麻（植物名）、葛布、瓜葛的"葛"（gé）。诸葛（复姓）中的"葛"也读 gě。

崇 Suì 崇（chóng）也可作姓，和"崇"姓有别。

湧 Yǒng ①和"勇"姓有别。②"湧"是"涌"的异体字，作姓氏时仍写作"湧"。

卢 Lú 注意：卢、芦、庐、炉都可作姓氏用，读音也相同，是不同的四个姓。

庹 Tuǒ 和"度"（Dù）姓有别。

隋 Suí 和"随"姓读音同，是不同的姓。

芈 Mǐ 不要和"毕"（Bì）姓混淆。

兰 Lán 兰、蓝、篮是三个不同的姓。

睢 Suī "睢"的左边是"目"。"雎"，音 jū，也可作姓氏，它的左边是"且"。"睢"和"雎"是两个不同的姓。

邘 Yú "邘"（左边是"于"）不能误写作"邗江"（地名，在江苏）的"邗"（hán）。

禚 Zhuó 不读 gāo。

解 Xiè 不读 jiě 或押解、解送、解元（明、清两代称乡试考取第一名的人）的"解"（jiè）。

莘 Shēn 不读莘庄（地名，在上海）的"莘"（xīn）。

角 Jué 不读 jiǎo。

谌 Chén （又读 shèn）不能读 kān。

阚 Kàn 不读 gǎn。

綦 Qí 注意："綦"不要错写成"棋"的异体字"棊"。

亓 Qí 亓、亓官（复姓）。和"丌"（Jī）姓、丌官（复姓）是不同的姓。

逢 Páng 和"逢（féng）"姓不同。但要注意，古人姓氏中的"逢"和复姓中"逢门""逢孙"的"逢"都要读 páng，而不读 Féng。

仝 Tóng "仝"是"同"的异体字，但《第一批异体字整理表》规定"停止使用的异体字中，有用作姓氏的，在报刊图书中可以保留原字"。因此，"仝"作姓氏用时，仍旧写作"仝"，和"同"是不同的姓。

乐 Lè Yuè 两个读音分别为来源不同的两个姓。注意：复姓"乐正"中的"乐"要读 yuè。

翟 Zhái 一般不读墨翟（墨子，战国时期的著名思想家，墨家创始人）的"翟"（dí）。注意不要和"瞿"（qú）姓混淆。

覃 ①Qín ②Tán "谭"姓和"潭"姓只能读 Tán。

宁 ①Níng ②Nìng 两个读音分别为来源不同的两个姓。"宁"（Nìng）姓又可以写作"甯"（"甯"是"宁"的异体字，但《第一批异体字整理表》规定"停止使用的异体字中，有用作姓氏的，在报刊图书中可以保留原字"）。《通用规范汉字表》确认"甯"读 nìng 时为规范字，可用于姓氏人名。

卞 Biàn 卞、汴、卡都可作姓氏用，是三个不同的姓。"汴"的读音和"卞"同。"卡"作姓氏时读 Qiǎ，不读 kǎ。

燕 Yān 不读 yàn。

郝 Pèi "沛"也可作姓氏，和"郝"姓不同。"郝"的左边和"沛"的右边都是"市（fú）"；4画，不是"市

（shì）"，5画。

冷 Líng 注意：冷（左边是三点水），和"冷"（lěng）姓有别。

卬 Áng ①不读 yǎng。②"昂"（Áng）和"印"（Yìn）也可作姓，和"卬"姓不同。

占 Zhān 不读 zhàn。"詹"姓和"占"姓读音同，是不同的姓。

干 Gān 不读 gàn。

闵 Mǐn 不读 wén。

付 Fù "付"和"傅"是不同的姓。姓"付"的人多，有人把姓傅的"傅"写成"付"，不规范。

都 Dū 不读 dōu。

邵 Shào 注意："劭"的读音和"邵"同，但它是作（道德品质）高尚、美好讲。如：年高德劭（年纪大，品德好）。却不能作姓氏用。

罡 Gāng 不要错写成"昰"（"是"的异体字）。

繁 Pó 不读 fán。

单 ①Shàn ②Dān "单"（shàn）和"单"（dān）是两个不同的姓。（见《现规》第3版259页）"单于"（复姓）应读 chányú。

菅 Jiān 菅（草字头）和"管"（竹字头）是不同的两个字，也是不同的两个姓。

轧 Yà 不读 zhá。

能 Nài 不读 néng。

郧 Yún 不要错写成陨石、陨落的"陨"（yǔn）。

扬 Yáng "扬"和"杨"是不同的姓。"木"旁的"杨"是大姓。

舍 Shè 不读舍弃、舍己为人的

"舍"（shě）。

候 Hòu "候"和"侯"（hóu）是不同的姓，"侯"姓居多。

苻 Fú "苻"和"符"是不同的两个姓。十六国前秦国君苻坚的"苻"不能写成"符"。

要 Yāo 不读 yào。"腰"也可作姓氏用，读音和"要"姓同，是不同的姓。

会 Kuài 不读 huì。

不 Fōu 晋代有不準。复姓有"不第"。不管是单姓还是复姓，其中的"不"都不读 bù。复姓中的"不第"和旧时指参加科举考试（一般指进士考试）没有被录取，即"落第"的"不（bù）第"读音也不同。

溥 Pǔ 和"傅"姓不同。"溥仪"（宣统帝，是中国封建社会最后一个王朝的最后一个皇帝，被称作末代皇帝）不能误写作"傅仪"。"溥"和"傅"（fù）的读音也不同。

撒 Sǎ 不能读撒谎、撒酒疯、撒手人世（指死亡）的"撒"（sā）；更不能读 sà，因为"撒"没有这个读音。

阿 Ē 不读 ā。

曲 Qū 不读 qǔ。

仇 Zhǎng 不读 jī 或 jǐ。

臧 Zāng ①不能读 zàng 或 cáng。②"藏"也可作姓氏用，读 cáng，和"臧"是不同的姓。

阙 Què ①不读"阙如"（空缺；欠缺）、"阙疑"（把疑难问题留着，不作结论）的"阙"（quē）。②"阕"和"阙"读音同，也可作姓氏用，是不同的姓。

洗 Xiǎn ①不读 xǐ。②和"冼"（xiǎn）是不同的姓。人民音乐家冼星海的"冼"不能写作"洗"。

缪 Miào ①不读未雨绸缪的"缪"（móu）或纰（pī）缪（错误）的"缪"（miù）。②"谬"（miù）也可作姓氏用，是不同的姓。

钭 Tǒu 钭（左边是"钅"，即金字旁），不能错写成斜坡的"斜"（xié）；"斜"也可作姓氏，和"钭"姓不同。

粱 Liáng "粱"（下边是"米"）和"梁"是两个不同的姓。

萷 Jiǎn "萷"本来已作为"剪"的异体字被淘汰。1988年《现代汉语通用字表》确认"萷"作姓氏用时为规范字，表示其他意义时，仍作为"剪"的异体字处理，就是说，"萷"只有在作姓氏用时才这样写（注意：和"剪"是不同的姓），别的场合不能再使用。

嬴 Yíng ①"嬴"是来自母系社会的一个姓，因此，它的下面中间是"女"，不能误写作输赢的"赢"（下面中间是"贝"）。②"瀛"（Yíng）（左边有三点水）和"羸"（léi）（下面中间是"羊"）也可作姓氏，和"嬴"姓不同。

递 Tí 不读 dì。

倪 Ní "兒"已简化为"儿"，但作部件构字时不能简化，因此，"倪"不能写作"伲"。

筱 Xiǎo "筱"（上边是"⺮"）不能错写成"莜麦"（一年生草本植物，是燕麦的一个品种）、莜麦菜（莴苣的变种）的"莜"（yóu）（上边是"艹"）。

奭 Shì 不要错写成爽快、爽口的"爽"（shuǎng）。

佴 Nài "佴"的一般读音是 èr,

作紧随其后、居次讲，但作姓氏时要读 Nài。

弭 Mǐ 不读 ěr；不要和"伱"（Nài）姓混淆。

俞 Chǒu 按《通用规范汉字表》"俞"是规范写法，不要写作"剑"。

彤 Tóng "彤"也可作姓氏用，读作 Róng，和"彤"姓不同。

折 Shé 不读折腾、折跟头的"折"（zhē），也不读折磨、折价、骨折的"折"（zhé）。

炅 Guì "炅"是日光或明亮的意思，读作 jiǒng，但作姓氏的"炅"要读 Guì。

粘 Nián 作姓氏用的"粘"才这样读，其他词语中的"粘"都读 zhān。

线 Xiàn "线"和"綫"都可作姓氏用，是不同的姓。

晁 Cháo 不读 zhào。

邱 Qiū ①"邱"曾作为"丘"的异体字被淘汰。1988 年《现代汉语通用字表》确认"邱"作姓氏用时为规范字，表示小山、土堆、坟墓等意义时仍作为"丘"的异体字处理。②"丘"也可作姓氏用，和"邱"是不同的姓。

兖 Yǎn 不能和"充"（chōng）姓混淆，也不能误写作衮衮诸公（众多居高位而无所作为的官僚）的"衮"（gǔn）。②兖州（地名，在山东）的"兖"写法同。

束 Cì 束（中间是"冂"，不封口，共六画），不要和"束"（shù）（中间是封口的扁框）姓混淆。"刺"也可作姓氏（左边是"束"cì，不是"束"shù）。束、朿、刺是三个不同的姓。

晟 Chéng "晟"的读音是 shèng，是光明或兴盛、旺盛的意思，但作姓氏时要读 Chéng。

庾 Yǔ "庚"（Gēng）也可作姓氏用，它们上边都是"广"字头，下边写法不同。

员 Yùn 不读 yuán，也不读伍员（人名，即伍子胥，春秋时吴国大夫）的"员"（yún）。

空 Kōng 不读 kòng。

馀 Yú 和"余"（Yú）姓有别。如后燕的"馀蔚"就不能写作"余蔚"。

阎 Yán "阎"和"闫"读音同，它们都可作姓氏，但"闫"不是"阎"的简化字，它们是两个不同的姓。（《现规》在"闫"字的解释后有提示。见第 2 版 1509 页）

还 Huán 不读 hái。

那 Nā 注：今"那"姓也有读 Nà 的。（见《现规》附录的"中国 500 常用姓氏"）

莒 Jǔ 不读 lǔ。"莒"（上边是"艹"）不要误写作和它读音相同的"筥"（盛食物的圆竹筐）。"吕（lǚ）"姓和"莒"姓不同。

肖 Xiāo 历史上有"肖"（xiào）姓；而现在有些姓"萧"的人也把自己的姓写作"肖"，读作 Xiāo，应该看作"萧"姓的俗写。"肖"不是"萧"的简化字，姓"萧"的"萧"最好不要随意写成"肖"。（《现规》附录的"中国 500 常用姓氏"有说明）

蔚 Yù 不读蔚蓝的天空、蔚然成风、云蒸霞蔚（形容景物灿烂绚丽）的"蔚"（wèi）。

泌　Bì　作为姓氏的"泌"和"秘"读音相同，都不读 mì，是两个不同的姓。

於　Yū　①不读於陵（古地名，在今山东）、於潜（旧县名，在浙江）的"於"（yú），也不读於菟（tú）（古代楚国人称老虎）、於戏（"呜呼"二字的另一种写法，现在一般写作"呜呼"）的"於"（wū）。②"于"（yú）也可作姓氏用，和"於"姓不同。如于谦（明代政治家）的"于"不能写作"於"；於梨华（美籍华裔女作家）的"於"不能写作"于"。

氾　Fán　①"氾"（右边是"㔾"），不能错写成氾河（水名，在河南）的"汜"（sì）（右边是巳时的"巳"sì）。②"氾"只有作姓氏时才这样写，其他场合都作为"泛"的异体字处理，不再使用。

爨　Cuàn　下边是"鐅"，不能误写作"璺"（wèn）。"璺"指陶瓷、玻璃等器具上的裂痕。如：打破砂锅璺（谐"问"）到底。

苓　Qín　"苓"（下边是"今"）不能错写成茯苓（一种菌类植物，可入药）的"苓"（líng）（下边是"令"）。还要注意和"岑"（cén）姓区别。

萘　Nài　和"奈"（Nài）姓有别。

郗　Xī　东晋名臣郗鉴的"郗"则读 chī。注意不要和"郤（Qiè）"姓混淆。

啜　Chuài　不读啜茗（喝茶）、啜粥、低声啜泣的"啜"（chuò）。

浇　Ào　不读 jiāo。

洒　Nǎi　不读 xī。

岐　Qí　不要误写作和它读音相同的"分歧"、"歧视"的"歧"。

敖　Áo　"獒"姓的读音同"敖"，是不同的姓。

禅　Chán　不读禅位、禅让的"禅"（shàn）。"禅"（左边是"礻"），不要错写成"襌"（左边是"衤"），音 dān，指单衣。

颍　Yǐng　不要错写成和它读音相同的"颖"。（"颍"和"颖"都是形声字，声旁都是"顷"；形旁不同，"颍"是水旁，"颖"是禾旁）。颍河（水名，淮河最大的支流，发源于河南，流入安徽）的"颍"也不能写作"颖"。

藉　Jí　"藉"（上边是"艹"）和"籍"（上边是"𥫗"）都可作姓氏用，读音相同，是不同的姓。

綮　Qǐ　不读"肯綮"（筋骨结合的地方，比喻事物的关键）的綮（qìng）。

焱　Yàn　由三个"火"组成，不要和四个"火"的"燚"（yì）混淆。燚，火势猛烈的样子。多用于人名。

壬　Rén　"壬"（下边是"土"），不要误写作"壬"（tǐng）（下边是土）。"任"作姓氏用时也读 Rén，和"壬"姓不同。

麼　Mó　"麼"已经简化为"么"，但作姓氏的"麼"和"幺（yāo）麼"（微小）的"麼"不能简化，也不读 me。

幺　Yāo　不能写作"么"，也不读 me。

栗　Lì　栗（下边是"木"）不要和"粟"（sù）（下边是"米"）姓混淆。

丰　Fēng　"酆"和"沣"也可作姓氏用，读音和"丰"同。它们是三个不同的姓。注意："酆"字不能简化为"邦"。

句　Gōu　用于"句践"（春秋时越国国王）和"高句丽"（中国古族名、古国名）中的"句"不读 jù。

隺　Cuī　隺、催、崔读音同，都可作姓氏用，是三个不同的姓。

杲　Gǎo　杲（上"日"下"木"）不要错写成杳无音信的"杳"（yǎo）（上"木"下"日"）。

晏　Yàn　晏（上"日"下"安"）一直作姓氏用，不能误写作和它读音相同的宴会、宴请、设宴的"宴"（从来不作姓氏用）。

虢　Guó　不读 hǔ。

芇　Máo　和"卯"（Mǎo）姓有别。

兒　Ní　注意："兒"字已简化为"儿"。兒童、兒女、生兒育女等中的"兒"都要写作"儿"才规范，但作为姓氏的"兒"不能简化作"儿"，也不读 ér。

郦　Qí　不能读 zī。

敫　Jiǎo　和"缴"姓音同，是不同的姓。

笮　Zé　不读笮桥（竹索桥）的"笮"（zuó）（竹篾拧成的绳索）。"连"也可作姓氏，读音和"笮"同，是不同的姓。

蒯　Kuǎi　蒯（左下是"朋"）不要和"荆"（Jīng）（左下是"开"）姓混淆。天安门城楼的设计者是明代的著名建筑工匠蒯祥，而不是荆祥。

佛　Bì　不读佛教、念佛、佛寺的"佛"（fó），也不读仿佛的"佛"（fú）。

厐　Máng　不要误写作"庞"，也不能和"庞"（páng）姓混淆。

奂　Huàn　不要和"爰"（Yuán）姓混淆。

昂　Áng　下边不是"卯"，不要误写作"昴"（音 mǎo，星宿名，二十八宿之一）。

穀　Gǔ　作为粮食作物总称的"穀"已简化为"谷"，因此，穀物、穀穗儿、稻穀的"穀"都要写作"谷"才规范；而指两山间狭长而有出口的夹道或水道的"谷"（如山谷、河谷）本来就是这样写的，它不是"穀"的简化字。穀（"谷"的繁体）可以作姓氏，山谷、河谷的"谷"也可以作姓氏，它们是两个不同的姓。要注意的是，这里的"穀"（左下是一横和"禾"）不能误写作"榖"（左下是一横和"木"），音 gǔ，指的是构树（落叶乔木）。

郂　Shī　和"寺"（sì）姓读音不同，不能混淆。

谿　Xī　注意："谿"只有作姓氏或用在"勃（bó）谿"（指家庭中某些成员之间争吵）这个词语中时才这样写，用于其他意义时，"谿"是"溪"的异体字，只能写作"溪"。

宓　Fú　下边是"必"，不能误写作忧虑、过虑的"虑"。

沛　Pèi　这里的"沛"就是雨量充沛、充沛的精力的"沛"，它的右边是"巿"（fú，起笔是一横，共四笔），不能误写作城市的"市"（起笔是一点，共五笔）。

绿　Lù　不读 lǜ。

席　Xí　不能误写作猪崽、兔崽子的"崽"（zǎi）。

叚　Xiá　"叚"和"段"（Duàn）

都可作姓氏用，是两个完全不同的姓，读音、写法都不同，不能混淆。

怑 Kōu 不能读 qū。

乩 Qié 宋代有乩遇。"乩"（左边是"白"）不能误写作虬龙（古代传说中的有角的小龙）的"虬"（qiú）。注意：作地名用字的"乩"则要读 Bié。如：乩藏（zàng），在甘肃。

观 Guàn 不读 guān。

鼌 Cháo 不要误写作"黾勉"（mǐnmiǎn 努力；勉力）的"黾"或"各竜"（地名，在甘肃）的"竜（lóng）"。

毌 Guàn "母"和"毋（wú）"也可作姓氏。它们是三个不同的姓，字形相似，不能混淆。

盖 Gě 某些姓盖的也读 Gài（见《现规》（第 1 版）附录的［中国 500 常用姓氏］）。注意：盖叫天（中国著名京剧演员张英杰）的"盖"不能读 Gě，是因为他十三岁取艺名时，为了沾当时京剧界红极一时的艺名叫"小叫天"的谭鑫培的光，打算把艺名叫"小小叫天"。有人说他不配，一怒之下，他干脆叫"盖叫天"。表示自己有盖过"小叫天"的志气。可见此"盖"有盖过、超过的意思，故读 Gài）。

长孙 Zhǎngsūn 复姓。其中的"长"不读 cháng。

澹台 Tántái 复姓。"澹"字曾经作为"淡"的异体字被淘汰。1988 年《现代汉语通用字表》确认"澹"读作 tán 时是规范字。作为姓氏的"澹台"既不能写作"淡台"，也不读 dàntái，但单姓的"淡"读音仍是 Dàn。

万俟 Mòqí 复姓。如：万俟卨（南宋时诬陷岳飞的奸臣。卨，音 xiè）。注意："万俟"不能读 wànsì。单姓的"万"和"俟"才读 wàn 和 sì。

令狐 Línghú 复姓。其中的"令"不读 lìng 或一令纸（原张的纸五百张）的"令"（lǐng）。

夏侯 Xiàhóu 复姓。这里的"侯"（中间无竖）不能误写作"夏候鸟"（指春季或夏季在某地区繁殖，秋季飞到较暖地区过冬，次年春季再飞回原地区的鸟）、"气候"、"时候"的"候"（hòu）。

宰父 Zǎifǔ 复姓。宰父中的"父"和单姓"父"读音同，都不读 fù。

单于 Chányú 复姓。其中的"单"不读 dān。姓单的"单"则有两个读音：Shàn 和 Dān，是两个不同的姓。（见《现规》第 2 版 259 页和 1146 页）

相里 Xiànglǐ 复姓。这里的"相"不读 xiāng。

尉迟 Yùchí 复姓。如：尉迟恭（唐初名将）。这里的"尉"不读 wèi。（单姓的"尉"才读 wèi）顺便一提的是，"蔚"作姓氏用时也读 Yù，和"尉"姓读音有别。

甪里 Lùlǐ 复姓。又是古地名（在今江苏吴中西南）。注意：其中的"甪"不能误写作"角"或"用"。

易读错、写错的人名、地名、族名、国名

甪直 Lù zhí 地名，在江苏，是现代文学家叶圣陶的家乡。注意：这里的"甪"和甪堰（地名，在浙江）、甪里（①古地名，在江苏。②复姓）中的"甪"都不能误写作"用"或"角"。

北厍 Běishè 地名，在江苏吴江县境。注意：这里的"厍"（上边是"厂"）不要误写作仓库的"库"，也不读 kù。

厦门 Xiàmén 地名，在福建。这里的"厦"和"噶（gá）厦"（原西藏地方政府的称呼）的"厦"不读高楼大厦、百货商厦的"厦"（shà）。

郧县 Yúnxiàn 地名，在湖北。"郧"不能误写作陨石、陨落的"陨"（yǔn）。

漫屲 Mànwā 地名，在甘肃。何家屲（地名，在宁夏）。"屲"不能读 shān。

屲山 ǒushān 山名，一在江苏，一在安徽。"屲"不要误写作"函"，也不能读 hán。

各竜 Gèlóng 地名，在甘肃。"竜"不要误写作"龟"，也不能读 guī 或 diàn。

漷县 Huǒxiàn 地名，在北京。"漷"不读 guō。

畈大 Bǎndà 地名，在江西。"畈"（左边是"日"）不能误写作皈依佛门的"皈（guī）"（左边是"白"），周党畈（地名，在河南）、白水畈（地名，在湖北）的"畈（fàn）"（左边是"田"），和日本地名大阪（Dàbǎn）的"阪"写法也有别。

耒阳市 Lěiyángshì 地名，在湖南。注意："耒"（上边是三横）不能错写成来往的"来"或莱阳市（地名，在山东）的"莱"（Lái）。

株洲市 Zhūzhōushì 地名，在湖南。注意：这里的"洲"不能写作"州"。"洲"是指河流中由泥沙淤积而成的陆地，也指一块大陆和附近岛屿的总称。如：长江三角洲、橘子洲（湖南省长沙市西湘江中的一个江心屿）、亚洲、欧洲。"州"才是旧时的一种行政区划名，我国现在的地名中仍有许多保留着这个"州"字。如：苏州、广州、杭州。外国的行政区划中也有不少用"州"的，如美国就有几十个州（加利福尼亚州、得克萨斯州、佛罗里达州、宾夕法尼亚州等等）。据此，"株洲市"也该写作"株州市"才对，但株洲市位于湘江中游沿岸，最初是因为江河水流作用由沙石、泥土淤积而成的陆地，故用"洲"，这是地名中不用"州"的特殊情况之一。

满洲 Mǎnzhōu 清代满族的旧称，后来也泛指中国东北一带。"满洲"一词是满语"曼殊"汉译转音，含有润泽万物吉祥之意，故"洲"有水字旁，不能用表示行政区划的"州"。"满洲里"（内蒙古自治区呼伦贝尔盟的一个市）的"洲"也不是"州"。要注意的是，台湾省最南部有个小乡镇叫"满州"，这里的"州"则不写作"洲"。

黟县 Yīxiàn 地名，在安徽。"黟"不能读 duō 或 huǒ。

尕乃亥 Suǒnǎihài 地名，就是泽库县，在青海省。"尕"是地名用字，不要误写作贞节、贞操的"贞"（zhēn）。

洴洌 Pínglián 地名，在江苏。这里的"洌"不读洌江（水名，在广东）的"洌"（Lì），"洴"也不能读 bìng。

繁峙 Fánshì 地名，在山西。这里的"峙"不读对峙、耸峙（高耸矗立）的"峙"（zhì）。

石嘴山市 Shízuǐshānshì 地名，在宁夏。这里的"嘴"不能写成"咀"。"咀"的读音是 jǔ，如：咀嚼、含英咀华（比喻细细琢磨、体味诗文的精华），它不是"嘴"的简化字。同样，上海旅游景点陆家嘴的"嘴"也不能写作"咀"。要说明的是，尖沙咀（地名，在香港）中的"咀"却不读 jǔ，而要读 zuǐ，这是特例。

茌平 Chíping 地名，在山东。"茌"不读 shì，也不能错写成麦茬、接茬的"茬"（chá）。

虒亭 Sītíng 地名，在山西。"虒"不能错写成"篪"（chí）（古代的竹制管乐器，像笛子），也不能误读为 hǔ。

海参崴 Hǎishēnwǎi 地名，今俄罗斯符拉迪沃斯托克，是俄罗斯太平洋沿岸重要港口城市。迟家崴子（地名，在辽宁），太阳崴子、三道崴子（地名，均在吉林）中的"崴"都不能读 wēi，也不能写作"威"。

莆田 Pútián 地名，在福建。这里的"莆"不再写作"蒲"。"莆田"原来确实写作"蒲田"，是因为当地地势低洼，多生蒲草而得名，但这里常闹水灾，人们出于对水的厌恶，后便把其中的三点水去掉而成了"莆"，因此，现在的规范写法是"莆田"。

乐清 Yuèqīng 地名，在浙江。这里的"乐"和"乐陵"（地名，在山东）的"乐"（Lè）读音不同。

黄甬铺 Huángtǒngpù 地名，在江西。这里的"甬"和"埇桥"（Yǒngqiáo）（地名，在安徽）的"埇"读音、写法都不同。

儋州 Dānzhōu 地名，在海南。"儋"不读 yán。

犍为 Qiánwéi 地名，在四川。这里的"犍"不读犍牛（阉割过的公牛）的"犍"（jiān）。

鄑城 Cuóchéng 地名，在河南。这里的"鄑"和古县名"鄑"（zàn）（在今湖北老河口市一带）读音不同。

㽏井沟 Gànjǐnggōu 地名，在四川重庆忠县。"㽏"不能读 qià。

单县 Shànxiàn 地名，在山东。这里的"单"不读 dān。

灵璧县 Língbìxiàn 地名，在安徽。"璧"是古代的一种玉器，灵璧县盛产玉石，故得名"灵璧"。其中的"璧"不能误写作墙壁的"壁"。顺便一提的是，"壁山县"（属重庆市管辖）的"壁"也不是"璧"。

郴州 Chēnzhōu 地名，在湖南。"郴（左边是'林'）州"不能和柳州（liǔzhōu）（市名，在广西）混淆，也不能错写成彬彬有礼、文质彬彬的"彬"（bīn）。"彬州"在我国纯属子虚乌有。

鲝草滩 Zhǎcǎotān 地名，在四川。"鲝"不要错写成"鲞鱼"（剖开晾干的鱼）的"鲞"（xiǎng）。

尉犁 Yùlí 地名，在新疆。这里的"尉"不读 wèi。复姓"尉迟"中的"尉"也读 Yù。

蔚县 Yùxiàn 地名，在河北。其中的"蔚"不读 wèi。

苘山镇 Mànshānzhèn 地名，在山东。注意：这里的"苘"（下边是"问"）不能错写成苘麻（草本植物）的"苘"（qǐng）（下边是"冋"）或茼蒿（tónghāo）（草本植物）的"茼"（下边是"同"）。

沌口 Zhuànkǒu 地名，在湖北。沌阳（地名，在湖北）、沌河（水名，在湖北）中的"沌"和沌口的"沌"音同，都不读混沌初开、脑子一片混沌的"沌"（dùn）。

岐山 Qíshān 山名，又地名（如：岐山县），在陕西。这里的"岐"（左边是"山"）不能错写成歧路、歧视的"歧"。

浚县 Xùnxiàn 地名，在河南。这里的"浚"不读浚河、浚井、疏浚航道的"浚"（jùn）（挖深；疏通）。

垌炀镇 Tóngyángzhèn 地名，在安徽。垌炀河（水名，在安徽）。这里的"垌"（右边是"同"）不要误写作目光炯炯、两眼迥炯有神的"炯"（jiǒng）（明亮）。

菏泽 Hézé 地名，在山东。注意：这里的"菏"（下边是"河"）不能误写作荷花的"荷"。

东瀛 Dōngyíng 国名。原指东海（瀛：大海），因为日本在中国东面的大海里，后便用它来代指日本。注意：这里的"瀛"右下中间是"女"，不是"贝"。

令狐 Línghú 古地名，在今山西临猗（yī）一带。这里的"令"不读 lìng。复姓"令狐"的"令"读音与此同。

横滨 Héngbīn 日本城市名。这里的"滨"不能误写作"浜"。滨和浜（bāng）字形相似，又因为"滨"的日文写作"浜"，翻译成中文时如果对照日文的原字形写就会错。日本人还常把中国的哈尔滨写成"哈尔浜"，也是值得注意的。

高要 Gāoyāo 地名，在广东。这里的"要"不读 yào。

漯河 ① luòhé 市名，在河南。② Tàhé 古水名，在今山东。"漯（Luò）河"和"漯（Tà）河"字形相同，所指不同。

奓 Zhā 用于水名、地名。如：奓河（水名）、奓山（山名），都在湖北。这里的"奓"不读奓翅、头发都奓起来了的"奓"（zhà）（北方官话，指张开。现在一般写作"乍"）。

黄埔 Huángpǔ 地名，在广东省广州市。这里的"埔"：①不读大埔县（地名，在广东）的"埔"（bù）。②和流经上海市区的黄浦江（长江下游支流）的"浦"读音虽同，写法不同。注意：黄埔军校（中国国民党陆军军官学校）是在广州的"黄埔"，而不是上海的"黄浦"。

刘家夼 Liújiākuǎng 地名。刘家夼、大夼、马草夼，都在山东。"夼"不能读 chuān。

沫 Mèi 地名。商朝的都城，又称朝歌（zhāogē），在今河南汤阴县南。注意：这里的"沫"（右边是未来的"未"）不能误写作泡沫的"沫"（mò）（右边是末日的"末"）。"沫"在这里也不读"沫血"（浴血）的"沫"（huì）（洗脸）。

大城 Dàichéng 地名，在河北。这里的"大"不读 dà。

荥阳 Xíngyáng 县名，在河南。注意：① 这里的"荥"和"荥经"（Yíngjīng）（地名，在四川）中的"荥"写法相同，但读音不同。②"荥"（下边是"水"）不能误写作光荣的"荣"。

铅山 Yánshān 地名，在江西。这里的"铅"不读铅笔的"铅"（qiān）。

兖州 Yǎnzhōu 地名，在山东。注意："兖"不能错写成充分的"充"或"衮衮诸公"（众多居高位而无所作为的官僚）的"衮"（gǔn）。

贾家疃 Jiǎjiātuǎn 地名，在河北。柳疃（地名，在山东）、蒋疃（地名，在安徽）。"疃"不能读 tóng。

牟平 Mùpíng 地名，在山东。中牟（地名，在河南）。其中的"牟"不读非法牟利、牟取暴利的"牟"（móu）。

耤口 Jíkǒu 地名，在甘肃。耤河（水名，在甘肃）。以上的"耤"不能写成"藉"或"籍"。

小碛 Xiǎoqì 地名，在江西。碛头（Qìtóu）（地名，在福建）。其中的"碛"不读 jī，也不能错写成"礤床"（把瓜果等擦成丝的工具）的"礤"（cǎ）。

鄚州 Màozhōu 地名，在河北。"鄚"旧读 Mò，现在的规范读音是 Mào。

赤泥㟏 Chìníwā 地名，在山西。南㟏子（地名，在山西）。其中的"㟏"同"呱底"（地名，在山西）、"朱家呱"（地名，在陕西）的"呱"读音同，都不读 guā。"㟏"也不能错写成窊败（破败；衰败）、窊劣（粗劣；恶劣）、不分良窊

（良窊：优劣）的"窊"（yǔ）（恶劣；坏）。

㭍拔林 Nàbálín 地名，在台湾省。这里的"㭍"和"㭍溪"（Nuóxī）（地名，在湖南）的"㭍"读音不同。

鄄城 Juànchéng 地名，在山东。"鄄"不能读 Yān。

歙县 Shèxiàn 地名，在安徽。这里的"歙"和"歙漆阿胶"（歙县的漆和东阿的胶，胶漆相粘，比喻情意投合）的"歙"读音同，不读歙风吐雾的"歙"（xī）（吸气）。

莘县 Shēnxiàn 地名，在山东。这里的"莘"和莘庄（地名，在上海）的"莘"（xīn）读音不同。作姓氏用的"莘"和"莘莘学子"（莘莘：众多）的"莘"也读 shēn。

瓦窑堡 Wǎyáobǔ 地名，在陕西。吴堡（地名，在陕西）、柴沟堡（地名，在河北）中的"堡"按《审音表》一律念 bǔ，不读 bǎo，但和五里堡（在湖北）、十里堡（在北京市）的"堡"（pù）（同"铺"。地名用字，有的地区把"铺"写作"堡"）读音也不同。

蚌埠 Bèngbù 市名，在安徽。这里的"蚌"不读 bàng（一种生活在淡水中的软体动物）。

新潟 Xīnxì 地名，在日本，是日本本州靠近日本海的一座重要城市。象潟（在日本，位于新潟以北的海岸）的"潟"和新潟的"潟"，潟卤（含盐碱过多的土地）、潟湖（浅水海湾因湾口被淤积的泥沙封闭形成的湖泊）的"潟"读音和写法同，都不能读作 xiè，也不能写成"泻"（或它的繁体"瀉"）。

奤夿屯 Hǎbātún 地名，在北京市。

番禺 Pānyú 区名，在广州。这里的"番"不读 fān。（上海沪西的番禺路，因番禺区而得名，也不读 fān）。

亳州 Bózhōu 市名，中国历史文化名城，在安徽。注意："亳"（下面是"乇"），不能错写成丝毫、毫无疑义、毫不留情的"毫"。不仅安徽没有"毫州"，全国也找不到"毫州"。

睢县 Suīxiàn 地名，在河南。睢宁（地名，在江苏）。以上的"睢"（左边是"目"）不能误写作雎鸠（古书上说的一种水鸟）的"雎"（jū）（左边是"且"）。

大埔 Dàbù 地名，在广东省东部。这里的"埔"和黄埔（地名，在广东省广州市）的"埔"（pǔ）读音不同。

台州 Tāizhōu 地名，在浙江。天台（山名，又是县名），也在浙江。这里的"台"都不读 tái。

窎沟 Diàogōu 地名，在青海。"窎"不能读 niǎo。

浒墅关 Xǔshùguān 江苏省苏州市西北的一个镇名。浒浦（地名，在江苏）、浒湾（地名，在江西），其中的"浒"都不读《水浒传》的"浒"（hǔ）。但要注意，河南有个地名也叫"浒湾"，这里的"浒"却要读 hǔ，和江西浒湾的"浒"读音不同。

洪洞 Hóngtóng 地名，在山西。注意：这里的"洞"不读 dòng，也不能写作"桐"。

闻乡 Wénxiāng 旧地名，在河南。"闻"不读 shòu。

阆中 Làngzhōng 地名，在四川。这里的"阆"不读"闶（kāng）阆"（建筑物中空旷的部分）的"阆"（láng）（高大；空旷）。

闽侯 Mǐnhòu 地名，在福建。注意：这里的"侯"（左右结构，中间无竖）不读 hóu，也不能误写作气候的"候"（hòu）。

柳树鄹 Liǔshùquān 地名，在河北。天津也有个地名叫蒙鄹，其中的"鄹"都不能读 qú。

东阿 Dōng'ē 地名，在山东。这里的"阿"不读阿毛、阿爹的"阿"（ā）。阿胶（中药名）是因为它的产地在东阿，因此，这里的"阿"也要读 ē。

栟茶 Bēnchá 地名，在江苏。这里的"栟"不读栟榈（棕榈）的"栟"（bīng），也不能错写成拼音、拼命的"拼"（pīn）。

赆口 Yànkǒu 地名，在浙江。"赆"不能读 jiàn。

通什 Tōngzhá 海南省的重要城市之一。这里的"什"不读什么、什么样的"什"（shén），也不读什一（十分之一）、什物、家什的"什"（shí）。

六安市 Lù'ānshì 地名，在安徽。又有六安山（山名，在安徽）、六合县（地名，在江苏）、六合路（路名，在上海），其中的"六"都应以当地人的读音为标准，不读 liù。

东莞 Dōngguǎn 地名，在广东。这里的"莞"不读莞尔（微笑的样子）的"莞"（wǎn）或 guān（水葱一类的植物。俗称席子草）。

任县 Rénxiàn 任县（地名）、任丘（地名），都在河北。注意：用作地名和姓氏的"任"都不读 rèn。

涪陵市 Fúlíngshì 地名，在四川，属重庆市管辖。"涪"不能读péi。和北碚（地名，在重庆）的"碚"（bèi）读音也不同。

龙王辿 Lóngwángchān 地名，在山西。黄草辿（地名，也在山西）。"辿"不能读shān。

丰都 Fēngdū 地名，在重庆。丰都过去写作"酆都"，后改为"丰都"，因此，现在应该写作"丰都"才规范，但"酆都城"（fēngdū-chéng）（迷信传说指阴间）中的"酆"既不能写作"丰"，也不能简化为"邦"。

溁湾镇 Yíngwānzhèn 地名，在湖南长沙。又有"溁溪"（地名，在四川）。其中的"溁"写法同，都不能读róng。

纪王镇 Jǐwángzhèn 在上海市闵行区。这里的"纪"不读jì，这个镇的得名是因为当地有座纪王庙，而纪王庙是尊奉汉刘邦的将军纪信而建的，作姓氏的"纪"要读jǐ。

泌阳 Bìyáng 地名，在河南。这里的"泌"和作姓氏用的"泌"都不读分泌、泌尿器的"泌"（mì）。顺便提及的是，河南省既有"泌阳"（在河南省南部），又有"沁阳"（Qìnyáng）（在河南省北部），是两个不同的地名。

并 Bīng 地名，山西太原的别称。不读bìng。

燕京 Yānjīng 北京市的旧称。国名、地名、山名、姓氏中的"燕"均读yān，不读yàn。如：燕国（周朝国名）、燕山（山名，在河北）、他姓燕。

邕 Yōng 除了指邕江（水名，在广西）外，又是广西南宁的别称。注意："邕"和"邑"（yì）（①城市。②指县）的写法和读音不同。

万家凹 Wànjiāwā 地名，在云南。这里的"凹"是方言，同"洼"。注意：只有地名用字中同"洼"的"凹"才读wā。如核桃凹（在山西）、茹凹（在河南）、碾子凹（在陕西）。其他词语中的"凹"一律读āo。

剅河 Lóuhé 地名，在湖北。"剅"不能读Dòu。

沓塘 Mèntáng 地名，在广西。这里的"沓"不读qǐ（"沓"的另一个读音，指明亮耀眼的星星）。"沓"（下边是"口"）不能误写作纷至沓（tà）来、一沓（dá）信纸的"沓"（下边是"日"）。

溧水 Lìshuǐ 溧水、溧阳，地名，都在江苏。注意：这里的"溧"（左边是三点水），不能误写作溧冽（非常寒冷）的"溧"（lì）。

白邑 Báijié 地名，在陕西。注意：这里的"邑"和地名邑谋、邑关岭（都在广西），邑山（在山东）的"邑"（bā）上下结构正相反，不能错用。

趵突泉 Bàotūquán 泉名，在山东济南。这里的"趵"（左边是"足"）是跳跃、向上喷涌的意思。"趵突"就是跳跃奔突，用来形容泉的壮观，其中的"趵"不能误写作猎豹、金钱豹的"豹"。

峊店 Xiǎodiàn 地名，在河南。注意："峊"不能误写作藠头的"藠"（jiào，即薤xiè，多年生草本植物，叶子细长中空，地下有鳞茎，可以吃）。

泷冈 Shuānggāng 山名，在江西。其中的"泷"不读lóng。它和江西的泷江、浙江的七里泷的"泷"（lóng）（急流的水。多用于地名）读音不同。

华山 Huàshān 山名，在陕西。注意：这里的"华"和"华蓥（yíng）山"（山名，在四川东部和重庆西北部）、"九华山"（中国佛教四大名山之一，在安徽）的"华"（huá）读音不同。

峨眉山 Éméishān 山名，在四川。注意：这里的"峨眉"不能错写成"蛾眉"（éméi）（女子细长而弯的眉毛，借指美女）。

天姥山 Tiānmǔshān 山名，在浙江天台县西北。天姥山的"姥"和作年老的妇人讲的"姥"都不读姥姥（北方方言对外祖母的称呼）、姥爷（外祖父）的"姥"（lǎo）。

昆仑 Kūnlún 山名，在新疆、青海和西藏之间。"昆仑"原作"崑崙"，现在的规范写法是"昆仑"。

岣嵝 Gǒulǒu 山名，衡山的主峰，也指衡山，在湖南。这里的"岣嵝"不要错写成"佝偻"（gōulóu）（脊背向前弯曲）。

嶓冢 Bōzhǒng 山名，在甘肃。嶓溪（地名，在陕西）。其中的"嶓"不能读 fān。

熊子山 Nízǐshān 山名，在广东新会。注意：这里的"熊"是当地俗字，下面是三点，不能错写成熊猫、狗熊的"熊"，也不读 xióng。

解池 Xièchí 湖名，在山西。解池、解州（地名，在山西）和作姓氏的"解"读音同，都不读 jiě 或 jiè。

颍河 Yǐnghé 水名，淮河最大的支流，发源于河南，流入安徽。注意：颍河的"颍"及颍河两岸形成的不少以"颍"字命名的城邑，如颍州、颍川、颍阳、临颍等，这些"颍"（左下都是"水"），不能错写成和它读音相同的新颖、颖悟、脱颖而出的"颖"（左下是"禾"）。记住：在中国所有的古今地名中，"颖"从来不作地名用字。

漷河 Júhé 水名，在河南。这里的"漷"（右上是"目"）不要误写作"溴"（xiù）（非金属元素。可用来制染料、药品等）。

济水 Jǐshuǐ 古水名，发源于今河南，流经山东入渤海。现在河南的济源，山东的济南、济宁、济阳，都因济水得名，所以这些"济"都读 jǐ，不读 jì。

瀑河 Bàohé 水名，在河北。这里的"瀑"不读瀑布"瀑"（pù）。

涡河 Guōhé 淮河的支流，发源于河南，流入安徽省淮河。这里的"涡"不读漩涡的"涡"（wō）。

梁山泊 Liángshānpō 古代湖名，在今山东。现已淤塞。这里的"泊"不读 bó。注意：凡是作湖（多用于湖名）解释的"泊"（如"罗布泊"，在新疆）或指大面积的水或血的"泊"（如"水泊"、"血泊"）都读 pō。

芝罘 Zhīfú 半岛名，又是海湾名，都在山东。"罘"不能误写作"芣苢"（fúyǐ）（古书上指车前，草名）的"芣"。

硇洲 Náozhōu 岛名，在广东。（《现汉》第5版）对"硇洲"注释后有：硇字有的书中误作"碙"，误读 gāng。

圐圙 Kūlüè 蒙语音译词，也译作库伦，指围起来的草场，现多用于村镇名。如：马家圐圙（在内蒙古）、薛家圐圙（在山西省山阴）。注意："啰喽"是

"圀圙"的异体字，不规范。

繁塔 Pótǎ 塔名，在河南省开封市郊。这里的"繁"和作姓氏用的"繁"读音同，都不读 fán。

卢沟桥 Lúgōuqiáo 桥名，在北京市西南永定河上。这里的"卢"不能写作"芦"。卢沟桥的得名是因为永定河古称"卢沟河"。清代乾隆皇帝在桥东侧石碑上题写的碑文"盧溝曉月"用的也是"卢"（"盧"的简化字）。1981年国家文物局已明确规定，一律使用"卢沟桥"字样。注意和泸定桥的"泸"写法的区别。

阿房宫 Ēfánggōng 秦代的宫殿名，旧址在今陕西省西安市西郊阿房村，后被项羽焚毁。这里的"阿"不读 Ā；"房"旧读 páng，现在读 fáng。（见《现规》第3版344页）

乩藏 Biézàng 地名，在甘肃。不能读 báicáng。

屳山 Chǎnshān 山名，又地名，都在安徽。屳冲（地名，也在安徽）。

诗峒镇 Shījiǒngzhèn 地名，在广东。这里的"峒"（右边是"问"）不能误写作山洞、窑洞的"洞"（dòng）。

堼店 Hèngdiàn 地名，在湖南。大堼上、东堼（地名，都在天津）。"堼"不能读 fēng。

蓬壸 Péngkǔn 地名，在福建。注意：这里的"壸"（下边是"亚"）和下边是"业"的茶壶、酒壶的"壶"（hú）写法、读音都不同，不能误写。

登崋镇 Dēngshēzhèn 地名，在广东。大崋坳（地名，也在广东）。"崋"不能读 niǎn。

峃口 Xuékǒu 地名，在浙江。注意：这里的"峃"（下边是"山"）不能和岩石（地名，在广东）的"岩"（què）混淆。

莒县 Jǔxiàn 地名，在山东。这里的"莒"（上边是"艹"）和筥镇（地名，在山东）的"筥"读音同，写法不同，不能混淆。

杨宧村 Yángyícūn 地名，在江苏。注意：这里的"宧"（下边是"匝" yí，不是"臣"chén）不能误写作宦官的"宦"（huàn）。

源涁 Yuánbàn 地名，在江西。"涁"不能读 bìng。

冠豸山 Guànzhàishān 山名，在福建。注意：这里的"豸"不读虫豸（虫子）的"豸"（zhì）（指蚯蚓一类没有脚的虫子）。

水硙 Shuǐwèi 地名，在陕西。注意：这里的"硙"不读"硙硙"（ái'ái ①高峻。如：山势硙硙。②洁白光亮。如：刀刺硙硙）的"硙"（ái），也不能读 kǎi。

筠连 Jūnlián 地名，在四川。"筠"的常见读音是 yún，指的是竹子的青皮，也借指竹子。但筠连中的"筠"要读 jūn。又地名筠阳（在江西）、筠山乡（在湖北）中的"筠"也读 jūn。

郋 Xí 古地名，在今河南。"郋"不能读 zì。

石硛 Shígěng 地名，在广东。"硛"不能读 kěn。

毌丘 Guànqiū 古地名，在今山东曹县南。这里的"毌"不能误写作"母"或"毋（wú）"。

泸州 Lúzhōu 地名，在四川。注意：这里的"泸州"和与它读音相同的

"庐州"（旧府名。府治在今安徽合肥）不同，不能混淆。

崔山 Chuíshān 山名，在江苏镇江。"崔"不读 chuǎn 或 tuān。

黄陂 Huángpí 地名，在湖北。这里的"陂"不读山势陂陀中"陂陀"（pōtuó 倾斜不平）的"陂"。和用来指山坡；水边，岸；池塘的"陂（bēi）"读音也不同。

狍猱 Páonáo 地名，在山东。"猱"不能读 chǒu，也不能误写作狃于成见、狃于陋习的"狃"（niǔ 沿袭，拘泥）。

织箅 Zhīlǒng 地名，在广东。"箅"在这里读 lǒng，和作斗笠讲的"箅"（gōng）读音不同，但都不能读 gòng，也不能误写作"箦"（zé 指床席）。

落垡 Làofá 地名，在河北。落垡、垡头（地名，在北京）的"垡"（上边是"伐"）不能误写作牛家垈（地名，在河北）、垈湾（地名，在江苏）的"垈（dài）"。落垡中的"落"也不读 luò 或 là。

筻口 Gàngkǒu 地名，在湖南。"筻"不能读 gèng；也不能误写作格崀（gégēng）、遂崀（suìgēng）（地名，都在广西）的"崀"。

炭垚坪 Tànyáopíng 地名，在山西。这里的"垚"不能误写作"窑"。

埌南 Làngnán 地名，在广西。这里的"埌"（右边是"良"）不能误写作无边无垠、一望无垠的"垠"（yín 边际；边界）。

呵叻 Kēlè 泰国地名。这里的"呵"不读呵一口气、一气呵成、呵护、

呵斥、乐呵呵的"呵（hē）"。

戛纳 Gānà 法国地名。这里的"戛"是译音。不读"戛然"（①形容鸟的叫声。②形容声音突然中止）的"戛（jiá）"。《通用规范汉字字典》对这个字的读音分别举了例子。

米芾 Mǐfú 宋朝书画家。注意：这里的"芾"不读"蔽芾"（形容植物幼小）的"芾"（fèi），和当代文坛泰斗巴金老人（原名李尧棠，字芾甘）中的"芾"（fèi）读音不同。"芾"字下边是"市"（fú）（4画，中间长竖贯穿上下），不是城市的"市"（shì）。

哪吒 Nézhā 原为佛教中的护法神，后来成为神话小说《西游记》《封神演义》中的一个人物。这里的"哪"不读 nǎ 或 nà；"吒"读 zhà 时是"咤"的异体字，用于神话中的人名时读 zhā。《封神演义》中的金吒、木吒的"吒"读音与此同。

老舍 Lǎoshě 中国现代小说家、剧作家，原名舒庆春，字舍予。"舍予"是把自己的姓（舒）一分为二，又含有一切为了别人，完全舍弃自己的意思，后来，他又为自己取名"老舍"，就是"好施不倦"的意思，是取"舍予"中的原本含义。因此，这里的"舍"作放弃讲，是动词，读 shě，不读 shè。

易大厂 Yìdàān 清末著名学者。曾任暨南大学教授。慧厂（电视剧《金粉世家》中的金家二少奶奶）中的"厂"读音同。这里的"厂"同"庵"（多用于人名），不读 chǎng。

吕叔湘 Lǚshūxiāng 语言学大师。这里的"叔"不能写作"淑"。"淑"一般用于女性人名，如白淑湘（芭蕾舞名演

员)、李淑一等。吕叔湘的"叔"是排行（伯仲叔季），"叔"是第三，他行三。

罗暟岚 Luókǎilán 作家名，生于湖南湘潭，和鲁迅有过交往。注意：其中的"暟"（左边是"日"）字面的意思是"照"，也用来形容美德。不能误写作白雪皑皑的"皑"（ái）（左边是"白"）。

南宫适 Nángōngkuò 春秋时人（南宫：姓）。这里的"适"古同"逴"（Kuò）（疾速。多用于人名）。洪适（宋金石学家）的"适"音同，都不读shì，因为它本来就是这样写的，不是"適"的简化字，但高适（唐代诗人）、胡适（现代著名文人）中的"适"不同，它是从"適"简化来的，要读shì。《简化字总表》第一表在"适（適）"后有注释："古人南宫适的适（古字罕用）读kuò（括）。此适字本作逴，为了避免混淆，可恢复本字逴。"其实，"逴"是个死字，书刊、报纸上已不见有"南宫逴""洪逴"的写法。

妹喜 Mòxǐ 传说中夏朝最后一个君王桀的妃子（妹：古代人名用字）。注意：这里的"妹"（右边是末日的"末"mò），不能误写作姐妹的"妹"（右边是未来的"未"wèi）。

孔伋 Kǒngjí 人名，孔子的孙子。注意：这里的"伋"（右边是"及"）不能误写作仍旧的"仍"。

江竹筠 Jiāngzhúyún 即著名革命烈士江姐。"筠"是个多音字，有两个读音：一读jūn，用作地名。如：筠连县（在四川）。二读yún，指竹子的青皮，借指竹子。《礼记·礼器》："其在人也，如竹箭之有筠也。"意思是做人应当像竹子那样"有皮"，就是说要懂得廉耻。江竹筠中的"竹"和"筠"合在一起，无疑含有竹的美质的意思，故应读yún。总之，古今人名中的"筠"大都该读这个音。如：温庭筠（晚唐著名诗人）、赵松筠（台湾著名女画家）。

荆轲 Jīngkē 历史上知名度最高的刺客，受燕太子丹之命去刺杀秦王。这里的"轲"（左边是"车"）既不能写作斧柯（斧子的柄）的"柯"（kē），也不能错写成契诃夫（俄国现实主义作家）的"诃"（hē）。

神荼郁垒 Shēnshūyùlǜ 神荼和郁垒是传说中能制服恶鬼的两位神人，后世把他们作为门神，正月初一，绘二神贴在门的左右两边。注意：这里的"神"不读shén，而要读shēn；"荼"不能误写作茶叶的"茶"，也不读如火如荼、荼毒生灵的"荼"（tú），而要读shū；郁垒中的"垒"不读堡垒、垒球、垒一道墙的"垒"（lěi），而要读lǜ。

伍员 Wǔyún 人名，即伍子胥，春秋时人。这里的"员"不读yuán。作姓氏用的"员"则要读yùn。

耶稣 Yēsū 基督教徒所信奉的救世主，也称基督。"稣"的左边是"鱼"，不能误写作酥脆、桃酥、酥油茶的"酥"，也不能写作"苏"。这里的"耶"是译音用字，它和耶和华（基督教中的上帝）、耶路撒冷（巴勒斯坦首都）的"耶"都读yē，不读"是耶非耶？"、"是进亦忧，退亦忧，然则何时而乐耶？"（这就是说在朝廷做官也担忧，不在朝廷做官也担忧，既然这样，那么要到什么时候才能快乐呢？）的"耶"（yé）（古汉语疑问语气助词。相当于"吗""呢")。

樊於期 Fánwūjī 战国时秦国的一位将军。注意：这里的"於期"不读 yúqī。

曹大家 Cáodàgū "大家（gū）"是人们对有学问的妇女的尊称，这里是指东汉女史学家班昭（班固的妹妹，曹世叔的妻子），因为他的丈夫姓曹，所以叫曹大家。古代"家"和"姑"同音，后来才转读成 jiā，而这里的"大家"（dàgū）读音一直保留到今天，读作 dàjiā 就错了。

嫪毐 Lào'ǎi 人名，战国时秦国人，因作乱被秦始皇处死。注意："毐"（上"士"下"毋"）和"毒"的写法、读音完全不同。

秦桧 Qínhuì 南宋奸臣，曾杀害岳飞父子。这里的"桧"不读桧柏（也叫圆柏，常绿乔木）的"桧"（guì），更不能读 kuài。

女娲 Nǚwā 我国古代神话中的女神，被认为是人类的始祖。"娲"不能读 wō。

刘龑 Liúyǎn 人名，五代时南汉主。"龑"是他为自己名字造的字。飞龙在天，比喻自己是真命天子，可以统治天下。唐朝女皇武则天也为自己名字造了一个字——曌（同"照"）。其意也是比喻自己如日月当空，可以一统天下。注意："龑"不能读 lóng。

皋陶 Gāoyáo 人名，传说是舜的臣子。这里的"陶"不读 táo。"皋"（上边是"白"，不是"自"，下边是"夲"，不是"本"）。

畠 Tián 日本汉字，旱地。多见于日本姓名。

夏无且 Xiàwújū 人名，战国末期秦王御医（专给秦始皇治病的医生）。范且（即范雎）、唐且（即唐雎）也是战国时人，其中这些作为古代人名用字的"且"都不读 qiě。

貂蝉 Diāochán 小说《三国演义》中的美女。其中的"蝉"不能错写成和它读音相同的"婵"。汉代，"貂"和"蝉"这两种动物在人们心目中是美好的象征，因此用来作美女的名字。

郦食其 Lìyìjī 人名，汉朝人，刘邦的谋士。注意：这里的"食其"是历史人名用字，有其特定的读音，不读 shíqí。同样，战国魏人司马食其，汉代审食其、赵食其中的"食其"也读 yìjī。

垚 Yáo 山势高峻。多用于人名。

刘禅 Liúshàn 即"阿斗"（Ādǒu）（三国蜀汉后主）。这里的"禅"不读禅宗、坐禅的"禅"（chán）。

黄省三 Huángxǐngsān 曹禺《日出》中的虚构人物（小职员）。这里的"省"不读 shěng。人名中出现多音字时，若无典故或出处的，可约定俗成选读一个音；若有，则要按典故或出处中的读音读，如著名爱国民主人氏杜重远，他的名字出自《论语·泰伯》："任重而道远。"这个"重"就得读 zhòng，不读 chóng；贵州省原省长王朝文和著名美学家王朝闻中的"朝"读音应有不同：前者无典故，读 cháo 可也；后者出自《论语·里仁》中孔子的名言："朝闻道，夕死可矣。"这里就该读 zhāo，是早晨的意思（和"夕"相对）。《日出》中的黄省三的"省三"无疑是从《论语·学而》中的"吾日三省吾身"而来，"省"指反省，因此，这里的"省"应读 xǐng。

端木蕻良 Duānmùhóngliáng 现代著名作家。原名曹京平，端木蕻良是他的笔名。"端木"是姓（复姓）。"蕻"本有两个读音：一读 hòng，茂盛的意思，方言中也指某些蔬菜的长茎。二读 hóng，是蔬菜名，即雪里蕻。端木蕻良中的"蕻"要读 hóng，是因为他以东北家乡红高粱的别称——红粱为名，后又改用"蕻良"。据此，这个"蕻"要读 hóng。

陆润庠 Lùrùnxiáng 清代状元，官至大学士。这里的"庠"是"广字旁"，不能误写作"病字旁"的瘙痒（皮肤发痒）、挠痒痒的"痒"（yǎng）。"庠"就字面的意思是指古代的地方学校，和"痒"无论字形、字音、字义都不同。

翁同龢 Wēngtónghé 清末维新派。咸丰状元，光绪皇帝的老师。"龢"原被视为"和"的异体字，《通用规范汉字表》确认"龢"为规范字，可用于姓氏人名；重要的是名从主人，不能随意改动别人的名字。

夏丏尊 Xiàmiǎnzūn 中国著名教育家和作家。注意：这里的"丏"（笔顺是：一丆丐丏）不能误写作乞丐的"丐"（gài）。

禽滑厘 Qíngǔlí 战国时人，墨翟的学生。这里的"滑"不读 huá。

荤粥 Xūnyù 古同"獯鬻"。我国古代北方的一个民族，周代称猃狁（xiǎnyǔn），战国以后称匈奴。注意："荤粥"不读 hūnzhōu。

氐 Dī 我国古代民族，分布在今陕西、甘肃、四川一带。这里的"氐"（下边有一点）不读"民为国之氐"的"氐"（dǐ）（根本），也不能误写作姓氏、氏族的"氏"（shì）。

可汗 Kèhán 简称"汗"（hán）。古代鲜卑、突厥、回纥（hé）、蒙古等族最高统治者的称号。注意："可汗"不读 kěhàn。成吉思汗（即元太祖）的"汗"也要读 hán。

呼韩邪 Hūhányé 西汉时期匈奴族首领。这里的"邪"不读 xié。

单于 Chányú 古代匈奴最高首领的称号。这里的"单"既不读 dān，也不读山东省单县（地名）的"单"（shàn）。

冒顿 Mòdú 汉初匈奴族一个单于（君主）的名字。"冒顿"不读 màodùn。

畲 Shē 指畲族（我国少数民族之一）。注意："畲"和"畬"不同。"畲"（上面是"佘"）；"畬"（上面是"余"），有两种读音：①shē 焚烧田地里的草木，用草木灰做肥料的耕作方法。用这种刀耕火种的方法耕种的田地叫畬田。②yú 开垦过两年的田地。"畲"和"畬"是两个不同的字，畲族的"畲"不能误写作"畬"。

吐蕃 Tǔbō 我国古代少数民族，在今青藏高原。这里的"蕃"不读 fān，也不读蕃滋（繁衍滋长）、草木蕃盛的"蕃"（fán）。注意和"吐鲁番盆地"中"番"读音、写法的区别。

鞑靼 Dádá ①古代汉族对北方游牧民族的总称，后来曾作为蒙古族的别称。②俄罗斯联邦的民族之一。"靼"不能读 dàn。

侗族 Dòngzú 我国少数民族之一。分布在贵州、湖南和广西。注意：侗族、侗剧、侗语的"侗"不读"悾（kōng）侗"（愚昧无知）"侗而不愿"（幼稚而不老实）的"侗"（tóng）（无知；幼稚）。

傣族 Dǎizú 我国少数民族之一。主要分布在云南。傣族、傣剧（傣族戏曲剧种之一）、他姓傣的"傣"都不读 tài。

吐谷浑 Tǔyùhún 我国古代少数民族。在今甘肃、青海一带。其中的"吐谷"不读 tùgǔ。

大宛 Dàyuān 古西域国名，在今乌兹别克斯坦境内。这里的"宛"不读宛若、宛然的"宛"（wǎn）。

月氏 Yuèzhī 汉代西域国名。"阏氏"（yānzhī）（汉代匈奴称君主的正妻）中的"氏"和月氏的"氏"读音同，都不读 shì。

龟兹 Qiūcí 古代西域国名，在今新疆库车一带。这里的"龟"不读 guī，也不读田地龟裂的"龟"（jūn）。"兹"在这里不读 zī。

高句丽 Gāogōulí 中国古族名、古国名。这里的"句"不读 jù，"丽"不读 lí。高丽（朝鲜历史上的一个王朝。我国习惯上用来指称朝鲜或有关朝鲜的。如：高丽人，高丽参 shēn、高丽纸）、丽水（地名，在浙江）中的"丽"都读 lí，不读 lì。

秘鲁 Bìlǔ 国名，在南美洲。这里的"秘"是译音用字，它和作姓氏用的"秘"都读 Bì，而其他词语中的"秘"则读 mì。

掸 Shàn ①古代称傣族（我国少数民族之一）。②缅甸民族之一，大部分居住在缅甸的掸邦（自治邦名）。"掸"的常见读音是 dǎn，意为轻轻地打或拂（以去掉尘土等）。如：把衣服上的雪掸掉。但作为民族的"掸"要读 shàn。